国家社科基金
GUOJIA SHEKE JIJIN HOUQI ZIZHU XIANGMU
后期资助项目

抗战时期大后方交通与西部经济开发

The Communications of the Rear Area and
the Economic Development of Western China
in the Period of Anti-Japanese War

谭刚 著

中国社会科学出版社

图书在版编目（CIP）数据

抗战时期大后方交通与西部经济开发／谭刚著 . —北京：中国社会科学
出版社，2013.7
ISBN 978 - 7 - 5161 - 2853 - 4

Ⅰ. ①抗⋯　Ⅱ. ①谭⋯　Ⅲ. ①交通运输史—研究—中国—1937～1945
②西部经济—经济史—研究—1937～1945　Ⅳ. ①F512.9②F129.6

中国版本图书馆 CIP 数据核字（2013）第 135302 号

出　版　人　赵剑英
责任编辑　刘志兵
责任校对　李　莉
责任印制　王　超

出　　　版　中国社会科学出版社
社　　　址　北京鼓楼西大街甲 158 号（邮编 100720）
网　　　址　http://www.csspw.cn
　　　　　　中文域名:中国社科网　　　010 - 64070619
发　行　部　010 - 84083685
门　市　部　010 - 84029450
经　　　销　新华书店及其他书店

印　　　刷　北京君升印刷有限公司
装　　　订　廊坊市广阳区广增装订厂
版　　　次　2013 年 7 月第 1 版
印　　　次　2013 年 7 月第 1 次印刷

开　　　本　710×1000　1/16
印　　　张　35.75
插　　　页　2
字　　　数　641 千字
定　　　价　89.00 元

国家社科基金后期资助项目

出 版 说 明

后期资助项目是国家社科基金设立的一类重要项目，旨在鼓励广大社科研究者潜心治学，支持基础研究多出优秀成果。它是经过严格评审，从接近完成的科研成果中遴选立项的。为扩大后期资助项目的影响，更好地推动学术发展，促进成果转化，全国哲学社会科学规划办公室按照"统一设计、统一标识、统一版式、形成系列"的总体要求，组织出版国家社科基金后期资助项目成果。

全国哲学社会科学规划办公室

目　　录

上编　抗战时期大后方交通概论

下编　大后方交通与西部经济开发

图片目录

表格目录

自　序

我对抗战时期大后方交通问题的兴趣，始于 2000 年研究民国时期四川航空运输问题时。当时为撰写民国时期四川民航发展问题的论文，我特意到四川省档案馆、四川省图书馆、四川省地方志办公室等单位查阅资料。经四川省地方志办公室王友平先生推荐，我还特意拜访了《四川省志·交通志·民用航空篇》的主要编写人员——西南民用航空管理局史志办公室的沈清如先生，沈先生热情地给我指点，还赐我内部资料《中国民航史料通讯》。尽管这篇未刊论文现在看起来十分稚嫩，但它激发了我对研究战时交通史的兴趣，也让我初步体会到学术研究的艰辛。2002 年 6 月我获得了中国近现代史专业硕士学位，同年 9 月到南京大学历史系继续攻读博士学位。进校后不久，导师史全生教授把我加入了他主持的科研课题组。史老师当时正在主持教育部人文社会科学重点研究基地南京大学中华民国史研究中心十五重大招标项目"抗战前后国民政府西部开发研究"，我承担其成果中的第五章，正好专门研究抗战时期的西部交通建设问题，2004 年初我承担的课题完成。在做课题研究的同时，我也在考虑博士论文的选题。史老师认为我对大后方交通问题已有一定的研究基础，加上这一问题值得深入研究，所以博士论文就确定为《抗战时期西部交通建设研究》，并于 2005 年 5 月顺利通过了答辩。

在确定博士论文选题时，我就试图全面系统研究战时大后方交通对西部地区经济发展的影响问题，但由于时间紧迫，加之资料零散、研究难度大等原因，来不及全面系统研究这一问题。2005 年 7 月我进入西南大学历史文化学院工作后，经过深入的思考、资料的积累和理论知识的补充，我在博士论文基础上进一步深入研究大后方交通及其影响问题。我希望通过我的努力将这一问题的研究引向深入，丰富抗日战争史和近代交通史的研究内容。从 2004 年至今，本书部分阶段性成果也陆续发表在《近代史研究》、《抗日战争研究》、《中国经济史研究》、《中国边疆史地研究》、《中国历史地理论丛》、《历史档案》、《西南师范大学学报》等学术期刊上，累计十余篇。

对近代中国交通问题，前辈学者们已经做了大量的研究工作。如果没有前辈学者们的研究工作，我要完成这本书稿将更加困难。因此，本书的完成直接或间接得益于前辈学者们的研究成果。在尊重前人研究成果的基础上，如何进行学术创新，这是笔者需要考虑的首要问题。为此，笔者在三个方面做了努力：一是在内容上除了系统研究战时大后方交通问题本身外，还全面系统分析了大后方交通对战时西部地区经济的各种影响。台湾学者张瑞德的《平汉铁路与华北经济发展（1905—1937)》（台湾"中央研究院"近代史研究所专刊，1987 年）较早系统研究了铁路对华北地区经济社会发展的影响，该书为笔者的研究带来了有益的启示。二是在理论和研究方法上进行了多学科交叉研究的尝试。实际上，交通问题涉及多个学科，除了历史学以外，还包括经济学、地理学、统计学等。以往的研究多从历史学的角度探讨战时交通建设的前因后果，而从多学科角度探讨战时交通问题的论著并不多见。三是在史料的搜集上付出了努力。战时大后方交通问题的一手资料包括原始档案资料、地方文献资料、时人的调查报告、官方的经济统计资料等，这些资料零散分布在西部各省区的档案馆、图书馆等单位。笔者为搜集资料除了托人在北京国家图书馆代为复印资料外，还亲自跑遍了主要的相关单位，包括中国第二历史档案馆、南京图书馆、四川省档案馆、四川省图书馆、重庆档案馆、重庆图书馆、云南省档案馆、云南省图书馆、广西自治区图书馆、广西自治区档案馆、陕西省档案馆、陕西省图书馆、甘肃省档案馆、甘肃省图书馆、新疆自治区档案馆、新疆自治区图书馆、内蒙古自治区图书馆、内蒙古自治区档案馆等。通过笔者的努力，本书想解决的主要问题包括战时大后方交通是在什么背景下发展起来的，国民政府在发展大后方交通过程中是如何发挥主导作用的，大后方交通运输状况如何，大后方交通如何推动了西部地区经济的发展，大后方交通究竟多大程度上推动了西部地区经济的发展，国民政府发展大后方交通的得失与经验教训有哪些等问题。

需要指出的是，对于抗战大后方交通问题的研究，由于内容庞杂、涉及的相关学科知识较多，因此，研究难度不小，尤其是两大问题难度很大：一是战时重要经济统计数据不完整甚至缺乏，很难对一些问题进行量化分析。众所周知，抗战时期由于战争关系，关于战时中国的一些重要统计数据残缺不全，包括大后方各省的工业、农业、对外贸易方面的统计资料不完整，因此，很难宏观地对大后方经济发展进行总体的量化分析，而量化分析大后方交通对战时西部地区经济发展的拉动作用更是难上加难。二是在分析交通对经济影响问题时，单纯用历史学的研究方法很难把问题完全解释清楚，需要借用一些经济学的理论进行研究。历史学与经济学在研究方法上有很大区别：历史学注重史料考证和历史归纳，擅长现象描述。相比之下，经济学则更强调应用抽象演绎，偏重从经济理论上来解释经济的发展，重视计量分析，当前经济学研究中还常常通过建立数学模型进行量化分析。这两大问题尤其是第二个难题对学历史出身的笔者来讲，的确是个很大的挑战。

现在专著《抗战时期大后方交通与西部经济开发》终于出版面世了，笔者深感欣慰，这是笔者十年来研究战时大后方交通问题的总结。但同时又感不安，因为资料搜集工作仍有不足之处，尤其是港台和海外的相关资料由于客观原因未能搜罗齐全，加之笔者的理论水平有待进一步提高，书中肯定存在诸多不足。但不管如何，如果本书能够对普通读者产生一丝有益的启示或对学者提供一点有益的借鉴，笔者也就心满意足了。

导　　论

一　研究缘起与研究现状

抗战爆发后，广大西部地区成为国民政府抗日的大后方，战略地位日益重要。国民政府在大后方推行了抗战与建国的政策。抗战与建国是相互联系的整体，抗战是建国的前提，只有坚持抗战才能建国；建国则是抗战的保障，若不建国，抗战也无法长期坚持。建国的重要内容之一就是要发展大后方交通，以奠定长期抗战的物质基础，蒋介石即多次在公开场合中发表演说，强调交通建设的重要性。1939 年 11 月 15 日，蒋介石在国民党五届六中全会第三次大会上说："讲到交通运输，还有一点今后应努力尽速作到的，就是要强化西南西北的运输力量，这是目前关系于前方军运与后方经济建设最重要的一件事。"[①] 1940 年 6 月 3 日，蒋介石出席党政训练班第八期毕业典礼，也指出："无论财政金融经济和军事，一切都要以交通为基础，所以大家对于交通运输事业要格外注意。我们中国土地如此广大，格外要发展交通，然后才能促进生产与国防建设。……从今以后，我们一般财政、金融、经济人员特别要知道：如果交通问题不解决，那我们办事无论有多少人力和经费，结果也一定要半途而废……以后大家无论办什么事业，首先要着眼于交通；交通问题获得解决，然后其他的事业才能着手进行。"[②] 此外，国民政府交通部重要官员张嘉璈、俞飞鹏、曾养甫等人也多次就交通建设问题发表重要谈话，强调交通建设在抗战建国中的重要作用。这些都说明国民政府对抗战时期的大后方交通建设十分

[①] 蒋介石：《改进党务政治经济之要点》（上），载中国国民党中央委员会党史委员会编《先总统蒋公思想言论总集》演讲第 16 卷，第 454—455 页。

[②] 蒋介石：《抗战建国中交通财政经济金融各界人员之职责》，载中国国民党中央委员会党史委员会编《先总统蒋公思想言论总集》演讲第 17 卷，第 351—352 页。

重视，把大后方交通建设提高到相当重要的地位。

由于国民政府的高度重视，战时交通建设取得了很大成绩。在铁路建设方面，到1945年3月底，交通部共建成新路1875公里[1]，是抗战前西部铁路长度的3.29倍[2]。在公路建设方面，1938年至1945年，共新建公路11675公里，改善公路88901.5公里[3]，是抗战前西部公路通车里程总长度的约3.55倍[4]。在航运建设方面，到1942年，共开辟航线4777公里，其中轮船航线2492公里，木船航线2285公里，如加上战前所剩航线，共有内河航线35820公里[5]。在1939年至1945年底，共造木船2671艘，42914吨[6]，浅水轮及煤汽机船15艘，245吨[7]，从而缓和了战时航运运力不足的矛盾。在航空建设方面，国民政府积极开辟航线，1937年全国有航空线8569公里，到1945年则增加至21783公里。[8]飞机数量也由1938年的27架，上升到1944年的36架。[9]为解决大后方交通运输困难，国民政府还恢复了古老的驿运。通过大规模的交通建设，大后方交通落后的状况得以改善。以西南地区交通落后的贵州为例，时任贵州省建设厅厅长的何辑五谈到贵州交通时曾言：

在二十年前之贵州，交通仅有小型之官道，而交通工具，仅骡马及轿子滑竿等物，任何车辆，当时尚未发现于贵州。至贵州公路之开辟，系开始于民国十六年，初仅由贵阳至安顺一段，计长九十

---

[1] 《交通部编六全大会交通工作报告》，载中国第二历史档案馆编《中华民国史档案资料汇编》第5辑第2编财政经济（10），江苏古籍出版社1997年版，第110—112页。

[2] 战前西部地区仅有滇越铁路、个碧石铁路、北川轻便铁路、陇海铁路灵宝至宝鸡段，但由于滇越铁路管理权归法国滇越铁路公司所有，所以除去滇越铁路云南段465公里外，西部铁路总长度仅为570公里。

[3] 陆仰渊：《民国社会经济史》，中国经济出版社1991年版，第620页。

[4] 到抗战前夕，西部地区的四川、西康、云南、贵州、广西、西藏、陕西、甘肃、宁夏、青海、新疆十一省公路通车里程达到28370公里。参见《交通部历年各省可通车公路里程表（1933—1937年）》，载中国第二历史档案馆编《中华民国史档案资料汇编》第5辑第2编财政经济（9），江苏古籍出版社1994年版，第291—292页。

[5] 张嘉璈：《最近之交通》，载中央训练团编《中央训练团党政训练班讲演录》，1942年，第50、51、48页。

[6] 龚学遂：《中国战时交通史》，商务印书馆1947年版，第216页。

[7] 《交通部编六全大会交通工作报告》，载中国第二历史档案馆编《中华民国史档案资料汇编》第5辑第2编财政经济（10），江苏古籍出版社1997年版，第116页。

[8] 俞飞鹏：《十五年来之交通概况》，交通部编印，1945年，第55页。

[9] 《交通部编六全大会交通工作报告》，载中国第二历史档案馆编《中华民国史档案资料汇编》第5辑第2编财政经济（10），江苏古籍出版社1997年版，第123页。

五公里四百五十公尺。民十七年扩展安顺至黄果树，平定司至下司，共计五十八公里一百公尺，以后历年贵州之公路，均在扩展，不遗余力。直至三十五年底止，完成之干线计有黔湘、黔川、黔滇、黔桂、赤杉等五段线路，共计一千六百四十八公里零八十九公尺。又清毕、兴兴、贵惠、玉秀、安八、桂穗、遵松、贵开、陆三、遵绥、黄旧、安顶、安紫、安普、郎黄、关姬、关贞、兴贞、遵平、威昭、平下、修清、温泉、义新、南龙等二十五段线路，共计一千八百九十三公里零五十公尺。贵州此十年来已完成之公路里程，总计三千五百四十二公里零三十九公尺。……由是观之，贵州之公路交通，过去此十年之成绩，披荆斩棘，开辟蒿叶，虽未能将贵州之公路网全部完成，亦可谓贵州之交通，已有相当之成就，而况贵州境内之湘桂黔铁路都筑（贵阳至都匀）之铁路路基土方工程，业经完成，惟待全部特工完竣敷设钢轨之后，即可联络黔桂两省间铁路交通，尤足以扩大加强贵州之经建事业也。①

不仅战时贵州交通条件得以改善，而且西北地区的交通在战时同样得到了巨大的发展。"在十年前，西北现代交通的终点，停滞在兰州，我们只能沿着短短七百余公里的兰西公路，看到一些西北的皮毛，别的地方，就非花费极大的人力物力，受尽千辛万苦，不能走到……但是十年后的今日，我们已将仅有的一条兰西路，扩展成凤汉宁、兰猩、华双、汉白、平宁绥……等共长四千七百五十八公里的公路网，这个公路网揭开了西北古老神秘的面罩，使辽远的边疆，有机会呈现在每个现代人的眼前。尤其在抗战发动之后，这个公路网，更负荷了国际物资出入的重大使命。"②

抗战期间大后方交通的发展，也推动了西部经济的发展，其中对西部城镇、工矿业、农业和对外贸易发展的影响尤为明显。以滇缅公路为例，滇缅公路通车后，沿线地区经济纷纷发展起来，关于滇缅公路通车后的影响，时人亦云，随着滇缅公路通车：

> 沿线地方，因交通便利，机关工厂，纷纷成立，举凡关于路线之修理与养护，以及一切建筑上需要之人力物力，无不仰赖地方人

---

① 何辑五编：《十年来贵州经济建设》，商务印书馆1947年版，第5页。
② 西北公路运输局编：《到西北去》，1944年，第2页。

民之供给，地方人民于固有农作之外，籍此得一谋生之机会，自是一般平民之生活，已由枯穷之过程中，进入活动状态，虽值物价飞涨，生活高昂，仍未受重大影响。……由是以现，滇西人民对于滇缅公路直接所受之利益，虽属有限，而间接所得之报酬，牺牲愈大者，代价弥优，凡事皆然，不仅筑路一端也。①

不仅滇缅公路的通车直接推动了沿线经济的发展，其他公路如甘新公路、川中公路、西祥公路、川康公路、乐西公路等的通车也在一定程度上推动了沿线地区经济的发展。可以这样说，战时大后方交通的迅速发展，不仅本身成了大后方经济发展的重要表现，而且也成为战时后方城镇、工矿业、农业和对外贸易发展的重要推动力。因此，战时大后方交通对战时乃至战后西部地区经济产生了巨大影响。鉴于大后方交通问题具有重要的研究价值，这成为笔者研究的缘起。

目前学术界对近代交通史的研究日益深入②，在抗战时期交通问题的研究方面，学术成果也较多。早在抗战胜利后的 1947 年龚学遂就撰写了《中国战时交通史》③，叙述了抗战时期大后方交通建设的前因后果，原交通部长张嘉璈著《中国铁道建设》④ 一书，则详细叙述了抗战时期的铁路建设情况。不过这两本著作还不是严谨的学术专著，可以作

---

① 《视察滇缅公路报告》，1941 年 9 月，云南省档案馆藏，资料号：1106/4/4473。
② 对近代交通史的研究尤其集中于近代铁路史和航运史，研究起步较早。铁路史民国时期代表作有：曾鲲化：《中国铁路史》，燕京印书局 1916 年版；谢彬：《中国铁道史》，上海中华书局 1929 年版。1949 年以后的代表成果有：〔英〕肯特：《中国铁路发展史》，李抱宏等译，三联书店 1958 年版；李国祁：《中国早期的铁路经营》，台湾"中央研究院"近代史研究所 1961 年版；何汉威：《京汉铁路初期史略》，香港中文大学出版社 1979 年版；宓汝成：《帝国主义与中国铁路（1847—1949）》，上海人民出版社 1980 年版；金士宣、徐文述：《中国铁路发展史（1876—1949）》，中国铁道出版社 1986 年版；李占才、王晓华：《艰难延伸的民国铁路》，河南人民出版社 1993 年版；李占才：《中国铁路史（1876—1949）》，汕头大学出版社 1997 年版；尹铁：《晚清铁路与晚清社会变迁研究》，经济科学出版社 2005 年版；马陵合：《清末民初铁路外债观研究》，复旦大学出版社 2004 年版等。近代航运代表作有：刘广京：《英美航运势力在华的竞争（1862—1874）》，曹铁珊等译，上海社会科学院出版社 1988 年版；聂宝璋：《中国买办资产阶级的发生》，中国社会科学出版社 1979 年版；樊百川：《中国轮船航运业的兴起》，中国社会科学出版社 2007 年版；朱荫贵：《中国近代轮船航运业研究》，中国社会科学出版社 2008 年版。其中朱荫贵论文集《中国近代轮船航运业研究》，按中国民族资本航运业、外国在华航运业、轮船航运业的经营管理、轮船招商局和轮船与近代中国经济等五类内容收录，体现了轮船航运业在近代中国出现后的发展演变状况。此外，苏全有著《清末邮传部研究》（中华书局 2005 年版）则对清末邮传部成立的背景、管制、机构、经费、规章管理、执掌等制度层面作了全方位、多视角的探讨。
③ 龚学遂：《中国战时交通史》，商务印书馆 1947 年版。
④ 张嘉璈：《中国铁道建设》，商务印书馆 1946 年版。

为文献资料利用。新中国成立后尤其是 1978 年改革开放以来，随着思想的解放，80 年代战时交通建设问题的研究出现了一批新成果。进入 20 世纪 90 年代以后，学术界对抗战时期交通运输建设的研究有所深入，如对国民政府战时交通运输管理体制调整、筹措交通建设资金、国内国际交通线的新建与改善等方面的研究，具体到了战时公路、铁路、内河航运、驿运等各个交通部门。在研究战时交通方面，以李占才、张劲的《超载——抗战与交通》① 和徐万民的《战争生命线——国际交通与八年抗战》② 两书为代表。李占才、张劲合著的《超载——抗战与交通》一书全面地研究了战时交通与中国抗战之间的关系，包括战时的公路、铁路、水运、航空和驿运建设，并分析了战时交通与抗战的关系。徐万民先生的《战争生命线——国际交通与八年抗战》一书则通过全面系统研究抗战时期的西北国际交通线、中越国际交通线、中缅国际交通线和中印国际交通线以及这些国际交通线在支持中国抗战方面发挥的作用，探讨了战时国际交通在八年抗战中的战略地位，中国反封锁、反包围的军事、外交奋斗的成败得失及其对战争进程的影响。肖雄先生的博士论文《抗日战争时期四川省办驿运研究》③ 通过全面系统研究抗战时期四川省政府举办驿运的酝酿过程、举办驿运的概况、驿运的设施与制度建设、驿运的实际经营状况以及举办驿运过程中民间力量的参与情况，认为四川省办战时驿运，虽在实际经营中并不十分理想，但其毕竟在抗战面临交通运输困难之际，承担大批军需民用运输任务，毫无疑义地成为摆脱此困境的有效手段。至于研究抗战时期交通建设的论文则不胜利枚举。④ 此外，还有专门研究抗

---

① 李占才、张劲：《超载——抗战与交通》，广西师范大学出版社 1995 年版。

② 徐万民：《战争生命线——国际交通与八年抗战》，广西师范大学出版社 1995 年版。

③ 肖雄：《抗日战争时期四川省办驿运研究》，博士学位论文，四川大学，2007 年。

④ 主要代表论文有陈谦平《试论抗战以前南京国民政府的交通建设》（张宪文、陈兴唐、郑会欣编《民国档案与民国史学术讨论会论文集》，档案出版社 1988 年版）、董长芝《抗战时期大后方的交通建设》（《抗日战争研究》1993 年第 1 期）、洪喜美《抗战时期四川之驿运》（《"国史馆"馆刊》复刊第 6 期，1989 年）和《抗战时期西北之驿运》（《"国史馆"馆刊》复刊第 8 期，1990 年）、陈红民《抗日战争时期的驿运事业》（《抗日战争研究》1997 年第 1 期）、侯德础《抗战时期四川内河航运鸟瞰》（《四川师范大学学报》1990 年第 3 期）、杨斌《抗战时期国民政府驿运事业》（《民国档案》1995 年第 4 期）、田霞《抗日战争时期的陕西驿运》（《西北大学学报》1997 年第 3 期）、赵守仁和陈艳军《抗战时期国民政府的公路建设及其历史作用》（《辽宁师范大学学报》1999 年第 5 期）、张劲《抗战中的航空运输》（《民国档案》1995 年第 2 期）、陆韧《抗日战争中的云南马帮运输》（《抗日战争研究》1995 年第 1 期）、李占才《抗战中的中国铁路运输》（《抗日战争研究》1994 年第 1 期）、侯凤云《抗日战争时期的西北国际交通线》（《江苏社会科学》2005 年第 4 期）等。

战时期交通问题的硕士论文问世。① 这些论著的问世进一步加深了抗战交通史研究。

关于战时大后方交通与西部经济发展关系问题的专门研究，目前尚显薄弱，论著并不多见。不过，关于这一问题的相关研究起步较早，尤其集中于研究近代新式交通与华北地区经济社会发展的关系问题。台湾学者张瑞德较早系统研究了铁路与华北地区经济社会发展之间的关系②，在此基础上，南开大学教授江沛及其指导的研究生们进一步研究了铁路与华北城市发展、工矿业发展之间的关系，发表了大量的相关论文③，其中熊亚平博士利用了大量一手资料系统深入研究了铁路对近代华北地区乡村社会经济、社会机构变迁的影响，颇具学术价值④。杭州师范大学丁贤勇教授利用档案材料、民国报刊资料、地方志、文史资料、文集、笔记、口碑甚至火车、轮船时刻表等边角史料，全面系统地研究了民国时期浙江省轮船、火车和汽车等新式交通工具的出现对浙江交通格局、乡村社会经济、城市发展以及社会观念的各种影响⑤，学界对其研究也给予了积极的评价。关于交通运输对近代西部经济发展的影

---

① 关于抗战时期西部交通建设的硕士学位论文，主要是刘世茂《抗战时期的四川交通建设》（四川师范大学，2001 年）、贾国雄《抗战时期国民政府的交通运输经营和管理》（南京大学，2000 年）、容岚《抗日时期（1931—1945）国民政府开发西北交通问题研究》（西北大学，2004 年）等。

② 参张瑞德见《平汉铁路与华北经济发展（1905—1937）》，台湾"中央研究院"近代史研究所专刊，1987 年。

③ 江沛：《華北における近代交通システムの初步的形成と都市化の進展》，青柳伸子译，《现代中国研究》（日）2006 年；江沛等：《铁路与山西城镇的变动：1907—1937》，《民国档案》2007 年第 2 期；江沛等：《铁路与石家庄城市的崛起：1905—1937 年》，《近代史研究》2005 年第 3 期；熊亚平：《铁路与沿线地区城乡经济关系的重构——以 1888—1937 年间的石家庄、郑州、天津为例》，《安徽史学》2009 年第 3 期；熊亚平：《铁路与华北内陆地区市镇形态的演变（1905—1937）》，《中国历史地理论丛》2007 年第 1 期；王先明、熊亚平：《铁路与华北内陆新兴市镇的发展（1905—1937）》，《中国经济史研究》2006 年第 3 期；熊亚平：《铁路与华北内陆传统工商业市镇的兴衰（1905—1937）》，《河北大学学报》2006 年第 5 期；李丽娜等：《铁路与山西近代煤矿业的发展：1907—1937》，《山西师大学报》2008 年第 1 期；李丽娜：《铁路与山西近代交通体系的形成（1907—1937）》，《太原师范学院学报》2008 年第 5 期；刘晖：《铁路与近代郑州棉业的发展》，《史学月刊》2008 年第 7 期；马义平：《铁路与近代河南的棉业发展》，《中国历史地理论丛》2010 年第 1 期，等等。

④ 参见熊亚平《铁路与华北乡村社会变迁（1880—1937）》，人民出版社 2011 年版。

⑤ 参见丁贤勇《新式交通与社会变迁：以民国浙江为中心》，中国社会科学出版社 2007 年版。

响问题①，目前学术界重点研究了滇越铁路、陇海铁路和川江航运对近代西部地方经济的影响。在滇越铁路研究方面，学者们探讨了滇越铁路对近代云南商品经济、农村市场、对外贸易乃至社会意识的影响。② 对川江航运与经济发展关系问题的研究，学者们主要探讨了川江航运对重庆及沿岸城市社会经济的影响。③ 至于对陇海铁路的研究，学术界主要研究了陇海铁路对沿线城市发展的影响。④ 尤其值得一提的是，朱从兵

---

① 戴鞍钢先生的《交通与经济的互为制约——以近代中国西部省份为例》（《中国延安干部学院学报》2010 年第 2 期）一文，通过对西部地区水运、陆运建设与经济发展长期变化的演绎，论述了受到历史条件的束缚和自然地理的限制，近代中国西部省份交通近代化进程迟滞，进而阻碍了经济发展。

② 关于滇越铁路的经济影响问题，20 世纪 80 年代以前，学术界对其基本持否定态度。90 年代后，学者们逐渐肯定了滇越铁路对近代云南经济发展的推动作用。董孟雄、郭亚非的《近代云南的交通运输与商品经济》（《云南社会科学》1990 年第 1 期）一文论述滇越铁路的通车对云南商品经济的影响，认为近代云南交通运输变化导致了云南地方市场的商品流通量激增，从而基本确立了蒙自、下关、昭通等中转市场。顾继国等认为滇越铁路对近代云南进出口贸易起着双重作用，既加快了云南近代经济的发展和繁荣，又限制和阻碍了云南民族资本主义经济的进步（《滇越铁路与云南近代进出口贸易》，《云南民族学院学报》2001 年第 5 期）。赵铨认为滇越铁路的通车促进了沿线农村地区商品经济的发展，表现为农副产品商品化加快、经济作物种植面积扩大和商业集镇兴起等诸多方面（《滇越铁路沿线农村商品经济初探》，《云南财贸学院学报》1997 年第 4 期）。

③ 对川江航运与经济发展关系问题的研究，张济容认为川江轮船运输的兴起与发展加强了重庆与长江中下游城市以及世界市场的联系，促进了重庆对外贸易的发展，刺激了城市商业和金融，加快了重庆的近代化进程（《近代川江航运与重庆城市发展（1840年—1937 年）》，硕士学位论文，西北大学，2004 年）。张友谊认为近代川江航运的发展在客观上给川江沿岸经济开发带来了发展的契机。川江航运在农业方面促进了经济作物如烤烟、养蚕及土特产等的种植面积及生产量扩大，加快了农业的区域开发，在工业方面改善了矿区或沿线地区的对外运销条件，使沿线地区的资源得到不同程度的合理开发利用，从而对沿线地区的经济发展产生重大的促进或推动作用。（《川江航运与该流域社会经济的演变研究》，硕士学位论文，重庆师范大学，2004 年。）张瑾的《二三十年代影响重庆城市变迁的几个因素———论刘湘对重庆的军人干政》（《重庆大学学报》社会科学版 1999 年第 2 期）一文，认为川江轮船航运是影响重庆城市变迁的三大因素之一。

④ 主要成果有：郭海东：《陇海铁路与近代关中社会经济变迁》，西南交通大学出版社2011 年版；王静：《民国时期陇海铁路在关中地区城镇化过程中的作用》，《黑龙江史志》2009 年第 15 期；王静：《陇海铁路与关中地区城镇规模等级的演变（1935—1945）》，《兰台世界》2009 年第 18 期；王静：《民国时期陇海铁路对咸阳城市化的影响》，《洛阳师范学院学报》2006 年第 1 期，等等。其中郭海东《陇海铁路与近代关中社会经济变迁》一书系统深入研究了近代关中经济社会变迁中陇海铁路的引导与推动作用，并着重就陇海铁路与关中交通体系的重构、工商业的发展、城镇的兴衰、城市空间结构的变化及经济社会外向化发展间的互动进行剖析，以之作为深入探讨近代关中经济社会变迁新的学术增长点。

教授的专著《铁路与社会经济——广西铁路研究（1885—1965）》[1] 第一次全面、系统地研究了 1885 年至 1965 年间广西铁路筹建与建设的艰辛、坎坷历程，深入地分析了铁路对广西工业、农业、交通运输格局、城镇建设与对外贸易等方面产生的深远影响，给笔者的研究颇多启示。

综观学术现状，目前学术界对战时交通史研究取得了一批新成果，但也有薄弱之处存在，表现在：第一，尚无论著对战时大后方交通与西部地区经济开发的关系进行总体性、系统性的研究。第二，战时大后方交通史研究多集中于宏观层面论述战时交通建设原因、经过及作用，而较少微观层面分析战时大后方交通布局、运输价格等问题。第三，在分析战时交通的作用时，主要集中于研究交通对抗战大业的支持作用，而交通对西部地区经济发展推动作用的研究相对不足。第四，档案资料、战前战时经济调查报告和地方志资料尚需进一步挖掘。第五，真正多学科交叉研究的成果较少。

有鉴于此，对抗战时期大后方交通与西部经济发展关系问题的研究，具有重要的学术价值和现实意义。首先，具有重要的现实意义，通过全面系统研究战时大后方交通与西部地区经济开发的相互关系，可以更加深入地了解交通运输在大后方经济发展过程中所发挥的重要作用，可为当前的西部大开发提供历史借鉴。其次，具有很大的学术价值，通过对战时大后方交通与西部地区经济开发的关系进行历史考察和全面系统深入研究，可弥补区域经济史和抗日战争史研究的不足，丰富近代交通史的研究内容。

二 研究范围与研究方法

（一）研究空间与时间范围的界定

抗战时期大后方这一概念，学术界存在多种认识[2]，归纳起来主要有两种观点：一种观点认为大后方是指抗战时期的西部地区，如《现代汉语辞典》就将"大后方"界定为特指"抗日战争时期的西南、西北

---

[1] 朱从兵：《铁路与社会经济——广西铁路研究（1885—1965）》，广西师范大学出版社 1999 年版。

[2] 参见张守广《大变局——抗战时期的后方企业》，江苏人民出版社 2008 年版，第 24—25 页。

地区"。另外一种观点将大后方与"国统区"相提并论,认为大后方就是指抗战时期重庆国民政府的实际控制区,如许涤新、吴承明先生认为大后方的范围包括抗战时期的四川、西康、云南、贵州、广西、陕西、甘肃、青海、宁夏、新疆10个省份以及湖南、湖北、广东、河南、江西、安徽、浙江、福建等省尚能为重庆国民政府实际控制的一部分地区。① 侯坤宏也认为大后方包括川、湘、鄂、赣、浙、粤、桂、滇、黔、闽、陕、豫、甘、青、宁15个省国民政府控制区域。②

就本书来讲,笔者赞同第一种观点,认为抗战时期大后方地区就是战时的西南和西北地区,包括西南大后方和西北大后方两大部分。实际上20世纪三四十年代时人所指的西南、西北地区与今天所讲的西部略有不同,其范围较今天西部地区的实际范围略大。当时的西北包括陕西、甘肃、宁夏、青海、新疆、绥远6个省③,西南包括四川、西康、云南、贵州、广西、湖南和广东7个省④,总共13个省。考虑到绥远、湖南和广东的大部分地区在抗战期间沦陷,所以本书所指的大后方包括西北的陕西、甘肃、宁夏、青海、新疆和西南的四川、西康、云南、贵州、广西。总之,本书的研究范围包括陕西、甘肃、宁夏、青海、新疆、四川、西康、云南、贵州和广西10个省。

在对"抗战大后方"空间地域加以界定的基础之上,本研究的时间跨度定位为1937年7月抗战全面爆发至1945年8月抗战结束,即通常所说的"八年抗战"时期。原因在于西南、西北地区真正成为抗战大后方是在1937年7月全面抗战爆发以后,尤其是重庆成为国民政府陪都以后,以重庆为中心的西南、西北地区真正成为中国的抗战大后方。

(二) 本书关于交通概念的界定

《辞海》对交通的解释为:"各种运输和邮电通信的总称。即人和物的转运和输送,语言、文字、符号、图像等的传递和播送。"⑤但本书

---

① 参见许涤新、吴承明主编《中国资本主义发展史》第3卷《新民主主义时期的中国资本主义》,人民出版社2003年版,第461页。

② 参见侯坤宏《抗战时期的中央财政与地方财政》,台湾"国史馆"2000年版,第8—9页。

③ 参见张嘉璈《如何开发西北》,载唐润明主编《抗战时期大后方经济开发文献资料选编》,重庆市档案馆,2005年,第248页。

④ 参见陈立夫《如何共同建设西南》,载唐润明主编《抗战时期大后方经济开发文献资料选编》,重庆市档案馆,2005年,第90页。

⑤ 辞海编辑委员会:《辞海》上册,上海辞书出版社1979年版,第794页。

中交通概念的界定与辞海的定义有所区别。本书的交通不包括语言、文字、符号、图像等的传递和播送，邮电通信并没有列入本书的研究内容，主要原因是邮电通信在抗战时期的大后方交通部门中地位相对次要，其对后方经济产生的影响不仅非常有限，而且影响的时间也比较短暂。因此，本书的研究对象将邮电通信排除在外，而将交通范畴定为陆路、内河航运和航空运输的总称，即人和物的转运和输送。

（三）研究的基本方法

研究抗战时期的大后方交通及其对西部经济开发的影响，会遇到若干困难，主要面临五大困难：一是战时大后方交通建设受战局影响，时断时续，呈现一定的阶段性，在不同的阶段具有不同特点，要客观准确地论证战时交通建设的过程、特点及其影响，难度较大。二是关于大后方交通对西部经济发展影响的资料相对零散，诸如交通对沿线工业、农业、对外贸易等经济部门推动作用的资料零散分布在地方志、调查报告、资料汇编、新中国成立前的报纸杂志等材料中，尤其是这方面的具体统计资料残缺不全，因此搜集资料较困难。三是抗战八年时间内，交通对沿线地区工业、农业、对外贸易和城镇发展发挥推动作用的时间比较短暂，而且战时大后方交通建设的首要目的是满足军事需要，交通对沿线地区经济发展的推动作用不能得到完全发挥，这也增加了研究的困难。四是战时大后方交通究竟多大程度上推动了西部地区经济发展，由于统计资料的不完整，很难进行精确的量化分析，况且交通对沿线地区的影响是全方位的，不仅包括经济层面的影响，而且也包括对人们的社会观念层面的影响，这不仅仅是靠数字就能说得清楚的，因此，本书有的部分只能进行史实的描述。五是研究交通的经济影响会涉及若干相关学科知识，如交通地理学、区域经济学、统计学等，这要求研究者必须具有广博的学科知识和较强的研究能力。

为克服以上困难，笔者在史料的搜集、研究理论和研究方法的运用等方面做了努力。本课题主要的研究方法是历史学的实证论方法。笔者重点挖掘大量的一手史料，包括抗战时期西部各省市的报刊资料、各种官方和民间经济调查报告、官方经济统计资料、档案资料、交通沿线市县地方志资料和文史资料等。通过对这些历史资料的梳理，全面深入探讨抗战时期大后方交通及其对西部经济发展的影响。在研究中按照历史学的逻辑顺序架构全文，以时间为顺序，对抗战时期大后方交通建设的背景、国民政府采取的交通政策措施、交通建设经过、建设特点、交通发展、交通状况以及交通对西部经济发展的影响进行系统论述。为突出战时大后方交通对沿线地区经济开发的推动作用，本书主要运用了历史比较法，就是将交通建设前西部的经济状况与交通建设后的沿线地区经济发展状况进行对比，将交通沿线地区的经济发展状况与远离交通线地区的经济发展状况进行对比，通过对比可以比较直接看出交通对西部经济发展的推动作用。

在历史学的实证方法基础上，同时借鉴历史地理学、区域经济学、统计学的研究方法。实际上，交通史学是历史学的一个分支，它具有历史学的一般共性，又具有其本身的特性。交通史既具有经济史又具有技术史的性质，它是一门边缘史学。从交通史学本身讲，它是一门专史，但从学科关系上看，则具有综合性的特点，它与交通运输经济学、交通技术科学、历史地理学、考古学、哲学等学科是相互交叉、相互渗透的。[①] 就本书来讲，笔者通过采用历史地理学的方法具体分析战时大后方交通运输布局、城市分布、工业分布、贸易路线变迁等问题，全面展示战时后方交通及交通影响下后方经济的地理学特征。运用区域经济学方法研究交通运输对后方区域经济的影响，包括交通运输对后方工矿业布局及发展、城市布局及发展、农村市场分布、对外贸易发展的影响。运用统计学方法对交通运输的经济影响进行量化分析，通过运用统计学方法，笔者将所搜集到的有关经济统计数据进行整理，分门别类制作成大量表格，通过这些数据表将交通运输对沿线城镇规模、商业、工矿业的影响进行具体的量化分析，在微观层面探讨交通建设对西部经济发展的影响程度。尤其是笔者尝试采用了相关与回归分析的数学统计方法，通过对交通客货运量与工矿产品产量、城市人口数量等相关变量之间进行相关与回归分析，对交通与经济发展的关系进行量化测算，以求进一步准确量化分析交通对经济发展的影响。总之，本课题在历史学实证法的基础上通过借鉴相关学科的研究方法力争实现多学科交叉研究。

三　交通与经济关系概述

交通运输业是国民经济的有机组成部分，不同的经济学理论，由于其研究问题的角度和目的不同，对交通运输业性质的认识也不相同，目

---

① 参见魏启宇《交通史学概论》，兰州大学出版社 1990 年版，第 176—192 页。

前有三种认识，即物质生产部门论、第三产业论和基础设施论。认为交通运输业是物质生产部门的代表人物为马克思。19世纪中叶，马克思在《资本论》中系统而深刻地论述了运输业的性质，指出它既具有物质生产的共性，又具有区别于一般物质生产的特征，认为运输业是生产在流通过程中的继续，属于物质生产领域。马克思称运输业是"第四个物质生产领域"。他说："除了采掘工业、农业和加工工业以外，还存在着第四个物质生产领域，这个领域在自己的发展中，也经历了几个不同的生产阶段：手工业生产阶段、工场手工业生产阶段、机器生产阶段。这就是运输业，不论它是客运还是货运。"① 不过，现在国际上一般把交通运输业归为第三产业部门。

至于交通运输与经济发展之间，则有着密切的关系。由于交通运输在经济部门中占据重要地位，因此，交通运输在现代国民经济中发挥着重要的作用。交通经济学认为交通运输在现代国民经济中起着以下作用：第一，交通运输是国民经济持续、快速、健康发展的决定性条件，交通运输与经济发展速度有密切的关系；第二，交通运输是资源开发、生产力合理布局的前提条件；第三，交通运输是扩大对外开放、发展外向型经济和吸引外资的硬环境；第四，交通运输是联系城市和乡村、发展地区间经济联合的纽带；第五，交通运输对加强民族团结、促进社会进步、实现国家统一有重要作用。② 日本学者石井一郎也认为交通建设有三种经济影响：一是交通设施对营运本身产生的效果；二是交通设施利用者在经济上得到方便的效果，称直接经济效果；三是交通设施对周围地区的影响效果，称间接经济效果。③ 其中，道路交通所带来的间接经济效果包括缓和邻近道路的交通堵塞、生产运输计划的合理化、流通过程的合理化、扩大市场范围、分散工业布局、开发资源等作用。④ 从现代化角度来讲，交通运输的变革和现代化是整个国民经济现代化和工业化的重要前提之一，又是工业化的一个必然结果。正如马克思指出的："工农业生产方式的革命，尤其使社会生产过程的一般条件即交通

---

① 马克思、恩格斯：《马克思恩格斯全集》第26卷第1册，中共中央马克思、恩格斯、列宁、斯大林著作编译局译，人民出版社1972年版，第444页。

② 参见杨洪年《交通经济学》，人民出版社1994年版，第8—13页。

③ 参见〔日〕石井一郎《交通运输学概论》，顾时光译，人民交通出版社1983年版，第216页。

④ 同上书，第222—223页。

工具的革命成为必要。"①

纵观世界各国的现代化历程，交通运输所发挥的作用功不可没，实际上英国工业革命就是肇始于交通运输的变革，即改良蒸汽机车的发明和使用。西方学者在研究欧美各国的现代化进程问题时，十分强调交通运输在现代化进程中的推动作用。美国著名经济史学家罗斯托在分析近代英国、法国、德国、加拿大和俄国经济发展的原因问题时，认为在这些国家经济的起飞阶段，铁路对经济的增长具有三种重要影响：第一，铁路降低了国内运输成本，给商业市场开辟了新的地区和带来了新的产品；第二，在许多国家，铁路是发展一个主要的、新的和迅速扩大的出口部门的先决条件，而这个出口部门反过来又为国内发展提供资本；第三，铁路的发展引起了现代采煤业、现代钢铁业和现代机器工业的发展，这也许是对起飞阶段本身最重要的影响。这三种有力的影响，往往可以使这个社会进入自我维持的增长阶段。② 美国华盛顿大学经济史教授诺尔斯通过对美国工业化进程的研究，认为在美国工业化进程中，交通运输的发展发挥了重要作用，他总结道："在不断增强的地区间一体化中，正在下降的运输成本作用重大。在早期影响重大的是海洋运输、西部河运、爱尔和宾夕法尼亚运河等运费的下降。甚至在铁路出现以前，地区间贸易已经有效地扩大了东部制造业的市场。19 世纪 20 年代马萨诸塞州工业的发展以及 30 年代早期东北部其他各州工业的发展证明了依靠水运成本下降的地区间贸易的快速发展。1835 年至 1850 年东北部铁路的扩散的确在工业的深入发展和地方化中发挥了重要作用。""19 世纪东、西部通过铁路有效地联结起来，进一步削减了地方化工业的交通成本障碍。"③ 另外一位美国经济史学家艾伯特·菲什洛则专门研究了美国铁路与美国经济发展的关系，他进一步认为，美国铁路运输网络的建成，对美国的经济产生了以下直接的影响："（1）运输成本降低为美国经济提供了约 1.75 亿美元的直接收益，相当于 1859 年国民生产总值的 4%。（2）1849—1858 年期间的铁路总投资解释了超过 15% 的总资本形成的原因，几乎达到 1844 年峰值的 1/4。（3）关于部门投

---

① 马克思：《资本论》第 1 卷，《马克思恩格斯全集》第 23 卷，中共中央马克思、恩格斯、列宁、斯大林著作编译局译，人民出版社 1972 年版，第 421 页。

② 参见〔美〕罗斯托《经济增长的阶段：非共产党宣言》，郭熙保、王松茂译，中国社会科学出版社 2001 年版，第 57 页。

③ D. C. 诺尔斯：《美国的工业化（1815—1860 年）》，载〔美〕W. W. 罗斯托《从起飞进入持续增长的经济学》，贺力平等译，四川人民出版社 1988 年版，第 64—65 页。

入，在此期间铁路对生铁的需求增加，19 世纪 50 年代达到净消费 20%
的水平，铁路需求'有力促进'了生铁工业向无烟煤，然后是焦煤作
为燃料源的关键转变；它们在刺激轧钢厂中'表现得更加出类拔萃'；
南北战争以后，铁路需求使贝塞麦过程引入到美国。至于机器、机车工
业和修理厂在工程中的扩散效应要大于纺织业和轮船发动机厂，而前者
最初起源于后者。煤炭和木材在铁路中的初始投入则不太大。（4）19
世纪 50 年代铁路对西部的农业产出、人口扩张（包括移民）和农业加
工业的增长有巨大的影响。"①美国明斯特大学教授霍夫曼通过研究近代
德国的经济起飞问题，肯定了交通运输在此阶段的作用，认为德国"铁
路建设从质量方面和数量方面对德国工业的发展提供了重要刺激，随着
更多铁路线的建造，对经济增长的影响也在增加。铁路发展和生产资料
的周转之间存在着紧密的联系。这种联系对于煤炭、钢铁似乎更为真
实，它们是编制生产资料生产指数的主要产品。这些产品的综合增长率
高于全部平均数，因此，是 19 世纪以来工业发展的重要代表"②。总
之，在欧美国家的现代化过程中，交通运输扮演了重要的角色，推动了
欧美各国经济的迅速发展。

　　就中国而言，中国的现代化的启动时间尽管远远晚于欧美国家，但
随着 19 世纪 60 年代洋务运动的兴起，中国也开始了艰难的现代化起
步。在洋务派所创办的一系列军工和民用企业中，交通运输业占有一席
之地，尤其是轮船招商局的成立，开启了官办近代交通运输业的先河，
推动了中国交通运输的现代化。随着现代化在中国沿海的缓慢推进，处
于内地的西部地区的交通运输也开始了艰难的现代化起步。西部交通运
输的现代化首先肇始于川江轮船运输业的兴起。地处四川的川江是西部
重要的内河航道，传统运输方式为木船运输，19 世纪末期随着西方轮
船公司纷纷进入川江水域航行，川江木船运输逐渐被新式轮船运输取
代。1909 年"蜀通"轮船加入川江航运时，川江木船尚有 2300 余只，
74000 余吨，但到 1925 年木船仅有 1 只，约合 20 吨，而轮船（包括木
质机动船）则剧增到 1172 只之多，约合 40 万吨。③ 川江木船与轮船数

① 〔美〕罗斯托：《经济增长的阶段：非共产党宣言》，郭熙保、王松茂译，中国社会科
　　学出版社 2001 年版，第 240—241 页。
② W. G. 霍夫曼：《德国的起飞》，载〔美〕W. W. 罗斯托《从起飞进入持续增长的经济
　　学》，贺力平等译，四川人民出版社 1988 年版，第 122 页。
③ 中国农业银行经济研究室：《四川之航业》，《复兴月刊》第 3 卷第 6、7 期合刊，1935
　　年 3 月。

量之间呈现出此消彼长之势。到 1926 年，据宜昌海关报告在川江，"民船运输事业，几尽为轮船取而代之，而绝迹于江面"[①]。川江轮船运输业的兴起开启了川江内河航运的现代化。此外，西部的铁路运输、公路运输和航空运输纷纷在 20 世纪初期出现并得到发展。西部交通运输的现代变革，推动了西部经济的发展，这在滇越铁路对云南工业发展的推动作用中也得到了印证。[②] 总之，尽管中国西部地区现代化启动时间晚于东部沿海地区，但交通运输对当地现代化的推动作用同样表现十分明显，因此，这为运用交通相关理论研究战时大后方交通及其经济影响提供了依据和可能。

四　研究资料与内容框架

本书利用的文献资料首先是未刊档案资料和抗战文献资料。未刊档案资料包括中国第二历史档案馆馆藏交通部档案、资源委员会档案、四川粮食储运局档案以及四川省档案馆馆藏四川粮政局档案等。抗战时期出版的文献史料主要有朱子爽的《中国国民党交通政策》（国民图书出版社 1943 年版）、俞飞鹏的《十五年来之交通概况》（交通部 1946 年编印）、张嘉璈的《中国铁道建设》（商务印书馆 1946 年版）、龚学遂的《中国战时交通史》（商务印书馆 1947 年版）、《四川驿运》（四川驿运管理处 1941 年 7 月编印）、张肖梅《云南经济》（中国国民经济研究所 1942 年版）、张肖梅《贵州经济》（中国国民经济研究所 1942 年版）等。此外，还包括大量抗战时期的报纸杂志，主要有《交通建设》、《交通建设季刊》、《抗战与交通》、《驿运月刊》、《交通月刊》、《西北论衡》、《西北资源》、《西南实业通讯》、《四川经济月刊》、《陕行汇刊》、《资源委员会季刊》，等等。除了未刊档案资料和抗战文献资料外，本书还大量利用了改革开放三十年来大陆和台湾地区整理公开出版

---

① 聂宝璋、朱荫贵编：《中国近代航运史资料（1895—1927）》第 2 辑下册，中国社会科学出版社 2002 年版，第 1376 页。

② 陈征平在研究云南早期工业化进程问题时，通过分析 1910 年滇越铁路的建成通车与云南早期工业化启动的关系，以及 30 年代末期现代交通网络的初步形成对云南早期工业化进程的进一步推进，认为近代云南两次交通条件的变革为云南早期工业化提供了发展契机。参见陈征平《云南早期工业化进程研究（1840—1949）》，民族出版社 2002 年版，第 92—153 页。

的抗战交通资料，主要包括以下四种史料：

第一，专业刊物。主要有《民国档案》、《档案史料与研究》等，这些专业刊物公布的档案资料中包括一些有关战时交通方面的档案资料，颇具史料价值。此外，还有一些不定期的交通史料刊物出版，其中影响最大的是中国民航总局史志办公室不定期出版的内部刊物《中国民航史料通讯》，刊登了大量抗战时期大后方民航方面的回忆文章和口述史料，大大弥补了文献资料之不足。

第二，档案史料汇编。中国第二历史档案馆编辑的《中华民国史档案资料汇编》（江苏古籍出版社 1994 年起陆续出版）作为大陆地区唯一的综合性大型民国档案资料集，其中第五辑第二编财政经济第十册是关于抗战时期交通史料的专辑。中国第二历史档案馆马振犊等合编的《抗战时期西北开发档案史料汇编》（中国社会科学出版社 2009 年版）第六章是西北交通建设方面的档案资料。重庆市档案馆编《抗日战争时期国民政府经济法规》（档案出版社 1992 年版）下册有专章辑录了战时交通法规。此外，台湾"国史馆"也出版了中华民国交通史料汇编，包括朱汇森主编《中华民国交通史料（一）：航政史料》（"国史馆" 1989 年版）、叶健青编《中华民国交通史料（三）：航空史料》（"国史馆" 1991 年版）、姜明清编《中华民国交通史料（四）：铁路史料》（"国史馆" 1992 年版），上述三本交通史料中有专门的抗战时期交通史料。秦孝仪主编的《中华民国重要史料初编——对日抗战时期》第四编战时建设第三册（台湾"中央文物供应社" 1988 年版）汇集了专门的抗战交通档案资料。

第三，地方交通史志资料。三十年来，中国各省市自治区地方志办公室陆续编写出版的各地地方志中交通志是重要内容，包括公路志、铁路志、内河航运志、民用航空志等内容。至于西部各省区专门的交通志至少也有 30 部，这些新修交通志中包含有抗战时期交通方面的资料。20 世纪八九十年代，全国各省包括西部各省区交通厅史志办公室还组织人员纂写各地公路史、内河航运史等丛书，这些地方交通史由于不是历史专业人员纂写，因此学术价值受到了影响，不过，史料价值却很大。此外，戴鞍钢、黄苇主编的《中国地方志经济资料汇编》（汉语大辞典出版社 1999 年版）第七部分专门辑录了各地交通运输方面的史料，其中有反映战时交通的地方志资料。

第四，交通文献史料汇编。抗战时期大后方交通的专门史料汇编仅有中国人民政治协商会议西南地区文史资料协作会议编《抗战时期西南的交通》（云南人民出版社 1992 年版），该书收录了西南各省市文史资料中关于交通方面的文献，颇具参考价值。大陆学者宓汝成编的《中华民国铁路史资料（1912—1949）》（社会科学文献出版社 2002 年版）第七章专门辑录了抗战时期交通史料。重庆档案馆唐润明主编《抗战时期大后方经济开发文献资料选编》（重庆市档案馆 2005 年印）一书中不乏大量大后方交通方面的经济资料。章伯锋、庄建平主编的中国近代史资料丛刊之十三《抗日战争》（四川大学出版社 1998 年版）第四卷经济部分有大后方交通方面的具体资料。财政科学研究所和中国第二历史档案馆编《民国外债史料》（档案出版社 1991 年版）有部分战时中国铁路外债史料。此外，秦孝仪主编的《中华民国史料丛编——战时交通》（台湾“中央文物供应社”1976 年版）则辑录了抗战时期出版的重要交通方面的论文和图书。李云汉主编《中国国民党临时全国代表大会史料专辑》（“近代中国出版社”1991 年版）两册、周开庆主编《近代中国经济丛书之一：经济问题资料汇编》（台湾华文书局 1967 年版）也搜集了战时交通方面的文献资料。罗家伦主编的《革命文献》（台湾“中央文物供应社”出版）和沈云龙主编的《近代中国史料丛刊》（文海出版社有限公司出版）包含有丰富的抗战时期交通史料。如沈云龙主编《近代中国史料丛刊续编》第 93 辑收录了凌鸿勋著《中国铁路志》，对研究抗战时期铁路史有很大利用价值。

　　本书是抗战时期大后方交通及其对西部经济发展影响的实证研究，分为上下两编，共十章。上编五章，全面分析大后方交通建设背景、建设措施、建设经过、交通运输的发展及交通运输状况。第一章考察了抗战爆发前西部的交通发展情况。分析了抗战爆发前西部地区交通发展的自然条件和社会经济条件，详细阐述了抗战前西部地区公路、铁路、内河航运业和航空运输业的发展情况，并剖析了战前西部地区交通建设对西部地区经济发展的推动作用。第二章论述了抗战爆发后国民政府为发展西部交通而采取的政策措施和交通管理。抗战爆发后，为支持前方抗战和发展后方经济，国民政府确立了交通统制体制，表现为调整了交通管理机构、颁布了系列交通法规和制定了交通建设计划方针。在交通统制体制下，国民政府强化了交通法制化管理，交通管理主要服从抗战需要。第三章阐述抗战时期大后方交通建设的过程、特征和交通运输发展情况。认为大后方交通建设大致分为初步展开阶段、全面展开阶段和重点展开阶段，剖析了大后方交通建设的主要特征及交通发展的具体表现。第四章分析了抗战时期政府与社会力量在大后方交通发展过程中的具体作用，包括政府发挥的主导作用和民间力量发挥的主体作用，并剖析了制约政府主导作用发挥的各种因素。第五章分析了大后方交通运输状况，包括交通线布局，运输布局和运输价格变动。下编五章具体分析了大后方交通对西部地区经济开发的影响。第六章从理论层面阐述了交通与经济发展关系的各种观点，分析了交通与经济发展的各种关系，并对大后方交通与西部相关产业发展的关系进行了计量分析。第七章分析了大后方交通对西部对外贸易的影响，包括对外贸易路线变迁以及由此而引发的口岸贸易变迁和对外贸易变迁，并从港口—腹地角度论述了战时大后方经济的内向化特征。第八章分析大后方交通对西部工矿业发展的推动作用，大后方交通影响了西部工矿业布局、推动了工业发展和矿业开发。第九章论述了大后方交通对西部农产品运销及农村市场的影响，主要分析交通对西部粮食、农副产品、土特产品的运销及农村市场分布的影响。第十章分析了大后方交通对西部城镇发展的推动作用，包括影响了城市分布，促进了中心城市的发展，加速了交通沿线城镇发展。结语部分宏观归纳了大后方交通发展的主要原因、大后方交通发展的局限性、大后方交通对西部地区经济发展的各种影响，并归纳出抗战时期大后方交通建设的历史经验教训与历史启示。

上编　抗战时期大后方交通概论

第一章　抗战前的西部交通概况

第一节　抗战前西部交通发展的自然社会条件

一　西部自然和社会经济对交通发展的制约

自然条件包括地形、地貌、气象、水文和工程地质等自然要素，它们对交通运输的影响是多方面的，其中主要对交通网的构成、对线路走向与径路、对线网密度和分布格局影响明显。简单地说，自然条件主要影响交通运输方式的构成、交通线的走向、交通线的疏密和交通线的具体分布。[①] 就广大西部地区来讲，抗战爆发前，西部独特自然条件严重制约了西部地区交通尤其是新式交通的发展。

（一）复杂地形对西部交通发展的制约

西部地区尤其是西南地区地形复杂，地势起伏不平，落差大。西南地区包括秦巴山地、四川盆地、云贵高原及部分横断山地，属于我国地形的第二级阶梯，多数地面海拔 1500—2000 米，最高的山峰可超出 5000 米（玉龙山 5596 米），最低的长江河谷海拔在 300 米以下。本区的地表结构，大体以点苍山、哀牢山为界，分为东西两部分。东部，自北向南分布有秦巴山地、四川盆地和云贵高原，呈南北高、中部低，山地、高原与盆地、河谷相间分布的形势。东部的地貌单元轮廓，多呈东西或北东走向，山地、高原与盆地、河谷等地貌单元面积较大，其间又分布许多次一级的地貌单元，如秦巴山地中有秦岭、汉水谷地、大巴山—米仓山等，四川盆地中也有平原和丘陵，形成山地中有盆地，盆地中有山地，丘陵、平原高原上也同样有山地、盆地和平原，各种地貌类

---

① 参见陈航主编《中国交通地理》，科学出版社 2000 年版，第 8—9 页。

型错杂分布。西部，属横断山脉的一部分，高山深谷相间排列。西部的山脉与河谷呈南北走向，宽幅较狭，谷陡坡峭，排列紧凑。①

西南地区由于地势起伏大，地形复杂，因此河流普遍湍急，多数内河航道难以利用，制约了西南地区内河航运业的发展。20 世纪 30 年代的一份实地勘测报告载："重庆上溯至昆明及滇缅各水道，多系流经崇山峻岭之峡谷间地势陡急，滩多流乱，水速缓急悬殊。水运航行，素鲜其利，仅于地势平坦、水流和缓处，用小木舟及竹筏等截江横渡，以利交通。其间亦有可以通航部分，惟程途极短。"② 高亢险峻的地形地貌，限制了航运业尤其是轮船运输业的发展。"金沙江流至四川，由宜宾以下始有航行之利，故长江沿岸货物多至宜宾为止。宜宾以上必须驼运，种种困难不胜枚举。"③ 不仅如此，湍急的河流也对过往船只构成极大威胁，易造成交通事故。以湖北宜昌至四川宜宾之间的川江航道为例，由于该河道滩多水急，晚清民国时期屡屡发生沉船事故。渝叙段（重庆至宜宾）从 1916 年定期航行以来至 1938 年的 22 年间，失事轮船共计 23 艘，平均每年损失一艘；渝合段（重庆至合川）在 1925 年至 1938 年的 13 年间，失事轮船共计 9 艘，每一年半损失一艘。④ 同样，云南与越南之间的蛮耗至海防段水运异常艰险，航运困难。仅蛮耗至老街约 180 华里的航程中，便有大小险滩百余处，而且河水涨落无常，雨季水涨时急流汹涌，航行尤其危险，每年覆没船只多则三四十艘，少则一二十艘。⑤

西南地区复杂的地形不仅制约当地内河航运业的发展，同样也制约了当地铁路、公路等新式交通的发展。就西藏而言，1934 年 1 月 12 日，途经西藏的国民党参谋本部次长黄慕松记述道："西藏四面环山，道路半属山地、崎岖难行，间有平坦天然地，亦多乱石阻道，西藏当局又无专管建设道路机关，故西藏道路难行，较新疆、甘、青各省为甚，

---

① 参见《中国自然地理》，高等教育出版社 1984 年版，第 237 页。
② 《云南省建设厅为查复重庆至昆明等处水道航运情形致省政府呈》（1938 年 4 月），转引自戴鞍钢《交通与经济的互为制约——以近代中国西部省份为例》，《中国延安干部学院学报》2010 年第 2 期。
③ 张守光：《改进云南水运之意见》（1938 年 1 月），转引自戴鞍钢《交通与经济的互为制约——以近代中国西部省份为例》，《中国延安干部学院学报》2010 年第 2 期。
④ 参见张肖梅编《四川经济参考资料》第 8 章航业，中国国民经济研究所 1938 年印，第 H20 页。
⑤ 参见万湘澂《云南对外贸易概观》，新云南丛书社 1946 年版，第 20 页。

仅由江孜至帕里一段、约一百余余里，路尚平坦。"① 从理论上讲，铁路和公路的修建需要一定的技术标准，如铁路最大限制坡度为 30‰，三级公路为 70‰，四级公路为 90‰。在最小曲线半径方面，三级铁路为 350 米，二级公路为 25 米。② 由于西南地区地形的崎岖不平，给铁路、公路建设带来了巨大困难等原因，迟至抗战爆发前，西南地区铁路除了北川轻便铁路、个碧石铁路和法国人修建的滇越铁路外，铁路交通仍然处于起步阶段。公路交通虽然得到一定发展，但与沿海地区相比，仍然落后。

西北地区地形虽然不如西南地区复杂，但也是深居内陆、四周多高山，以高原形态为主，周围被庞大的山系所环绕形成巨大的山间盆地。大部分山系均沿纬向或准纬向延伸，且多由数条平行山脉所组成。由于山地的抬升，西北地区的盆地多半具有被分割、孤立和封闭的特点。③西北地区的这一地形特点也导致这一地区与外界的联系不便，尤其以新疆最为明显。新疆深居亚洲大陆腹地，孤悬塞外，与内地联系极为不便。战前内地与新疆之间的交通路线主要有三条，即漠北道、漠南道和甘新道，漠北道取道外蒙至绥远或包头，漠南道由绥远大青山（即阴山）北麓沿内蒙沙漠水草地到哈密，甘新道自兰州经过凉州、肃州、安西、星星峡到哈密。由于地形复杂等原因，新疆与内地之间交通运输方式长期以来主要是驼运和大车运输，耗时极长，其中漠南道的驼运行程需时四个月以上④，甘新道的大车运输行程需时五个多月⑤，新疆与内地间交通之不便可见一斑。同样，由于受到地形的制约，西北地区内河航运和公路运输的发展仍然受到了影响。作为西北最重要河流的黄河，通航能力十分有限，黄河"上游自共和以上，河身狭小，水流湍急，无舟楫之利；共和贵德间，河身较为开展，故有排子、木船及皮筏等驶行，排子仅用渡人，木船之航行亦仅限于本段，自此而下，险滩颇多，易于出险"。皮筏则为黄河上游的主要运输工具，"兰州包头间全程一千四百里，皮筏下驶，共须十四日。其中兰州至靖远一段，有大峡、小峡、五兄弟、一老老等险滩，靖远至中卫间则有黑山石、煮锅、姊妹、

---

① 西藏自治区交通厅、西藏社会科学院编：《西藏古近代交通史》，人民交通出版社 2001 年版，第 189 页。

② 参见陈航主编《中国交通地理》，科学出版社 2000 年版，第 8 页。

③ 参见冯绳武主编《中国自然地理》，高等教育出版社 1989 年版，第 245 页。

④ 参见曾问吾《中国经营西域史》，商务印书馆 1936 年版，第 678—681 页。

⑤ 参见潘祖焕《新疆解放前商业概况》，《新疆文史资料选辑》第 1 辑，第 152 页。

鸡哥嘴等险滩。仅能通航小舟及木排"。① 至于公路运输，由于"在东部和中部的黄土高原上，因土质柔软，黄土侵蚀甚剧，造成无数的深沟峭谷，使陕甘二省成为连续性的阶级高原。在公路的建筑上，颇受阻碍"②。尽管抗战前西北地区也出现了公路、铁路和航空等新式交通，但西北地区的交通仍然以传统运输方式为主。

总之，西部地区复杂的地形条件，加大了铁路、公路、轮船运输等新式交通的建设难度，制约了西部地区交通尤其是新式交通的发展。因此，近代以来，尽管新式交通在东部沿海地区蓬勃发展，但西部地区由于受复杂地形的阻碍，仍然保留了大量对技术条件要求低的传统交通运输方式，如人力运输、马帮运输、骆驼运输、牦牛运输等。

（二）恶劣气候对西部交通发展的制约

西南地区按纬度应属亚热带、热带范围，但因区内高山深谷纵列，地势起伏明显。地貌类型复杂，又处于不同季风气流的交汇地带，加之高原本身在气候上自成系统，因此不同地域与不同高度的水热条件差异很大。不仅区内南北有热带、亚热带、温带的差异，景观自下而上也有由热带、亚热带、温带而至寒温带的垂直变化，且在短距离内呈现出"十里不同天，一日有四季"的交错复杂现象。③ 西南地区各地气候差别较大，尤其是康藏地区处于青藏高原，属于高原气候，具有寒冷干燥、辐射强、低压缺氧等特点，严重制约了康藏地区的交通发展。战前康藏地区交通运输方式几乎是传统的人力畜力运输，在畜力运输中，适应高原气候的牦牛运输成为当地重要运输方式。

西北地区深居大陆的腹部。若以乌鲁木齐为中心，东到太平洋为3400千米，西到大西洋为6900千米，北到北冰洋为3400千米，南到印度洋为2600千米。四周距离海洋遥远，加上周围高山的阻挡，海洋水汽难以到达，降水量远比同纬度其他地区少。④ 西北除高大山地及北疆西部的伊犁、塔城等地区外，全年降水量均不足250毫米。北疆地区因受北冰洋和大西洋气流的影响，平原地区年降水量为100—200毫米。南疆地区普遍不足80毫米，阿拉善地区东部在100毫米左右。新疆东部、甘肃西部不足30毫米，若羌一带约20毫米，年降水日数13天左

---

① 严重敏：《西北地理》，大东书局1946年版，第177页。
② 同上书，第181页。
③ 参见冯绳武主编《中国自然地理》，高等教育出版社1989年版，第214页。
④ 参见赵济主编《中国自然地理》，高等教育出版社1995年版，第283页。

右。哈密北部的淖毛湖戈壁，年降水量不足 15 毫米。① 由于降水稀少，气候干旱，西北地区河流较少，内河航道较短。西北地区主要的河流为黄河，在兰州以西的黄河流域内，由于地势较高，气温低，年总蒸发量较小的缘故，年径流深一般在 50—350 毫米之间。在鄂尔多斯及宁夏、内蒙古河套一带，由于距海较远，海洋水汽难以入侵，气候干燥，因此地表径流很少，大部分在 25 毫米以下，有的地区甚至不足 5 毫米。黄土高原地区，由于降水量少，且黄土透水性强，毛细管作用显著，蒸发旺盛，对径流形成不利。陇中及陕北在 25 毫米左右。秦岭山区由于地形的影响，径流深可达 400—500 毫米。②

由于西北地区普遍干旱少雨，河流水量较小，因此，西北地区内河航运较落后。时人亦云："西北大部分属于内陆流域，河流短促，而黄河水系又多属上游部分，故局部的短程航行外，几无航运可言。"③ 不仅如此，由于西北地区冬季普遍寒冷，也制约了当地的交通发展。以新疆为例，新疆与印度之间的交通线有三条山道，即由蒲犁经丕依克卡至乾竺特达克什米尔、由皮山经星峡卡而至拉达克和由皮山经界墩卡至坦克昔，这三条山道均需翻越昆仑山脉，大雪封山，每年只有三四个月可以通行。④ 新疆的塔里木河作为新疆最重要的内河航道，"冬季自旧历十一月十日至二月十日间，河水结冰，冰厚约二尺余"⑤，从而影响了内河航运。在宁夏，黄河为最重要的内河航道，但由于宁夏冬季寒冷，"黄河每年以十一月、十二月、正月三个月为结冰期，至二月始行解冰。结冰期内，水路交通，完全断绝，盖结冰时期，黄河上游，全为冰封，长达一千余里，宽一百二十余丈，深十二丈有奇，冰之长大坚厚，实为东南各省所未见"⑥。因此，西北地区冬季寒冷也不利于当地与外界的交通联系。

（三）社会动荡对西部交通发展的制约

战前制约西部交通发展的社会因素主要是动荡的时局。进入民国时期以后，中国很快陷入了军阀混战，西部地区更是大小军阀林立，较大的军阀主要有西北青宁地区的马步芳、马步青、马鸿宾、马鸿逵、马仲

---

① 参见赵济主编《中国自然地理》，高等教育出版社 1995 年版，第 284 页。
② 参见汤奇成等《中国河流水文》，科学出版社 1998 年版，第 145—146 页。
③ 严重敏：《西北地理》，大东书局 1946 年版，第 177 页。
④ 参见曾问吾《中国经营西域史》，商务印书馆 1936 年版，第 684—685 页。
⑤ 新疆省政府呈送全国经济委员会《建设新疆计划书》，《民国档案》1994 年第 2 期。
⑥ 傅作霖：《宁夏省考察记》，正中书局 1935 年版，第 87 页。

英以及新疆的盛世才，西南地区广西陆荣廷、云南唐继尧、四川刘湘等，这些军阀各据一方，混战不已。民国时期西部地区军阀混战之频繁，尤其以四川最为典型，自1912年至1935年川政统一期间，军阀混战时间之长、次数之多、规模之大、危害之重，为全国之最。据不完全统计，仅在1912年至1932年间，四川发生的战争共有478次，平均来算，每月该有两战。[①] 频繁的军阀混战，不仅给四川民众造成了深重的灾难，也给四川交通建设带来了巨大影响。四川早在1903年于成都成立川汉铁路总公司，筹款修筑铁路，但迟至抗战爆发的1937年，四川仅仅建成了长16.8公里的北川轻便铁路，而酝酿筹划已久的成渝铁路（川汉铁路一部分）未完成修建，其中重要原因之一就是四川的军阀混战。军阀混战不仅影响了四川铁路建设，而且直接影响了四川内河航运业的发展。在重庆，1916年间"桡夫船只，全为军队用以运输，至本埠进口贸易停滞数阅月。二月间，旗船进口仅三艘，三月间旗船进口仅二艘，轮船贸易至七月初，始复旧观"。在万县，1918年"巫山战事绵延，宜汉间轮船暂时停驶。军队时向绅商筹饷，沿江设卡抽捐，且桡夫多充军用，以及船只缺乏，运输迟钝，种种情形，阻梗全年贸易之进行"[②]。

　　西部其他省份政局的动荡同样给新式交通的发展带来了严重影响。在广西，军阀混战不仅严重影响了广西铁路建设，也影响了广西内河航运业的发展。在1923年，南宁"及梧州间之沿河军队，骚动堪虞，商人咸有戒心。来往气船，在中途恒被封用，每至一处，必侦察前途无警，方敢启行"。此外，"军队假保护之名，抽收保护费，船只每至一地，即有一地之军事长官，从事勒收。春初每船不过共缴小洋六百元，讵知与日俱进，秋间竟有一船须缴三千六百元之多"。[③] 长期被军阀盛世才统治的新疆，在1933年6月10日，欧亚航空公司正式开通了沪新线（上海至迪化）航班，沪新线的开辟也改善了新疆的对外交通条件。但盛世才为了巩固在新疆的统治，防止国民党势力的渗入，对欧亚航空公司在新疆的经营活动严加防范和控制。1933年9月，盛世才不让公司班机进入新疆，并逮捕了公司的迪化航空站德籍机械员发塞尔，其他

---

① 参见李白虹《二十年来之川阀战争》，载中国科学院近代史研究所近代史资料编辑组编《近代史资料》1962年第4期，中华书局1963年版，第67页。

② 聂宝璋、朱荫贵编：《中国近代航运史资料（1895—1927）》第2辑下册，中国社会科学出版社2002年版，第1281—1283页。

③ 同上书，第1277—1278页。

人员被监视。一年以后的 1934 年 10 月 21 日，在多次与新疆政府交涉未果以后，迪化站公司职员被迫搭乘汽车经过外蒙古回到内地，欧亚航空公司迪化站办事处也宣告取消。[1] 欧亚航空公司的沪新线兰州以西段从 1933 年 6 月正式通航到 9 月被迫停航，仅飞行了三个月。这三个月中，迪化站仅发运旅客 50 人计 98400 客公里，货物 361 公斤，邮件 105公斤，哈密站发运旅客 10 人计 1700 客公里，货物 96 公斤，邮件 5 公斤。[2] 新疆事变爆发造成的沪新线兰州以西航班的被迫停航，使欧亚航空公司蒙受巨大损失。[3] 总之，民国时期西部地区局势动荡，严重制约了西部地区交通尤其是新式交通的发展。

（四）经济落后对西部交通发展的制约

众所周知，发展交通尤其是新式交通需要政府和民间的大量投资，但战前西部地区由于受自然社会等条件的制约，相对于东部沿海地区，经济普遍落后，政府财政收入较为有限，制约了政府对交通建设的投资。关于战前西部主要省份的财政收入具体情况见表 1。

表 1　　　　　　　　　1913 年西部主要省份的财政收入表

省份	四川	云南	贵州	广西	陕西	甘肃	全国财政总收入
收入（元）	6306379	1726215	610159	1017251	1544550	808121	36204461
占全国财政收入百分比(％)*	17.42	4.77	1.69	2.81	4.27	2.23	

资料来源：朱斯煌编：《民国经济史》，银行学会、银行周报社 1948 年印，第 179 页。

* 表中全国财政总收入部分因资料缺乏未包括新疆、青海、西藏、黑龙江、吉林和辽宁在内。

从表 1 可以看出 1913 年西部各省的财政收入情况。需要说明的是，财政收入的情况并不能完全反映一个地方的经济发展情况，如 1913 年

---

[1]　参见祝钦璈《迪化站设站之经过》，载欧亚航空公司编《欧亚航空公司开航四周年纪念特刊》，欧亚航空公司 1935 年编印，第 113 页。

[2]　参见新疆维吾尔自治区地方志编纂委员会编《新疆通志·民用航空志》，新疆人民出版社 2001 年版，第 142 页。

[3]　1935 年 1 月，欧亚航空公司经过与新疆地方政府多次交涉后，新疆地方政府只同意沪新线航班飞机飞到哈密，不能在迪化停留。哈密至迪化则由新疆省的飞机飞行，直到1943 年 3 月欧亚航空公司改组前，沪新线航班只能飞到哈密。

四川的财政收入超过了同年江苏的财政收入，这不能说明四川经济比江苏发达，而是因为四川捐税种类众多，四川民众的负担远远超过了江苏的民众负担。不过，财政收入的多寡还是可以作为经济发展水平的一个重要指标。从表1可以看出，1913年除四川外，西部其他省份财政收入普遍较低，尤其是贵州财政收入仅占全国财政收入的1.69%，甘肃为2.23%，广西为2.81%。到抗战爆发前的1936年，西部各省的财政收入有所增加，其中广西达到了4000万元以上，陕西1500万元以上，贵州、甘肃为500万元以上，宁夏、青海均100万元以上。但与东部省份相比普遍较少，如广东为3000万元以上，浙江、江苏、山东均为2500万元以上，河北在2000万元以上，福建也达到了1500万元以上。①

不仅战前西部地方政府财政收入普遍较少，而且由于战乱等原因，造成财政支出过大，西部地方政府普遍出现了财政赤字。如云南，由于地瘠民贫、政局动荡等原因，仅1915年至1931年的16年间，云南省的财政赤字就高达3766万元。② 在贵州，1912年至1934年，先后有唐继尧、刘显世、王文华、袁祖铭、唐继虞、彭汉章、周西成、毛光翔、王家烈等西南军阀在此角逐，拉锯式的武装争夺，走马灯似的轮番掌权，虽然名属中央政府所辖，实是各自为政，造成贵州财政收入很少。西北地区的新疆，尽管杨增新、金树仁、盛世才等军阀上台后采取措施增加税收，但由于巨额军费开支，财政赤字十分庞大，1927年至1932年五年间累计亏空达162278194元，1933年至1936年的四年间财政赤字合计为15687650元。③ 就连西部经济发达的四川，由于军阀混战，造成政府开支过大，债务激增。到1934年底，国民革命军第二十一军欠还债务本息达12000余万元，相当于1912年至1921年6月全省积欠的9倍。④

西部地区各省政府财政赤字的出现对当地交通发展的制约是显而易见的。在贵州，民国期间贵州交通费主要是电政支出，1931年至1934年的概算分别为126005元、122189元、139654.17元、139834.17元。

---

① 参见朱斯煌编《民国经济史》，银行学会、银行周报社1948年印，第180页。
② 参见云南省地方志编纂委员会编《云南省志》卷13，云南人民出版社1991年版，第3页。
③ 参见新疆维吾尔自治区地方志编纂委员会编《新疆通志·财政志》，新疆人民出版社1999年版，第6—7页。
④ 参见四川省地方志编纂委员会编《四川省志·财政志》，四川人民出版社1996年版，第2—3页。

但实际支出往往少于概算，如 1932 年实支 113392 元，为预算的 80%，仅占当年省财政总支出的 1.02%。1935 年，贵州交通费缩减很大，只维持省政府无线电台经费 16122.44 元，仅占当年省财政总支出的 0.29%。① 可以想象，贵州省本来交通预算就少，而交通建设经费又低于交通预算，因此，贵州交通建设经费相对于贵州交通建设而言是杯水车薪。西部其他省份的交通建设经费也很有限。青海省在 1934 年至 1936 年间交通建设费分别为 17456 元、9024 元和 6663 元。在 1929 年至 1945 年间，青海省的交通费连同实业费等建设费总数只占同期财政支出的 0.76%。② 因此，战前西部各省地方政府对交通建设的投资严重不足，严重制约了西部地区新式交通业的发展。

战前西部社会经济的落后也制约了当地民间经济团体的发展，导致民间资本力量十分有限，制约了民间资本对交通建设的投资。战前西部地区民间资本力量薄弱的重要表现就是西部各省的商会较东部地区商会普遍成立时间晚，商会数量少、经费少。近代以来，在上海、天津、广州等重要通商口岸的商业资本家借清末新政之机，组建了商会，维护和发展自身的各项权益，其中最早的是 1902 年成立的上海商业会议公所（1904 年初改组为上海商务总会）。1903 年，天津绅商仿照上海商业公所创设了商务公所（1904 年 11 月改组为商务总会）。此外，广州和汉口也于 1902 年分别创设了商业会议公所和商会公所。与地处沿海的上海、天津等地商人不同，偏处内地重庆的商人起初对设立商会反应极其冷淡，经过政府多方努力，重庆商务总会才于 1904 年 10 月 18 日正式成立。次年，在重庆商务总会设立的影响下，在成都又设立成都商务总会，商会遂在川中各地酿成气候，逐渐推广开来。③ 西部其他地区商会此后也纷纷成立，1909 年贵州成立了贵州商务总会，甘肃于 1908 年在兰州设立商务总会，而新疆总商会则迟至 1911 年 4 月才在迪化（今乌鲁木齐）成立。战前西部商会不仅成立时间普遍晚于东部地区商会，而且商会力量也较为薄弱，据马敏先生对 1912 年各省绅商总人数的估计，位于西部的陕西、甘肃、新疆、四川、广西、云南、贵州七省绅商总数

---

① 参见贵州省地方志编纂委员会编《贵州省志·财政志》，贵州人民出版社 1993 年版，第 147 页。

② 参见《青海省 1929—1948 年建设费支出表》，载青海省地方志编纂委员会编《青海省志·财政志》，黄山书社 1995 年版，第 257—258 页。

③ 参见马敏《试论晚清绅商与商会和早期市民社会的关系》，《马敏自选集》，华中理工大学出版社 1999 年版，第 147—149 页。

为 3302 人，约占全国绅商总人数的 15%，其中四川人数最多，约占全国总人数的 8.37%，广西绅商人数占全国总数的 4.09%，而其他各省所占比例均不到 1%，新疆则只占 0.07%。① 战前西部各省商会力量的有限，也导致民间资本对交通建设投资的严重不足，同样制约了战前西部地区交通尤其是新式交通的发展。

此外，战前西部经济落后也造成了当地民众的普遍贫困。在贵州，据德江、黔西、遵义等 13 县报告，1912 年，农民中自耕农占 43%，半自耕农占 24%，佃农户占 33%，至 1933 年，比例已分别变为 32%、25% 和 43%。② 西部地区民众的普遍贫困导致新式交通发展的需求严重不足，从而制约了西部交通的发展。如 1931 年中德合资成立的欧亚航空公司是战前中国两大航空公司之一，公司运营航线中西北航线占有重要地位，包括西安—兰州、西安—成都—昆明、汉口—西安、兰州—宁夏航线等，因此，欧亚航空公司西北航线的开通客观上改善了西北地区交通条件。不过，西北地区经济的落后，造成西北地区民众普遍贫困，但飞机票价相对其他运输方式十分高昂，如西安至兰州段航线 1934 年夏季客运票价为每人国币 230 元，兰州至肃州为 300 元，肃州至哈密为275 元，哈密至迪化为 150 元，兰州至宁夏段为 170 元③，西北地区民众中能够乘坐飞机的人相当少，也造成了西北航线的客货运量很少。1931 年至 1937 年欧亚航空公司的客货运量虽然在不断增加，但总体数量偏少，1931 年的货运量仅为 4151 公斤，客运人数为 941 人，到 1937年客货运量也不过 189079 公斤和 11600 人④，公司的客货运量小重要原因是需求不足造成的。

二　民国以来开发西部交通的社会舆论及影响

（一）孙中山的西部铁路建设计划及影响

广大西部地区由于地形复杂、经济落后等原因，交通十分落后。近

---

① 参见《1912 年全国绅商人数估计》，载马敏《官商之间：社会剧变中的近代绅商》，华中师范大学出版社 2003 年版，第 104 页。

② 参见贵州省地方志编纂委员会编《贵州省志·财政志》，贵州人民出版社 1993 年版，第 3 页。

③ 参见《二十三年客票价目表》，载交通部年鉴编纂委员会编《交通年鉴》第 5 编，交通部 1935 年编印，第 98 页。

④ 参见《欧亚航空公司历年航空概况表（1930—1937）》，载中国第二历史档案馆编《中华民国史档案资料汇编》第 5 辑第 2 编财政经济（9），江苏古籍出版社 1994 年版，第 484 页。

代以降，西学东渐，处于交通便利位置的东部沿海地区得风气之先，发展迅速，而处于交通闭塞的西部则仍然发展缓慢，经济、文化、技术等各方面与东部地区的差距拉大。可以说，西部交通落后局面拉大了其与东部地区的差距。

面对这一局面，近代许多仁人志士开始发表发展西部交通事业的见解，以求推进整个中国经济的协调发展，实现中国的自强。其中提出最系统和完整开发西部交通计划的首推孙中山。孙中山极为重视发展交通运输业，尤其是铁道运输业。他认为要发展交通运输业，必须先修建铁路。铁路获利最大，又是国家实现富强的工具。1912 年在辞去大总统职务之后，孙中山担任了中华民国铁道协会督办，专心筹划全国铁路建设。1912 年 7 月 22 日，孙中山在上海中华民国铁道协会欢迎会的演说中热情洋溢地讲："各国人民之文野，及生计之裕拙，恒以交通为比例。中国人民之众，幅员之大，而文明与生计均不及欧美者，铁路不兴，其一大原因也。"① 以后孙中山又多次在重要场合发表谈话阐述交通建设尤其是铁道建设的重要性。1912 年 6 月 25 日，孙中山接见上海《民立报》记者时指出："实业之范围甚广，农工商矿，繁然待举而不能偏废者，指不胜屈。然负之而可举者，其作始为资本，助之而必行者，其归结为交通。……苟无铁道，转运无术，而工商皆废，复何实业之可图？故交通为实业之母，铁道又为交通之母。国家之贫富，可以铁道之多寡定之，地方之苦乐，可以铁道之远近计之。"② 1912 年 10 月 12 日，孙中山在上海报界公会欢迎会上发表演说，指出当时国家"建设最重要之一件，则为交通。以今日之国势，交通最要者，则为铁路。无交通，则国家无灵活运动之机械，则建设之事，千端万绪，皆不克举"。他还形象地比喻国家的交通"如人之有手足四肢。人有手足始可以行动，始可以作事；国家有交通，始可以收政治运用敏活之效"。③ 当然，孙中山也重视公路建设，"铁路为国家的交通，为几千里路的交通。若在小的地方，为便利人民交通起见"，只要修建公路就可以了。此外，相对铁路建设而言，公路建设投入较少。他举例说：如果江苏横林至江阴之间

① 《在上海中华民国铁道协会欢迎会的演说》（1912 年 7 月 22 日），载尚明轩主编《孙中山全集》第 2 卷，中华书局 1984 年版，第 391 页。
② 《在上海与〈民立报〉记者的谈话》（1912 年 6 月 25 日），载尚明轩主编《孙中山全集》第 2 卷，中华书局 1984 年版，第 383 页。
③ 《在上海报界公会欢迎会的演说》（1912 年 10 月 12 日），载尚明轩主编《孙中山全集》第 2 卷，中华书局 1984 年版，第 496 页。

进行沪宁铁路修建，每里花费四万多块钱，而修建公路则每里至多不过五六千块钱。① 因此，公路交通具有自身独特发展优势。

需要特别指出的是，孙中山十分关注改变中国西部地区的交通落后面貌，提出要修建西北铁路系统、西南铁路系统和高原铁路系统。1919年8月，孙中山连续在《建设》杂志上发表了《实业计划》，制订了完整系统的中国铁路建设计划，提出在中国修筑十万英里铁路的奋斗目标。其中西部地区包括西北铁路系统、西南铁路系统和高原铁路系统三部分，具体如下：

第一，修建西北铁路系统。包括蒙古、新疆与甘肃一部分之地域，计划修建 18 条线路，分别是：（1）多伦至恰克图线，长约 800 英里；（2）张家口经库伦至乌梁海线，长约 1700 英里；（3）绥远至乌里雅苏台、科布多线，长约 1500 英里；（4）靖边至乌梁海线，长约 1200 英里；（5）肃州至科布多线，长约 700 英里；（6）西北边界线，长约 900英里；（7）迪化至乌兰固穆线，长约 550 英里；（8）嘎什温至乌梁海线，长约 650 英里；（9）乌里雅苏台至恰克图线，长约 550 英里；（10）镇西至库伦线，长约 800 英里；（11）肃州至库伦线，长约 700英里；（12）沙漠联站至克鲁伦线，长约 800 英里；（13）格合克鲁伦至节克多博线，长约 600 英里；（14）五原至洮南线，长约 900 英里；（15）五原至多伦线，长约 500 英里；（16）焉耆至伊犁线，长约 400英里；（17）伊犁至和阗线，长约 700 英里；（18）镇西至喀什噶尔线，长约 1600 英里。上述铁路线全长约 16000 英里。② 西北铁路系统的修建对于发展西北地区经济十分重要，"倘有铁路与此等地方相通，则稠密省区无业之游民，可资以开发此等富足之定……故中国西北部之铁路系统，由政治上经济上言之，皆于中国今日为必要而刻不容缓者也"③。

第二，修建西南铁路系统。包括四川、云南、广西、贵州和广东、湖南之一部分，计划修建铁路 7 条，分别是：（1）广州经湖南至重庆线，长约 900 英里；（2）广州经湖南、贵州至重庆线，长约 800 英里；（3）广州经桂林、泸州至成都线，长约 1000 英里；（4）广州经梧州、叙府至成都线，长约 1200 英里；（5）广州经云南大理、腾越至缅甸

---

① 参见《在江阴各界欢迎会的演说》（1912 年 10 月 19 日），载尚明轩主编《孙中山全集》第 2 卷，中华书局 1984 年版，第 527—528 页。

② 参见《建国方略之二：实业计划》，《孙中山选集》，人民出版社 1981 年第 2 版，第331—339 页。

③ 同上书，第 224 页。

线，长约 1300 英里；（6）广州至思茅线，长约 1100 英里；（7）广州经钦州至东兴镇线，长约 400 英里。上述 7 条铁路总共长约 6700 英里，再加上连接成都和重庆之间铁路线以及其他支线全长 600 英里，总计应有 7300 英里。通过修建西南铁路系统，"以西南铁路系统开发山地之矿产利源，正与以西北铁路系统开发蒙古、新疆大平原之农产利源，同其重要。此两铁路系统，于中国人民最为必要，而于外国投资者又为最有利之事业也"。①

第三，修建高原铁路系统。包括西藏、青海、新疆之一部分与甘肃、四川、云南等省，计划修建 16 条铁路线，分别是：（1）拉萨至兰州线，长约 1100 英里；（2）拉萨至成都线，长约 1000 英里；（3）拉萨至大理、车里线，长约 900 英里；（4）拉萨至提郎宗线，长约 200 英里；（5）拉萨至亚东线，长约 250 英里；（6）拉萨至来吉雅令及其支线，长约 850 英里；（7）拉萨至诺和线，长约 700 英里；（8）拉萨至于阗线，长约 700 英里；（9）兰州至婼羌线，长约 700 英里；（10）成都至宗扎萨克线，长约 650 英里；（11）宁远至车尔城线，长约 1350 英里；（12）成都至门公线，长约 400 英里；（13）成都至元江线，长约 600 英里；（14）叙府至大理线，长约 400 英里；（15）叙府至孟定线，长约 500 英里；（16）于阗至噶尔渡线，长约 500 英里。上述铁路共长约 11000 英里。②

孙中山还注重铁路建设与公路、水运建设相配套。他对大西南铁路与公路、水运的联系持这样的观点：铁路是命脉，但兴筑铁路必须同港口建设、水道整治结合起来，形成水陆配合的运输网。所以，他将大西南铁路系统纳入建设南方大港的计划中，在具体线路上贯彻了与大江、河流交叉，与港口、城镇相连的意图。他说："开发广州以为世界大港，亦全赖此铁路系统，如使缺此纵横联属西南广袤之一部之铁路网，则广州亦不能有如吾人所预期之发达矣。"③

孙中山关于开发西部交通的言论在当时产生了重要影响，为后来的西部交通建设奠定了思想基础。具体地说，主要是思想和实践两方面的影响。在思想层面上，孙中山关于开发西部交通的言论直接影响到了后来南京国民政府决策者们的铁路建设规划和构想。1927 年南京国民政

---

① 《建国方略之一：实业计划》，《孙中山选集》，人民出版社 1981 年第 2 版，第 286—291 页。

② 同上书，第 340—346 页。

③ 同上书，第 286 页。

府成立以后，声称秉承孙中山三民主义原则的南京国民政府在铁路建设方面也继承了孙中山的基本思想，蒋介石、张嘉璈等人在公开场合谈及铁路建设问题时也屡屡提及孙中山的铁路建设构想，表示要遵从先总理遗训。实际上1935年4月国民党三中全会提出的《战前铁路五年计划》、1936年蒋介石提出的《五年铁道计划》和张嘉璈于1937年2月拟订的详细的《铁路五年建设计划》是以孙中山的建设构想为蓝图来制订的，是对孙中山的建设构想的细化。尤其是这些铁路建设计划也将西部铁路系统划分为西南和西北铁路系统，与孙中山在《实业计划》中关于开发西部交通的言论相合，因此可以看成是对孙中山铁路建设思想的继承和发展。在实践层面上，20世纪三四十年代国民政府在西部进行的铁路建设也部分地将孙中山的西部铁路建设思想变成现实。1937年3月，西北铁路大动脉陇海路全线修通，将东部的连云港和陕西的宝鸡连接起来，有利于推动铁路沿线经济的发展。抗战爆发后，国民政府陆续修建了湘桂、黔桂、叙昆、宝天等铁路，使西南和西北铁路系统初具规模，取得了一定成效，部分地实现了孙中山开发西部交通的宏伟目标。总之，孙中山作为国民党的缔造者，他的西部交通建设思想深深地影响了后来国民政府的西部交通建设。

（二）西部地方人士发展地方交通的倡议及影响

进入民国以后，为改变西部交通闭塞的现实，西部地方人士也积极倡议修建铁路和举办航运业，以推动西部地区交通的发展。1929年1月21日，旅京滇籍人士李宗黄等人致函南京国民政府，要求废除中法签订的钦渝铁路商约，提出"为滇省谋出路，为西南固国防，为国家辟富源，须使滇省有自由通海之路及与腹地展臂联结之方"，主张"由中央提前筹划将滇省通海路线早日完成，不徒边省之幸，亦国家建设大业所宜先事着手者"①。很快，旅京川、滇、黔人士发起组织西南铁路促成会，旨在"研究西南铁路系统，敷设程序，促成［其］实现"。李宗黄等人论及组织西南铁路促成会的缘由时论述了建设西南铁路的必要性：

> 吾国训政建设期中，以发展交通事业为最急；而交通事业中，以兴筑西北、西南铁路干线为最要。此殆尽人而知矣。建设西北干

---

① 宓汝成编：《中华民国铁路史资料（1912—1949）》，社会科学文献出版社2002年版，第759页。

线，实行拓边移民，比年以来，甚嚣直上；而西南六百万方英里之土地，一万万数千万之人民，论其历史，常为革命之中坚，数十年中有绝大之关系。论其形势，为国家重要门户，强邻逼处，有累卵之危迫。论其富源，则产物丰饶，俯拾即是，以视西北有待经营者，绝不相伴。徒以地处远边，交通阻隔，既为国防上贻将来无穷之隐忧，复在经济上对于国内不能为尽量之贡献。①

西部地区经济最发达的四川省，由于深居内陆，交通极为不便，为此，四川地方人士也积极倡议修建铁路以改善四川交通条件，其中重点修建嘉灌轻便铁路和井富轻便铁路。嘉灌轻便铁路计划由四川省议员陈希曾提议，该铁路由嘉定（乐山）至灌县，长390里，约需银元195万元。为促成修建嘉灌轻便铁路，陈希曾罗列了修建完成这条铁路的十二大好处，即促进沿线经济发展、降低成都生活费用、便于水陆联运、开发水电、开发川省旅游资源、安置游民工作、便利人员往来、加快川省铁路建设、刺激川省相关产业发展、促进川省其他铁路建设等。因此，"有以上诸利，故为成都之生计计，为吾川首府之规模计，为吾川交通界之基础计，均不能不修筑此路"②。至于倡议修建井富轻便铁路的缘由，主要是解决富顺和自流井盐场的运盐问题。1914年，川人廖思桢召集绅商开会，决定修建自流井至富顺的轻便铁路。经过刘延桢等人的积极活动，1916年3月21日，北洋政府交通部批准发给暂行立案执照。同年10月，专门成立的铁路公司呈请立案，并开始筹集民间资金准备筑路。③此外，民国以来，四川地方人士也积极倡议发展内河航运业，这样既可发展四川交通事业，也可维护川江航运权益。1913年，四川旅沪同乡会蜀商公会全体川人致电成都都督、民政长、商会、铁路公司，电文称："近年来太古、怡和、大阪、招商四公司垄断独登，屡加运费，而权不我操，只有俯首忍受。……现在旅沪商务联合会同深公愤，组合中国航业公司，七省集资开办。应筹巨款以著先鞭，前川路公司振兴航业，定船已久，请即多订商轮，推广长江路线，与航业公司衔

---

①　宓汝成编：《中华民国铁路史资料（1912—1949）》，社会科学文献出版社2002年版，第760页。
②　同上书，第551—552页。
③　同上书，第552页。

接，从早订约，庶不落后。"①

在云南，个旧商会在滇越铁路建成通车后，为解决个旧大锡外运问题，倡议修建个碧铁路。1914年，"个旧绅商呈准云南行政公署，以云南铁路总公司与个旧锡、砂、炭三项抽集，名曰锡股、砂股、炭股。云南行政公署以云南铁路总公司原集股本内拨认144万元，又息借50万元"②。通过这种方式解决了个碧铁路的资金问题。第一次世界大战结束后，1920年云南省议会、总商会、实业改进会致函云南各团体，倡议修筑滇邕铁路，以改变云南铁路交通仰给于滇越铁路的不利局面，函件声称："为滇人筹生路，争自由，不得不赞助邕滇大路之开筑。盖此路一通以后，进出货物，均由此转运，俾免假道于人，受种种之欺压而无可告诉。"③

抗战前西部地区地方人士发展新式交通的倡议为战前西部地区的交通建设活动营造了舆论氛围，也一定程度上推动了西部交通业的发展。在铁路建设方面，个旧绅商修建个碧铁路的倡议促成了个碧铁路的建成。在内河航运业发展方面，战前西部川江和西江内河航运业得到了一定程度的发展，其中民营轮船公司纷纷出现。仅在1922年至1927年间，川江航线就涌现九江、嘉利、江阳、汇通、蜀南、江运、峡江渝共七家民营轮船公司，尤其是1926年卢作孚创办的民生公司迅速崛起，有力地推动了川江内河航运业的发展。④

（三）30年代的"开发西北交通"思潮及影响

西北地区曾是中华文明的发祥地之一，在中国历史上曾起过重要作用，但是由于恶劣的自然条件、频仍的战乱等原因，逐渐沦为中国最落后的地区。进入20世纪30年代以后，西北逐渐引起国人尤其是知识分子的关注，特别是九一八事变后，民族危机日益凸现，一时"开发西北"的呼声甚高，西北成为国人注目的中心之一，各种开发西北的计划、团体、刊物纷纷出现，"西北开发"成为当时颇具声势的社会思潮。可是如何开发西北，众说纷纭，其中许多人认为阻碍西北经济发展

---

① 聂宝璋、朱荫贵编：《中国近代航运史资料（1895—1927）》第2辑下册，中国社会科学出版社2002年版，第860页。

② 宓汝成编：《中华民国铁路史资料（1912—1949）》，社会科学文献出版社2002年版，第80页。

③ 同上书，第554页。

④ 参见聂宝璋、朱荫贵编《中国近代航运史资料（1895—1927）》第2辑下册，中国社会科学出版社2002年版，第1267—1268页。

的重要原因就是西北交通落后，因此要开发西北，首先就要开发西北交通。

在 20 世纪 30 年代初期，西北交通的确落后。就铁路来讲，西北的陇海铁路仅修建至陕西潼关，甘肃、青海、宁夏以及新疆四省没有铁路。西北公路里程也很短，而且路况很差。由于西北气候干旱，西北的内河通航里程也很短。就拿西北地区最富庶的关中平原来说，交通运输也十分落后，作家王鲁彦对此有深刻体会，1934 年他应聘去陕西郃阳中学任教，在其《关中琐记》中记述了由潼关至郃阳的旅行情况：

> 三月二日坐着人力车，由潼关西行约 15 里，即折向北行……由潼关到朝邑，都是平原……第二天早晨，坐着一辆骡车往郃阳。朝邑到郃阳有 110 里路，渐走渐高。是上坡的路还要翻沟，因此我雇了一辆快车。所谓快车，就是两个骡子拉着走的……而快车也很慢……一小时只能走 10 里路……走着也不舒服，睡着也不舒服，老是在车里碰着头，心像快被摇了出来，肠子震动得要断了一样。……从露井镇出发，离县城尚有 30 里，翻了一个很长的沟，一上一下，约有一里路。坡很陡峻，没有车子休息的平地，没有攀手的东西……我下了车步行着。车夫……叱咤地鞭打着牲口，骡子悲惨地喘气，仿佛要倒毙的样子。①

作家的描述虽然不免有些夸张，但是足可以说明 20 世纪 30 年代关中地区交通之落后与闭塞，而且在 30 年代关中地区的交通以传统的人力畜力运输为主。至于西北其他地区交通条件就更落后了。由于交通落后，阻碍了各地之间经济文化交流，因此有人感叹："数千里之贫瘠高原，往返一周，需时数月，西北虽富藏，奈国家何，国家虽以西北为后方而谋长期抵抗，奈西北何。"② 有鉴于此，人们主张"在我们准备开发西北之今日，就应集中到西北交通这一题目上去快干、实干，不然就是喊了十年、百年开发西北的口号，还是不会有结果的"③。也有人提出了西北开发的步骤，认为"最务急者第一在发展交通；第二在开发农

---

① 王鲁彦：《关中琐记》，转引自陕西省地方志编纂委员会编《陕西省志·公路志》，陕西人民出版社 2000 年版，第 399—400 页。

② 以道：《长期抵抗与西北高原》，《西北言论》第 1 卷第 1 期，1932 年 8 月。

③ 声然：《西北交通建设之我见》，《边疆》创刊号，1936 年 8 月。

矿；第三在积极移民"①。开发西北首先开发西北交通也是国民政府许多政界要人的共识。谷正伦曾说，开发西北，"交通第一，水利第一"。张继也认为"开发西北，首重交通，交通不兴，开发无从谈起"②。正是由于30年代广大知识分子的积极宣传，使得开发西北交通的思想被越来越多的人所接受。此外，许多知识分子还提出了开发西北交通的具体计划。马霄石认为要开发西北交通，应该注意四个方面："最短期间完成陇海路线"、"先筑石子路"、"开睿黄河"以及"测量航空路线"③。河南省地质调查所所长张人鉴则制订了更为详细的西北交通建设计划，其中铁路计划包括修建陇海铁路潼兰段（潼关至皋兰）、伊兰线兰迪段（皋兰至迪化）、伊兰线迪伊段（迪化至伊犁）和陇绥新线包宁段（包头至宁夏）4条铁路线，公路计划包括修建陕鄂路长荆段（长安至河南紫荆关）、长兰路（长安至皋兰）、陕川路长宁段（长安至宁羌）、长包路（长安至包头）、宁川路宁文段（宁夏至文县）、兰屯路（皋兰至屯月）、兰安路（皋兰至安西）、宁包路（宁夏至包头）、青藏路湟拜段（湟源至拜都岭）、屯迪路南线（屯月至迪化）、屯迪路北线（屯月至迪化）、库疏路（库尔勒至疏附）、婼疏路（婼羌至疏勒）、酒原路（酒泉至五原）和哈包路（哈密至包头）共15条路线，航空计划包括开辟开长兰线（开封长安至皋兰）、兰安迪线（皋兰安西至迪化）、兰屯疏线（皋兰屯月至疏勒）、绥长汉线（归绥长安至汉口）、宁兰成线（宁夏皋兰至成都）和伊屯拉线（伊犁屯月至拉萨）6条航线，内河航运计划包括疏浚黄河、渭水、汉水、嘉陵江、泾水、丹水、塔里木河、伊犁河、额尔齐斯河和洮河共10条内河。④ 这些计划的制订，既表达了广大知识分子对开发西北交通的关切和热情，也为政府部门提供了参考。

20世纪30年代在广大知识分子中间兴起的"西北开发"思潮，产生了重大的社会影响，进而推动国民政府制定了许多开发西北交通的方案，以推进西北交通建设。早在1929年6月17日国民党三届二中全会就通过了关于西北建设之决议案，对于西北交通建设特别关注，提出要提前完成陇海铁路、新绥铁路各线，并规定陇海铁路1934年底竣工，

①   王少明：《西北资源调查及其开发》，《文化建设》第1卷第6期，1935年3月。

②   张继：《西北饥荒与交通》，载秦孝仪主编《革命文献》第88辑，台湾"中央文物供应社"1981年版，第52页。

③   马霄石：《开发西北之先决问题》，青海国民印刷所1933年版，第54—55页。

④   参见张人鉴《开发西北实业计划》，北平震东印书馆1934年版，第81—141页。

新绥铁路 1937 年底竣工。[1] 从 1932 年 3 月国民党四届二中全会到 1935 年 11 月国民党第五次全国代表大会仅仅三年多时间，国民政府通过有关西北开发的主要提案就有 16 个，其中专门关于西北交通建设的提案就有《限期完成西疆铁路案》、《拟请提前完成陇海线西兰段铁路以利交通而固边防案》、《限期完成陇海铁路案》等[2]，为抗战前的西北交通建设指明了方向。《西北开发案》则规定了察哈尔与绥远两省的交通建设方案，认为两省"倘更能整理平绥路，兴筑张多、平锦、包宁三路，进而又由宁夏修治黄河水道，沿流而下至于通观，接陇海路及将修之潼蒲路，而西北各省交通网之形成矣"[3]。

　　抗战前盛行的"西北开发"思潮为抗战前的西北交通建设做了思想上的准备，推动了西北交通建设事业的发展。具体表现在西北地区的铁路和公路建设取得了一定成绩。在铁路建设方面，成就最大的是陇海铁路的修筑。陇海铁路由于贯穿中国腹地，其重要性是许多人的共识。"今日之言建设西北者，陇海路实负有重大之使命，倘论者以西北为中国之生命线，则陇海路为西北之生命线更为千精万确之事实。"[4] 在 1935 年 11 月 18 日国民党第五次全国代表大会第三次大会通过的《限期完成陇海铁路案》中，明确规定为迅速完成陇海铁路起见，"拟请限期五年完成，至于经费一层，不妨举借外债，或发行公债，以资需用"[5]。由于政府的重视和努力，陇海路终于在 1936 年 12 月 20 日全线修通，极大地改善了西北的交通状况。尤其是陇海路的修建方便了铁路沿线经济的开发，从而有利于整个西北经济的发展。1934 年底，平绥铁路局局长赴潼关、西安参观，就告诉报界，仅 1934 年陇海线将通西安时，"陇海沿路棉花山积，出产之多，品质之良，远迈往年，大约已报运者值二千四百万元，实在已流入陕西之现洋已逾一千万，且棉花大量输出，一切打包搬运等附属事业亦即发达，人民购买力大增。最好现象为耕牛西行。盖陕西大荒六载，耕牛及骡马宰杀已尽，最近开始纷纷

---

① 参见宓汝成编《中华民国铁路史资料（1912—1949）》，社会科学文献出版社 2002 年版，第 732 页。

② 秦孝仪主编：《革命文献》第 89 辑，台湾"中央文物供应社"1981 年版，第 31—63 页。

③ 刘守中等：《开发西北案》，载秦孝仪主编《革命文献》第 89 辑，台湾"中央文物供应社"1981 年版，第 26 页。

④ 杜一波：《陇海铁路之现阶段》，天津《大公报》1935 年 4 月 13 日第 4 版。

⑤ 甘肃省党务整理委员会：《限期完成陇海铁路案》，秦孝仪主编《革命文献》第 89 辑，台湾"中央文物供应社"1981 年版，第 63—64 页

购买，由陇海路输入者络绎不绝，从前西安城内沿街驻满难民，现在已一扫而空，地方平靖，临潼至西安之汽车，可于夜间通行，往返均毋须警戒，绝无盗匪之虑，气象之佳，非身历境者，断不能信"[1]。可见陇海铁路的修建对于西北影响之大。在公路建设方面也取得了一定成效。为修建西北公路，国民政府全国经济委员会从1934年开始，陆续拨款全部或大部分工程经费，鼓励西北各省修筑公路。到1936年6月，全国经济委员会共拨借西北公路基金约148万元，其中陕西135万元，甘肃7.94万元，青海5万元。[2] 西北的公路建设也主要集中在1934—1935年之间。1934年1月16日，国民政府决定一方面整修旧路，另一方面新修10条公路，全长26500余公里，预计耗资2290万元。这10条公路分别是西安伊犁线、西安汉中线、包头兰州线、兰州疏勒线、包头塔城线、塔城疏勒线、汉中白河线、西宁玉树线、西安包头线和兰州汉中线。[3] 依照这一计划，国民政府从1934年开始至抗战爆发的1937年进行了大规模的西北公路建设，取得一定成效。截止到1937年7月，国民政府在西北的陕西、甘肃、宁夏、察哈尔、绥远、青海和新疆七省共修建了23057公里长的公路，其中陕西4093公里、宁夏2266公里、青海2337公里、新疆4853公里、甘肃3739公里、察哈尔2561公里、绥远3208公里。[4]

三 民国以来政府的西部交通建设计划与活动

（一）南京国民政府和西部地方政府的西部交通建设计划

1927年南京国民政府成立后，也开始注意发展国家交通事业。1929年1月，时任南京国民政府铁道部部长的孙科提出了"庚关两款筑路计划提案"，即利用各国退还的庚子赔款和实行关税新则所净增关税的50%款项，修筑以南京为中心、以江南铁路为重点的铁路网。孙科的"庚关两款筑路"计划："兹谨拟将旧线中之粤汉线、陇海线、沧石线为第一组。粤滇线（内有分线达贵阳）、湘黔线为第二组（此组中韶昌线、福昌线为京粤线之比较线，粤汉线为湘滇线之比较线）。旧线

---

① 《沈昌谈关中建设：潼西路年内可通西安，继续西展已勘测完竣》，《大公报》1934年12月14日第4版。
② 参见《本会历年拨借各省公路基金分期一览表》，秦孝仪主编《革命文献》第90辑，台湾"中央文物供应社"1981年版，第188—189页。
③ 参见万琮《一月以来之交通新闻》，《交通杂志》第2卷第4期，1934年2月。
④ 参见张春生《抗战前国民政府西北公路建设述论》，《历史教学》2001年第9期。

中之包宁线、成都重庆线、道济线、同蒲线为第三组。而以新线之宝庆、钦州线为第四组（此线实连同湘滇线为粤滇之比较线），拟请依照本提案所拟之'选线计划'及'兴筑程序计划'交铁道部负责选定。"[1]但因庚关两款难以落实及新军阀混战未能付诸实施。

中原大战结束后，1931年5月2日国民党第三届第一次临时中央全会关于交通建设的决议中规定限期完成陇海路和新陇绥路，陇海路中潼关至西安一段限1932年底完成，西安至兰州段限1936年底完成。新陇绥路包头至宁夏段限1934年6月完成。[2] 1935年11月，在国民党第五次全国代表大会对于交通建设的指示中，提出铁路建设计划，包括：第一，建筑咸韩铁路，以咸阳为起点，经过泾阳、三原、耀县、同官、白水、澄城、郃阳至韩城，该路"经过陕西有名之煤油矿及山西西北煤田之全部"，可以便利原先的煤炭和原料运输；第二，为改善云南交通状况，修筑川滇、滇钦、滇缅三线，即云南省通江、通海、通缅三铁路，这三条铁路建成后，"不仅西南数省，脉络贯通，经济可以尽量繁荣，国防可以周密部署，即救亡图存之根本大计实系于此"。[3] 到1937年1月16日，行政院又制订了五年铁道计划，制定了四大原则，计划修建五大铁路系统，其中包括修建完成西南铁路系统和西北铁路系统，计划五年之内修筑8139公里铁路，平均每年修筑1628公里。[4]

此外，西部地方军阀和政府也制订了一些交通建设计划。1934年，盛世才提出了"建设新新疆"的口号。1935年，新疆省政府制订了《建设新新疆计划书》，这一计划书集中体现了当时新疆省政府对于新疆经济建设的主体设想。在交通建设方面，该计划提出修建迪哈迪库公路和开辟塔里木河航运。迪哈线分两路，其中一条自迪化经奇台、木垒河、七角井至哈密，长1660里，另外一条自迪化经吐鲁番至哈密，长1605里，前一条公路为夏季行车公路，后一条为冬季行车公路。迪库线由迪化经托克逊、阿哈布拉、焉省直达库尔勒，计程1170里。统计迪哈线、迪库线共需国币142.44万元。在开辟塔里木河航运方面，"拟购置二十马轮船之机器（引擎及推进机件）四架，每架约二千元，每架运费须在千元左右，将该机器运至库尔勒大桥南，建造木船四只，每

① 宓汝成编：《中华民国铁路史资料（1912—1949）》；社会科学文献出版社2002年版，第732页。
② 同上书，第733页。
③ 同上书，第731页。
④ 同上书，第737页。

只约五百元，再仿造阿克苏渡船十二艘，每艘约一千五百元，计一万八千元，竣轮船完成即各拖三艘实行航运，沿河重要地方并应设临时码头，约需国币五千元。至于河水低浅之处尚须加以疏浚，而航行困难之区域亦应设置标志，以资识别，此项工作亦须国币八千元"。开辟塔里木河之航运共需国币 4.5 万元。① 冯玉祥就任陕西督军和在西安任国民党第二集团军总司令时，1927 年主持制定的《陕甘建设会议决议案》中，对西北交通建设与开发作了规划。具体内容为赶修陇海铁路、包宁铁路，前者由建设部筹划实施，后者由地方筹办进行。除此两条干线外，还有四条"最重要之轻便铁路"，即西安至同官线、三原至同州线、同官至延安线、兰州至湟源线。在修筑铁路的同时，对原有汽车道进行整修与改良，如加宽路身、减小坡度、改建桥梁等，由各地驻兵及雇工进行。并准备新建西潼路（西安至灵潼）、西平路（西安至平凉）、兰平路（兰州至平凉）、兰宁路（兰州至宁夏）、宁平路（宁夏至平凉）等 12 条线路。对于在西北交通中占有重要地位的传统的大车道也加以改建。还决定开辟黄河兰包路、黄河兰湟路、渭陕路等航路作为补充。② 国民政府和西部地方政府有关交通建设计划的制定，为战前西部交通建设活动提供指导。

（二）西部各省军阀和地方政府筹建交通活动

针对西方列强纷纷染指西部地区交通权益的形势，西部地区地方政府也有意发展地方交通，一来可以发展地方经济，二来也可巩固自身统治。清末四川绅商各界曾筹建川汉铁路，改善四川交通落后局面，但因清政府宣布"铁路国有"，导致四川保路运动的发生，修建川汉铁路的计划也就此搁浅。进入民国时期以后，修建铁路之事又被提起。1921年，四川军阀杨森等拟借外债兴筑井富（自流井至富顺）铁路，但由于四川民众反对借日债筑路，加上军阀混战，井富铁路未能修建。到1924 年，四川省政府准备成立公司，投资兴办路矿，指定修建铁路线包括重庆至成都线、成都至松潘线以及成都经雅安至打箭炉线三条干线。③ 在战前四川地方政府的筹建铁路活动中，最重要的当是筹建成渝铁路。为了筹集建设资金，在 1934 年，刘湘在成都与法国签订《建筑

---

① 新疆省政府呈送全国经济委员会：《建设新疆计划书》，《民国档案》1994 年第 2 期。
② 参见马敏、王玉德主编《中国西部开发的历史审视》，湖北人民出版社 2001 年版，第 358—359 页。
③ 参见宓汝成编《中华民国铁路史资料（1912—1949）》，社会科学文献出版社 2002 年版，第 603—606 页。

成渝铁路购料合同草约》。合同草约 38 条，其中规定："第一条，甲乙双方代表人先行签订建筑成渝铁路包工购料草合同，由四川善后督署转呈中华民国国民政府批准立案后，双方不再另订合同，即以本合同为正式合同。第二条，成渝铁路一切主权，完全属于甲方，所有关于此路建筑工程，由乙方负责承办，其权责经双方议定，订于合同内，共同遵守之。第三条，甲方负责交付建筑成渝铁路之全部经费，其总额不得超出中国国币三万万元。此次经费，包括薪工料价运费及铁路正式营业所需一切建筑与设备之价款等在内。"①然而，此草约并没有获得国民政府的批准，使得成渝铁路的修筑计划又在此间化为泡影。为了兴建成渝铁路，中国建设银公司建议由铁道部、四川省以及银公司联合组成川黔铁路公司，以公司的名义而不是以中央或地方政府出面向外举债，先行修筑成渝铁路，然后再考虑兴建西南地区的其他铁路。1936 年 2 月 9 日，铁道部部长张嘉璈与中国建设银公司协理刘景山、四川省建设厅厅长卢作孚三人一起商讨了成渝铁路借款的具体条款之后，首先拟定了川黔铁路公司的组织章程。公司业务"经铁道部核准，先行建筑及经营自成都至重庆之铁路干线，自内江至自流井之支线及其他铁路路线，于政府许可之下，亦得兼营沿线其他附带有关事业"②。在这之后不久，川黔铁路公司便正式成立，理事长由铁道部政务次长曾养甫担任，中国建设银公司协理刘景山、四川省建设厅厅长卢作孚等任常务理事，紧接着筹款修建成渝铁路的工作便紧锣密鼓地开展起来了。成渝铁路还开始了铁路勘察工作，1936 年 4 月 1 日，成渝铁路线勘察队队长陈祖贻同经济调查员叶开莫从重庆出发，沿长江至江津、永川、简阳等地，于 4 月中旬直达成都，同来有洪嘉贻工程师及全队人员二十余人。此次勘察队徒步踏勘各线，并调查沿途经济状况，在完全勘察竣事后，详细绘制成各项工程图表及勘察报告等交由陈祖贻汇呈省府。经省府核实后，再返渝作第二步精密测量。③ 到了 1936 年 5 月中旬，成渝铁路工程处，又派员分为八队陆续来川开始作第二次测勘。5 月下旬，铁路局又派勘探队工作人员十来人，赴内江勘察稗木镇桥基。测量队凡经过查勘的路线，都要树立标帜，其总路线当时共分为八段。到 1936 年 8 月底，成渝路测量工

---

①　向秀兰：《成渝铁路建筑分析》，硕士学位论文，四川大学，2007 年，第 16 页。

②　郑会欣：《引进外资的新模式及其特点——以成渝铁路借款为例》，《档案与史学》2000 年第 4 期。

③　参见向秀兰《成渝铁路建筑分析》，硕士学位论文，四川大学，2007 年，第 20 页。

作大体告竣。①

　　除了积极筹备修建成渝铁路外，战前四川省地方政府还筹建钦渝铁路。1930 年，国民政府计划用庚、关两款修筑湘滇铁路和粤滇铁路，其中湘滇铁路包括宝钦支线，粤滇铁路包括渝柳支线。获此消息之后，四川省主席刘湘致函铁道部部长孙科，力主修建钦渝铁路，分析修建钦渝铁路具有八大好处：其一，渝钦线衔接成渝铁路，横贯川、黔、桂三省行政省会，"既有政治控制之宜，复得物产出海之便"；其二，可以巩固国防，"实为发展农、工、商业惟一利器"；其三，可以贯通川、黔、桂三省，从而打通出海口；其四，渝钦线由重庆、綦江、松坎、桐梓、遵义、贵阳、独山、南丹、河赤、庆远、迁江、南宁，出钦州海湾，坡度不大，"则所费既省，工程自易"；其五，渝钦路筑成后，逐次兴筑由长沙至贵阳，或由贵阳至昆明，又由广州三水至迁江，或由昆明至迁江，分工并举，逐渐发挥作用；其六，渝綦马路已经着手，由温水至贵阳又已连通，由贵阳至桂林马路工程亦将告竣，对于渝钦铁路，其实已粗具规模，及时兴筑，成功较易；其七，修建钦渝铁路不仅可以促进西南垦荒移民，发展农村经济，开发矿藏，而且此路营业直可驾陇海、津浦而上，充实国库收入；其八，渝钦铁路建成以后，可将其营业所得，赶筑成康铁路，并建设由康定、雅江转宁静、昌都入前藏至拉萨，渡雅鲁藏布江而达亚东关出境，与英国大吉岭、加尔各答各铁路相接，对于开发康藏资源，巩固西南边防均有极大帮助。② 但因资金缺乏等原因，钦渝铁路的修建计划也未能付诸实施。

　　在广西，进入民国时期以后，1912 年 5 月 7 日，梧州统领龙觐光联合绅商各界倡议成立粤滇桂三省铁路事务分所，以便筹建粤滇桂三省铁路，规定路线为从广东的三水至广西梧州，再至南宁和百色，最后至云南蒙自。但由于政局动荡，此次筹备会毫无结果。到 1913 年 3 月，广西军阀陆荣廷派胡成钧参加由福建、云南、广西和广东四省的会商，拟提议将粤汉铁路西支线由粤入桂以抵滇边，即由广州至梧州，由梧州到南宁，再由南宁至云南。5 月，陆荣廷又派胡成钧到广东拜见胡汉民，希望广东能协助南宁至梧州与南宁至永淳的铁路。但此次交涉没有结

---

①　参见向秀兰《成渝铁路建筑分析》，硕士学位论文，四川大学，2007 年，第 21 页。

②　参见宓汝成编《中华民国铁路史资料（1912—1949）》，社会科学文献出版社 2002年版，第 746—747 页。

果。1917 年 5 月，升任两广巡阅使的陆荣廷与粤省大吏规划两越铁路联防，拟先将广三铁路延长。广西督军谭浩明则认为广三铁路要延至南宁，并积极倡议，但最终也毫无结果。除筹建滇桂铁路外，贵州省还拟筹建渝柳铁路。1919 年，南方政府代表缪嘉寿提议筹办滇川黔粤桂湘铁路，计划将西南铁路分五大干线与四大支线，得到陆荣廷、唐继尧、刘显世等地方实力派赞同，但因种种原因这一计划搁浅。[①]

此外，西北军阀和地方政府也进行了交通建设活动。军阀马麒在1920 年主持开通了兰州至西宁的电报业务。1931 年，又接通了从西宁经平番到兰州的长途电话，奠定了青海近代通讯业的基础。[②]

总之，在抗战前，西部地方政府出于发展地方经济和巩固自身统治等原因，纷纷筹建地方铁路，发展地方交通。虽然许多交通计划未能实现，但为战时后方交通建设提供了良好条件，有利于战时后方交通的发展。

（三）30 年代战争阴影下国民政府的交通备战

九一八事变后，日军侵占了中国东北地区，并图谋华北地区，形势日益严峻。中国面临的民族危机首先引起中国广大知识分子的不安，他们纷纷要求国民政府加强国防以防止日本的进一步侵略。钱昌照向蒋介石建议建立一个国防设计机构，之后蒋介石先后召见了王世杰、胡适、吴鼎昌、丁文江、范旭东等人询问建立国防设计机构的有关事宜。经过半年多的准备，国防设计委员会于 1932 年 11 月 1 日正式成立。蒋介石言："值兹国难当前，国防机务，万端待理，为集中人才，缜密设计起见，特设国防设计委员会，以期确定计划，从事建设。"[③] 国防设计委员会首批委员共有 39 人，他们是：黄慕松、杨杰、陈仪、周亚衡、丁文江、陈立夫、王宠佑、刘鸿生、穆藕初、曾昭抡、赵石民、陶孟和、刘大均、吴鼎昌等。以后陆续受聘成为国防设计委员会委员的还有范旭东、吴蕴初、张嘉璈等人。

国防设计委员会分为七个组，负责军事、国际关系、经济和财政、原料及制造、交通运输、文化教育和土地、粮食七个方面的工作。其中

---

① 参见朱从兵《铁路与社会经济——广西铁路研究（1885—1965）》，广西师范大学出版社 1999 年版，第 148—154 页。

② 参见马敏、王玉德主编《中国西部开发的历史审视》，湖北人民出版社 2001 年版，第 355 页。

③ 郑友揆、程麟、张传洪：《旧中国的资源委员会——史实与评价》，上海社会科学院出版社 1991 年版，第 7 页。

交通运输组分为铁路、公路、航空、电讯四部分。在铁路方面，一方面注意各路设备、军运能力及应予改进之处，还编制了《全国铁路军事运输能力审查报告》。公路注重调查华中七省并推及华南华北各省公路通车情形、汽车辆数、汽车修理厂及其运输能力。航运调查包括水道、船舶、港口设备、引水人员等项状况。电讯调查包括全国无线电台、有线电报、电话、电讯材料、人才等各种状况，并拟有器材储备制造及紧急时期国内重要电工器材厂迁移计划。

　　国民政府为改变国内交通落后状况，以适应国防需要，在交通方面重新进行全国规划部署，采取了一系列措施。1935年2月5日，蒋介石致电贵阳的军政首脑，要求赶筑川黔、黔湘两公路，限期完成。1935年4月，国民党三中全会提出了《战前铁路五年计划》，其中，在西北地区计划修建宝鸡至天水线、天水至兰州线、天水至成都线，共计长1167公里。在西南地区计划修建成都至重庆线、株州至贵阳线、隆昌至贵阳线、贵阳至昆明线、贵阳至柳州线、柳州至桂林线、桂林至三水线和衡阳至桂林线，共计长4258公里。[①] 1935年11月，国民党第五次全国代表大会上，李天培提出："中日战祸一触即发之秋，沿海沿江，随时有被封锁之虞，交通关系国防至巨，为适应需要，除提早完成滇黔公路外，确有及时修筑川滇线、滇钦线以通江海之必要。一旦中日战事延长，大宗军用品，非来自欧美不可，国防海运途径既无安全，国际路运的西伯利亚铁道，复以间隔，不能利用，万一法不允许我假道越南，则兴筑滇缅线以利运输，益为当务之急。为国防需要计，应请兴筑滇通江通海通缅铁路者一也。"[②] 1935年11月22日，国民党第五次全国代表大会第六次会议，对于交通运输方面备战的政策原则和主要措施，作出较为明确的决议和部署，认为日本大举入侵的战祸一旦爆发，日本必将封锁中国沿江沿海。交通对于国防关系重大，一旦战争延长，大批军用物资必须依靠欧美输入，大后方交通与国际上通道极为重要。因此，从各国经济力量薄弱的实际情况着眼，陆续在交通运输工作上确定了有关线路布局和主次、技术标准和经营分工以及财政负担、器材设备等一系列政策原则。国民政府为了交通备战，首先从改善全国交通布局入手。国民政府最高当局

---

① 参见姜明清编《中华民国交通史料（四）：铁路史料》，台湾"国史馆"1992年版，第53—54页。

② 中国第二历史档案馆编：《中华民国史档案资料汇编》第5辑第1编政治（2），江苏古籍出版社1994年版，第525页。

制订了五年新建铁路 14 条，8500 公里的计划。其中西南各省就有 11 条，总长 7000 公里。重点放在铁路、公路旧线的改善和新路的建设上。① 1935 年 12 月，张嘉璈任铁道部部长后，积极进行铁道建设。1936 年蒋介石提出了"五年铁道计划"设想，明确提出铁路选线原则为"必选有利之途"、"必应国民之需要"、"必期抵抗之少"、"必择地位之适宜"。计划建设五大铁路系统，即中央铁路系统、东南铁路系统、西南铁路系统、西北铁路系统和东北铁路系统。计划"五年之内，须筑八千一百三十九公里之铁路。平均每年须筑一千六百二十八公里"②。张嘉璈在上述原则基础上，于 1937 年 2 月拟订了详细的"铁路五年建设计划"，五条路线中在西南地区的就有三条，包括贵阳至昆明，自成渝线之隆昌至贵阳，自贵阳至柳州至桂林。③ 这些计划推动了西南铁路建设。

　　抗战前在西南地区属于战备铁路的主要是湘黔铁路和成渝铁路。张嘉璈接任铁道部部长时华北局势日益紧张，他调查华北铁路后认识到华北的平绥、北宁两线已"间接受日人势力之支配"，平汉、津浦两线以日军在华北的"配备"来看，一旦战争爆发，黄河以北段必被日军切断。那么"不如趁中日局面尚未破裂之际，先就华中及西南各省之铁道交通，预为规划"，"转移方向，集中力量建筑新路，以作将来国防及长江封锁之准备"④。基于这种考虑，张嘉璈提出了修建湘黔铁路。湘黔铁路于 1937 年 2 月勘测完毕，开始施工。到抗战爆发后的 1939 年，自株州铺轨至蓝田。成渝铁路的路线在抗战前也已勘测完毕。在公路建设方面，抗战前的西南各省也开始了公路建设。尤其是在四川防区时代发展起来的公路，仅局限于盆地内部少数地区，与邻省之间还没有一条公路。国民党为了围追堵截红军，并为了使其中央势力打入四川，加紧在西南的四川、贵州、陕西以及湖南、湖北五省修建联络公路。1935 年蒋介石派遣国民政府军事委员会委员长行营参谋团进驻重庆，要求四川善后督办公署立即办理。为加速这些省际公路的修建，在 1934 年至 1935 年之间，先后拨出四川善后公债 1500 万元，作为整理和修建川省

---

① 参见《抗日战争时期国民政府财政经济战略措施研究》，西南财经大学出版社 1988 年版，第 255 页。

② 姚崧龄编：《张公权先生年谱初稿》上册，台湾传记文学出版社 1982 年版，第 171 页。

③ 同上书，第 174 页。

④ 王晓华、李占才：《艰难延伸的民国铁路》，河南人民出版社 1993 年版，第 235 页。

公路的经费，并规定了实行统一管理和义务征工筑路两大原则。1935
年为加强公路建设领导和管理，由委员长行营成立了川黔两省公路监理
处，组建四川公路局，确定立即赶修四川四大省际公路干线，即川黔、
川陕、川湘和川鄂公路。到抗战爆发时，这四大省际公路干线已完工，
四川的公路新增里程为 1930 公里。①

四　民国以来列强在西部地区的交通投资活动

近代以来，西方列强纷纷对华投资，对中国的经济产生了巨大影
响。一方面，西方列强的投资，成了资本帝国主义国家控制中国经济命
脉的重要工具，对中国民族工业是一个沉重的压迫。但是，另一方面，
西方列强的对华投资尤其是对交通运输业的投资，促进了中国交通等基
础设施的改进，一定程度上有利于中国经济的发展。在近代西方对华投
资领域中，交通运输业是重要内容。1936 年，西方列强对中国交通运
输业的投资额达 16932.1 万美元，占列强对华投资总额的约 6.29%。②
从列强对华投资区域来看，以东北和沿海地区为主，西部内陆地区投资
额相对不高。在列强投资西部交通运输业领域中，以投资铁路和川江航
运为主。

（一）西方列强在川滇黔陕等西部省境的铁路投资活动

1914 年 1 月，北洋政府拟建设钦渝铁路，由广东钦州起经南宁、
百色、兴义、罗平、云南、叙州而达重庆，将广东、广西、贵州、云
南、四川五省连为一体。为修建该铁路，中法实业银行与北洋政府磋
商借款。21 日，由国务总理兼财政总长熊希龄、交通总长周自齐与中
法实业银行全权代表塞力耳订立正式借款合同二十一条及附件。③ 法
国银行取得了投资钦渝铁路的利益。除法国积极投资中国铁路外，其
他西方各国如比利时、荷兰、英国等国也不甘落后。1920 年 7 月，北
洋政府与比利时、荷兰两国签订合同，借款修建陇海铁路。比利时担
任发售中国债券 1.5 亿法郎，先交 5000 万法郎供观音堂至陕洲工程
项下在欧购置原料及付还所借款利息之用，荷兰担任发售 5000 万荷

---

① 参见中国人民政治协商会议西南地区文史资料协作会议编《抗战时期西南的交通》，
云南人民出版社 1992 年版，第 125 页。

② 相关数据见《帝国主义在旧中国的企业资本（1936 年）》，载吴承明编《帝国主义在
旧中国的投资》，人民出版社 1955 年版，第 161 页。

③ 参见宓汝成编《中华民国铁路史资料（1912—1949）》，社会科学文献出版社 2002
年版，第 127 页。

币，先交 1667 万荷币供给海口工程及由徐州至海州段铁路所用。而荷兰与比利时合办铁路仅限于海口工程及由海州至陕州一段铁路，或陕州附近三门上游临河地方，作为西路暂时终点。① 1922 年 10 月，北洋政府与比利时签订《比国营业公司购料合同》，规定"中国政府允于下方规定期限内，向公司购买京绥铁路之包头至宁夏沿黄河左岸约长五百公里一段路线之建筑及营业所需之铁路材料"，铁路材料价值 220 万英镑。②

到了 1935 年之后，随着中国国民经济的好转，外资大量涌入中国，其中最为明显的就是铁路借款。法、比、德等国财团相继与中国签订了宝成铁路（比）、湘黔铁路（德）、成渝铁路（法）等借款。1936 年 2 月 18 日，法国银行团与中国建设银公司订立建筑成渝铁路借款草约。其中包括成立"川黔铁路公司"。（1）招集股本以代借款；（2）股本总额 2000 万元，商股占 55%，官股占 45%；（3）先筑自成都至重庆之干线并经营沿线有关实业；（4）设理事会、理事 21 人（铁道及财政两部与四川省政府指派代表 8 人，余由商股选举）；（5）股息年息七厘，商股股息在建筑期间及开始营业后五年内由铁道部保息；（6）建筑期间及开始营业后五年内，还本付息均由铁道部担保。③嗣后，经过多次讨论，于是年 12 月 7 日，中法正式签订合同。根据合同规定，法国银行团取得了成渝线的投资权益。除了取得在西南投资钦渝铁路和成渝铁路权益外，法国还积极谋取投资贵阳至昆明线的特权。法国东方汇理银行也投入竞争。它代表法国滇越铁路公司和巴黎工业公司要求承办贵昆铁路。因为它考虑到承办此路，既有利于滇越铁路本身，又有利于促进越南海防的繁荣。国民党政府同意东方汇理银行的要求。同云南省当局联系后，即仿照川省成例，着手组织滇黔铁路公司，并根据法方提出的合同草案展开谈判，1937 年 1 月 9 日，借款条件大致会商就绪。已获得贵昆投资优先权的法国银团眼见以东方汇理银行为代表的本国另一资本集团行将夺取自己的优先权益，立即同它争吵。在法国政府的干预下，达两个资本集团达成妥协。新组成的法国银团继续同国民党政府磋商借款条件，双方最后达成协议，由法国银团承包铁路工程，并享有向铁路公司推荐工程

① 参见宓汝成编《中华民国铁路史资料（1912—1949）》，社会科学文献出版社 2002 年版，第 566 页。
② 同上书，第 567 页。
③ 同上书，第 790—791 页。

稽核、会计稽核等的用人特权。5 月 8 日订立草约，6 月 2 日起开始讨论正式合同。七七事变旋即发生，这个合同未及成议。草约原定有效期限三个月，即至 8 月 15 日自动作废；以后又延至年底，但到底还是因为战事关系，最后归于自然失效。①

1936 年 7 月，南京国民政府与德国西门子公司签订了湘黔铁路借款合同，向德国借款 3000 万元作为湘黔铁路材料费，以湘黔铁路路产为抵押，利息为周息六厘。② 1936 年 8 月 25 日，铁道部与比利时银行团签订建筑宝成铁路材料借款合同，向比利时银行团借款 4.5 亿法郎修建宝鸡至成都段铁路，分七年还清，利息为周息六厘，以中国银行、宝成铁路收入和陇海、汴洛铁路收入为担保。③据当时担任铁道部部长的张嘉璈回忆，自 1936 年 1 月至 1937 年 6 月的一年半时间内，中国修筑新路共向国外借款约 4.71 亿元，国内借款 6300 万元，旧路方面国外借款约 5807 万元，国内借款 1155 万元。总计国外借款约 5.29 亿元，约合美金 1.57 亿元，或英金约 3193 万镑；国内借款 7455 万元，约合美金 2215.77 万元，或英金 449.92 万镑。④ 大量外资投资中国铁路，一定程度上解决了铁路修建的资金缺乏问题，有利于推动西部地区铁路建设。

（二）西方列强在川江航运的投资活动

就西部来讲，由于自然条件的原因，抗战前的西部内河航运主要集中于降水丰富的川江和珠江上游流域，尤其是川江流域。川江航道自湖北宜昌至四川宜宾，干流长约 1050 公里，若加上川江支流嘉陵江、沱江、岷江、乌江等，战前通航里程长约 2.1 万里。⑤川江运输工具历来是木船，但到清末随着川江轮船运输业的出现，川江木船运输业一统天下的局面被打破，川江航运也开始了艰难的近代化历程。自1898 年英国人立德（A. J. Little）驾驶"利川"号轮船由宜昌成功到达重庆后，外国轮船公司也纷纷进入川江。1914 年第一次世界大战爆发后，欧洲列强忙于欧战，无暇东顾，列强对川江航权的争夺有所收

① 参见宓汝成《帝国主义与中国铁路（1840—1949）》，上海人民出版社 1980 年版，第 298—301 页。
② 参见宓汝成编《中华民国铁路史资料（1912—1949）》，社会科学文献出版社 2002 年版，第 788 页。
③ 同上书，第 2801 页。
④ 参见郑会欣《试论战前西方对中国投资意向转变之原因》，《史林》2005 年第 1 期。
⑤ 参见张肖梅编《四川经济参考资料》，中国国民经济研究所 1939 年印，第 H4 页。

敛。1918 年第一次世界大战结束后，列强卷土重来，加强了对川江航权的争夺。

鉴于川江内河沿岸治安的混乱，西方列强加强了对在华轮船的保护。1918 年 4 月，停泊于宜昌之炮舰，计有美国两艘、英国三艘、日本国四艘、中国两艘，由于有军舰护航，因此"日清公司轮船，全年按班期行驶，并无间断"①。到 1921 年，"长江上游一路（宜渝线）……之航业，至今几成为欧美日华各轮公司竞争之集矢的。曩时除大来洋行辟航斯路外，余仅太古、招商、怡和三公司兼派洞庭号、湘潭号（太古）、快利号、固陵号（招商）、江和号、昌和号（怡和）等轮驶行重宜，以接转沪汉之长江班为营业。近年因该路运货日众，旅客日增，日清公司、鸿江公司、安利洋行等，先后均组织公司，特开航路。而花旗公司，上年亦注意于此，因亦有美顺公司之设立。……日本商轮之拟在该线航轮者，今且有某某等两公司之设组，已在酝酿之中"。"英美各轮公司均鉴其国之得寸进尺，暗谋进行，不遗余力。……半载中英美中日商轮之新加于宜昌重庆者，不下十余艘之多，况又在方兴未艾之时耶。"②

由于外国轮船公司纷纷进入川江，到 1925 年在川江的大型外国轮船公司有英国的太古、怡和轮船公司及白理洋行，日本的日清公司，美国的美孚公司和亚细亚公司。其中，太古公司有船三艘，万县、万通和万流，系大轮船；怡和公司有福和大轮船一艘和庆和小轮船一艘；白理洋行有四艘轮船，即川东、川西、川南和川北，航行叙渝间；日清公司有宜阳、云阳大轮两只，德阳小轮一只。此外，美孚油船三只：美川、美滩、安南，亚细亚油船二只：天光、渝光，皆可搭客带货。总计，到 1925 年，已成立的外国轮船公司达到 24 家，大小轮船 56 艘。③ 大量外资轮船公司进入川江航行，公司竞争的结果，导致川江航运价格急剧下降。1922 年，"新造轮船加增于扬子江上游者，为数殊多，其吨位供过于求，遂使向年昂贵之运费，一落千

---

① 聂宝璋、朱荫贵编：《中国近代航运史资料（1895—1927）》第 2 辑上册，中国社会科学出版社 2002 年版，第 369 页。

② 同上书，第 369—370 页。

③ 参见《四川之航业》（作者不详），《中外经济周刊》第 13 卷第 131 号，1925 年 9 月。

丈"①。自 1926 年起，"川江外轮，已将水脚狂跌。棉纱自 18 两跌去
6 两，为 12 两。至 7 月，复又跌去 3 两，至 9 两一件。其余杂货，概
收二分之一"②。川江航运运价的降低，客观上对川江航运发展有一定
积极作用。

第二节　抗战前西部交通的初步发展

一　抗战前西部铁路线的缓慢延展

　　1927 年南京国民政府成立后，为发展经济和巩固国防进行了大规
模的铁路建设。首先，南京国民政府于 1928 年 10 月 23 日决定设立铁
道部，专门"管理全国铁路"，加强铁路建设和路务管理，由孙科任铁
道部部长。孙科于 1929 年 1 月 28 日向中央政治会议提出《庚关两款筑
路计划提案》，提出两种筹款办法：一是利用部分退还庚子赔款。一些
国家愿意分期退还八国联军侵华后向中国勒索的庚子赔款以充当"文化
基金投资"，孙科提出将这部分退还庚款的 2/3 用来修建铁路。由于退
还庚款拖延时间长，孙科建议以这部分款项作担保，在国内先发行"庚
款筑路公债"，筹集款项动工修筑铁路。孙科估计，连续三年发行公债
加上截至 1929 年的庚款积存现款可以拨充建设铁道约 18350 万元，每
公里建筑费平均按 10 万元计算，约可修筑铁路 1385 公里。二是利用部
分关税收入。南京国民政府倡议与各国"改订新约"，并提出了提高关
税税则。新税则实行后，每年收入总额比较民国十八年正税及附税可增
加 4000 万余元。孙科建议"增额之半数，拨充筑路公债基金"。铁道
部将以这部分款项作担保发行"关税筑路公债"。孙科估计这项公债实
收 27000 万元，可修筑新路 2700 公里。③ 按照孙科的估计，这两项公债
6 年内可收现款 4 亿多元，充作铁路建筑资金，能修筑 2537 英里铁路。
孙科于 1931 年 5 月去职后，先后由连声海、叶恭绰、陈公博、顾孟余、
张嘉璈任铁道部部长。顾孟余上任铁道部部长后不久，国民政府于

---

　　① 聂宝璋、朱荫贵编：《中国近代航运史资料（1895—1927）》第 2 辑上册，中国社
　　　会科学出版社 2002 年版，第 375 页。
　　② 同上书，第 376 页。
　　③ 孙科：《庚关两款筑路计划提案》，载铁道部铁道年鉴编纂委员会编《铁道年鉴》第 1
　　　卷，汉文正楷印书局 1933 年版，第 420—421 页。

1932 年 7 月 21 日公布了《铁道法》，这是中国第一部铁道大法。《铁道法》规定："凡关系全国交通之铁道，以中央政府经营为原则；其关系地方交通之铁道，地方政府得依公营铁道条例经营之；前项铁道业经计划路线未能兴工时，人民亦得依民营铁道条例经营之。"① 1935 年 4 月国民党三中全会制订了《战前铁路五年计划》，计划修建西北铁路网和西南铁路网。西北铁路网包括宝鸡至天水线、天水至兰州线、天水至成都线，分别长 170 公里、250 公里、747 公里，共计 1167 公里。西南铁路网包括成都至重庆线、株州至贵阳线、隆昌至贵阳线、贵阳至昆明线、贵阳至柳州线、柳州至桂林线、桂林至三水线和衡阳至桂林线共八线，分别长 523 公里、1000 公里、516 公里、784 公里、465 公里、155公里、450 公里和 365 公里，总计长 4258 公里。② 由于国民政府的积极提倡，条件具备，铁路建设进入发展时期。这时广大的西部地区，铁路建设也取得了一些成绩。

战前西北铁路建设中，成就最大的是陇海铁路的西延。陇海铁路是东南沿海联系西北的一条交通大动脉，原计划西通陕甘，东接海口，横贯苏、豫、陕、甘四省。1904 年借比利时款开始动工修建开封至洛阳段，陆续分段施工修建，进展缓慢，到 1927 年南京国民政府成立时，仅完成海州的大埔至河南的灵宝段，长 819 公里。南京国民政府成立后，开始修建陇海铁路的西延工程。政府拨款 200 万元，利用比利时退还庚款的 200 万美元，于 1930 年修建灵宝至潼关段，全段 72 公里，于1932 年 1 月通车。灵潼段工程进行时，潼关至西安段工程也在筹备。1931 年 4 月成立了潼西段工程局，专办该段的铁路工程事宜。1934 年12 月完工，全长 131 公里。1935 年潼西段工程大体完工后，将潼西工程局改组为陇海西段工程局，向西延伸至宝鸡，并于 1937 年 3 月通车至宝鸡。至此，陇海铁路宝鸡以东至连云港 1075 公里铁路全线通车。陇海铁路作为横贯东西的交通大动脉，途经徐州、开封、郑州、洛阳、西安等大城市，连接了津浦、京汉、同蒲等南北铁路干线，为抗战前期苏联援华军事物资的运送提供了方便。

在西南地区，战前主要建成了三条铁路，即滇越铁路、个碧石铁路和北川轻便铁路。滇越铁路由法国投资修建，主权也被法国控制。该路

---

① 《铁道法》，载铁道部铁道年鉴编纂委员会编《铁道年鉴》第 1 卷，汉文正楷印书局 1933 年版，第 47 页。

② 参见姜明清编《中华民国交通史料（四）：铁路史料》，台湾"国史馆"1992 年版，第 53—54 页。

全长854公里，从越南海防至老街长389公里，于1901年动工修建，1903年完工。在云南的昆明至河口段长465公里，于1910年完工。个碧石铁路是由个碧铁路发展而来的，个碧铁路由滇越铁路碧色寨起，经蒙自盆地到达个旧。为摆脱外人控制，改变云南交通落后的面貌，在20世纪初期，云南的有识之士曾自办成立了滇蜀铁路公司、滇蜀腾越铁路公司，创办铁路学堂，但由于政府的干预，滇蜀、腾越铁路未能完成。辛亥革命后，云南绅商推举陈鹤亭于1913年在蒙自成立了滇蜀个碧铁路公司。1913年个碧铁路开工，1921年10月通车，由碧色寨起经蒙自、鸡街、乍甸到个旧，长73公里。1928年，个碧铁路由鸡街修一支线到临安，长62公里，为鸡临线。1931年，又由临安延伸至石屏，长41公里，为临屏线。① 北川轻便铁路由重庆北碚的白庙子至黄桷树，是1927年至1933年间由爱国实业家卢作孚、黄锡滋、张艺耘等人集资修建的一条专运煤炭的窄轨铁路，全长16.8公里。②

　　总之，如前所述，抗战爆发前，西部地区的个碧石铁路、北川轻便铁路以及陇海铁路的灵宝至宝鸡段，总长度约为570公里，而到1935年全国铁路包括东北铁路在内总长约15728公里③，广大西部地区铁路占全国铁路总长度的3.62%。因此国民政府的铁路建设虽然取得了一定的成就，但并未改变中国铁路的分布格局，中国铁路主要还是分布在东北、华北、华东地区。

二　抗战前西部公路网的初步形成

　　1927年南京国民政府成立后，全国公路建设事业先后由交通部、铁道部和全国经济委员会主持，尤其是1932年全国经济委员会成立，开始督造各省联络公路，采取中央协助政策，计划建设全国公路网，逐渐消除了北洋军阀政府统治时期各自为政的局面。为便于通盘计划各省的公路建设和"围剿"中央苏区红军，1932年11月军事委员会武汉行营在汉口召开了苏、浙、皖、赣、湘、鄂、豫七省公路会议，决定修建七省联络公路线，由经济委员会督修。以后又有闽粤及西北各省联络公路线加入，并制定了互通汽车办法。从1932年起国民政府重点修建在苏、浙、皖、赣、湘、鄂、豫等省的公路，1934年国民

---

① 参见张星桥《修筑个碧铁路简史》，《云南文史资料选辑》第16辑，第17—19页。
② 参见四川省地方志编纂委员会编纂《四川省志·交通志》上册，四川科学技术出版社1995年版，第64页。
③ 参见张嘉璈《中国铁道建设》，杨湘年译，商务印书馆1946年版，第41页。

政府重点修建了西北的西兰、西汉公路，1935 年为配合国民党军队追赶红军又在西南相继修建了川陕、川湘、川鄂、川滇等公路，到 1937 年西部十一省公路通车里程总计已达到 28370 公里。① 具体地说，从国民政府成立到抗战爆发前，国民政府的西部公路建设事业发展迅速，表现如下：

首先是西北公路建设的积极推进。为打通西北交通，使西北的陕、甘、宁、青、新等省交通连成一片，国民政府加大了西北公路建设力度。经济委员会公路处计划修建西安至兰州、西安至汉中和汉中至古浪三条公路，目的在于"开发西北资源，便利国防交通"②，并组织西北公路查勘团实地视察，结果"以各路工程浩大，需款甚巨……乃决定将兰古路暂从缓筑，而将预定兴筑该路经费分配于西兰和西汉公路"③。除对西北原有公路进行整修外，新修公路 10 条，使西北落后的交通面貌得到了初步改善。

（1）西兰公路，该路路线自西安起经邠县、窑店、平凉、静宁、定西到达兰州，全长约 706 公里。为修建西兰公路，1934 年 3 月在西安设立了西兰公路工务所，办理工程筹备事宜，将全路分为邠静、定兰两大段，还有一个流动工程队。1934 年 5 月开工。工程分三期进行：第一期紧急工程，以两个月时间使全线能临时通车；第二期正式改善工程，包括改造正式桥梁、加建永久性桥涵、加宽路基、设置行车安全标志，均要求在 1934 年底完工；第三期将全线路面铺筑完竣，达到常年通车的目的。④ 第一期工程于 1934 年 7 月基本完工，接着第二期工程开始，由于阴雨连绵和管理混乱，工程进展缓慢，直到 1935 年 4 月才完工。1935 年 5 月 1 日，西兰公路正式通车。"西北国营公路管理局"于同年 9 月接管西兰公路，办理运输业务。1936 年西兰公路又将东道岭与华家岭的改线工程、咸阳渭河大桥工程与全线路面工程次第完成。在抗战初期，苏联援华军用物资都是从新疆经过西兰公路内运的，西兰公路成为抗战初期的一条重要国际交通线。

---

① 参见《交通部历年各省可通车公路里程表（1933—1937 年）》，载中国第二历史档案馆编《中华民国史档案资料汇编》第 5 辑第 2 编财政经济（9），江苏古籍出版社 1994 年版，第 291—292 页。

② 中国公路交通史编审委员会编：《中国公路史》第 1 册，人民交通出版社 1990 年版，第 210 页。

③ 同上书，第 210 页。

④ 参见赵祖康《旧中国公路建设片段回忆》，《文史资料选辑》第 83 辑，第 199 页。

（2）西汉公路，该路自西安起经宝鸡、凤县、留坝、褒城到达汉中，全长 414 公里，是沟通陕西关中平原与陕南汉中盆地的一条重要干路。1934 年 9 月成立了公路处直接领导施工的"西汉公路工务所"，先后由吴必治和孙端任总工程师。1934 年 11 月全路设立了三个总段，由张佐周等三人担任总段长，每段管辖 80 公里，总段下设立分段和监工站。西汉公路宝鸡至汉中间的路线，除南北两端宝鸡至益门镇及褒城到汉中间地势比较平坦外，其余都被秦岭山脉环绕，工程十分艰巨。西汉公路于 1936 年 12 月 26 日正式建成通车。

（3）汉白公路，该路自汉中起经城固、西乡、石皋、汉阴、安康、平利，最后到达白河。全长 533 公里。全线分两段施工：汉中至安康段长 257 公里，1934 年汉安段工务所在西乡成立，直到 1937 年 3 月全段才草率完成；安康至白河段长 275 公里，全段分 12 个施工段于 1937 年 8 月开工，到 1938 年 2 月完成。

（4）汉宁公路，该路自汉中起经褒城、勉县、宁羌至川、陕交界的棋盘关止，全长 156 公里。汉宁公路的汉中至褒城段与西汉公路共线，早已建成，褒城至棋盘关分两段施工：褒城至宁羌段于 1935 年 9 月开工，于 1936 年 1 月 15 日通车；宁羌至棋盘关段于 1935 年 12 月 18 日开工，于 1937 年 2 月 15 日通车。汉宁公路与西汉公路、汉白公路连接，是沟通西南、西北和华中的重要交通干线。

（5）甘新公路，该路自兰州起经哈密、七角井到达迪化，全长 1992 公里。甘新公路甘肃段工程全长 1179 公里。为修建甘新公路，甘肃省建设厅成立了甘新公路工务所，负责兰州至红城子的改建。甘新公路新疆境内有南北二线。北线由迪化（今乌鲁木齐）经过阜康、萨尔、奇台至猩猩峡，长 792 公里，于 1928 年至 1932 年修筑，勉强通车。南线由迪化经达坂城、吐鲁番、鄯善、哈密至猩猩峡，长 813 公里，在 1928 年至 1941 年连续施工，勉强通车。

（6）甘青公路，该路自甘肃省河口至青海西宁，1935 年 8 月起，甘肃、青海两省先后动工修建，1939 年 9 月，西宁至享堂公路完成，同年 10 月河口至享堂公路 78 公里完工。

（7）甘川公路，该路自兰州经七道梁、中孚、临洮、会川、南路岭至四川昭化，全长 695 公里。甘川公路甘肃境内由甘肃省建设厅组建"临洮工务所"和"甘肃路工总队"施工，1935 年 7 月开工，同年 12 月由兰州修通至会川，四川段工程因红军已北上，暂停修建。

其次是西南公路建设事业的迅速发展。西南地区的大规模公路建设稍晚于西北公路建设，主要原因是国民政府对西南尤其是四川的控制晚于西北，直到1935年四川省政府成立后国民政府才控制四川政局，四川及云南、贵州三省开始了大规模的公路建设。就四川而言，1935年初蒋介石参谋团入川到抗战爆发前夕四川共修建了川黔、川陕、川湘、川鄂四条省际公路，连同原来修建的公路，四川已形成公路交通网。四川有六大公路干线，即川黔、川陕、川湘、川鄂、川康、川滇六线。

（1）川黔路，该线由成都经简阳、资中、内江、隆昌、荣昌、永川、壁山、重庆、綦江，至松坎进入贵州到达贵阳。川境共长620公里，其中成都至重庆段长约450公里，在1924年至1933年间，先后分段由地方士绅及驻军修筑而成。1935年12月，由四川公路局征工，全段整理，1936年3月整理完毕。重庆至松坎段长约196公里，于1936年1月，由四川公路局将全段分三期整理，第一期于1936年8月完工，第二、三两期到抗战前尚未整理完毕。

（2）川陕路，该线由成都起经广汉、德阳、罗江、绵阳、梓潼、剑阁、广元，至棋盘关进入陕西。川境长约413公里，其中成都至绵阳一段长140余公里，地方士绅及驻军修筑而成。绵阳至棋盘关段长约23公里，由四川公路局于1935年至1936年间，发行四川善后公债修筑而成。桥梁、沟涵、开山及特殊工程由雇工办理土基，石谷及路面工程由义务征工办理。全路于1937年5月16日通车。

（3）川湘路，该路自綦江经南川、彭水、黔江、酉阳、秀山，至茶洞进入湘境，直达长沙。川境共长693公里，于1935年由四川公路局与行营指拨四川善后公债，分为綦江彭水、黔江秀山两段施工，于1937年5月完成通车。綦江彭水段长363公里，黔江秀山段长330公里，桥梁、涵洞、开山及特殊工程由雇工办理，石谷及路面工程由义务征工办理。

（4）川鄂路，该路自简阳经乐至、遂宁、蓬溪、南充、岳池、广安、渠县、大竹、梁山，到达万县，至谋道溪进入鄂境，直达汉口。川境共长750公里，其中简阳至渠县段长422公里，1926年至1930年由沿路各县分段修筑路形，万县至分水岭一段长22公里，于1926年至1932年，由川军二十军军长杨森部修筑而成。渠县至大竹段长77公里，梁山至万县段长109公里，由四川公路局于1936年奉行营指拨四川善后公债修筑而成。两段桥梁、沟涵、开山及特殊工程由雇工办理，石谷及路面工程由义务征工办理。

（5）川康路，该路由雅安经天全进入康境，绕泸定直达康定。全长 245 公里，因修筑部队调走，工程停工，到抗战前只筑成雅安至天全段路基 42 公里。

（6）川滇路，该路由隆昌经泸县、纳溪、叙永、古蔺至赤水河，进入黔境，经毕节、永宁，再折入滇省，经宣威直达昆明。川境长 279 公里。

在云南，1922 年唐继尧执掌政权后，也积极发展云南交通运输事业。为修建公路，专门设立交通司公路处，于 1926 年 9 月建成小西门至碧鸡关一段公路，这是云南省第一条通车公路。① 1927 年，龙云任云南省主席，云南政局趋于稳定，把修筑公路列为云南四大要政。龙云兼任云南省公路总局督办，于 1929 年 12 月制定了《云南省征用义务工役大纲》、《三迤公路建设大纲》，加快了云南的公路建设，主要建造了四条公路。

（1）滇东干路，自昆明经杨林新街易隆至曲靖后分为三线：一条自曲靖经陆良、师宗至罗平之板桥到黔滇边境；一条自曲靖经霑益平彝至贵州盘县；一条自霑益经炎方至宣威。长 622 公里。全线有桥梁 171 座，涵洞 121 座。

（2）滇东北干路，包括两条路线，一条自杨林经嵩明、羊街、功山至会泽，一条自宣威至昭通，共长 426 公里。

（3）滇西干路，自昆明经碧鸡关、安宁、禄丰、一品浪、楚雄、镇南、祥云、云凤仪至大理，再由大理经邓川、洱源、剑川至丽江，共长 614 公里。

（4）滇南干路，自昆明经呈贡、晋宁、昆阳、五溪河、西曲溪至建水，共长 233 公里。

经过大规模的公路建设，到抗战爆发前夕，云南全省共修建公路 3334.5 公里，初步通车约有 1177.7 公里，并在省外修建通车 70 公里。②

广西公路建设始于 1915 年南宁至武鸣宁武公路的修建，到 1925 年新桂系军阀统一广西后，广西公路建设获得了初步的发展。1925 年，广西民政公署成立，下设建设厅管理公路建设工作。1931 年 6 月 15 日

---

① 参见张汝汉《记云南省的第一段公路》，《云南文史资料选辑》第 18 辑，第 139—140 页。

② 参见云南省交通厅云南公路交通史志编写委员会云南公路史编写组编《云南公路史》第 1 册，国际文化出版公司 1989 年版，第 100 页。

广西省政府设立了广西公路管理局，统一管理全省公路的养护及营运事项，从而使广西公路建设取得了进一步的发展。具体地说，主要建造了如下几条公路。

（1）邕那路，该路自南宁至那堪，长219公里。于1926年春分龙绥、邕绥两段同时施工修建，由于时局动荡，施工停止。1930年广西省建设厅成立了邕龙公路局，将龙绥、邕绥两段工程统一管理，1932年10月邕那公路开放通车。

（2）百平路，该路由百色至平马，长67公里。于1929年3月开工修筑，因受政局影响而停工。1932年10月百色、恩阳、奉仪、恩隆四县公路分局成立，负责征调民工。全路分三大段施工，1933年5月15日全线以土路通车。

（3）邕钦路，该路自南宁至钦州。1930年春邕宁县开工修筑吴圩至桥花路段，因时局动荡停工。1931年5月1日，此段土方、桥涵完工。1932年11月广西省政府在大塘设立第二大段工程事务所，征调民工2800人进行施工，于1933年4月完成路基、涵洞。1933年2月在那晓设立第三大段工程事务所，征调民工2100人施工，于1934年6月完工。

（4）丹池路，该路自河池经车河、南丹、芒场到达六寨以北的黔桂边界，全长111公里，是沟通黔桂交通的重要干线。1928年9月广西设立了丹池公路局，开始测量。1932年3月，河池、南丹公路分局相继成立，专管征调民工和督工事宜。1932年11月全线各段同时开工，于1934年1月完工。

（5）武平路，该路由武鸣县城起经锣圩、灵马、四塘、果德、思林至平马，全长153公里。1934年10月，为修筑武平公路，武鸣、果德、恩隆各县相继成立了道路分局，负责征调民工，全线分为三大段，分别在锣圩、果德、思林设立工程事务所。第一所征调武鸣县民工7962人，第二所征调果德县民工7550人，第三所征调思林县民工2961人、恩隆县民工3698人。1935年11月25日，武平公路正式通车。

（6）桂全路，该路由桂林至湖南边境的枣木铺。1928年的桂全公路，只到黄沙河，从黄沙河至枣木铺一段尚未修建。为与湖南公路衔接，1935年冬，桂林区办事处征调全州县民工修筑，于1936年5月竣工。

（7）百渡路，该路由百色起经下塘、黄兰、平侯、乐里、田西、平吉、旧州到达黔桂交界的八渡，全长 149 公里。1935 年 10 月 22 日，广西省政府下令百色、万冈、凌云、田西各县征调民工 3 万名准备动工修建。1935 年 1 月 4 日，各段同时施工，到 1937 年 4 月第一期工程基本完工，第二期工程由乐里至八渡因公款不济而缓修。

抗战前西部公路建设取得了一些成绩，详细情况见表 2。

表2 抗战前西部各省公路建设概况表

省份	路名	起止点	长度	备注
四川	川黔路	成都至贵阳	486 公里	1935 年 6 月 15 日川段工程完成
	川陕路	成都至棋盘关	420 公里	
	川湘路	成都至茶洞	691 公里	1937 年 6 月川段公路完成
	川鄂路	成都至汉口	892 公里	1936 年 10 月川段工程草率完工
	川康路	成都至康定	245 公里	只修成雅安至天全段路基 42 公里
	川滇路	成都至昆明	川境 279 公里	
云南	滇东路	昆明至盘县	313.7 公里	1937 年 3 月建成通车
	滇西路	昆明至大理	424.6 公里	1935 年 12 月全线通车
	昆玉路	昆明至玉溪	99.8 公里	1933 年 2 月通车
	杨会路	杨林至会泽	203.4 公里	1937 年通车
	曲陆路	曲靖至陆良	67.2 公里	1935 年 3 月通车
	霑宣路	霑益至宣威	76 公里	1934 年 3 月通车
贵州	黔湘路	甘粑哨至鲇鱼铺	238 公里	1936 年 12 月完工
	黔滇路	贵阳至胜境关	414.07 公里	1936 年 12 月全线完工
	黔川路	贵阳至崇溪河	306 公里	1935 年 6 月黔川公里全线通车
	黔桂路	贵阳至南寨	280 公里	1934 年 2 月全线通车
	清毕路	清镇至毕节	213 公里	1934 年 12 月全线通车
	陆下路	陆家桥至下司	32 公里	1931 年 10 月通车
	贵番路	贵阳至定番	50 公里	1934 年 7 月通车
	安龙路	安南至安龙	134 公里	1937 年 3 月完工
	修狗路	修文至狗场	15 公里	1933 年完工
	平哨路	平远至哨支线	4.5 公里	1934 年完工

续表

省 份	路 名	起止点	长度	备注
广西	邕那路	南宁至那堪	219 公里	1932 年 10 月通车
	百平路	百色至平马	67 公里	1933 年 5 月 15 日全线土路通车
	邕钦路	吴圩至东筐	60 公里	1934 年 6 月完工
	丹池路	河池至六寨	111 公里	1934 年 1 月完工
	武平路	武鸣县城至平马	153 公里	1935 年 11 月 25 日正式通车
	桂全路	桂林至枣木铺		1936 年 5 月竣工
	百渡路	百色至八渡	149 公里	1937 年 4 月第一期工程基本完工
	榴永路	榴江至永福	75 公里	仅完成长塘至黄冕一段 25 公里
	信梧路	信都至梧州	100 公里	1936 年 10 月因财政困难中途停工
	荔濛路	荔蒲至濛江	33 公里	1935 年通车
	贵桂路	贵县至桂平	67 公里	1934 年 8 月建成
	良锦路	良丰至罗锦	24 公里	1934 年建成通车
	宾南路	宾阳至南乡	110 公里	1934 年完工
	邕横路	邕宁至横县	137 公里	1937 年 4 月完工
	武都路	武鸣至都安		1934 年完工
	驮茗路	驮卢至龙茗	100 公里	1937 年春完工
陕西	西潼路	西安至临潼	167 公里	1935 年土路通车
	京陕路	南京至西安	1000 多公里	1935 年底通车
	西兰路	西安至窑店	199 公里	1935 年土路通车
	西汉路	西安至汉中	477.66 公里	1935 年土路通车，川陕线部分
	西荆路	西安至紫荆关	300 公里	1935 年修成
	汉白路	南郑至白河	533 公里	正在修筑中
	咸榆路	咸阳至榆南	700 公里	正在修筑中
	汉宁路	汉中至棋盘关	156 公里	1936 年筑成
	凤陇路	凤翔至马鹿镇	129 公里	1935 年通车
甘肃	西兰路	窑店至兰州	505 公里	1935 年通车
	兰秦路	兰州至天水	220 公里	1935 年 10 月通车，甘川第一线
	天马路	天水至马鹿镇	129 公里	1935 年 11 月通车
	兰洮路	兰州至临洮	94 公里	1935 年 11 月通车，甘川第二线
	兰享路	兰州至享堂峡	112 公里	土基已修成
	兰临路	兰州至临夏		

续表

省份	路名	起止点	长度	备注
甘肃	兰靖路	兰州至靖远	110 公里	1935 年基本修成
	洮秦路	临洮至天水	337 公里	已修成
	秦碧路	天水至碧口	370 公里	土方工程已成，甘川第一线
	兰肃路	兰州至酒泉	754 公里	由经济委员会负责修补
	甘川路	兰州至昭化	696 公里	由经济委员会负责修补
	甘新路	兰州至猩猩峡	1179 公里	1936 年通车
	甘青路	河口至西宁	189 公里	1935 年 8 月动工修建
宁夏	宁包路	宁夏至包头	406 公里	1933 年通车
	宁兰路	宁夏至兰州	375 公里	1933 年通车
	宁平路	宁夏至海源	150 公里	1933 年通车
青海	宁玉路	西宁至玉树	1000 公里	由驿道改成
	宁都路	西宁至都兰	415 公里	由驿道改成
	宁共路	西宁至共和	323 公里	由驿道改成
	宁民路	西宁至享堂	100 公里	正在修建
	宁煌路	西宁至敦煌	已修 240 公里	
新疆	新绥路	迪化至绥远	3500 公里	1933 年 12 月通车
	甘新路	猩猩峡至迪化	南线 813 公里，北线 792 公里	西北国际交通线部分
	迪霍线路	迪化至霍尔果斯	655 公里	1937 年通车

资料来源：张春生：《抗战前国民政府西北公路建设述论》，《历史教学》2001 年第 9 期；中国公路交通史审编委员会编：《中国公路史》第 1 册，人民交通出版社 1990 年版；谷源田：《四川省之公路建设》，《道路》第 52 卷第 2 号，1936 年 12 月 15 日；夏润泉主编：《贵州公路史》，人民交通出版社 1989 年版，第 142 页；张若龄、陈虔礼主编：《广西公路史》，人民交通出版社 1991 年版；云南省地方志编纂委员会编：《云南省志·交通志》，云南人民出版社 2001 年版，第 108 页。

　　尽管抗战前的西部公路建设取得了一定的成绩，但相对于地区面积而言，西部地区的公路密度小，中国公路主要还是相对集中在华东、华北、华中、华南地区。如 1937 年华东的苏、浙、皖、赣四省和华北地区的冀、鲁、晋、热、察、绥、蒙七省区的公路里程分别为 20628 公里和 24295 公里，分别占全国公路总长度的 19% 和 22%[1]，而面积广大的

---

[1] 参见中国第二历史档案馆编《中华民国史档案资料汇编》第 5 辑第 2 编财政经济 (9)，江苏古籍出版社 1994 年版，第 290—292 页。

西部十一省的公路总长度也只占全国公路总里程的26%。可见相对于华东和华北地区，西部地区的公路密度仍然较小。

三　抗战前西部轮船运输业的崛起

1927年南京国民政府成立后，为发展中国航运业，主要采取了四项措施：

第一，设立了航政管理机构，管理全国航政事宜。交通部专门设置了航政司，管理航业行政及船舶海事海员各事项。1929年7月，中央政治会议议决通过了交通部拟订的航政范围，"关于航路及航行标志之管理监督，管理并经营国营航业，船舶发照注册，计划筑港及疏浚航路，管理及监督船员船舶造船，改善船员待遇，及其他航政等事宜。"①1930年2月，交通部着手筹设航政局，同年12月国民政府公布了交通部航政局组织法。1931年6月11日上海航政局成立，天津航政局于1931年9月1日成立，汉口航政局于1931年7月1日成立，哈尔滨航政局于1931年7月1日成立，但哈尔滨航政局成立后不久，九一八事变爆发，业务停顿。

第二，颁布了航政法规及厘定船籍港，保障航业利益。上海、汉口、天津航政局成立后，接手海关代管船舶丈量检查登记等一部分航政，并制订了大量航政法规。1929年至1931年先后由国民政府公布了海商法、船舶法、船舶登记法、船舶载重线法等，1931年交通部公布了船舶丈量章程、船舶检查章程、船舶国籍证书章程等。交通部又于1833年6月将全国船籍港厘定公布，有南京、上海、海州、镇江、南通、宁波、海门、温州、芜湖、安庆、天津、秦皇岛、青岛、威海卫、烟台、龙口、葫芦岛、营口、安东、广州、三水、江门、汕头、水东、北海、海口、梧州、南宁、福州、厦门、泉州、三都澳、汉口、沙市、宜昌、长沙、岳州、九江、湖口、万县、重庆、哈尔滨、虎林、龙江、大黑河等46处，并将各船籍港疆界分别划清，凡未设立航政局处之船籍港，则归邻近各航政局处管辖。

第三，管理国营航业。首先整理国营轮船招商局。轮船招商局成立于1871年，由于经营不善，亏本严重，于是国民政府成立清查整理招商局委员会，清理招商局账。1930年8月，成立了招商局委员会，并

①　中央党部国民经济计划委员会编：《十年来之中国经济建设（1927—1937）》第三章交通，1937年印，第26页。

决定将招商局归交通部管辖。1932 年 10 月国民政府决定将轮船招商局收归国有，由政府继承该局一切权利并承担债务，由交通部具体管理。其次，添造船舶。1933 年 5 月中央政治会议决定将中英庚款的水利工程的大部分用作改进航业之用。在英国定造海轮四艘并购买江轮三艘材料。再次，1933 年实行水陆联运。轮船招商局早在 1911 年就于国有铁路办理水陆联运，1928 年 10 月铁道部决定让招商局加入联运，1933 年 3 月间招商局派员参加铁道部第十六次国内联运会议，议定国营招商局与国有铁路之联运办法二十一条，即根据大纲及办法，由招商局与代表国有铁路之铁道部联运处签订水陆负责货物联运合同，并分别与陇海、胶济等路商订办事细则。到抗战爆发前已开办的水陆联运有陇海、胶济、平绥等路。

第四，监督民营航运业。1934 年 3 月交通部召集各航商及各航业同业公会代表，开促进航业讨论会，以求航业发展。1934 年 4 月交通部指导上海市航业同业公会与国营招商局组成中国航业合作设计委员会，9 月该委员会完成了合作方案，规定设立中国航业合作社，主持航业合作事宜。1935 年 6 月 1 日正式成立了中国航业合作社，以促进航业合作。与此同时，交通部还颁布了整理民营航业办法。1936 年上半年，交通部拟订了整理民营航业办法纲要八条，即举办轮船业登记、整理定期航线、促进航业合作、添造轮船、奖励建造新轮拆毁旧轮、调整航运班期、监督运价票值和监督业务。这些措施促进了中国航运业的迅速发展。1935 年底中国注册轮船达到 3985 艘，71 余万吨，是 1928 年船只数量的约 3 倍，吨位的近 1.5 倍。① 在内河航运方面，战前中国的内河运输主要集中在长江流域和珠江流域，长江区的轮船吨位达到 24 万吨左右，轮船运力 32 万余吨②。

就西部来讲，如前所述，战前川江流域和西江流域的轮船运输业得到了迅速的发展。在川江水运段中，尤其是重庆至宜昌段轮船最为密集，宜渝段轮船进出口吨位由 1919 年的 5 万吨增加到 1926 年的 40 万吨，八年之间增加了 8 倍。③为发展四川内河轮船运输业，四川省政府还加强了对川江的整治。早在 1915 年 12 月 1 日成立了"修浚长江上游水道公会"，并于 1916 年 3 月在重庆正式成立"修浚宜渝滩险事务处"，

---

① 参见朱荫贵《1927—1937 年的中国轮船运输业》，《中国经济史研究》2000 年第 1 期。

② 参见江天凤主编《长江航运史》（近代部分），人民交通出版社 1992 年版，第 409—410 页。

③ 参见张肖梅编《四川经济参考资料》，中国民国经济研究所 1939 年印，第 H5 页。

由政府拨款拟订整治川、鄂滩险43处之计划。崆岭是三峡头等险滩，为清除障碍，又于1931年7月10日组建"崆岭打滩委员会"，1932年2月21日起对崆岭滩施以治理。交通部为全面开展三峡滩险之整治，于1935年10月11日将"崆岭打滩委员会"改名为"川江打滩员会"，进行川江治理。① 政府通过对川江的治理，便利了四川内河轮船运输业的发展，这突出地表现在民生公司的崛起。民生公司由卢作孚等人于1925年在四川发起筹办，1926年6月10日正式成立。1925年创立时资本仅2万元，只有一艘70.6吨位的轮船来往于重庆至合川航线，航线长约89公里。以后公司业务蒸蒸日上，逐年扩大。公司发展迅速，1927年为14万余元，到1928年增加到15万元，1930年增加到21万余元，1931年增加到67万元，1932年10月已达150余万元。公司轮船数量1927年为3艘，1930年增加到4艘，到1932年7月已有20艘。② 随着公司业务的扩大，1931年公司总部也迁到重庆。

为扩大公司经营规模，提高经济效益，卢作孚采取了一系列管理措施。首先是以优惠的条件兼并了一些轮船公司。民生公司创立时仅有一艘轮船，在川江不具有优势。卢作孚被任命为川江航务管理处处长后，开始主张统一川江航运业，增强本地轮船企业的竞争力，抵御外轮。通过优惠价格、以现金抵押债务以及录用原有人员等条件，到1935年，民生公司的船只已由1930年的4艘增加到42艘，吨位由230吨增加到16884吨，增加了72倍。职工由164人增加到2836人，股本由25万元增加到120万元，资产由54万元增加到120万元。民生公司控制了川江航运业务的61%，公司连年盈利，1935年纯利达到40万元。③ 其次，公司广延人才。民生公司十分重视人才，人员的录用以才能为标准。凡公司的一般技术人员和管理人员以及工人，一律通过考试，择优录取。在公司的主干人员中，绝大多数具有专门知识和管理才能，甚至有知名学者和技术权威。到1937年，民生公司处级以上主管人员41人，大学以上学历的38人，占92%，其中5人为留学生。④ 公司职工主要是通过公开招考得到的，到1936年，民生公司员工中已有3580人是公开招考来的，占当时职工总人数的93%。⑤ 此外还不断扩充资本，通过发行公司债券和吸收公司工人入

---

① 参见王绍荃主编《四川内河航运史》，四川人民出版社1989年版，第211—212页。

② 参见凌耀伦《卢作孚与民生公司》，四川大学出版社1987年版，第82页。

③ 同上。

④ 同上书，第86页。

⑤ 参见凌耀伦《民生公司史》，人民交通出版社1990年版，第116页。

股等措施，公司的资本日益扩大。总之，经过卢作孚10年的苦心经营，民生公司已发展成为资金雄厚、船只众多、航线长的大型轮船公司。人员由创立时的数人，增加到1936年的4000余人，资本由5万元增加到350万元，资产由数万元增加到1000余万元。①在船队规模上，民生公司由1艘轮船增加到1936年的46艘，轮船吨位由70吨增加到22000余吨，机器马力由180匹增加到41200匹。①在经营航线方面，由1926年的1条航线发展到1936年的9条，其中短途航线4条，长途航线5条。②民生公司的规模在民族航运业中，仅次于招商、三北集团，位列第三。在川江，它则以绝对的优势占据领先地位。

广西内河航运业主要集中在梧州和南宁地区。1908年梧州商人成立了"梧州航业股份公司"，从而使梧州航运业取得迅速发展。据1931年6月统计，梧州的注册船舶为41艘，载重3813.3吨。截至抗战爆发前，梧州已开辟了13条航线，其中以梧州至广州、江门、柳州、贵县、南宁、香港航线较为繁忙。③1913年广西省会由桂林迁往南宁，推动了南宁内河航运的发展，从1912年至1934年南宁先后成立了"利益号"、"振兴公司"、"维安公司"、"成丰公司"、"昌盛公司"、"大安公司"等17家船舶公司，拥有船舶38艘。④同时，广西省政府对航道也进行了整治。1936年，广西省政府为发展航运和水利，在梧州设立疏河第一工程处，"办理桂河及桂平至梧州一般疏浚工作"，在南宁设立疏河第二工程处，"办理黑水河、右江及邕宁至桂平一段河道疏浚工作"。同时设立疏河第三工程处，"办理红水河疏浚工作"。1936年11月至1937年4月，广西省政府对抚河、邕龙线、邕色线、邕梧线、黑水河、红水河、龙江、柳江进行了整治，促进了广西内河航运业的发展。

四　抗战前西部航空运输业的兴起

南京国民政府成立后，交通部鉴于内地交通不便，于1929年1月设立航空筹备委员会，积极筹办民用航空事业。1929年5月成立了沪蓉航线管理处，拟开辟上海至重庆航空线，并购买了史汀逊（Stinson）式飞机四架和其他机械，于上海、南京、汉口等城市设立飞机场，于上海设立

---

① 参见民生事业公司十一周年纪念刊编辑委员会编《民生实业股份有限公司十一周年纪念刊》，中华书局1937年版，第79页。

② 同上书，第98—99页。

③ 参见马依、舒瑞萍主编《广西航运史》，人民交通出版社1991年版，第126页。

④ 同上书，第128页。

飞机修理厂。沪蓉航线京沪线一段于 1929 年首先开航。同时，国民政府为经营发展全国民航起见，于 1929 年 4 月 15 日颁布了中国航空公司条例，依照该条例，中国航空公司于同年 5 月 1 日组织成立。公司设立董事会，设董事长一人，副董事长二人。该公司成立后与美国飞运公司签订合同经营航空事业，包括计划发展全国商务邮务航空事宜、投资经营全国商务客货运输及邮务运输航空事宜和经营其他关于商务邮务航行事宜。① 中国航空公司经营的航线有三条，即沪汉线、沪平线、汉广线。沪汉线自上海经南京至汉口，沪平线自上海经南京、徐州、济南、天津至北平，汉广线自汉口经长沙至广州。按照合同规定，所有各线各地飞机场站，由中国提供设备，美国自备飞机人员等负责飞行，中国按飞行公里数提供报酬。根据交通部与美国飞运公司订立的航空邮运合同，新的中国航空公司于 1930 年 8 月 1 日正式成立，并将沪蓉航线管理处并入，美国飞运公司原有之事业资产与一切设备以及开办时之用费等移交新公司。新的中国航空公司资本 1000 万元，交通部占 55%，美国占 45%。

中国航空公司在抗战前开辟的航线主要以上海为中心，计有沪蓉线（上海至成都）、沪平线（上海至北平）、沪粤线（上海至广州）和渝昆线（重庆至昆明）。在中国航空公司经营的航线中以沪蓉线、沪平线和沪粤线最为重要。沪蓉线是中国航空公司计划开办的第一条航线，其中沪汉线于 1929 年 10 月开辟，长约 875 公里。1930 年 12 月航线延伸至宜昌，增加了 298 公里。1931 年 10 月又延伸至四川巴县，增加 569 公里。巴县至成都一段迟至 1933 年 6 月 1 日正式开航，这段东西航线才全部完成。沪蓉线全长 2037 公里，普通航班分沪汉、汉渝、渝蓉三段，全线还开设了特别快班。该线使用的飞机沪汉段为道格拉斯式（Douglas）大型客机，汉渝段为洛宁式（Leoning）水上飞机，渝蓉段为史汀逊式（Stinson）。到 1936 年，沪蓉线每周东下西上各三次，全线起点至终点，快班飞行时间 9 小时 15 分钟。② 中国航空公司的航班包括普通航班、特种航班和游览航班等。普通航班为定期航班，中国航空公司创办之初开辟的沪蓉线因航线太长，普通航班需要分段飞行，为方便乘客起见，1935 年秋天中航开办了渝蓉特别快班，乘客可当日到达。③ 1935 年，国民政府借"剿共"之名将实力渗透入四川，来往于南京和重庆

① 参见中央党部国民经济计划委员会编《十年来之中国经济建设（1927—1937）》，1937 年印，第 35 页。
② 同上书，第 36 页。
③ 同上书，第 43 页。

之间的旅客增多，于是中国航空公司添置了京渝特种快班，以适应政治军事的需要，仅1935年5月至6月间，京渝特种快班就飞行11架次，满足部分政府官员和乘客来往于南京至重庆之间的特殊需要。①

除了成立中国航空公司外，1930年2月交通部与德国汉莎航空公司签订了欧亚航空公司邮运合同，1931年2月欧亚航空公司成立。公司原订资本300万元，后于1935年6月增加到750万元，交通部占2/3，德国占1/3。此外，1933年9月，云、贵、闽、粤、桂五省的官商合办了西南航空公司，经营两广之间的航线。尤其是欧亚航空公司的成立对改善西北交通运输条件发挥的作用最大。德国为世界航空强国，汉莎航空公司1926年后已成为德国唯一航空大公司，所经营之航线已达百余条之多，其中有二十余线系国际航线。1928年，汉莎航空公司曾运载旅客11.1万人，货物2500吨。该公司急于拓展德国与中国的航空业务，沟通欧亚两大洲。国民政府出于发展民用航空的目的也欲同其合作，1930年3月交通部与德国汉莎航空公司签订了《中德合办欧亚航空邮运股份有限公司章程》，第一条规定公司的发起人为国民政府交通部代表与德国汉莎航空公司代表，其中"交通部六人，汉沙公司三人"。第三条规定："公司营业以专运经过俄国之欧亚航空邮件及兼载经过俄国之欧洲航空货物或乘客为目的。"第七条规定"公司资本总额暂定中国国币三百万元。"② 中国与德国合资成立欧亚航空公司时，吸取了中国航空公司成立之初决策权旁落的教训，中国尽量维护了中方利益，反映在双方签订的《中华民国国民政府交通部与德国汉沙航空公司订立欧亚航空邮运合同》中，中国在法律、股份、决策等方面占据了主导地位，在法律方面，合同规定"依合同成立之中德公司完全遵照我国之法律办理，使公司完全受中国法律约束"。在股份和决策方面，合同规定"股本以国币为标准，而永远为二金马克折合国币一元，可使公司不受金价变动之影响。我方股本占三分之二，则董事及监察人亦占三分之二，董事长及总经理须由中国人担任，如此我政府可以永远监督公司之行动，俾国际间承认公司为中国所有"。此外"我方股本由德方垫借半数，年息不过七厘。期限则有五年之久"。"垫款仅以我方之股票为抵押，而股票提供抵押之后，其所有权及股权仍旧由我方享受"，"德

---

① 参见表155《飞行次数》，载交通部统计处编《交通部统计年报》（民国二十三年七月至民国二十四年六月），1936年印，第432页。

② 中国第二历史档案馆编：《有关筹办欧亚航空公司的一组史料》，《民国档案》1994年第4期。

方有为我方训练各种航空人才之义务"，"公司账册以中文为准"，"合同条文之解释以中文为准"。① 1931 年 2 月欧亚航空公司成立时，公司资本 300 万元，交通部占 2/3，德国占 1/3。1933 年 8 月增加至 510 万元，中方和德方仍分别占总数 2/3 和 1/3。② 1935 年 3 月又增至 750 万元，中德双方所持股份比例不变，欧亚航空公司不断扩大。③ 由于欧亚航空公司不断扩大投资，因此发展也较为迅速，职员人数由 1931 年成立时的 97 人增加到 1937 年的 176 人，飞机由原来的 4 架增加到 14 架，货运从 1931 年的 4151 公斤增加到 1937 年的 189079 公斤，客运人数从 1931 年的 941 人增加到 1937 年的 11600 人④，增加幅度大，因此，1931 年至 1937 年也是欧亚航空公司的迅速发展时期。

欧亚航空公司经营的航线主要有四条，即上海至迪化线、北平至香港线、北平至兰州线和西安至成都线。欧亚航空公司的航线主要是将中国东部城市上海、南京和北京等与西北城市西安、包头、兰州等连接起来，加强了西北各地与沿海之间的联系，有利于西北各地经济的发展。上述航线中，以沪新线最为重要，也是欧亚航空公司经营的一条重要西北航线。经过筹备，1932 年 4 月 1 日，先开辟上海经南京、洛阳至西安一段，5 月 8 日延伸到兰州，航程长 1860 公里，每周西上东下各两次，全程 9.5 小时，所用飞机为 Ju52 式飞机。除了上述定期航线外，欧亚航空公司还开设有不定期航线，主要有四条航线，包括由西安经天水至兰州航线、由西安经平凉至兰州航线、由兰州经凉州（武威）至肃州航线和由肃州经安西至哈密航线。此外，欧亚航空公司还试办了青海支线和宁夏支线。⑤

具体地说，抗战前交通部开辟的西部航线如下：

（1）沪蓉线，该线由是中国航空公司计划开办的第一条航线，其中沪汉线于 1930 年初开辟，长约 875 公里。1930 年 12 月航线延伸至宜昌，增加了 298 公里。1931 年 10 月又延伸至四川巴县，增加 569 公里。巴县至成都一段迟至 1933 年 6 月 1 日正式开航，这段东西航线才全部完成。

① 中国第二历史档案馆编：《有关筹办欧亚航空公司的一组史料》，《民国档案》1994 年第 4 期。
② 参见海棠《中国中央两航空公司发展简史》，《民用航空》第 4 期，1948 年 3 月。
③ 参见 叶笑山、董文中编《中国经济年刊》第九章，中外出版社 1936 年版，第 235 页。
④ 参见《欧亚航空公司历年航空概况表（1930—1937）》，载中国第二历史档案馆编《中华民国史档案资料汇编》第 5 辑第 2 编财政经济（9），江苏古籍出版社 1994 年版，第 484 页。
⑤ 参见申报年鉴社编《申报年鉴》，1934 年印，第 1003 页。

沪蓉线全长2037公里，普通航班分沪汉、汉渝、渝蓉三段，全线还开设了特别快班。该线使用的飞机沪汉段为道格拉斯式（Douglas）大型客机，汉渝为洛宁式（Leoning）水上飞机，渝蓉段为史汀逊式（Stinson）。

（2）沪兰线，该线是欧亚航空公司经营的一条重要西北航线。经过筹备，1932年4月1日先开辟上海经南京、洛阳至西安一段，5月8日延伸到兰州，航程长1860公里，每周西上东下各两次，全程9.5小时，所用飞机为容克斯52式飞机。

（3）兰包线，该线由欧亚航空公司于1934年11月1日开辟，航程长820公里，每周航班往返各两次，全程4小时20分，所用飞机为容克斯W34式飞机。

（4）渝昆线，该线先于1935年3月28日开办了重庆至贵阳一段航线，同年5月4日延伸至昆明，全线航程共780公里。因沿线地势与气候复杂，飞行困难，加上飞机不敷分配，该线时开时停。

（5）陕滇线，该线是由欧亚航空公司于1935年9月25日开辟的陕蓉线（西安至成都）延伸而来的。因渝昆线停航，1936年4月1日陕蓉线由成都延伸到昆明，是为陕滇线。该线航程1300公里，每周往返各两次，所用飞机为容克斯52式飞机。抗战前西部航线具体开辟概况见表3。

表3　　　　　　　　　　　抗战前西部主要航线

线名	起止地点	经营公司	开辟时间	长度（公里）
沪蓉线	上海至成都	中国航空公司	1933年6月1日全线开通	2037
渝昆线	重庆至昆明	中国航空公司	1935年5月	780
渝蓉线	重庆至成都	中国航空公司	1933年11月	
汉渝线	汉口至重庆	中国航空公司	1931年10月	
沪兰线	上海至兰州	欧亚航空公司	1932年5月	1860
兰包线	兰州至包头	欧亚航空公司	1934年11月	820
秦蓉线	西安至成都	鸥亚航空公司	1935年9月	
陕蓉线	西安至成都	欧亚航空公司	1936年4月	1300
广河线	广州至河内	欧亚航空公司	1936年2月	835
广南线	广州至南宁	西南航空公司	1934年5月	
广北线	广州至北海	西南航空公司	1934年5月	

资料来源：俞飞鹏：《十五年来之交通概况》，交通部1946年编印，第53—55页；姜长英：《中国航空史》，西北工业大学出版社1987年版，第79—87页；中央党部国民经济计划委员会主编：《十年来之中国经济建设（1927—1937）》，1937年印，第36—37页。

　　为发展航空运输业，除了开辟航线外，还加强了航空港站建设。就西部地区讲，中国航空公司与欧亚航空公司修建的机场主要情况见表4。

表4　　　　　　　　　抗战前西部机场建设一览表

站　名	机场长宽（公尺）	有无跑道	附近城市距离	所属公司
万县	水面	无	无	中国航空公司
重庆	200×400	1937年还正在建造中	西南角1公里	中国航空公司
成都	600×400	南北480公尺宽50公尺，东西400公尺宽17公尺	北门外8公里	中国、欧亚两航空公司共有
贵阳	600×300	无	城西北25公里	中国航空公司
西安	1000×800	无	西城门外附近	欧亚航空公司
兰州	1200×500	宽约五公尺	东距兰州城约5公里	欧亚航空公司
肃州	940×1000	无	城南约5公里	欧亚航空公司
昆明	300×1000	无	城南4公里	欧亚航空公司
宁夏	400×300	南北、东西两条，各宽50公尺	新城西门外约11公里	欧亚航空公司
包头	1000×900	跑道两条，各长800公尺宽50公尺	包头市南约2公里	欧亚航空公司
平凉	1000×500	无	平凉县城东约4公里	欧亚航空公司
安西				

　　资料来源：中央党部国民经济计划委员会主编：《十年来之中国经济建设（1927—1937)》，1937年印，第40页。

　　经过国民政府的积极努力，到抗战爆发的1937年中国民航共有各种飞机29架，航线长约9000公里[1]，航空运输业成为一种新兴的运输产业。就西部地区来讲，早在1929年5月18日，国民政府交通部就成

──────────

[1]　国民政府主计处统计局编：《中华民国统计提要》，1945年，第81页。

立了沪蓉航线管理处，拟开办上海至成都航线，但直到1931年10月21日，中国航空公司才开辟了汉口至重庆航线，四川才有了正式的定期航班，这也是西部地区民航运输出现的标志。到抗战前西部地区的主要航线有中国航空公司经营的汉渝线、渝蓉线、渝昆线，欧亚航空公司经营的沪兰线、兰包线、陕昆线以及西南航空公司经营的广龙线，总计长度为6445公里①，约占全国航线总里程的71.6%，西部航空运输业开始兴起。

第三节　抗战前西部交通建设与经济发展

抗战前西部地区的交通与经济之间存在密切联系。戴鞍钢先生研究认为近代中国西部省份交通近代化的迟滞，阻碍了当地经济的发展，同时后者也制约了前者，表现之一是用于近代交通业的投资乏力。西部省份地域广袤，自然地理条件复杂，兴办近代交通需巨额投资，从清朝政府到南京国民政府及其属下的各级官员对此少有筹划和举措，以致这些省份近代交通的拓展长期乏善可陈。而来自民间的投资愿望和渠道，则更微弱和狭窄。② 因此，一方面，战前西部地区的交通与经济是相互制约关系。不过，另一方面，战前西部地区交通建设的缓慢推进，尤其是新式交通的出现，也一定程度上促进了当地经济的发展，如滇越铁路和个碧石铁路的先后通车，促进云南个旧锡业的开发，陇海铁路的通车推动了沿线城镇的发展，具体论述后面展开。总之，笔者认为，战前西部地区的交通与经济之间既是相互制约关系，也是相互推动关系，二者相辅相成。

一　西部交通闭塞对经济发展的制约

抗战前西部地区的交通闭塞，严重制约西部地区经济的发展。关于战前西部地区交通落后的情况，我们以公路为例，将西部地区公路通车里程与全国公路通车里程进行比较，可以窥见一斑：

---

① 参见朱子爽《中国国民党交通政策》，国民图书出版社1943年版，第109—110页。
② 参见戴鞍钢《交通与经济的互为制约——以近代中国西部省份为例》，《中国延安干部学院学报》2010年第2期。

表5　　　　　　　1936 年西部地区公路通车里程占全国百分比表

省份	四川	广西	贵州	云南	陕西	甘肃	青海	宁夏	新疆	西藏
里程（公里）	4925	4125	1780	2303	2768	3140	1482	2533	3929	1050
百分比	4.12	3.45	1.49	1.93	2.32	2.63	1.24	2.12	3.29	0.88

　　资料来源：根据《交通部历年各省可通车公路里程表（1933—1937 年）》相关统计而成，载中国第二历史档案馆编《中华民国史档案资料汇编》第 5 辑第 2 编财政经济（9），江苏古籍出版社 1994 年版，第291—292 页。

　　说明：四川公路包括西康公路在内。

　　从表 5 可以看出抗战前的 1936 年西部地区的公路状况，其中四川地区的公路通车里程最长，占全国的 4.12%，其次是广西，为 3.45%，以下依次是新疆 3.29%、甘肃 2.63%、陕西 2.32%，最少的为西藏 0.88%。西部十一省公路总通车里程约占全国总通车里程的 23.45%。[①] 战前西部地区铁路则更为落后，在 1936 年，若不包括滇越铁路云南段在内，西部地区铁路总长度仅为 396 公里[②]，仅占当年全国铁路总长度的 1.91%[③]，若包括滇越铁路云南段的 465 公里在内，西部地区铁路占全国铁路总长度的比例也不过 4.15%。由于战前西部地区交通相对落后，也严重制约了抗战前西部地区的商业、工业和对外贸易的发展。

　　首先，抗战前西部的商业由于受交通闭塞的制约，发展十分缓慢且落后。西部交通闭塞带来的直接结果就是商品运输不便，运价高昂。以四川为例，四川与外界的通道主要是川陕陆路和川江航道，但这两条通道并不通畅。1923 年，一位美国人调查了川陕道上经济发展情况，川陕两省之间的交通不便给他留下深刻印象，他记载道：

　　　　在四川者，从渭河流域到成都平原的大路上，我们可能遇见背负 160 磅重棉花的苦力。他们背着这些东西，一天走 15 英里，要

① 1937 年全国公路总通车里程为 119567 公里。参见《交通部历年各省可通车公路里程表（1933—1937 年）》，载中国第二历史档案馆编《中华民国史档案资料汇编》第 5 辑第 2 编财政经济（9），江苏古籍出版社 1994 年版，第 290 页。

② 1936 年西部地区通车铁路包括陇海铁路灵宝至潼关段、潼关至西安段 203 公里、个碧铁路碧色寨至个旧段 73 公里、个碧铁路鸡街至临安段 62 公里、临安至石屏段 41 公里和北川轻便铁路北碚白庙子至黄桷树段 16.8 公里。

③ 1936 年全国铁路长度为 20746 公里。参见《1895—1937 年中国铁路增长》表，载〔美〕托马斯·罗斯基《战前中国经济的增长》，唐巧天等译，浙江大学出版社 2009 年版，第 211 页。

走 750 英里，一天 1 角 7 分钱（墨西哥银元），相当于 1 角 4 分钱 1 吨英里。按照这个价格把一吨货物运送 750 英里，要花费 106.25 元。铁路运输只要 15 元，是这个数目的 1/7。①

这说明了当时四川与外界沟通的困难。除川陕陆路外，四川与外界的交通，99% 靠长江航运。重庆与万县为四川货物出川的两大门户。但是川江滩多险急，大部分的轮船，只有在洪水期内才能航行。普通船只，平均装货不过 200 吨，却需要用 2000 马力以上的动力，所以消耗的燃料与装货能力的比例很不经济。从宜昌到重庆不过 300 多英里，而每运货 1 吨，平均水脚在 20 两以上，在枯水期内最高运费达到 80 两。② 由于运费高昂，严重阻碍了四川商业的发展。

抗战之前，贵州之穷，名闻全国。所谓"天无三日晴，地无三里平，人无三两银"，便是贵州贫穷的真实写照。其中"地无三里平"说明贵州都是山地，不能行车，交通极为不便。水路只有镇远以下的㵲水、重安江以下的清水江和铜仁以下的麻阳江，可以通浅水民船。但这几条江都是沅江的上流，只有小部分在贵州境内，所以除去东面一小部分可以利用水路输出木材外，全省交通都靠人力驮运。而驮运价格十分高昂，每百斤驮运一站，要耗费 8 角现洋。若以贵阳为中心，北到重庆15 站，东到镇远 8 站，西到昆明 18 站，南到广西宜山 13 站。所以从贵阳运货 1 吨到最近水埠码头的镇远，也需要耗费上百元。③

由于西部交通运输主要靠传统的人力肩挑和木船运输，不仅费时费力，而且效率低下，进而导致运输价格昂贵，制约了商品流通，因此西部地区的商业落后也就不足为奇了。以贵州为例，除贵阳、安顺以外的各县城，"所谓商业，什九属于行贩，又什九制造若干种货品。资本且均极微弱甚少，甚至有不满十元者。职工与产业，更无从分计"④。就是西南商业最发达的城市重庆，商业也普遍资本弱小，规模不大。1937年重庆的商号资本在 2000 元以上者仅有 700 余家。⑤ 在重庆最兴盛的布业中，1931 年至 1934 年共有商号 150 户，其中大型商号只有 4 户，中

① 费正清主编：《剑桥中华民国史（1912—1949）》上册，杨品泉等译，中国社会科学出版社 1993 年版，第 106—107 页。
② 参见凌民复《建设西南边疆的重要》，《西南边疆》第 2 期，1938 年 11 月。
③ 参见凌民复《建设西南边疆的重要》，《西南边疆》第 2 期，1938 年 11 月。
④ 张肖梅编：《贵州经济》，中国国民经济研究所 1939 年印，第 26 页。
⑤ 参见《重庆商号近况》（作者不详），《四川月报》第 10 卷第 4 期，1937 年 4 月。

型商号 21 户，小型商号 120 多户，占总户数的 82.8%。[①]

其次，西部地区由于交通闭塞，增加了发展工业的难度，导致战前西部地区工业发展缓慢。早在晚清时期，清政府的洋务派官僚开始创办近代新式工业，但他们在西部兴办新式工业的过程中遇到的最大困难就是受到了西部交通落后因素的制约。如左宗棠为创办兰州织呢局曾向德国订购了一整套毛纺织机械 4000 多箱，用轮船从上海运到汉口，再用木船经襄河运到龙驹寨，起岸再用牛马车和人力运到兰州。"几千里的长途运输，极为困难……足足运了一年。"几经辗转，才运到兰州。[②]青溪铁厂也是如此，全套冶铁设备达 1780 吨，"由沪雇船装运前来，均需立架按架起重，由湖南常德而上，滩高水浅，又需浅起驳"，从外洋节节转运，整整花费两年时间，"始行运到"[③]。后来的咸阳和重庆也曾拟办纱厂，但由于"程度寥远，山径崎岖，于大件锅炉转运不易，未能确有把握"[④] 而作罢。由于交通闭塞，西部地区的工业普遍基础差、规模小、资本薄弱。从标志工业发展水平的电力生产来看，1936 年西部的四川、西康、西藏、贵州、云南、广西、陕西、青海、宁夏、甘肃、宁夏、察哈尔和绥远 13 个省的发电量合计仅占全国总量的 1.94%。[⑤]就拿整个西部经济最发达的四川省来说，到抗战爆发的 1937 年，符合全国工厂法规定标准的，即拥有动力和 30 名以上的工人的工厂，只有115 家，占全国 4035 家工厂的 2.85%，仅有工业资本 2145000 元，占全国 0.58%，居全国第 18 位。全国大中型企业资本平均额为 95000 元，四川每厂平均只有约 20000 元，约为全国的 1/5；仅有工人 13019 人，占全国的 2.85%。在整个西南、西北地区，符合工厂法的企业仅有 285个，只占全国总数的 7.06%。[⑥]

最后，西部对外贸易的发展受西部交通闭塞的制约也十分明显。这首先表现在西部各省对外贸易额低下。抗战前西部各省在全国对外贸易中的地位十分落后。以西南地区为例，根据 1936 年西南的四川、贵州、

---

① 参见周显理《抗战时期西南工商业概况》，载四川省中国经济史学会编《抗战时期的大后方经济》，四川大学出版社 1989 年版，第 212 页。

② 陈真主编：《中国近代工业史资料》第 1 辑，三联书店 1961 年版，第 273 页。

③ 孙毓棠编：《中国近代工业史资料》第 1 辑下册，科学出版社 1957 年版，第 681 页。

④ 孙毓棠编：《中国近代工业史资料》第 2 辑上册，科学出版社 1957 年版，第 561 页。

⑤ 参见孙玉声《抗战八年之电气事业》，《资源委员会季刊》第 6 卷第 1、2 期合刊，1946 年 6 月。

⑥ 参见《1937 年各省工业分布统计表》，载陈真主编《中国近代工业史资料》第 4 辑，三联书店 1961 年版，第 97 页。

云南和广西四省各关进出口贸易货值统计，西南各省进口总值只占全国
进口总值的2.53％，出口总值为全国出口总值的6.58％，进出口总值
合计为全国进出口总值的4.26％。① 西南地区对外贸易额在全国对外贸
易总额中所占比例如此之低，直接导致整个西部地区对外贸易额的低
下。其次表现在西部各省的对外贸易在输出和输入货物的种类和数量
上，受外商进行原料掠夺和商品倾销的支配。同样以西南地区为例，西
南各省对外贸易长期处于入超地位，进口的主要物资是棉纱、棉布、毛
织品、纸烟、煤油以及五金器材等，大多数属于工业制成品。1936年，
四川每年进口货物中，棉货占总值的60％左右，匹头占8％左右，纸烟
占6％左右，煤油及五金器材各占2％，主要是工业制成品和消费品。②
西南各省出口的主要物资包括皮货、桐油、生丝、药材、猪鬃、木材、
钨、锡等，也大多属于农副产品和矿产品等原料产品。1936年四川出
口货物中，猪鬃等畜产品占23％左右，桐油约占20％，生丝约占15％，
药材约占12％。③ 云南每年出口货物中，大锡占80％以上，纺织品包括
黄丝、羊毛约占12.9％，皮货约占5.1％。④ 广西出口货物以牲畜、桐
油、茶油、柴炭、谷米、木材、矿砂、皮货及纸为大宗，1933年此项
商品占出口额的78.58％。⑤ 由于西南各省的对外贸易出口以农副产品
和矿产品等原料产品为主，而进口却是以工业制成品和消费品为主，这
既反映了抗战前西南各省的经济仍以农业经济为主，又反映了西南各省
的经济容易受国际市场和外商控制，很难有独立的发展。

二　西部交通建设对经济发展的推动

　　抗战前出于发展经济和巩固国防的需要，国民政府与西部各省地方
政府在西部也进行了交通建设，西部地区的交通落后状况略有改观，这
对西部的经济发展产生了一定的积极影响。这主要表现在西部铁路建设
和内河航运业的发展推动了沿线经济的发展，尤其是陇海铁路的建成和
川江内河航运业的发展对沿线经济发展发挥了明显的推动作用。

---

① 参见《西南各关最近两年进出口货物价值统计》，载余定义《西南六省社会经济鸟
　　瞰》，汉文正楷书局1938年版，第21页。
② 参见章友江、李廷栋《抗战以来四川之对外贸易》，《四川经济季刊》第1卷第1期，
　　第54页。
③ 同上书，第56页。
④ 参见郭恒《云南省的经济问题》，正中书局1940年版，第269—270页。
⑤ 参见广西统计局编《广西年鉴》（二），载沈云龙主编《近代中国史料丛刊三编》第
　　87辑，云海出版社有限公司1981年版，第485页。

（一）战前西部交通发展的总体情况

如前所述，经过交通建设，抗战爆发以前，西部地区交通有所发展，尤其是新式交通包括轮船、公路、铁路、民航等都得到一定程度的发展。关于战前西部地区交通发展的数据，我们可以从1933年至1937年间西部地区的公路发展窥见一斑。具体数量见表6。

表6　　　　　　　　抗战前西部地区公路通车里程增长表　　　（单位：公里）

年份	1933	1934	1935	1936	1937
通车里程	17814	18617	25118	28035	28370

资料来源：根据《交通部历年各省可通车公路里程表（1933—1937年）》相关统计而成，载中国第二历史档案馆编《中华民国史档案资料汇编》第5辑第2编财政经济（9），江苏古籍出版社1994年版，第291—292页。

说明：1. 统计范围包括四川、西康、广西、贵州、云南、陕西、甘肃、青海、宁夏、新疆和西藏西部十一省。2.1933年以前的西部各省公路通车里程的完整数据无从查找，故从1933年开始进行统计。

从表6可以看出，抗战前的1933年至1937年五年间，西部十一省的公路通车总里程逐年增加，从1933年的17814公里增加至1937年的28370公里，年平均增长率为11.85%。在西部各省中，公路增长最快的省份是甘肃，年均增长率为78.59%，以下依次为新疆39.31%、陕西27.36%、贵州10.56%、青海5.27%、四川3.52%、广西1.18%、宁夏0.28%和西康0.1%。[1] 战前西北地区的公路通车里程增长速度之所以普遍高于西南地区，其中原因除了西北地区修建公路相对较为容易外，也反映了战前西北经济开发对西部交通事业发展的推动作用。

战前不仅西部地区公路事业发展很迅速，其他如铁路、轮船运输也发展很快。在铁路交通发展方面，战前西部最重要的铁路首推陇海铁路的西延，陇海铁路也成为连接东西的最重要铁路干线。在陇海铁路延至陕西前的1931年有货车31辆，随着陇海铁路修至陕西，到1935年增加至82辆[2]，货车数量增加了1.65倍。西部地区铁路长度也从1928年

---

[1]　根据《交通部历年各省可通车公路里程表（1933—1937年）》相关统计而成，见中国第二历史档案馆编《中华民国史档案资料汇编》第5辑第2编财政经济（9），江苏古籍出版社1994年版，第291—292页。

[2]　参见《主要干线货车利用情况（1920—1935）》，载严中平《中国近代经济史统计资料选辑》，科学出版社1955年版，第197页。

的 73 公里①增加至 1937 年的 570 公里，铁路通车里程年均增长率为
61.89%。在轮船运输方面，以战前西部内河航运最发达的川江和西江
为例，川江轮船数量由 1909 年的 196 吨增加至 1932 年的 202497 吨②，
川江轮船吨位增加了约 1031 倍。广西西江南宁至梧州段航线的轮船吨
位由 1922 年的 14945 吨增加至 1931 年的 41774 吨③，轮船吨位增加了
179.5%。因此，战前西部川江和西江干流的轮船运输代替帆船运输成
为主要水上运输方式。

　　不过，尽管抗战前西部地区交通有所发展，但其发展速度尤其是公
路相对全国而言还是较慢。在公路方面，尽管战前的 1933 年至 1937 年
的五年间西部十一省的公路通车总里程年均增长率为 11.85%，但在
1928 年至 1937 年间，全国公路的年增长率则高达 15.8%。④铁路通车
里程虽然在 1928 年至 1937 年间年均增长率高达 68.08%，远远高于同
时期全国铁路 4.6% 的年均增长率⑤，但由于西部铁路长度基数太小，
西部铁路的实际增加长度并不长。因此，西部地区交通仍然落后于东部
地区。

　　战前西部新式交通的发展也推动了整个战前中国新式交通和经济的
发展。美国著名经济学家罗斯基估算，在 1914/1918—1931/1936 年间
新式交通运输量年增长率为 3.0%，而传统运输增长率为 1.9%，而在
此期间整个中国的年均 GDP 增长率为 1.8%—2.0% 之间⑥，新式交通的
发展速度快于中国 GDP 的增长速度。

　　（二）陇海铁路与陕西城镇经济的发展

　　陇海铁路通车后，受益最大的是陕西省，其中铁路沿线的西安、咸
阳、宝鸡、潼关、渭南等城市商业发展迅速。陇海铁路的通车给陕西带

---

①　1927 年西部地区通车铁路仅有个碧铁路碧色寨至个旧段 73 公里。因为滇越铁路管理
　　权属于法国所有，统计未包括滇越铁路云南境内段。

②　参见《川江轮船、帆船只数与吨位的比较（1891—1932）》，载严中平《中国近代经
　　济史统计资料选辑》，科学出版社 1955 年版，第 235 页。

③　参见《南宁梧州航线轮船、帆船只数与吨位的比较（1922—1931）》，载严中平《中
　　国近代经济史统计资料选辑》，科学出版社 1955 年版，第 236 页。

④　参见《中国公路里程（1927—1979）》表，载〔美〕托马斯·罗斯基《战前中国经济
　　的增长》，唐巧天等译，浙江大学出版社 2009 年版，第 216—217 页。

⑤　参见《1895—1937 年中国铁路增长》表，载〔美〕托马斯·罗斯基《战前中国经济
　　的增长》，唐巧天等译，浙江大学出版社 2009 年版，第 211 页。

⑥　参见《经过修正的中国 GDP 增长率（1914/1918—1931/1936）》，载〔美〕托马斯·
　　罗斯基《战前中国经济的增长》，唐巧天等译，浙江大学出版社 2009 年版，第 324
　　页。

来的最直接影响就是改善了铁路沿线城镇的交通运输条件，方便了人员的往来，扩大了铁路沿线城镇的客流量，城镇人口得到大幅度增加。1935年12月陇海铁路通车至西安时便开始了铁路运营，在1935年一年间西安的旅客发送量达到了189.5万人次，1936年长安至宝鸡线投入运营，年旅客发送量增加到278.6万人次。抗战时期的1942年由于咸同支线投入运营，1943年旅客发送量增加到了738.7万人次①，铁路的客运量大是传统运输工具无法相比的。陇海铁路的通车使得地处铁路沿线的西安、咸阳和宝鸡等城镇客流量大增，因此城市的人口猛增。1931年西安仅有人口118135人，1937年就增至197257人，1945年更增至489779人。② 14年间，西安人口便增加了3倍多。这显然不是人口的自然增长所能达到的，而是大量人口迁入所致而成。咸阳城区人口1931年仅有48780人，到1935年，增加到80456人，1937年增至82836人。③ 宝鸡在1935年陇海铁路通车前人口仅735062人，1937年3月随着陇海铁路的通车，人口迅速增加，仅1937年6月就比上年6月净增人口127037人，人口总数为867083人。④ 临潼人口1935年为138746人，到1937年为242547人。⑤ 此外陇海铁路沿线一些小城镇的人口也迅速增加。耀县处于咸同支线必经之地，过往客商日益增多，其中仅中山乡人口增加1万人之多。⑥ 陇海铁路沿线城镇的人口猛涨，为这些城市的商品销售提供了广阔的消费市场，刺激了城市商业的繁荣。

陇海铁路的通车陕西，还便于商品的集散，使得铁路沿线城镇纷纷成为陕西重要的物资集散地。陇海铁路陕西段逐渐建成后，铁路沿线城市之间陆续开通了客货列车。以1935年为例，徐州至西安间逐日行驶两次特快列车，徐州至潼关间逐日行驶两次混合列车和五次货运列车，

① 参见西安市地方志编纂委员会编《西安市志》第2卷，西安出版社2000年版，第530页。
② 参见西安市地方志编纂委员会编《西安市志》第1卷，西安出版社1996年版，第446页。
③ 参见咸阳市地方志编纂委员会编《咸阳市志》，陕西人民出版社1996年版，第381页。
④ 参见宝鸡市地方志编纂委员会编《宝鸡市志》（上），三秦出版社1998年版，第283页。
⑤ 参见陕西省临潼县地方志编纂委员会编《临潼县志》，上海人民出版社1991年版，第157页。
⑥ 参见宋国荃《陇海铁路咸同段沿线各县经济调查·耀县》，《陕行汇刊》第7卷第5期，1943年10月。

潼关至西安间逐日行驶四次混合列车。① 在潼关，仅 1932 年 1 月至 11 月间，通过陇海铁路运至潼关车站然后运销西安、渭南等地的粮食就有 13042 吨。② 随着陇海铁路的西延，铁路的货运量在逐年增加，1941 年较 1940 年货运量增加 10.7%，军事运输尚不包括在内。通过陇海铁路销往西安的商煤数量，1939 年为 65936 吨，1941 年增加至 104755 吨。③由于货运量的增加，沿线城市很快成为物资集散地。如华县在 1934 年陇海铁路通车过境后，迅速成为重要的物资集散地，棉花年销郑州达万余包，木材及燃料每年外销以亿万斤计。每年从蒲城、大荔、孝义等地输入四五万斤粮食在市上销售。④

随着陇海铁路沿线的潼关、渭南、西安、咸阳、宝鸡等城市的人口增加和物资集散地的形成，城市商业迅速发展起来，陆续成为陕西的商业中心。1934 年底，平绥铁路局局长赴潼关、西安参观，就告诉报界，仅 1934 年陇海线将通西安时，"陇海沿路棉花山积，出产之多，品质之良，远迈往年，大约已报运者值二千四百万元，实在已流入陕西之现洋已逾一千万，且棉花大量输出，一切打包搬运等附属事业亦即发达，人民购买力大增。最好现象为耕牛西行。盖陕西大荒六载，耕牛及骡马宰杀已尽，最近开始纷纷购买，由陇海路输入者络绎不绝，从前西安城内沿街驻满难民，现在已一扫而空，地方平靖，临潼至西安之汽车，可于夜间通行，往返均毋须警戒，绝无盗匪之虑，气象之佳，非身历境者，断不能信"⑤。可见陇海铁路的修建对西安的影响之大。具体而言，陇海铁路在促进铁路沿线城市发展中发挥的作用具体表现如下：

首先，交通便利导致城市流动人口激剧增加，促进了铁路沿线城镇服务业和金融业的发展。1937 年，陇海铁路通达宝鸡后，由于客流量增加，为这些过往客商服务的旅店业发展迅速，区内旅店业由原来的几家小店迅速增至 30 多家，主要有金台宾馆、保阳宾馆、交通旅社、南

---

① 参见铁道部《铁道年鉴》第 3 卷，上海商务印书馆 1936 年版，第 776 页。
② 参见《陇海路各站运入粮食调查表》，载陇海铁路车务处商务课《陇海全线调查报告》，1933 年。
③ 参见《本省经济动态：陇海铁路近年实况》，《陕行汇刊》第 6 卷第 4 期，1942 年 4 月。
④ 参见华县地方志编纂委员会编《华县志》，陕西人民出版社 1992 年版，第 272 页。
⑤ 《沈昌谈关中建设：潼西路年内可通西安，继续西展已勘测完竣》，《大公报》1934 年 12 月 14 日第 4 版。

京旅社、西大旅社、群贤公寓等。① 同时为客商服务的金融业也发展起来，宝鸡的"一条马路上散布着十七家银行，并不是偶然发生的，因为这里是交通枢纽，这里是商业市场。由于战时商业繁盛，遂造成商业资本的积累，这巨额的资金，需要银行为它融通流动，所以各银行乃竞来添设分支机构"②。

其次，铁路沿线城镇的商业迅速繁荣。潼关在通车之时，车站"以前一片荒原，亦无居民。自车站成立以后，大道两旁已陆续修盖房屋，开设店铺，渐有繁盛气象"③。潼关仅转运业就增加到 40 余家，新增银行 5 家，洋杂货店饭店各数十家。④ 在陇海铁路未修至西安以前，据 1934 年陕西省银行调查，西安商店号称 5000 余家，小贩居多，72 行成立公会者仅有 36 行，资本最大的商店为广货庄 5 万元，最小的商店为书籍笔墨业仅 100 元。随着陇海铁路修至西安，西安的市面顿改旧貌，商业市场日益繁荣。截至 1936 年 3 月，西安大小商号共计 6337 家。⑤西安也成为陕西大城市。咸阳在未通火车以前，据 1934 年 4 月调查，商号共有 400 家，其中以调元德盐号为最大，资本 6 万余元。但咸阳通火车后，据 1936 年调查，商业发展迅速，不仅商号数量增加，而且资本也增加，资本最雄厚的商号已超过 10 万元。⑥ 渭南通车后，商业迅速发展，到 1935 年仅县城就有布匹、煤油、杂货、铁货、药材等 11 个行业 328 个商号。⑦ 宝鸡地处陕西西部边陲，陇海铁路未通车前，居民多从事农业，从事商业者也是小本经营，但陇海铁路通车后情形大变，商业日益繁荣。据 1941 年调查，宝鸡商业分运输、绸布、百货、盐、食品、国药、油、粮食、文具、山货、烟、酒、茶馆等业，共计 556 家，资本总额 145 余万元。⑧

最后，随着商业的发展，大量人口进入城市居住，导致城市规模扩

---

① 参见宝鸡市金台区地方志编纂委员会《宝鸡市金台区志》，陕西人民出版社 1993 年版，第 274 页。

② 杨必栋编：《宝鸡乡土志·街市》，1946 年印。

③ 陇海铁路车务处商务课编：《陇海全线调查报告》，1933 年印，第 304—305 页。

④ 参见陕西省银行经济研究室编《十年来之陕西经济》，西安启新印书馆 1942 年版，第 155—156 页。

⑤ 同上书，第 152 页。

⑥ 同上书，第 155—156 页。

⑦ 参见陕西省地方志编纂委员会编《陕西省志·商业志》，陕西人民出版社 1999 年版，第 311 页。

⑧ 参见陕西银行经济研究室调查处《宝鸡经济调查》，《陕行汇刊》第 7 卷第 1 期，1943年 2 月。

大，形成了一批新城区。在陇海铁路通车西安以前，西安以南院门和东大街为精华荟萃之地，铁路通车西安以后新市区及大差市一带形成规模。① 咸阳的城区在陇海路通车后，大批外地人口聚居，多居住在火车站、文汇路、新兴路一带。② 尤其是随着在咸阳城北 0.7 公里处咸阳火车站的建立，车站周围相继建起了裕农油厂、咸阳打包厂和咸阳纺织厂、咸阳酒精厂及迁建的西北工学院。各厂校至火车站及老城，踩出几条不规整的土路，有火车站至裕农油厂的抗战路，火车站至打包厂的民生路，火车站至北门口的建国路，北门口至西北工学院、酒精厂的复兴路，使北郊各厂校与老城逐渐连为一体。③ 宝鸡自陇海铁路通达后由于人口增加，城内街道拓宽，旧房翻新，十里铺、汉中路、龙泉巷、福临堡形成新的工业区。④ 尤其是许多客商纷纷涌入宝鸡购地建房，使得宝鸡地价猛涨，如东大街在 1936 年以前，以白洋计算，每亩价由 500 元涨到 1000 元，最高涨至 3000 元⑤，宝鸡的城市得到了迅速发展。陇海铁路通车渭南后，城区越出城池向西发展，从四门到酒河桥之间，商贾密集，店铺毗连，形成一条街道，称西门街；越过酒河再向西发展，形成西关大街，沿酒河西岸南北发展起来的称粮食集，粮食集通往火车站的称二马路。⑥ 兴平县在陇海铁路通车后，县城商业集中在东西大街和南大街的鼓楼以北，生意兴隆，市场繁荣。⑦

（三）专线铁路与西部矿业开发

在抗战前西部地区修建的专线铁路中，以个碧石铁路和北川轻便铁路的建成通车对沿线矿业的影响较大。个碧石铁路沿线储藏有丰富的锡矿，而北川轻便铁路沿线则储藏有丰富的煤矿，因此，这两条专线铁路的建成通车对沿线矿业开发的影响是不言而喻的，具体而言，这两条铁路的影响表现如下：

第一，个碧石铁路促进了云南个旧锡业的开发。个碧石铁路逐年

---

① 参见西安市地方志编纂委员会编《西安市志》第 3 卷（下），西安出版社 2003 年版，第 250 页。

② 参见咸阳市渭城区地方志编纂委员会编《咸阳市渭城区志》，陕西人民出版社 1996 年版，第 86 页。

③ 同上书，第 129 页。

④ 参见宝鸡市金台区地方志编纂委员会编《宝鸡市金台区志》，陕西人民出版社 1993 年版，第 82 页。

⑤ 参见何明初《陇海铁路通车宝鸡》，《宝鸡文史资料》第 1 辑，第 172 页。

⑥ 参见渭南县志编纂委员会编《渭南县志》，三秦出版社 1987 年版，第 384 页。

⑦ 参见兴平县地方志编纂委员会编《兴平县志》，陕西人民出版社 1994 年版，第 355 页。

分段完成，其中碧色寨至个旧段筑路工程于 1915 年 5 月 5 日开工，1918 年 11 月通车至鸡街，1921 年 11 月 9 日通车至个旧。鸡街至建水段于 1922 年开工，1928 年 11 月通车至建水。建水至石屏段于 1931 年开工，1936 年 10 月 10 日通车至石屏。全部工程耗资滇币 2080 万元，其中，碧个段耗资 444 万元，鸡建段耗资 566 万元，建石段耗资 1070 万元。

　　云南的个碧石铁路建成后，直接促进了个旧锡业的开发。个旧锡矿开采历史悠久，始于何时无确切记载可考①，直到清康熙四十六年，始开办个旧银厂。乾隆年间，云南设铸币局，个旧大锡生产逐渐发展起来，不过仍以采银为主，铅锡次之。1885 年，清政府设个旧厅，个旧采银日衰，采锡日盛，年产锡约数十吨。② 1889 年蒙自开关后，个旧锡业得到了较快发展，尤其是 1910 年滇越铁路的通车大大缩短了大锡的出口运输时间，节约了运输成本，推动了个旧锡业的进一步发展。1910 年滇越铁路的通车方便了大锡的出口，导致锡的外销量进一步增加，大大刺激了个旧锡业的发展。1909 年个旧的大锡产量仅为 4743 吨，到 1910 年随着滇越铁路的通车，大锡产量即增至 6000 吨，以后持续增加。③ 不过滇越铁路仅经过碧色寨，碧色寨至个旧之间的大锡运输仍然仰赖驮运，不利于个旧锡业的进一步开发，而个碧石铁路的建成，可以使个旧的大锡直接通过个碧石铁路运至碧色寨再通过滇越铁路运至越南海防出口，进一步缩减了大锡的出口运输时间，推动了个旧锡业开发。个碧石铁路建成后，“除由个旧运出大锡外，被服工具及炼锡所需之木炭，均赖本路运输供给，是本路不独有关大锡之运输，且有关大锡之生产，故谓本路为个旧锡广之命脉”④。个碧石铁路运输的货物，主要是个旧锡业生产所需的生产资料和生活用品以及大锡的外运，关于个碧石铁路的运量情况见表 7。

---

① 现在多数人认为个旧锡矿开采始于西汉时期，《汉书·地理志》中所载的“贲古”地区就是今天的蒙自、个旧一带。参见刘文忠《个旧沿革和矿业开发》，《个旧市文史资料选辑》第 4 辑，第 2—4 页；李尚贤《解放前个旧锡矿开发概况》，《个旧市文史资料选辑》第 7 辑，第 8 页。

② 参见苏汝江《云南个旧锡业调查》，国立清华大学国情普查研究所 1942 年印，第 41 页。

③ 参见《个旧历年锡产数量表》，载云南锡业公司五周年纪念刊《云锡纪实》，云南锡业公司 1945 年编印，第 100 页。

④ 云南省志编辑委员会办公室编：《续云南通志长编》中卷，1986 年印，第 1017 页。

表7　　　　　　　　　　个碧石铁路货物运量统计表　　　　　（单位：吨）

年份	1929	1930	1931	1932	1933	1935	1936
运量	91117	90432	93537	91572	107070	107344	118730

资料来源：开远铁路分局志编纂委员会编：《开远铁路分局志（1903—1990）》上册，中国铁道出版社1997年版，第180—181页。

说明：原文中缺少1934年的运量统计。

从表7中可以看出个碧石铁路的运量情况，年运量在9000吨以上，据1929年至1933年货物运输种类统计，五年间各类货物的平均百分比为冶炼大锡用的松、栗炭及矿建木料占27.7%，供矿工及居民用的粮食、棉布、农副产品占26%，锡产品占26%，机械设备、配备、配件、工具、炸药等占16.6%。[①] 照此计算，在1929年至1933年间，通过个碧石铁路仅运送的大锡共约123169吨，如果加上炼锡所需的木炭及机器设备，则运量高达约333031吨。因此，个碧石铁路的建成通车，有力地推动了个旧锡业的开发。

第二，北川轻便铁路促进了重庆北碚煤业的开发。北川轻便铁路是抗战前四川唯一的一条铁路，它是一条运煤铁路专线，于1928年开工修建，1934年全线开通，自重庆北碚白庙子至黄桷树，长15公里。北川铁路的建成通车，改善了重庆北碚的交通运输条件，推动了北碚矿业的开发。北碚的矿产资源以煤为主，储量2亿多吨。在清末民初，北碚地区有兴隆公、天泰、和泰、公和、福和、木龙等数十家大小煤窑，日产原煤数千吨。到30年代中期，天府、宝源、燧川、三才生、复兴隆等一些大矿已初具规模，设有电厂、筑有铁路、开有运河，全地区有煤坪上百座，煤码头4个，煤业员工上万人，年产原煤30多万吨，北碚成为重庆乃至四川的重要煤炭生产基地。[②] 在北碚的众多煤矿公司中，以天府煤矿公司实力最为雄厚，而天府煤矿公司的发展壮大直接受益于北川铁路的通车。早在北川铁路白庙子至土地垭段建成后，1933年6月24日，为开采铁路沿线煤矿，北碚成立了"天府煤矿股份有限公司"，由卢作孚任董事长。天府煤矿公司实行同业合作，实行大规模开采，以求产运相济。经与北川铁路沿线的麻柳湾公和煤厂、芦梯沟天泰

---

① 参见开远铁路分局志编纂委员会编《开远铁路分局志（1903—1990）》上册，中国铁道出版社1997年版，第179页。

② 参见张太超《抗战时期大后方的煤炭基地——北碚》，《北碚文史资料》第4辑，第84页。

煤厂、视槽沟同兴煤厂、后峰岩和泰煤厂、老龙洞福和煤厂、石笋沟又新煤厂六个煤厂达成协议，以各煤厂资产为股份，实力大大增强。公司成立后，资本额为法币24万元，其中原六厂按资产作价为12万元，北川民业铁路公司投资2万元，民生实业公司投资10万元。① 据天府档案部载，从1934年（天府成立后第二年）到1937年的历年产煤数字为：1934年98000吨，1935年10万吨，1936年11万吨，1937年93000吨②，产量逐年上升。

（四）内河航运和公路与西部经济开发

战前西部内河航运建设也推动了西部经济的发展，其中以民生轮船运输公司的崛起对川江沿岸城镇发展的促进作用表现最为明显。1925年民生公司在合川创办，第一条航线就是合川至重庆航线，公司总部在1931年前一直在合川，因此合川的城市发展与民生公司息息相关。早在1925年民生公司刚创立不久，卢作孚购买了两部15马力柴油引擎和11千瓦的支流发电机，于1926年4月在合川成立了电灯公司。1928年又增设设备，购回120马力蒸汽机1部和三相交流发电机100千瓦1部，可供5000盏电灯照明，合川也成为四川最早使用和普及电灯照明的县城。③ 而且合川由于处于嘉陵江、涪江和渠江三江交汇处，交通便利，来往船只如梭。为这些船只服务的大小饭店就有110多家，旅馆50多家，茶馆80多家，供应船只所需要的工具如纤藤、蒿竿、竹棚、结绳、船钉等店业达300多家，从业人员700多人。茶馆酒店日无虚席，戏院夜夜场满，十分繁荣。④ 此外受民生公司影响最大的城镇是重庆的北碚。民生公司致力于北碚的文化事业和社会公共事业建设，成效显著。北碚先后建立了医院、图书馆、运动场、公园、报馆和兼善中、小学，还建立了四川第一个科研机构——中国西部科学院，逐渐改变了闭塞落后的面貌。卢作孚还在北碚创办了10个民众学校，开展识字运动，并安装了市内公共电话，使北碚成为四川最清洁整齐、发展最快的"一个生产的区域、文化的区域、游览的区域"⑤。

① 参见文集成、章体功《官僚资本主义的天府煤矿》，《四川文史资料选辑》第9辑，第102页。

② 同上书，第105页。

③ 参见凌耀伦《民生公司史》，人民交通出版社1990年版，第20—21页。

④ 参见王绍荃主编《四川内河航运史》，四川人民出版社1989年版，第207页。

⑤ 凌耀伦：《民生公司史》，人民交通出版社1990年版，第20—21页。

在公路建设方面，从 1935 年初蒋介石参谋团入川到抗战爆发前夕四川共修建了川黔、川陕、川湘、川鄂四条省际公路，连同原来修建的公路，四川已形成公路交通网，四川的交通才有所改善。如川陕公路的修通，方便了四川与陕西的联系，成为西南与西北连接的枢纽。川陕公路建成后有班车行程，从成都出发，第一天达到梓潼，第二天达到广元，第三天上午进入陕西，大概需要四天半时间到达宝鸡，较原来耗时上便捷了许多。川黔公路建成后，从重庆到贵阳需要三天时间。① 川陕、川黔公路的建成，便利了四川与陕西、贵州之间的经济贸易往来，无疑有利于推动四川经济的发展。西部其他省区的公路建设也对公路沿线的城市经济发展发挥了推动作用，如西兰路、西汉路、川滇路等。

不仅战前铁路、内河航运发展促进了西部经济的发展，航空运输业的发展也有利于西部经济开发，其中以欧亚航空公司对西部经济开发的影响较为明显。欧亚航空公司成立后，相继开辟了沿海地区与西北内地之间的航线，因此，加强沿海地区与西北各地的联系，也有利于促进西北经济的开发。如 1934 年 11 月 1 日开航的兰州—银川—包头航线全线共长 820 公里，从兰州至包头仅需 4 小时 50 分钟到达。② 而在此之前，包头至宁夏至兰州，"水程旱路，动辄数月；且沿途人烟稀少，艰苦万状"③，飞机的通航大大便利了西北各地之间的联系。飞机运输的出现，也为西北开发提供了一定条件。欧亚航空公司宁夏航线开辟后，在宁夏，"中央及本省之军政要人，均纷纷乘载来往，报章书信，邮寄更便，于是本省以往因交通不便，隔阂蒙闭之固习，大为减低，人民思想，渐与东南沟通，政治建设，亦积极向新的方向努力推进"④。此外，由于西北地区地瘠民贫，若大规模修建公路铁路耗资巨大，难以实现交通变革，而航空运输相对投资较少，大力发展航空运输不失为改善交通的有效方式，时人也认为："为发展西北交通，沟通文化，与商务关系，因

---

① 参见胡焕庸《国防后方的四川》，《西南边疆》创刊号，1938 年 10 月。
② 参见《欧亚航空公司飞行时刻表》，载欧亚航空公司编《欧亚航空公司开航四周年纪念特刊》，欧亚航空公司 1935 年印，第 22 页。
③ 王鸿斌：《包头站设站之经过及现状》，载欧亚航空公司编《欧亚航空公司开航四周年纪念特刊》，欧亚航空公司 1935 年印，第 146 页。
④ 陆斌：《宁夏站设站之经过及现状》，载欧亚航空公司编《欧亚航空公司开航四周年纪念特刊》，欧亚航空公司 1935 年印，第 145 页。

铁路与汽车路之建筑，一时均难实现，实以航空为唯一利器。"① 总之，欧亚航空公司西北航线的开辟，一定程度上改变了西北的交通运输条件，为西北开发提供了便利。

---

① 王鸿斌：《包头站设站之经过及现状》，载欧亚航空公司编《欧亚航空公司开航四周年纪念特刊》，欧亚航空公司 1935 年印，第 148 页。

第二章　战时中国交通统制体制的
确立与交通管理

　　抗战爆发后，交通运输以军事运输为主，交通部部长张嘉璈讲到战时交通问题时就说："战时的交通管理政策，则是按照国防计划，在强制实行的环境中，以争取战争的胜利为目的。所以战时交通管理，必须使交通各部门各单位，在统一的意志指挥下，调度灵敏，步伐一致，才能达到战时交通的最高目的。"因此，"战时交通政策，为要达到它的目的起见，必须要有一种'统制'的精神。'统'字的意义是使各种不同的甚至相反的事事物物有计划的统一起来，组织起来。'制'字的意义就是利用组织统一的方式而发生一种力量，更进一步来运用这种力量。所以战时交通一定要在这种有计划有组织而统一的管理之下，才能完成它对于全国总动员的任务"。① 所以，交通统制是战时交通制度的突出特点。为确立交通统制体制，国民政府在机构调整、法规制定、建设计划制定等方面采取了一系列措施。通过这些措施，战时国民政府统一了交通管理机构，明确了各部门职能，集中统一管理汽油、运价以及交通工具等，对战时大后方交通发展产生了巨大影响。

第一节　战时中国交通统制确立的背景

一　抗战前后中国的交通统制思潮

统制经济（Controlled Economy）一词，最早出现于 20 世纪三四十

---

① 张嘉璈：《战时交通问题》，载中央训练团党政训练班编《中央训练团党政训练班演讲录》，中央训练团 1940 年印，第 5—6 页。

年代，是当时学术界、经济学界和政界争论的重大问题之一。但什么是统制经济，经济学家对此的解释并不相同，不同体制的国家（如资本主义、社会主义或是殖民地国家）对此的认识更是大相径庭。从广义而言，统制经济是指国家对经济实施干预；从狭义来说，统制经济即意味着政府对于生产、交易、分配实施有计划的管理和限制。一般来讲，在社会主义国家常常称之为"计划经济"（planned economy），而在资本主义国家则命名为"统制经济"（controlled economy）。相对于自由经济而言，"计划经济"与"统制经济"有一些相似之处，因而当时马寅初就断言："统制经济，亦称计划经济。"也有学者认为，"统制经济"与"计划经济"在形式上是完全相同的，在本质上则有些不同。然而，这两者实际上的差异还是很大的。所谓计划经济就是一个国家的全部经济活动（从生产到消费）均不受价格的支配，完全由国家依照一定的计划而实行，也就是说在这种体制下绝大部分企业都是国有资产，处于政府的绝对控制之下，不具备独立的自由经营的特征。统制经济与计划经济最大的不同就是前者仍然承认资本主义私有制，只是补充或纠正现存资本主义经济制度的计划，而不是对其加以根本改造；它只是强调经济活动中某一部分（主要是生产方面）的计划，并不对所有的经济活动统加干预。① 统制经济适用的时间一般是战争、重大灾荒或经济危机时。因此，在大规模战争期间，实行统制经济是各国的普遍做法。早在第一次世界大战期间欧洲国家就实行过，第二次世界大战各国亦是如此。②

由于统制思潮在第一次世界大战以后的欧美国家甚嚣尘上，中国在抗战前也随之盛行统制思潮。孙大权在考察中国经济学社成员经济思想时也注意到："到20世纪30年代，经济学社的主要成员大多转而批判自由资本主义，极力提倡国家干预论，主张在中国实施统制经济政策。"③ 进入全面抗战时期，这种思潮得到全面强化，知识界，乃至整个舆论界和国民党当局，均呈现出人人谈计划，人人谈统制的思想态势。1939年4月，抗战时期任职于交通部的原燕京大学教授黄卓描述道："计划经济的声浪，一天高似一天。同时，政府在经济建设方面种

① 郑会欣：《战前"统制经济"学说的讨论及其实践》，《南京大学学报》2006年第1期。
② 陈雷、戴建兵：《统制经济与抗日战争》，《抗日战争研究》2007年第2期。
③ 孙大权：《中国经济学的成长———中国经济学社研究（1923—1953）》，上海三联书店2006年版，第244页。

种的设施，多少也具有一些计划性。抗战建国的经验，似乎已经为我国的经济发展定下了一个原则，即今后我国的经济建设，无论是专重国防，或兼及民生，其发展之途径，或多或少，总是一种具有计划性的经济建设。"① 抗战前后中国出现统制思潮的原因，与国内知识分子崇尚德国经济模式紧密相关，知识分子期望从德国实行统制经济后崛起的历史中寻求振兴中国经济的良方。②

经济统制范围除了金融、贸易、工矿业外，交通也是其中重要内容。著名经济学家刘大钧在 1935 年具拟的《确立经济政策以发展国民经济提案》中提出统制的范围："统制经济以与经济命脉有关之金融、贸易及交通事业为限。"具体的统制经济，按照前述原则，可有数种方式，其中国营主要事业为"交通，金融与公用事业，与国防有关之工业、矿业，以及人民不能举办之实业"③。刘大钧在 1936 年的《中国今后应采之经济体制政策》一文中再次认为："贸易、交通与金融是全国经济脉络，所以我主张统制。此外各种事业以不统制为原则，而在有特殊原因时，由政府经营或统制。作为例外，因为政府统制这三种事业，间接可统制全国其他各种经济活动。"④ 在抗战前后统制思潮大行其道的背景下，部分知识分子也提出了具体的交通统制思想，具体表现如下：

第一，实行交通统制是推动社会经济发展的重要前提。刘大钧详细分析了实行交通统制的必要性，认为实行交通统制的理由主要有四个：一是交通畅通是经济发展的重要条件，而当前"我国经济脉络既不流通，而交通系统即是经济脉络的本身"，因此尤应使交通有健全的发展。二是交通是开发国内物产的先决条件，只有相当的交通便利，才会"使此种产品得流通于国内，甚至行销于国外，然后经济发达几有可能"。三是实行交通统制，可以使交通有计划发展，提高交通企业效益。中国当时发展铁路必须通盘计划，先修筑最重要和最经济的路线，以政府举办为宜，若私人投资须与政府密切合作，使得私人铁路与国营铁路成为

---

① 阎书钦：《抗战时期经济思潮的演进——从计划经济、统制经济的兴盛到对自由经济的回归》，《南京大学学报》2009 年第 5 期。

② 参见阎书钦《抗战时期经济思潮的演进——从计划经济、统制经济的兴盛到对自由经济的回归》，《南京大学学报》2009 年第 5 期。

③ 转引自孙大权《中国经济学的成长——中国经济学社研究（1923—1953）》，上海三联书店 2006 年版，第 258—259 页。

④ 刘大钧：《中国今后应采之经济体制政策》，《经济学季刊》第 7 卷第 1 期，1936 年 6 月。

一个系统。至于公路建设，也要有建设计划。政府统制交通机关，一方面可避免出现交通企业联合抬高运价，另一方面也避免恶性竞争造成彼此损失。四是通过直接统制交通系统，可以间接统制工商行业。[①]

第二，交通统制以适应战争需要为主要目的。张素民认为："一国在战时的一切交通，均应以便利的军事进行为惟一目的。故运输机关如铁道、轮船等，若在平时为私营，在战时，均应临时改为国营。"[②]

第三，交通统制范围主要包括陆运和海运统制。张淳将交通分为陆运统制和海运统制，鉴于陆运在加强人民团结、维护社会治安、巩固国防和发展经济方面具有重要作用，"为防止民间陆运之混乱及各企业者之竞争，故亦实有统制之必要"。在统制方法上注意两点，一是"陆运统制不仅着眼于量的方面，即质的方面亦必须扩充"，二是"陆运统制，对于企业者及经营者加以统制外，对于交通网络、交通机（能）构亦须加以统制之"。至于海运统制，具体统制要点包括："1. 对于民营海运加以统制。2. 对于半管半民的船只加以统制。3. 必要时得归国家管理。"[③] 也有人将交通统制的范围划分为航业统制、铁道统制和航空统制三类。[④] 刘大钧甚至将电灯、电力、自来水、煤气等与交通有关的公用事业也纳入交通统制的范围。[⑤]

第四，交通统制的主要方式包括政府经营、政府参加管理和政府严格监督三种，具体方法是加强交通线之间的联系和交通的集中管理，实现建筑工程的标准化。刘大钧提出统制交通的方式主要有三种：即政府经营、政府参加管理和政府严格监督。中国交通事业大多由政府经营，而对汽车公司的管理可采用政府参与管理方式，至于政府监督方式则视情况而定。[⑥] 经济学家方显廷在战前提出了交通统制的具体建议，主要是通过加强交通线之间的联系和交通的集中管理、实现建筑工程的标准化等方法实现交通统制。就铁路而言，为加强铁路线之间的联系，应加紧修建沪杭甬铁路百官至萧山段、沪杭甬铁路嘉兴至京沪铁路苏州，以

---

① 刘大钧：《中国今后应采之经济体制政策》，《经济学季刊》第 7 卷第 1 期，1936 年 6 月。

② 张素民：《抗战与经济统制》，商务印书馆 1938 年版，第 16 页。

③ 张淳：《统制经济概论》，社会局救济院，1942 年，第 139—140 页。

④ 李菊时：《统制经济之理论与实际》，新中国建设学会，1934 年，第 97 页。

⑤ 参见刘大钧《中国今后应采之经济体制政策》，《经济学季刊》第 7 卷第 1 期，1936 年 6 月。

⑥ 参见刘大钧《中国今后应采之经济体制政策》，《经济学季刊》第 7 卷第 1 期，1936 年 6 月。

及平汉铁路石家庄至津浦铁路沧州支线。为加强铁路集中管理权,"各路之组织,应速筹合理化"。至于铁路建筑工程标准化,"亦宜集中材料之购置,颁布统一标准,就现有之设备,在可能范围之内,妥筹齐一之道"。在公路统制方面,注意加强对公路的养护,"不致因时久而失修,重违兴筑之初旨",同时,"公路之利用问题,亦宜妥为筹划"。在航运方面,尽快收回沿海和内河航行权,妥当筹划民营和轮船招商局轮船的分布,避免因战争爆发而导致轮船落入敌手。① 总之,抗战前后中国许多知识分子主张实行交通统制,这种思潮的出现为战时中国交通统制体制的确立奠定了思想基础。

二　战时中国交通遭到的严重破坏

七七事变后,日军发动了全面侵华战争。为达到迅速灭亡中国的罪恶目的,日军沿交通线向中国内地推进,交通沿线往往是中日双方激烈争夺的地方,交通枢纽也成为中日双方激烈交火的战场。由于战争的爆发,中国的交通遭到严重破坏。

抗战爆发后,日军为了削弱中国军队的战斗力,截断中国军队的后勤补给线,对中国的重要交通线狂轰滥炸,中国重要的交通线遭到严重破坏。首先表现在铁路运输线遭到日军的严重破坏。七七事变后,中国的交通大动脉如津浦、平汉、平绥、胶济、陇海(一部分)等铁路相继被日军占领。仅在淞沪会战的三个多月中,京沪路(今沪宁路)受到日机猛烈轰炸,最猛烈的两个月间日机轰炸达264次,平均每日轰炸4次,重要车站每天被轰炸六七次之多。日机炸中路基13次,桥梁涵洞14次,轨道91次,站台33次,雨篷14次,票房30次,仓库13次,煤水站14次,其他22次。徐州会战期间,津浦线南段遭到日机轰炸1433次,炸毁机车110台,客货车218辆,桥梁4座,其他设备及线路损毁也很严重。② 由于日军的轰炸,铁路交通运输线损失很大。仅据1938年4月6日为止的统计:粤汉路平均18小时被日机轰炸一次,每300公里被投弹一枚;陇海铁路平均41小时被日机轰炸一次,140公尺铁路被投弹一枚。据不完全统计,依原值计算,给铁路造成的物质损失达到21300万元之巨。③ 从

---

① 方显廷:《交通统制》,《京沪沪杭甬铁路日刊》第1498号,1936年2月。

② 参见李占才、张劲《超载——抗战与交通》,广西师范大学出版社1996年版,第64—65页。

③ 参见《抗日战争时期国民政府财政经济战略措施研究》,西南财经大学出版社1988年版,第261页。

七七事变到武汉失守，中国在战前修建的铁路80%以上都被日军占领或破坏。[①] 1938年10月，日军占领武汉后，沿粤汉铁路前进，以后的三次长沙会战也在粤汉铁路附近展开，粤汉铁路被严重破坏。1944年日军发动了大陆交通线战役，特别是在湖南、广西境内的战役，粤汉、湘桂和黔桂三条铁路遭到严重破坏。

其次，内河航运业也损失严重。抗战期间由于日军的破坏，不仅造成中国的内河航运船只数量锐减，而且许多内河航线被迫停航，内河港口城市遭到破坏。在抗战前，全国共有轮船54万吨，战事发生后，转移外籍者共130艘，计14.5万吨；被炸毁或击毁者共267艘，计5.4万吨；被敌抢劫者35艘，计1.06万吨；滞留于沦陷区者计12万吨。撤入大后方的轮船仅874艘，计9.5万吨，不及战前的1/5。[②] 作为抗战前中国最大的内河航运公司轮船招商局损失最为惨重，沿海及长江下游各埠码头、房地产业先后沦陷，轮船旧船，被征被炸毁者达5万吨。[③] 广西由于日军的直接入侵，船只损失严重，1937年广西共有轮驳船165艘，木帆船12933艘，船舶载重量总计达20.6万吨，到1944年全省船舶锐减到2519艘，载量3万吨，损失率分别为80.8%和85.4%。[④] 船只数量的锐减，使得大后方本来就短缺的船只更加捉襟见肘。此外广西曾沦为战场，梧州、南宁、柳州等重要港口曾被日军占领，港口和码头设施遭到严重破坏，广西的许多重要航线也被迫停航，如梧穗线（梧州至广州）、梧港线（梧州至香港）、贵穗线（贵港至广州）、柳梧线（柳州至梧州）等航线先后中断。

再次，民用航空运输业也遭到严重破坏。战前中国、欧亚两航空公司共有飞机29架。抗战爆发后因战争破坏，飞机损失严重，零配件短缺。到1941年12月日军偷袭珍珠港，中国航空公司在香港机场的3架DC—2S和4架寇帝斯飞机被炸毁，剩下2架DC—3S和1架DC—2昼夜将公司主要人员和文件材料运到昆明和重庆。[⑤] 欧亚航空公司也面临

① 参见薛光前编《八年对日抗战中之国民政府》，台湾商务印书馆1978年版，第306页。
② 参见王洸《内河航运之过去现在与将来》，《西南实业通讯》第5卷第2期，1942年2月。
③ 参见徐学禹《招商局之沿革及其所负之使命》，《交通建设》第1卷第12期，1943年12月。
④ 参见广西壮族自治区地方志编纂委员会编《广西通志·交通志》，广西人民出版社1996年版，第301页。
⑤ Jeff Ethell&Don Downie, *Flying the Hump*: *In Original World II Color*, Osceola（WI）: Motorbooks International Publishers&Wholesaler, 1995, p. 19.

飞机短缺的问题。欧亚航空公司只剩下 1 架大型客机和 3 架小型飞机，因缺少零配件，仅有 1 架飞机不定期飞行。

最后，抗战时期中国公路运输业也遭受严重的破坏。抗战爆发后除一部分汽车运输公司内迁外，大部分商营汽车公司受到严重破坏。在上海，战前有沪太、沪闵、上松、锡沪、青沪等长途汽车运输公司经营公路客货运输业务，但在淞沪会战期间这些汽车公司车辆毁于战火，无法恢复营业。其他如浙江、湖南、云南、福建、广西、山东、绥远、广东、河北九省，在战前的 1936 年共有商营汽车公司 768 家，运营汽车 3723 辆，而到 1945 年仅有汽车公司 70 家，运营汽车 2024 辆。其中河北、绥远两省商营汽车损失更为严重。河北在战前有商营汽车运输公司 65 家、汽车 265 辆，绥远有汽车公司 27 家、汽车 56 辆，但在抗战期间则几乎全部倒闭。因此战争给中国汽车运输业带来了巨大的灾难，制约了中国公路运输业的发展。

抗战爆发后，为了阻止或延缓日军的大规模进攻，国民政府往往采取破坏交通线的战术，加剧了交通运输线的破坏。就铁路运输方面来讲，由于战局变化不定，国民政府交通部将即将沦陷的铁路拆毁以防止铁路资敌和弥补筑路材料之不足。湘桂铁路南镇段于 1939 年 11 月在镇南关铺轨，随后由于日军占领南宁，被迫中途停工。后来日军退出南宁，国民政府为防止南镇段铁路资敌，1940 年 5 月间将已经铺设的路轨桥梁完全拆毁，移交修建黔桂铁路之用。滇缅铁路动工修建过程中，日军在越南登陆，为防止日军进攻云南，于是将河口至碧色寨段铁路拆毁，封闭滇越铁路。① 叙昆铁路开工后，1941 年 3 月通车至曲靖，此后拆毁一部分滇缅铁路路轨，用于修建曲靖至霑益段路轨。在内河航运方面，主要表现在国民政府为了阻止日军利用长江水道迅速向中国内地推进，决定自沉船只，堵塞长江航道。1937 年 8 月，国民政府海军部征集 43 艘轮船，185 只民船、盐船沉入长江江阴段，构成著名的江阴阻塞线。这次沉船塞江行动，共用去各种船只总吨位 4.4 万吨。② 1938 年 4 月，为阻止日军进攻武汉，国民政府又实施了马当沉船塞江行动，这次沉船共达 2.5 万吨。③ 在公路运输方面，国民政府为阻止日军进攻也对公路进行了大规模的破坏。淞沪会战失利以后，江苏省军政部门通令

---

① 参见龚学遂《中国战时交通史》，商务印书馆 1947 年版，第 154—155 页。
② 参见李占才、张劲《超载——抗战与交通》，广西师范大学出版社 1996 年版，第 208 页。
③ 同上书，第 209 页。

各县将南京、上海和杭州间 14 条重要公路和桥梁破坏，南京沦陷前夕又下令将苏北沿江公路和徐州地区、淮北盐区公路破坏。其他省份如浙江、江西、广东、广西等地区也纷纷将即将沦陷的公路破坏，以阻止或延缓日军进攻。在抗战期间，广西省破坏的公路长度达 4296 公里，占全省公路 4733 公里的 90.8%；广东省破坏的公路达 12554.6 公里，占广州陷落前全省公路 14860 公里的 84.5%。此外，福建和江西两省破坏的公路也分别占全省公路总长度的 60% 和 73.3%。① 总之，国民政府通过自行破坏交通线，的确起到了延缓日军进攻的作用，但使得中国本来就落后的交通更加落后，也加大了大后方交通建设的难度。

三　战时发展大后方交通建设的紧迫性

抗战爆发后，一方面沿海工厂学校纷纷内迁，另一方面抗日的支前军运也十分繁忙，这些都给西部地区的铁路、公路和水路交通运输带来了巨大的压力。只有大力发展交通运输业才能缓解压力，渡过难关，以保证抗日军运畅通无阻，支持国民政府长期抗战。正如交通部部长张嘉璈指出的那样："全面抗战以来，交通的重要性，随着军事的发展，而益加增进；几使一般人相信，'抗战'与'交通'，相为表里，不可或分"，"所有交通方面，无论路、电、邮、航，以及公路、航空，都与抗战期间军事民事有直接关系"。"抗战固以交通为命脉，而交通的维系，更以抗战的前途为依归。所以我们为增进'抗战'与'交通'相互的联锁的关系起见，完成抗战的目的！"② 交通关系到整个国家的抗战前途，尤其是中日之间的战争是两国之间的生死决战，决定了抗战是一场持久战。中国要坚持长期抗战，需要有不断补充的兵员、便利的军队调动系统、灵通的军事情报以及充足的后勤补给。一位署名为吴英豪的作者指出："一个国家虽有精密部队及良善的军械，如交通运输稍一迟缓，即可延误戎机。前方后方如无完备的电信设备，消息既不灵通，战争亦难取胜。后方日常生活品，如无运输工具之调节，则人民生活，势引起恐慌，而长期抗战亦将发生动摇征象矣。"③ 因此，抗战与交通是紧密联系在一起的。

首先，只有通过大规模的交通建设才能保证抗日军运的畅通无阻，

---

① 参见刘承先主编《中国公路史》第 1 册，人民交通出版社 1990 年版，第 283—285 页。

② 李占才、张劲：《超载——抗战与交通》，广西师范大学出版社 1996 年版，第 3 页。

③ 同上书，第 3—4 页。

支持抗日前线。抗战爆发后，大后方是主要的兵源和物资补给基地，大量抗日部队的奔赴前线以及军粮等军用物资的运送任务靠大后方的交通运输部门来完成。除了大力修建抗日军运公路、铁路以及发展大后方内河运输外，鉴于后方交通运输日渐困难，国民政府还在 1938 年 10 月召开的全国水陆交通会议上通过了利用全国人力畜力，恢复驮运，以补充机械运力之不足，并由交通部专设机关从速办理的决议。[1] 1939 年 1 月交通部在重庆成立了驮运管理所，办理驮运业务，驮运开始恢复。这些措施的根本目的之一就是方便抗日前线与后方基地之间的联系，保证抗日前线的军事后勤供给，支持中国的抗日事业。

其次，必须发展大后方交通建设事业才能确保国际援华军用物资的输入。1938 年 10 月武汉、广州沦陷后，西部有四条国际陆路交通线，即香港与内地线、西北与苏联之间的西北路线、越南海防与中国昆明之间的印支通道和连接缅甸仰光、腊戌、中国昆明的滇缅路线，其中西北路线、印支通道以及滇缅路线均为陆路通道。尽管战前国民政府在西部进行了大规模公路建设，但没有修通一条连接西北与西南邻国的国际公路，加上英法两国的阻挠，导致抗战爆发后大量军需民用物资堆积在海防、仰光等地，不能及时运输回国，影响了抗战事业。因此，在公路建设方面，国民政府计划重点修建西南的滇缅、中印、垒畹、河岳等国际公路并改善西北的西兰、甘新公路，以确保西部地区与苏联、越南、缅甸之间国际通道的畅通，保证外援物资的输入，维持抗战的需要。在航空运输建设方面，进入抗战中期后，尤其是随着印支通道、滇缅公路的相继被切断，中国与外界的陆路交通几乎被隔绝，造成大量美国援华租借军用物资滞留美国本土和印度。仅 1942 年 5 月，堆积在美国本土的租借物资达 14.9 万吨，积压在印度的达 4.5 万多吨，总共近 20 万吨[2]，发展国际航空运输是当务之急，于是国民政府经过与英、法、苏、美等国协商，相继开辟了重庆至阿拉木图的西北国际航线和重庆至河内、重庆至仰光、"驼峰"航线等西南国际航线。总之，抗战时期国民政府通过积极建设大后方的国际交通线，加强后方的对外联系，保证国际援华物资的输入，以达到支撑长期抗战的目的。

同时，发展西部交通也是发展大后方经济的迫切需要。抗战爆发

---

① 参见陈广忠《抗战以来之驮运事业》，《抗战与交通》第 33 期，1940 年 1 月。

② 参见徐万民《战争生命线——国际交通与八年抗战》，广西师范大学出版社 1995 年版，第 306 页。

后，由于大量国民政府机关、学校、厂矿相继迁入西部地区，大后方人口急剧增加。陈达估计抗战期间有 1425 万人迁往后方[①]，孙艳魁则认为迁移人口多达 6000 万人，占中国当时 4 亿人口的 15% 以上[②]。大量人口的迁入，给本来就落后的后方经济带来巨大压力。抗战与建国是不可分割的两部分，随着抗战的长期进行，大后方的经济状况直接影响前方的抗日战场，只有开发后方经济才能支撑长期抗战。经济与交通有着密切的关系，发展大后方交通则是发展后方经济的有效途径。在 1938 年 4 月 1 日召开的中国国民党临时全国代表大会上通过的《非常时期经济方案》中就阐述了交通事业与经济建设的关系，指出"凡工矿之开发物资之分配，商业金融之运用，胥有赖于运输通信系统之扩张与充实，在国内固应求交通便利，对友邦应求各种物资，得以充分交换，庶减少因海口封锁，而发生困难"[③]。因此，只有发展大后方交通才能发展大后方经济，只有大后方经济发展起来了才能维持后方人民的生产和生活需要。具体地说，交通建设与发展大后方经济之间的关系表现在两方面：一方面，国民政府发展大后方交通是开发大后方边远地区经济的需要。在大后方尤其是边远地区，由于交通不便，严重地阻碍了当地经济的发展，也直接影响到了后方经济的整体发展。有鉴于此，国民政府和西部各省地方政府也比较注意发展边远地区经济，其中重要途径就是加快边远地区的交通建设，改善边远地区的交通条件。在公路建设方面，交通部计划修建开发大后方经济公路线，其中开发的边远地区的路线有西祥线、乐西线、川康线、康青线、青藏线、黔桂西线、韩宜线等。通过这些公路线将西部省份西康、青海、西藏、贵州、陕西的落后地区与内地的乐山、成都等城市连接起来，缩短了距离，便利了西部各地之间物资的流通和文化的交流，有利于促进西部经济发展。尤其需要特别指出的是在抗战初期，国民政府在大后方恢复了古老的驮运和驿运，以充分利用边远地区的驮运和驿运运输力量，因地制宜地发挥边远地区的交通运输优势。由于大后方边远地区地形复杂，山高路陡，在这些地区修建铁路和公路的难度很大，成本很高，而利用这些地区原有的人力和畜力运输，不仅可以节省汽车燃料和原料，弥补公路运输之不足，而且可以方便这些地区与内地中心城市之间的联系，加强西部各地的经济文化

---

① 参见陈达《现代中国人口》，中华书局 1981 年版，第 46 页。
② 参见孙艳魁《苦难的人流》，广西师范大学出版社 1994 年版，第 48 页。
③ 《抗战来中央历次会议有关交通建设之决议案等案摘要》，《交通建设季刊》创刊号，1941 年 1 月。

联系，从而有利于实现西部经济的整体协调发展。另一方面，国民政府发展大后方交通也是出于发展大后方对外贸易的需要。在铁路建设方面，国民政府西迁重庆后，"为使战时首都与各战场所在各省交通便利起见，并使自由区域得一国际线路与国外沟通起见"①，决定赶筑湘桂、黔桂、叙昆、滇缅等铁路，建立后方铁路网。修建西部铁路，尤其是国际铁路可以方便运入美苏等国的"外援"物资，同时把江西、湖南、广西、四川、云南等省所产的钨、锑、锡、桐油、猪鬃等战略物资运送出口，以换取美、苏等国的军工武器和机器设备。在航空运输建设方面，进入抗战中期以后，在大后方与外界的陆路通道被日军割断后，大后方对外贸易的陆路通道也随之切断，中国发展经济所需的民用物资如五金器材、医疗器械等无法输入，中国出口还债和易货的战略矿产品和农产品，如钨、锡、桐油、茶叶、猪鬃等也无法出口，因此只有靠发展西部航空运输业才能维持大后方正常的对外贸易，保持大后方经济的正常运转。

第二节　战时交通统制体制的确立

一　交通管理机构的调整改组

国民政府鉴于交通运输管理部门复杂，不利于战时需要，于是对交通运输管理部门进行了调整，以便于发展大后方交通。1938 年 1 月，将铁道部裁撤，其管理、经营铁路职权归入交通部，由张嘉璈任交通部部长，1938 年又将全国经济委员会主管的公路处并入交通部，改组为公路总管理处，成为国民政府主管全国公路事业的专门机构。另外，军事委员会所属的水陆运输联合办事处，也归交通部。交通部组织法明确规定：交通部统一管理全国交通规划和建设，经营国有铁路、公路、邮电、航政，并监督公有民营的交通运输业。② 交通部设置七司一局一处，具体负责指导管理全国的交通设施建设和运输经营业务。具体地说，七司就是总务司、人事司、财务司、材料司、路政司、航政司、电政司，一局一处是邮政总局和公路总管理处。总务司掌管经费的出纳、

---

① 张嘉璈：《中国铁道建设》，杨湘年译，商务印书馆 1946 年版，第 178 页。

② 参见《抗日战争时期国民政府财政经济战略措施研究》，西南财经大学出版社 1988 年版，第 264 页。

财产的保管、部令的公布、报告的编制、出版物的刊行和文件的收录、分配等事项，人事司掌管交通部及其直辖机构中职工的任免、奖惩、训练和教育，财务司掌管交通财产的处置、交通业务的整理以及交通款项的支配、保管和筹划等事项，材料司掌管材料的采购、保管、稽核、支配、转运、调查、检验、监制和技术设计等事项，路政司掌管铁路行政，如筹划铁路的建设，管理铁路业务、工务和机务，监督公有铁路及民营铁路，电政司掌管电务行政，如筹划电报、电话、广播及电气交通的建设，管理电报、电话、广播及电气交通的经营，以及公有及民营电气交通事业的监督等事项，航政司掌管水运、航空行政，如筹划水运、航空设备的建设，管理水运、航空的经营和公有及民营水运、航空的监督等事项，邮政总局掌管全国邮务行政，经营邮政业务、邮政储金和邮政汇兑等事项，公路总管理处掌管全国公路行政，如筹划全国公路建设及工程的直接设施。此外，交通部还于1939年8月1日成立了公路运输总局，管理全国公路业务和联运等。①

　　1940年1月，行政院为调整非常时期物资的水陆联运，设置了水陆运输联合委员会，委员在交通部、军政部、财政部、经济部、航空委员会、兵工署、贸易委员会和西南进出口物资运输总经理处等部门高级职员中指派，委员会中设总务、运输、稽核三组，分别掌管全会事务、水陆运输工具的统筹调度、进出口物资的登记和现有水陆运输机关的联络协助。同年9月，行政院为调整交通机构起见，改为水陆运输设计委员会，派交通部部长张嘉璈任主任委员。详细情况分述于下：

　　首先，在铁路建设方面，建立了专门的铁路建设管理机构，以加强对铁路建设的监督管理。抗战爆发后不久，交通部为加强铁路建设的监督管理，于1938年6月27日公布了《交通部新路工程处章程》。第一条规定新路工程处业务是"主办新路建设一切事宜"，第二条规定新路工程处"设委员三人，由交通部派充综理处务并监督指挥所属职员"，第七条规定新路工程处"设正工程司三人至七人，承长官之命分往各路视察及办理各项技术事项，副工程司三人至七人，工务员六人至十人，承长官之命审核及承办技术事项"②。交通部按线路分段设立了铁路工程局或工程处，负责各段铁路的施工管理。为尽快完成湘桂铁路建设，

---

① 参见王沿津《战时交通政策》，独立出版社1940年版，第49—50页。

② 《交通部新路工程处章程》，载交通部参事厅编《交通法规汇编补刊》上册，大东新兴印书馆1940年版，第101页。

1938 年 2 月 9 日，国民政府行政院颁布了《国民政府准予湘桂铁路股份有限公司条例》，第二条明确规定公司的业务是负责"建筑及经营衡阳至桂林至柳州之铁路干线及展线暨其他供需之支线"、"建筑及经营其他铁路路线"、"经营铁道附属事业外并得兼营铁路沿线其他附带有关事业"①。根据这一条例，铁道部成立了湘桂铁路公司，由铁道部部长张嘉璈兼任理事长，部派代表及湘桂两省财政厅长为理事。湘桂铁路理事会先后设立了桂柳段工程处和柳南段工程处，分派侯家源和凌鸿勋任处长兼总工程师。1938 年 8 月两段工程处合并，称为南段工程局，由凌鸿勋为局长兼总工程师，以保证工程建设的顺利进行。为加快修建黔桂铁路，1939 年 4 月交通部在宜山设立了工程局，派侯家源为黔桂铁路工程局局长兼总工程师。② 此外，为修建叙昆铁路，1938 年 1 月 21 日行政院公布了《国民政府特许川滇铁路股份有限公司条例》，第二条规定公司的业务是负责"建筑及经营自昆明至叙府之铁路干线及展开线暨其他供需之支线"、"建筑及经营其他铁路路线"、"经营铁道附属事业外并得兼营铁路沿线其他附带有关事业"③。为修建滇缅铁路，1939 年 6 月 29 日行政院颁布了《交通部督办滇缅铁路公署暂行组织规程》。这些铁路工程局或处的设立，大大加强了对铁路建设的监督管理，在推进铁路的施工进度、把握技术标准等方面起了积极作用。在铁路运输方面，为方便军事运输，在军事委员会的后方勤务部设立了铁道运输司令部，分总务处、运输处、工务处、警务处、军法处等部门，处理与军事有关的铁道运输事务，并设置了船舶管理所管理水运交通上的种种业务。

其次，在公路建设方面，建立了专门的公路管理机构，加强公路建设的管理。抗战前，没有专门的公路建设管理机关，公路建设归全国经济委员会和地方政府管理。抗战爆发后，为适应战时需要对公路运输管理进行调整，将公路工程与公路运输分开管理，于 1938 年 1 月将全国经济委员会撤销，专门成立了交通部公路总管理处。根据 1938 年 7 月 30 日交通部修正公布的《交通部组织法》第十五条，公路总管理处职

---

① 《国民政府准予湘桂铁路股份有限公司条例》，载交通部参事厅编《交通法规汇编补刊》上册，大东新兴印书馆 1940 年版，第 103 页。

② 参见凌鸿勋《中国铁路志》，载沈云龙主编《近代中国史料丛刊续编》第 93 辑，文海出版社有限公司 1981 年版，第 249—253 页。

③ 《国民政府特许川滇铁路股份有限公司条例》，载交通部参事厅编《交通法规汇编补刊》上册，大东新兴印书馆 1940 年版，第 110 页。

权是"筹划全国公路建设及工程直接设施事项"、"管理公路业务及联运事项"、"各省公路设施之监督事项"、"公路器材之统筹管理事项"和"其他有关公路事项"①。公路总管理处下设许多分支机构，其中直接管理公路工程建设方面的有交通部设立的公路工程处。根据1938年1月21日交通部公布的《交通部公路工程处组织通则》，公路工程处职权是掌管"路段之测量设计施工以及其他有关该路段之工程设施事项"，工程处"设总工程司或主任工程司一人，工程司副工程司各一人至二人，帮工程司一人至三人，工务员三人至六人，绘图员及办事员各二人至四人"②。为了加快大后方公路建设，交通部公路工程处设立了许多专门公路路段工程处，主要的有汉渝公路工程处、陕南公路改善工程处等。汉渝公路工程处主要"办理汉中至重庆公路工程，隶属于公路总管理处"③，陕南公路改善工程处主要"办理川陕公路陕段及汉白公路改善及修养事宜"④。在西南地区，1938年1月交通部将原来的西南各省公路联运委员会改组为西南公路运输管理局，接管川黔、川湘、湘黔、黔滇、黔柳各路。⑤在广大西北地区，1941年1月成立了西北公路管理处管理西北公路建设。⑥通过这些公路管理机关和分支机构，加强了公路建设的集中管理。

公路运输方面，在抗战初期军运由军事委员会后方勤务部负责，西南西北省的汽车运输则由全国经济委员会所设西南公路联运委员会及西北公路运输处管理。1940年，为了进一步加强公路汽车运输的统制，蒋介石在重庆亲自主持召开了交通会议，决定成立战时运输统制局，以统一管理后方的运输事宜。四川公路交通在当时即纳入了战时轨道，川黔、川湘、川滇东、川陕、川滇西等主要省际干路，先后由中央接管，一切行动都受命于战时运输统制机关。继运输统制局于1942年撤销后，

---

① 《交通部组织法》，载交通部参事厅编《交通法规汇编补刊》上册，大东新兴印书馆1940年版，第2页。

② 《交通部公路工程处组织通则》，载交通部参事厅编《交通法规汇编补刊》上册，大东新兴印书馆1940年版，第153页。

③ 《交通部汉渝公路工程处组织规程》，载交通部参事厅编《交通法规汇编补刊》上册，大东新兴印书馆1940年版，第159页。

④ 《交通部陕南公路改善工程处组织规程》，载交通部参事厅编《交通法规汇编补刊》上册，大东新兴印书馆1940年版，第159—160页。

⑤ 参见薛次莘《三年半以来之西南公路》，《抗战与交通》第63期，1941年5月。

⑥ 参见凌鸿勋《西北公路三年来之工程与管理》，《交通建设》第2卷第4期，1944年4月。

1943 年又分别设置了两大机构来统一协调管理日趋繁重的汽车运输。这两大机构，一为公路总局，属国民政府交通部，主持公路运输的行政管理；一为运输会议，属国民政府军事委员会，负责水陆运输的宏观设计。1945 年军运更趋紧张，军事委员会下设战时运输管理局。蒋介石下令："赋予该局以统一管理运输之全权。"[1] 国民政府通令各部、会所有运输机构，一律移隶属该局，其他运输机构也统受其指挥监督。至此，全川所有公路运输机构，已完全置于战时运输管理之下。

再次，在内河运输建设方面，调整航政机构。抗战爆发后，随着华北、华东的失守，上海、天津两航政局先后停办。1938 年 10 月武汉、广州失守后，汉口、广州航政局相继移设重庆、梧州两地。为统一管理长江航政，将抗战前四川省政府设于重庆的川江航务管理处裁撤，将迁往重庆的汉口航政局扩大改组为长江区航政局，接管前川江航务处所辖的航务行政，在四川的万县、泸县、合川、南充、广元、宜宾港设立办事处，机构遍及全川，并将管辖范围扩大到川、鄂、湘、赣、苏、皖等省。另设四川省水上警察局，负责四川的水上治安。

1938 年 10 月广州沦陷前夕，名义上管辖粤、桂、闽航政工作的广州航政局移设梧州，其航政职权范围与广西航务管理局时常发生冲突。交通部与广西省政府经过协商，于 1943 年才将这一难题解决。1943 年 1 月将迁往广西梧州的广州航政局扩大改组为珠江区航政局，管理粤桂两省的航政业务，在广西桂平设有办事处，4 月，广西省政府原设的广西省航务管理局则改为广西船舶管理处。同时划分权责，"凡关于轮船之检验丈量登记，轮船之航线、轮船船员及引水人之考核训练，码头泊位及拖驳船的检丈给照，以及航路标志等事项，概归航政局管理。关于民船之检验丈量给照、船舶牌照之征收，民船水手及舵工之考核训练，码头水筏之管理，民船业之监督指导等事项，则归桂省船舶管理处管理"[2]。通过调整航政管理机构，使权责明确，统一事权，有利于加强内河航运业的管理。

抗战期间，为了疏浚内河航道，1938 年 10 月，交通部令汉口航政局在宜昌设绞滩管理委员会，由王洸兼任主任，曾白光为副主任。1940 年宜昌失守，绞滩管理委员会移设万县。为发展绞滩事业，从上到下设

---

① 冯天爵：《四川的战时公路交通》，载中国人民政治协商会议西南地区文史资料协作会议编《抗战时期西南的交通》，云南人民出版社 1992 年版，第 134 页。
② 广西壮族自治区地方志编纂委员会编：《广西通志·交通志》，广西人民出版社 1996年版，第 375 页。

置了一套比较完整的绞滩机构，委员会下设绞滩总站及绞滩站，各站设有站长，并视绞滩任务的轻重，配备一定数量的绞滩工人。为保证施绞安全，各站都建立有《船舶绞滩规则》及《施绞操作规程》，明确员工职责，以保证施绞安全。

最后，为发展大后方的驿运事业，解决驮运时期存在的问题，交通部在中央成立了专门的驿运管理机构，各地方相应成立了驿运管理分支机构。1940年9月1日交通部驿运总管理处成立，主管全国驿运行政的指导、监督及设计工作，第一任处长王国华，第二任处长谭炳训。各省驿运管理处也于1940年底及1941年1月先后成立。省驿运管理处"直隶省政府并受交通部驿运总管理处之监督指导"①，主管各省驿运行政及业务工作。

总之，国民政府通过对交通管理机构进行调整改组，从体制上统一了事权，将原来分属于军政部、财政部、经济部、航空委员会、兵工署、贸易委员会、军事委员会、全国经济委员会等机构的交通事务基本上统一在交通部之下，最后又受国防最高委员会领导，适应了全面抗战的需要，为战时交通统制体制的确立提供了组织保障。

二　系列交通法令法规的颁布

抗战爆发后，为发展大后方交通运输业，国民政府制定了大量交通法规，以推进后方交通建设和加强后方交通管理，强化国民政府在交通建设和管理中的职能。抗战时期，国民政府在交通立法方面的确也取得了许多实效，颁布了大量法令、条例、章程、办法等。为了对抗战前期国民政府的交通立法有一个全面的认识，笔者利用文献资料对当时的交通法规归类如下：

表8　　　　抗战时期国民政府颁布的主要交通法规概况表

类别与法规名称	颁布与修正时间
交通行政类法规	
交通部组织法	1938年7月30日修正
交通部公路总管理处组织条例	1939年12月14日
交通部公路运输总局暂行组织规程	1939年7月17日

① 《各省驿运管理处组织通则》，驿运总管理处1940年编印，第1页。

类别与法规名称	颁布与修正时间
交通部公路管理处组织通则	1939 年 7 月 17 日
交通部公路运输局组织通则	1938 年 11 月 21 日
交通部公路工程处组织通则	1938 年 11 月 21 日
交通部公路总管理处工程干部队组织规程	1939 年 10 月 7 日
湘桂铁路股份有限公司总经理处组织暂行章程	1938 年 9 月 23 日备案
湘桂铁路股份有限公司衡桂段管理局组织章程	1939 年 7 月 27 日
湘桂铁路股份有限公司桂南段工程局组织章程	1939 年 7 月 27 日
湘桂铁路南镇段工程监督处组织规程	1938 年 7 月 11 日
交通部督办滇缅铁路公署暂行组织规程	1939 年 6 月 29 日核准
交通部西北公路运输管理局暂行组织规程	1938 年 11 月 23 日
交通部滇缅公路理事会组织规程	1938 年 11 月 5 日
交通部滇缅公路运输管理局暂行组织规程	1938 年 11 月 23 日
交通部公路总管理处西北工程处组织规程	1938 年 11 月 23 日
交通部汉渝公路工程处组织规程	1939 年 11 月 21 日
交通部陕南公路改善工程处组织规程	1939 年 9 月 13 日
交通部西北公路运输管理局西兰公路总工程司办公室组织规则	1938 年 2 月 2 日
交通部车驮管理所组织规程	1938 年 11 月 25 日
交通部汽车牌照管理所组织规程	1939 年 8 月 17 日
汉口航政局分科职掌简则	1939 年 2 月 17 日核准
交通部汉口航政局绞滩管理委员会组织章程	1938 年 9 月 30 日
交通部西江造船处组织规程	1939 年 11 月 28 日
国营招商局长江业务管理处组织章程	1938 年 5 月 25 日
交通人事法规	
特种考试铁道车务人员训练组织大纲	1937 年 6 月 3 日
抗战时期铁路员工特恤办法	1938 年 2 月 22 日
抗战时期铁路员工临时奖惩办法	1937 年 8 月 17 日
战时铁路职工教育推进办法	1937 年 8 月 31 日
汽车技工管理规则	1939 年 9 月 15 日
汽车驾驶人管理规则	1939 年 9 月 15 日
特种考试公路技术人员考试暂行条例	1939 年 4 月 21 日
特种考试交通部公路交通巡察员考试暂行条例	1939 年 12 月 1 日

续表

类别与法规名称	颁布与修正时间
交通部公路职员薪给规则	1939 年 11 月 10 日
公路员工抚恤准用铁路员工抚恤通则及特恤办法	1938 年 12 月 2 日
国营招商局轮船员工薪级工资待遇办法	1937 年 2 月 22 日
国营招商局轮船员工服务规则	1937 年 2 月 22 日
交通部所属航空公司服务人员抗战时期因公伤亡抚恤办法	1938 年 11 月 25 日
交通业务法规	
国民政府特许中国运输股份有限公司规程	1939 年 12 月 22 日
中华民国铁路客车运输通则	1938 年 6 月 20 日
战时铁道运输军用物资暂行办法	1938 年 6 月 20 日
交通部公路总管理处汽车修理所及汽车器材库设置办法	1938 年 2 月 20 日核准
汽车管理规则	1939 年 9 月 15 日
战时主要公路征购材料办法	1939 年 11 月 9 日
交通部公路总管理处督察公路暂行办法	1938 年 3 月 17 日核准
交通部滇缅公路运输管理局公务运输暂行办法	1939 年 11 月 16 日
交通部西北公路运输局管理胶轮大车规则	1938 年 7 月 12 日核准
交通部川滇公路管理处设置检查站暂行办法	1939 年 11 月 4 日核准
公路两旁限制修造建筑物办法	1938 年 8 月核准
各省公路渡口设备及管理办法	1938 年 8 月
船舶检查章程	1937 年 7 月 22 日
船舶检查技术章程	1937 年 7 月 23 日
船舶丈量技术章程	1937 年 7 月 23 日
交通部汉口航政局短程航行轮船乘客定额增加办法	1939 年 10 月 17 日备案
交通部监造木船章程	1939 年 1 月 23 日
交通部监理木船运输章程	1939 年 11 月 23 日
交通部汉口航政局介绍木船租用办法	1939 年 4 月 27 日
交通部汉口航政局监理四川贷款木船运输办事细则	1939 年 6 月 13 日核准
四川木船丈量检查登记暂行办法	1939 年 7 月 28 日核准
四川省水道木船货物运价标准章程	1939 年 4 月 13 日
交通部民用航空飞机养护检查暂行办法	1939 年 3 月 30 日
非常时期民用航空乘客购票及包机办法	1938 年 1 月 2 日修正
交通财务法规	

续表

类别与法规名称	颁布与修正时间
交通部职员出差支给费暂行办法	1938 年 12 月 4 日修正
清厘各路往来帐办法	1937 年 7 月 27 日
公路征收养路费规则	1939 年 10 月 1 日
交通部川滇公路管理处征收汽车养路费施行办法	1939 年 11 月 4 日核准
交通部公路员工出差旅费通则	1939 年 11 月 10 日
航空保安建设费征收办法	1938 年 6 月 24 日修正

资料来源：交通部参事厅编：《交通法规汇编补刊》上册，大东新兴印书馆 1940 年版。

　　抗战时期的交通法规，大致可以分为四类：第一类是行政方面的法规，包括组织规程、办事细则等；第二类是人事方面的法规，包括员工的录用、调整、待遇、奖惩和服务条例等；第三类是业务上的各种规程、章则、办法、法令等；第四类是财务上的各种规程、章则、办法、法令等。现在分别叙述。

　　第一，交通行政类法规。抗战爆发后，国民政府就对交通行政机构进行了改组，力图提高交通管理效率，以适应抗战的需要。抗战前，国民政府在交通运输管理方面存在的最大弊端就是交通运输管理机构多，造成管理不善，影响交通运输的效率。关于这一点，蒋介石也深有感触："我们从前交通运输最大的一个缺点，就是事权不统一，以致组织散漫，统制缺乏，流弊所及，予国家军事以很大之障碍。"[1] 为提高交通行政效率，行政院于 1938 年 7 月 30 日修正公布了《交通部组织法》，具体规定了交通部设立的各种管理机构的名称以及每一个组织机关的职能，明确了事权，统一了职能。在具体的交通部门又制定颁布了许多交通行政法规：铁路建设运输方面有《湘桂铁路股份有限公司总经理处组织暂行章程》、《湘桂铁路股份有限公司衡桂段管理局组织章程》、《湘桂铁路股份有限公司桂南段工程局组织章程》、《湘桂铁路南镇段工程监督处组织规程》等；公路建设运输方面法规更多，主要有《交通部公路总管理处西北工程处组织规程》、《交通部西北公路运输管理局暂行组织规程》、《交通部滇缅公路运输管理局暂行组织规程》、《交通部

---

　　① 蒋介石：《运输统制与运输运动》（1940 年 4 月 20 日对运输统制局高级职员训话），载秦孝仪主编《中华民国史料丛编——战时交通》，台湾"中央文物供应社"1976 年版，第 161 页。

汉渝公路工程处组织规程》；水运方面主要有《汉口航政局分科职掌简则》、《交通部汉口航政局绞滩管理委员会组织章程》、《交通部西江造船处组织规程》等；关于驿运组织方面的规章制度有《驿运总管理处组织规程》、《省驿运管理处组织通则》、《驿运段站组织通则》等，关于管理方面的有《驿运车驮管理规则》、《驿运伕马车船征雇通则》、《驿站工人免役办法》、《全国驿站仓库管理规律》等。这些规章制度的制定使交通行政管理有法可依、有章可循，有利于提高交通管理效率。

　　第二，交通人事法规。为加强军事运输，必须调动广大交通员工的工作积极性以及民众参加交通运输的热情，发挥人的力量，真正达到全面抗战。"八一三"事变后，铁道部就颁布了《抗战时期铁路员工临时奖惩办法》，《抗战时期铁路员工特恤办法》、《战时铁路职工教育推进办法》，公路运输方面有《汽车技工管理规则》、《汽车驾驶人管理规则》、《特种考试公路技术人员考试暂行条例》、《公路员工抚恤准用铁路员工抚恤通则及特恤办法》等，水运方面有《国营招商局轮船员工薪级工资待遇办法》、《国营招商局轮船员工服务规则》等，航空运输方面有《交通部所属航空公司服务人员抗战时期因公伤亡抚恤办法》等。这些法规的颁布有利于调动交通员工的积极性，保障交通员工的切身利益。同时鉴于交通运输力量的不足，国民政府还积极动员民间力量参与运输。蒋介石曾讲："对于各地民众及壮年男女，必多方设法奖励其作输送夫，男子壮丁如能尽力运输，即可令其暂缓服兵役，或竟行免役，无论男女，并一律施以适当的训练与组织，善其待遇，酌给工资，如此，各地之愿从事于运输之人，一定很多，则以中国如此众多的人口，如此巨大的劳力，只要鼓励有方，就可以尽量加强我们运输的力量，以维持长期抗战的需要。"[①] 国民政府在抗战中后期迅速恢复并发展了驿运，其中广大民众就是驿运的主力，起了重要的作用。

　　第三，交通业务类法规。抗战时期，交通运输管理机关业务繁忙，主要是交通运输方面的业务。在铁路运输方面有《国民政府特许中国运输股份有限公司规程》、《中华民国铁路客车运输通则》、《战时铁道运输军用物资暂行办法》，公路运输方面有《交通部滇缅公路

---

　　① 蒋介石：《运输统制与运输运动》（1940 年 4 月 20 日对运输统制局高级职员训话），载秦孝仪主编《中华民国史料丛编——战时交通》，台湾"中央文物供应社"1976 年版，第 164—165 页。

运输管理局公务运输暂行办法》、《交通部川滇公路管理处设置检查站暂行办法》、《公路两旁限制修造建筑物办法》等，关于驿运方面的有《水陆驿站载货程序》、《水陆驿运载货通则》、《驿运货物分等表》、《水陆驿运货物联运通则》等，关于水运方面有《交通部监理木船运输章程》、《交通部汉口航政局介绍木船租用办法》、《交通部汉口航政局监理四川贷款木船运输办事细则》、《四川省水道木船货物运价标准章程》等，关于民用航空方面的法规有《交通部民用航空飞机养护检查暂行办法》、《非常时期民用航空乘客购票及包机办法》等。这些交通业务方面的法规涉及了公路、铁路、水运、驿运和航空运输等各个方面，对交通运输机关的职能、运输物资的种类、运输价格、运输检查、运输程序等有关运输业务作了具体的规定，有利于提高各交通运输部门的运输效率。

第四，交通财务类法规。抗战时期，鉴于财政紧张，因此需要加强交通财政方面的管理，以开源节流，充分发挥交通运输机关的效能。主要的交通财政方面的法规有《交通部职员出差支给费暂行办法》、《清厘各路往来帐办法》、《公路征收养路费规则》、《交通部川滇公路管理处征收汽车养路费施行办法》、《交通部公路员工出差旅费通则》、《航空保安建设费征收办法》等。这些法规具体包括了交通部门职员的差旅费报销办法、公路养路费的征收办法等方面，改进了交通财务制度，有利于节约开支，增加收入，缓解交通部门的财务紧张。

总之，战时国民政府行政院、铁道路、交通部、财政部等部门颁布了一系列交通法规，内容涉及交通行政、人事、业务、财务等方面。这些法规的颁布，统一了交通组织机构和运输机关的职能，明确了各部门的权力和责任，强化了对交通员工的管理，规范了交通财务管理，为交通统制体制的确立提供了法律依据。

三 交通建设方针计划的制定

抗战时期，国民政府为推进大后方的交通建设，制订了详细的交通建设计划，凸显了国民政府在战时大后方的交通建设中的主导作用。抗战爆发后不久，国民政府于 1938 年 4 月在武汉召开了中国国民党临时全国代表大会，制定了抗战的大政方针。为了能支持长期抗战，国民政府十分重视交通建设。在《中国国民党抗战建国纲领》中，明确指出要"整理交通系统，举办水陆空联运，增筑铁路、公路，加辟航线"①。在《非常时期经济方案》中则具体制订了大后方交通建设计划。铁路建设方面，西南"应加速修筑湘桂铁路，期于一年半中，全线告成，并速筹筑川滇铁路，四川之成渝铁路亦宜继续修筑，俾西南之交通网早日完成"②。同时对于黔桂铁路"尤须加紧修筑，提早完成"③，并通过了"加紧建筑成渝铁路，以利后方交通案"，以构筑西南铁路运输网。在西北地区修建西北铁路网，"拟自咸阳向西，经甘肃修筑铁路"，并相继通过了"从速兴筑西北铁路案"、"完成陇海铁路西段，以便军运而利抗战案"，以及"赶快修筑西北大铁路案"。从这些方案中可以看出国民政府建设西部铁路的计划，即在西南重点修建湘桂铁路、川滇铁路、黔桂铁路和成渝铁路，在西北完成陇海铁路西段，构筑大后方铁路交通网。在构筑西部省际交通网的同时，国民政府还计划构筑西南国际交通网，计划在湘桂铁路建成后"可由粤汉铁路经镇南关而通至安南"，川滇铁路完成后"可以将四川物产经由昆明而向安南输出"，决定迅速修建滇缅铁路，并限期完成，以打通国际路线。④ 在大后方的中心地区川康地区，当地政府根据国民政府的指示制订了相应的铁路修建计划，具体内容包括：（1）完成成渝铁路；（2）立即修建西昌至叙府铁路；（3）立即修筑西昌经泸沽至会理之间的铁路。⑤ 通过建立西南铁路国际交通网，以加强与越南的联系。国民政府制订的这一系列西部铁道建设方案，为西部的铁路建设明确了方向。

在《非常时期经济方案》中，规定公路建设在西北"为自兰州经天水、南郑以达老河口各路段之兴修，以及改善陕、甘、新、宁、青与川北间各干线之联运"，在西南"为川湘路之改善，川滇路之兴筑，与西南各路线之改善与联络运输，并增多汽车，以提高运输能力"。在修建西部国际公路线方面规定在西北"应将甘新公路切实改善"，在西南"应赶筑昆明至缅甸之公路，务于两个月内通车，并应扩充国际公路运

---

① 《中国国民党抗战建国纲领》，载李云汉主编《中国国民党临时全国代表大会史料专辑》（上），近代中国出版社1991年版，第357页。

② 《非常时期经济方案》（1938年3月30日），载李云汉主编《中国国民党临时全国代表大会史料专辑》（上），近代中国出版社1991年版，第222页。

③ 《关于财政经济交通粮食农林水利之决议案》，载周开庆主编《近代中国经济丛书·经济问题资料汇编》，台湾华文书局1967年版，第394页。

④ 《抗战来中央历次会议有关交通建设之决议等案摘要》，《交通建设季刊》创刊号，1941年1月。

⑤ 《川康经济建设方案》，《西南实业通讯》创刊号，1940年1月。

输之设备"。① 1938 年 6 月，交通部计划将西部公路建设分为三部分：
"一为西北公路网，即自汉口通河南、陕西、甘肃、新疆之线；一为西
南公路网，即自湖南通四川、贵州、云南、缅甸、广西、广东之线；一
为西北西南公路沟通线，即四川通陕西与甘肃之线。"② 西南地区的川
康地区也制订了相应的公路建设计划，包括：（1）从速修建西康至昆
明公路；（2）修建西乐公路；（3）加宽加固川湘公路桥梁；（4）改良
西康宁属公路。③ 抗战期间国民政府在西部修建的公路大体都是按照这
个方案进行的。

国民政府交通部明确规定发展内河航运原则，要求"应就原有水道
加以改善，并多辟内河航线，使之与铁路、公路互通联络，并推广水陆
联运，以便商民，而利运输。对于造船事业，亦应设法奖励，俾运输工
具充分之供给"④。根据这项原则，交通部制订了交通方案，规定增辟
航线有汉水上游航线（汉口至沔阳、汉口至渔阳、沙洋经樊城、老河口
至安康三线）、嘉陵江上游航线（合川至广元）、桂江线（桂平至柳
州）、汉桂线（由汉口经衡阳、祁阳、柳州、南宁及镇南关之铁路、公
路及民船联运线）、汉滇线（由汉口经常德、沅陵、贵阳至昆明的轮船
及公路联运线）以及自广州经梧州、柳州、大塘、六寨、贵阳、重庆至
成都的轮船及公路联运线。在西北地区包括汉秦线（自汉口经樊城、内
乡、商南至西安的轮船及公路联运线）、渝秦线（自重庆经合川、广元
及汉中至西安的轮船公路及民船联运线）。⑤ 在川康地区，发展内河航
运的具体计划包括：（1）修建綦江水闸和打滩工程；（2）提前整理乌
江、金沙江、安宁河；（3）整理大渡河及青衣江。⑥ 在抗战期间国民政
府注意将水上运输与铁路、公路等陆路运输联系起来，积极推广水陆联
运，有利于推动大后方交通运输业的发展。

---

① 《非常时期经济方案》（1938 年 3 月 30 日），载李云汉主编《中国国民党临时全国代
表大会史料专辑》（上），近代中国出版社 1991 年版，第 222 页。

② 中国第二历史档案馆编：《中华民国史档案资料汇编》第 5 辑第 2 编财政经济（10），
江苏古籍出版社 1997 年版，第 8—9 页。

③ 《非常时期经济方案》（1938 年 3 月 30 日），载李云汉主编《中国国民党临时全国代
表大会史料专辑》（上），近代中国出版社 1991 年版，第 222 页。

④ 同上。

⑤ 参见《交通部拟交通方案》（1938 年 6 月），载中国第二历史档案馆编《中华民国史
档案资料汇编》第 5 辑第 2 编财政经济（10），江苏古籍出版社 1997 年版，第 16—17
页。

⑥ 参见《川康经济建设方案》，《西南实业通讯》创刊号，1940 年 1 月。

在 1938 年 4 月 1 日通过的《抗战建国纲领》中国民政府就提出要"开辟航线"①,具体计划包括西北"应开辟由兰州经迪化以达边境之航线,俾与苏联之欧亚航线相联络",在西南"应开辟自昆明以达缅甸仰光之航线,俾与英国欧亚航线相衔接"②。1938 年 6 月交通部制订了增辟大后方航线的具体计划,在国际航线方面计划增辟中苏线、中缅线、中越线。中苏线由汉口至迪化、哈密至中苏边境,中缅线由昆明至缅甸,拟由中英合办,中越线由昆明至河内,拟由中法合办。在国内航线方面拟增辟重庆经贵阳至梧州或柳州香港线,昆明经柳州至香港线,贵阳至长沙线,重庆经贵阳至昆明线,重庆经万县、宜昌至长沙线。③ 按照交通部的计划,到 1942 年止已开辟的国际航线有昆仰线、南港线、腊加线、昆加线等,国内航线则有桂昆线、渝西线、兰西线、蓉兰线、成雅线等。经常通航的城市有重庆、成都、昆明、桂林、兰州、肃州、哈密、迪化(今乌鲁木齐)、伊犁、阿拉木图、塞地亚、加尔各答等。④ 交通部通过积极开辟国际航线,加强与外界联系,以获得外界的重要物资,达到支持长期抗战的目的。

在驿运发展计划方面,重点发展西南驿运,计划在西南除开办已有的泸(州)昆(明)、叙(府)昆(明)、川(重庆)黔(贵阳)等驿运干线外增辟八莫至保山线、祥云至西昌线、西昌至乐山线,并且每年对上述几线拨款 300 万元。⑤

与此同时,大后方地方政府也配合国民政府相应制定了一系列交通建设原则。如西北的甘肃省,交通建设之原则为:"省县交通与国营干线密切连接——以国营公路铁路之建设为基干,沟通省道县道之连接,以省道县道之修筑,增加国营干线之经济价值。"⑥ 具体的交通建设计划是:"(丙)发展交通运输贯通经济命脉:(一)赶筑主要公路:

① 《抗战建国纲领决议案》,载周开庆主编《近代中国经济丛书·经济问题资料汇编》,台湾华文书局 1967 年版,第 362 页。

② 《非常时期经济方案》(1938 年 3 月 30 日),载李云汉主编《中国国民党临时全国代表大会史料专辑》(上),近代中国出版社 1991 年版,第 222 页。

③ 参见《交通部拟交通方案》(1938 年 6 月),载中国第二历史档案馆编《中华民国史档案资料汇编》第 5 辑第 2 编财政经济(10),江苏古籍出版社 1997 年版,第 15 页。

④ 参见《抗战五年来之交通》,载中国第二历史档案馆编《中华民国史档案资料汇编》,第 5 辑第 2 编财政经济(10),江苏古籍出版社 1997 年版,第 78—79 页。

⑤ 参见《太平洋战争爆发后加强西南驿运计划》,中国第二历史档案馆藏,资料号:20/3370。

⑥ 甘肃省政府编:《甘肃经济建设方案》,甘肃省档案馆藏,资料号:4/1/313。

1. 陇东:静秦、华秦、静海及靖黑海等四线共长八一七公里；2. 陇南：成武、会天、定岷等三路共长五五二公里；3. 陇中：夏临、兰古两路共长一九二公里；4. 河西：民武、山青两路共长一六五公里。（二）严密交通管理：1. 国道——协同七区公路局将省境主要干线支线路尽力养护；2. 省道——饬各专署将辖境各路尽力严密防护；3. 县乡道——由各县市局将辖境内主要大车道整修养护以期省国线路连接，便利运输。（三）加强交通运输：1. 洽商路局增开国道班车，便利货运；2. 充实省运输处，以现有车辆先行开运；3. 洽拨交通器材，发展运输。"①在广西，广西地方政府制定的交通建设原则和计划是："七七事变，军事高于一切。交通计划自应着重于巩固国防，及增加抗战力量，然后旁及于其他方面之需要。故自二十六年七月七日之后，交通建设之重心，均侧重于与军事有关者。其在加强战时运输者为：（一）协助中央，建设铁路及军用飞机场；（二）改善及添筑联络邻近及接通国际路线之公路；（三）疏浚联络邻省，及接通国际路线之水道。"②战时国民政府和地方政府通过制定一系列交通建设原则和计划，为战时交通建设指明了具体方向，制定了详细方案，有力地推动了大后方交通建设。

　　总之，国民政府通过制定交通建设方针与计划，具体筹划交通建设方案，体现了其主导作用，而且也一定程度上避免了交通的重复建设，便于提高交通路线的利用效果，充分发挥交通运输的作用。

第三节　国民政府的交通管理

　　根据《中国大百科全书》的解释，交通管理是"利用工程技术、法制、教育等手段，正确处理道路交通中人、车、道之间的关系，使交通尽可能安全、通畅、公害小和能耗少"。并进一步指出："现代交通管理的基本内容是车辆检查、驾驶员考核、交通违章及交通事故处理，交通秩序的维护、交通信号指挥与控制，交通警卫，人行道、车行道及停车场所的管理，交通标志、道路交通标线、隔离墩、安全岛和维护栏等道路交通安全设置的布置，交通的合理组织、交通法规的制定与执行以及交通安全的宣传教育等。"而交通行政管理，是指国家有关行政机

---

① 甘肃省政府编：《甘肃省经济建设新措施方案》，甘肃省档案馆藏，资料号：4/1/313。
② 广西省政府十年建设编纂委员会编：《桂政纪实》中册，1946 年印，第 131 页。

关及其工作人员对社会交通事务进行的管理。交通行政管理的主体，是各级政府中的交通主管部门及其派出机构，交通行政管理的对象是全社会的交通事务。政府交通主管部门及其工作人员对社会交通事务进行决策、计划、组织、领导、监督和控制的活动，就是交通行政管理。[①] 战时国民政府的交通管理具有鲜明的军事管理特征：一方面，抗战爆发以后，为适应抗日军事的需要，国民政府对交通实行统制，体现在具体的交通管理上，就是加强对交通人员、交通工具、交通设施和交通安全的管理，便于政府统一管理，强化政府在交通管理中的主导作用。另一方面，抗战时期国民政府继续强化国民党一党专政，扩大国民党的作用，容易导致交通管理中监管不力，从而滋生交通腐败，又不利于行政效率的提高。

一 中央领导下的分级交通管理体制

如前所述，抗战时期，国民政府原来分属于军政部、财政部、经济部、航空委员会、兵工署、贸易委员会、军事委员会、全国经济委员会等机构的交通事务基本上统一在交通部之下，以实现交通统制。在交通统制下，国民政府建立了中央领导下的分级交通行政管理体制。交通行政管理体制，是指国家有关交通管理组织的设置、职能及其运行方式的制度总和。交通行政管理体制的形成和发展，与国家的政治制度和经济制度紧密相关。交通行政管理体制，对交通事业的发展具有重大影响。[②] 在抗战时期，国民政府具体的行政管理体制如下：

在交通行政管理机构设置方面，包括中央交通机构和地方交通机构。中央交通机构是交通部及其直属机构，其中交通部内设的路政司、航政司、电政司、邮政总局、公路总管理处和驿运管理处分别具体管理铁路、内河航运航空、电信、邮政、公路和驿运。交通部还设有大量直属业务机构，归交通部直接管理，由交通部派遣重要官员直接领导。如公路重要业务机构包括西南公路运输管理局、西北公路运输管理局、川滇公路管理处、滇缅公路工务局、川康公路管理局、川陕公路工务局、兰宁公路工程处等。[③] 而地方交通管理机构属于地方政府管辖。在公路管理方面，四川、云南、贵州、广西、陕西、宁夏等省战前就设有公路

---

① 参见黄达强《交通行政管理》，知识出版社1991年版，第3—4页。

② 同上书，第22页。

③ 参见陆士并主编《中国公路史》第1册，人民交通出版社1990年版，第276—277页。

局或公路管理局。在驿运管理方面，后方各省先后在 1940 年底至 1941 年 1 月间成立驿运管理处，内设总务、运输、业务、技术 4 个科及会计室，负责办理省境内驿运事宜。在各地区、县、乡镇，视情况需要分设驿运总段、驿运分段、驿运站等机构。在抗战期间，设立驿运管理处的省份有四川、陕西、甘肃、河南、湖南、湖北、云南、广东、广西、江西、浙江、福建、安徽、贵州、西康、新疆、青海 17 个省。[①]

在交通行政管理体制方面，实行中央集中领导下的分级管理体制。在中央层面，交通部内设各司、局、处，是国家交通行政管理机构。对大后方重要交通干线和内河航运的干流，实行高度集中领导，由交通部直接管理，实行统一计划、统一指挥调动，并根据运输生产经营范围，在便于就近指挥的地方设置派出机构，实行分级管理。如在铁路管理方面，交通部设立了川滇铁路股份有限公司、督办滇缅铁路公署等机构具体负责川滇铁路、滇缅铁路的修建及管理。在公路管理方面，1938 年 1 月交通部公路管理处改组成立的西南公路运输管理局，接管川黔、川湘、湘黔、黔滇、黔柳各路。1941 年 1 月成立的西北公路管理处管理西北公路。此外，交通部公路管理处还设立有川陕汽车联运处、川滇东路运输局、川滇西路管理局、滇缅公路运输局等机构，负责管理重要公路干线。在内河航运方面，交通部改组设立的长江区航政局和珠江区航政局，分别具体管理长江和珠江航运业务。在驿运方面，交通部驿运总管理处负责管理国际驿运干线和跨省驿运线。交通部通过设立直属管理机关和分支机构，加强了交通的集中管理。在地方层面，大后方各地方政府也设立了相应的机构具体负责地方交通行政管理。一般而言，地方交通行政机构具体负责管理地方交通支线或支流。如在驿运方面，各省驿运管理处管理地方驿运支线。在公路管理方面，大后方各省设立的公路局或公路管理局负责管理地方公路线，如在四川，四川公路局属于四川省政府管辖，具体负责管理四川公路运输业务。不过，地方交通机构虽在行政上受各地方政府管辖，但在业务上要受交通部的领导。

此外，大后方还有大量民间交通行业组织，如橡轮运货车公会、橡轮人力车公会、建造修理车公会、民船公会等。这些同业公会也受交通部门领导。如战时为进一步加强民间木船运输的管理，适应抗日战争时期运输的需要，1943 年 3 月交通部派专员瞿绥如、长江区航政局局长王洸等人，在重庆建立筹备机构，训练骨干，分赴各地整顿民船组织。至

----

① 参见龚学遂《中国战时交通史》，商务印务馆 1947 年版，第 240 页。

9月，将四川全省各地民船公会悉数改组。按河流组成长江上游区（重庆至宜宾）、长江下游区（重庆至三斗坪）、嘉陵江区、渠江区、涪江区、沱江区、岷江区、綦江区、永宁河区、御临河区等11个江区民船同业公会及民船船员工会。民船同业公会为资方组织，所有船户均可加入。民船船员工会为劳方组织，所有船大、驾长均可加入。从此，四川全省民船组织趋于统一，每条江按其船民船工劳动性质分别成立一个公（工）会，使其组织贯通于本江区内，主持全江会务。每一江区之重要城镇船业公会则设立分事务所，同时又将各江区船业公（工）会，在重庆合组川江民船商业同业公会联合会及川江民船船员工会联合会，为全省会务最高权力机关。[①] 通过加强对这些民间交通行业组织的管理，在协助政府协调运输、加强交通运输力量等方面，发挥了积极的作用。关于战时大后方主要交通管理机构设置情况见图1。

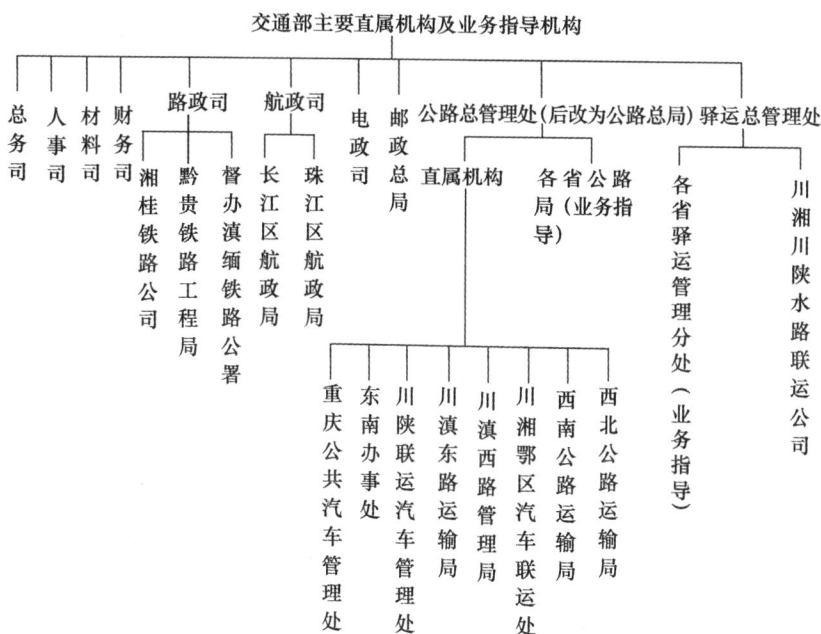

图1　交通部主要机构设置图

---

①　参见王绍荃主编《四川内河航运史》，四川人民出版社1989年版，第259页。

二　加强交通的法制化管理

如前所述，抗战时期，国民政府为加强对交通人员、工具和设施的管理，制定了一系列交通法规，这些交通法规包含了大量的管理内容，包括交通人员管理、交通工具管理、交通设施管理、交通安全管理、交通收费管理五大类。

第一，加强了交通人员的管理，便于调动交通职工的工作积极性，提高运输效率。战时交通部颁布了大量奖惩法规，《抗战时期铁路员工临时奖惩办法》规定铁路员工"一律不得托故请假或辞职"，若因工作疏忽造成损失者"应体察情形分别撤职，呈部令永不叙用"，同时对于有特殊贡献者"酌核情形给予一次奖金或越级提升"①。由于战时军运繁忙，为保证前方军事需要，交通部规定："凡在公路服务之员工，在战时应秉承本部之命令分任军运任务，如有借故规避，怠忽职务，按离职守或故意破坏法令，致军运发生障碍，一经查实，不论何级员工，应随时移送军法执行总监部依法从严惩办。"② 为了提高交通部职员的业务水平和政治素质，战时交通部专门设立了交通技术人员训练所和战时交通员工训练管理委员会。交通部设立交通技术人员训练所的目的是"统一训练各种交通技术人才并谋划一所辖各交通机关设立之各训练班课程标准"。"本所训练员生分甲乙两种，甲种系招生训练，乙种系就交通部所辖各交通机关现有职工轮流抽调，所有员生入学及毕业考试均依考试法规办理，员生经毕业考试及格得领受毕业证书。"③ 为鼓励交通员工培训，交通部对受训的学员给予了优惠政策，规定"本所受训员生在训练期内免收一切学宿膳杂费用，甲种员生并给津贴，乙种员生由原服务机关保留原薪原资，训练所所需旅费亦由原服务机关担任"。战时交通员工训练管理委员会是交通部会同政治部赈济委员会、军政部、后方勤务部设立的，成立的目的是"办理战时交通员工训练、增进抗战力量"，"委员会对于所属各地战时交通训练所得以命令直接指挥之"④。

---

① 《抗战时期铁路员工临时奖惩办法》（1937 年 8 月 17 日），载交通部参事厅编《交通法规汇编补刊》上册，大东新兴印书馆 1940 年版，第 116—117 页。

② 《战时公路军事运输实施规则》（1939 年 11 月），载中央训练团编《中华民国法规辑要》第 4 册第 11 编，1941 年印，第 43 页。

③ 《交通部交通技术人员训练所组织大纲》（1939 年 6 月 10 日），载交通部参事厅编《交通法规汇编补刊》上册，大东新兴印书馆 1940 年版，第 24 页。

④ 《战时交通员工训练管理委员会组织规程》（1939 年 2 月 23 日），载交通部参事厅编《交通法规汇编补刊》上册，大东新兴印书馆 1940 年版，第 25 页。

在驿运事业方面，交通部还举办了训练班，使驿运人员成为"刻苦耐劳，具有现代交通常识"的干部人员，以提高驿运人员的管理水平和业务素质。具体地说，驿运总管理处训练各条驿运干线所需的站长、副站长、段事务员、总段各组组员、司事等，并调训各干线的现职中级干部人员。① 在四川截至 1941 年 7 月开办了驿运干部训练班两期，毕业学员 114 名。② 在陕西截至 1942 年 7 月，共举办训练班六期，招收学员 186 人。③ 这些毕业学员都分派各驿运段站工作，充实了驿运管理力量。

第二，加强了对交通工具的管理。良好的交通工具是实现安全、高效运输的基本物质条件，对其使用与维护给出法律规定是非常必要的。抗战时期交通工具管理法规涉及的主要内容包括：管理汽车牌照的发放，杜绝无证驾驶；要求汽车登记；定期进行汽车维护，保障汽车性能、安全指标合乎标准等。在汽车牌照发放管理方面，战时交通部专门成立了汽车牌照管理所，"统筹办理全国汽车及其驾驶人与技工之登记考验及牌照事宜"④。交通部还设立了汽车牌照管理所督察，稽查"汽车牌照及驾驶人技工执照"，处理"取缔汽车及驾驶人技工之违章"，协助"各公路交通管理机关办理驾驶人与技工之考验及执照之发给事项"⑤。具体规定："各种汽车经检验合格后应向交通部指定之公路交通管理机关领取行车执照一张及号牌二面"，"试车牌照以行驶于经发牌照之公路交通管理机关管辖范围为原则，如须通行于其他区域时应得经发牌照机关之特别书面许可"，"汽车号牌及执照不得移用于他车"⑥。此外加强了汽车驾驶员的管理，规定"未领驾驶执照在公路上驾驶各种汽车者处罚金二十元"，"驾驶人员不得随意更改、转借、盗用执照，违者酌情处罚"⑦。

---

① 《全国驿运业务人员训练纲要》，驿运总管理处 1941 年编印，第 1—2 页。

② 《四川驿运》，四川驿运管理处编印，1941 年，第 15—16 页。

③ 轵墨林：《陕西省驿运概况》，《交通建设》第 1 卷第 8 期，1943 年 8 月。

④ 《交通部汽车牌照管理所组织规程》（1939 年 8 月 17 日），载交通部参事厅编《交通法规汇编补刊》上册，大东新兴印书馆 1940 年版，第 164 页。

⑤ 《交通部汽车牌照管理所督察各地汽车管理办法》（1940 年 2 月 17 日），载中央训练团编《中华民国法规辑要》第 4 册第 11 编，1941 年印，第 63 页。

⑥ 《汽车管理规则》（1939 年 9 月 15 日），载交通部参事厅编《交通法规汇编补刊》上册，大东新兴印书馆 1940 年版，第 173—175 页。

⑦ 《汽车驾驶人管理规则》（1939 年 9 月 15 日），载交通部参事厅编《交通法规汇编补刊》上册，大东新兴印书馆 1940 年版，第 197 页。

在汽车登记管理方面,《汽车管理规则》第五条规定:"凡人民团体机关公司商号备有本规则所列各种汽车,无论为营业或自用,欲在国内各公路或市区道路行驶者均依式填具交通部规定之申请登记检验书,随登记检验费法币壹元向车主所在地经交通部指定之公路交通管理机关申请登记检验。"第十条规定:"凡汽车主要部分如有损坏应即赶速修理,其已申请登记检验合格之各种汽车非呈准原登记,检验机关不得擅行变更其原有设备。"①

在汽车维护管理方面,交通部规定:"职业汽车驾驶人须负责保护并注意检验各部分机件。"② 西北公路运输局制定的《车辆保养大纲》规定:"汽车之寿命端赖日常的保养。在车辆行驶前或到达之后,须加精密检查……"1938年4月,西南公路运输管理局制定了《汽车保养与修理工作准则》,内容有每日、每月、每季、每半年停场进行保养的作业。1945年2月交通部交通技术标准委员会拟成《汽车保修技术规范》,其中有关汽车保养工作的规定可归纳为四个方面:一是汽车检验,如检验汽车机油质量及电液比重,以及了解各部分情况;二是校准,如校准汽车汽门脚间隙或制动踏板间松动间隙,使其符合规定;三是整理,如清洗过滤器及扭紧汽缸盖螺栓,使其恢复原状;四是润滑,如调换或补充机油、齿轮油及润滑脂。③ 西北公路运输局在《各段厂赶修车辆及奖励办法》中,公布修理车辆有整修、大修、中修、小修及保养五类,具体办法为:整修车系修理发动机、车架、车身三部分,大修车系上列三项内有两项须大修、一项小修者,中修车系上列三项内有一项须大修、两项小修者,小修车系上列三项均属零星修理者,保养车系零星小修不满三项者。到1944年9月,西北公路运输局颁布的《汽车修理竞赛奖励暂行办法》对整修车、大修车、中修车与小修车进行了更为具体的规定,规定整修车指车辆的发动机、底盘、车身各部分均须彻底修理者,大修者指车辆的发动机、底盘及车身的任何一部分须彻底修理,其他一部分或两部分须检修者,中修车指不检修发动机、检修底盘及修补车身的修理者,小修车指车辆各部分保养检修及任何一部分须加修理

① 《汽车管理规则》(1939年9月15日),载交通部参事厅编《交通法规汇编补刊》上册,大东新兴印书馆1940年版,第172—173页。
② 《汽车驾驶人管理规则》(1939年9月15日),载交通部参事厅编《交通法规汇编补刊》上册,大东新兴印书馆1940年版,第197页。
③ 参见陆士井主编《中国公路运输史》第1册,人民交通出版社1990年版,第305—306页。

者。关于修理质量要求，规定整修与大修应行驶 3000 公里以上，中修应行驶 1500 公里以上，小修应行驶 300 公里以上，方为合格。此外，西北公路运输局于 1943 年 2 月还规定修车的时间，大修不得超过两星期，中修不得超过一星期，小修不得超过三天。[1]

第三，加强交通设施的养护和整治，保障交通畅通。交通设施包括公路、航道和电话线，战时交通设施维护内容包含：加强公路养护，利于行车；加强航道整治，保障航运通畅；加强电话线维护，保障电话畅通。在公路养护方面，交通部要求在重要的公路沿线设立公路养护机构。在西南地区，交通部将西南公路段的养路机构划分为 11 个工程处，分工负责。每个工程处管辖路线约 200—300 公里，再根据其管辖长度和工程的难易在每个工程处下设立 3—4 个分段，每分段管辖里程 80—100 公里不等，有监工 3—5 人，每 10 公里设道班 1 个，每班规定路工 12—16 人，以工头 1 人统率。[2]在西北地区，也设立了相应的公路养护机构。每工务所辖线 300—500 公里不等，每约 100 公里设 1 个工务段，每约 20 公里设道班 1 个，每班规定 20 人，工头 1 人，并于经常道班之外，添设飞班及特工班，担任抢修及整修桥涵工作。[3] 并且交通部要求在公路两旁种植行道树，保护公路。以四川为例，按照《四川省公路植树实施计划》，计划从 1937 年起 3 年时间内在已建成的 4600 余公里公路上，共植树 142 万余株，平均每公里植树 300 株左右。[4] 公路管理部门采取建立专门的公路养护机构、征收公路养路费、种植公路行道树这些措施，有利于加强对公路的养护，促进大后方公路建设事业的发展。

在航道整治方面，1938 年 10 月，交通部令汉口航政局在宜昌设立绞滩管理委员会，"管理滩务施绞船舶，得在长江宜渝段、渝乐段、嘉陵江、永宁段、金沙江、乌江、沅江、酉水、赣江，各航道间险滩处，分别设置一、二、三等各级绞滩站，并于长江上游嘉陵江、沅江、赣江各水道间之适当地点各设绞滩总站一处"[5]。1940 年宜昌失守后，绞滩

---

① 参见陆士井主编《中国公路运输史》第 1 册，人民交通出版社 1990 年版，第 307—309 页。

② 参见康时振《抗战期中之西南公路工程与管理》，《交通建设》第 2 卷第 4 期，1944 年 4 月。

③ 参见凌鸿勋《西北公路三年来之工程与管理》，《交通建设》第 2 卷第 4 期，1944 年 4 月。

④ 参见王立显主编《四川公路交通史》上册，四川人民出版社 1989 年版，第 173 页。

⑤ 《交通部汉口航政局绞滩管理委员会组织规程》（1941 年 2 月 5 日），载朱汇森主编《中华民国交通史料（一）：航政史料》，台湾"国史馆"1989 年版，第 522—524 页。

委员会移设万县。后来汉口航政局扩大改组为长江区航政局，汉口航政局绞滩管理委员会也改组为长江区航政局绞滩管理委员会，委员会于"长江区所属各江险滩处，分别设置一、二、三等各级绞滩站，并得于各江适当地点设置绞滩总站，以便就近指挥监督各站办理绞滩事务"①。除中央和各省水利机关加强航道管理外，国民政府还要求各县加强辖区航道管理，要求"县航道之疏浚，除已有中央及省水利机关管理外，应由县政府计划办理，所需经费由县筹拨"②。为发展绞滩事业，从上到下设置了一套比较完整的绞滩机构，委员会下设绞滩总站及绞滩站，各站设有站长，并视绞滩站任务的轻重，配备一定数量的绞滩工人。为保证施绞安全，各站建立有《船舶绞滩规则》及《施绞操作规程》，明确员工职责，以确保施绞安全。

　　在电话线维护方面，交通部于1939年2月17日修正公布了《交通部长途电话干线维护工务处章程》，第一条规定："交通部为维护长途电话干线通话畅利起见设长途电话干线维护工务处，负责管理巡修线路及巡视调整机械事宜。"第九条规定："工务处所辖区域应依距离及线条数目划分线路段若干，每段置线路段长一人，管理全段线路事务，由工务处就熟谙该路工程之技术报务员中保荐加倍人数呈请交通部核派。"③在具体的电话线维护方面，首先要求对电话线进行例行检查，交通部长途电话干线维护工务处"应于每日晨五时至七时举行通阻试验一次，每周选择话务清闲时间举行通话效能试验一次，试毕通知本部所在地之机务站汇填报告四份于每晨八时前送本部电政司备查"。各段的线路维修工人"对于所管线路每半月应全程巡修一次，出发巡修时凡线工同驻一处者日期应先后由该管线路段长斟酌情形派邻段线工替代"。④其次，交通部要求电话线若出现故障必须及时抢修，保证电话线路通畅。具体要求是"各段站遇机线发生障碍应随时派遣员工迅速修复"，"线路全阻如不能同时立即将各线修复应设法于最短期间先行接通话线

---

①　《交通部长江区航政局绞滩管理委员会组织规程》（1941年11月7日），载朱汇森主编《中华民国交通史料（一）：航政史料》，台湾"国史馆"1989年版，第560—562页。

②　《县航道管理办法》（1940年11月28日），载中央训练团编《中华民国法规辑要》第4册第11编，1941年印，第150页。

③　《交通部长途电话干线维护工务处章程》（1939年2月17日），载交通部参事厅编《交通法规汇编补刊》下册，大东新兴印书馆1940年版，第401—402页。

④　《交通部长途电话干线维护工务处办事细则》（1939年3月16日），载交通部参事厅编《交通法规汇编补刊》下册，大东新兴印书馆1940年版，第404页。

一对报线一条，然后继续修理"①。再次，交通部主管人员应出巡检查，"主任工程师除线路临时发生特别重大事故须立即出发视察外每年应择要出巡一次，考查所属各段队站机线情形及员工服务成绩"②。通过这些管理，保证电话线随时畅通，以适应抗战和人民群众的日常生活需要。

第四，加强交通安全的管理，保障民众生命财产安全。交通安全作为交通管理的一项重要内容，得到了国民政府的高度重视，国民政府颁布了众多法规，在道路交通、航政和航空安全管理方面作了详细的规定，其中道路安全管理是安全管理的中心，这方面的规定也最详细。道路安全管理涉及交通沿线的建筑物管理、车况管理和行车安全管理。交通部对交通沿线的建筑作了严格规定，要求"公路沿线部分两旁建筑物距离路之中心线不得小于十公尺，以免阻碍视距危害行车"③。严格要求汽车不得超载，规定"各种汽车载重不能超过其设计构造之安全限度"，"汽车载客人数不得超过所规定之额数"④。汽车使用中凡有"车身破坏不堪"、"引擎损坏随时停顿"以及"车轮歪斜摇动"之一情况的"将牌照吊销责令修理完竣"⑤。交通部对汽车的行车安全作了更为详细严格的规定，首先对汽车的车速作了明确规定。《汽车管理规则》第四十二条规定汽车在下列地点须降低车速，即："经通道路有坡度弯度或曲折处、将至车站或过车站时、经过交叉路口铁道或出入城市村落栅门、经过城市内街巷时、经过学校医院时、车辆交汇时、见路旁有人时、经过桥梁或工厂门口时、经过不平道路或狭路时、前面视线不清或有障碍物时以及经过路工修理处所。"⑥ 其次，对汽车的超车、错车和车距作了严格规定。在超车方面，规定"后行汽车超越前行汽车须先鸣喇叭得前车驾驶人用手势表示后始得靠前车右边越过再徐徐驶入"，"汽车在转弯或上下坡对面有来车时或经过桥梁城市内街巷狭路十字口

① 《交通部长途电话干线维护工务处办事细则》（1939年3月16日），载交通部参事厅编《交通法规汇编补刊》下册，大东新兴印书馆1940年版，第404—405页。
② 同上书，第405页。
③ 《公路两边限修造建筑物办法》（1939年11月21日），载交通部参事厅编《交通法规汇编补刊》上册，大东新兴印书馆1940年版，第187页。
④ 《汽车管理规则》（1939年9月15日），载交通部参事厅编《交通法规汇编补刊》上册，大东新兴印书馆1940年版，第177页。
⑤ 同上书，第179页。
⑥ 同上书，第176页。

铁道医院学校及路旁立有警告标志等处不得超越前行汽车"①。在错车方面，规定"如两车在狭路处交会时，其交会地点有相当坡度，下坡车辆应让上坡车辆先行，夜间狭路交会时须停车让路并开放小灯光"②。在车距方面，规定"汽车同向行驶其前后距离在郊外至少须在二十公尺以外，在城市繁盛地点须在七公尺以外"③。在航政安全管理方面，规定"县航道重要地点，应由县政府设置水位标志，并逐日记录水位"，"县航道内滩浅及航道转弯地点，应由县政府设置航路标志指示之"④。同时要求轮船公司备好救生器具，保障乘客安全。《川江轮船乘客定额及安全设备暂行规程》第二十条规定："救生器具须置于船旁，救生带置于舱面或客室易取之处，救生排应置于舱头易于放落处，小舢板应置于适宜地位并易于放落。"⑤ 在飞行安全管理方面，交通部规定各航空公司须派"高级机械员一人机械员二人负飞机翼身及发动机检查修理之责"，"飞机翼身及发动机应严格依照原制造厂规定期限按时大翻修，不得藉词拖延"，"飞机起飞之前应由负责人机械员依照程序严密检验"⑥。

第五，加强交通收费管理，规范交通秩序。抗战期间，交通部为管理交通收费，颁布了征收养路费法规。1939年10月1日，行政院公布《公路征收汽车养路费规则》。第一条规定："凡中央地方交通机关于其所辖公路专设养路组织，常年保养改善以便利车辆行驶者，对于行驶各该公路之汽车，除机器脚踏车及乘人自用小汽车应予免征外一律依照本规则之规定征收养路费。"第五条规定了征收标准："一、乘人营业小汽车（七座以内），按每车每公里计。二、乘人大汽车（七座以上），无论自用或营业按每车每公里计算。三、运货汽车，无论自用或营业按规定载重量每公吨每公里。"⑦ 就具体的公路来讲，公路总管理处在各

---

① 《汽车管理规则》（1939年9月15日），载交通部参事厅编《交通法规汇编补刊》上册，大东新兴印书馆1940年版，第176页。

② 同上书，第177页。

③ 同上书，第177页。

④ 《县航道管理办法》（1940年11月28日），载中央训练团编《中华民国法规辑要》第4册第11编，1941年印，第150页。

⑤ 《川江轮船乘客定额及安全设备暂行规程》（1940年4月22日），载中央训练团编《中华民国法规辑要》第4册第11编，1941年印，第147—148页。

⑥ 《交通部民用飞机养护检查暂行办法》（1939年3月30日），载交通部参事厅编《交通法规汇编补刊》上册，大东新兴印书馆1940年版，第388页。

⑦ 《公路征收汽车养路费规则》（1939年10月1日），载交通部参事厅编《交通法规汇编补刊》上册，大东新兴印书馆1940年版，第162页。

条公路要道都设有检查站。以川滇公路为例，交通部为"管理沿线交通及稽征养路费事项……于沿线要冲所在酌设检查站"，"检查站设站长一人，检查员二人至三人，练习生二人至四人。除前项规定外并由本处商请滇黔川三省当局或当地军警机关酌派宪警或驻军四人至八人常驻川站协助检查事项"①。各种行驶于川滇公路的川滇公路管理处运输部分客货汽车及其他运输公司汽车的养路费采用按月整付的办法，"按月整付之车辆数目须在 20 辆以上，征收按月整付之车辆暂以每车每月行驶3000 公里对折计算为标准，每车每月收约为 180 元"②。统一汽车养路费收费管理，有利于缓解交通财务困难，规范交通秩序。

三　交通管理适应抗战需要

抗战时期，中国面临对日作战的严峻形势，为打败日本，夺取抗战的最终胜利，国民政府采取了众多措施，其中交通管理也适应了抗战需要。具体地讲，战时交通管理适应抗战军事需要主要体现在以下五方面：

第一，国民政府设立了适应抗战军事需要的运输机构。在铁路运输方面，1937 年 8 月 1 日设立了铁道运输司令部，1943 年 2 月 1 日改组为铁道运输处。在公路运输方面，军事委员会于 1939 年八九月间设立了军事运输总监部及运输总司令部，并于 11 月公布了《战时公路军事运输条例》及《战时公路运输实施规则》。从总体上规定战时公路运输由运输总司令部统筹办理，所有中央及各省公路局，以及公私汽车运输机构的军事运输事宜，均应受运输总司令部的指挥监督。并确定车辆使用原则：军事运输所用车辆，应由运输总司令部尽先在军事机关车辆中调拨。如不敷应用，再通知各主管机关斟酌情形分别调拨或征用。1943 年 2 月，交通部公路总局为了控制商营汽车，在重庆组设了全国商车指导委员会，并在昆明、宝鸡、兰州、衡阳、贵阳等地设置分会，成为控制商车的专职机构。商车指导委员会由交通部公路运输主管人龚学遂兼主任委员，政府有关机关及规模较大的汽车运输公司派人参加，各地分会的主任委员，由各地公路机构主管人兼任，以便于直接控制各地商营汽车业。③ 通过改组调整机构，适应了抗战军事的需要。

---

① 《交通部川滇公路管理处设置检查站暂行办法》（1939 年 11 月 4 日），载交通部参事厅编《交通法规汇编补刊》上册，大东新兴印书馆 1940 年版，第 185 页。
② 同上书，第 190 页。
③ 参见陆士井主编《中国公路运输史》第 1 册，人民交通出版社 1990 年版，第 257 页。

第二，统一管理交通燃料、材料和交通工具，以适应战时需要。为实行交通统制管理，交通部会同军政部颁布了一系列法规，在汽油、运价以及交通工具管理等方面作了统一规定，以适应战时军事需要。在汽油管理方面，由于战时汽油紧缺，1937年9月军事委员会重庆行营颁布了《汽油统制办法》。第三条规定："亚细亚、美孚、德土古、光华等油行所有汽油，统归中央信托局购买，不得私自售卖。"第四条规定："凡使用汽油机关团体或私人，一律限期向本行营公路监理处或指定地方政府登记。"① 在运价管理方面，由于战时的军运民运频繁，为防止不法运商牟取暴利，需要加强运价管理，交通部颁布了一系列法规。《四川省水道木船货物运价标准章程》规定："凡四川省境以内通航河流（湖北境内宜昌至川省边境长江干流暂包括在内）之木船货物，运价概依本章程所定标准办理。"② 《四川省水道轮船客货运价标准章程》规定："凡四川境以内通航河流（湖北境内宜昌至川省边境长江干流暂包括在内）之轮船客货运价系依本章程所定标准办理。"③ 在交通工具管理方面，1940年12月军政部颁布了《运输统制局规定征租商车办法》，规定："所租之商车，除昆筑两地由本局办事处统筹支配外，其他各处则由公商车辆管理局支配之。"④ 1940年5月颁布的《交通部统一调度公商车辆办法》第四条规定："为执行方便起见，在贵阳、昆明、柳州、重庆、成都、广元、宝鸡等公路卫要地点，设立公商车辆管理所，办理该指定区段内公商车之统制事宜，必要时并在公路次要地点设立管制站，归指定管理所指挥。"⑤ 在内河航运方面，为加强船舶统一管理，军政部颁布了《非常时期船舶管理条例》，第二条规定："非常时期，政府为便利军运及调节民运计，得征用民有船舶及其仓库码头，并加以编制管理。"⑥ 《战时船舶军运暂行条例》第四条也规定：

---

① 《汽油统制办法》（1937年9月17日），载重庆市档案馆编《抗日战争时期国民政府经济法规》（下），档案出版社1992年版，第483页。

② 《四川省水道木船货物运价标准章程》（1939年4月13日），载交通部参事厅编《交通法规汇编补刊》上册，大东新兴印书馆1940年版，第203页。

③ 《四川省水道轮船客货运价标准章程》（1939年4月22日），载交通部参事厅编《交通法规汇编补刊》上册，大东新兴印书馆1940年版，第361页。

④ 《运输统制局规定征租商车办法》（1940年5月），载重庆市档案馆编《抗日战争时期国民政府经济法规》（下），档案出版社1992年版，第518页。

⑤ 《交通部统一调度公商车辆办法》（1940年5月），载中央训练团编《中华民国法规辑要》第4册第11编，1941年印，第48页。

⑥ 《非常时期船舶管理条例》（1937年12月8日），载重庆市档案馆编《抗日战争时期国民政府经济法规》（下），档案出版社1992年版，第551页。

"所有全国轮民船只,应由船舶运输司令部及各省船舶总队部分别加以统制,并得随时征供军用。任何部队机关需要船只,须向各该部请求拨给,不得自行征用及干涉行船。"① 颁布这些法规,有利于保证交通燃料、交通运价和交通工具的统一管理。

第三,军事运输优先,以保障抗战需要。抗战时期,为优先满足军事运输需要,交通部和军政部要求为军事运输提供便利优惠条件,首先是确立了军需品优先运输的方针。交通部规定粮食、卫生器材、军用电料、军用油类及化学品五类军用物品"由军委会或军政部或后方勤务部核转交通部专案办理"②。在公路运输方面,《战时公路军事运输实施规则》第四条规定:"本部得视公路运输车辆情况,先运紧急军品,普通零星军品得酌予停运或缓运之。部队移动,以不使用汽车运输为原则。"③ 内河航运方面,交通部规定:"部队及军品装卸务必迅速,不得借故延搁时间"④,"宜渝间之木船配备上行以军品为优先,下行以煤炭食盐为最先,其它物品应以此项军品等运输完毕或经特许始得酌量配备"⑤。其次,确立了军车养路费优惠的原则。为便于及时完成军需品运输任务,交通部对军车给予了种种便利,规定"军用汽车挂有军字牌照并确系装运军用品者其应征养路费得与减半"⑥。交通部川滇公路管理处在征收汽车养路费时,还额外规定:"如有大批军车常川行驶本路者可由本处印发空白军车半价养路费,交费证交由各军车机关自行填发并将副张寄回本处以凭按月结帐收现。"⑦

第四,提倡节约原则,提高交通运输效率,以适应战时能源紧张的形势。战时,由于日本的封锁,交通运输器材和交通燃料日益短缺,因

---

① 《战时船舶军运暂行条例》(1939 年 8 月 19 日),载重庆市档案馆编《抗日战争时期国民政府经济法规》(下),档案出版社 1992 年版,第 557 页。

② 《战时铁道运输军用物资暂行办法》(1938 年 6 月 20 日),载交通部参事厅编《交通法规汇编补刊》上册,大东新兴印书馆 1940 年版,第 140 页。

③ 《战时公路军事运输实施规则》(1939 年 11 月),载中央训练团编《中华民国法规辑要》第 4 册第 11 编,1941 年印,第 43 页。

④ 《战时船舶军运暂行条例》(1939 年 8 月 19 日),载重庆市档案馆编《抗日战争时期国民政府经济法规》(下),档案出版社 1992 年版,第 558 页。

⑤ 《川江木船运输管理暂行办法》(1939 年 10 月 21 日),载交通部参事厅编《交通法规汇编补刊》上册,大东新兴印书馆 1940 年版,第 354 页。

⑥ 《公路征收汽车养路费规则》(1939 年 10 月 1 日),载交通部参事厅编《交通法规汇编补刊》上册,大东新兴印书馆 1940 年版,第 189 页。

⑦ 《交通部川滇公路管理处征收汽车养路费施行办法》(1939 年 11 月 4 日),载交通部参事厅编《交通法规汇编补刊》上册,大东新兴印书馆 1940 年版,第 190 页。

此国民政府提倡节约原则，尤其是汽油日益珍贵，军政部为节约汽油，鼓励使用汽油代用品。1940年12月颁布了《军政部煤气车驾驶奖励办法》，第一条规定："凡驾驶、修理及保管木炭或煤炭代油之煤气车官兵，均得按照本奖励办法发给奖金。"第二条规定："运输用煤气车奖金，依节省汽油百分数（以下简称节油比率）及行驶里程核计之。"①此外，国民政府还规定提高空车的利用率，以达到节约燃料的目的。军政部于1940年2月12日颁布了《军委会取缔军用汽车空驶条例》，第一条规定："军事委员会为增进战时运输效能，节省人力物力，特制定取缔军用汽车空驶条例。"具体规定："各军事机关各部队所属军车，及调供军运之路车商车，除卸空驶往附近停车地点及由停车处驶往附近装运地点外，一律禁止空车行驶。"②《交通部取缔公商汽车空驶办法》也规定除了"往来于停车场与装运或卸车地点者、救济车、客运班车、损坏汽车开赴修理厂者和因其他特殊情形经公商车辆管制所核准空驶者"③外都不得空驶。在内河航运方面，军政部也出台了《军用船舶回空利用办法》，规定利用回空的军用船舶，提高运输效率。"凡难民团体、伤兵医院及其他战区服务团体，携有证明文件、符号或经当地政府机关证明者，得适用此项办法。"④《战时船舶军运暂行条例》第十八条也规定："伤兵运输，除由卫生船舶专任外，凡遇回空差轮，亦应尽量利用。"⑤通过鼓励使用木炭车和煤气车，提高空车利用率，节约了交通燃料，适应了战时能源紧张的形势。

　　第五，地方与中央协同管理，以充实战时交通管理力量。战时，国民政府为加强交通管理，适应抗战需要，要求地方政府积极配合。这在交通设施的管理、交通器材的管理和交通运输方面表现十分明显。由于战时公路桥梁是日机轰炸的重点，所以抢修桥梁是一项重要工作。《军事委员会公路桥梁抢修办法》规定成立抢修的桥工队，"桥工队应由各

---

① 《军政部煤气车驾驶奖励办法》（1940年12月），载重庆市档案馆编《抗日战争时期国民政府经济法规》（下），档案出版社1992年版，第518页。
② 《军委会取缔军用汽车空驶条例》（1940年2月12日），载重庆市档案馆编《抗日战争时期国民政府经济法规》（下），档案出版社1992年版，第516页。
③ 《交通部取缔公商汽车空驶办法》（1940年4月23日），载重庆市档案馆编《抗日战争时期国民政府经济法规》（下），档案出版社1992年版，第517页。
④ 《军用船舶回空利用办法》（1938年7月8日），载重庆市档案馆编《抗日战争时期国民政府经济法规》（下），档案出版社1992年版，第552页。
⑤ 《战时船舶军运暂行条例》（1939年8月19日），载重庆市档案馆编《抗日战争时期国民政府经济法规》（下），档案出版社1992年版，第558页。

省政府组织","桥工队住在地之县长区长乡镇长等应负责随时征集民工协助抢修桥梁"①。对于公路渡口,《各省公路渡口设备及管理办法》规定:"各省市公路主管机关应指定人员负责管理各渡口渡船事宜,并商由驻军长官派兵协同维持。"② 战时的交通工程需要大量材料,也需要地方政府配合征购。1939 年 9 月,《战时主要公路征购材料办法》规定:"为保养主要公路便利国防运输起见公路机关得请地方协助征购材料",征购办法分两种:"甲,征料机关应将公路各段每月经常采用砂石、材料种类数量列成详表,请各地方机关督促确保乡长组织采砂队经常供给养路砂石并运送指定地段";"乙,每年于冬季农隙时期利用农民劳动服役一次征集大量养路材料以做春夏雨给养路抢修之用"。"材料标准及数量由征料机关详细规定,各县主管民工人员应督责民工遵从规定办法及公路技术人员之指导办理。"③ 抗战时期大批难民迁移,为运送难民交通部颁布了相关法规,要求地方政府配合输送难民。例如,浙赣铁路作为连接浙江与江西之间的要道,在抗战初期承担了大量难民运输任务。1937 年 10 月 18 日出台的《浙赣铁路运输难民暂行办法》规定:"凡战区难民经由本路乘车回籍者应请由省政府核准及本路所认可之遣送难民机关与本路洽办",具体办法为"运输难民概以回空篷车载运","每一车辆载运之难民应以到达同站点为原则"④。中央与地方密切配合,有利于充实战时交通管理力量,弥补中央管理的不足。

---

① 《军事委员会公路桥梁抢修办法》(1938 年 8 月 21 日),载交通部参事厅编《交通法规汇编补刊》上册,大东新兴印书馆 1940 年版,第 186 页。
② 《各省公路渡口设备及管理办法》(1938 年 8 月),载交通部参事厅编《交通法规汇编补刊》上册,大东新兴印书馆 1940 年版,第 188—189 页。
③ 《战时主要公路征购材料办法》(1939 年 10 月 16 日),载交通部参事厅编《交通法规汇编补刊》上册,大东新兴印书馆 1940 年版,第 180—181 页。
④ 《浙赣铁路运输难民暂行办法》(1937 年 10 月 8 日),载交通部参事厅编《交通法规汇编补刊》上册,大东新兴印书馆 1940 年版,第 144 页。

第三章　大后方交通建设与交通发展

第一节　交通建设过程及其困难

一　交通建设的过程

（一）初步展开阶段（1937年8月至1938年10月）

在抗战初期的1937年7月至1938年10月间，由于日军迅速占领了中国华北、华东、华南、华中大部分地区，中国的沿海港口城市大部分陷落，导致大后方地区与东部沿海地区的交通联系受到影响。为维持后方对外交通的畅通，加强后方与沿海出海口联系，发展后方交通运输业便成了当务之急。在1938年4月召开的国民党临时全国代表大会决议案中，明确指出："交通事业与经济建设有密切之联系，值此非常时期，凡工矿之开发，物资之分配，商业金融之运用，胥有赖于运输通讯系统之扩张与充实。在国内固应求交通便利，对友邦亦应求各种物资得以充分交换，应减少因海口封锁而发生之困难，必须同时注重。"① 鉴于交通在发展后方经济的重要作用，国民政府在大后方展开大规模的交通建设。

在铁路建设方面，主要抢修湘桂铁路和湘黔铁路。尤其是湘桂铁路的修建对大后方军事、经济产生了巨大影响。湘桂铁路由衡阳至镇南关，是抗战爆发后修筑的第一条铁路，全长1029公里。全路分为衡桂、桂柳、柳南和南镇四段。衡桂段由衡阳向西经黄阳司、沿湘江至东安、全州，然后经过湘漓两江合流处至桂林车站止，长361公里。1937年4月开始测量，9月动工修建，1938年9月28日完工，10月1日正式通

---

① 朱子爽：《中国国民党交通政策》，国民图书出版社1943年版，第73页。

车，仅用了一年左右时间，平均每天完成一公里。① 桂柳段由桂林经苏桥，沿洛清河，经永福、鹿寨，跨柳江至柳州南站，全长 174 公里。从1938 年 8 月开工到 1939 年 12 月 17 日全线通车，共用时间一年多。② 柳南段由柳州车站经来宾、黎塘而达南宁，长 359 公里。1938 年 6 月开工，9 月 8 日柳州至来宾段通车。③ 南镇段由南宁至镇南关以接通越南境内铁路，1938 年 4 月在镇南关开工。由于 1939 年 11 月 15 日日军在钦州登陆，南宁沦陷，湘桂铁路未能全线修通，建成一段，使用一段。④ 湘黔铁路原计划从湖南省的株州起经湘潭、湘乡、蓝田、新化、辰豁、麻阳、铜仁至贵州省的贵阳，全长 623 英里。抗战爆发前，铁道部于 1936 年 6 月先后组织测量队勘测路线，于 1937 年 2 月测量完成，随后开始招标修筑。抗战爆发后因战事被迫于 1939 年 3 月停工。

在公路建设方面，主要修建后方各省的省级公路干线，以加强后方各省之间的联系。这时期大后方改善和修建的公路，西南有川湘、湘黔、黔桂、川黔、黔滇等公路，西北地区修建有汉白、白老、华双公路，同时在大后方还积极修建和改善西南和西北国际公路线，西北国际公路线为西兰公路和甘新公路的改善，西南公路主要是湘桂、滇越公路的修整。最为重要的是在 1938 年 7 月间初步完成的滇缅公路，成为大后方重要的国际交通运输线。⑤ 主要公路有：（1）川湘公路四川段，自綦江雷神店起，经南川、武隆、彭水、黔江、酉阳、龙潭、秀山到川湘交界的茶洞，长 691 公里。该段公路于 1937 年 6 月就全线完工，但因进度快、时间紧，许多工程指标不符合标准。抗战爆发后，四川地方政府又组织民工进行改修，拓宽并平整路面，使得公路路况有所改善，以适应抗日军运的需要。（2）汉白公路汉中至安康段，在抗战爆发前的1934 年国民政府就开始修建汉白公路，到抗战爆发后的 1938 年 3 月，全段工程草率完成。安康至白河段长 275.6 公里，原由湖北省负责修建，后改由陕西省主办，全线设 12 个施工分段，由天成、裕明、兴华

① 参见《交通部拟交通方案》（1938 年 6 月），载中国第二历史档案馆编《中华民国史档案资料汇编》第 5 辑第 2 编财政经济（10），江苏古籍出版社 1997 年版，第 6 页。
② 参见张嘉璈《中国铁道建设》，杨湘年译，商务印书馆 1946 年版，第 170 页。
③ 参见《交通部拟交通方案》（1938 年 6 月），载中国第二历史档案馆编《中华民国史档案资料汇编》第 5 辑第 2 编财政经济（10），江苏古籍出版社 1997 年版，第 6 页。
④ 参见张嘉璈《中国铁道建设》，杨湘年译，商务印书馆 1946 年版，第 168—177 页。
⑤ 参见《抗战时期公路工程概述》（1945 年），载中国第二历史档案馆编《中华民国史档案资料汇编》第 5 辑第 2 编财政经济（10），江苏古籍出版社 1997 年版，第 411页。

和中华四大公司和部分民工，于 1937 年 8 月先后开工，于 1938 年 11 月完工通车。①（3）华双路华家岭至天水段，长 180 公里，于 1935 年 8 月初步修通。（4）滇缅路，自昆明至畹町，全长 959 公里。1937 年 12 月开始动工，1938 年 1 月至 8 月是施工的高潮期，全线施工工人数最高时达 20 万人，经过奋战，1938 年 8 月 31 日滇缅公路终于通车。滇缅公路"完成土方 11232660 立方米，石方 1102303 立方米，石拱和石台木面小桥 169 座，石镶涵洞 1443 个，木便桥涵 413 个，大中型钢索吊桥 2 座，石台木面桥 2 座，木桥 3 座"②。

在内河航运建设方面，抗战初期，由于战事的迅速展开，为躲避战乱，大量工厂企业内迁，为便于内迁，交通部主要组织沿海地区船舶向内地撤退、抢运撤退物资、救济撤退后方的船员等工作，保存了部分中国航运力量，为后方航运业的发展奠定了物质基础。主要有：（1）组织船舶撤退。在武汉沦陷前，汉口航政局会同军事运输机关督促轮船撤退，合计撤退宜昌船只 208 艘，撤退长沙 66 艘，撤退常德 16 艘，由宜昌撤退入川 150 艘。在广州沦陷前，广州航政局组织船只撤退广西西江，累计达 200 余艘。③（2）抢运撤退物资。仅轮船招商局在 1937 年 8 月至 1939 年底运输公物 8.8 万吨，商货 19 万吨。④ 民生公司仅自 1937 年 12 月至 1938 年 8 月底，由汉口转运入川的兵工器材为 3.8 万吨，公物 9000 吨，迁厂器材 7900 吨，一般物资 3700 余吨，迁校图书、仪器 1800 吨。平均每月转运物资 4600 吨。⑤（3）救济撤退后方的船员，保护航运人才。抗战爆发后，许多引水舵手和驾驶员不愿为日伪效力，遂失去工作。武汉沦陷前夕，交通部又将撤退至汉口、宜昌、湖南一带引水员 300 余人转移至四川，每月贷款给予生活费，后来又由振济委员会拨款救济，以解决生活困难。至于一般船员，被安置到汉口航政局设立的绞滩站工作。⑥

在航空运输建设方面，大后方航空运输业也得到了迅速发展。在抗战爆发后，随着东部沿海地区的陷落，西部的战略地位日益显要，中国

① 参见周治教主编《陕西公路史》，人民交通出版社 1988 年版，第 92—93 页。
② 孙代兴、吴宝璋主编：《云南抗日战争史》，云南大学出版社 1995 年版，第 214 页。
③ 参见俞飞鹏《十五年来之交通概况》，交通部 1946 年编印，第 39 页。
④ 同上书，第 40 页。
⑤ 参见中国人民政治协商会议西南地区文史资料协作会议编《抗战时期西南的交通》，云南人民出版社 1992 年版，第 320—321 页。
⑥ 参见俞飞鹏《十五年来之交通概况》，交通部 1946 年编印，第 41 页。

航空公司和欧亚航空公司总部也从上海分别迁往重庆和昆明，开始着力经营大后方地区的航线业务，因此这阶段的大后方航空运输业得到了初步发展。这期间开辟的航线主要有：（1）昆明至河内航线。（2）重庆至香港航线，1937年12月开辟，经停桂林、广州两地，航程1140公里，或经停贵阳、桂林、梧州三地，航程1307公里，使用DC2型飞机。（3）重庆至嘉定航线，于1938年5月开辟，由重庆起飞经停泸县、叙府至嘉定，使用洛宁水陆两用飞机，每周两班。（4）重庆至昆明航线，抗战前已开辟但不久停开，后于1938年8月恢复。

（二）全面展开阶段（1938年11月至1941年12月）

1938年10月，随着武汉、广州的沦陷，抗战进入相持阶段，大后方的战略地位更加重要，为巩固抗战后方基地和发展后方经济，国民政府进一步加快了大后方交通运输建设。在1939年1月国民党第五届中央执行委员会第五次全体会议上通过的财政经济交通报告决议案中，明确规定：铁路建设方面，"西南西北与国际交通之铁路，为我国军事上经济上之生命线，无论任何艰困，必须积极推行，其利用陇海路拆卸路轨，展筑宝鸡至成都之川陕路，以沟通西南西北交通"；公路建设方面，"后方各省公路现为最重要之运输路线，其工程之改善与设备车辆之补充，以增运输能力，固应积极办理，而行车安全与纪律之维持，及人员器材之训练与管理，在在与运输效率有关，尤详订办法，严切执行"；内河航运建设方面，"水道运输需费较廉，西南各省水道，多可利用，亦应积极疏导，多备船只，为有组织之管理，以补充公路铁路运输之不足"。此外，由于公路运输所需要的汽车和汽油依赖进口，因此在后方"宜尽量采用人力兽力车辆以减少漏厄，并以关济多数平民生活"。[1] 为发展后方交通运输业，壮大运输力量，在1939年11月的国民党第五届中央执行委员会第六次全体会议上通过的财政经济交通报告决议案中，进一步规定："旧有运输方法，如人力兽力之驮运，政府已经举办，仍宜扩充范围，尽量利用，并恢复驿制以补新式运输工具之不足，水道运输，费最低廉，尤应设法利用。"[2] 因此，这期间，不仅大后方的公路、内河航运、航空运输得到了进一步的发展，并且还恢复了古老的驿运。

在铁路建设方面，这期间主要修建了黔桂铁路。1939年4月黔桂铁路正式开工修建，自柳州至贵阳，工程分三段进行：柳州至金城江为

[1]　朱子爽：《中国国民党交通政策》，国民图书出版社1943年版，第75—76页。
[2]　同上书，第77页。

第一段，长161公里，地势平坦，于1939年4月开工，1941年2月到达金城江；金城江至独山为第二段，长227公里，于1943年5月18日铺轨至独山①；独山至都匀为第三段，于1944年通车。

叙昆铁路自昆明经曲靖、宣威、威宁、昭通、盐津至四川叙府，全长850公里。叙昆铁路因与滇越铁路、滇缅铁路接轨，是重要的国际交通线。该路北段与成渝铁路相接，为西南西北的贯通干线，中段威宁与黔桂铁路沟通，可以到达湘桂、粤汉各路。随着路线测量完成，交通部于先动工修建昆明至曲靖的线路，长160公里。1939年12月15日正式开工，1940年修建至大板桥，8月叙昆铁路在昆明与滇缅、滇越铁路并轨。1941年3月20日通车至曲靖，到1943年曲靖段延长至霑益，全长177公里。

咸同铁路为陇海铁路的支线，从陇海铁路咸阳站出发向北，经三原、富平、耀县到达同官（今铜川），长135公里，设13站。1939年4月与宝天铁路同时开始施工，原订1940年底完成，由于西南地区广西与越南之间的交通阻断，筑路所需要的材料内运不易，加上物价高涨，工人生活受到影响，施工进度延缓。1940年2月铺轨至三原，1941年2月铺轨至耀县，1941年7月通车至黄堡镇，1941年11月修建至同官。咸同铁路的通车，不仅解决了同官煤炭运输问题，而且促进了煤炭开发，同时对陕北农产棉花的运输及军队调动问题，均发挥了效用。

在公路建设方面，大后方公路建设的主要目的在于打破日军的海上封锁，争取出海口与国外公路沟通，这阶段西部新筑的公路是河岳公路、滇越路、川滇公路、内乐公路，同时改善了西南的川滇、黔桂、湘黔、黔滇干路、滇缅路和西北的甘新路。这期间主要修建和改善的公路有：（1）修建衡宝公路和洞榆公路。衡宝公路由衡阳至宝庆，洞榆公路由洞口至榆树湾，合计长284公里，将东南各省公路与川黔滇各省公路连接起来。（2）汉白公路安白段，自安康至白河，长259公里，南郑至安康段，长266公里，与老白公路衔接，是沟通陕西与湖北间的重要公路。（3）天水至双石铺公路，长231公里，是西兰公路与川陕公里的连接线。（4）贺县至连县公路，长150公里，是连接粤桂两省的重要交通要道。（5）改善公路，主要有以贵阳为中心的西南公路，以

---

①　参见贵州地方志编纂委员会编《贵州省志·铁道志》，方志出版社1997年版，第453页。

兰州为中心的甘新、西兰、川陕公路。①

在内河航运建设方面，自武汉、广州沦陷后，中国海运遭到严重影响，为渡过难关，大后方内河航运业得到很大发展。在这期间，交通部积极进行大后方航道绞滩工作，开辟内河航运线，实施水陆联运。主要包括：（1）积极开辟内河航运线，主要有沅江线、湘宜线、嘉陵江线、金沙江线。沅江线由湖南常德至沅陵，水路长 203 公里，后又开辟沅陵至辰溪段，促进了湘西水运的发展。湘宜线由长沙经过公安、松滋至宜昌，在宜昌沦陷前，该线成为湘鄂间重要水上交通线。1941 年 10 月 3 日，民生轮船公司派"民教"轮试航宜宾至安边段成功，1941 年 12 月 30 日，民生公司又派"民生"轮试航宜宾至屏山段成功，开辟了金沙江宜宾至屏山轮船航线 79.5 公里，轮船每天上下一班。从此开辟了金沙江叙屏航线，全长 210 公里。嘉陵江航线原来止于合川，合川以上江面仅能通行木船。1939 年民生公司开辟了南充至合川间航线，长 228 公里，至此重庆至南充间实现了轮船运输。（2）开辟了川湘、川陕水陆联运。川湘水陆联运线自重庆至常德，主要利用水运，分两路：一路由重庆利用水运经涪陵至龚滩，用驿运由龚滩至龙潭，再用水运由龙潭至常德；另一路由重庆利用水运经涪陵至彭水，利用川湘公路车运由彭水至龙潭或沅陵，龙潭或沅陵至常德利用水运。全程长 956 公里。川陕水陆联运线，于 1940 年 9 月开辟，陆程长为 713 公里，水程长为 400 公里。② 川陕水陆联运线，自重庆上溯嘉陵江经合川、南充、阆中、昭化至广元，广元至陕西宝鸡则沿着川陕公路，或者广元再沿嘉陵江上溯到阳平关，由阳平关沿烈阳公路至烈金坝，再到宝鸡。为使广白段水陆联运保持通畅，陕西省政府于 1939 年和 1940 年对白水江至阳平关段嘉陵江航道进行了治理，并修建了烈阳（烈金坝至阳平关）和徽白（徽县至白水江）两条公路。广元至阳平关之间上行船需六天，下行船需一天半。（3）开展绞滩工作。1938 年至 1940 年在川江共设置了 21 个绞滩站，绞滩能力在 100 吨至 3000 吨之间，在嘉陵江设置绞滩站 25 站，1940 年至 1941 年在乌江、酉水设置绞滩站 8 处，提高了川湘水陆联运

---

① 参见俞飞鹏《十五年来之交通概况》，交通部 1946 年编印，第 27 页。

② 参见徐挽澜《川陕驿运线之概况》，《驿运月刊》第 2 卷第 2、3 期合刊，1941 年 12 月。

能力。① 据 统 计，仅 1942 年 内 河 施 绞 轮 船 239 次，施 绞 木 船 29018 次。②

在航空运输建设方面，自武汉、广州沦陷至太平洋战争爆发时为止，是大后方航空运输业的迅速发展时期。1938 年 10 月武汉、广州沦陷以后，战时政治中心已西移重庆，大后方成为对日抗战的后方基地。为维持后方交通，需要开辟新的航线，这期间开辟的航线主要有：（1）重庆至仰光航线，1938 年 11 月由欧亚航空公司开辟，由重庆经昆明至越南河内，航程 1210 公里。1939 年 3 月中国航空公司加入此航线，使用 DC3 型飞机，每周飞行一班。（2）重庆至阿拉木图航线，1939 年 12 月开辟，经停哈密，航程 3245 公里，每周飞行一班。（3）重庆至西安航线，于 1939 年 1 月开辟。（4）兰州至西宁航线，于 1939 年 7 月开辟。（5）成都至兰州航线，于 1939 年 7 月开辟。（6）重庆至汉中航线，于 1939 年 9 月开辟。（7）兰州至凉州、肃州、哈密航线，于 1939 年 12 月开辟。（8）成都至雅安航线，于 1941 年 6 月开辟。

随着抗战进入相持阶段，大后方发展交通所需的燃料、原材料日益短缺，公路和轮船运输大受影响。为发展后方交通运输，从 1939 年开始，交通部在大后方正式恢复了古老的驿运，传统运输的复兴弥补了后方现代交通运输运力之不足，推动了战时后方交通运输业的发展。战时后方开辟的驿运干线主要有川黔线、叙昆线、川鄂线、陕甘线、甘新线和泸昆线等。

除驿运干线外，后方还开辟了驿运支线。四川省在 1940 年 10 月开辟了奉建线（奉节至湖北建始，长 165 公里），于 1940 年 10 月开通了新渝线（由新都达重庆，共长 816 公里）、渝广线（由重庆至广元，长 1127 公里），于 1941 年 1 月 15 日开辟川西线（长 263 公里），于 1941 年 2 月开辟了渠万线（由渠县至万县，共长 224 公里），共 5 条驿运支线。③ 贵州共设有水路驿运线 4 条，陆路驿运线 11 条，总长 3398 公里，经 33 个县镇，具体如下：陆路驿运线有渝筑（重庆至贵阳）、綦南（綦江至南川）、遵思（遵义至思南）、筑昆（贵阳至昆明）、筑镇（贵阳至镇远）、筑六（贵阳至六寨）、筑三（贵阳至三合）、八都（八寨至

---

① 参见中国人民政治协商会议西南地区文史资料协作会议编《抗战时期西南的交通》，云南人民出版社 1992 年版，第 140 页。

② 参见《内河绞滩站施绞船舶统计资料》，中国第二历史档案馆藏，资料号：20/2098。

③ 参见郑天贵、张豫西《战火纷飞话蜀道》，载中国人民政治协商会议西南地区文史资料协作会议编《抗战时期西南的交通》，云南人民出版社 1992 年版，第 153 页。

都匀）、瓮下（瓮城河至下司）、下瓮（下司至瓮坝郎）和筑金（贵阳至金城河）共 11 条线。水运线主要有渝盖（重庆至盖石洞）、渝松（重庆至松坎）、渝泸（重庆至泸县）和三万（三江至万盛）4 条线。陕西驿运支线包括 1940 年 12 月 20 日开通的华闵线（全长 44 公里，由陕西华阴县至河南闵乡县闵底镇），1941 年 2 月 28 日开运的渭韩线（由渭南至韩城，全长 589 公里），1941 年 4 月 1 日开运的长泾线（自长安至甘肃泾川，全长 202 公里），1941 年 5 月 11 日开运的长坪线（自长安至河南西坪镇，全长 290 公里）。甘肃驿运支线包括 1941 年 4 月设立的兰泾支线（由兰州至窑店），兰宁支线（由兰州至中卫，长 375 公里），兰碧支线（由兰州沿大车道至碧口，长 770 公里），洮马支线（由临洮沿大车路至马头镇，长 440 公里）和陇中支线（由陇县沿大车路至中卫，长 580 公里）。青海驿运支线主线由西宁到兰州，里程 1441 公里，辅线 395 公里，共 1836 公里。

（三）交通建设的重点展开阶段（1941 年 12 月至 1945 年 8 月）

1941 年 12 月太平洋战争爆发以后，由于日军迅速占领了东南亚各国，导致西南大后方的滇越铁路、滇缅公路等重要国际陆路交通运输线被截断，大后方对外贸易大受影响。为维持大后方对外贸易的正常进行，国民政府着力开辟大后方国际交通线。在 1942 年 1 月召开的国民党第五届中央执行委员会第十次全体会议通过的决议案中指出："西南各路关系国际交通，应以最大之努力积极进行，滇缅黔桂两铁路尤须加紧修筑，提早完成。"并提示："滇缅路被截断后，国际运输几已无陆路路线，今后应努力开辟中印公路，虽属艰难，仍应竭力筹划进行，并应迅速设法加强航空运输，以弥补陆路运输之缺陷。"[①] 在 1944 年 5 月 26 日召开的国民党第五届中央执行委员会第十二次全体会议通过的决议案中，指出：铁路建设方面，"宝鸡天水铁路，为西北交通之咽喉，应如期完成"；驿运建设方面，"西康及新疆达印度之驿运路线，应积极督导商运团体，于以保护奖励，俾国外物资得以源源输入"；航空建设方面，"应与盟邦交涉，添借飞机，大量运入必需品，以济急需，汀江宜宾航线配合水运，可节省巨额之公路运费，应联络有关机关，尽量利用"[②]。

---

① 浙江省中共党史学会编：《中国国民党历次会议宣言决议案汇编》第 3 分册，1985 年印，第 311—312 页。

② 同上书，第 414 页。

　　1942 年 5 月滇缅公路被截断至抗战胜利期间，大后方公路建设的主要目的在于加强及增辟国际通道，主要的新修路线有中印公路、青藏公路、康青公路和南疆公路，并对滇缅路云南段进行了改善。（1）中印公路，又名"史迪威公路"，由印度阿萨姆邦的列多经新背洋到密支那，再经八莫、南坎，在南帕卡与滇缅公路相接，直到昆明，全长 1568 公里。1942 年 11 月 1 日，中印公路在列多（又译"雷多"）破土动工，1945 年 1 月中印公路通车。（2）青藏公路，由青海西宁至玉树，长 797 公里。1943 年开始修建，1943 年底完成西宁至黄河沿一线，1944 年 9 月全线完成通车。（3）康青路，西康的康定至青海的歇武，与青藏公路衔接，全长 792 公里。1942 年完成康定至营官寨段，1944 年完成营官寨至甘孜段，1944 年 10 月全线竣工通车。（4）南疆公路，自甘肃敦煌至新疆若羌，长 793 公里。1945 年交通部组设甘新两工程处负责办理，甘肃段 1945 年 11 月完成，新疆段 1946 年 1 月完成。①

　　抗战中后期是大后方航空运输业的鼎盛时期。1941 年 12 月太平洋战争爆发后，发展后方与外界沟通的国际航线成为当务之急，加上这时中国成为美国的盟友，获得了美国大量的援助，因此在这期间，大后方的航空建设不仅没有停止，反而建设速度加快，达到抗战时期的鼎盛阶段。尤其值得一提的是中美联合开辟的"驼峰"航线。1942 年 4 月 8 日，由阿萨姆邦的汀江和密支那之间的航班通航，"驼峰"航线正式开辟。1943 年 10 月和 1945 年 7 月中国航空公司继昆明至汀江航线开辟后又先后开辟了汀江至叙府、汀江至泸县两条航线。"驼峰"航线主要使用 DC3 型客机和 C46 及 C47 型货机，它也成为第二次世界大战期间最重要的一条国际航线。欧亚航空公司由于飞机短缺，加上中德断交，1943 年 3 月交通部与航空委员会合作将其改组为中央航空运输公司，拨给该公司飞机 11 架营运，但因飞机破旧，成绩不大。所以，在整个抗战期间，中国航空公司是大后方航空运输的主力。

　　在抗战后期，为运输国外援华物资和发展后方对外贸易，驿运的重点是发展国际驿运，先后开辟新印线、康印线和新苏线。新印线即叶列线，由新疆叶城至印度列城（Leh），长 1160 公里。康印线以运输布匹为主。西北驿运旅客自重庆到哈密计程 2322 公里，每 30 公里设有一站。新苏线由猩猩峡经迪化至苏联的霍尔果斯，连同辅线共 2013 公里。1942 年以后，由于中苏关系恶化，新苏贸易逐渐中断。1944 年新疆伊

---

　　①　参见俞飞鹏《十五年来之交通概况》，交通部 1946 年编印，第 28—29 页。

犁、塔城、阿勒泰三区临时革命政府与苏联进行贸易，物资运输路线仍主要沿用新苏线。[①]

铁路建设方面，抗战后期，交通部开始在大后方修建綦江铁路和宝天铁路。宝天铁路是抗战后期在西北修建的重要铁路，自宝鸡沿渭河而达天水对岸的北通埠，为陇海铁路的延长线，全长168公里。宝天铁路从1939年5月开工修建，由于朝令夕改，忽进忽停，加之工程艰巨，工程进展缓慢，到1942年3月，宝天铁路工程处奉令撤销，宝天路段设宝天铁路工程局专门办理。[②] 到1944年底完成土石方的80%，隧道的80%，桥梁的60%。[③] 直到1944年11月，仅完成宝鸡至石门段，长42公里。綦江铁路从江津县属的綦江与长江汇合处之江口北岸起，经长江边之猫儿沱，沿綦江东岸经仁沱、庙基、墨斗沱、贾嗣场、五岔、夏壩、广兴场、北渡等处，入綦江县城，经转关口至三溪场止，长85公里。修建綦江铁路主要是为了便于运输供应大渡口钢铁厂所需煤铁矿。綦江铁路从1942年5月开始动工修建，到1945年11月才全部建成通车。

在内河航运建设方面，交通部重点扶持民营航业和修理陈旧船舶，以解决后方交通困难。在扶持民营航业方面，为减少民营航业因物价上涨而造成的损失，交通部实行补贴政策。仅1944年7月至12月，交通部共向民营轮船公司补贴124760423元。1945年1月至12月，向民营轮船公司补贴2102148558元。接受补贴的公司包括国营轮船招商局、民生实业公司、三北轮埠公司、强华实业公司、合众轮船公司、三兴轮船局、佛亨轮船公司、永昌实业公司八家。[④] 在修理陈旧船舶方面，为恢复航运力量，交通部会同四联总处协商向后方主要轮船公司贷款，以修复受损船只。1944年决定先修理三北、大通、大达等公司及湖北省交通事业管理处等轮船40艘，贷款总额4亿元，利率月息三分，两年还清。1945年上半年，交通部分别与上述轮船公司订立合同，给予贷款，着手维修船只。截至抗战胜利时，通过贷款修理完成32艘船只，另外8艘船只因贷款不敷使用，已另行自筹款项，继续维修，加入各线

---

① 参见樊金林主编《新疆通志·公路交通志》，新疆人民出版社1998年版，第466页。
② 参见陆福廷《最近三年来之陇海铁路概况》，《交通建设》第1卷第3期，1943年3月。
③ 参见凌鸿勋《宝天铁路概况》，《交通建设》第3卷第3期，1945年3月。
④ 参见俞飞鹏《十五年来之交通概况》，交通部1946年编印，第47—48页。

航行。①

二　交通建设的困难

（一）西部地区自然环境的制约

西部地区尤其是西南地区地形复杂，地势起伏不平，落差大，这给交通运输的发展带来了极大的困难。以地形对铁路径路的影响为例。由于不同地形单元（平原、丘陵、山地等）具有不同的高程差，要在这些地形单元上修建同样技术标准的铁路，其线路的弯曲程度和相应的总长度必然不同。如在平原地区，高程差甚小，大都不超出线路要求的限坡范围，线路修建时，极少需要绕道与展线，线路径路自然较为顺直；在丘陵区，地面起伏较大，自然坡度多在线路要求的限坡上下波动，其建设时，需作一般展线或套线（即偏角较小的连续展线）处理的情况增多，对线路走向和径路的影响也逐渐增大；而在崎岖的山区，自然高程差悬殊，多数自然坡度均大大超过线路限坡要求，为达到限坡的规定，修建时需作展线或套线处理的情况往往既多又复杂，所以山区铁路的弯曲程度和相应总长度，也远比平原和丘陵区大得多、长得多，对线路定向和径路的影响也最为明显。② 西南地形复杂，给交通运输的发展带来了巨大的困难。如滇缅铁路在昆明的海拔 2000 米，到绿丰海拔只有 500 米，地势起伏较大，尤其是昆明至祥云间的 255 公里路段，经过地区多为悬崖峭壁、高山深谷。在每一山谷之内，仅 14 英里的一段距离，高低落差即达 1110 米。③ 黔桂铁路起点的柳州至终点的贵阳高度差达到 3000 英尺，越接近贵阳地势越高，加上沿江地势崎岖，工程十分艰巨。④ 滇缅公路经过的最高处为 2600 米，最低处为 700 米，落差达 1900 米；川滇东路落差约 2270 米，西兰公路落差为 2100 米；而乐西公路落差则高达 2430 米。⑤ 由于交通路线经过处地形复杂，因此进行交通建设时需要大量架桥，开凿隧道。如滇缅铁路在杨乐所山口一段全是险要的斜坡，全长不过 9 英里，却必须修建一条 125 米高的栈道和六条

---

① 参见俞飞鹏《十五年来之交通概况》，交通部 1946 年编印，第 48 页。

② 参见陈航主编《中国交通地理》，科学出版社 2000 年版，第 8 页。

③ 参见《蒋介石转宋子文提议速建滇缅铁路函致孔祥熙等快邮代电》，载中国第二历史档案馆《中华民国史档案资料汇编》第 5 辑第 2 编财政经济（10），江苏古籍出版社 1997 年版，第 312 页。

④ 参见黔桂铁路工程局《通车独山纪念手册》，1943 年印，第 1 页。

⑤ 参见《抗战五年来之交通》（1942 年），载中国第二历史档案馆编《中华民国史档案资料汇编》第 5 辑第 2 编财政经济（10），江苏古籍出版社 1997 年版，第 97 页。

隧道，总长 360 米①，其难度可见一斑。湘桂铁路衡桂段就有大桥 25 座，小桥 212 座，涵洞 737 座，总孔长 5900 码。②桂柳段有大桥 2000 余米，小桥涵管 500 余座，山洞 75 米。③黔桂铁路金城江至独山段，"逾越侧岭高原，线路必须蜿蜒而上，更进越牛栏关、石板井（古关）诸岭，以至独山，全段开凿隧道 26 座，总长 4560 公尺（米），凿石数量尤为惊人"④。宝天铁路有隧道 114 座，总长 22 公里，最长隧道 631 米。⑤为克服施工中出现的技术困难，交通部采取的主要措施是因地制宜地制定新的技术标准以适应复杂的地形，具体地说，主要是适当提高铁路修建坡度、缩短隧道长度以节省施工土石方量。本来交通部规定干线铁路坡度连曲度折减率在内，不能超过 1%，但战时新建的黔桂、川滇、滇缅铁路由于经过路段地形崎岖不平，很难按原来规定的平原铁路施工标准修建。实际上这些铁路坡度均在 2% 以上，黔桂路更是在 2.7% 的高坡，坡度大影响了行车速度和机车使用寿命。

这些交通路线经过地段由于地势高低起伏而且多悬崖峭壁，还造成温差大，施工难度极大。如滇缅公路"沿途多高山峻岭，西段多风化石，土质松软，极易坍塌"，加上"云南西部气候特殊，每年五月至十月为雨季，素有瘴气，人烟稀少，招雇工人不易"，修筑极为困难。⑥其施工难度之大可见一斑。在修建川康公路时，以经过二郎山一段最为艰难，山顶海拔 2900 米，终年积雪，路线上山 30 公里，下山 40 公里，曲折旋绕而上，两边高山悬崖，非常危险。⑦诸如修建滇缅路和川康路的过程中所遇到的困难在修建其他公路的过程中或多或少的发生过，可以说，抗战时期大后方地区的公路建设在中国公路建设史上创造了许多奇迹。

---

① 参见《蒋介石转宋子文提议速建滇缅铁路函致孔祥熙等快邮代电》，载中国第二历史档案馆《中华民国史档案资料汇编》第 5 辑第 2 编财政经济（10），江苏古籍出版社 1997 年版，第 312 页。

② 参见张嘉璈《中国铁道建设》，杨湘年译，商务印书馆 1946 年版，第 167 页。

③ 参见李泽敷《湘桂铁路桂柳段如何设法赶通》，《抗战与交通》第 50 期，1940 年 11 月。

④ 黔桂铁路工程局：《通车独山纪念手册》，1943 年，第 1 页。

⑤ 参见《宝天铁路工程实况》，《交通建设》第 1 卷第 9 期，1943 年 9 月。

⑥《谭伯英呈蒋委员长滇缅公路现状报告》（1939 年 2 月 3 日），载秦孝仪主编《中华民国重要史料初编——对日抗战时期》第 4 编战时建设（4），台湾"中央文物供应社"1988 年版，第 929 页。

⑦ 参见《抗战五年来之交通》（1942 年），载中国第二历史档案馆编《中华民国史档案资料汇编》第 5 辑第 2 编财政经济（10），江苏古籍出版社 1997 年版，第 97 页。

西部地形条件的复杂也严重影响了大后方内河航运建设。战时大后方内河航运建设主要面临两大困难，即航道滩多、水急。长江上游宜昌至重庆段是战时最繁忙的航段，长度仅 658 公里，滩险竟有 280 余处，其中著名险滩就有 50 余处，1900 年至 1932 年的 32 年间就损失大小轮船 53 艘。[①] 川江支流乌江的低水位与洪水相差 8 公尺至 18 公尺，若遇非常洪水则相差 12 公尺至 30 公尺。金沙江的普渡河口至宜宾一段险滩有 73 处，平均坡降 1‰。嘉陵江的上游白水江镇至广元段有险滩 90 余处，广元至合川有 209 处。[②] 陕西汉江的南郑至安康段也有险滩 140 处。[③] 这些河流的滩多水急严重地威胁着内河航运船只的安全，迫使交通部下大决心进行航道整治。

气候条件对交通的影响，主要体现在河运的发展除需具备起码的河、湖等水域条件外，尚要视其水深、流量及季节分配、流速、含沙量与冰况等情况而定，而上述这些又取决于气候、水文和地貌等自然因素。[④] 就西南地区而言，由于降水集中在夏季，因此川江的丰水期在夏季，枯水期在冬季，造成川江航运存在季节差别。在西北地区，由于降水普遍稀少，加之水土流失严重，西北流域的河流普遍水流量小，河水含沙量大，影响该地区内河航运的发展。

天气条件除了制约战时内河航运的发展外，对航空运输的制约最为明显，造成抗战时期的航空建设难度极大。在抗战时期开辟的航线中，许多航线经过的地区气候复杂，飞行危险，其中"驼峰"航线是第二次世界大战时期最危险的空中航线。"驼峰"航线飞越喜马拉雅山脉的高山深谷，天气条件复杂多变。美国著名新闻记者白修德和贾安娜曾对这条航线作了描述："这的确是世界上最危险、最可怕和最野蛮的空中运输线。不论日本空军力量、热带雨季气候以及西藏的冰雪是怎样，没有武装的运输机都要在二万英尺高度上飞过五百英里没有航空标志的山区。有几个月，驼峰指挥部损失的飞机和人员比直接参加战斗的第十四航空队还要多。"[⑤] 造成"驼峰"航线飞行危险的首要原因是该航线恶

---

① 参见王绍荃主编《四川内河航运史》，四川人民出版社 1989 年版，第 260 页。

② 参见《抗战五年来之交通》（1942 年），载中国第二历史档案馆编《中华民国史档案资料汇编》第 5 辑第 2 编财政经济（10），江苏古籍出版社 1997 年版，第 76 页。

③ 参见《整理南郑安康段汉江水道勘查报告》，《陕西水利季报》第 3 卷第 3、4 期合刊，1939 年 12 月。

④ 参见陈航主编《中国交通地理》，科学出版社 2000 年版，第 9 页。

⑤ 〔美〕西奥多·怀特、安娜·雅各布：《风暴遍中国》，王健康等译，解放军出版社 1985 年版，第 163 页。

劣的天气。

中国航空公司经理邦德在写给总经理的一封信中，在反映"驼峰"空运中飞行事故多的原因时，也提到恶劣的天气是造成"驼峰"航线飞行事故多的主要原因：

> 有些原因当然是我们从事的工作所固有的。它们是：第一，天气，天气几乎一直是坏的，有时很坏；第二，我们飞越的地势极高；第三，我们工作的紧迫性。我们没有办法改变这些条件。我们只好接受它们，尽可能忍受。①

由于"驼峰"航线天气恶劣，给过往飞机以极大威胁。在"驼峰"飞行历史上最恶劣和破坏性最大的风暴发生在1945年1月6日傍晚与7日凌晨之间。由于西伯利亚寒流与孟加拉的暖湿气流相汇，风暴形成巨大威力，美军空运队就损失7架飞机、31名机组人员和乘客，中国航空公司损失3架飞机、9名机组人员，其他飞行单位损失4架飞机，这个夜晚被人称为"黑色星期五"。根据事故研究者奇克·马斯·奎恩的分析，在这场大风暴中实际损失了18架飞机，42名机组人员和乘客。②

（二）人力、物力和财力的紧缺

在抗战时期，人力、物力和财力的缺乏是加大大后方交通建设难度的重要原因。具体地说，通货膨胀与战争破坏导致交通建设材料来源受阻、建设资金短缺和人力缺乏。具体表现如下：

第一，人力缺乏，使得大后方交通建设进度减缓。大后方地区人口密度分布不均，给交通运输的发展带来了困难。大后方交通路线经过的地区多为偏僻地区，人烟稀少，给征召民工带来了困难。在修建滇缅公路时，沿线许多地区人烟稀少。云南省的人口密度不到30人，与江苏、山东两省300人的人口密度相比相差悬殊，而且公路经过的高山峡谷更是人烟稀少、民族众多、语言不通，给征工带来了巨大的困难。曾担任滇缅公路工程管理局局长的谭伯英讲，在招募修筑滇缅公路的劳工时，有的地区方圆100多公里找不到足够的劳工，必须到更远的地方去找，

---

① 〔美〕威廉·M. 利里：《龙之翼——中国航空公司和中国商业航空的发展》，徐克继译，科学技术文献出版社1990年版，第158页。

② Otha C. Spencer, *Flying the Hump*: *Memories of an Air War*, College Station: Texas A&M University, 1992, p. 156.

而招募到的劳工又要步行 100—200 公里甚至更远的路程才能到达工地。① 不仅如此，频仍的战乱，加大了征工的困难。在修建宝天铁路时，主要在冀、鲁、豫三省招收民工，后因这些地区相继沦陷，本来计划招工 4 万人，实际招到 2 万民工，而留在宝天工地上的只有 7000 人。后经多方努力，才勉强凑足招工人数。② 正是由于人力缺乏，西部建设铁路的难度之大超过以往任何时期。

　　第二，抗战时期交通运输发展面临资金短缺的严峻问题。抗战爆发后，通货膨胀也造成了资金短缺的问题。在抗战初期，大后方物价上涨幅度小，交通的建设费用上涨也相应较慢。修建湘桂铁路衡桂段原计划经费 3600 万元③，实际共耗费 5186.7 万元④，桂柳段经费计划 2070 余万元⑤，实际共用款 2444.5 万元⑥，上涨幅度不到 50%。但到 1939 年夏秋之交，由于大后方粮食歉收，粮价开始猛涨，粮价的猛涨带动了物价的猛涨。以重庆为例，1940 年以前，重庆主要农副产品价格大多是微弱上扬，到 1940 年以后则猛涨。1941 年比 1937 年上涨了 25—30 倍。⑦ 随着抗战的进行，物价上涨加速。国民政府为弥补财政亏空也大量发行货币，加剧了通货膨胀，通货膨胀又进一步刺激了物价上涨，形成了恶性循环，到 1945 年 8 月重庆物价批发指数比 1937 年增长了 1792 倍。⑧ 由于通货膨胀，铁路建筑材料价格猛涨，铁路建设费用随之急剧增加，大大超出了预算。宝天铁路 1939 年 3 月编制工程预算为 2200 万元，同年 6 月追加至 3234 万元，1940 年 5 月追加至 9655 万元，到了 1945 年 8 月预算猛增至 3202800 万元，比原预算增长了 1455 倍。⑨ 抗战中后期物价的上涨，导致公路的养护费用也急剧上涨。西北公路的养

---

① 参见谭伯英等《血路》，云南人民出版社 2002 年版，第 40 页。
② 参见陕西省地方志编纂委员会编《陕西省志·铁路志》，陕西人民出版社 1993 年版，第 30 页。
③ 参见《交通部拟交通方案》（1938 年 6 月），载中国第二历史档案馆编《中华民国史档案资料汇编》第 5 辑第 2 编财政经济（10），江苏古籍出版社 1997 年版，第 6 页。
④ 参见张嘉璈《中国铁道建设》，杨湘年译，商务印书馆 1946 年版，第 168 页。
⑤ 参见《交通部拟交通方案》（1938 年 6 月），载中国第二历史档案馆编《中华民国史档案资料汇编》第 5 辑第 2 编财政经济（10），江苏古籍出版社 1997 年版，第 6 页。
⑥ 参见张嘉璈《中国铁道建设》，杨湘年译，商务印书馆 1946 年版，第 170 页。
⑦ 参见周春主编《中国抗日战争时期的物价史》，四川大学出版社 1998 年版，第 48 页。
⑧ 参见刘克祥、陈争平《中国近代经济史简编》，浙江人民出版社 1999 年版，第 609 页。
⑨ 参见陕西省地方志编纂委员会编《陕西省志·铁路志》，陕西人民出版社 1993 年版，第 29 页。

护费用在 1941 年平均每公里用款为 2072 元, 1942 年上涨到 3887 元, 到 1943 年更涨至 16680 元, 大约是 1941 年的 8 倍①, 正是通货膨胀, 加剧了筑路资金的缺乏, 不仅使得交通建设超支, 而且也增加了交通路线的维修费用, 让本来就困难的财政雪上加霜, 严重影响了战时交通建设。

第三, 交通建设材料的短缺, 也制约了大后方交通运输的发展。国民政府在大后方的公路建设中面临着材料短缺的问题, 如修建乐西公路需石方 240 万立方公尺、钢钎 150 吨、硝矿 500 吨, 全部工程需要工具 27200 件、钢筋 200 吨、铁钉 60 吨, 这些材料多由外埠采购。但抗战中后期内外联系不便, 采购困难, 严重影响了乐西公路的修建。② 由于材料有限, 许多公路不可能按照标准修建, 只能草草建成了事, 因此大多数公路质量较差, 仅能勉强通车。在晴天还好, 要是遇上下雨天, 公路泥泞难走, 费力费时, 苦不堪言。修建汉白公路时, 由于丘陵和山岭区路线占 80% 以上, 修建时仓促草率, 建成时尚有 11 公里过水路面, 平时勉强通汽车, 一遇洪水时便则阻断交通。③ 特别需要指出的是, 抗战前的铁路器材是从不同国家采购的, 铁轨的长短轻重不一, 轨距不同, 有少部分铁轨是中国汉阳铁厂生产的, 更多的是英、美、法、苏、德、日、加、比等国生产的, 用这些不统一的旧材料拼凑而成的大后方铁路自然标准不一。咸同铁路的钢轨用的是每米 37—42 公斤重的旧轨及配件。④ 滇缅铁路和川滇铁路所用钢轨为一公尺的窄轨。⑤ 轨距不一, 严重制约了各铁路之间的联系。

交通运输材料的缺乏, 还造成运输设备陈旧, 直接影响了交通运输业的发展。以铁路机车车辆为例, 机车与车辆状况普遍陈旧, 影响了运输效率的提高。在川滇铁路运输中, 该路共有机车 72 辆, 自置 9 辆, 其中新车仅有 5 辆, 4 辆为向缅甸铁路购置的旧车。向滇越铁路租用 18 辆, "亦经行驶多年, 失于修养, 兼以材料缺乏, 配件购置异常困难, 修理维持, 极感不易, 现在通常可用于行驶者, 仅十五辆, 且均须时加

---

① 参见凌鸿勋《西北公路三年来之工程与管理》,《交通建设》第 2 卷第 4 期, 1944 年 4 月。
② 参见康时振《公路交通之现状及其建设》,《交通建设季刊》创刊号, 1941 年 1 月。
③ 参见陕西省地方志编纂委员会编《陕西省志·公路志》, 陕西人民出版社 2000 年版, 第 184 页。
④ 参见陕西省地方志编纂委员会编《陕西省志·铁路志》, 陕西人民出版社 1993 年版, 第 68 页。
⑤ 参见《滇缅铁路之概况》,《抗战与交通》第 62 期, 1941 年 5 月。

小修"。此外，川滇铁路有客货车 258 辆，但能同时使用的约 200 辆。[①]

（三）战争造成的直接和间接破坏

抗战时期大后方的交通建设是在战争的直接和间接破坏中开展的，一方面，日军直接对大后方重要交通运输线实行轰炸，导致大后方交通线破坏严重，另一方面，由于日军的封锁大后方交通建设器材来源受阻，导致交通建设进展缓慢。不仅如此，国民政府由于担心日军入侵的深入，还自行破坏后方交通线，进一步制约了大后方交通运输的发展。具体地说，战争对大后方交通建设的破坏主要体现在以下三方面：

第一，日军直接对战时的后方交通要道进行轰炸，妄图截断后方交通运输线，使后方交通陷于瘫痪。就滇缅路而言，由于它是大后方重要的国际交通线，因此日军总是千方百计地破坏这条公路。1940 年 9 月 26 日，日军在越南海防登陆，10 月 7 日，日军飞机三队降落河内。随即组成"滇缅路封锁委员会"，任命侵华海军总司令参谋长大川内传七少将为指挥官，准备飞机 100 架，以河内机场为基地，大规模轰炸滇缅路的重要桥梁。轰炸于 1940 年 10 月 18 日开始，至 1941 年 2 月 27 日告一段落。共计轰炸功果桥和昌淦桥 16 次；轰炸惠通桥 6 次。累计出动飞机 400 余架次。[②] 到抗战中后期，由于"驼峰"航线成为大后方与外界沟通的重要交通运输线，日军飞机的攻击也对"驼峰"航线的飞机造成极大的威胁。随着"驼峰"航线的开辟，中国通过这一航线获得了宝贵的物资。日本参谋部很快就意识到新交通线的严重威胁。1942 年 6 月 13 日，日军作战部部长田中新一说："由印度向重庆的空运如不能阻止，则重庆地区不久将成为对日空袭的大基地。征服印度如有困难，只有进攻重庆，别无他途。"[③] 当时执行缅甸防空任务的是日本第三航空军第五飞行团，美国远东空军司令部（Eastern Air Command）估计日军有 277 架飞机。1943 年 12 月 5 日，日本第五飞行团第七飞行旅的 6 个飞行联队的 94 架战斗机和 18 架重型轰炸机以及 8 架侦察机外加海军航空队第二十八飞行联队的 30 架战斗机和 9 架轰炸机，轰炸了加尔各答港。[④] 为

---

① 萨福均：《最近三年来之川滇铁路概况》，《交通建设》第 1 卷第 3 期，1943 年 3 月。

② 参见谢自佳《滇缅、中印国际公路交通线》，载中国人民政治协商会议西南地区文史资料协作会议编《抗战时期西南的交通》，云南人民出版社 1992 年版，第 96 页。

③ 日本防卫厅战史室编：《日本军国主义侵华资料长编》中册，天津市政协编译委员会译，四川人民出版社 1987 年版，第 397 页。

④ Charles F. Romanus and Riley Sunderland, *Stilwell's Command Problems*, Washington：Office of Chief of Military Department of the Army , 1956，p. 85.

阻止"驼峰"空运，日军对"驼峰"空运线开始实施空中攻击。日军占领"驼峰"运输线以南的机场，包括猛锡、垒允、腊戍、瑞昌、曼德勒、马圭、东瓜仰光。这些机场离"驼峰"空运线240—900公里。日军可以用战斗机拦截运输机，也可以用轰炸机轰炸"驼峰"空运西端的汀江机场和东端的昆明机场。1944年3月中旬，东条英机指示南方军："缅甸防空部队的最大任务是切断中印空运路线。"① 由于日军战斗机的阻击，仅在1943年10月13日一天就有6架运输机被日机击落。10月23日又有5架运输机被击落。1942年6月至12月半年间，由于日机阻击、恶劣天气和复杂地形等原因，"驼峰"航线就损失飞机125架，牺牲飞行员168人。② 总之，由于日军的截击，加上气候恶劣等原因，"驼峰"航线的飞行损失巨大。在"驼峰"航线运转的三年时间里，美军空运队共损失飞机468架，平均每月13架，有时机组人员能够跳伞，由美国战略服务处派在缅甸的特工人员组织的钦克族人营救小组解救。其他人或死在丛林里或被日军俘虏，有时降落在树梢上，很久以后才发现他们挂在树枝上已被蚂蚁啃掉的尸体。③ 中国航空公司在"驼峰"飞行中共损失飞机50架。④ 有人估计在"驼峰"航线上，飞行员的年死亡率高达20%⑤，其飞行之危险可见一斑。

第二，日军封锁了大后方对外交通陆路通道，客观上延缓了大后方交通建设的进度。以铁路建设为例，滇缅铁路自1938年11月就动工修建，但到1940年6月，越南政府迫于日本政府压力限制中国物资经由越南运入中国，7月间，英国政府又封闭滇缅公路3个月，导致筑路物资缺乏，施工大受影响。1941年底太平洋战争爆发后，1942年3月日军攻占缅甸仰光，滇缅铁路由于筑路材料来源切断而被迫全线停工，只通车到安宁，仅35公里长。⑥ 此外，日军占领了沿海和中部的广大地

---

① 日本防卫厅战史室编：《日本军国主义侵华资料长编》下册，天津市政协编译委员会译，四川人民出版社1987年版，第171页。

② Jeff Ethell&Don Downie, *Flying the Hump: In Original World II Color*, Osceola (WI): Motorbooks International Publishers&Wholesaler, 1995, p. 11.

③ Barbara W. Tuchman, *Stilwell and the American Experience in China 1911-45*, New York: Macmillan Publishing Co. Inc. , 1970, p. 309.

④ 参见俞飞鹏《十五年来之交通概况》，交通部1946年编印，第58—63页。

⑤ 参见王敏《回忆我在飞越"驼峰"时一次事故的经过》，《中国民用航空史料通讯》第93期（内部资料），第9页。

⑥ 参见《抗战五年来之交通》（1942年），中国第二历史档案馆编《中华民国史档案资料汇编》第5辑第2编财政经济（10），江苏古籍出版社1997年版，第63页。

区，还使得许多大后方交通运输企业的业务深受影响，制约了大后方交通事业的发展。以内河运输业为例，抗战期间日军的破坏，不仅造成大后方内河航运船只数量锐减，许多内河航线被迫停航，内河港口城市遭到破坏，而且造成许多交通运输公司业务受到严重的影响。1940 年 8 月 14 日，民生公司副总经理魏文翰到交通部汇报了该公司的困难情形："自宜昌陷落后，货运大减，每月收入减少一半，只有八九十万元，而支出月须一百八十万元，长期债务计八百余万元，股本计七百万元。"①可以这样说，抗战时期民生公司的惨淡经营是在克服了种种困难下进行的。实际上在抗战期间受战争影响的交通运输企业不止民生公司一家，其他诸如中国航空公司、欧亚航空公司等大型交通运输企业因战争破坏而业务大受影响，不得不将业务重心从东部沿海地带转移至广大西部地区，以寻求生存与发展。

第三，为阻止日军进攻，国民政府实施交通破坏战术，希望延缓日军进攻速度，进一步制约了大后方交通运输的发展。在铁路运输方面，国民政府交通部将即将沦陷的铁路拆毁以防止铁路资敌和弥补筑路材料之不足。湘桂铁路南镇段于 1939 年 11 月在镇南关铺轨，随后由于日军占领南宁，被迫中途停工。后来日军退出南宁，国民政府为防止南镇段铁路资敌，1940 年 5 月间将已经铺设的路轨桥梁完全拆毁，移交修建黔桂铁路之用。滇缅铁路动工修建过程中，日军在越南登陆，为防止日军进攻云南，于是将河口至碧色寨段铁路拆毁，封闭滇越铁路。②叙昆铁路开工后，1941 年 3 月通车至曲靖，此后拆毁一部分滇缅铁路路轨，用于修建曲靖至霑益段路轨。在内河航运方面，国民政府为了阻止日军利用长江水道迅速向中国内地推进，决定自沉船只，堵塞长江航道。1937 年 8 月，国民政府海军部征集 43 艘轮船，185 只民船、盐船沉入长江江阴段，构成著名的江阴阻塞线。这次沉船塞江行动，共用去各种船只总吨位 4.4 万吨。③ 1938 年 4 月，为阻止日军进攻武汉，国民政府又实施了马当沉船塞江行动，这次沉船共达 2.5 万吨。④在公路运输方面，国民政府为阻止日军进攻也对公路进行了大规模的破坏。淞沪会战

---

① 姚崧龄编：《张公权先生年谱初稿》上册，台湾传记文学出版社 1982 年版，第 263 页。

② 参见龚学遂《中国战时交通史》，商务印书馆 1947 年版，第 154—155 页。

③ 参见李占才、张劲《超载——抗战与交通》，广西师范大学出版社 1996 年版，第 208 页。

④ 同上书，第 209 页。

失利以后，江苏省军政部门通令各县将南京、上海和杭州间 14 条重要公路和桥梁破坏，南京沦陷前夕又下令将苏北沿江公路和徐州地区、淮北盐区公路破坏。其他省份如浙江、江西、广东、广西等地区也纷纷将即将沦陷的公路破坏，以阻止或延缓日军进攻。在抗战期间，广东省破坏的公路达 12554.6 公里，占广州陷落前全省公路 14860 公里的84.5%。此外，福建和江西两省破坏的公路也分别占全省公路总长度的60% 和 73.3%。① 总之，国民政府通过自行破坏交通线，的确起到了延缓日军进攻的作用，但使得中国本来就落后的交通更加落后，也使得本来就十分困难的中国大后方的交通建设更是雪上加霜。

第二节　交通建设特征

一　破坏与建设并进

战时交通建设，以配合军事行动为最高准则，往往交通建设刚刚完成，但为顺应军事需要旋即破坏。尤其是随着战局的演变，在即将沦为战区或接近战区的地区，为阻止交通线资敌或延缓日军的进攻速度，交通部又将建成的路段拆除。因此，在大后方交通建设过程中，破坏与建设并进。

湘桂铁路南镇段计划自南宁到镇南关外 4 公里许法属越南铁路同登车站，共长 234 公里。1939 年 10 月，从同登铺轨至明江长 67 公里，11月 15 日日军在钦州登陆，南宁沦陷，交通部将机车、车辆、路料以及沿线物资抢运至同登存储。南宁收复后，黔桂铁路局派人将已铺路轨拆毁移作修筑黔桂铁路之用。湘黔铁路原计划从湖南省的株州起经湘潭、湘乡、蓝田、新化、辰谿、麻阳、铜仁至贵州省的贵阳，抗战爆发后因战事被迫于 1939 年 3 月停工，将东段株州至蓝田段 175 公里路轨拆除移作修建湘桂铁路之用。② 1941 年 5 月，滇缅铁路祥云至滚弄段 470 公里工程开始动工修建。但 1941 年 12 月太平洋战争爆发后，铁路材料来源受阻，尤其是 1942 年 3 月日军攻陷仰光，中国存放在仰光的 130 多公里轨料被日军夺走，筑路材料供应切断，同年 4 月奉命停修，因此滇

---

① 参见刘承先主编《中国公路史》第 1 册，人民交通出版社 1990 年版，第 283—285页。

② 参见张嘉璈《中国铁道建设》，杨湘年译，商务印书馆 1946 年版，第 66—69 页。

缅铁路仅完成昆明至安宁段 36 公里长。1944 年，因霑益修建机场需要，拆除石嘴至安宁段路轨去铺设曲靖至霑益段铁路。这样，滇缅铁路只有昆明至石嘴 14 公里实际建成通车。

国民政府在拆除铁路的同时，将拆除的旧料用于修建后方铁路。修筑宝天铁路所需的钢轨就是来自陇海路中牟至白马寺段拆除钢轨和平汉路郑州附近拆除的钢轨。[①] 黔桂铁路独山段钢轨一部分为湘桂铁路南镇段 70 公里路轨，一部分系粤汉铁路曲江以南之 40 公里路轨及长沙以北之数公里路轨，另有一部分则利用浙赣铁路樟树一带 40.5 公里路轨和新宁铁路在台山一带 100 公里路轨。[②] 叙昆铁路所用材料一部分来自滇越铁路河口至碧色寨段拆除的材料。[③] 其他铁路如湘桂铁路、滇缅铁路所用材料也多是拆除的旧钢轨材料。

在公路方面，1942 年 5 月 3 日，日军占领畹町、遮放。5 月 4 日龙陵失守。5 月 5 日凌晨，日军逼近滇缅公路的惠通桥。为阻止日军，中方炸毁了惠通桥。滇缅公路的国际运输中断，汽车运输仅限于国内，滇西仅达保山。1944 年 11 月，日军逼近贵州南部，前锋逼近三都、荔波、丹寨、独山等县。11 月下旬，国民政府第一战区长官司令部电贵州省政府发动民工破坏黔桂路、陆三路、桂穗路，阻挡日军进攻。11 月，由美国援华军队协助将黔桂公路陆家桥、深河桥等 8 座桥梁及沿线 5 处涵洞破坏。12 月 15 日，日军撤离贵州后，西南公路工务局组成两个抢修队抢修黔桂公路破坏的桥梁涵洞，1945 年 1 月 5 日抢修完成。为破坏桂穗路，天柱县于 1944 年 12 月 7 日至 11 日每天发动民工 1.1 万名破坏路基 69 处，共长 26 公里，涵洞 24 道，桥梁 7 座，其中邦洞大桥彻底破坏，赖洞大桥破坏一半。日军撤离后，1945 年 1 月，天柱县又发动民工 6 万余工日，铁、木、石工 200 余工日，将所破坏的路基约 26 公里、桥梁 7 座、涵洞 24 道抢修完毕。[④] 广西省在抗战期间是日军进攻内地的重要省份，中国军队与日军在这里进行了桂南会战、昆仑关战役、桂柳战役等重大战役，每次战役中广西公路的破坏都很严重。仅

---

① 参见陕西省地方志编纂委员会编《陕西省志·铁路志》，陕西人民出版社 1993 年版，第 30 页。

② 参见侯家源《黔桂铁路建筑经过及新路建筑问题》，《交通建设》第 1 卷第 7 期，1943 年 7 月。

③ 参见龚学遂《中国战时交通史》，商务印书馆 1947 年版，第 155 页。

④ 参见夏润泉主编《贵州公路史》第 1 册，人民交通出版社 1989 年版，第 208—209 页。

在 1938 年 12 月至 1939 年 10 月，广西先后破坏的公路有邕宁至钦州、邕宁至横县、宾阳至南乡、容县至苍梧、容县至武林、玉林至博白、玉林至陆川、贺县至怀集，以及荔浦至濛江的局部路段等，共约 900 公里。[①] 在整个抗战期间，广西自行破坏的部管、省管公路共达 3724 公里，占原有公路里程的 87％以上，破坏桥梁 1.6 万余米，涵洞约 4700 道。[②] 日军撤退后，西南公路管理局派出工程队，紧急抢修破坏了的黔桂公路贵阳至南丹段、六寨至南丹段、南丹至河池段、河池至柳州段等。从 1944 年 12 月到 1945 年 8 月，广西省境内抢修、改善的路段开工的共计 2689 公里。[③]

二　新建与改善并重

抗战期间，国民政府在大后方大规模新建公路的同时，也十分重视原有公路的改善利用，以发展大后方交通。在四川和西康两省，尽管在抗战前已初步形成公路运输网，但在修建时限于经费，限期赶工，名虽通车，实际上便道、便桥、窄路、陡坡、急弯比比皆是。载重受限，行车困难。四川公路局局长魏军藩曾言："完善之公路固不可得，即比较顺利行车之路线，亦复难求。"抗日战争时期，四川公路设施与运输不相适应的矛盾十分突出。因此，这个时期，除新建公路外，还投入相当人力、财力改善原有公路。1937 年 8 月，重庆行营拨款 40 万元，由四川公路局负责整理川陕、川黔、川湘公路，其中川湘公路有 2/3 路段车行不畅，是重点。三路改善工程于 1938 年 1 月陆续开工，至年底结束。据 1942 年统计，川黔、川湘两路改线 8.5 公里，扩宽路基 341 公里，改善路面 30 公里，使两路通过能力有明显提高。川滇东路和川陕公路两路改善工程自 1939 年 1 月开始，至当年 7 月，川陕公路改善路基 3 处，约占工程量的 60％，到 1941 年，计完成武侯坡、剑门关、牟家山、金限桥两端及广元穿城路改线的路基、路面工程共 13 公里，拓宽、改弯、降坡及加高路基等工程 20 余处。[④] 此外，四川省公路局对四川省内的公路包括成渝公路、成都附近公路进行了改善。

在陕西，为提高公路运输效率，交通部会同陕西省地方政府对陕西的主要公路西兰公路、汉白公路、西汉公路、西荆公路等进行了改善。

---

① 参见张若龄、陈虔礼主编《广西公路史》，人民交通出版社 1991 年版，第 188 页。

② 同上书，第 191 页。

③ 同上书，第 195 页。

④、参见王立显《四川公路交通史》上册，四川人民出版社 1989 年版，第 158—159 页。

陕西汉白公路于 1938 年 2 月修通后，由于汉白公路穿山越岭，石方数量大，加之经过的江河为数众多，建桥需款甚巨，设计所定标准本来就不高，施工时又因处于战争环境，时局不稳，公路路况较差。因此，交通部对其中部分路段相继进行了改善。1938 年 6 月间交通部即拨款17.5 万元由陕西建设厅全面改善，到同年 12 月底，共完成土石方16.17 万立方米，过水路面 497 米，护墙、驳岸 2330 米，铺砂石路面186 公里。桥涵除计划的沙河营、天水河、小沟三处永久性桥因材料困难未作外，共新建半永久式和临时式桥 39 座，加固 8 座。1939 年，交通部设立陕南公路改善工程处，主办汉白公路全线改善工程。当年修建恒口、池河木便桥和续修沙河营桥，改善 10 余公里路基，加铺路面 50公里。1940 年全线遭受严重水患桥涵被毁甚多，路基坍垮严重，交通几乎断绝，除稍加修复外，当年修成城固汉江、牧马河、金洋河、沱河4 座木桥。① 建成于 1935 年 5 月 1 日的西兰公路，由于经费紧张、时局动荡等因素的制约，公路工程大多因陋就简，路况较差，为时人所诟病。抗战爆发后，鉴于西兰公路承担运送苏联授华军用物资的重任，为了提高通过能力，1937 年全国经济委员会决定续修原订未铺的路面和续做改善工程。1937 年 8 月份在西安成立西兰、西汉两路工程处，专司路面铺筑。工程处下设 3 个总段，于 1937 年 9 月份成立后即陆续开工，其中三桥至乾县间铺了宽 3 米、厚 15 厘米、共长 80.8 公里的泥结碎石路面。乾县至窑店间择要铺了宽 5 米、厚 12—15 厘米、共长24.252 公里的泥结碎石路面。② 此外，陕西省地方政府和交通部多次对西兰公路进行改善，公路路况有所改善。

　　在甘肃，政府也对甘新、甘青、西兰等重要公路干线进行了改善。1937 年 9 月成立甘新公路督办公署，紧急动员兵工和民工两万余人在原有道路基础上赶工整修并维持通车，然后分期改善。甘新公路工程共分三期：第一期主要修建路基。第二期主要修建桥面，铺筑路面和路基石方。第三期工程，自 1940 年 3 月开始，至 12 月结束，主要改建、增建桥涵，继续铺筑路面。对于甘青公路，也进行了分期改善。1941 年进行了庄浪河桥和桥头路基改线，享堂峡木桁桥、八盘峡路基加宽，黑咀子至青图坡 12.76 公里路基改线及小桥 6 座，涵洞 26 道，防护工程

---

① 参见陕西省交通史志编写委员会编《陕西公路史》第 1 册，人民交通出版社 1988 年版，第 95 页。

② 同上书，第 116 页。

530 米等项工程；1942 年继续进行改善工程，完成路基土方 1.7 万立方米，石方 0.83 万立方米，石拱桥 3 座 260 米，涵洞 13 道，石砌木面桥 1 座 4 米，石砌护岸 667 米。①

三　水路联运的推广

在大后方地区，由于地形复杂，许多地方既不通公路也不通铁路，主要依靠水运和人力运输。为发挥水运和人力运输的特点，交通部在大后方大力发展水陆联运。抗战时期的水陆联运线主要有川湘水陆联运线和川陕水陆联运线。

1940 年 6 月宜昌沦陷前，湖北西南之恩施地区处于抗战前线，每月需军米 1500 吨，须仰湘米供给。② 但随着宜昌以及湖南大部沦陷，湖北恩施的国民党第六战区所需军米由四川提供，为便利向外运送军米需开辟水陆联运线。1940 年 8 月 1 日，交通部令招商局与民生公司各出资 1 万元，在重庆组成"川湘、川陕水陆联运总管理处"，推选招商局沈仲毅和民生公司魏文翰为理事会正副理事长，经营由重庆至衡阳和广元与陕西之间的水陆联运业务。同年 12 月 13 日，交通部决定自 1941 年 1 月 15 日起，将"川湘、川陕水陆联运总管理处"改为"交通部特许官商合办川湘、川陕水陆联运处"。川湘水陆联运处设在湖南沅陵，以水运为主，运送军粮等物资。从重庆港出发，由民生公司轮船运至涪陵，转入乌江水道至龚滩，用人力到达龙潭镇，又转为水运用木船循酉水下驶至湖南沅陵，再换木船循沅江下驶至常德，全程共 989 公里。也可从重庆经涪陵，转入乌江水道至彭水，自彭水利用川湘公路汽车至龙潭镇，再转为水运，全线 956 公里。③ 川湘水陆联运线成为四川与湖北、湖南运输的一条主要路线。

为管理川湘水陆联运线和川陕水陆联运线，交通部专门设立了川湘川陕水陆联运总管理处，设立了总务组、业务组、机料组、会计组和人事室。其中总务组"掌文书、出纳、保管、卫生、警术、庶务、电讯及其他不属于各组室事项"，业务组"掌车船、人夫、运输之监理、调度、综核、营业、运价及其他有关业务暨附属事业事项"，机料组"掌

---

① 参见甘肃省公路交通史交通委员会编《甘肃公路交通史》第 1 册，人民交通出版社 1987 年版，第 238 页。

② 参见中国人民政治协商会议西南地区文史资料协作会议编《抗日战争时期西南的交通》，云南人民出版社 1992 年版，第 311 页。

③ 同上。

工具、厂所、站屋、仓库、材料、通讯之设计、建造、保养、装配及其他有关工程事项"，会计组"掌预算、决算、稽核、收支、报表、帐册、财务、统计及其他有关会计事项"，人事室"掌员工任免、选调、考绩、奖励、训练、教育、福利及其他有关人事暨附属机关之设置调整事项"①。川湘联运处为办理转运，在各地分段设立总站和照料站等，"总站设主任一人，站副主任一人至三人，会计员一人，站员四人至八人，助理会计员一人至二人，司事二人至四人，押运员六人至二十人，站设站长一人，站员一人至二人，司事一人，押运员三人至五人，照料站设站长一人，司事一人"②。

自 1942 年 6 月 1 日川湘川陕水陆联运总管理处成立以来，水陆联运业务迅速发展，仅在 1942 年 4 月至 1943 年 5 月间，川湘线各级木船数量从之前的 141 艘增加至 285 艘，嘉陵江线的木船数量由 49 艘增加至 87 艘，而整个川湘川陕水陆联运处汽车数量从之前的仅有两辆增加至 72 辆，人力挑夫和背夫则增加了 6000 人。③ 川湘、川陕水陆联运线的运量以木船运输为主，1944 年运量为 7529229 延吨公里，占总数的 94%。④

此外，1944 年交通部办理汀（汀江）宜（宜宾）渝水空联运，该线较昆明泸县重庆转运线可缩短 780 公里，节省运行时间 5/6。1943 年 11 月，开办渝沅衡直达包裹联运。在公路联运方面，交通部先后设立了川湘鄂重庆、常德、恩施间直达客车，以及渝兰联运（由重庆直达兰州）、渝老联运（由重庆直达老河口）、渝迪联运（由重庆直达迪化）、渝宁绥联运（由重庆经宁夏至绥远陕坝）、渝宝联运（由重庆直达宝鸡）。在公路与铁路联运方面，主要开办有西北公路与陇海铁路，西南、川东、滇缅各路与川滇铁路之间的联运。⑤ 通过发展水陆联运，实现了水陆运输的有机结合，适应了西部特殊的地形，推动了大后方交通运输业的发展。

---

① 《交通部川湘川陕水陆联运总管理处组织规程》，载朱汇森主编《中华民国交通史料（一）：航政史料》，台湾"国史馆"1989 年版，第 623 页。
② 《交通部川湘联运处厂站库舍组织暂行通则》，载朱汇森主编《中华民国交通史料（一）：航政史料》，台湾"国史馆"1989 年版，第 592 页。
③ 参见薛光前《我办理运输的实际体验》，《西南实业通讯》第 4 卷第 8 期，1943 年 10 月。
④ 参见交通部统计处编《中华民国三十三年交通部统计年报》，1946 年印，第 168 页。
⑤ 参见《交通部编六全大会交通工作报告》，载中国第二历史档案馆编《中华民国史档案资料汇编》第 5 辑第 2 编财政经济（10），江苏古籍出版社 1997 年版，第 122 页。

四　传统运输的复兴

抗战时期，尤其是在抗战中后期，国际交通线相继被日军封锁，造成大后方交通物资和交通燃料来源日益困难。为维持后方交通运输的正常进行，国民政府在大后方恢复了传统交通运输业，主要是恢复了古老的驿运和木船运输，以弥补公路运输和轮船运输运力的不足，传统运输的复兴也成为战时大后方交通建设的重要特征。

（一）驮运和驿运的恢复利用

驮运和驿运是利用人力和畜力运输的一种古老运输方式。驮运和驿运并没有本质区别，在运输工具上二者是相同的，只是驿运在组织管理上较驮运更为严密、系统些。具体地说，驮运和驿运工具包括力伕、牲畜、车、船四类。伕运包括挑运和背运，畜力运输则有驴运、骡运、驼运、牛运、马运之分，车是指人力车，包括胶轮板车、胶缘板车、铁轮大车、手推车等，船运包括木船、竹筏、皮筏运输等。驿运在中国发轫于商周，到秦始皇统一六国后开始在全国设置郡县，修筑驰道，建立起全国驿运系统，至西汉时期驿运制度逐渐完备。隋唐驿运业日益鼎盛，宋承唐制，但驿站只设于交通要道上。经过发展演变，至明清时期驿运制度已成为重要的交通运输制度，在传递信件和运送旅客方面发挥了重要的作用。近代以降，随着铁路、公路交通的相继出现以及航运业的发展，驿运逐渐衰微。进入民国以后，1913 年 1 月民国政府下令裁撤驿站，官办驿运结束，但民间仍有驿运。

在抗战爆发前，西部一些既不通公路也无铁路的交通落后地区仍然存在传统驿运。以四川宜宾地区为例，抗战前就有宜高大道（宜宾县至高县，长 53 公里）、东大路（宜宾县至自流井，长 111.5 公里）、宜荣道（宜宾县至荣县，长 64 公里），其中最重要的是叙昆大道（宜宾县至盐津，长 133 公里）。[①] 西部其他交通落后地区也存在类似的驿运大道。抗战爆发后，鉴于后方交通运输日渐困难，国民政府决定在大后方恢复传统的驮运和驿运，以增强运输力量。在 1940 年 7 月 18 日的全国驿运会议上，蒋介石就指出驿运物资应"以粮食—盐（米）及被服（衣）"为主。[②] 照此思路，战时的驿运路线并不以运输军用品为主，而

---

① 参见四川省宜宾县志编纂委员会编《宜宾县志》，巴蜀书社 1991 年版，第 221—222 页。

② 蒋介石：《驿运制实施之基本工作》，载秦孝仪主编《中华民国重要史料初编——对日抗战时期》第 4 编战时建设（3），台湾"中央文物供应社"1988 年版，第 48 页。

是运输与人民生活密切相关的商品为主。如长泾支线西行物资主要是杂货、土布等，入陕物资主要有水烟、皮毛、土特产等。新疆驿运线以接济汽油内运为主，兼移民工作，自1944年4月起，每月移民一两千人。陕甘线以运输邮件、电料、食盐、茶叶、桐油、钨砂等为大宗。商品南运以棉花为大宗，北运以烟、茶、纸张、糖、药材为多。甘新线货运频繁，以接运苏联物资为主，出口羊毛、钨砂为大宗。到1942年，全国驿运的货物中，以商品运输最多，占总数的57.6%，包括棉纱、药材、盐、米、油类等，而军运仅占总数的6.89%，包括军服、航空用油、机油以及弹药等。[1] 但到了1944年商品运输比例有大幅度下降，该年商品运输比例为25.3%，退居第二位，军品则猛升到44.32%，占据第一位。[2] 造成驿运货物种类比例变化的主要原因是受局势变化的影响，1942年抗战进入相持阶段，中日两国在军事上呈现胶着状态，局势相对平稳，军品运输需求不大。但1944年以后，日军发动了豫湘桂战役，战事不断，军品需求剧增，作为主要运输方式的驿运自然要承担大量军品运输，所以才会出现1944年驿运军品数量的猛增。但从整个抗战时期来看，驿运以运输商品为主。

由于驿运的主要运输工具胶轮板车、木船、竹筏、独轮车等都简便易造，制造成本低廉，加上驿运路线的开辟多利用故道，不像公路、铁路需要大量铺路架桥，因此驿运的成本较公路、铁路运输低廉，容易赢利，推广也较容易。以川黔线为例，在驮运管理所贵阳办事处时期，1939年6月至1940年2月，盈余约2.64万元。在川黔驿运干线联运主任办事处时期，1941年1月至1941年12月盈余120万元。在川黔线驿运管理分处时期，盈余约410万元。[3] 驿运在1940年至1942年共赢利达352万元，而其他运输部门则出现了亏损，如轮船招商局从1940年至1942年共亏损约310万元。[4] 国民政府在举办驿运干线的过程中，从1940年至1944年能够盈余500余万元[5]，驿运成本低是其中的重要原因。

驿运实行分段的短途运输。驿运由于使用的是人力或畜力，耐力有

---

① 参见行政院编纂《国民政府年鉴》，1943年印，第212—213页。

② 参见《本年来干支线货物吨数各项物品所占百分数》表，载交通部统计处编《中华民国三十三年交通统计年报》，1946年，第130页。

③ 参见孙书元《川黔线驿运概况》，《交通建设》第1卷第8期，1943年8月。

④ 参见徐承襐《最近三年来交通财务概况》，《交通建设》第1卷第3期，1943年3月。

⑤ 参见俞飞鹏《十五年来之交通概况》，交通部1946年编印，第36页。

限，不可能长距离不间断运输，因此需要设立驿站，站站衔接，以备人畜休息。至于多长距离设立驿站，蒋介石在 1940 年 7 月 15 日的全国驿运会议上要求"以三十里或六十里为一站"[①]，使得运伕当日可以往返。到 1944 年，西南的四川有驿站 24 站，云南 8 站，广西 18 站，西康 15 站。[②] 西北的广元至哈密驿运线长 2322 公里，到 1943 年 12 月止设立驿站 79 站。[③] 分布广泛的驿站方便了人畜休息，也促进了驿运的发展。但另一方面，驿站多、驿运的中转程序多，给驿运管理带来了麻烦，中间难免发生贪污腐败、中饱私囊的事情。

　　由于在抗战期间被广泛运用，驿运在抗战特殊时期的确发挥了积极作用。首先就是弥补了公路、铁路运输力量的不足，推动了大后方运输的发展。众所周知，在抗战期间，由于日军的封锁，交通建设材料、交通运输工具以及燃料十分短缺，给铁路运输和公路运输带来了巨大的困难，而恢复大后方原有的驿站，解决了运输力量不足的燃眉之急。在 1941 年至 1945 年间，大后方川滇分处、川黔分处、川陕分处、陕甘分处、甘新分处、新疆分处、叙昆分处、黔桂分处、川鄂分处、川陕水陆联运处、川湘水陆联运处和重庆公共汽车管理处驿运服务处共运输货物 1337375 吨[④]，而抗战八年间，后方公路货运总量为 650152 余吨[⑤]，可见后方各省驿运能力是后方公路运输能力的两倍。其次，驿运的广泛使用，节约了政府的财政支出。如在四川，通过恢复利用驿运，从 1940 年到 1944 年共运货物 253462.599 公吨。据台湾学者洪喜美估计，如依公路汽车平均每吨 25 公里消耗汽油一加仑计算，共节省汽油 354436.56 加仑，按 1944 年每加仑汽油平均官价国币 400 元计算，共节省国币 141774624 元。[⑥] 在西北驿运中，从 1940 年到 1944 年共运物资 969983 公吨，依公路汽车平均每吨公里消耗汽油 0.04 加仑计算，共

---

①　蒋介石：《驿运制之重要及其特点》，载秦孝仪主编《中华民国重要史料初编——对日抗战时期》第 4 编战时建设（3），台湾"中央文物供应社"1988 年版，第 45 页。

②　参见《省驿运机关现有设备》表，载交通部统计处编《中华民国三十三年交通部统计年报》，1946 年印，第 135 页。

③　参见《交通部关于两年来驿运成效及其改进情形报告》，载中国第二历史档案馆编《中华民国史档案资料汇编》第 5 辑第 2 编财政经济（10），江苏古籍出版社 1997 年版，第 468 页。

④　参见表 55《历年驿运货运量》，载交通部公路总局统计室编《三十三年三十四年公路统计年报》，1947 年印，第 54 页。

⑤　参见表 43《历年公路客货运量》，载交通部公路总局统计室编《三十三年三十四年公路统计年报》，1947 年印，第 44 页。

⑥　参见洪喜美《抗战时期四川之驿运》，《"国史馆"馆刊》1989 年第 6 期。

节省汽油 3785466.4 加仑，共节省国币 1514186560 元。① 因此，驿运的
恢复壮大了后方交通运输力量。

（二）木船运输业的复兴

在战前，随着西部轮船运输业的兴起，传统的木船运输业已日趋衰
落。以川江航运为例，川江运输工具历来是木船，特别是 19 世纪末，
宜昌、重庆开埠后川江运量大增，推动了木船运输业的发展。1891 年
至 1899 年，木船数量由原来的 1879 只增加到 2908 只，吨位由 43294
吨增加到 100887 吨②，分别比原来增加了 54.8% 和 133%。但到清末，
随着川江轮船运输业的出现，川江木船运输业一统天下的局面开始被打
破。1909 年 "蜀通" 轮船加入川江航运时，川江木船尚有 2300 余只，
约 74000 吨，但到 1925 年木船记载仅有 1 只，合 20 余吨，轮船（包括
木质机动船）则剧增到 1172 只之多，约合 40 万吨。③ 川江木船与轮船
数量之间呈现出此消彼长之势。川江轮船运输业的兴起，尤其对重庆至
宜昌段的川江木船运输业影响巨大。19 世纪末 20 世纪初，重庆常年抵
埠的民船不下 2 万只，运载量约 50 万吨。以重庆为中心的内河航运网
四通八达，其中重庆至宜昌航线作为四川与外界沟通的重要水上通道，
集聚了大量民船。有研究者估计，19 世纪 80 年代后半期在宜渝航线沿
江的船户和纤夫总计不少于 20 万人，若加上其家属，赖木船运输为生
计的恐怕不下百万人。④但随着轮船运输的兴起，木船运输纷纷退出川
江干流，到 1926 年据宜昌海关报告，川江 "民船运输事业，几尽为轮
船取而代之，而绝迹于江面"⑤。

抗战全面爆发以后，随着大后方地区运输量的日益增加，轮船运输
已不能满足运输需求，加上日军封锁造成交通燃料日益短缺，因此只有
大力发展内河木船运输业，才能满足日益增长的运输需求，于是传统的
木船运输业得以复兴起来。1939 年夏，交通部令驻重庆的汉口航政局
设立造船处，筹办造船事宜，以增强川江航运能力，共设造船工厂 10
家，长江区有重庆、泸县、宜宾 3 家，涪江区有绵阳、太和镇 2 家，嘉

---

① 参见洪喜美《抗战时期四川之驿运》，《"国史馆"馆刊》1989 年第 6 期。

② 参见《四川民船轮运逐年消长表》，载张肖梅编《四川经济参考资料》，中国国民经
济研究所 1939 年印，第 H7 页。

③ 参见中国农业银行经济研究室《四川之航业》，《复兴月刊》第 3 卷第 6、7 期合刊，
1935 年 3 月。

④ 参见聂宝璋《日江航权是怎样丧失的?》，《历史研究》1962 年第 5 期。

⑤ 聂宝璋、朱荫贵编：《中国近代航运史资料 (1895—1927)》第 2 辑下册，中国社会科
学出版社 2002 年版，第 1376 页。

陵江区有南充、阆中、广元 3 家，乌江区有涪陵 1 家，綦江区有綦江 1 家。1939 年 11 月，交通部在广西柳州设立了西江造船处。1943 年，西江造船处与川江造船处合并改组为交通部造船处，统筹建造木船和浅水轮船。到抗战胜利前夕，共制造大小木船 2619 艘，约 1349 吨，并制造浅水轮船及煤气机船 15 艘计 245 吨。[1] 据统计，到 1941 年仅重庆一地就有木船修造厂 130 余家，拥有水木工 3000 余人，比战前增长了 1 倍多。其他如涪陵万县、沪县、宜宾、乐山、赵镇、太和镇、绵阳、遂宁、南充、广安等港口造船厂也增加不少，共有 140 余家，水木工 4000 余人。[2] 据交通部统计，1939 年至 1944 年间，后方各省累计制造木船 2619 艘，合 41349 吨。[3]

木船运输主要用于大后方川江和西江河段，尤其是支流。支流由于河面相对较窄、水流湍急，不适合轮船航行，这为木船运输提供了用武之地。在战时川江支流的乌江和嘉陵江，木船运输就被广泛运用。川湘水运段的龚滩至涪陵乌江水面常年有木船 300 只，一次运输能力达到 6000 吨，最后一段涪陵至重庆的长江水面一般除大轮船参加水运外，也随时征集木船担负紧急运输任务。由此可见，川湘水陆联运处所能管辖的木船，至少也在 1000 只以上。川陕水运段的重庆至广元的嘉陵江江面常年有木船 500 只，数量大时有上千只。1940 年前后，重庆到广元的嘉陵江每月单程行船可以达到 3000 多艘。美国人贝克在著作中写到当时嘉陵江木船运输的情况：从广元登车沿江行进时，看到"宽阔的嘉陵江……挤满了帆船和舢板。这些都是这河湖纵横的半个国家的主要运输工具"[4]。

五　中外合作的加强

在抗战爆发以前，中国与外国在交通领域的合作已经开始，集中表现在民用航空领域的合作十分密切。1927 年南京国民政府成立后，为发展中国民用航空事业，国民政府交通部还分别于 1929 年 5 月和 1931

---

[1]　参见秦孝仪主编《中华民国重要史料初编——对日抗战时期》第 4 编战时建设（3），台湾"中央文物供应社"1988 年版，第 966 页。

[2]　参见王绍荃主编《四川内河航运史》，四川人民出版社 1989 年版，第 243—246 页。

[3]　参见交通部统计处编《轮木船制造艘吨数》表，中国第二历史档案馆藏，资料号：20/106。

[4]　〔美〕格兰姆·贝克：《一个美国人看旧中国》，朱启明、赵叔翼译，三联书店 1987 年版，第 131 页。

年2月与美国和德国合资成立了中国航空公司与欧亚航空公司。1930年7月成立的新中国航空公司1000万元资本中，交通部占55%，美国占45%，公司的主办权由中方控制。此外，由于公司董事会中以中方董事居多，中国夺回了管理大权。对于这一新的航空协议，《中国评论周报》也评论说："这是国民党政权取得的伟大成就之一，是第一个真正'符合'中国主权的协议。"中航公司的合同创立了一个先例。[①]1931年2月成立的欧亚航空公司，资本300万元，交通部占2/3，德国占1/3，公司的管理权仍归中国控制。两大航空公司的成立，推动了抗战前中国民用航空业的发展。抗战爆发以后，尤其是太平洋战争爆发以后，随着中国成为盟国重要成员，中国与西方大多数国家的关系得到进一步改善，中国与外国在交通领域的合作进一步密切。

（一）中美合作下的交通建设

抗战时期，随着中美两国关系的进一步密切，推动了中美两国在交通建设中合作，表现在美国在资金、技术、人员等方面积极援助国民政府的交通建设，推动了大后方交通的发展。这比较集中体现在中美两国合作开辟和运营"驼峰"航线方面。

"驼峰"航线是指在1942年春，为运送美国援华物资，由中国航空公司和美国空军第十航空队（后为美国空运印中联队）开辟的一条从印度阿萨姆邦的汀江到中国云南昆明和四川叙府以及泸县之间的航空线。"驼峰"航线飞越喜马拉雅山脉和横断山脉之间绵延起伏的高山深谷，酷似骆驼的肉峰，故名"驼峰"航线。第二次世界大战中后期，在中国对外水陆交通几乎全被日军封锁的情况下，"驼峰"航线成为中国与外界沟通的重要后勤补给线，是中国的"空中生命线"，对支持中国长期抗战起了极为重要的作用。日军尽管占领了中国的华北、华南、华东地区，但中国仍然有四条对外交通线与外界沟通，即香港与内地线、西北与苏联之间的西北路线、越南海防与中国昆明之间的印支通道和连接缅甸仰光、腊戍、中国昆明的滇缅路线。随着抗战的进行，特别是太平洋战争爆发后，日军迅速占领了香港、东南亚地区，中国与外界沟通的印支通道、滇缅路以及香港与内地路线相继被日军封锁，中国与外界的沟通几乎被隔绝，这给中国的抗战带来了巨大的困难。这时的美国正式对日宣战，中国成为美国的盟友，美国总统罗斯福发表了有名的

---

① 〔美〕威廉·M.利里：《龙之翼——中国航空公司和中国商业航空的发展》，徐克继译，科学技术文献出版社1990年版，第33页。

"炉边"谈话，明确表示支持中国的抗日战争。为帮助困境中的中国，如何运入援华物资成为中美两国关心的头等大事。正如宋子文所说，自缅甸失守后中国战争物资缺乏，"为了供应中国军队并维持人民士气使中国能继续战斗，有必要开辟一条到中国去的新的生命线"①。中国外交部长宋子文在1942年给美方的建议，认为从印度东北部的阿萨姆到中国的一条空中生命线，对于满足紧急需要的效果比经过波斯湾和苏联领土的一条备用陆上线路效果要大得多。② 为说服罗斯福，宋子文于1942年1月31日向美国总统罗斯福递交的备忘录中还保证说：100架DC—3'S运输机一个月可以运送12000吨物资到中国。③ 在提出要求9天后，罗斯福通知蒋介石"明确保证……经印度到中国的补给线能够由空运维持"。为了开辟这条飞越世界屋脊的航线，需要机场、飞机、地勤人员、燃料以及服务设施。在史迪威离开美国时罗斯福将这项任务交给了他，罗斯福深信开辟这条航线的必要性。"局势迫使我们意识到缅甸的极端重要性。我们必须立即让这条航线运行，还要修建一条边远公路"④。在中美两国的共同努力下，中美双方决定共同营运"驼峰"航线。1942年4月8日，由阿萨姆邦的汀江和密支那之间的航班通航，"驼峰"航线正式开辟。1942年6月美国第十航空队开始在"驼峰"航线上投入第一批运输机25架，以后不断增加，到1945年9月"驼峰"航线上的美方飞机已多达629架，美方是"驼峰"空运的主力，"驼峰"航线也成为第二次世界大战期间最重要的一条国际航线。

为支持"驼峰"空运，美国除了直接派遣美军空运大队参加空运外，还向参加"驼峰"空运的中国航空公司提供飞机，增加中国航空公司运力。其次向中国提供飞机。1942年7月1日，美国根据《租借法案》向中国航空公司提供了运输机，加强了"驼峰"空运的力量，所用飞机有C—53、C—47、C—47A、C—47B以及C—46运输机。中航得到美国飞机的补充后，1942年7月中航在"驼峰"航线上的飞机为

---

① 〔美〕威廉·M. 利里：《龙之翼——中国航空公司和中国商业航空的发展》，徐克继译，科学技术文献出版社1990年版，第143页。

② 参见〔美〕罗伯特·E. 舍伍德《罗斯福与霍普金斯——二次大战时期白宫实录》下册，福建师范大学外语系编译室译，商务印书馆1980年版，第93页。

③ Charles F. Romanus and Riley Sunderland, *Stilwell's Mission to China*, Washington : Office of Chief of Military Department of the Army , 1953, p. 77.

④ Barbara W. Tuchman, *Stilwell and the American Experience in China 1911 – 45*, New York : Macmillan Publishing Co. Inc. , 1970, p. 247.

10 架，1943 年增加到 20 架，1944 年增加到 30 架。① 在抗战期间，通过"驼峰"航线美国向中国援助的各种飞机 1942 年为 136 架，1943 年为 488 架，1944 年为 669 架。②

美国在技术方面也向中国派遣工程技术人员，参与大后方交通建设。为了增加"驼峰"航线的运量和保证"特种工程"完成，美方在机场建设方面给予了技术支持，协助修建、改造的机场主要有叙府机场、泸县机场、云南的保山机场以及成都地区的新津、邛崃、彭山等 33 个机场。

（二）中苏合作下的交通建设

抗战爆发后，为方便中国与苏联之间的商业贸易和物资人员来往，1939 年 9 月 9 日，国民政府交通部与苏联政府中央民用航空总管理局在重庆签订了合约，规定合资组建中苏航空公司，经营新疆哈密与苏联阿拉木图之间的定期航班。公司法定股本为 100 万美金，双方各占 50%。③ 1939 年 12 月在新疆迪化（今乌鲁木齐市）正式成立了中苏航空公司，经营新疆哈密经迪化、伊犁到达苏联阿拉木图的航线。中苏航空公司有道格拉斯 DC—3 型飞机两架，来往于中苏之间运送人员物资。中苏航空公司的成立，加强了中国西北地区与苏联之间的联系。

中苏航空公司一般称为哈阿航空公司。哈阿航空公司董事会每年在中国迪化和苏联阿拉木图轮流开会一次，审批公司经理部的工作计划、财务预算和业务报告等。董事会不设常设机构，休会期间如有重大问题，由董事长召集临时会议讨论决定。董事会下设经理部，经理部设总经理、襄理（副总经理）各一人，经理部设在迪化，内设人事科、总务科、财务科、总工程师和汽车库等机构。国民政府交通部委派新疆督办盛世才驻重庆代表张元夫为董事会董事长，交通部航政司帮办吴元超为董事，交通部专员刘唐领为董事兼经理部襄理。苏联民用航空总局委任阿尔塔马索夫为公司董事会副董事长，郭鲁诺夫为董事，尤尔科夫为董事兼经理部总经理（任职约一年后被调回莫斯科，遗缺由郭鲁诺夫继任）。其他人员还有：主管公司飞行事务的总工程师莫洛佐夫，总务科长那帕尔科夫，建筑工程师西拉耶夫，汽车库长郭鲁别夫。1939 年 12

① 参见范星旅《飞越驼峰》，《中国民用航空史料通讯》第 134 期，内部资料。
② 参见徐万民《战争生命线——国际交通与八年抗战》，广西师范大学出版社 1995 年版，第 336 页。
③ 参见伍仁硕《呈交通部为改进我国民航事业拟具计划》，载叶健青编《中华民国交通史料（三）：航空史料》，台湾"国史馆"1991 年版，第 358—369 页。

月 5 日，哈阿航线正式开航。运送与抗战有关的人员和物资。起初，公司有中方提供的三架 DC—3 飞机和一架里—2 式飞机，机组人员则由苏方提供，中苏哈阿航空公司飞机每月 6 日、13 日、20 日的 15 时 30 分（迪化时间，下同）到达哈密；每月 7 日、14 日、21 日、29 日的 9 时，由哈密起飞至阿拉木图。为宜于联运哈阿航线，交通部渝哈线航班，则每月 5 日、12 日、19 日、27 日自重庆起飞，次日到哈密以联运，回程时则于每月 7 日、17 日、21 日、29 日由哈密起飞，次日到重庆。此时刻表自 1939 年 12 月开始执行。航线为：阿拉木图—伊宁—精河（有时为加油上客货，若不需则不停）—迪化—奇台（有时为加油方降）—哈密，这是固定班次，遇有临时任务则随时加班。此航线曾被当时社会舆论称为"国际大动脉"。但从 1939 年 12 月到 1940 年底，哈密—阿拉木图间仅有不定期的联系。至于莫斯科和重庆之间，从未发生过直接联系。据资料统计，从 1939 年 6 月至 1943 年 4 月苏联申请到重庆的飞机有 79 架次，大多是哈阿航空公司的飞机。[①]

此外，中英两国之间也积极合作，开辟航线，发展大后方民用航空运输业。1939 年 1 月 24 日国民政府和英国政府签订了《关于民办中国西南与缅甸通航换文》，规定双方经营昆明至阿恰布或仰光的航线，根据"换文"中国航空公司开辟了重庆至缅甸仰光航线。[②] 随着太平洋战争的爆发，1942 年 3 月 8 日缅甸仰光陷落，滇缅国际交通线的出海口被封锁。为打破封锁，1942 年 3 月 27 日中国与英国政府在重庆签订了《关于重庆加尔各答航空运输换文》，规定中英两国共同经营重庆至加尔各答航线。[③] 国民政府还与英印政府合作开辟了中印国际驿运线。1942 年，越南、缅甸相继被日军占领，中国对外运输，几乎断绝。交通部驿运管理处于是设立中印驿运分处。1943 年初，新疆成立驿运分处，办理新疆境内及新苏、新印国际路线的车驮运输。新苏线自星星峡经哈密至霍尔果斯。新印线则以南疆叶城为起点，到印度的列城或吉尔吉特。为开辟该线，中国驻印大使的外交部驻印专员与印度政府商谈叶列线运输，达成七点协议：（1）英方主张以列城为交换点；（2）自印度存货地点到列城的运输，英方建议委托福公司代办；（3）运到列城的运费，印度政府建议英国政府由英借款支付，

---

①　参见张华军《民国时期的哈阿航空公司》，《西域研究》2007 年第 3 期。
②　参见王铁崖《中外旧约章汇编》（三），三联书店 1962 年版，第 1146—1147 页。
③　同上书，第 1242—1243 页。

列城至叶城的运费如须用印币，也可考虑；（4）内运物资先后顺序，全由中方决定；（5）中方为办理接运派员来列城，印度政府予以各种便利；（6）由印入新路线为自由贸易线，无需报关手续；（7）中方如接受列城为交换点，接运手续及组织机构，印度政府极盼早日答复。1944年夏开辟。① 经过双方的共同努力，终于开辟了新印驿运线，推动了西部对外贸易的发展。

第三节　大后方交通的发展

一　交通线的延长与交通设施的改善

（一）交通线的延长

1. 铁路线的延长

抗战爆发前，西部地区修建完成的铁路仅有陇海铁路宝鸡潼关段、个碧石铁路、北川轻便铁路，由法国修建的滇越铁路受法国控制，中国无权过问。抗战爆发后，大后方陆续修建了湘桂铁路、黔桂铁路、宝天铁路、陇海铁路咸同支线、叙昆铁路昆明至曲靖段、滇缅铁路昆明至安宁段、綦江铁路等，到1941年底，后方地区的铁路包括粤汉铁路株洲至曲江段、湘桂铁路衡阳至来宾段、零陵支线、陇海铁路洛阳至宝鸡段、英豪煤矿线、宝鸡至双十铺支线、咸同支线、洛阳至金谷园线、宝天铁路咸阳至耀县段、湘黔铁路株洲至湘潭段、黔桂铁路株洲至甲必屯段、叙昆铁路昆明至曲靖段、滇缅铁路昆明至安宁段、个碧铁路、滇越铁路（昆明至石屏），总共长度为1744公里。② 如前所述，到1945年3月止，大后方修建铁路总长度1868公里。大后方铁路较战前得以延长，尤其是西南地区，陆续修建完成了湘桂铁路、黔桂铁路、叙昆铁路昆明至曲靖段、滇缅铁路昆明至安宁段、綦江铁路，初步改变了西南地区铁路交通落后的局面。

2. 公路线的延长

抗战期间，大后方陆续修建或改善的国际公路路线主要有：（1）整

---

① 参见陆士井主编《中国公路运输史》第1册，人民交通出版社1990年版，第287页。

② 参见章伯峰、庄建平主编《抗日战争》第5卷《国民政府与大后方经济》，四川大学出版社1997年版，第555页。

修自兰州至猩猩峡之甘新路，计长 1179 公里。（2）修通自长沙经衡阳至九龙之湘粤港路，计长 1100 公里。（3）整修自衡阳经南宁至镇南关之湘桂公路计长 1107 公里。同时赶筑滇缅公路，自昆明以达畹町，计长 959 公里，1942 年 5 月，为阻止日军侵入云南，中国军队自动破坏了惠通桥至保山段。1943 年 7 月，为配合滇西反攻，由交通部组织抢修完工。1944 年 8 月，为配合雷多公路军事行动及滇西反攻，中国修建了保山至密支那的保密路，计长 389 公里，保密路即中印公路，也称史迪威公路。

修建的国内公路路线，主要有：（1）贺连路，起自广东连县，经连山至鹰扬关入桂省贺县，计长 153 公里，1939 年 9 月完成通车。（2）黔桂西路，起自默滇路沙子岭，经兴仁、安龙、八渡而至百色，长 413 公里，为黔桂两省西部交通孔道，1940 年 3 月完成通车。（3）川滇东路，起自四川之隆昌，经泸县、叙永、毕节、宣威而达昆明，全长 969 公里，为西南西北联络要线，亦为昆渝间之捷径，于 1940 年 2 月全部完成。（4）桂穗路，起自桂林，经龙胜、靖远，以达三穗，与湘黔公路衔接，全长 480 里，于 1941 年全路打通。（5）兰州至成都，自西兰路之华家岭起经天水至双石铺，与川陕路衔接。新筑部分计长 231 公里，于 1939 年 2 月完成通车。（6）汉白路之安康至白河段，长 258 公里，为联络西北与武汉之要线，于 1938 年 11 月完成通车。（7）甘川路，由兰州经顺县、武都而达绵阳，与川陕路南段相衔接，为四川通西北之安全路线，全长 891 公里，于 1939 年底完成兰州至通北口一段，长 360 公里，土路通车。（8）汉渝路，自重庆之小龙坎经大竹、达县、万源以达西乡，与汉白路相接，共长 592 公里，为重庆至汉中之捷径，于 1941 年底完成自重庆至万源一段，计长 417 公里。（9）乐昌路，起自四川之乐山，迄西康之西昌，全长 517 公里，为川康之主要干线，于 1941 年 1 月全线打通。（10）西祥路，起自西昌，经会理、永仁以达祥云，全长 562 公里，为乐西、滇缅两路之联络线，于 1941 年 6 月打通。（11）川中路，起自内江，经自流井、荣县以达乐山，计长 201 公里，于 1940 年底全部完成。（12）川康路，起自成都，经雅安而达康定，全长 374 公里，于 1940 年 11 月全线打通。（13）南疆路，自甘肃之安西，经敦煌入新疆至库尔勒，全长 1334 公里，为接通新印之要线，至 1943 年完成库尔勒至捞羌一程，计长 479 公里。（14）青藏路，起自西宁，经黄河沿、歇武至玉树，全长 827 公里，为由青入藏之干线，于 1944 年 9 月完成。（15）康青路，起自康定，经甘孜以达歇武，与青藏路衔接，全长792公里，于1944年10月全线通车。① 关于战时大后方新修和改善公路情况见表9。

表9　　　　　　　　历年公路新筑改善里程一览表　　　　　（单位：公里）

年份	1938	1939	1940	1941	1942	1943	1944	合计
新筑里程	973	2583	949	2616	755	1571	2228	11675
改善里程	5584	9802	9313	11887	15347	16666.5	20306	88905.5

资料来源：《交通部编六全大会交通工作报告》（1945年5月），载中国第二历史档案馆编《中华民国史档案资料汇编》第5辑第2编财政经济（10），江苏古籍出版社1997年版，第118页。

从表9可以看出，大后方公路新修公路里程在逐年增加，其中1941年新修公路最长，达到2616公里，最少的1942年也新修了755公里。至于改善的公路里程，数量更大，1944年达到了20306公里。总之，抗战期间的1938年至1944年，大后方共新修公路11675公里，改善公路88905.5公里，大后方公路线大大延长，公路交通网较战前进一步密集。

3. 内河航运线的延长

抗战期间，交通部积极发展开辟大后方内河航线，先后开辟了嘉陵江、金沙江等航线。嘉陵江往北至广元，为川陕水运要道，东南沿长江至涪陵入黔江，经彭水、龚滩至龙潭，入酉水，再经沅江、湘江以达衡阳，为川湘水陆要道。1942年开辟嘉陵江航线，小轮可由重庆直驶南充，浅水轮亦可达广元。自广元上溯白水江镇一段，计290公里，1943年8月试航，为四川进入甘肃的捷径。金沙江为穿越川滇两省重要水道，经水利委员会逐段查勘，并由交通部试航金沙江成功，开通了宜宾至屏山航线。川湘黔各省上游水道，大都流急滩多，航行困难。为保障航线畅通，交通部积极筹设绞滩站，在青滩、泄滩两处设站，机械绞滩，使得大型江轮载运物资得以安全入川。②

4. 航空线的延长

抗战期间，尤其是抗战后期为打破日军封锁，国民政府积极开辟大

---

① 《交通部编六全大会交通工作报告》，载中国第二历史档案馆编《中华民国史档案资料汇编》第5辑第2编财政经济（10），江苏古籍出版社1997年版，第109—114页。

② 同上书，第115页。

后方航空线。经过与英法洽商，开办了重庆至河内、重庆至仰光、昆明至香港等国际航线，并与原有之重庆、香港、昆明、河内线配合运输。太平洋战争爆发后，新辟了加尔各答至重庆、汀江至昆明的中印航线。1943 年开辟了汀江至宜宾、汀江至泸州的中印航线。至西北国际航线，1941 年开辟了哈密至阿拉木图航线，该线与重庆哈密及阿拉木图莫斯科线衔接，总长 7000 余公里，由重庆至莫斯科四日可以到达。[①]

（二）交通设施的改善

1. 内河港口设施的改善

为增加大后方内河沿岸港口的客货吞吐量，交通部与地方政府共同对港口进行了改建和扩建，以适应战时运输的需要。因此，抗战期间大后方的内河沿岸港口建设获得了较快发展，尤其是川江沿岸的重庆、涪陵、宜宾、万县、泸州、合川等港口发展迅速。

重庆在战前就是大后方的最大港口，是中国西南地区重要的水上门户，也是西南地区最大的物资集散地。抗战爆发后由于国民政府迁都重庆，军工运输日益频繁，港口码头业务繁忙，原来码头设施已不能满足需要。为适应内河航运发展的需要，国民政府扩建了重庆港。首先是扩大了轮船停泊的码头，将港内锚泊地由过去的几处扩展为 19 处。在长江，下游起自窍角沱，上游终于黄桷渡，长 3 公里；在嘉陵江，则由朝天门至上游大溪沟，长 1 公里。上述界内为各航线轮船停泊处所，并根据水势好坏、停泊岸线长短、容船量大小、离城区远近，划分了客货运输码头。如嘉陵江口、磨儿石、龙门浩、玄坛庙、施家河、贺家码头等处，水势平缓，面积广阔，停泊线长，容泊量大，则为重庆至宜昌航线客货运输码头。东水门、望龙门、元通寺一带码头附近城区，上下船方便，水势较好，则划作重庆至泸州、宜宾航线客货码头。朝天门沙咀枯洪水都能停船，每遇嘉陵江水枯，航漕淤浅，不能停泊时，则为长航轮船上下客货的重点码头。其次，增设了囤船，到 1943 年设置的客货囤船达到 44 只，最多的为民生公司，有 13 只，重庆轮渡公司有 11 只，其他招商局、强华、合众、三北等公司各有 1—2 只。为改善囤船条件，保障旅客安全，所有囤船的通路都加设了浮船，加宽了跳板，便利行人。有的囤船为旅客安置了座椅，装配了灯光照明及救生设备，面貌大为改观。同时，修建了石阶梯道和装卸物资平台。由于重庆是山城，搬

---

① 《交通部编六全大会交通工作报告》，载中国第二历史档案馆编《中华民国史档案资料汇编》第 5 辑第 2 编财政经济（10），江苏古籍出版社 1997 年版，第 116 页。

运货物更为困难，为便利行人和物资运转，重庆通轮后，各码头陆续修建了一些石阶和装卸货物平台，修建的重点码头有朝天门、千斯门、太平门、金紫门、储奇门、望龙门、东水门、临江门，以及嘉陵、江北、贺家等码头。如嘉陵码头修建的石梯道高差为 10 多丈，石梯 222 级。朝天门修建的平台为 4 层。太平门修建的码头坡道，从水线至城门高差 20 余丈，平台 3 层，长 40 丈，宽 5 丈。这些设施大大便利了客货运输。最后还设置了仓库，便利了客货运输。①

地处长江和乌江交汇处的涪陵港也得到了修建。涪陵是川东南酉阳、秀山、黔江、彭水等县，贵州的思南、松桃、沿河以及湖南、湖北部分县物资的集散地，为川、鄂、湘、黔四省边区各县运输的枢纽。1938 年民生公司也在官码头、龙王沱设立了轮船专用码头，并扩建了江边通道，在斜坡上修筑石梯坎。② 1942 年又在龙王沱码头至市中区修建了一条 4 米宽的石梯，方便了行人和上下货物。

宜宾港位于金沙江和岷江交汇处，是长江第一港。从宜宾出发经过铁匠滩、巨梁子、盐坪坝向东可以到达泸州、重庆、武汉、南京和上海。抗战爆发后，由于大量人口和工厂内迁至宜宾，宜宾港原有设施已不能满足客货运输的需要，于 1942 年由川滇商家认捐修建了金关（现铜关）简易码头。此外，先后修建了 7 个渡口码头、6 个长航木船码头。③ 在抗战时期，金关码头主要停靠金沙江沿岸绥江、雷波、屏山及横江运载山货、中药材船只。此外，宜宾港的柑子湾成都帮码头、土桥子叙泸帮码头、会仁桥盐帮码头、二坎子嘉阳帮码头、北关码头、春畅坝码头、东门码头、合江门码头等进行了一定的整修，适应了抗战运输的需要。④

万县地处四川东部长江北岸，紧邻长江三峡，是川东进出的咽喉，为"川东门户"。抗战期间，由于大量人口内迁，客货运输量增大，1937 年至 1944 年，据民生轮船公司统计，仅民生公司直接由万县港运输西迁人员 3.6 万人次，军队 10.34 万人次，货运物资 1.4 万吨。尤其是 1940 年宜昌沦陷后，宜昌以西一带的人民所需的粮食、糖、盐、油、纸等日用品均由万县港转运至三斗坪，仅运盐木船就有 150 艘。民生轮

① 参见王绍荃主编《四川内河航运史》，四川人民出版社 1989 年版，第 248—249 页。
② 参见四川省地方志编纂委员会编《四川省志·交通志》上册，四川科学技术出版社 1995 年版，第 116 页。
③ 参见宜宾市地方志办公室编《宜宾市志》，新华出版社 1992 年版，第 407 页。
④ 参见四川省宜宾县志编纂委员会编《宜宾县志》，巴蜀书社 1991 年版，第 219 页。

船公司为解决西迁转口运输需要，在万县港建起卸货能力为 5 吨的大吊杆，增设"生路"号轮作拖轮一艘，交通部门利用港区的自然坡度，使得船舶停靠点由原来的 8 个增加到 48 个，万县港也成为川江仅次于重庆的第二大港。①

泸州港位于沱江与长江交汇处，是川南物资集散和中转的重要港口，下距重庆 249 公里，上距宜宾 123 公里，长江港区线从泥大坝至邻玉场，沱江由管驿嘴至大驿坝，全长约 24 公里，港区岸线直、水流缓、水域宽，因此水运发达。抗战期间交通部加快了泸州港建设，有码头 30 多个。

合川港在嘉陵江下游，嘉陵江与涪江、渠江的交汇处，是四川省水运的重要港口，素有"小重庆"之称。抗战前的 1912 年合川城乡共有码头 35 个，其中城关有码头 10 个。抗战期间货物吞吐量猛增，1940 年国民政府粮食部设立了四川粮食储运局合川聚点仓库，接转嘉陵江、涪江、渠江三江上游 20 多个县征购的粮食。为适应战时运输需要，航政部门在合川的草街港、盐井港、合阳港、云门港整修了石梯，供旅客上下船。1945 年航政部门修建了南津街官渡码头，民生轮船公司修建了小南门码头。在抗战时期合川港主要码头有羊鼓石、堤湾、馆驿门、观音坝、学昌门、大南门、小南门、鸭嘴、南津街官渡码头、晒网沱、甘家坝等，常泊船数百至千余艘，日吞吐量千余吨。②

由于上述港口在抗战期间进行了改建和扩建，这些港口的货物吞吐量都有不同程度的增加。重庆港仅 1943 年的轮木船货物吞吐量就达 225.86 万吨，进出港旅客达 378.13 万人次，比 1942 年增加 1.3 倍。1944 年进出重庆港的旅客达 396.17 万人次，又比 1943 年增加 18 万多人次。万县港作为四川第二大港，客货吞吐量也大增，仅民生公司一家从 1937 年至 1944 年就直接由万县港运输进出西迁人员 33.6 万人，物资 1.4 万吨，军工器材 10.4 万吨。③ 大后方内河港口设施条件的改善，增加了港口客货吞吐量，推动了西部内河航运的发展。

2. 内河航道的改善

抗战期间，国民政府对大后方地区的内河航道进行了大规模的整

①　参见重庆市万州区龙宝移民开发区地方志编纂委员会编《万县市志》，重庆出版社 2001 年版，第 398—399 页。

②　参见四川省合川县地方志编纂委员会编《合川县志》，四川人民出版社 1995 年版，第 508 页。

③　参见四川省地方志编纂委员会编《四川省志·交通志》上册，四川科学技术出版社 1995 年版，第 111—114 页。

治，以适应大量运输军需民用物资的需要。这些整治的内河航道包括国际运输航道和重要的军事运输及物资运输航道。前者包括珠江流域的桂江、黎江、左江、右江、都郁江以及长江上游的金沙江等。后者包括长江流域的川江、岷江、马边河、赤水河、嘉陵江、綦江、乌江、沅江、酉水、青水江、清江以及黄河流域的洮河、湟水等。1938年至1945年整治的水道共长6317.3公里。①

经过整治，大后方内河航运条件得以改善。川江航道的整治包括对金沙江、嘉陵江和乌江的整治。金沙江于1942年疏浚工程大部完成，经过大规模整治后，金沙江航运条件得到初步改善，但由于该江滩多水险，屏山以上航段仅能分段通行木船，只有下游河道整治后舟楫往来其间。这促进了川滇粮食水运。②嘉陵江四川段整治后，嘉陵江成为水陆联运之重要通道。投入运输木船1000余只，将四川与陕西之间的粮食运输联系起来。乌江是战时川湘、川黔水陆联运的重要路线，是抗战后期整治的重点江段。乌江水道工程局自1939年1月兴工至1945年12月结束历时7年，共完成纤道94处，长38公里，完成石方50200余方，轰炸险滩73处，建筑龚滩及潮砥驳道2处，完成绞关19座，以上共使用劳力732000余工。③在洮河航道的整治方面，整治后的洮河，木筏和皮筏可以在临洮至兰州之间畅通无阻。④

3. 公路路况的改善

战时大后方公路建设过程中，由于经费不足、时间紧迫，加上公路途经的地区气候多变，公路的使用磨损严重，许多公路虽已通车，但路况普遍较差，难以适应公路运输迅速发展的需要。以川陕公路为例，据交通部公路总管理处专家周凤九所言：

> 武侯坡、剑门关、龙洞背、牟家山各处路线为陡峻……惜当时选线未能充分考虑，致不合理处颇多，而以牟家山一段为甚。是处路线本可沿河而行，现则系越山岭，路线曲折，坡度甚陡，弯处亦

---

① 参见秦孝仪主编《中华民国重要史料初编——对日抗战时期》第4编战时建设（3），台湾"中央文物供应社"1988年版，第831页。

② 参见王绍荃主编《四川内河航运史》，四川人民出版社1989年版，第272—274页。

③ 参见中国人民政治协商会议西南地区文史资料协作会议编《抗战时期的西南交通》，云南人民出版社1992年版，第154页。

④ 参见杨若愚主编《甘肃省志·航运志》，甘肃人民出版社1992年版，第28—29页。

多，行路不便；次如龙洞背、剑门关、武侯坡等处亦有路线可绕。不过当时定线，似未详加选择而已。①

川陕公路按《修筑四川公路工程标准》中省道标准进行设计，路基7.5—9 米，曲线最小半径 30—50 米，最大纵坡 4%—6%。但在施工中因急于求成，标准大大降低。公路路况差，严重影响了公路行车。于1936 年 10 月完成的川鄂公路路况也很差，仅能勉强通车。四川公路局派工程师张嘉瑞进行试车，他在报告中说：

> 在试车途中考察各段工程，殊觉非加整理，实不足以行车。由渠县至分水岭路线中间，工程草率而不能平稳通车之处，比比皆是。如渠大段之黄泥扁、大垭口、石河沟等处，曲线半径小者不到 10米……半填半挖之处，狭至不能对过车辆。路面多犯埋窖碎石之弊。②

抗战时期诸如川陕、川鄂和西兰这样路况差的公路比比皆是，这严重影响了战时公路运输，因此，抗战爆发后交通部在西部新建公路的同时，还注意对原有线路进行改建、扩建。其中交通部重点整修西北地区的省际公路，包括川陕、西兰、甘新和迪霍等公路，以保证苏联军援物资运输的畅通无阻。西兰公路作为重要公路干线，1941 年至 1942 年，先后拨发改善工程款 2000 万元，共改建永久式及半永久式桥 5 座，共长 106.5 米，加固临时式桥 1 座，长 18.75 米，涵洞 14 道，加铺碎石路面约 25 公里，砂土路面 3 公里，修理渡船 18 只，建筑疏散办公室 1处。1943 年和 1944 年，交通部先后拨西兰公路改善工程款 530 万元和400 万元。③ 甘新公路在战时也得以改善。为整修改善川陕公路，1939年 1 月西北公路局成立了整理川陕公路临时工程处，负责川陕公路的改建工程。至该年 9 月底完成凤宝段路面约 30 公里，加固了千阳河桥，还在原渭河桥下游 600 米处另建一座木架桥，专供军运。至年底在褒七段完成五丁关北坡改线约 3 公里，加铺了路面，还改善许多急弯路段，加固木桥。交通部通过整修西兰、川陕、甘新、迪霍等公路，使得西北

① 王立显主编：《四川公路交通史》上册，四川人民出版社 1989 年版，第 101 页。
② 同上书，第 111 页。
③ 参见甘肃省公路交通史交通委员会编《甘肃公路交通史》第 1 册，人民交通出版社1987 年版，第 231 页。

公路路况大大改观。

在西南地区，西南公路运输管理局成立以后，开始对西南公路的一些危险路段进行改造。在四川，1937年8月，重庆行营拨款40万元，由四川公路局负责整修川陕、川黔、川湘公路。1941年以后，由川康公路改善工程处进行整修，同年7月又将成都雅安段一并进行，到1942年2月，通车至康定。① 从1941年10月到1942年10月，交通部改善的大后方公路长度总计为10744公里②，占当时国统区改善公路总长度11718公里的92%。到1944年交通部在西部地区改善了39条公路，总长度为17354公里，占当年公路改善总长度的86%。③ 通过拓宽公路路基、改缓坡度、平整路面、加固桥梁等措施改善了西部上万公里的公路，提高了公路的使用效率，顺应了运输发展的需要，推动了西部公路建设事业的发展。

4. 西部机场设施的改善

在抗战期间大后方航空运输业的发展除了大力开辟航线外，还进行了大规模的机场建设，包括扩大机场面积和延长机场跑道，使大后方机场能够供大型飞机起降，大后方航空运输的基础设施得以改善。

在云南省，为适应抗战军事需要，1937年8月国民政府指示，云南省政府对昆明巫家坝机场进行扩建。同时航空委员会也在云南省昭通、会泽、霑益、泸西、广南、蒙自、楚雄、祥云、保山、腾冲、潞西、呈贡、陆良、羊街、罗平、雷鸟、勐撒、大屯、建水、孟定、佛海、巍山、雷允、橄榄坝、龙陵、镇康、江水池、宾川、弥渡、芒市、开远、下关、干海子、景洪、石林等县将原来的机场进行整修扩建，累计在抗战期间云南省修建机场52处，满足了飞机起飞降落的需要。④ 其中大型机场主要有：（1）昆明巫家坝机场，1937年10月6日开始扩建，每天雇用民夫千余人修建，扩建工程该年底竣工，机场总面积达1950亩。1945年再次扩建，面积达到4875亩。（2）保山机场，1938年扩建，征工2万人，将跑道延长到1200米，宽80米。1941年8月再次扩建。1944年为配合中国远征军反攻缅北，又征近10万民工组织紧急抢修保山机场。（3）思茅机场，1943年9月扩建，征调民工3000人

---

① 参见王立显主编《四川公路史》上册，四川人民出版社1989年版，第158—160页。

② 参见行政院编纂《国民政府年鉴》上册，1943年，第187—188页。

③ 同上书，第5—6页。

④ 参见云南省地方志编纂委员会编《云南省志·交通志》，云南人民出版社2001年版，第669页。

加 2 个工兵营，1944 年竣工。①

贵州的航空运输业也获得了较大的发展，最明显的标志就是机场建设取得较大的发展。据统计，在抗战时期，贵州先后动工兴建的机场达 12 处。它们分别是：（1）易厂坝机场，1936 年动工，次年完成。（2）都匀机场，1933 年动工，1937 年完成。（3）贵阳机场，1936 年动工，1938 年完成。次年 1 月再次扩建，征工 1167 人，费 60 万个工作日。（4）独山机场，1933 年动工，1939 年完成。1945 年 1 至 2 月再修建，征工 2 万人，费 60 万个工作日。（5）铜仁机场，1934 年开工，1939 年完成。（6）思南机场，1938 年开工，次年完成。1941 年 2 月至 1942 年 6 月再维修，征工 52700 人，费 316.2 万个工作日。（7）安顺机场，1934 年动工，1941 年完成。1945 年 1 至 2 月份，再整修，征工 1 万人，费 20 万个工作日。（8）清镇机场，1941 年开工，当年竣工。1945 年 1 至 2 月份，再整修，征工 2 万人，费 40 万个工作日。（9）遵义机场，1935 年动工，1942 年 12 月完成，先后征工 8.7 万人，费 348 万个工作日。它是抗战期间贵州修筑时间最长的机场，也是贵州近代征工最多、费工最大的机场。（10）黄平机场，1941 年 1 月动工，1945 年 3 月修成，征工 4 万人，费 120 万个工作日。（11）三穗机场，1945 年 5 月开工，6 月完成，征工 2500 人，费 7 万个工作日。（12）天柱机场，1945 年 5 月开工，6 月完成，征工 2000 人，费 6 万个工作日，它是当时费工最少的机场。②

作为大后方中心省份的四川，为适应日益增大的客货运输量和长期抗战的需要，国民政府航空委员会决定在四川修建 12 个机场，并专门成立了四川建筑机场委员会以统一领导和指挥全省的机场修建工作。到抗战结束前，四川的机场建设取得了很大成绩，其中主要的大型机场有：（1）凤凰山机场，1937 年 9 月开始扩建，1938 年 1 月完工，跑道长 700 米、宽 50 米，1944 年再次扩建。（2）广阳坝机场，1938 年 1 月开始扩建，1940 年 9 月再次扩建，跑道长 1000 米。（3）遂宁机场，1938 年 1 月开始扩建，1939 年 4 月完工。（4）梁平机场，1938 年 9 月扩建。（5）太平寺机场，1938 年 12 月新建。（6）白市驿机场，1938 年 11 月开始修建，1936 年 6 月完工，跑道长 1200 米、宽 500 米，1943

---

① 参见云南省地方志编纂委员会编《云南省志·交通志》，云南人民出版社 2001 年版，第 670—678 页。

② 参见林辛《贵州近代交通史略》，贵州人民出版社 1985 年版，第 169—170 页。

年将主跑道延长到 1500 米。（7）双桂寺机场，1938 年 12 月开始修建，1939 年 4 月完工。（8）小庙机场，1938 年扩建，跑道长 750 米、宽 50 米。1939 年 2 月再次扩建，跑道延长到 1500 米。（9）黄田坝机场，1939 年 2 月开始修建，1939 年 6 月完工。（10）九龙坡机场，1939 年 3 月修建，跑道长 1125 米、宽 45 米。（11）邛崃桑园机场，1939 年 10 月开始修建，1940 年完工，1944 年扩建。（12）大中坝机场，1939 年 12 月开始修建，1941 年 6 月完工，跑道长 1300 米、宽 40 米。（13）秀山机场，1940 年 2 月开始修建，1942 年 1 月完工。（14）王场机场，1940 年 5 月开始修建，1942 年 1 月完工。（15）新津机场，1940 年 11 月扩建。（16）河市坝机场，1941 年开始修建，1941 年 11 月完工，跑道长 1100 米、宽 40 米。（17）都尉坝机场，1941 年 4 月开始修建，1941 年 10 月完工。（18）荣坝机场，1943 年 6 月扩建。[①]

1939 年 12 月在新疆迪化（今乌鲁木齐市）正式成立了中苏航空公司，经营新疆哈密经迪化、伊犁到达苏联阿拉木图的航线，新疆政府扩建了迪化机场、伊犁机场、哈密机场。迪化机场成了中苏航空公司的基地，又称中苏机场。为保证飞行安全和生活需要，在迪化机场修建了飞行站、旅客候机室、汽车库、仓库、油库、招待所等。[②] 伊犁机场由于是中苏国际航线的经停机场，所以在 1939 年 11 月进行了扩展和整修，跑道延至长 1200 米、宽 50 米，修建了水泥混凝土客机场坪 1 个，与跑道相连宽 65 米的滑行跑道 2 条，并修建了候机室、调度室等。同年 12 月完工，供里—2 型飞机起降。[③] 哈密机场在 1939 年扩建，修建了两层楼的候机室、职工宿舍、车库、食堂等，供里—2 型飞机起降。[④]

二　大后方运输业的发展

（一）运输发展的动态过程

战时大后方交通运输发展经过三个阶段，这可从客货运量的变化看出。就货运量而言，抗战时期大后方货运量总体呈增长趋势。由于目前没有查阅到大后方各省在抗战时期货运量的完整统计数据，只能以抗战

---

① 参见四川省地方志编纂委员会编《四川省志·交通志》下册，四川社会科学技术出版社 1997 年版，第 238—253 页。

② 参见新疆维吾尔自治区地方志编纂委员会编《新疆通志·民用航空志》，新疆人民出版社 2001 年版，第 48 页。

③ 同上书，第 66 页。

④ 同上书，第 71 页。

时期整个国统区国营交通部门货运量进行说明。关于战时国营交通部门的货运量的变化情况如图2所示。

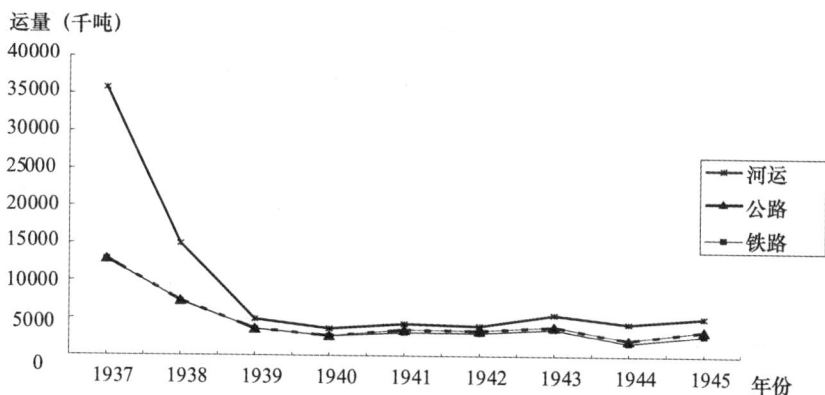

图2 抗战时期国营交通部门货运量曲线图

资料来源：据表36《国营铁路运输》、表39《国营公路运输》、表41《内河运输》和表42《民营航空》相关货运量数据整理而成，载国民政府主计处统计局编《中华民国统计提要》，1947年印，第77—84页。

说明：由于资料有限，未能将战时驿运量列入，内河航运量包括沿海航线运输量在内。

从图2可以看出战时国营交通部货运运量情况，除了1937年和1945年的货运量部分包括中国其他省份的货运量外，其他年份的货运量演变情况大体反映了大后方交通货物运输量情况。战时大后方交通运输大致可以分为三个阶段：

第一阶段，运输的回落阶段。从图2可以看出，在1939年和1940年两年间，大后方的主要交通运输部门包括铁路、公路和内河航运货运量都有所回落，其中铁路从1939年的355.9万吨跌到1940年的263.7万吨，公路从4万吨跌至3.7万吨，内河航运从127.1万吨跌至95.3万吨，跌幅分别为25.9%、7.5%和25%。造成这阶段大后方主要交通部门运量下降的原因是，进入1939年10月以后，中国抗战进入了相持阶段，尤其是随着经济发达的沿海地区相继陷落以及中国出海口的封锁，大后方对外交通日渐困难。

第二阶段，运输的缓慢发展阶段。从图2可以看出，进入1941年以后，国统区的主要交通运输部门运量有所发展，一直持续到1943年左右，其中铁路运量由1941年的313.8万吨增加至1943年的360万

吨，内河航运运量由 79.8 万吨增加至 155.7 万吨，航空运输从 0.4345
万吨增加至 1.9752 万吨，增幅分别为 14.7%、95.1%、354.6%。造
成大后方主要交通运输部门运量上升的主要原因是，随着 1941 年 12 月
太平洋战争的爆发，盟国尤其是美国开始积极援助中国抗战，大后方日
渐艰难的交通形势有所好转，尤其美国与中国一同开辟了"驼峰"航
线，因此，这期间以航空运量增加最为迅速和明显。此外，由于汽油和
交通运输器材源源不断通过"驼峰"航线运入中国大后方，部分解决
了大后方发展交通运输的燃眉之急，也有利于大后方公路和内河航运业
的发展。

　　第三阶段，运输的继续发展阶段。从图 2 可以看出，1944 年以后
国统区主要交通运输部门除了铁路外，运量都在继续发展，其中增长最
迅速的是航空运输，运量由 1943 年的 1.9752 万吨增到 1944 年的
2.7653 万吨，增加幅度为 40%，公路和内河航运运量也有所恢复。造
成这种现象的原因主要是，随着战争的进行，局势日益明朗，美国援华
日渐深入，沦陷地区部分收复。

　　（二）交通运输业的发展

　　1. 内河运输业的发展

　　抗战时期，由于内河航运具有运量大的显著优势，因此大后方内河
航运业发展十分迅速，表现在轮船数量的增加、轮船运量的迅速增长
上。关于战时大后方内河航运业的发展情况，可以从战时国统区内河船
只数量的变化情况窥见一斑，具体情况见图 3。

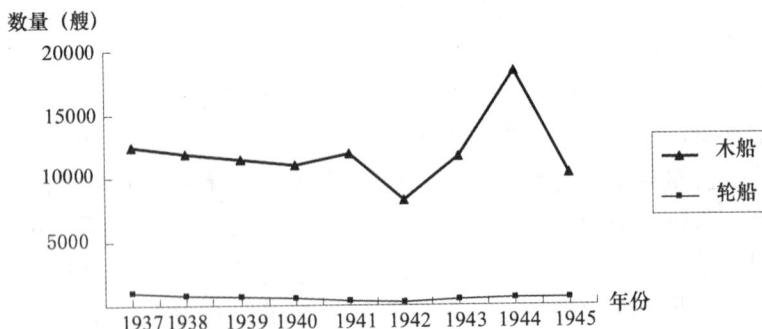

图 3　抗战时期国统区内河船只数量曲线图

资料来源：表 40《内河航线里程与船只》，载国民政府主计处统计局编《中华民
国统计提要》，1947 年印，第 82 页。

图 3 反映了战时整个国统区内河航运船只数量的变化情况，除 1937 年和 1945 年外，其他年份国统区范围与大后方区域相差不大，因此，1938 年至 1944 年间所示数量大体反映了大后方内河航运发展情况。可以看出，国统区内河船只数量显然以木船运输居绝对优势，轮船数量较少，其中木船数量从 1939 年的 10786 艘增加至 1944 年的 17817 艘，增加幅度为 65.19%。轮船数量则略有起伏，不过 1944 年与 1942 年相比还是得到恢复发展，从 224 艘恢复到 570 艘。战时大后方木船运输业迅速发展既与大后方河流的自然特征有关，也与政府的积极推广有关，关于这一问题在前文已有论述。至于轮船发展问题，由于战时大后方轮船器材来源日益稀少，轮船燃料也不足，大后方轮船运输业的发展呈现起伏不定，而不是持续发展。

战时大后方的四川由于经济发达、河流众多，因此成为大后方内河航运业最发达的省份。具体地说，战时四川工业的发展、城镇人口的猛增和市场的繁荣，为四川内河航运的发展提供了广阔的市场。从自然条件来看，四川降水丰沛、河流众多，为内河航运业的发展提供了良好的自然环境。在抗战期间，不仅四川的大型轮船公司如民生公司、合众公司、重庆轮渡公司等获得了发展，而且战时重庆、宜宾等港还新成立几个小轮船公司，加上一部分势力雄厚的沿海轮船运输企业内迁四川，四川内河航运业得到一定程度发展。

民生公司因实力雄厚，在战前已掌握川江运力的一半以上，可与英美等国轮船公司匹敌。抗日军兴后，发展更快。到 1945 年抗战胜利时，除被敌机炸毁和触礁沉没等损失无法修复之外，尚有大小轮船 84 艘，2.6 万余吨，比抗日战争前夕增长了 39%，而且船舶质量大大提高。[①] 民生公司在战时的 1939 年，拥有轮船 137 艘，36000 余吨位[②]，股本从战前 350 万元增加到 1939 年的 700 万元，1942 年再增加到 8000 万元。1945 年职工人数亦增加到 7000 余人。民生公司不仅独占了川江航运，成为战时中国最大的航运企业，而且控制了许多其他重要企业，形成西南最大的民族资本集团。

合众轮船股份有限公司由宜宾、泸州商帮及重庆宝元通等大商会创办，成立于 1936 年 10 月 10 日，经理曹九龄。公司拥有"长虹"轮一艘，总吨位 270 吨，投入重庆至宜宾航线营运。公司为了争业务，千方

---

① 参见王绍荃主编《四川内河航运史》，四川人民出版社 1989 年版，第 234 页。
② 参见凌耀伦《卢作孚与民生公司》，四川大学出版社 1987 年版，第 84 页。

百计改善经营管理作风，主动代货主代办手续，代为报关，代为提货，代为仓储，保证货物及时装卸运出，争得不少货源。在客运方面，关心旅客食宿，规定膳食不得赚钱，坚持四菜一汤、两荤两素，可口卫生。客人不分房舱统舱均有固定铺位睡觉。严禁服务人员索取小费。当时川江一般乘客认为合众公司"长虹"轮的客膳较民生公司为优。因此，长虹轮的收入超过民生公司的轮船。1937 年赢利法币 1.46 万元。1938年，公司在宜昌购买向四川撤退的"家和"、"元利"2 艘小火轮，改名"长源"、"长远"，航行重庆至鱼洞溪线，公司当年收入法币 18 万元，盈余法币 3.88 万元。1939 年又收购"益源"轮，更名"长丰"作接、带货物之用。另购"沪张"轮，更名"长宁"，航行宜宾至南溪线，是年盈余法币 5 万元。1940 年又购进"天福"轮，更名"长之"，航行宜宾至泸州线。以后继续扩充业务，先后购进"福远"、"宁芜"、"国昌"3 艘轮船，更名"长乐"、"长春"、"长寿"，行驶重庆至鱼洞溪及重庆至长寿航线。由于经营有方，信誉不断提高。湖北省建设厅撤入四川的"建兴"、"建复"、"建设"、"建华"4 艘轮船交该公司代管。公司在重庆、宜宾等港修建码头，增设囤舱，并向宜民煤矿公司、重庆合泰机器厂、中国保险公司及国民工业公司等单位投资法币 65 万元，以解决船舶燃料及修理等问题。到 1944 年，公司股本由最初法币 10 万元增至法币 500 万元，1945 年猛增到法币 1000 万元。1944 年船舶发展到 13 艘（其中代管 4 艘），航线增为 10 条，即宜宾至泸县、南溪、乐山，重庆至三斗坪、万县、鱼洞溪、江津，泸州至兰田坝轮渡等航线。①

　　重庆三面临水，工厂、机关、学校林立于沿江两岸，有渡口 47 处之多，市内与江北、南岸之间的往来都得过渡。随着战时人口流动量猛增，几千年来所采用的古老渡运方式已不能适应需要。为了解决市区交通问题，于 1938 年成立了重庆轮渡公司，系官商合办，何北衡为董事长，陈锦帆为经理，胡子昂、唐建章等人为公司监察人。公司成立后，先后筹集资金 20 万元，购置小轮 4 艘，次第开办对江渡线 5 条，顺江渡线 4 条。对江渡线即储奇门到海棠溪，东水门、玄坛庙至太平门、龙门浩，朝天门至弹子石，朝天门至江北嘴，朝天门至玄坛庙。顺江渡线即朝天门至九龙坡，朝天门至唐家沱，朝天门至临江门，临江门至磁器口。各线除日班外视过渡人数添开夜班。随着旅客的增多，1939 年后

---

① 参见重庆地方志编纂委员会编《重庆市志》第 5 卷，成都科技大学出版社 1994 年版，第 33—34 页。

公司又陆续添置轮船 8 艘，增开朝天门至窍角沱、溉澜溪，朝天门沙咀至野猫溪，朝天门嘉陵码头至江北嘴，望龙门至龙门浩，南纪门至黄桷渡，储奇门至黄沙溪等航线，设置轮渡码头 11 处，给市区交通带来极大方便。根据重庆工务局资料，运量不断增加，1944 年轮渡公司完成客运13998017 人次，1945 年增为 18622565 人次，业务甚好，获利亦丰。①

广西由于降水丰沛，河流众多，内河航运业在抗战前期也获得了较快发展。1937 年 11 月，广西航务管理局在梧州召集全省航商代表，磋商组织航业联营社。航业联营社按运输工具的种类和性质划分为轮渡、电船、汽船、民船四个组，各级独立核算，自负盈亏。至于参加该社的各类船舶，据 1938 年 3 月 31 日统计：汽船 13 艘 857 马力；拖渡 15艘，1897 客位、1521 载重吨；电船 46 艘 5021 马力，3144 客位、2346载重吨。② 至于广大西北地区，内河航运在交通运输中并不占主导地位，内河航运业的发展相对较慢，兹不赘述。

2. 汽车运输业的发展

抗战时期，大后方经济的发展以及沿海地区汽车大量进入内地，刺激了大后方汽车运输业的发展。抗战时期大后方汽车运输业的发展情况见图4。

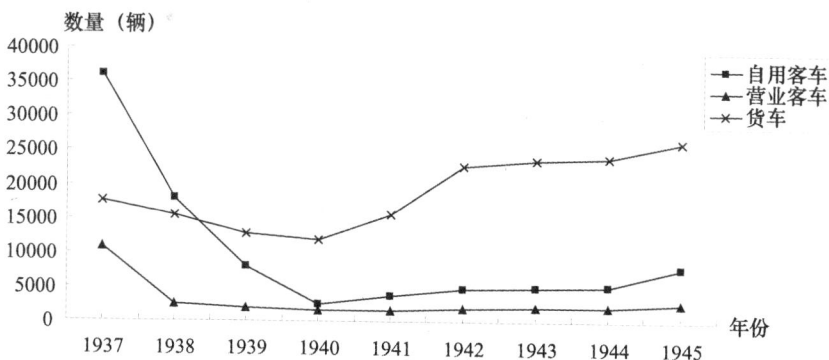

图4 抗战时期国统区登记汽车数量折线图

资料来源：表38《登记汽车辆数》，载国民政府主计处统计局编《中华民国统计提要》，1947 年印，第80 页。

① 参见王绍荃主编《四川内河航运史》，四川人民出版社 1989 年版，第237 页。
② 参见马依、舒瑞萍主编《广西航运史》，人民交通出版社 1991 年版，第159 页。

　　图4反映的是整个国统区登记汽车数量，除1937年和1945年的统计数据不能完全反映战时大后方地区的汽车数量外，1938年至1944年间的数据大体可以反映大后方登记汽车数量。可以看出，国统区登记汽车数量在1940年后逐年增加，以自用客车增长最快，货车次之，营业客车增长最慢。其中自用客车数量从1940年的2421辆猛增到1944年的5179辆，货车从11829辆猛增到24000辆，营业客车数量从1593辆增加到2146辆，分别增长了113.9%、102.9%和34.7%。自用客车和货车的迅速增加反映了战时大后方民营汽车运输业的迅速发展。

　　就大后方具体省份来讲，战时汽车运输业发展最为明显的是四川、云南、广西、陕西和贵州等省。在四川，战时各沦陷区民营汽车大量流入四川，汇集重庆、成都等地。另外，国民政府的兵工署需由广州湾、镇南关、南宁、仰光等地抢运兵工物资至重庆，当时运一车货物的运费，比买一辆汽车的价钱还高，而车商又愁无外汇买汽车，兵工署便采取运一车贷给一辆车的办法，把自己进口的汽车让给车商。由此，四川民营汽车运输业得到很大发展。到1940年3月2日，四川全省民营汽车公司、车行，计有52家，营业汽车达2400余辆。其中：重庆40家，有车近2000辆；成都10余家，有车340余辆；其他如万县、遂宁、广安、广元、内江、自贡、乐山、泸县等地，商车也逐渐发展到100余辆。1942年，滇缅路被封锁，滇、黔两省民营汽车，又陆续流入四川，民营汽车又有增加。在整个抗战时期，四川全省商车最多不过2500辆。[①]

　　抗战前，云南省会昆明仅有10余万人口，到1938年昆明市人口增长一倍，到1945年抗战胜利前夕已增长至28万余人。1938年后，先后迁来昆明及昆明附近各地的兵工厂、电工厂、化工厂等有63家，中央、中国、农民和交通四大银行以及一些商业银行共12家，都在昆明等地设置机构，加上云南地方先后兴办的裕滇纺织厂、耀龙电灯公司、云南锡业公司等工矿企业，机器、建筑材料等进口总值猛增了十四五倍，国民党中央政府战时在云南新建了昆明钢铁厂、第五十一兵工厂、中央机器厂、中央电工厂等工厂，云南经济得到迅速发展。1939年初，滇缅线国际运输开始后，大量外援物资进入国内，昆明迅速成为当时中国对外运输和国内运输的物资集散转运中心，抗战前趋于衰萎的云南地方汽车运输业开始复苏、回升，并得到一定程度的发

---

① 参见王立显主编《四川公路运输史》上册，四川人民出版社1989年版，第320页。

展。1938 年 1 月 1 日，云南省汽车营业股份有限公司成立，这是云南地方第一个官商合办汽车运输公司。自此，云南地方汽车运输业，由官办、商办、官督商办进入官商合办时期。云南全省官商合办汽车营业股份有限公司成立于 1938 年 1 月，全公司有 130 辆汽车，1000 余人员。云南省经济委员会运输处，以运输云南纺织厂、裕滇纺织公司所需缅甸进口棉花及经委会所属其他企业器材内运为任务，于 1941 年 6 月 1 日在昆明成立。开办时资金共 3000 万元，经济委员会 400 万元，富滇新银行 500 万元，云南纺织厂 1000 万元，裕滇纺织公司 1100 万元。6 月 12 日首批汽车自昆明出发，往返于滇缅线。其后省经济委员会拨给新购万国牌汽车 50 辆，富滇新银行拨给万国牌新车 32 辆，共有汽车 112 辆，全部行驶滇缅线。1941 年 1 月，兴中公司、石磺统销处、一平浪盐场、开（远）个（旧）运输公司，以及劝业、矿业、兴文、益华四银行等单位自用汽车，组成云南省物资运输处，隶属省财政厅。处长唐永权，内部设总务、营业、机务、会计四课。先以兴中公司汽车 30 辆，行驶滇缅线昆明至畹町，其后各单位汽车陆续集中，共拥有汽车 150 辆。①

　　1935 年，贵州省公路管理局购车创办汽车运输，贵州汽运开始官民共营。同年末，有公营汽车 26 辆，商营汽车 73 辆。至 1938 年，公营汽车增至 102 辆，主要经营客运；商营汽车增至 139 辆，主要经营货运；国民政府交通部西南公路运输管理局迁驻贵阳，经营干线（国道）客货运输。至 1944 年，全省公、商和生产建设部门共拥有汽车 4945 辆。其中，省公路局 168 辆，西南公路运输机构 1239 辆，商车 1286 辆，其他自备车 2252 辆。抗战期间，贵州汽车运输发展迅速，为支援抗战和繁荣贵州经济做出历史贡献。②

　　在广西，1937 年商营汽车为 329 辆。抗日战争爆发后，私营汽车业务活跃，部分商车行驶于越南、贵阳、重庆之间，乘长途运行之便，附带运销进口商品，或从越南购进新车，满载商品，开到贵阳、重庆等地，连车带货一并销售，盈利甚高，因此，商人购车日渐增多。同时，邻省部分商车，为战局所迫，转入广西营运。广州沦陷前后，广东省商营车辆驶入广西，总数不下 200 辆。1939 年前后，广西省境内商车数

---

　　①　参见黄恒蛟主编《云南公路运输史》第 1 册，人民交通出版社 1995 年版，第 171—176 页。

　　②　参见贵州省地方志编纂委员会编《贵州省志·交通志》，贵州人民出版社 1991 年版，第 210—214 页。

量大增。至 1942 年，除到省外营运的部分商车外，省内还有 684 辆。商营汽车的发展，弥补了战时运力的不足。①

在陕西，省汽车总队部成立于 1937 年 8 月 19 日，对各种汽车实行军事统制。陕西的私营汽车除完成正常的军事、民用及支援陕甘宁边区的物资运输外，还参加了两次突击运输。一次是 1940 年武汉失守，长江航运受阻，国民政府下令抢修成都飞机场，陕西商车全部投入运输，时间长达 4 个月之久。一次是 1945 年运输盟国一批援华物资。抗日战争中，陕西商车一直停留在 250 辆左右，数量虽然不多，但一直是省公路局官办汽车量的 6 倍左右，是一支较大的公路运输力量，从业人员 600 余人。②

3. 民用航空运输业的发展

抗战全面爆发以后，中国航空公司、中央航空公司（前身为欧亚航空公司）将其总部从上海迁移至重庆和昆明，这两大航空公司立足后方，通过积极开辟航线、购置飞机等措施，规模不断扩大。关于中国航空公司和中央航空公司运输量的具体情况见图 5。

从图 5 可以看出，中国航空运量在逐年增加，货运量由 1938 年的 139 吨增加至 1944 年的 27171 吨，增加了约 194 倍。不仅货运量增加迅速，而且客运量同样迅速增加，客运量从 1938 年的 14657 人增加到 1944 年的 39823 人，增加了约 1.71 倍。③ 抗战时期中国航空运量的增长迅速与其运力的迅速增强密切相关，其中之一就是抗战时期中国航空公司得到了迅速的发展。中航飞机数量迅速增加，先后得到美国租借的 C—46 运输机 23 架，又向美国订购 C—46 和 C—47 巨型运输机共 12 架，中央航空公司 11 架。到 1945 年底，中国、中央两大航空公司已拥有飞机 68 架，比 1944 年增加了 32 架。④ 中国航空公司的迅速发展壮大，极大地促进了大后方民航运输业的发展，使得航空运输成为抗战时期重要的交通运输方式。

在战时，大后方民航运输业发达的地区主要是四川和云南。由于重

---

① 参见广西壮族自治区地方志编纂委员会编《广西通志·交通志》，广西人民出版社 1996 年版，第 186 页。
② 参见陕西省交通史编写委员会编《陕西公路运输史》第 1 册，人民交通出版社 1988 年版，第 109—110 页。
③ 参见《交通部编六全大会交通工作报告》，载中国第二历史档案馆编《中华民国史档案资料汇编》第 5 辑第 2 编财政经济（10），江苏古籍出版社 1997 年版，第 123 页。
④ 参见交通部统计处编《中华民国三十三年交通部统计年报》，1946 年印，第 2 页。

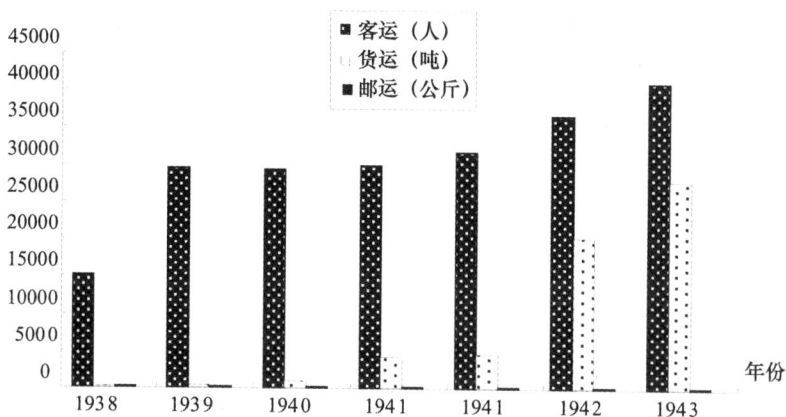

图 5　抗战时期中国航空运量柱状图

资料来源：《交通部编六全大会交通工作报告》（1945 年 5 月），载中国第二历史档案馆编《中华民国史档案资料汇编》第 5 辑第 2 编财政经济（10），江苏古籍出版社 1997 年版，第 123 页。

庆成了全国政治、经济、军事、文化的中心，航空运输也得到了相应的发展。1938 年 1 月，中航迁到重庆，10 月，欧亚航空公司（以下简称"欧亚"）在重庆设办事处，两家航空公司在重庆积极开辟航线，四川逐步形成了以重庆为中心的民用航线网。抗战爆发前，四川省内共有 8 条航线，其中中航 5 条，欧亚 3 条；到 1938 年 10 月，四川地区航线增至 17 条，其中中航 13 条，欧亚 4 条。修建机场的速度也相应加快。1939 年 9 月至 1938 年 1 月，在四川地区扩建成都凤凰山机场。1938 年 12 月至 1939 年 4 月，修建双流双桂寺机场。至抗战结束后的 1946 年 7 月，四川共有 28 个机场，为四川民航运输业的发展提供了条件。①

抗日战争期间的桂林也一度成为大后方的重要政治、文化城市，与西南各省联系增多，又是西南各省通往香港的空中通道。"欧亚"（1943 年改为中央航空公司）、"中航"先后开辟重庆、昆明、成都至桂林或柳州的航线。其中 1937 年 12 月开通的重庆—桂林—广州—香港航线，是广西至香港地区的第一条航线。使用的飞机有德制的容克斯 Ju—52、美制 DC—2 等机型，座位 14—28 座不等。抗日战争后期开始使用美制的 DC—3、C—46、C—47 机型。抗战期间，因战事或运输需

① 参见四川省地方志编纂委员会编《四川省志·交通志》下册，四川科学技术出版社 1996 年版，第 224—225 页。

要，广西还在全省范围内，累讨征调民工 10 万多人，耗费 380 万个工日，扩修和新建机场 10 个，主要有柳州帽合机场，桂林二塘、秧塘、李家村机场等。① 通过大规模修建扩建机场，促进了战时广西民航运输业的发展。

---

① 参见广西壮族自治区地方志编纂委员会编《广西通志·民航志》，广西人民出版社 1995 年版，第 1 页。

第四章　大后方交通发展中的政府与社会力量

第一节　政府在大后方交通发展中的主导作用

一　营造重视交通建设的舆论氛围

抗战时期，大后方交通建设得到了国民政府和地方政府的高度重视。如前所述，蒋介石即多次在公开场合中发表演说，强调交通建设的重要性。国民政府其他重要官员也频频发表讲话，强调大后方交通建设的重要性。财政部部长孔祥熙讲："建设西南西北，将来抗战胜利后即以西南西北的力量，为建设全国的基础。如果交通不能畅达，此种理想便无法实现，故政府除对于西南西北的航线、铁路、公路网，积极计划建设外，并就我国原有的交通工具，设法改良利用，以补其不足。"[①]国民党中央组织部部长朱家骅在《西北经济建设之我见》一文中，认为："西北目前最急切需要的，要算是交通建设。交通事业为一切经济建设之基础，全国各地皆然，但就经济的国防的观点来说，则西北的交通建设，尤其重要。""要推进西北经济建设，就非首先发展交通不可。"交通部部长张嘉璈在《如何开发西北》一文中指出："西北建设的困难，具体地讲，是人力与自然力之争，突破这障碍唯一的办法，就是建筑运量大速度快与运价低廉的交通工具，有了此种工具，然后才可逐渐地去克服社会的人为的自然的各种困难。"他进一步主张："我们要建设西北，先要建设交通，为不成问题的事。"所有主张经济开发必先建设交通的论者，又几乎是不谋而合地倡导建设交通必先建设铁路。经济部部长翁文灏一针见血地指出："铁路为开发之先锋。惟此项建设

---

① 转引自蔡志新《孔祥熙经济思想研究》，山西人民出版社 2007 年版，第 305 页。

最初不免亏本,必有亏本之决心,始能获建设之成果。"继任交通部部长的曾养甫在《西北交通建设》一文中指出:"欲树立西北国防,必先充实西北;欲充实西北,必自交通建设始。"①

抗战期间,鉴于大后方运力不足,战时国民政府政界要人还发表言论,极力提倡发展大后方驿运事业。1941 年 11 月,国民参政会二届二次会议即提出:"此后各地驿运事业,应尽量集中于汽车运输不及与汽油供应较为困难之路线。至川湘联运为湘米济川、与川盐济湘之后方重要经济干线,应为此后驿运之中心工作,应以全力赴之。"1942 年 8 月,蒋介石在兰州视察时也指出:"在目前国家艰苦的情况之下,我们不能专靠飞机与汽车,而要尽量利用人力和兽力。所以有骡马的地方,就要用骡马,有大车的地方,就要用大车,并且沿路要设立驿运站,利用人力畜力,节节递运,以利交通。"同年 10 月,蒋介石在国民参政会三届一次大会闭幕式上再次强调:"我们必须以人工力代替机器力,我们要普遍发展驿运,以利军事和民生必需品的运输。"② 总之,战时国民政府高层官员通过在各种场合发表重视交通建设的言论,为战时后方交通建设营造了舆论氛围,从而为战时大后方交通建设做好了思想准备。

二　多方筹集交通建设资金

国民政府为推进大后方交通建设,积极采取多种渠道筹集资金,并与英、美、苏等国合作举办国际交通运输事业。抗战时期新建的各项交通事业多处于西南、西北山区,工程极其艰巨,造价也很昂贵,特别是修筑铁路,"即隧道一项,每公尺须五千元……平地工程,每公里须一百二十九万元"③。西部特殊的地形导致交通建设耗资巨大,给交通部带来了极大的压力,因此,在大后方修建铁路的过程中遇到的最大难题之一就是筑路资金短缺。为解决交通建设资金短缺的问题,国民政府采取了以下措施:

第一,设立交通建设专款。抗战开始后,中央为实施持久抗战,设立了交通建设专款,由国库筹款。中央为完成京赣路(南京至南昌),并赶筑湘桂路,在 1937 年 7 月至 1938 年 6 月支付建设专款 4100 万元,

---

① 唐润明编:《抗战时期大后方经济开发文献资料汇编》,重庆档案馆 2000 年印,第 18—19 页。
② 参见杨斌《抗战时期国民政府驿运事业》,《民国档案》1995 年第 4 期。
③ 《张嘉璈在国民党五届九中全会上的报告》,载秦孝仪主编《中华民国重要史料初编——对日抗战时期》第 4 编战时建设 (3),台湾"中央文物出版社"1988 年版,第 991 页。

其中两路共占 3/4。1938 年下半年仍以赶筑湘桂路为主，建设专款占总建设专款 4100 万元的半数。湘黔路仍继续建筑，滇缅、叙昆两铁路也在这时筹建。1939—1940 年，湘桂路桂柳、柳南两段铁路，滇缅、叙昆两铁路以及黔桂、宝天两路同时兴建，所以 1939 年建设专款增加到 11800 万元，1940 年增加到 14700 万余元。1941 年和 1942 年两年间，滇缅铁路积极赶工，黔桂路继续赶工。叙昆、宝天工程虽然继续进行，但采取了缓建办法，而陇海铁路咸同支线则已建筑完成。綦江铁路动工建筑，建设专款激增，1941 年达到 33600 余万元，1942 年达到 127400 余万元。1942 年由于工程浩大，并且由于日军占领东南亚，铁路材料来源供给断绝，滇缅、叙昆两路均已停工，于是集中全力赶筑黔桂、宝天和綦江铁路。1943 年的建设专款为 86700 余万元。1944 年新路工程仍继续进行，因为日军发动了豫湘桂战役，原有各铁路行车维持困难，由中央拨给军运维持费和员工疏散费，这年的建设专款为 668300 余万元。1945 年，宝天铁路继续赶工，黔桂路开始修复轨道，交通部预算已达 524700 余万元。[①] 总之，国民政府为推进后方交通建设，为修建滇缅、叙昆、湘桂、天成、西南等铁路，1940 年拨专款国币 147770486.74 元，1941 年共拨款国币 336906704.48 元，1942 年拨款国币 948035647 元、缅币 10191320 盾。在公路建设方面，为支付筑路费、养路费、设备费、管理费等交通建设费，1940 年拨专款国币 207052634.51 元，1941 年拨款 169105573 元。在航政建设方面，为发展后方内河航运和航空事业，国库 1940 年拨专款国币 4274131 元，1941 年拨款 12265134.82 元，1942 年拨款 23460353.56 元。[②]

第二，发行交通建设公债。战时国民政府通过设立交通建设专款的确在一定程度上解决了大后方交通建设所需的资金问题。但另一方面，众所周知，由于抗战时期富庶的东部沿海地区相继沦陷，国民政府财政收入大幅度减少，而军费开支却日益增加，造成政府财政赤字也日益扩大，战时政府财政赤字的扩大无疑会影响政府在交通建设方面的投资。财政部部长孔祥熙为增加中央财政收入，解决财政问题，在抗战初期实行以借债为核心的战时财政政策，但在抗战中后期实行的是以发钞为核心的战时财政政策。[③] 其中，孔祥熙特别重视举债问题的重要性，认为

①　参见金士宣《铁路与抗战及建设》，商务印书馆 1947 年版，第 112—113 页。

②　参见叙承燠《最近三年来之交通财务状况》，《交通建设》第 1 卷第 3 期，1943 年 3 月。

③　参见蔡志新《孔祥熙经济思想研究》，山西人民出版社 2007 年版，第 32 页。

举债不仅在平衡战时财政收支方面有重要作用，而且可以转移人民的战费负担和抑制通货膨胀。① 由于孔祥熙等人的大力推动，战时国民政府发行了名目繁多的内债。以名称而言，有"救国"、"国防"、"赈济"、"军需"、"建设"、"同盟胜利"等公债，以发行对象而论，有货物公债和实物公债等。战时国民政府共发行公债56072236752元法币。② 虽然战时国民政府发行内债的效果不尽如人意，但毕竟还是筹集了部分资金，一定程度上缓解了资金缺乏的压力。在交通建设方面，实际上通过发行公债筹集铁路建设资金在抗战前就已开始。1936年2月25日国民政府为筹集资金修筑湘黔川桂等铁路以及平绥、正太、陇海、胶济等铁路的延长线，公布了《第三期铁路建设公债条例》，规定财政部会同铁道部为筹建滇缅铁路，于1936年3月1日开始发行公债12000万元，分别于1936年3月1日、1937年3月1日和1938年3月1日三次发行，每次债额4000万元。③ 这一公债条例的颁布，为抗战前后湘黔铁路的修建筹集到了一定资金。抗战爆发后，尤其是进入抗战中期以后，中国的对外交通联系愈加困难，为此国民政府决定修筑滇缅铁路。但由于财政日益困难，单靠政府出资修建已不可能，于是在1941年5月18日国民政府公布了《民国三十年滇缅铁路金公债条例》，规定于1941年7月1日由财政部会同交通部发行公债1000万美元，以滇缅铁路盈利为担保。公债的年利息为5厘，每六个月付利息一次。公债自发行之日起前三年只付利息，自1944年起开始还本，分25年还清。④ 有学者估计国民政府为修建滇缅铁路、湘桂铁路南段和叙昆铁路发行的"美金公债"、"滇缅铁路金公债"共计达2000多万美元。⑤ 国民政府采取的举借外债、发行公债等措施初步解决了铁路建设的资金问题。

同时，大后方各地方政府也配合国民政府积极筹措交通建设资金，以切实解决交通建设的资金缺乏问题。在广西，为解决修建湘桂铁路所需的资金问题，广西省政府认购5万股后，发行了湘桂铁路股票。股票的利息在铁路修筑过程中及筑成后有所区别，具体来说，筑路过程中，

---

① 参见蔡志新《孔祥熙经济思想研究》，山西人民出版社2007年版，第77—80页。
② 参见侯坤荣《抗战时期的中央财政与地方财政》，台湾"国史馆"2000年版，第42页。
③ 参见《第三期铁路建设公债条例》，载千家驹编《旧中国公债史料（1894—1949）》，中华书局1984年版，第265—266页。
④ 参见《民国三十年滇缅铁路金公债条例》，载千家驹编《旧中国公债史料（1894—1949）》，中华书局1984年版，第299页。
⑤ 参见董长芝《抗战时期大后方的交通建设》，《抗日战争研究》1993年第1期。

按照"官利周十六厘给息",而衡桂段铁路通车后,则"另行由铁路保息,此官利即行取消"。广西省虽然采取向民间集股的办法,而且把每股 100 元改为每股 10 元,以争取更多的人来购买,但是效果并不显著。据唐凌教授估算,按照当时广西大约 80 个县计算,全省所认购的股票估计不会超过 16000 股,换算为金额不会超过 16 万元,仅约占全省应购股票总数 5 万股值 50 万元的 30%。但不管怎么说,湘桂铁路股票的发行毕竟还是筹集到部分资金,在一定程度上缓解了政府的财政压力,加快了湘桂铁路建设的步伐。[①] 此外,后方其他各省也陆续发行公债,四川 8600 万元,甘肃 2100 万元。其中与交通有关的公债是建设公债,四川发行的建设公债为 4500 万元,利率 6 厘,甘肃 1938 年和 1941 年两次共发行建设公债 600 万元,利率分别为 5 厘和 6 厘。[②]

第三,举借外债。除了通过发行国内公债筹措资金外,孔祥熙也十分重视外债作用,认为举借外债是中国坚持抗战和发展战时经济的必要举措,尤其是控制通货膨胀和稳定战时经济形势的必要手段。抗战时期中国共举借外债约 20 亿美元,其中美国借款为 15.2 亿美元,占总借款的 75%。[③] 抗战爆发以后,国民政府为解决修建南镇、叙昆、滇缅等国际铁路线的资金缺乏问题,多方奔走,积极与法、英、苏联等国磋商,商谈铁路借款事宜。为修筑湘桂铁路和叙昆铁路,交通部与法国银行团和中国建设银公司分别在 1938 年 4 月 22 日和 1939 年 12 月 11 日签订了《湘桂铁路南镇段借款合同》和《叙昆铁路借款合同》,借款总额分别为 18000 万法郎、14.4 万英镑和 48000 万法郎、国币 3000 万元。[④] 在国民政府与法国银行团签订的借款合同中,湘桂铁路南镇段借款年利息 7 厘,以普通盐余为担保,以广西省矿税每年最多 80 万元为第二担保,并以该段产业附属品材料及其所得利益为抵押品,还本期限 15 年,前三年仅付利息,第四年起还本。川滇铁路借款年利息 7 厘,除铁路本身产业收入外,也以盐余和矿税为担保,期限 15 年,自第四年开始还本。在该合同签订以后,由于德国攻占巴黎,中国宣布停止履行合同,

---

① 参见唐凌《抗战时期湘桂铁路股票发行成效及其原因评析》,《桂海论丛》2007 年第 1 期。

② 参见侯坤荣《抗战时期的中央财政与地方财政》,台湾"国史馆"2000 年版,第 222 页。

③ 参见蔡志新《孔祥熙经济思想研究》,山西人民出版社 2007 年版,第 89—93 页。

④ 参见《湘桂铁路南镇段借款之起源及经过》,载中国第二历史档案馆编《中华民国史档案资料汇编》第 5 辑第 2 编财政经济(10),江苏古籍出版社 1997 年版,第 260 页。

法国银行团供给零星材料及支付运输费用约为 100 万法郎。1938 年 7
月，国民政府与中英庚款董事会订立购料借款英镑 55 万镑，年利息 5
厘，以湘桂铁路衡桂、桂柳两段收入为担保，还本期限 10 年。12 月份
又与中英庚款董事会订立桂柳段借款国币 453 万元，年利息 5 厘，以该
段收入为担保，期限 10 年。① 1941 年 5 月，美国同意按照《租借法案》
借给中国滇缅铁路材料款 1500 万美元。这些铁路借款合同的签订，缓
解了资金不足的压力。国民政府采取的举借外债、发行公债等措施初步
解决了铁路建设的资金问题。

三　动员民众参加交通建设

　　国民政府和地方政府在战时交通建设过程中，除了动用政府力量进
行交通建设以外，还注重发挥民间力量，以加速后方建设。战时，国民
政府和地方政府为加速后方交通建设，对后方民众进行了广泛的社会动
员。"动员"这一名词，原来是军用术语，遇战争开始或进行之时，政
府调度人马物资，预备战争之用，这就是动员。"民众动员是国家总动
员的一部分，目的是把整个国家的力量集中使用于战争之上，其方法则
分军事动员、政治动员、经济动员、交通动员、民众动员、精神动员六
种动员方式。""抗战以来，广西民众的动员，除了征兵以外，最重要、
最伟大的要算是征调民工一事了。征工的目的，最重要的就是建筑铁
路、建筑公路、建筑机场、建筑工事、破坏交通与兴修水利等。"② 交
通动员作为民众动员的重要内容，在战时得到了具体的体现。战时国民
政府和地方政府在发展大后方交通中，积极动员民众参加交通建设。具
体表现如下：

　　第一，在发展后方交通中，政府在政策方面进行了动员。蒋介石曾
经指出发展驿运"最好要利用地方保甲组织，奖励其力量……如果不能
奖励民众普遍参加，就与义战制的原则完全相反"。交通部驿运总管理
处处长谭炳训在 1943 年 5 月 3 日的纪念周上也强调"人民共营重于政
府专营"③，应动员民众积极参与驿运。为奖励民众参与驿运，交通部
规定对民间驿运给予各种优惠措施，包括各驿运主管机关的食宿设备、
停车篷、牲畜厩、通讯设备免费提供给民营驿运利用或征收最低费用，

---

① 参见金士宣《铁路与抗战及建设》，商务印书馆 1947 年版，第 123—124 页。
② 黄同仇：《抗战中之广西的民众动员》，广西建设研究会编《建设研究》第 1 卷第 6
　期，1939 年 8 月。
③ 谭炳训：《一年来之驿政》，《驿讯》第 18 期，1944 年 1 月。

优惠修理民营驿运工具，向民营驿运提供贷款等。[①] 在 1941 年 4 月 23 日公布的《奖励民间运输及协助合作事业办法》中详细规定了奖励民间驿运和公路的办法。首先在奖励民间驿运方面作了明确规定，包括在驿运工具、驿运设备等方面的奖励措施："关于民有之板车木船驮马等工具之数量及其行驶情事，由各驿运机关调查登记，并酌予协助保护"、"驿运机关之食宿医药等设备，得酌量供给民夫使用"、"民有驿运工具如有损害，可请驿运机关附设之修理厂所代为修理，应从廉收费"。其次，在奖励公路运输方面，具体内容包括"公路沿线行车设备，如车站、车厂、电讯、仓库、油站、桥梁等，尽量予民营汽车使用之便利"、"公路沿线修车厂所对民营汽车予以代修车辆之便利"、"凡民用运输车辆，非依法令不得任意征扣留难"等。[②] 通过这些措施可以克服政府举办驿运力不从心的困难，达到全民参与驿运、全民支持大后方交通事业的目的。

第二，政府在交通建设过程中建立了专门的征调民工机构，为动员民工参加交通建设提供组织基础。在四川，动员民工参加交通建设的省级主管机关是征工委员会。四川省征工委员会于 1940 年 4 月正式成立，1941 年 1 月改组为四川省征工事务管理处，是抗战中征用民工的重要主办机构。抗战时期，四川县级征用民工的专办机构主要有两个：县征工委员会和县征工筑路委员会。其中，县征工筑路委员会是专职负责办理新建、整修战时公路的机构。县征工筑路委员会，以该县县长、建设科科长、财政科科长、团务副委员长、商会主席，以及公路总局各区管理处处长、工程处处长，为当然委员。委员名额为 12—20 名（县长兼任主席，常务委员 1—3 名）。县征工筑路委员会的职权有：（1）解决公路上一切纠纷；（2）征用土地；（3）征用和监督民工；（4）本会预算和出纳；（5）民工伙食、津贴的领收和发放；（6）民工的工作、食宿地点的支配；（7）与征工筑路有关系的其他事项。[③] 为修建"特种工程"，四川成立了由省主席张群负责的"特种工程征工总处"，负责工程的征工、征地和民工管理，省民政厅厅长胡次威出任总处处长。"特种工程征工总处"下设秘书、会计两室，总务、调配、管理和督导四组。

---

① 参见《奖励民营驿运事业办法》，《驿讯》第 18 期，1944 年 1 月。

② 《奖励民间运输及协助合作事业办法》，载重庆市档案馆编《抗日战争时期国民政府经济法规》下册，档案出版社 1992 年版，第 539—540 页。

③ 参见张莉《抗战时期四川征用民工探析》，硕士学位论文，四川师范大学，2007 年，第 13—16 页。

总处全部职员 200 余人，其中有 30 多位是由各县选派而来的合格县长担任。而四个轰炸机场，则各设民工管理处：第一民工管理处设在新津，由第五区行政专员柳维垣担任处长；第二民管处设在邓峡，由第四区专员陈炳光任处长；第三民管处设在彭山，由第一区行政督察员王思忠任处长；第四民管处则在广汉，由第十四区专员林维干任处长。① 另外几处战斗机场设有直属民工总队部，其设置是：成都设直属第一民工总队部，彭县设第二直属民工总队部，双流设第三直属民工总队部，简阳、绵阳则分别设第四、第五直属总队部。②

　　第三，为调动民众积极性，政府给予被征民工一定待遇，为民众动员提供一定的物质保障。在四川，抗战期间整修和新修公路的民工待遇由义务逐渐转为给价。《四川省政府修筑公路征用民工暂行条例》中第十六条规定：县市政府斟酌地方情形，随时规定土石方单价（呈请公路总局核准），依民工所做成土方石方数给予伙食津贴。各组民工工作土方石方数量，由各该区管理处或工程处每五天验收一次。③ 1939 年为整修川滇公路，西南公路运输管理局与四川省第七区行政督察专员公署，制定了《交通部西南公路运输管理局隆赤段修补公路征工采集砂石单价表》、《交通部西南公路运输管理局征调民工伤死抚恤办法》。各县政府依期开始征调民工时，将各段民工人数编为若干段组（每段十组，每组十人为标准），段长、组长、民工的费用由工程处稽核拨款，县府承领转发。段长每日津贴 0.7 元，组长每日津贴 0.5 元。征用的民工出工时，可领得工旅费每 60 华里津贴 0.1 元，不足 60 华里的 0.075 元。工作期间因雨不能工作时可得 0.15 元，工价按单价表的规定散发，工具补助费每人 0.1 元。依各地生活情形，县府对于民工担任砂石总数的 1/3 每方先给 0.5—0.7 元作伙食费。④ 在广西，为动员民众参加湘桂铁路建设，规定民工收入"由湘桂两省政府核准给，将来竣工后依应征民工工价，根据路局验收数量表互列标准计算，作为湘桂两省政府投资之一部。1. 土方不论填挖远近（甲）高深在三公尺以下者每公方一角五分（乙）高深在三公尺至六公尺者每公方一角八分（丙）高深在六公

---

① 参见胡越英《川西 B—29 "特种工程" 研究》，硕士学位论文，四川大学，2003 年，第 11 页。

② 同上。

③ 参见张莉《抗战时期四川征用民工探析》，硕士学位论文，四川师范大学，2007 年，第 67 页。

④ 同上。

尺至九公尺者每公方二角一分（丁）高深在九公尺以上者每公方二角四分。2. 磐石不论软硬每公方平均六角，石碴每公方八角"①。在修建黔桂铁路过程中，规定："应给民工工资由工程局按填挖土方数量核交工管处发给，论方计价。"此外，民工"填挖方价系依当地米价每百斤桂币二十元为核定标准，如米价高涨超过登记核算办法，由工管处与工程局另定之"。"队长一次过津贴桂钞六十五元，组长一次过津贴桂钞四十二元，班长一次过津贴桂币四元，伙伕一次津贴二十四元。"②

在实际向征调民工发放津贴过程中，由于官员的克扣，民工津贴没有完全按规定发放，但民工仍然得到一笔津贴。如在修建"特种工程"中，参加机场建设的民工每日除发 1 升 2 合的食米外，还可得 20 元现金，且没有战场上的巨大生命危险。1944 年 1—5 月，成都市的平均米价为每升 4.2 元，平均麦价为每升 3 元。所以，一些历史见证者在述说"特种工程"给广大农民带来苦难的同时，仍会中肯地指出农民出工服役的"待遇优厚"。③

第二节　社会力量在大后方交通发展中的主体作用

一　后方民营企业的有力支持

战时后方民营企业发展迅速，到 1942 年底，在经济部登记的企业已有 3111 家，较战前内地公私合计的 637 家超出 4 倍之多，民营企业资本总额 589774631 元，占后方工业资本的 31%。④ 随着后方民营企业的发展壮大，民营企业在大后方交通发展中也发挥了积极作用，集中表现为后方民营企业积极参加大后方交通建设，以民生公司的表现最为明显。抗战时期民生公司较战前得到了迅速的发展，民生公司在发展过程中也积极参加后方交通建设，具体表现为积极开辟大后方内河航线，从而推动了战时后方内河航运的发展。抗战时期民生公司新开辟了金沙江

① 《铁道部及湘桂两省政府征用民工建筑湘桂铁路暂行办法》，载广西省地方行政干部训练团编《交通建设实施要领讲义·附录交通建设章则》，1941 年印，第 71—72 页。

② 《黔桂铁路桂段土方工程征用民工办法》，载广西省地方行政干部训练团编《交通建设实施要领讲义·附录交通建设章则》，1941 年印，第 77—78 页。

③ 参见彭福商《修建双流比柱寺机场见闻》，《双流文史资料选辑》第 4 辑，第 115 页。

④ 参见吴文建《我国战时民营工业之鸟瞰》，载唐润明编《抗战时期大后方经济开发文献资料汇编》，重庆档案馆 2000 年印，第 644—645 页。

宜宾至屏山、嘉陵江合川至南充轮船航线，并对天险乌江进行了试航。金沙江系长江正流，水源丰富但滩多浪急，被视为轮船的禁区。为开通金沙江航线，1941 年 10 月 3 日民生公司派"民教"轮试航宜宾至安边成功。同年 12 月 30 日，公司又将航线向上延伸，派"民生"轮试航至山区县城屏山成功，从此开辟了金沙江叙屏航线，由宜宾至屏山 59.5 公里，每日有上下定期班轮。山区人民昔日运输只能靠羊肠小道用人力肩挑，交通极为不便，自金沙江通轮后，屏山县城顿时繁荣起来。1942 年 11 月 10 日，民生公司又派"民教"轮继续往金沙江上游屏山至石角营（今新市镇）试航。石角营系山区大镇，有大量山货、木材出口，当地盼通轮心切，11 日船抵石角营受到群众热烈欢迎。嘉陵江轮船航线向止于合川。战时，嘉陵江成为西南与西北联系之重要通道。民生公司于 1944 年 7 月 6 日派束松庆船长驾驶"民听"轮试航重庆至南充成功，洪水期可以通轮。为了开辟川黔两省轮船运输航线，解决溯江上运之食盐及湘鄂黔等省入川物资运输，便利山区交通，民生公司派周海青和束松庆船长先后三次去乌江考察，于 1941 年 5 月 19 日，派"生存"轮由涪陵试航至彭水，船行至武隆县境之江口。此次试航虽未成功，但为后来乌江行轮摸索了经验。[①] 经过民生公司的积极努力，抗战时期民生公司经营的内河航线得到了延长。战时民生公司航线"以重庆为起点，长航有渝巴东、渝万县、渝泸县、渝宜宾、渝乐山等线，短航有渝涪陵、渝长寿、渝唐家沱、渝寸滩、渝江津、渝白沙、江津白沙、泸县宜宾、渝童家溪、渝合川、宜宾屏山等线。就营业范围言，遍达川江、长江、岷江、嘉陵江、金沙江，范围之广，开川省航业界之新纪元。"[②]

　　民生公司还积极开展川湘、川陕水陆联运。在 1940 年 8 月，交通部令招商局与民生公司合创川湘、川陕水陆联运处。同年 12 月 13 日，交通部决定将招商局、民生合办的川湘、川陕水陆联运总管理处，改为交通部特许官商合办川湘、川陕水陆联运公司。由交通部驿运总管理处认股 50 万元，招商、民生各认 25 万元。设川湘联运总段及嘉陵江运输总队分别办理川湘、川陕间运输业务。为了便利嘉陵江航行，民生公司还派船长薛志道负责渝合线淘滩工作，组织力量对黑羊石、红沙碛、香盘石、菜家滩等进行疏浚。单黑羊石疏浚碛坝即做 1400 余工，所用竹

---

① 参见王绍荃主编《四川内河航运史》，四川人民出版社 1989 年版，第 231—232 页。
② 王洸：《战时航政与航政建设》，《经济建设季刊》第 1 卷第 2 期，1942 年 10 月。

子在万斤以上。经过沟滩，渝合航线畅通，便利了川陕联运任务的完成。① 总之，民生公司经营航线的延长，也直接推动了后方内河航运的发展。

此外，民生公司下属的民生机器厂积极制造、修理轮船，也为大后方内河航运发展作出了积极贡献。民生机器厂到1943年厂区面积达到31万平方米，其中厂房9100平方米，较战前增加4倍，机器设备395台，较战前增加5倍，职工人数达到2200人，较战前增加8倍多。② 1939—1943年5年内，民生机器厂共建造新船18艘，它们是："民文"、"民捷"、"民悦"、"民武"、"民同"、"营山"、"屏山"、"名山"、"秀山"、"彭山"、"眉山"、"璧山"、"巫山"、"梁山"、"乐山"、"彭水"、"字水"、"生财"。另外，还建有机动工作船1艘。③ 打捞和修理沉船也是民生机器厂一项重要的业务内容。1933年民生机器厂成立了一个由张干霆率领的打捞施救队伍。抗战中，这支数百人的施救队伍1938年打捞施救船只11艘，1939年17艘，创年度救捞工作的历史记录。④ 此外，民生机器厂在抗战时期改造的旧船主要有8艘，即："民彝"、"民万"、"民听"、"民视"、"邻水"、"民熙"、"民众"、"民联"⑤，大大增强了川江内河航运力量。

战时不仅民生公司积极参加后方内河航运建设，其他民营轮船公司也参与了后方内河航运建设。由宜宾、泸州商帮及重庆宝元通等大商号于1936年创办的合众轮船公司在抗战时期也得到了快速发展。1938年公司收购了小火轮"永和"、"元利"，改名"长源"、"长远"，航行重庆至渔洞溪航线。次年又收购"益源"轮，更名"长丰"，作接、带货物之用。另购"沪张"轮，改名"长宁"，航行宜宾至南溪线。1940年又购进"天福"轮，更名"长元"，航行宜宾至泸州航线。以后继续扩充业务，先后购进"福远"、"宁芜"、"国昌"3轮，更名"长乐"、"长春"、"长寿"，行驶重庆至渔洞溪及重庆至长寿航线。到1944年合众轮船公司股本已由当初10万元增至500万元，船舶由1艘发展到13艘，航线扩充为10条，即宜宾至泸县、南溪、乐山，重庆至三斗坪、万县、渔洞溪、江津，泸州至蓝田坝轮渡等航线。至此，合众轮船公司

---

① 参见凌耀伦主编《民生公司史》，人民交通出版社1990年版，第198页。
② 参见王绍荃主编《四川内河航运史》，四川人民出版社1989年版，第243页。
③ 参见凌耀伦主编《民生公司史》，人民交通出版社1990年版，第219页。
④ 同上书，第218页。
⑤ 同上书，第217页。

在川江已取得一定地位，对战时四川交通作出了贡献。①

此外，战时后方民营企业积极筹资认股，协助政府解决大后方交通建设中面临的资金不足问题。在1938年3月15日，国民政府为筹集修建湘桂铁路的资金公布了《特许湘桂铁路股份有限公司条例》，规定："公司股本总额定为国币三千万元，分为三十万股，每股一百元，先筹二十万股，由铁道部认十万股，湖南省政府和广西省政府各认五万股。其余三分之一，由公司董事会议决定定期筹集之。"广西省政府为筹集资金发行股票，其中广西各矿业公司购买58000股，合计5580万元。②实际上，购买这58000股的矿业公司主要是民营小矿业公司。可见，广西民营企业为湘桂铁路的修建完成提供了资金支持，促使了湘桂铁路的顺利完工。

二　商会、同业公会等社会团体的积极配合

抗战期间，大后方各省商会、同业公会等社会团体在大后方交通建设中也发挥了一定作用。众所周知，商会作为一种经济型社团，在近代中国经济和社会发展中产生了重要作用。抗战爆发以后，商会也积极投身抗战救亡活动，商会组织成员以各种方式为抗战捐款、捐物，并取得了相当的成绩。大后方各地的工商同业公会也积极参加后方交通建设。就四川商业发达的成都来讲，在抗战前，纷纷成立或改组了各种工商同业公会，其中与交通密切相关的包括橡轮运货车、橡轮人力车、建造修理车等。抗战爆发以后，这些同业公会获得了一定发展，橡轮人力车会员从1937年的323家增加至486家，民船业在1939年成立时就有会员274家。③ 同业公会的成立和改组，壮大了民间交通运输力量，有利于战时后方交通的发展。

全国驿运机构成立不久，重庆军事委员会即致电四川省政府，要求四川扩充并组织各县夫马车船公会及行帮组织。四川省政府随即转饬各县政府照办。与此同时，四川省驿运管理处致函四川省党部，要求其转饬各县党部会同政府，组织夫马车船公会，对民间运输组织实行管理。经过半年多时间的准备，四川省党部于1941年7月致函四川省驿运管理处，对此要求做了答复，并随函附送各县市党部扩充夫马车船公会及

①　参见王绍荃主编《四川内河航运史》，四川人民出版社1989年版，第237页。
②　谭肇毅主编：《抗战时期的广西经济》，广西师范大学出版社2011年版，第166页。
③　参见《三十年代中后期成都市工商同业公会一览表》，载李柏槐《民国时期成都工商同业公会研究》，博士学位论文，四川大学，2005年，第76—80页。

行帮组织情形一览表。此表列有 10 个县，如威远县，其"已组织成立者计民船商业同业公会及船工业职业工会，已组织未成立者计板车商业同业公会、板车业职业工会，其余正组织中"，永川县"已组织成立者计人力车商业同业公会、民船商业同业公会，已组织未成立者计肩舆商业同业公会、板车商业同业公会"，渠县"已组织成立者计民船商业同业公会、力运业职业工会"，兴文县"货物运输全恃人力，策动组织运输业职业公会"，等等。与此同时，四川省政府要求各县政府对本县车船公会、运输行帮组织及传统运输工具与动力进行调查，并列成调查表，呈送省政府。所列调查表中，所调查之县数量共有 50 个，其中已成立车马夫船公会等组织者有 23 个县；后陆续上报的有 20 余个县，其中有夫马车船公会等组织者 11 个县。该调查表对各县运输组织名称、成立日期、负责人、工具与动力种类数量都一一登记在案。据调查表记载：资中县有人力车职业公会，负责人为彭福兴，有人力车 30 辆；江油县有协记信合运输商行，成立于 1932 年 3 月 1 日，负责人为方免尘，有汽轮板车 30 辆；达县有力运业公会，力夫 149 人，有船业公会，木船 156 只。同业公会在驿运的兴起和发展过程中发挥了积极作用。如新渝支线总段在承担军米的运输任务时，因自身并无工具，就借助民间传统运输力量，由其组织机构同业公会或工会订立合约，展开运输，自开运至 1941 年 5 月，"共已运出食粮等三二二四．二二公吨，计二〇五一六八三延吨公里"。[①]

除了商会、同业公会等社会团体在交通建设中发挥积极作用外，大后方各地的村街公所也发挥了积极作用。在广西，为修建湘桂铁路，省政府发行了湘桂铁路股票。实际上，湘桂铁路股票的认购者主要为村街公所。20 世纪 30 年代，李宗仁为首的桂系集团推行"三自"、"三寓"政策，创制了独特的"三位一体"制，即乡（镇）、村（街）两级分别设乡、村公所，国民基础学校和民团后备队，"以乡（镇）村（街）公所为中心领导机关，运用民团的组织力量推动建设，以基础学校实施教育，以教育的力量，辅助建设工作的进行，而统一于乡（镇）、村（街）长的掌握之下"。通过这种"三位一体"的乡（镇）村（街）管理体制，桂系集团加强了对社会基层的控制，使政令大为通达，经济和文化建设都取得了显著的成绩。湘桂铁路开始兴建后，广西省政府组织

① 肖雄：《抗日战争时期四川省办驿运研究》，博士学位论文，四川大学，2007 年，第 194—198 页。

村街公所购买了部分铁路股票。其中，荔浦县所购股票187∶1的比例关系，从一个侧面展现了广西民团组织的历史作用。①

此外，抗战时期海外社会团体在大后方交通建设过程中也发挥了积极作用。抗战爆发以后，为了团结南洋华侨共同抗日救国，壮大南洋华侨支援祖国抗战的力量，1938年10月10日，南洋各国和地区45个华侨团体的168名代表汇集新加坡，召开大会成立了南洋华侨筹赈祖国难民总会（简称南侨总会）。大会选举陈嘉庚为主席，印尼侨领庄西言、菲律宾侨领李清泉为副主席。南侨总会的成立标志着南洋华侨抗日救国进入到新的阶段。南侨总会为祖国抗战作出了巨大贡献，表现在大后方交通建设中就是积极动员、组织南洋华侨捐献汽车和回国参加滇缅公路运输。南侨总会成立以后，大力动员南洋华侨为祖国抗战捐献汽车。据不完全统计，截至1940年底，美洲华侨捐献救护车200辆，缅甸和新加坡华侨分别捐献卡车100辆和40辆。当时，在大后方有不少机身和车身上可以看到"某某华侨号"、"某某华侨精神号"或"某某侨团献赠"、"某地华侨某某捐献"等字样。据统计，抗战头三年，广大华侨就捐献救护车卡车千余辆。② 南侨总会为组织南侨机工回国服务，于1939年2月7日发布《南洋华侨筹赈祖国难民总会第六号通告》，号召："本总会顷接祖国电，委征募汽车之修机人员及司机人员回国服务，凡吾侨具有此技能之一，志愿回国以尽其国民天职者，可向各处华侨筹赈会或分支各会接洽。"通告发出后，立即得到南洋华侨热烈响应。数月内争先报名，热诚回国者3200余人。经安南往昆明者居多，经仰光者300余人。③ 可以说，正是由于南侨总会的积极动员和大量组织工作，为滇缅公路运输捐献了大批卡车，组织了大量汽车司机回国，壮大了滇缅公路运输力量，有力地推动了滇缅公路运输的发展。

三　后方民众的广泛参与

抗战时期后方民众对交通建设的支持集中表现在后方民众积极投身到交通建设中，为后方交通建设出力。在抗战期间，究竟有多少民众参与后方交通建设，数量难以统计。不过，战时后方民众广泛参与交通建设却是可以肯定的。具体来讲，抗战时期后方民众积极参加后方交通建

---

① 参见唐凌《抗战时期湘桂铁路股票发行成效及其原因评析》，《桂海论丛》2007年第1期。

② 参见诸葛达《华侨对祖国抗战经济的贡献》，《浙江师范大学学报》2005年第6期。

③ 陈嘉庚：《南侨回忆录》，岳麓书社1998年版，第97页。

设的广泛性表现如下：

第一，参与交通建设的民众之多远远超过战前的数量。抗战时期，为修建公路、铁路和机场，后方大量民工参加交通建设。在云南，为修建滇缅公路，云南风仪、大理、蒙化、漾濞、永平、顺宁、云龙、保山、龙陵、腾冲、镇康、昌宁 12 个县和潞西、梁河、陇川、莲山、瑞丽 5 个设治局，每县（局）每日在路民工数 11.5 万人，有时高达 20 余万人。[①] 在四川，为修建"特种工程"[②]，共有 29 个县的民工 36 万人参加修建。[③] 在广西，仅修建铁路，据朱从兵先生考证，有 1546166 人参与修筑。[④] 此外，为修建机场，共有 101624 人参与。[⑤] 需要特别指出的是，在战时大后方交通建设过程中，除了后方广大民众积极投身交通建设外，大量海外华侨也积极参加后方交通运输，其中表现最为明显的是广大南洋华侨回国参加滇缅公路运输。在滇缅公路运输中，南洋归国华侨机工人数众多，1939 年夏天起，分九批回国抗日，集中运输滇缅公路抢运抗战所必需的重要物资——汽油、武器、机械、药品等。[⑥] 除了

---

① 参见谢本书《龙云与滇缅公路》，《云南文史资料选辑》第 37 辑，第 22 页。

② "特种工程"是指在 1943 年 12 月至 1944 年 5 月期间，美国为了更有效地轰炸以钢铁工业为主的日本军事工业和军事设施，援助国民政府在四川成都地区实施的以新建和扩建供 B—29 重型轰炸机起降用的军用机场为主要内容的军事工程。这项代号为"特种工程"的机场修建和扩建工程包括在成都扩建新津、邛崃机场和新建广汉、彭山机场，用作大型轰炸机机场，扩建或新建双流、凤凰山、温江、大邑、德阳共 5 个战斗机机场。

③ 关于修建"特种工程"究竟动用了多少民工，目前说法不一。主要有五种说法：一是普遍认为动用了 50 万民工，这种说法散见于当时的报纸杂志。如蒋介石在 1944 年 6 月 18 日致电四川省临时参议委员会的电文中称为修建机场发动了 50 余万民工（见《蒋委员长电勉川临参会：川省同胞肩负抗战重荷，最近修筑机场贡献尤伟》，重庆《大公报》1944 年 6 月 17 日第 2 版）。二是认为动用了 25 万民工，如陈纳德就持这种看法（见《飞虎将军陈纳德回忆录》，王湄等译，浙江文艺出版社 1998 年版，第 338 页）。三是认为有 150 万人，这种说法主要是记载于《四川省志·军事志》（见四川省地方志编纂委员会编《四川省志·军事志》，四川人民出版社 1999 年版，第 252 页）。四是认为动用了 45 万民工修建（Barbara W. Tuchman, *Stilwell and the American Experience in China 1911 – 45*, New York: Macmillan Publishing Co. Inc., 1970, p. 413）。五是胡越英根据档案资料统计认为共征工 36 万人，笔者采用这种说法（见胡越英《川西 B—29"特种工程"研究》，硕士学位论文，四川大学，第 3 页注释）。

④ 参见朱从兵《铁路与社会经济——广西铁路研究（1885—1965）》，广西师范大学出版社 1999 年版，第 250 页。

⑤ 《广西省抗战后扩建飞机场征用民工统计表》，广西省政府十年建设编纂委员会编《桂政纪实》中册，1946 年，第 171—172 页。

⑥ 唐仿寅：《战斗在滇缅公路上的南侨机工》，《云南文史资料选辑》第 52 辑，第 142 页。

华侨机工外，大量外地汽车司机也投入了滇缅公路运输。1939 年成立的西南运输处，加上国民政府军事委员会后勤部汽车团、第五军第一百师车队、爱国华侨车队和商车，总共有 3033 名司机，汽修工多达两三万人。① 后方广大民众为后方交通建设积极出工出力，为后方交通的发展提供了充足人力资源，促进了大后方交通的发展。

　　第二，在交通建设过程中，大后方民众做出了极大贡献和牺牲。在修建"特种工程"的过程中，四川人民做出了巨大的贡献。美国历史学家塔奇曼详细描述了当时修建"特种工程"的四川民工工作的情形：

　　　　四川省从各县或区征集了 45 万名民工，每个县提供一定数量的男人、妇女和孩子。这些人将自带的工具和 90 天的口粮装在手推车上，步行来到工地。在没有卡车、蒸汽挖掘机或混凝土的条件下，他们修建了 9 个机场，其中 4 个机场有 9000 英尺的跑道。他们用柳条筐，将世世代代辛苦劳作的水稻田的表层土挑走。男人们拉着巨大的石碾来来回回地把下面的土层压平。他们用排成望不到尾的长队的手推车将河底的鹅卵石运送到土层上面铺成一层地基，然后在上面铺上用泥浆搅拌碎石的地层，妇女和姑娘们整天坐着锤石子。接着民工们将运走的表层土再运回来。各村的工头在工程师们的指导下指挥本村的民工劳动。除了 14 名美国人外，所有的工程师都是中国人。②

　　蒋介石对修建"特种工程"的四川人民也进行了高度赞扬。他说："尤其去冬以还，发动五十余万之同胞，修筑多数机场，祁寒赶工，风雨无间"，"卒使此项空前伟大之军事建设工程，仅以简单之人力，均于最短时间，一一如期完成"。"故我四川同胞，不惟在我抗战史上恪尽其国民之天职，无愧为贯彻胜利之基础，即在全世界反侵略战争之阵容中，亦具有卓越光荣之贡献。"③ 在修建湘桂铁路过程中，民工因病死亡者为数甚多。南镇段殉职民工 737 人，职员 6 人，每百病工死亡

---

① 张家德、蔡泽军、张愚：《滇缅路的修建及作用》，《云南文史资料选辑》第 37 辑，第 32 页。

② Barbara W. Tuchman，*Stilwell and the American Experience in China 1911–45*，New York：Macmillan Publishing Co. Inc.，1970，pp. 413–414.

③ 《蒋委员长电勉川临参会：川省同胞肩负抗战重荷，最近修筑机场贡献尤伟》，重庆《大公报》1944 年 6 月 17 日第 2 版。

2.9 人。柳南段殉职民工 745 人，职员 1 人，每百病工死亡 3.9 人。①
在修建滇缅公路中，当时没有精确的伤亡统计数字，据有关方面的估
计，死亡人数两三千人，约占 1.5%。② 对于后方民众在交通建设中的
巨大牺牲，1938 年 9 月 21 日《云南日报》特写文章指出在修建滇缅公
路过程中，"曾经有不少征服自然的男女战士粉身碎首，血肉横飞，怪
凄惨地死于无情的岩石底下，怪凄惨地牺牲于无情的大江之中，还有不
少的开路先锋则死于恶性疟疾的暴力之下。据大约统计，牺牲于上述种
种缘故的男女民工，不少于二、三千人"③。总之，正是战时大后方民
众付出的巨大牺牲，才为后方交通建设提供了源源不断的劳动力，从而
在人力上保证了大后方交通的发展。

第三节　政府在大后方交通发展中主导作用的不足

抗战时期，国民政府在大后方交通发展中发挥了积极作用，但由于
主观和客观因素的作用，国民政府主导作用的发挥受到了很大限制。在
主观方面，主要是国民政府的交通建设计划不够完善和管理的各种弊
端，客观方面，主要是各方利益冲突。种种因素累积进一步加大了大后
方交通建设的困难，阻碍了大后方交通的进一步发展。

一　交通建设计划的不够完善

战时大后方交通建设过程中，许多交通路线的建设由于受到人为因
素的影响，建设拖沓，耗时耗力。

滇缅铁路是一条重要的国际交通线，从昆明修至缅甸的滚弄。抗日
战争时期修建滇缅铁路的情况与以往大不相同。第一，必须商请缅甸政
府先行修建自腊戌至滚弄的铁路，这就要请英国政府给予财政上的援
助。第二，必须让缅甸政府了解滇缅铁路在经济上的价值。第三，对缅
甸政府在铁路建成后，将有大量中国移民入缅的疑虑，必须加以解释。

---

① 参见朱从兵《铁路与社会经济——广西铁路研究（1885—1965）》，广西师范大学出版
社 1999 年版，第 212 页。
② 参见谢自佳《抗日战争时期的滇缅公路》，《云南文史资料选辑》第 37 辑，第 10 页。
③ 云南省交通厅：《浩浩滇缅路　荡荡爱国情》，《云南文史资料选辑》第 37 辑，第 2
页。

云南人口稀少，不会发生移民去缅。第四，中缅划界问题必须先行解决。① 由于滇缅铁路涉及中国、缅甸和英国三国的利益，因此铁道部与缅甸和英国进行了反复的交涉。随着修建滇缅铁路的资金和材料问题的逐步解决，从 1938 年冬季开始至次年春季进行了路线勘测工作，路线完全采用 1898 年英国人台维斯（Major H. R. Drvis）所采取的路线。全线分两段：自昆明经安宁、禄丰、一平浪、广通、楚雄、镇南、姚安、云南驿到达清华洞，长 244 英里，与滇缅公路并行；从清华洞起折南经弥渡、南涧、鸡笼、公郎抵达澜沧江，再向西经云县、头道水、孟赖、孟洞至滚弄，全长 248 英里。② 自 1938 年 11 月动工修建，分东西两段同时开工修筑，中方修筑昆明至术达段，英方修筑腊戍至滚弄至术达段。到 1941 年 5 月，美国政府鉴于国民政府对外交通中断，同意根据《租借法案》，申请滇缅铁路的材料借款 1500 万美元和运费。国民政府决定赶修祥云至滚弄段 470 公里工程，将这段分为三个施工段，征用 20 万民工，同时动工修建。但由于主观原因，滇缅铁路仅完成昆明至安宁段 36 公里长。1944 年，因霑益修建机场需要，拆除石嘴至安宁段路轨去铺设曲靖至霑益段铁路。这样，滇缅铁路只有昆明至石嘴 14 公里实际建成通车。

　　叙昆铁路自昆明经曲靖、宣威、威宁、昭通、盐津至四川叙府，全长 850 公里。叙昆铁路因与滇越铁路、滇缅铁路接轨，是重要的国际交通线。1938 年 4 月交通部派人实地勘测路线，9 月间在昆明正式成立了叙昆铁路工程局和川滇铁路公司理事会，工程局隶属于理事会。在路线勘测上，叙昆铁路可采用的路线有东、中、西三线。东线于 1938 年 4 月勘测完成，该线从昆明起经嵩明、曲靖、宣威、威宁、毕节、叙永、纳溪至泸县，长 580 英里。中线于 5 月勘测完毕，该线由昆明起经牛棚江、昭通，沿撒鱼河，经横江到达叙府，全长 413 英里。西线由四川省政府派人于 6 月间勘测，该线自昆明起经嵩明、寻甸、功山、巧家雷、波屏山，沿金沙江至叙府，全长 441 英里。在具体采用哪一条路线上，四川、云南和交通部又存分歧，四川省政府主张采用西线，云南省政府主张采用中线，而交通部则赞成东线。后来经过讨论，认为西线沿金沙江需要修建太多桥梁涵洞，东线工程过于艰巨，不宜完全采用，决定采

---

① 金士宣、徐文述：《中国铁路发展史：1876—1949 年》，中国铁道出版社 1986 年版，第 429—430 页。

② 参见张嘉璈《中国铁道建设》，杨湘年译，商务印书馆 1946 年版，第 184 页。

用东线与中线的混合线，即由昆明出发经曲靖、宣威、威宁、昭通、盐津而至叙府，全长 528 英里，经滇境 352 英里、黔境 130 英里、川境 46 英里。采用这条线不仅可以开发威宁地区的煤矿，可以连接贵阳与湘黔铁路，而且可以与湘桂铁路连接，组成西南铁路网。

宝天铁路是抗战期间在西北修建的重要铁路，自宝鸡沿渭河而达天水对岸的北通埠，为陇海铁路的延长线，全长 168 公里。但宝天铁路的修建却进展缓慢，其中原因除了宝天铁路经过地段地形复杂外，也与政府在修建铁路过程中举棋不定有关。宝天铁路从 1939 年 5 月开工修建，由于朝令夕改，忽进忽停，到 1942 年 3 月，宝天铁路工程处奉令撤销，宝天路段设宝天铁路工程局专门办理。至移交之日起，宝天铁路共完成土方 13 万方，松石及土夹石 3 万余方，坚石 1 万余方，占总数的 18% 以上，建成隧道 40 余座，占全部的 36%。[①] 到 1944 年底完成土石方的 80%、隧道的 80%，桥梁工程已完成 60%。[②] 直到 1944 年 11 月，仅完成宝鸡至石门段，长 42 公里。时人谈及时也言：政府为修建宝天铁路，"于二十八年五月移调一部分员工西来，组织宝天段工程处，展筑宝鸡至天水一段工程。顾以此段险阻艰难，当时只能就已有人力物力进行。首先开凿隧道，未克作全段施工之计划。急三十年年底，政府眷恋西北，注意开发，始有完成宝天铁路之决议，并订有两年完成之计划，于是陇海工程处遂着手筹备，陆续增募工人达一万七千余人，拟即积极推进。嗣中央以战时交通建设应分别缓急配合军事故，于核定三十一年度铁路预算时，拟先致全力于滇缅及黔桂两路，其他新路无妨纵缓，宝天铁路于是暂告停工，将全部工人遣散。然以本路形势居抗战之西北大后方交通，阻塞实为联络脉络、供应资源之障碍。终荷中枢决定定期完成，并命设工程局以主其事，用专责成。而中经一度停工。虽属继办，无异草创，几经擘划，始于三十一年五月正式复工。当三十二年三月虽又有停工之议，终未令即实行。故一切工程仍得逐渐推动。惟经费有限，不得不就款计工"[③]。

另外，国民政府还计划在西北修建天成路、天兰路、兰肃路、肃塔路。天成路（天水至成都）准备先修建天水至四川广元段，长 408 公里，计隧道 135 座。天兰路（天水至兰州）约 369 公里，其中隧道长约

---

① 参见陆福廷《最近三年来之陇海铁路概况》，《交通建设》第 1 卷第 3 期，1943 年 3 月。

② 参见凌鸿勋《宝天铁路概况》，《交通建设》第 3 卷第 3 期，1945 年 3 月。

③ 《宝天铁路通车纪念刊》，1945 年印，第 1—2 页。

11 公里。兰肃路（兰州至玉门油矿），长约 857 公里，于 1943 年上半年测量完毕。肃塔路（玉门油矿至塔城），长约 2100 公里，于 1943 年 1 月开始测量。① 但由于计划不周等原因，这些铁路均没有建成。

二　交通管理的弊端丛生

抗战时期，国民政府为改善交通管理、提高运输效率，采取一系列措施以加强管理，但从实际效果来看，远远没有达到预期的目的，究其原因，主要是在实际的交通管理中存在种种问题，具体表现在以下三个方面：

第一，交通管理机构重叠，权责不分。抗战期间，国民政府为适应军事需要，交通管理中实行交通统制，"使各个有独立性的交通经营体，在统一意志指挥之下，成为统一的活动"②。但实际情况是交通管理机构众多，令出多门，难以实现真正的统一指挥和统一行动。到抗战末期管理机构职权重叠、管理混乱的弊病并没有改变，1944 年 10 月，西南督导会议主委龚学遂还说："运输命令必须统一，查现在运输机关，可发号施令的竟有 70 多单位，指挥分歧，事权复杂。"③ 因此，交通机构的臃肿，导致管理效能下降，难以真正提高交通运输效率。战时交通管理机构权责不分，交通管理有时归行政部门管辖，有时归军事机关管理，变动频繁。在公路管理方面，1938 年 1 月以前，全国公路建设由全国经济委员会管理。1938 年 1 月，国民政府实行机构调整，撤销了全国经济委员会，全国公路建设由交通部公路总管理处负责。1941 年 7 月，交通部公路总管理处与公路运输总局并入运输统制局，归军事委员会管理。1942 年 12 月，由于滇缅公路已经被日军切断，国民政府撤销了运输统制局，全国的公路修建仍由交通部接管。1943 年 3 月，成立了交通部公路总局，局长由交通部部长曾养甫兼任。1945 年 1 月，交通部公路总局改组为军事委员会战时运输管理局，原交通部公路总局所属公路工程局就地合并为公路管理局或分局。据不完全统计，不包括军事运输机关和交通部的司（局）级和其他非交通部门的运输单位，仅交通业务管理与军事管制交通的机关，先后就有 21 个之多，平均每年

---

① 参见《蒋介石关于建设西北铁路今后步骤与张嘉璈等来往代电》，载中国第二历史档案馆编《中华民国史档案资料汇编》第 5 辑第 2 编财政经济（10），江苏古籍出版社 1997 年版，第 193—194 页。

② 王沿津：《战时交通政策》，独立出版社 1940 年版，第 23 页。

③ 伍丹戈：《三十三年四川之交通》，《四川经济季刊》第 2 卷第 2 期，1945 年 4 月。

就有近三个机关成立。如 1937 年 10 月成立专管进出口物资运输的西南进出口物资总管理处，由国民政府军事委员会领导，1941 年 12 月撤销并入交通部直属的中国汽车运输公司。中国汽车运输公司于 1940 年 1 月成立，又于 1942 年 4 月并入由军方运输管制局的西南公路运输局。滇缅公路运输总管理局于 1938 年 10 月成立，由交通部领导，而 1941 年 7 月改为工务局，运输部分并入运输统制局的中缅运输总局。当局为统一水陆运输，于 1939 年 2 月成立水陆运输联合委员会，直属行政院。同年 7 月底改为交通部的水陆设计委员会，因不能发挥作用，不得不于当年底撤销。军事委员会于 1939 年 8 月分别成立运输总司令部、运输总监部，结果仍无多大作用，总监部半年，司令部一年后均被撤销。又如运输统制局，1940 年 4 月成立，仅两年零八个月就被撤销并入运输会议，运输会议于 1943 年 1 月成立，两年后又并入战时运输管理局。①

　　战时运输机关的频繁改组，主要是为了顺应战时军事形势变化的需要，但是交通管理机构的重叠也制约了大后方交通运输业的发展。如在四川，公路管理机关有四川公路局和交通部公路总局，四川公路局属于四川省政府管辖，而交通部公路总局则归交通部管理，二者职权重叠。在滇缅公路运输中，到 1941 年 8 月前夕，仅在昆明办理滇缅公路运输的机构，连西南运输处在内共有 16 处②，这些运输机构各行其是，打乱了整个运输部署，制约了整个滇缅公路运输效率的提高。由于公路运输机构繁多，无权威的统一调度部门，既占用了地方、人员，又耗费国家资产，造成公路运输效率低下。美国汽车运输专家丹尼尔·阿恩斯坦给罗斯福的助手霍普金斯的报告中说：

　　　　在滇缅路上，实际上没有哪些货运吨位达到全线运行的情况，其主要原因是目前沿路各指挥机构的主管人员，对于汽车运输的基本知识一窍不通。目前试着管理沿线卡车的各机构的行政官员和办事人员，人浮于事，没有谁真正了解实际业务运转的最终情况，没有人作出努力确保卡车能得到维护，一清早发车后能全日行驶，装载得恰当，以及应由各站业务主管人员亲自留心和观察的其它许多事项……管理整个滇缅路的政府机构目前计有十六个，每一个都充

---

① 参见《抗日战争时期国民政府财政经济战略措施研究》，西南财经大学出版社 1988 年版，第 295 页。

② 参见冯君锐《西南运输处始末》，载中国人民政治协商会议西南地区文史资料协作会议编《抗战时期西南的交通》，1992 年，第 33 页。

斥着力不胜任的行政人员，而且无论在哪里，没有哪一个机构所装运的吨数是接近于在协作情况下就能达到的数目的。当然，这些机构个个无不力图装运它们各自部门特殊需要的东西。①

　　由于机构权责不清，工作互相推诿，弊端丛生，导致公路的使用效率低下。滇缅公路于 1938 年 12 月开通，投入使用的新车有 3000 辆，但到 1940 年底仅两年时间汽车就损坏了 2/3 以上，能够使用的不到 1000 辆，每辆平均仅用 6 个月而已，其中原因正如陈嘉庚先生所言："此完全管理无方所致。"② 汽车的损坏严重，导致公路不能充分利用，所以滇缅路的月运量实际只有正常运效的 1/3③，从而使西部公路的积极作用不能充分有效地发挥。抗战时期不仅公路管理机构变动频繁，而且在驿运管理中也因机构重叠，影响职能的发挥。抗战时期主管全国驿运工作的机关实际上有两个：一是交通部设立的驿运总管理处；二是军事委员会运输统制局设立的驿运管理组。在地方驿运支线的管理上，各省驿运管理处接受的是双重领导：行政上要受省政府领导，由建设厅厅长兼任驿运管理处处长；在支线业务上又要受重庆领导，由驿运总管理处派出副处长。由于在中央和地方有两个驿运管理机构，管理职权发生重叠，因此在实际执行管理的过程中难免会出现权责不分、互相推诿的情况。在航运方面，一方面有交通部长江区航政局，是长江航运的最高管理机构，但另一方面又有军政部船舶管理所，前者不能过问后者的业务，这使得物资的运送、船只的调度不能有通盘筹划的支配办法，影响了运输效率的提高。诸如此类管理上的弊端都严重制约了战时交通运输业的健康发展。

　　直到 1944 年，管理机构职权重叠、管理混乱的弊病并没有改变。虽然裁减和改组了一些管理机构，但同时也增添了许多新的机关，所以管理机构之间仍然存在职权重叠的现象。1944 年 10 月，西南督导会议主委龚学遂曾说："运输命令必须统一，查现在运输机关，可发号施令的竟有 70 多单位，指挥分歧，事权复杂。今后首先要做到运输命令的

　　①　〔美〕舍伍德：《罗斯福与霍普金斯——二次大战时期白宫实录》上册，福建师范大学外语系译，商务印书馆 1980 年版，第 544 页。
　　②　陈嘉庚：《南侨回忆录》下册，台湾陈嘉庚国际学会、陈嘉庚基金会 1993 年印，第 353 页。
　　③　参见董长芝《抗战时期大后方的交通建设》，《抗日战争研究》1993 年第 1 期。

统一，才能争取时间，以付紧急。"①

第二，交通管理人员素质低下，违规管理。抗战期间，交通部为加强交通管理，在许多交通路段设立检查站征收养路费。如川滇公路管理处就规定："检查站原为便利稽查往来车辆有无漏纳养路费及其他一切违法情事，其设置地点应择所辖路线之卫要所在，务使往来车辆必经检查，无法绕越。"② 这些机构的设立的确起到了一定的积极作用，但有些官员违规管理，滥收管理费。交通部在征收驿运管理费的过程中出现了滥收的情况，引起地方人民群众不满，最后行政院不得不于1943年3月下令停止征收驿运管理费。尽管政府明令禁止征收驿运管理费，但到1944年仍然存在滥收的现象。据成都汽船板车业公会报告："川陕线广元到成都和成都到重庆，过去曾巧立名目收所谓管理费，后经交通部明令制止，但直到现在仍旧违令苛收，过关不纳的，就任意毒打，据统计从成立到现在，成广线所收不下一万万元。"③

交通管理腐败严重不仅败坏了国民政府形象，而且严重影响了交通运输业的发展。抗战期间，同国民政府其他机构一样，在交通管理部门中官员腐败的现象也十分严重。主要表现在动员民工进行交通建设的过程中，由区乡承包，各级队长良莠不齐，舞弊花样百出，有的克扣民饷或民工口粮；交通沿线所设的机关林立，对过往车辆进行敲诈勒索，滥收管理费；交通管理部门官员挪用公款或伙同分肥；汽车驾驶员公车私用，损坏公物，等等。这些腐败行为加重了人民负担，也进一步降低了交通建设效率。抗战时期交通资本极为紧张，但国民政府许多官僚却创办了名目繁多的运输公司，如宋美龄和孔祥熙的华华百货公司等。由于大后方物资紧缺，尤其是日用百货品奇缺，价格猛涨，这些有背景的运输公司便乘机走私，贩运大量消费品从中牟取暴利，严重影响了后方的交通秩序。《新华日报》特派记者陆诒在1940年10月28日从腊戍返回昆明途中，记载了他看到的滇缅公路运输中的腐败现象：

  （他）曾发现好几十辆轿式的小汽车，昂然进入国境，里面满载洋货及舞女之类。这些小汽车，在驾驶载重卡车的华侨司机眼中看来是颇为刺激的！因为大家所感觉到抗战中的祖国，今天所需要

① 伍丹戈：《三十三年四川之交通》，《四川经济季刊》第2卷第2期，1945年4月。
② 《交通部川滇公路管理处设置检查站暂行办法》，载交通部参事厅编《交通法规汇编补刊》上册，大东新兴印书馆1940年版，第185页。
③ 《川陕线驿运管理处违法苛敛鱼肉商民》，《新华日报》1944年8月13日第3版。

的是载重的大卡车,而不是那些坐了兜风的小汽车!在仰光,小汽车根本缺货,但国内人士(不)惜搭乘飞机而来购买小汽车者,仍络绎不绝。据说,从昆明飞仰光,购了一辆小车回来,在昆明出售,除掉飞机票费用,及一切旅费开支,每辆小车可以净赚国币两万元,所以利之所在人皆趋之![①]

抗战期间,交通官员腐败现象比比皆是。不仅在公路管理部门,在航政、航空、驿运等交通运输部门也大量存在腐败现象,不时被披露。

第三,交通管理漏洞百出,这突出表现在汽车驾驶员中有法不依、知法犯法的现象普遍存在。抗战时期交通部和军政部为整顿交通秩序,提高运输效率,制定了许多法规,并给予违法者严惩。如军政部规定:"乘机盗取汽油、汽车零件及一切运输器材,以致减低运输效能,因而影响军运者"应随时移送军法执行总监部依法从严惩办。[②] 交通部也规定:"职业汽车驾驶人不准私带客货。"[③] 实际上,在公路运输中汽车驾驶员知法犯法者大有人在。参政员许德珩就指责:"近年汽车司机,道德败坏,俨然成为抗战时期社会'新贵'。"[④] 当时有人编造了许多顺口溜讽刺那些不法司机,如"马达一响,黄金万两"、"轮胎一滚,钞票一捆"、"喇叭一叫,黄鱼乱跳"[⑤] 等。大量汽车司机违法,说明当时公路管理中存在各种漏洞,国民政府颁布的种种交通法规也难收实效。

由于管理不善,导致交通运输中弊端丛生,漏洞百出,为部分人发不义之财提供了可乘之机,这在公路运输中尤为明显。在抗战期间,由于公路运输十分紧张,造成许多人乘车困难,于是有些人便通过种种非法途径,如收买、贿赂汽车司机,非法搭乘汽车,这些人被称为"黄鱼"。美国人贝克在陕西双石铺地区就遇到许多"黄鱼",他描述道:

　　　所有的卡车,无论公私,无论来去,都会满载"黄鱼",这是那些非法乘客的绰号。绝大多数汽车售票处不超额售票。可是,售

---

① 陆诒:《滇缅路上的华侨司机群》,《新华日报》1941年1月27日第3版。
② 《战时公路军事运输实施规则》(1939年11月),载中央训练团编《中华民国法规辑要》第4册第11编,1941年印,第43页。
③ 《汽车驾驶人管理规则》(1939年9月15日),载交通部参事厅编《交通法规汇编补刊》上册,大东新兴印书馆1940年版,第197页。
④ 秦孝仪主编:《中华民国重要史料初编——对日抗战时期》第4编战时建设(3),台湾"中央文物出版社"1988年版,第1038页。
⑤ 李慕郢:《滇缅公路开放后的见闻》,《云南文史资料选辑》第37辑,第61页。

票处卖过票后，习惯性的法外"交易"就钻出来了。在地下售票处，司机、机械师、他们的助手或亲信就会卖出尽可能多的私票，足以把汽车填满。这些车子老远朝双石铺蹒跚而来时，只见人上有人，码得高高的，活像个用人搭起来的金字塔。在适当地点，司机就把车停下，让"黄鱼"们下车，然后听任交纳养路捐。当一切客户货经检完毕放行时，车子就开到村对面一端，停下来等"黄鱼"上车。①

由于搭载"黄鱼"可以获取暴利，所以有些司机冒险从事私载业务，甚至有人专门从事这种高收入的载人运输，往返浙赣湘黔数次，俨然成为富翁。

总之，战时交通管理机构重叠、管理者的腐败、管理措施失当和经营者的知法犯法，导致国民政府的交通管理效果往往是事倍功半，不能达到预期目的。交通管理效果的低下也严重影响了大后方交通运输业的发展。实际上，进一步深入探究，战时交通管理腐败严重的直接原因与战时交通行政管理统制紧密相关。由于战时交通行政管理高度集权，尤其是交通行政管理部门直接管理企业，导致政企不分，同时交通行政管理人员权力在握，官僚主义严重，导致盲目决策、瞎指挥的现象频频发生。当然，战时交通管理腐败严重的根本原因还是与国民政府的政治体制密不可分。国民政府本来就是一党专政政府，抗战爆发以后，国民政府建立了统制体制，一党专制进一步强化。虽然战时国民政府成立了国民参政会，但该机构只是一个咨询机构，没有实际权力，无法对国民政府进行真正有力的监督。加上，随着战时国家资本的迅速发展，大量政府官员直接参加经济活动，政治权力与经济利益日益紧密结合。因此，战时交通管理日益腐败也就不足为奇了。

三　各方利益的冲突

抗战时期，大后方充斥了各方利益的冲突。在国民政府内部充满了派系斗争，在中央与地方政府之间，充满了中央与地方实力派之间的矛盾，在政府与社会力量之间也充满了矛盾与斗争。就战时国民政府内部来看，抗战时期的国民党政权是一个以蒋介石集团为主，包括新桂系、

---

① 〔美〕格兰姆·贝克：《一个美国人看旧中国》，朱启明、赵叔翼译，三联书店1987年版，第181页。

晋系、川系、滇系等多个政治军事利益集团的混合体，其运行不是依据一定的法律和制度，而是各派系力量的博弈，在体制上远非一个完善的现代化政府。国民党政权内部复杂的派系斗争不可避免地在运输体制中有所反映。由于蒋介石集团在国民政府中居于首要的地位，这也影响了运输管理体制中的人事安排。国民政府战时交通运输管理的主要实权人物诸如俞飞鹏、钱宗泽、宋子良等人都是蒋介石的亲信。据当事人回忆，在西南运输处内也是派系林立，有宋子良的亲信、铁道部调来或交通大学出身的人员、吴琢之的江南汽车公司人马、龚学遂的江西建设厅摊子、军统、华侨六大派别。不完善体制的另一主要表现就是人治色彩浓厚。人治体制中的各机关之间的协调主要不是依靠制度，而是靠重要领导人的个人影响力。为了协调各机关，常常会出现一些重要人物身兼数职的现象。这一特点在国民政府的运输管理体制中体现明显。运输统制局和战时运输管理局的管理人员上至主任（局长）、参谋长，下至各组长、科长，几乎都是兼职的，有的人更是身兼数职。适当兼职有时会便利相关部门的沟通协调，但兼职过多就会造成在其位不谋其政的现象。何应钦以军政部部长兼运输统制局主任，"除有时到局主持会议外，一般并不到局办公"；戴笠以军统局局长兼任运输统制局监察处长，从不到局办公，"即使何应钦亲自主持的局务会议，也从未参加过"。战时运输管理局局长俞飞鹏在兼任交通部部长一职后，即不再过问运输管理局事务，更不到局办公。由于各人都有自己的"根据地"未放弃，当交通运输管理工作遇到麻烦后，这些大大小小的兼职者便纷纷请辞，退回各自的天地。运输统制局的指挥处下辖两组六个科，到后期就只剩下两个科长，其余的组长、科长全都先后回到各自单位去了。① 可以看出，国民政府内部充斥的派系之争肯定会大大抑制政府主导作用的发挥，降低行政效率。

因为各方利益的冲突，不仅战时政府内部充满了派系斗争，而且政府与社会力量之间的关系有时也较为紧张。如前所述，战时国民政府出于应对全面抗战的需要建立的经济统制体制，对大后方金融、工矿业、贸易、粮食、交通等经济领域实行国家统一管理。应该来讲，建立经济统制体制在战时确有必要，但民间对此问题的认识却有一定分歧。就商会来讲，一方面商会出于抗日救国的目的响应政府的经济统制政策，但

---

① 参见贾国雄《论国民政府抗战时期的交通运输管理体制》，《西南师范大学学报》2005 年第 4 期。

另一方面由于统制政策的推行的确损害了工商业者的利益，又遭到工商业者普遍反对。魏文享研究认为，对战时商人团体来讲，身入统制体制又使其面临着内在的角色冲突。在政府监管之下，商人团体不得不履行各项统制政策，其承担的公共职能带有一定的被动性。在战前关于统制问题的讨论中，上海市商会主张之统制与政府之主张几乎南辕北辙，这种对统制的不同理解也会影响到战时政府与商界的沟通与互信。不少统制政策在制订和执行过程中也存在很多问题，损害了工商界的利益和商人团体的积极性。政府基层执法部门在行政过程中的违法违纪现象频繁，也易使商人团体产生抵制情绪，因而在具体的政策实施过程中抱消极态度。政府对商人团体的"责任心"和"积极性"也始终抱着既期待又怀疑的态度。1942 年 3 月 28 日，行政院经济会议秘书处曾致文物资局和经济、社会两部，认为同业公会之"执监委员及职员均为商人，商人重利轻义，鲜有国家观念，其会务之进行自惟本身利益是务，政府经济管制法令与其利益相冲突者当非所乐为"。此外，同业公会经费自筹、领导自选也被认为是不听政府号令的原因之一。为了解决这两个问题，秘书处提出增派监委、书记及补助经费等办法，但却未能全面付诸实施。最终使商人团体在统制体制之中的内在角色冲突难以调适，亦使统制经济的实施绩效大打折扣。[1] 具体就交通行业来讲，战时国民政府对运价进行了严格控制，推行限价政策，的确损害了交通运输业者的利益，遭到了交通行业公会的普遍反对。战时政府与社会力量之间的矛盾归根到底是利益冲突的结果，这种冲突的存在不可避免地会削弱政府在交通发展方面的主导作用。

---

① 参见魏文享《商人团体与抗战时期国统区的经济统制》，《中国经济史研究》2006 年第 1 期。

第五章　大后方交通运输状况分析

第一节　交通线布局

交通线网是交通运输运营生产的物质基础，它主要由线和点两大部分组成。所谓线，是指铁路、水运（河运、海运）、公路、航空、管道五种现代运输方式的交通线——铁路线、公路线、水运航线（路）、航空线、油气管线等；所谓点，指的是为完成运输任务所需的其他各项有关设施——各种车站、港口（包括河、海港口和航空港）、运输枢纽等。各种交通线路布局决定着客、货空间位移的方向（流向），构成整个交通线网的骨架，点则是交通线网的支撑点，而且是运输业运营生产的起点和终点。[①] 本书所说的交通线网布局指交通线网中各种交通线路的空间分布及其技术标准和水平。通过对战时大后方交通线布局进行考察，可以更好地认识战时大后方交通线的空间分布情况及其交通线状况。

一　交通路线布局

大后方各地的地形千差万别，经济发展水平也参差不齐，直接影响了各地的交通运输事业的发展。一般来讲，地势平坦、经济发达地区交通运输线密集，交通运输业发达；反之，交通运输业落后。因此，交通运输线的分布不均是战时大后方交通的重要特点。简单地说，西南地区交通运输线密度大于西北地区，西南地区的交通运输条件也相对较优。

（一）铁路交通线布局

战前西部地区的铁路主要分布在陕西省和云南省，甘肃、宁夏、青海和贵州、广西地区没有一寸铁路。云南有滇越铁路的昆明至河口段、

---

① 参见张薰华、俞健、朱大均《交通经济学》，上海社会科学院出版社1992年版，第10页。

个碧石铁路，四川有北川轻便铁路，陕西有陇海铁路的灵宝至宝鸡段，除去滇越铁路外，总长度约为 570 公里，而到 1935 年全国铁路包括东北铁路在内总长约达 15728 公里[①]，广大西部地区铁路占全国铁路总长度的 3.62%。因此战前国民政府的铁路建设虽然取得了一定的成就，但并未改变中国铁路的分布格局，中国铁路主要还是分布在东北、华北、华东地区。在抗战时期，大后方铁路建设取得一定成就，除了战前的铁路外，相继建成或部分建成了湘桂线、湘黔线、滇缅线、叙昆线、宝天线、咸同支线、粤汉线、綦江线等铁路，使得西部尤其是西南的铁路通车里程得到增加，一定程度上改变了中国铁路分布不均的现状。关于战时大后方铁路线的布局情况见图 6。

从图 6 可以看出，战时大后方铁路主要分布在西南地区，西北地区铁路较少。西南地区的铁路又主要分布在云南、广西等省，而作为大后方中心省份的四川则仅开始修建綦江铁路。实际上，国民政府对在四川修建铁路是很有决心的，早在 1938 年 4 月 1 日的国民党临时全国代表大会上就已决定"四川之成渝铁路，宜亦继续修筑"[②]，以加强成都和重庆之间的联系。为方便四川与陕西之间的联系，1939 年 1 月 21 日，国民党执行委员会第五次全体会议决定"利用陇海铁路拆卸路轨，展筑宝鸡至成都至川陕路"[③]。但这些决议仅留在口头上，未能切实推行，主要是四川的自然条件造成的。四川地形复杂，铁路造价高昂，使得抗战时期四川的铁道建设成效甚微。而在西南的云南和广西则相继修建或部分完成了滇缅线、叙昆线和湘桂线，尤其是湘桂线的建成，对广西经济产生了较大影响。至于西北地区，铁路建设主要集中在陕西，战时陕西修建完成了陇海铁路咸同支线，部分完成了宝天铁路，陕西成为西北地区铁道交通运输中心。

（二）公路交通线布局

抗战前的西部公路建设取得了一定的成绩，但相对于地区面积而言，西部地区的公路密度小，中国公路主要还是集中在华东、华北、华中、华南地区。如 1937 年华东的苏、浙、皖、赣四省和华北地区的冀、鲁、晋、热、察、绥、蒙七省区的公路里程分别为 20628 公里和 24295

---

① 参见张嘉璈《中国铁道建设》，杨湘年译，商务印书馆 1946 年版，第 41 页。

② 《抗战来中央历次会议有关交通建设之决议等案摘要》，《交通建设季刊》创刊号，1941 年 1 月。

③ 同上书，第 333 页。

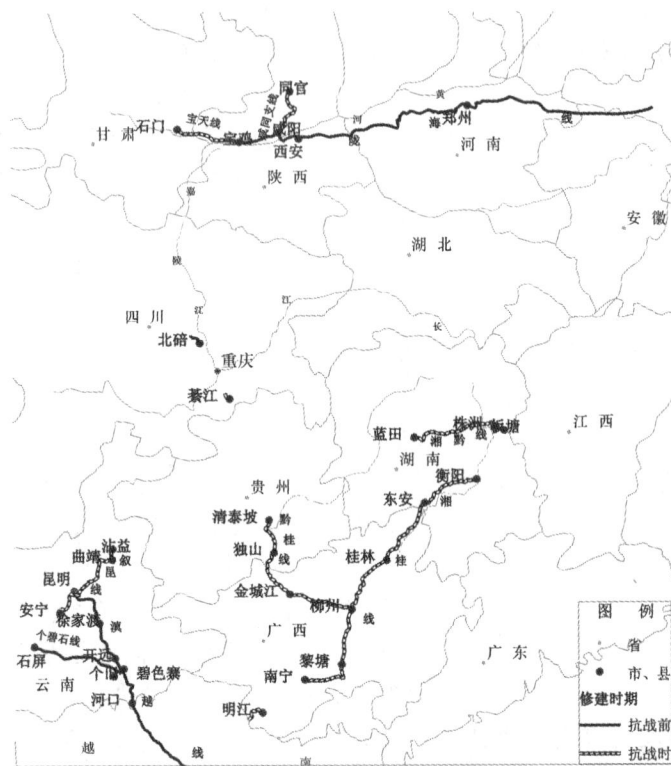

图6　抗战时期大后方铁路分布图

资料来源：据翁文灏《战时交通运输与建设概要》相关材料绘制，参见章伯锋、庄建平主编《抗日战争》第5卷经济，四川大学出版社1997年版，第468—470页。

公里，分别占全国公路总长度的19%和22%①，而面积广大的西部十一省的公路总长度只占中国公路总里程的26%。可见相对于华东和华北地区，西部地区的公路密度仍然较小。在抗战期间，国民政府在西南和西北地区建成以重庆和兰州为中心的一些干线公路，如重庆—贵阳，重庆—万源，重庆—绵阳，重庆—沅陵，下关—畹町，贵阳—长沙，川滇公路东线与西线，川陕公路的西线、中线与东线，兰州—西安，兰州—银川，兰州—乌鲁木齐，兰州—西宁，兰州—绵阳，宝鸡—平凉等等公路。在这期间，共新建有3.5万公里公路。通过大规模的公路建设，中

————————

① 参见中国第二历史档案馆编《中华民国史档案资料汇编》第5辑第2编财政经济(9)，江苏古籍出版社1994年版，第290—292页。

国公路分布不均的格局有所改变。

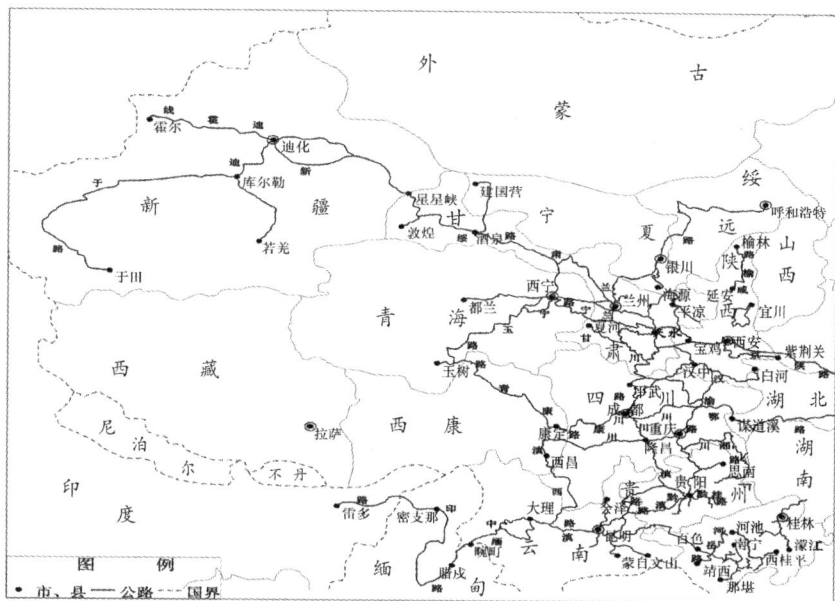

图7　抗战时期大后方公路分布图

资料来源：据王立显主编《四川公路交通史》（四川人民出版社1989年版，第131—158页）、孙代兴和吴宝璋主编《云南抗日战争史》（云南大学出版社1995年版，第229—233页）、夏润泉主编《贵州公路史》（人民交通出版社1989年版，第171页）、周治教主编《陕西公路史》第1册（人民交通出版社1998年版，第133—135页）、陈琦主编《甘肃公路交通史》第1册（人民交通出版社1987年版，第233—253页）、欧华国主编《青海公路交通史》第1册（人民交通出版社1989年版，第267—281页）、杨再明和赵德刚主编《新疆公路交通史》第1册（人民交通出版社1992年版，第45—66页）相关材料绘制而成。

从图7可以看出，战时大后方各省的新修公路分布情况，公路线以四川和甘肃最为集中，公路密度相对较大。四川战时新建公路3055公里[1]，通过战时大规模公路建设，四川已形成公路网，川滇东路、西祥路与云南公路相连，汉渝路、甘川路与西北的陕西、甘肃公路相接，四川成为大后方公路交通枢纽。四川成为战时后方公路交通枢纽的原因在

---

① 另据《四川省志·交通志》上册记载，战时四川新建公路3944公里。参见四川省地方志编纂委员会编《四川省志·交通志》上册，四川科学技术出版社1995年版，第149页。

于战时国民政府各主要部门迁入四川，以重庆为陪都后，川省作为战时大后方主要基地的作用至为突出。由于四川战时铁路交通落后，水运仰赖川江航运，公路就成为主要依靠的近代化交通线，既要使西南和西北相联络，又要沟通国际运输路线，以适应繁重的运输需要。地处西北腹地的甘肃，截至 1945 年 8 月共修通干、支线公路 26 条，修通里程为4501.7 公里。① 战时通过甘新路、甘青路、华双路、甘川路把西北的新疆、陕西、青海以及西南的四川连接起来，成为西北公路交通枢纽。

（三）内河航线布局

战时大后方内河航线布局受降雨量的影响，西南地区内河航运较西北地区发达。从河流来讲，西南地区的内河航线又多集中于川江及其支流，包括干流川江及其支流岷江、大渡河、青衣江、沱江、嘉陵江、涪江、渠江、乌江、綦江、赤水河、南广河和关河等。从省份来讲，西南地区的航线又多分布在四川和广西，尤其是川江航运最为发达。到 1944 年，长江区航政局所辖的 29 条航线，在四川的就有 21 条，航线里程为 4353 公里，占长江区所辖航线里程的 82.2%。珠江区航政局在广西的航线有 8 条，航线里程有 2804 公里，占珠江区总航线里程的 65.4%。② 在广大西北地区，由于气候干旱，河流数量少且流量小，内河运输远不如西南地区发达。西北地区的水运线主要分布在甘肃、宁夏、陕西的黄河及其支流渭河流域，水上运输工具主要是木船和羊皮筏，运输里程普遍较短，运量有限，在战时的西北交通运输中不占主要地位。

战时的重庆由于特殊的自然条件和政治经济地位，成为大后方内河航运的中心。重庆在战前仅有轮船 56 艘，约 2 万吨，到 1941 年 6 月止重庆区（川江流域）有轮船 226 艘，共 64033 吨，比战前增加了 2 倍多。③ 抗战期间，为便利军政人员、学校师生、工厂职工以及商旅的交通贸易，促进后方经济发展，民生公司在重庆地区开辟了以客运为主的短期航线。主要有：重庆至白沙线、重庆至江津线、江津至合江线、泸县至合江线、重庆至涪陵线、重庆至长寿线、重庆至洛碛线、重庆至唐家沱线、重庆至寸滩线、重庆至合川线、重庆至北碚线、重庆至童家溪

---

① 参见甘肃省公路交通史编写委员会编《甘肃公路交通史》第 1 册，人民交通出版社1987 年版，第 227 页。

② 参见《各航区所辖航线里程及行驶船舶艘吨数》，载交通部统计处编《中华民国三十三年交通部统计年报》，1946 年印，第 169 页。

③ 参见王洸《五年来之长江区航政》，《交通建设》第 1 卷第 20 期，1943 年 12 月。

线、重庆至磁器口线、万县至云阳线等。① 通过这些航运线，将重庆城区与郊区紧密联系起来，形成纵横发达的内河运输网，极大地便利了民众的出行，也促进了战时重庆城市的发展。

（四）航空线布局

抗战以前，由于上海是中国的经济中心，中国航空公司和欧亚航空公司总部又都设在此地，所以上海是中国航空运输的中心。抗战爆发后，中国航空公司于1938年1月将总部迁往重庆，欧亚航空公司总部迁往昆明，大后方民用航空运输得到了迅速发展。关于大后方民用航线分布情况见图8。

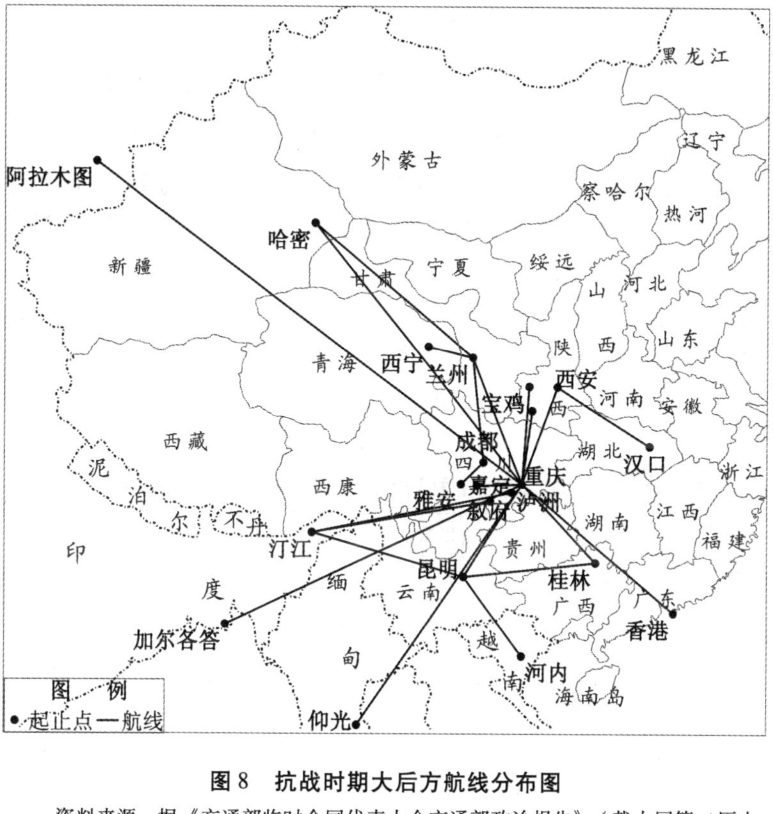

图8　抗战时期大后方航线分布图

资料来源：据《交通部临时全国代表大会交通部政治报告》（载中国第二历史档案馆编《中华民国史档案资料汇编》第5辑第2编财政经济（10），江苏古籍出版社1997年版，第78—79页）、四川省地方志编纂委员会编《四川省志·交通志》（下）（四川科学技术出版社1996年版，第302—303页）相关材料绘制而成。

① 参见袁智《烽火岁月中的民生公司》，载中国人民政治协商会议西南地区文史资料协作会议编《抗战时期西南的交通》，云南人民出版社1992年版，第280—281页。

从图 8 可以看出，重庆是大后方航空运输的中心。中国航空公司先后开辟了重庆至香港、重庆至昆明、重庆至成都、重庆至宜昌、重庆至嘉定、重庆至贵阳、重庆至西安、重庆至汉中等国内航线，欧亚航空公司也加入运营重庆至香港航线，重庆成为国内航空运输中心。不仅如此，战时重庆还是重要的国际航空枢纽。1939 年 3 月重庆至哈密线开通，该线在哈密与后来中苏航空公司经营的哈密至阿拉木图线衔接，实现了重庆与莫斯科的通航。香港沦陷后，中航开辟了重庆至加尔各答线，通过该线可以飞往伊朗、伊拉克、约旦、巴勒斯坦、埃及、巴西、美国、西班牙、英国和法国。此外，抗战后期，在中国战区与盟国的陆路交通被切断的情况下，中国航空公司利用美国先后提供的 90 余架飞机，承担了飞越世界屋脊喜马拉雅山的"驼峰"航线（汀江—昆明、汀江—宜宾—重庆）空运任务，共飞行 8000 客架次，运送人员 3 万客人次。运输各种作战物资 7 万余吨。[1] 因此，抗战期间大后方的航空线以重庆为中心，呈辐射状分布。战时重庆的航空中心地位方便了重庆与国内各地和世界主要国家的经济文化联系，推动了重庆城市的发展。

（五）驿运线布局

抗战时期大后方地区的驿运发展很快，成为继公路、铁路以及内河航运之后的又一重要交通运输方式。到 1942 年底抗战时期大后方各省的主要驿运路线分布情况如表 10 所示。

表 10　抗战时期大后方各省的主要驿运路线及里程表（1942 年底止）[2]

省份	支线数	公里数	省份	支线数	公里数
广西	11	961	云南	1	412
四川	3	2067	陕西	12	1854
甘肃	7	3476	宁夏	缺	缺
西康	缺	缺	贵州	8	1417

资料来源：陆士井主编：《中国公路运输史》第 1 册，人民交通出版社 1990 年版，第 347—348 页。

---

[1] 参见重庆市地方志编纂委员会编《重庆市志·民用航空志》，成都科技大学出版社 1994 年版，第 389 页。

[2] 另据《国民政府年鉴》统计，到 1944 年 6 月止，四川驿运支线长度只有 388 公里，云南支线长 2808 公里，西康支线长 2295 公里，青海支线长 1800 公里，广西支线长 3017 公里。这与表中列的数字有很大出入。参见行政院编《国民政府年鉴》上册，1944 年印，第 16—17 页。

从表 10 可以看出，大后方地区的驿运路线以四川驿运支线里程最长，达到了 2067 公里，四川战时开辟的驿运干、支线里程共计 11519.5 公里，四川占全国开办驿运的 16 个省份驿运总里程 52600 多公里的 22%。从 1940 年至 1944 年底，四川驿运支线共运货 253462.599 公吨①，占全国 16 个省份驿运支线运货总量 1756254 吨的 14.43%，为同期汽车运输量的 120%，周转量达 456876200 吨公里。投入的运力上干、支线人畜力车 31985 辆，其中自制 7685 辆，长期征雇 24300 辆，征雇运夫 64700 人。② 与之相比，抗战时期的贵州共有水运驿线 4 条，陆运驿线 11 条，总长 3398 公里。驿运机构先后添设人力胶轮板车 3834 辆，畜力胶轮板车 389 辆，人力胶缘板车 4646 辆，木船 705 只，运量总计达 6 万多吨。③ 陕西有驿运支线 5 条、联络线 5 条、俯线 2 条、水运线 1 条，总计驿运营运里程 2137 公里。④ 因此，抗战时期的四川成为大后方的驿运中心。

二 交通路线的技术标准与等级

（一）铁路多以旧料修建而成，轻便铁路占有一定比例

抗战时期大后方铁路建设由于受交通器材短缺的制约，部分铁路系用旧料拼凑而成。湘桂铁路分为衡桂、桂柳、柳南和南镇四段分别修建，衡桂段所用的钢轨、枕木、钢梁等都是由九龙运来的。至于桥梁工程，衡阳湘江大桥长 400 多米，钢桁梁下部须用水泥墩座。由于武汉沦陷，水泥缺乏，桥墩筑出水面后停止进行，另筑一座便桥，以运输机车车辆和笨重器材。其他沿线桥梁都用木质便桥。桂柳段工程所用钢轨、螺钉等材料使用浙赣、粤汉、湘黔各路拆除的旧料。柳南段的柳州至来宾段 69 公里，利用粤汉线拆下的轨料。柳南段工程材料一部分向法商、

① 参见洪喜美《抗战时期四川之驿运》，《"国史馆"馆刊》1989 年第 6 期。
② 参见郑天贵、张豫西《战火纷飞话蜀道》，载西南地区文史资料协作会议编《抗战时期的西南交通》，云南人民出版社 1992 年版，第 154 页。
③ 参见林国忠《贵州战时交通》，载西南地区文史资料协作会议编《抗战时期的西南交通》，云南人民出版社 1992 年版，第 163—165 页。
④ 参见陕西省地方志编纂委员会编《陕西省志·公路志》，陕西人民出版社 2000 年版，第 387 页。

捷商赊欠，一部分利用胶济、津浦存料，一部分现款购置。① 黔桂铁路所需材料也"大抵仰给于其他铁路，主要者为湘黔铁路，计可用之钢轨凡二百七八十公里，但黔桂至独山全线需统计四百五六十公里，故不敷之数，只得向各沦陷路收用，其中一部分系向湘桂铁路收用南镇段路轨计七十余公路，一部分系向粤汉铁路收用曲江以南之路轨约四十余公里，及长沙以北之路轨数公里，尚有一部分则收用浙赣铁路樟树一带之路轨，约四五十公里，另有一部分系向新宁铁路在台山一带收用计长约一百公里，至于其他材料，如道钉枕木等，大都亦由湘黔拨用"②。经过交通部多方努力，共搜集到湘黔和南浔铁路铁轨各 62 英里，粤汉铁路北段 22 英里，南段 30 英里，浙赣铁路 63 英里，南镇 50 英里。③ 叙昆路昆明至曲靖段系采用滇越铁路河口至碧色寨段旧轨铺成。陇海铁路自 1940 年至 1942 年的三年间，为补充铁路所需材料，"一面在渝昆及陕豫各地零星收购，一面利用废料，设法改造，一面研究代替物品，以资维持"④。

筑路材料多由旧料拼凑而成，导致铁路不符标准，影响了行车安全和效率。湘桂铁路由于筑路材料系采用其他铁路拆除的旧料，使得"吨位参差，联接铺设极感不易，纵有偶合标准重量者，为状亦多弯曲，或竟深遭锈蚀"⑤。不仅铁路材料来源多用旧料，而且多数铁路未能按计划完成任务，因此铁路残缺不全。截至 1942 年，各铁路工程的完成情况分别为：成渝铁路完成全线的 44.9%（7 月底止），滇缅铁路完成全线的 60%（3 月底止），叙昆铁路完成全线的 38.47%，黔桂铁路完成全线的 59.5%。⑥

此外，在大后方铁路中，轻便铁路占有一定比例。关于战时大后方轻便铁路情况见表 11。

---

① 参见《交通部拟交通方案》，载中国第二历史档案馆编《中华民国史档案资料汇编》第 5 辑第 2 编财政经济（10），江苏古籍出版社 1997 年版，第 6 页。
② 侯家源：《黔桂铁路建筑经过及新路建筑问题》，《交通建设》第 1 卷第 7 期，1943 年 7 月。
③ 参见张嘉璈《中国铁道建设》，杨湘年译，商务印书馆 1946 年版，第 180 页。
④ 陆福廷：《最近三年来之陇海铁路概况》，《交通建设》第 1 卷第 3 期，1943 年 3 月。
⑤ 石志仁：《最近三年来之湘桂铁路概况》，《交通建设》第 1 卷第 3 期，1943 年 3 月。
⑥ 参见《最近三年来新路工程进展表》，载杨承训《最近三年来之全国铁路概况》，《交通建设》第 1 卷第 3 期，1943 年 3 月。

表11　　　　　　　　　　大后方轻便铁路通车里程表　　　　（单位：公里）

铁路	起止地点	里程
英豪轻便路	英豪镇—矿区	45
个碧石轻便路	碧色寨—石屏；鸡街—个旧	178
宝双轻便路	宝鸡—双十铺	102
北川轻便路	白庙子—黄桷树	15
合计		340

　　资料来源：副表9《滇越铁路华段及各轻便铁路通车里程》，载交通部统计处编《中华民国三十一年交通部统计年报》，1944年印，第25页。

　　从表11可以看出，大后方轻便铁路总长度为340公里，占抗战时期西部新修铁路总长度的18.2%。[①] 战时修建大后方轻便铁路的主要原因是，轻便铁路的修建成本相对普通铁路成本较低，也适应了后方特殊的地形条件。但轻便铁路标准较低，运力也不能同普通铁路相提并论，这也影响了整个大后方铁路运力的大幅度提高。

　　（二）公路网等级、质量和适应性偏低

　　战时大后方的公路路况普遍较差，尤其是支线公路，行车速度缓慢。造成战时大后方公路损坏的原因有五方面："排水不良"、"路基不良"、"休养缺乏"、"重车撞击"和"军事破坏"[②]。在战时公路工程的标准中，军事专用公路，主要路线宽度在10公尺以上，次要路线宽度在5公尺以上。对于民用公路，全国经济委员会《公路工程暂行标准》规定："甲等路宽十二公尺用于干线，乙等路宽九公尺用于干线或支线，丙等路宽七·五公尺用于支线。"[③] 就西北公路来看，《西北公路三十年度改善工程标准》规定穿过街市路线宽度最小应有6公尺，在平原区为7.5公尺，丘陵区及山岭区为6公尺，工程特别艰巨地段，可采用4.5公尺之单车道。"路线之平曲线最小半径在山岭区不足十五公尺者，一律改为十五公尺，如工程艰巨之过头湾道上，得酌减少五分之一，即最小半径为十二公尺。"[④] 但在实际修建过程中，公路的工程标准有所降

---

①　抗战时期西部地区新修铁路总长度累计为1868公里。参见翁文灏《战时交通运输与建设概要》，载章伯锋、庄建平主编《抗日战争》第5卷，四川大学出版社1997年版，第468—470页。

②　李灵芝编：《战时公路交通》，国防书店1938年版，第13—14页。

③　同上书，第7页。

④　《西北公路三十年度改善工程标准》，《交通建设》第2卷第4期，1944年4月。

低。正如西北公路局所言："本局现辖各路，以原兴建机关不同，故所采标准亦异，亦有因兴建之初，限于工款，至未能悉照标准施工，以后虽经改善，亦未能达预期标准者。本局接管之初，为划一起见，经拟定各路改善工程标准，及通用范围，通饬各所属遵照办理，时经两年，各路工程情况，虽已有所改善，终以财力限制，仍复未能贯彻预期。"[①]西南公路，情况也是如此。西南公路局言："本路各线路基建筑，标准不一，宽者在九公尺以上，窄者竟不及三公尺。曲线坡度，亦多不合规定。良以筑路之始，各省各自为政，筑路经费，亦复多寡不等。"[②] 如乐西公路工程因受经费限制，丙级路标准酌予降低，即：石方路基宽度为 4.5 米，最大纵坡提高至 10%，路面宽减为 3.5 米，坚石开山地段不铺设路面，桥梁亦允许因地制宜建筑临时式，载重 7.5 吨至 10 吨[③]，乐西公路第一期工程即算完成。1941 年 2 月 1 日由交通部公路总管理处处长赵祖康主持通车，14 日到达西昌，汽车在途共行驶 36 小时，平均时速 14 公里。[④] 康青公路甘孜至青梅歇武寺段于 1944 年 10 月完成后，全路段粗通，路基宽 6—7 米，最大纵坡 9%。该段车速的去程平均时速16.8 公里，回程 14.4 公里，每日行程二三十公里至七八十公里不等。[⑤]河岳公路于 1937 年 12 月完成，但路况很差。高峰至田州段于 1939 年 4月兴筑，至 1940 年 2 月，平岳段竣工，高田段边通车边修建，于 1939年 11 月竣工。完成的路基纵坡有 17%，桥面狭窄，有待改进。

在战时大后方公路中，部分只是土路，未铺路面，属于简易公路。具体情况见表 12。

表 12　　　　　　　　**1944 年大后方各省公路情况表**　　　　（单位：公里）

省份	里程	有路面	土路	土路占总里程百分比（%）
四川	6377	4789	1588	24.90
西康	1624	628	996	61.33
陕西	4390	975	3415	77.79
甘肃	5707	2081	3626	63.54
青海	3085		3085	100

---

① 凌鸿勋：《西北公路三年来工程与管理》，《交通建设》第 2 卷第 4 期，1944 年 4 月。
② 康时振：《抗战期中之西南公路工程与管理》，《交通建设》第 2 卷第 4 期，1944 年 4 月。
③ 参见王立显主编《四川公路交通史》上册，四川人民出版社 1989 年版，第 149 页。
④ 同上书，第 151 页。
⑤ 同上书，第 157 页。

续表

省份	里程	有路面	土路	土路占总里程百分比（%）
广西	5650	5074	576	10.19
云南	4291	2373	1918	44.70
贵州	2893	2873	20	0.691
宁夏	2344		2344	100
新疆	5332		5332	100
全国总计	128749	48331	80418	62.46

资料来源：《全国公路里程》，载交通部统计处编《中华民国三十三年交通部统计年报》，1946年印，第92页。

从表12可以看出，路况条件相对较好的省份主要集中在西南的贵州、广西和四川，三省的路况均好于全国平均水平。而西北各省公路路况普遍较差。其中路况最好的省份是贵州，公路几乎全部铺有路面，土路仅为20公里，土路仅占公路总里程的0.691%。其次为广西，土路长度为576公里，占公路总里程的10.19%。以下依次为四川和云南，土路占公路总里程比例分别为24.9%和44.7%。路况最差的省份主要为青海、宁夏和新疆，三省的公路均为土路，未铺设面。造成西北地区公路多未铺设路面的原因是多方面的，一是西北地区地势相对平坦，稍加修建就可建成简易公路，二是西北地区经济相对落后，没有更多资金改善简易土路。与之相比，西南地区由于地势崎岖，多数公路需要铺设路面后才可行车。另外，西南地区总的公路里程相对西北地区少，铺设路面所需的资金相对也较少。因此，西南地区的公路路况相对西北地区较好。

（三）内河航道水深条件差

抗战时期大后方内河航道经过整治，较战前航运能力有很大提高。抗战期间，国民政府对西部内河航道进行了大规模的整治，以适应大量运输军需民用物资的需要。这些整治的内河航道包括国际运输航道和重要的军事运输及物资运输航道。经过整治，大后方内河航道条件有所改善。如川江的筲箕背位于宜宾下游43公里处，是川江渝叙段著名险滩。滩长4公里，分左右两漕，左漕宽而浅，右漕曲折成S形，漕狭流急，航行极险。1944年至1945年，经两期整治，基本上获得枯水期航深2.5米、宽60米之顺直航道，使轮船终年安全航行。[1] 至1944年，岷

---

① 参见王绍荃主编《四川内河航运史》，四川人民出版社1989年版，第266—267页。

江工程即告一段落。为考核整治效果，岷江水道工程处会同航政局宜宾
办事处、民生公司等有关机构组成勘察队，于同年 2 月 17 日，自宜宾
出发，对治理后的各处险滩进行实测，结论是：水流过曲及过陡之处均
有改善，碍航礁石基本炸除。犍为以下各滩最浅水深已达 1.3 米，吃水
3.5 英尺以下之小汽轮已可通行。宜宾至乐山的船只往返原需 8 日，现
只需 6 日，船只载重量自 28 吨增至 50 吨。失事次数减少 28%—
72%。① 马边河为岷江支流，自马庙溪至河口一段，计长 26.3 公里，有
大小险滩 40 处。洪水时期波涛汹涵，影响通航，枯水时期水深不足，
航行尤感困难。黄河水利委员会于 1940 年 5 月组成马边河勘察队，自
乐山出发查勘该河水道。1941 年初，扬子江水利委员会岷江水道工程
处实施整理。经过整治，水深由 3 公寸增至 7 公寸，煤运已畅通无阻。
1941 年 3 月最高载重为 11 吨，最低为 6 吨，1942 年 3 月最高载重为 17
吨，最低为 11 吨，两相比较，增长几达一倍。②

　　但不可否认的是，战时大后方内河的通航条件仍然较差，通航河段
不长，受季节影响明显，河道不深，大型轮船难以航行，多航行木船。
川江重庆至宜昌段为西南主要干流航道，通航能力最强，5 月初至 11
月中旬的洪水期能够满足长 235 英尺吃水 10 英尺的轮船通航，长 140
公尺吃水 6 公尺可终年通航。川江重庆至宜宾段由于航道相对较浅，通
行轮船吨位相对较小，长 40 公尺吃水 2 公尺的轮船可终年通航。岷江
乐山至宜宾段在洪水期可通航轮船，但枯水期仅能通航民船，成都至乐
山段航道能通航载重 2 万斤木船，大渡河则只能通航木筏。沱江内江至
泸县段可通航 3 万余公斤的木船，内江至赵家渡通航 3 万公斤以下木
船，赵家渡至灌县段只能在洪水期通航木船。嘉陵江重庆合川段能通航
吃水四五尺载重二三十吨的汽轮，涪江作为嘉陵江支流通航能力更差，
中坝至太和镇段可通航 1 万公斤的民船。③

　　（四）机场以军用机场的修建较多

　　抗战期间，出于发展大后方民航运输和支持抗战的需要，国民政府
会同地方政府在大后方大规模修建、扩建了机场，也推动了战时大后方
航空运输业的发展。云南省在战时共修建机场 52 处，满足了飞机起飞

---

① 参见王绍荃主编《四川内河航运史》，四川人民出版社 1989 年版，第 286 页。
② 同上书，第 291 页。
③ 参见蒋君章《西南经济地理》，商务印书馆 1945 年版，第 341—344 页。

降落的需要。① 其中大型机场主要有：昆明巫家坝机场，1937 年 10 月 6 日开始扩建，每天雇佣民夫千余人修建，扩建工程该年底竣工，机场总面积达 1950 亩。1945 年再次扩建，面积达到 4875 亩。保山机场，1938 年扩建，征工 2 万人，将跑道延长到 1200 米，宽 80 米。1941 年 8 月再次扩建。1944 年为配合中国远征军反攻缅北，又征近 10 万民工组织紧急抢修保山机场。思茅机场，1943 年 9 月扩建，征调民工 3000 人加两个工兵营，1944 年竣工。② 在贵州，战时先后动工兴建的机场有易厂坝机场、都匀机场、贵阳机场、独山机场、铜仁机场、思南机场、安顺机场、清镇机场、遵义机场、黄平机场、三穗机场。③ 为适应日益增大的客货运输量和长期抗战的需要，国民政府航空委员会在四川修建了 12 个机场。

在战时大后方修建、扩建的一系列机场中，军用机场占据了较大比重，其中最为明显的是四川"特种工程"机场的修建。特种机场完成后，从 1944 年 6 月开始到 1944 年 12 月止，美军 B—29 轰炸机从"特种工程"机场出发先后多次轰炸日本本土及殖民地④，但"特种工程"的修建耗费了大量人力、物力和财力⑤，加重了四川人民的负担，间接影响了战时大后方经济。加上美军飞机由成都机场起飞实施对日轰炸属于远程轰炸，飞行距离太长，耗油量大，造成物资补给困难，也影响了

---

① 参见云南省地方志编纂委员会编《云南省志·交通志》，云南人民出版社 2001 年版，第 669 页。

② 同上书，第 670—678 页。

③ 参见林辛《贵州近代交通史略》，贵州人民出版社 1985 年版，第 169—170 页。

④ 到 1944 年 12 月止，美军 B—29 轰炸机从"特种工程"机场出发多次远程轰炸日本本土及殖民地，究竟轰炸次数有多少，笔者由于资料限制无法统计。胡越英根据重庆《大公报》的相关报道统计出共 20 次（见胡越英《川西 B—29"特种工程"研究》，硕士学位论文，四川大学，2003 年，第 37 页）。

⑤ 在 1944 年 1 月 24 日"特种工程"开始修建时，国民政府行政院副院长孔祥熙就致电美国财政部长毛根韬，称"现在估计须用于建筑成都及其附近之飞机场及有关工程之款，当达四十亿元，等于五十元之钞票八千万张，或二十元之钞票二万万张，前者须六十次飞行，后者须一百五十次飞行，始可由印运华。……为建筑成都及其附近之飞机场用费，既须增加，据估计将使核准总数超过一百亿元，根据现价汇率计算，此数已等于五亿美元之数。由于费用巨大，影响战时四川经济尤其大，"自成都建筑机场之消息于元旦传出，为供应五十万工人收购四个月所需米粮一百万担之事开始以来，成都米价已上涨四分之一矣"。参见《行政院副院长孔祥熙自重庆致美国财政部长毛根韬详述中国于极端困难之环境下从事建筑盟军机场之努力情形与因负担此项庞大支出以致通货继续膨胀之实情并对毛财长质询各点予以解释函》（1944 年 1 月 24 日），秦孝仪主编《中华民国重要史料初编——对日抗战时期》第 3 编战时外交（1），台湾"中央文物供应社"1981 年版，第 365—366 页。

特种机场军事作用的发挥。① 与其巨大的消耗相比，修建"特种工程"可以说是得不偿失。因此，战时大后方机场在推动经济发展方面所发挥的作用是相当有限的。

三 交通线路的空间分布

（一）交通线里程的地域分布

由于自然条件和开发历史等原因，大后方交通网的地域分布很不平衡，水运交通集中分布于西南的长江流域和珠江流域，而西北的内河航运主要分布于黄河上游流域和汉江流域。西北地区陆路交通大多集中分布于甘肃的河西走廊、关中平原、汉中盆地，这些地区也由于具有较好的人类生存和交通建设条件，其交通线数量与密度也远超过周围的山区和高原。

在大后方各省区中，四川和陕西的交通线里程为最多。其中四川内河航运发达，而陕西的陆路运输相对发达。在内河航运方面，长江区航政局在四川区域包括重庆一共设有六大航运办事处，即万县办事处、泸县办事处、宜宾办事处、合川办事处、南充办事处和广元办事处，所辖的航线共有20条，航线里程合计4077公里。珠江区航政局在广西设有河源办事处和桂平办事处，所辖航线有16条，航线里程合计3637公里。② 至于广大西北地区，交通部并未设立专门的航政管理机构。因此，内河航运线的分布集中在西南尤其是四川的长江上游流域和广西的珠江上游流域。

在陆路交通线分布方面，由于西南的四川、广西和西北的甘肃、陕西、新疆位置重要，公路线分布相对较广，交通运输落后的地区基本上都分布在西康、青海和宁夏。关于大后方各省公路里程的地域分布见图9。

从图9可以看出，1944年大后方各省中，以四川的公路里程最长，达到了6377公里，占全国公路里程的4.95%。其次为甘肃，公路里程长达5707公里，占全国公路总里程的4.43%。以下依次为广西、新疆、陕西。公路里程最短的为西藏，仅为1050公里，占全国公路总里程的0.816%。

---

① 战后，美军战略轰炸调查部门，总结了在华B—29型飞机的使用价值。"这不能确保其所承担的牵制作用，如果把B—29机所使用的燃油及供应物资提供给第十四航空队，用以扩充它的战术进攻及攻击敌人舰队，可能更有效。"《飞虎将军陈钠德回忆录》，王湄等译，浙江文艺出版社1998年版，第385页。

② 根据《各航区所辖航线里程及行驶船舶艘吨数》表计算而成。参见交通部统计处编《中华民国三十三年交通部统计年报》，1946年印，第169页。

里程（公里）

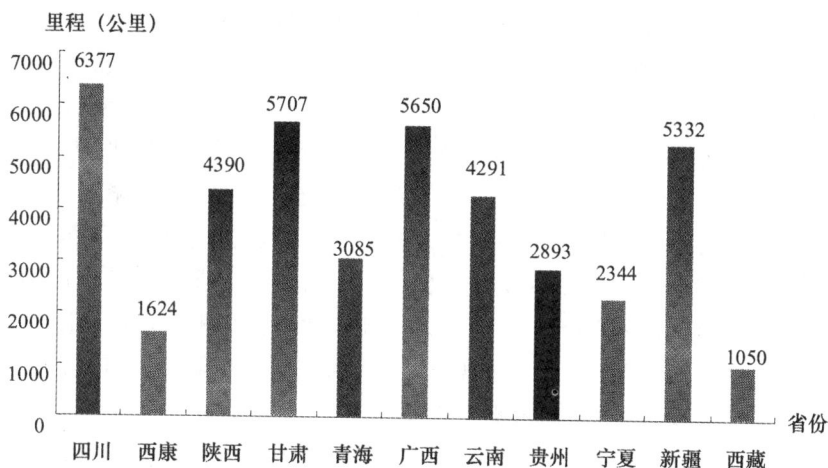

图9 1944年大后方各省建成公路里程柱状图

资料来源：《全国公路里程》，载交通部统计处编《中华民国三十三年交通部统计年报》，1946年印，第92页。

（二）交通网密度的地域分布

大后方交通网分布的另一个重要特征是地区公路网密度相差悬殊。在1944年，大后方各省的公路密度如图10所示。

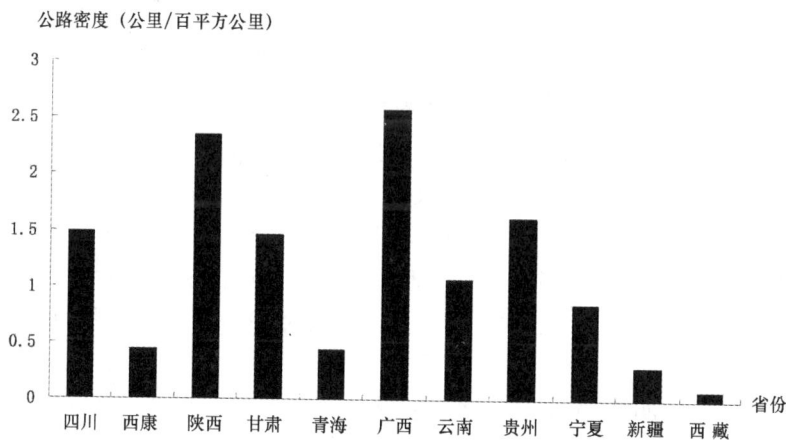

公路密度（公里/百平方公里）

图10 1944年大后方各省公路密度柱状图

资料来源：《全国公路里程》，载交通部统计处编《中华民国三十三年交通部统计年报》，1946年印，第92页。

从图 10 可以看出，广西省公路网密度为大后方各省之首，每百平方公里有交通线 2.5808 公里，约为全国平均水平的 2.32 倍。其次为陕西，公路密度为每百平方公里有交通线 2.3423 公里。密度最低的为西藏，仅为每百平方公里有交通线 0.0864 公里，公路密度均不足全国平均密度的 7.76%。公路密度的地域分布趋势，与整个交通密度分布大致相同。

大后方各地交通网密度差别很大的原因主要是各地自然条件的影响所致。以一般修建 1 公里的铁路为例，在土石方量方面，丘陵和山地分别比平原多 1 倍多和 1.5—2 倍；所要修建的桥梁和隧道总长度（延米），丘陵与山地分别要比平原增加 3—4 倍和 6—10 倍；所需造价，丘陵和山地分别要比平原高 50%—80% 和 1.2—2 倍。在少数山区特别不利的地形条件下，其工程量和造价还要更多。因此，在没有特殊需要的情况下，线路往往都选建在自然条件较为有利或便于修建的地形单元和地形部位上，如平原、缓丘、山间盆地、河谷和哑口等处。这些地方大多也是较适于人们生活和从事各种生产活动之处，人口较为密集，经济发展水平相对较高，对交通运输的需求也较多。可见，自然条件也在不同程度上直接或间接地对交通网的分布与密度产生影响。[①] 由于大后方各地自然条件差距巨大，四川省的经济尽管在大后方各省中最为富庶，但限于地形的复杂，铁路交通依然落后，因此，四川在抗战时期主要是大力发展内河航运和驿运，以弥补铁路运输之不足。

（三）交通网络的地域系统

大后方地区由于地域广阔和自然条件的限制，交通网络客观上也形成了相对独立的、内部联系比较紧密的若干个地域系统。

（1）以重庆为中心，以川江—航空为主的交通运输网络系统。战时重庆的对外交通运输线，水道主要有渝嘉、渝宜、渝合、渝碚、渝沙、渝童、渝唐、渝李、渝叙、渝磁线，陆路有渝成、渝筑、渝老、渝广、渝宝、渝宁绥、渝遂、渝兰、渝迪线，航空主要有渝迪、渝兰、渝蓉、渝昆、渝加、渝宝、渝甘线。[②] 通过这些交通线，重庆与外界的沟通较方便。

（2）以昆明为中心，由滇缅公路、滇缅铁路和驼峰航线构成的交通运输网络。战时昆明因战略地位重要成为重要交通枢纽。铁路方面有

---

① 参见陈航主编《中国交通地理》，科学出版社 2000 年版，第 9 页。

② 参见黄友凡、彭承福等《抗日战争中的重庆》，西南师范大学出版社 1986 年版，第 54 页。

滇缅、叙昆、滇越三路与之相通；公路则有滇缅、川滇东路、滇越等重要公路与之相连；航空方面，昆明是中央航空公司总部所在地，抗战后期是驼峰航线的终点站之一。因此，昆明也是战时西部的铁路、公路、航空中心之一。

（3）以西安为中心，以关中为主体的关中—陕北交通网络系统。其中，关中平原地区交通线十分密集，为全西北交通网密度最大的地区。本网络系统由陇海铁路以及西兰线组成。陇海铁路不仅是区内的交通主轴线，而且也是对外交通的最主要通道。

（4）以兰州为中心的河湟谷地—兰州盆地—河西走廊交通网络系统。甘川、西兰、兰宁公路经过兰州，成为连接新疆与陕西和重庆的重要通道。其中甘新公路横贯本区，为本网络系统的主轴线，也是与其他系统相沟通的主要交通线。

第二节　大后方运输布局

旅客和货物在空间的位移就是运输业的产品。无论是客运还是货运，都包括流量、流向、运输距离和旅客或货物构成，它们都在一定程度上反映着一个国家或地区的国民经济特点、经济发展水平和交通运输满足国民经济需要的程度。所以，研究客货货流分布及其发展变化的趋势和规律，对于交通运输合理布局至为重要。[1]

一　运输规模与构成

抗战时期，交通部所属国营铁路、公路航空和内河航运运输的运量如表13所示。

表13　　抗战时期国营交通部门客货运运量表（1937—1945 年）

年份	客运量（千人）	客运周转量（千延人公里）	货运量（千吨）	货运周转量（千延吨公里）
铁路	130165	13589929	40608	6785371

---

① 参见张薰华、俞健、朱大均《交通经济学》，上海社会科学院出版社1992年版，第17页。

续表

年份	客运量（千人）	客运周转量 （千延人公里）	货运量（千吨）	货运周转量 （千延吨公里）
公路	20272	2520175	2238	957013
航空	293	245407	87.63	73468
河运	63266		39538	

资料来源：据表36《国营铁路运输》、表39《国营公路运输》、表41《内河运输》和表42《民营航空》相关客货运量数据整理而成，载国民政府主计处统计局编《中华民国统计提要》，1947年印，第77—84页。

说明：由于资料有限，未能将战时驿运运量和内河航运的客货运周转量列入，内河航运量包括沿海航线运输量在内。

上述统计数据中，除了1937年、1938年和1945年的运量部分包括大后方其他省份的客货运量外，其余年份相当于大后方各省份的国营交通客货运量和周转量。战时客运总量为21399.6万人，战时货运总量为10050.563万吨，铁路、公路和航空的客运周转总量为16355511千延人公里，货运周转总量为7815852千延吨公里。

通过表13可以看出，战时大后方客货运量以铁路运输为主。其中客运量占到总量的60.83%，货运量占总量的40.4%；内河航运次之，客运占总量的29.56%，货运占总量的39.34%；航空运量最小，客运量仅占总量的0.14%，货运量占00.87%。这个构成特点首先与各种交通运输工具的特性密切相关。一般而言，铁路运输具有运量大、运价低、运距长、受气候影响小等特点，适合于中长途运输；内河运输具有运量大、运价低、运速慢等特点，适合于短途运输；公路运输具有运输灵活、运量小、安全性差等特点，也主要适合于短途运输；而航空运输具有运速快、运距长、运价高昂等特点，适合于长途运输。[1] 由于各种交通运输工具的上述特性，一般中长途客货运选择空运和铁路运输，短途运输则选择内河航运和公路运输。在战时由于汽油来源缺乏，公路运输大受影响，因此，铁路运输无疑是中长途客运的首要运输方式，空运是中长途运输的补充，内河航运是主要的短途运输方式，公路运输则是短途运输的补充。就战时各种交通运输而言，铁路运输在战时承担了军运重任，内河航运的客运量则紧随其后。至于公路运输和航空运输，由

---

① 参见胡思继《交通运输学》，人民交通出版社2001年版，第140—304页。

于战时汽油短缺、汽车零部件缺乏、客货运量小等原因，客货运量最小。就滇缅公路而言，时人指出："现今滇缅及川滇之开发，虽已有公路可通，但公路运输，运费太高，运量太小，时间太长，在此汽油昂贵，车辆缺乏之战时，于军事交通上固不无重大之价值，而帮助经济之开发，殆尚不足以胜此重任。"① 因此，抗战时期的滇缅公路对云南经济社会的影响又是相当有限的。至于战时的航空运输，不仅受到汽油短缺的制约，而且安全性较差，这也严重制约了航空客运的发展。在抗战时期开辟的航线中，驼峰航线是第二次世界大战时期最危险的空中航线，美国著名新闻记者白修德和贾安娜曾对这条航线作了描述："这的确是世界上最危险、最可怕和最野蛮的空中运输线。不论日本空军力量、热带雨季气候以及西藏的冰雪是怎样，没有武装的运输机都要在二万英尺高度上飞过五百英里没有航空标志的山区。有几个月，驼峰指挥部损失的飞机和人员比直接参加战斗的第十四航空队还要多。"②

二　运输的空间分布

由于大后方地区经济的差异悬殊，所以，大后方客货运输的分布也与交通线分布一样，呈现西南运量大于西北运量的强烈对比特征。这种地域分布的不平衡性，远大于交通线分布的不平衡性。大后方各省区的客货运输结构存在明显的差异。四川省五种运输方式在客货运输中都占有一定比重，但以内河航运为主；贵州与云南则以公路和铁路为主，水运作用有限；广西也以内河航运为主，西北各省则以驿运和公路运输为主。在抗战时期，运量最大的运输方式为铁路运输和水运。就驿运的运量分布而言，战时大后方驿运货运量最大的为四川省，1944 年达到了209742 吨；其次为广西，1944 年达到了 17835 吨；再次为青海，达到12511 吨；最少为西康，仅为 6745 吨。③

客货流在线网上也呈明显特征：铁路客货流集中在陇海、湘桂、黔桂、滇越、川滇五条主要铁路干线上。关于这五条铁路的客货情况，限于资料缺乏，仅有 1941 年至 1944 年间的铁路部分货运情况。

---

① 张肖梅：《云南经济调查后》，《西南实业通讯》第 5 卷第 4 期，1942 年 4 月。
② 〔美〕西奥多·怀特、安娜·雅各布：《风暴遍中国》，王健康、康元非译，解放军出版社 1985 年版，第 163 页。
③ 参见《各省驿运货运——货物吨数》，载交通部统计处编《中华民国三十三年交通部统计年报》，1946 年印，第 154 页。

表14　　　　　　　　　　　1941—1944年铁路货运运量统计表　　　　　　（单位：吨）

年份＼路别	陇海	湘桂	黔桂	滇越	川滇	总计
1941	870572	1022778.525	127377			3136339.775
1942	1023901	1030991	308545			2890478.420
1943	1144806	1153512		21086	204454	1370346
1944	1051649	229651	91360	185743	186122	1744535
合计	4090928	2314116	527282	206829	390576	9141699

资料来源：1. 表20《货物运输》，载交通部统计处编《中华民国三十年交通部统计年报》，1943年印，第42页（注释：黔桂铁路系1941年7月至12月之数字）；2. 副表14《各路三十一年及三十年本路起运货物吨数比较》，载交通部统计处编《中华民国三十一年交通部统计年报》，1944年印，第27页；3. 副表9《各路三十三年及三十二年本路起运货物吨数比较》，载交通部统计处编《中华民国三十三年交通部统计年报》，1946年印，第25页；4. 表14《铁路营业之载运吨数》，载交通部统计处编《中华民国三十三年交通部统计年报》，1946年印，第32页；5.《湘桂铁路历年载运货物吨数》表，载广西省政府统计处编《广西年鉴》第3回下册，1944年印，第1043页。

说明：湘桂铁路1942年的货运量统计数据中，《交通部统计年报》与《广西年鉴》第3回的数据有差异，本表采用了《广西年鉴》的统计数据。

注释：滇越铁路在1943年以前由法国滇越铁路公司控制，国民政府无权过问。1943年国民政府收回滇越铁路后，滇越铁路的客货运量始列入交通统计数据中。川滇铁路包括滇缅铁路昆明至安宁段和叙昆铁路昆明至曲靖段。

从表14可以看出，在1941年至1944年间，大后方铁路运输中，陇海铁路共运送货物4090928吨，占五条铁路总货运量的44.75%，湘桂铁路货运量2314116吨，占总运量的25.32%，黔桂铁路为527282吨，占总货运量的5.77%，滇越铁路为206829吨，占总量的2.26%，川滇铁路为390576吨，占总运量的4.27%。陇海铁路货运量最大的原因在于，西北地区水运不便，而公路运输存在汽油缺乏、车辆不足等因素，使得铁路运输成为陕西省的重要陆运方式。西南的湘桂、黔桂、滇越和川滇铁路通行时间不长，尤其是湘桂、黔桂两铁路在1944年间由于日军发动了大陆交通线战役，大部分先后沦陷。实际上1944年间湘桂、黔桂两铁路货运统计数据中仅有1—2月间的货运量，因此货运数量较小，这两条铁路的实际运输能力当不止此数。

公路货流密度以干线公路为最高。重要干线如甘新线、滇缅线、西兰线的客货运量大。就西北公路来讲，每日各路的行车密度"以凤汉宁路行车密度最大，西兰路次之，甘新路又次之"，原因在于"凤汉宁路费收数额为各路之冠，西兰路以运输局客车较多，收入亦佳，甘新路则因油矿局车辆系居第三位。其他各路以车辆有限费收无多"①。西南公路中，滇缅公路、川陕公路渝绵线、川滇东路泸昆线、川康公路成雅线、川陕公路蓉棋线货运量大。1944年，滇缅公路昆保段平均每日通行汽车154.4辆，为西南后方公路通车密度最大的一条公路线。其次为川陕公路渝绵线，平均每日行车53.1辆，以下依次为泸昆线，平均每日通行汽车35.2辆，蓉棋线为34.9辆，成雅线为20.2辆。②在战时大后方各省中，公路运输力量以云南区为最强，到1945年交通部在云南共有工商车辆2706辆，占后方总车辆数的17.9%。其次为四川，1945年拥有车辆1476辆。最少为西康，仅有汽车55辆。③

水运客货流主要集中在长江干流、岷江和嘉陵江流域以及珠江干流，完成的客货运量占大后方内河航运的绝大部分。1944年，长江区航政局所辖的长江干流及支流航线的货运量达到了2049702吨，占战时交通部内河航运总量的94.8%，珠江区航政局所辖航线货运量为30942吨，仅占总量的1.43%。④

民航客货流分布在几条对外联系的重要航线上。大后方民航线多集中在四川和云南，以重庆和昆明为中心。主要民航干线有渝加线、汀昆线、汀宜线、汀泸线、渝蓉线等。到1945年，货运量最大的航线为汀泸线，货运量为2305709吨。其次为汀昆线，货运量达到了20608634公斤。再次为汀宜线，货运量为1658944公斤。渝加线1945年的货运量也达到了405506公斤。以上四线作为驼峰航线，1945年的运量合计为20978793公斤，占中国航空公司经营的所有航线总运量的81%。⑤

第三节　大后方交通运输价格

在抗战初期，由于大后方物价上涨缓慢，交通运输价格相对合

---

① 凌鸿勋：《西北公路三年来工程与管理》，《交通建设》第2卷第4期，1944年4月。
② 参见表52《全国各干道平均每日通过汽车辆数》，载交通部统计处编《中华民国三十三年交通统计年报》，1946年印，第121页。
③ 参见《后方各区现有公商车辆》，载交通部统计处编《中华民国三十四年交通部统计年报》，1946年印，第99页。
④ 参见《内河水道运输（按航区分）》，载交通部统计处编《中华民国三十三年交通部统计年报》，1946年印，第170页。
⑤ 参见《民用航空运输——乘客人数及货物邮件行李公斤数》，载交通部统计处编《中华民国三十四年交通部统计年报》，1946年印，第182—183页。

理。但进入了抗战中后期，大后方物价飞涨，也导致运费猛涨。"以前由衡阳经宜昌水道运货一吨至重庆，运费平均不过 400 元，现由衡阳经陆道须 900 元，运费相差之巨极为骇人。从前由海防运货至重庆，每吨平均约须运费 5000 元，目前由仰光至重庆每吨运费至少一万元，相比亦大不同，不但运费因宜涉及滇越二路切断而增加，更因此切断之路线为运量较大之路线，而留下之衡阳及仰光路线之运量较小之路线，故后方货物既因运费突增，成本加高而价格上涨，又因供给减少不能满足需要，造成物稀则贵的局面。"①鉴于交通运输价格上涨过快，1943 年 1 月 19 日，《交通部训令施行之交通部加强管制物价方案实施办法》第十七条规定，各运输事业之主要成本因素分类如下："1. 铁路，以机煤、油料、五金、养路工程费及员工薪资等为主。2. 公路，以燃料、车胎、配件、折旧、养路费及员工薪资为主。3. 轮船，以燃料、五金及员工薪资等为主。4. 帆船，以船舶属具及船夫薪资等为主。5. 驿运，以使马、食料、车船属具等为主。6. 航空，以汽油、油料、飞机养护费及员工薪资等为主。"②尽管国民政府加强了对交通运输价格的管制，但仍然不能控制运价的飞涨，对大后方经济带来了巨大的负面影响。

一 交通运输价格的变动

（一）运输价格的变动趋势与变动阶段

尽管国民政府交通部多次调整了交通运输的价格，但与实际物价的上涨幅度相比相差甚远，导致实际交通运输价格低廉，严重地影响了后方交通运输企业的发展。关于抗战时期交通运输运价的上涨情况，就货运价格而言，见图 11。

从图 11 可以看出，抗战时期大后方货运价格的增长情况，反映了战时交通运输价格的动态特征。总的来讲，战时大后方货运价格呈逐年增加的趋势，从抗战初期的缓慢增加发展成为抗战后期的飞速增加，战时大后方货运价格的上涨过程呈现加速度趋势。具体而言，战时货运价

---

① 《翁文灏在国民党五届八中全会上作经济部工作报告》，载四川联合大学经济研究所、中国第二历史档案馆编《中国抗日战争时期物价史料汇编》，四川大学出版社 1998 年版，第 58 页。

② 《交通部训令施行之交通部加强管制物价方案实施办法》，载四川联合大学经济研究所、中国第二历史档案馆编《中国抗日战争时期物价史料汇编》，四川大学出版社 1998 年版，第 142 页。

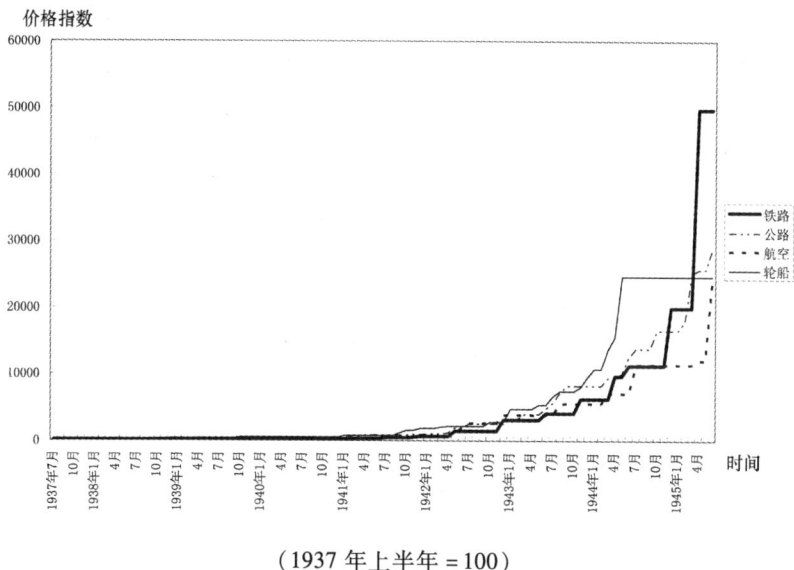

（1937 年上半年 = 100）

图 11　抗战时期国统区货运价格指数增长曲线图（1937 年 7 月至 1945 年 6 月）

资料来源：交通部统计处编：《交通运价邮资电费专刊》，中国第二历史档案馆馆藏交通部档案，编号：（二十）1823，转引自四川联合大学经济研究所、中国第二历史档案馆编《中国抗日战争时期物价史料汇编》，四川大学出版社 1998 年版，第 318—325 页。

格的变化大致可以分为两个阶段：第一阶段为缓慢增长阶段，大概时间为 1937 年 7 月至 1942 年 4 月。第二阶段为快速增长阶段，大概时间为 1942 年 5 月至 1944 年 9 月。

第一阶段为缓慢增长阶段（1937 年 7 月至 1942 年 4 月）。在这一阶段货运运价增长相对较慢，其中铁路运输价格增长了约 5.5 倍，公路运输增长了约 10.8 倍，航空运输为 4.6 倍，轮船运输为 20.2 倍，木船运输为 7.3 倍。自 1939 年开始，客货运输价格就受到政府严格管制，"非经核准，即不能自由增加"。因此，抗战初期国统区交通运输价格尚比较稳定。截至 1940 年 4 月，公共汽车每段才 5 分钱，人力车每段才 8 分钱。1941 年 5 月，宜昌、沙市相继沦陷，湘赣之米难以入川，囤积居奇乘之而起，米价遂成扶摇直上之势。加之百货等其他商品价格上涨，交通运输价格也成倍上升，公共汽车每段增至 1 元，人力车每段增至 1.5 元。随后，国民政府对交通运输价格的管制未能控制住交通运输价格的迅猛上升。在多种因素作用下，交通运输价格上涨的压力迫使政府每隔不长的时间就作出提价的让步。例如，长江轮船客运价格因运输成本随其他商品价格陡涨而不断增加，交通部长江区航政局不得不每隔三个月就提高一次长江轮船旅客票价。①

第二阶段为快速增长阶段，大概时间为 1942 年 5 月至 1944 年 5 月。在这一阶段货运价格增长速度加快，其中 1942 年 5 月的铁路运输价格较上月的运价增长了约 33.2 倍，公路运输增长了约 13.9 倍，航空运输为 30.9 倍，轮船运输为 10.4 倍，木船运输为 30.2 倍。这段时间运价猛涨的原因主要是：后方与海外交通几乎全部断绝，国外输入物资除少量靠空运外，几乎停止，物资严重缺乏。香港与上海租界失陷后，两地庞大的游资涌入后方，加上政府滥发货币，官吏利用职权囤积投机，致使严重通货膨胀，物价狂涨。昆明零售物价指数上涨最多，以 1937 年为 100，1940 年指数为 106209。雅安次之，为 69923，西安又次之，为 50469，重庆为 41820，成都为 49568。② 此外，后方发展交通运输业所需的燃料也极为匮乏，导致燃料价格猛涨，直接推动了货运价格的上涨。

（二）各运输部门运价变动比较

从交通部门的运价上涨情况看，各交通运输部门的运价变动有所区别，以铁路运价的上涨幅度最大，公路运价次之，空运运价最小。抗战全面爆发的 1937 年 7 月，铁路、公路、航空和轮船的货运运价指数几乎相同，除了轮船货运运价为 102.23 外，三者都为 100。但到临近抗战结束时的 1945 年 6 月，铁路货运运价指数飙升至 49727.10，公路为 28650.35，航空为 23969.52，轮船为 24614.95，铁路货运运价上涨了约 497 倍，公路为 286 倍，航空为 239 倍，轮船为 240 倍。因此，铁路运价变动幅度最大，空运最小。究其原因，运价上涨是受供求关系的影响，供大于求，运价下跌，供不应求，运价上涨。一方面抗战时期铁路运输是货运的主要运输方式，货运需求量最大，然而战时铁路运输受运输材料、运输设备、燃料和战争等因素的影响，运输效能大打折扣，从而导致铁路货运的供需失衡，货运严重供不应求，铁路运价急剧增加。然而就空运来讲，由于运价昂贵，普通货物一般不采用空运方式，空运的运货需求量最小。另一方面，抗战时期国民政府在美国的援助下大力发展大后方航空运输，尤其是开辟了驼峰航线，航空运输能力得到大幅

① 参见周春主编《中国抗日战争时期的物价史》，四川大学出版社 1998 年版，第 132 页。

② 参见陆仰渊、方庆秋主编《民国社会经济史》，中国经济出版社 1991 年版，第 643—644 页。

度提高，空运的供求差额最小，使得空运价格变动幅度最小。至于公路运输，虽然受到运输材料、运输设备、燃料和战争等因素的影响，运输能力较低，但其运输需求量远远低于铁路运输需求量，因此公路运输供求差额比铁路运输小，运价变动介于铁路运输与空运之间。轮船运输货运需求量很大，但其受到运输材料、运输设备、燃料和战争等因素的影响相对其他运输部门较小，运输能力较强，因此，轮船运输的供求差额也比铁路运输小，运价变动介于铁路运输与空运之间。

（三）运价与物价的比价与特征

关于战时后方物价与运价的上涨情况，我们可以将战时重庆食物物价上涨与后方轮船货运运价作一比较，具体情况如图 12 所示。

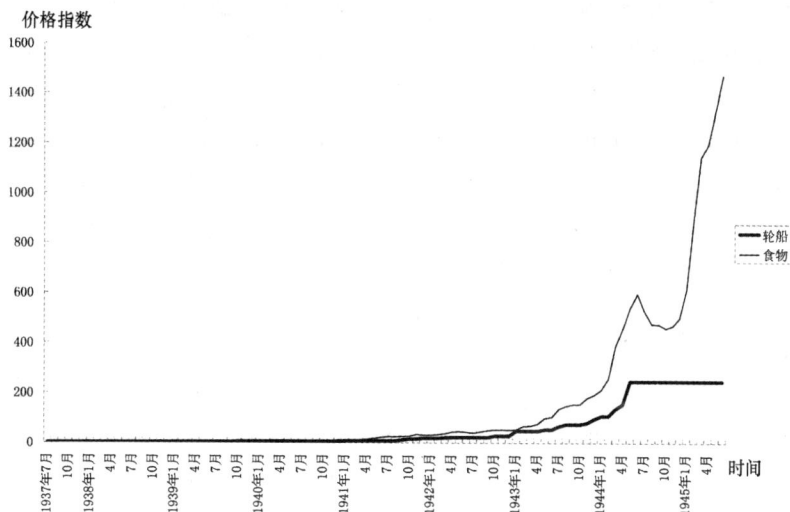

（物价、运价指数：1937 年 1—6 月 =1）

图 12　战时重庆食物物价指数与后方轮船货运价格指数上涨曲线比较图

资料来源：交通部统计处编：《交通运价邮资电费专刊》，中国第二历史档案馆馆藏交通部档案，编号：（二十）1823，转引自四川联合大学经济研究所、中国第二历史档案馆编《中国抗日战争时期物价史料汇编》，四川大学出版社 1998 年版，第 318—325 页。具体数据见《重庆基要商品零售物价指数》，载吴冈编《旧中国通货膨胀史料》，上海人民出版社 1958 年版，第 165—169 页。

说明：为了便于同物价指数的比较，将 1937 年上半年的轮船运价指数从原来的 100 定位 1，以后各月的运价指数依此类推，将小数点前移百位。

从图 12 可以看出，轮船货运价格与食物价格变动的总体上趋于一致，都是呈上升趋势。货运价格在 1937 年 7 月至 1942 年 4 月间为缓慢增长阶段，1942 年 5 月至 1944 年 9 月间为快速增长阶段。食物零售价格也呈现类似的两个上涨阶段。不过二者之间还是有所区别的。

首先，战时轮船货运价格呈直线上升，而食物价格却是曲线上升。抗战时期的轮船货运价格一经制定后，就难以下降，以后持续上涨。而食物价格的变化却有所不同，在抗战初期的 1937 年 7 月至 1939 年 4 月间，食物价格不升反降，直到 1939 年 6 月以后才开始上升并超过战前。造成抗战初期大后方食物价格下跌的原因是，大后方粮食在抗战初期连年丰收，粮食供大于求，粮价下跌。四川从 1937 年到 1939 年夏粮食连年丰收，结果粮价因此而跌落，造成谷贱伤农。1938 年 9 月，新谷上市前，全川粮价下跌。以 1937 年 6 月粮价指数为 100，1938 年 6 月则跌至 87。① 四川省粮食管理委员会试图通过加强粮食外销以调剂粮价，但由于仓储系统不完备等原因，粮价并未有效控制，农民因谷贱而蒙受巨大损失。据《大公报》记者称："川东粮价随着丰收而暴跌了，去年米价，每市斗为川币三元，今年反为一元二角。"② 到 1939 年夏秋之际，四川粮食歉收，粮价开始上涨。以重庆为例，以 1937 年各月平均粮价指数为 100，则 1939 年 8 月为 107.9，10 月为 122.3，12 月为 139.8。③ 蒋介石才隐约感到潜在危机，"恐怕谷贱伤农"，于 1939 年 9 月，"拨巨款，令农本局在川收购粮食，维持一定的谷价"。1940 年春又发放"农贷一万万元，来充裕农村的经济"。④ 国民政府如此大量投入资金屯积军粮民食，其本意在于平抑粮价，但时机已晚，此举不仅没有抑制粮价，反而造成了民众的粮食恐慌，争相抢购粮食，加速了粮价上涨。力主屯粮的孔祥熙也认为，"自政府宣称大量收购粮食后，刺激粮价日趋上涨，竞相购储"⑤，粮价日趋高涨。就全国而论，如果以 1930—1936 年平均粮价为基数，则 1939 年 12 月为 220%，1940 年高达424%，而同期物价平均上涨幅度为 159%。⑥ 四川粮价上涨更猛，半年

① 参见《四川省志·粮食志》编辑部编：《四川粮食工作大事记（1840—1990）》，四川科学出版社 1992 年版，第 32 页。
② 徐雪寒：《论当前农工业物价剪刀差》，载薛暮桥、冯和法编《〈中国农村〉论文选》下册，人民出版社 1983 年版，第 338 页。
③ 参见陆大钺《抗战时期国统区的粮食问题及国民党的战时粮食政策》，《民国档案》1989 年第 4 期。
④ 蒋介石：《蒋委员长为实施粮食管理告川省民众书》，《四川省政府公报》1940 年第 201 期。
⑤ 黄立人：《抗战时期大后方经济史研究》，中国档案出版社 1998 年版，第 92 页。
⑥ 史全生主编：《中华民国经济史》，江苏人民出版社 1989 年版，第 458 页。

内成渝两地粮价上涨 5 倍。① 四川的两大城市成都、重庆粮价也在上涨。重庆粮价指数，以 1937 年上半年为 100，1939 年为 112，1940 年为 378，成都粮食零售价格指数还要高一些，基数相同，1939 年为 112，1940 年为 390。② 从此以后，粮价持续暴涨，一发不可收拾，呈直线上升。

其次，轮船货运价格变动相对缓慢，具有相对的稳定性，呈梯级上升态势，而食物零售价格则变动频繁，几乎每月一价，风云变幻。对于运输价格，交通部采取了统制措施。由政府控制，变动相对缓慢，而商品的零售价格则依据市场供求关系的影响，变动频繁。就铁路运价而言，交通部也进行了价格调整，"川滇系自 1942 年 11 月，陇海、粤汉、湘桂、黔桂铁路，自 1942 年十一—二月先后调整"。运价过低，导致各铁路无法维持，"不得不斟酌实际情形，予以调整。其中粤汉、湘桂、黔桂三路各增加 50%，于 11 月 20 日实行，川滇铁路增加 100%，于 11 月 27 日实行，陇海铁路增加 50%，于 11 月 29 日实行。以上两次运价之调整，比照 1943 年 1 月 15 日以前之运价，其增长倍数为 100%，惟川滇铁路为 200%"③。在水运价格方面，长江航政局自 1939 年 4 月至 1943 年 1 月木船货物运价调整 10 次。以长江上游运价为例，以 1939 年 4 月航政局首次颁订运价基数为 100，到 1944 年 11 月 1 日长江上游运价增加了 13758 倍。其他如长江上游岷江、沱江、嘉陵江等河流运价增加幅度均在 1 万至 2 万倍，最高的 6 万多倍。④ 交通部通过调整运价，使得运价逐步上涨，呈现梯级上升态势。由于受市场供求关系影响，加之抗战时期大量游资进入市场，不法奸商哄抬物价，物价上涨迅猛。

再次，轮船货运价格与物价呈现巨大的反差，造成运价相对过低。尽管战时的轮船货运价格上涨幅度大，但其上涨幅度还是远远不如食物价格。1945 年 6 月的轮船运价指数为 246.1495，为 1937 年 7 月运价指数 1.0223 的 240.8 倍，但同时期重庆食物价格却为 1566 倍，食物价格的上涨幅度是轮船货运价格上涨幅度的约 6.5 倍。不仅食物价格上涨迅

---

① 参见《抗日战争时期国民政府财政经济战略措施研究》，西南财经大学出版社 1988 年版，第 313 页。

② 参见周春主编《中国抗日战争时期物价史》，四川大学出版社 1998 年版，第 13 页。

③ 《交通部呈报交通部对于三十二年度运价及邮资调整报告》，载四川联合大学经济研究所、中国第二历史档案馆编《中国抗日战争时期物价史料汇编》，四川大学出版社 1998 年版，第 145—146 页。

④ 参见周春主编《中国抗日战争时期的物价史》，四川大学出版社 1998 年版，第 137 页。

猛，而且与交通运输息息相关的燃料价格同样上涨迅猛。以交通运输业最发达的重庆为例，1937 年 7 月重庆燃料价格指数为 1.07，到 1942 年 6 月为 25.56，增长了 22.9 倍。到 1942 年 7 月，燃料价格进一步上涨，迅速增加至 33.62，比上月增加了 8.06，为单月增加幅度最大的一月。以后燃料价格猛涨，到抗战胜利时的 1945 年 9 月价格指数飙升至 1516.00，较 1937 年 7 月增长了 1415.8 倍①，同时期重庆燃料价格的上涨幅度是后方轮船货运运价的约 5.9 倍。根据有关资料，1944 年与抗战前相比，客货运输价格均有成百倍的上涨，其中客运价格上涨了 115 倍，货运价格上涨了 150 倍，但与其他商品的上涨幅度相比，就显得微不足道了。以棉纱为例，战前运费占成本总额的 1/40，到了 1944 年 8 月，棉纱运费占其成本总额的比重下降到 1/250，运价之低可见一斑。②造成运输价格过低的原因是多方面的，重要原因在于交通运输中军事运输占有较大比重，而军运价格过低，直接导致整体运价过低。在铁路运输中，在 1944 年全年后方的军运数量中，军品达到 70050 万延吨公里，军人 3.76 亿人公里，分别占铁路总运量的 36% 和 28%。"其运价仅按民运价格的半数收费，而此项半价运费又系记帐，何时可以收现还是个问题。"③ 同样，在驿运中存在类似问题。正如时人所言："军运运价过低，而物价随时步涨，车驮户所得力资，不足维持其工具之折旧，与本身生活需要，致相率逃亡，影响驿运推行。"④ 连交通部驿运总管理处处长谭炳训也承认军运运价"仅等于商运运价百分之二十五，仍不足维持夫马车船之最低生活"⑤。

　　对于运价与物价的巨大剪刀差，国民政府也心知肚明：查各铁路运价，川滇系自 1942 年 11 月，陇海、粤汉、湘桂、黔桂铁路，自 1942 年十一二月先后调整，截至 1943 年 6 月，已逾半年，因煤粮等价，继续上涨，成本激增，入不敷出，困难万状，实非酌加运价，不足以维行之。又查各地物价，较战前增加，在 100 倍以上，而铁路现行运价，仅增加 25—35 倍，相差甚远，综计运价所占物价之百分数，

---

① 具体数据见《重庆基要商品零售物价指数》，载吴冈编《旧中国通货膨胀史料》，上海人民出版社 1958 年版，第 165—169 页。

② 周春主编：《中国抗日战争时期的物价史》，四川大学出版社 1998 年版，第 132 页。

③ 中国第二历史档案馆编：《中华民国史档案资料汇编》第 5 辑第 2 编财政经济（10），江苏古籍出版社 1997 年版，第 104 页。

④ 王炳南：《最近三年来之全国驿运概况》，《交通建设》第 1 卷第 3 期，1943 年 3 月。

⑤ 谭炳训：《全国驿运工作之展望》，《交通建设》第 1 卷第 8 期，1943 年 8 月。

仅及 0.058%—3%，至为低微。[①] 不仅铁路运价过低，而且公路运价同样过低。"自 1943 年 12 月酒精已涨至每伽伦 408 元，而公路运价尚未准予调整，方蚀甚矩，计 1943 年度酒精价格涨 260%，而公路运价仅增加 100%。"[②]

二　运价过低对交通运输的影响

（一）通货膨胀下交通运价的负增长

抗战时期，交通运价虽然不断提高，但是大后方通货膨胀也日益严重，尤其是 1940 年以后。关于战时后方的通货膨胀与交通运价上涨情况，可以将战时国民政府法币的发行量指数和轮船货运价格指数二者进行比较。具体情况见图 13。

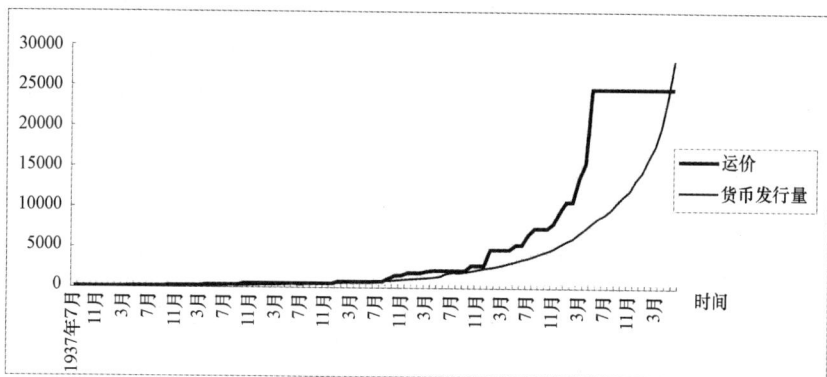

图 13　抗战时期运价指数与货币发行量指数比较曲线图

资料来源：交通部统计处编：《交通运价邮资电费专刊》，中国第二历史档案馆馆藏交通部档案，编号：（二十）1823，转引自四川联合大学经济研究所、中国第二历史档案馆编《中国抗日战争时期物价史料汇编》，四川大学出版社 1998 年版，第 318—325 页；《伪法币发行统计》，载吴冈编《旧中国通货膨胀史料》，上海人民出版社 1958 年版，第 92—95 页。

从图 13 可以看出，战时国民政府法币发行量逐年逐月在增加，从 1937 年 7 月的 14.5 亿元增加至 1945 年 8 月的 556.9 亿元，也就是说，

[①]　《交通部呈报交通部对于三十二年度运价及邮资调整报告》，载四川联合大学经济研究所、中国第二历史档案馆编《中国抗日战争时期物价史料汇编》，四川大学出版社 1998 年版，第 145—146 页。

[②]　同上书，第 146 页。

1945 年 8 月的法币发行指数是 1937 年 7 月的 38.4 倍。而与之同期相比，后方轮船货运运价指数约为 24.2 倍，轮船货运运价指数是同期法币发行指数的 63%。在通货膨胀的影响下，战时大后方轮船货物运价实际上呈现的是负增长，运价下跌幅度为 37%。因此，交通运价增长较法币发行量增长相对较慢，也就是在通货膨胀下交通运价出现了负增长。

（二）交通运输业的举步维艰

抗战期间，虽然政府不断提高运价，但与高涨的物价相比，仍旧相对较低，造成了大后方交通运输业亏损严重。云南昆明市公共汽车公司抗战初期因滇缅线进口新车大量运入，业务兴盛。但随着滇缅公路被截断，业务大受影响。市公共汽车公司大批车辆相继被迫停驶。其停业申请书说："自滇缅公路梗阻以还……无时不在亏赔之中，虽一再勉强维持，近数月来，物价逐日高涨，几已超过 10 倍，加之少数无知之士，强不购票或殴打员工，时有命案发生。"至此很有竞争能力的昆明市公共汽车公司，于 1944 年 1 月宣告结束。① 在内河运输方面，抗战爆发后，为发展内河航运业，交通部开始制定船舶运价。轮木船运价政策刚开始实行时，航商船户均能够遵守，制止了随便要价的问题。但从 1939 年夏秋之后，粮价上涨带动其他物价上涨。由于水运价格过低，广大船户和轮船公司损失严重。据 1945 年 12 月长江下游区民船商业同业公会计算，重庆至宜昌载重 50 吨木船，每吨成本下水为 72940 元，上水为 130200 元，而限价规定下水仅 29640 元，上水 40930 元，亏损率达 61% 和 69%。② 以民生公司为例，到 1943 年轮船所需的钢板价格超过战前 4 倍，元钢和柴油超过战前 300 倍，机油超过战前 200 倍，煤超过 120—160 倍，但轮船运费和票价只等于战前的 40 倍，所以 1939 年民生公司亏损 78 万余元，1940 年亏损 436 万余元。③ 轮船招商局也因物价上涨而亏损，1943 年亏损 623.3 万元，1944 年亏损 3829.1 万元，直到 1945 年抗战胜利后才开始盈利。④ 到 1944 年下半年，川江各

---

① 黄恒蛟主编：《云南公路运输史》第 1 册，人民交通出版社 1995 年版，第 173—174 页。

② 参见王绍荃主编《四川内河船运史》，四川人民出版社 1989 年版，第 256 页。

③ 参见袁智《烽火岁月中的民生公司》，载中国人民政治协商会议西南地区文史资料协作会议编《抗战时期西南的交通》，云南人民出版社 1992 年版，第 304—305 页。

④ 参见《国营招商局最近三年来收支盈亏数比较》，载交通部统计处编《中华民国三十四年交通部统计年报》，1947 年 6 月印，第 156 页。

轮船公司亏损累计达 2.34 亿余元。[①] 水运价格的过低，使得众多大后方内河航运企业的经营举步维艰，制约了西部航运业的进一步发展。除了原材料价格迅猛上涨外，燃料价格的上涨也造成了大后方内河运输业发展艰难。以煤炭为例，煤炭是轮船运输所需的重要燃料。由于官煤供应不足，官煤价格上涨，黑市煤炭价格更高，致使民生公司、合众公司、强华公司、三北公司、佛亨公司、三兴公司等轮船公司经营入不敷出，陷入亏损，各公司纷纷要求提高轮船票价。就四川合众公司而言，因轮船所需主要用品油、煤、五金及维持职工生活所需的粮食等商品价格上涨，1943 年度结算亏损达 1619422.05 元，1944 年 1—7 月亏损达到 7374230.24 元。[②]

（三）对民众积极性的严重挫伤

在驿运方面，驿运兴起初期，广大运户尚有少量盈余。但随着战事的进行，通货膨胀日益严重，许多运户入不敷出、苦不堪言。交通部呈文中也称："查本部直辖各驿运干线运价，自 1942 年 9、10 月间分别调整以后，截至 1943 年 5 月底，已逾八月，比照各地粮价物价实际情形，早已不能互相适应……驿运事业，原系利用民间工具动力为主旨，其运价成本系以力价为主要因素，欲求民夫马车船之乐于参加驿运，最低限度必须使其所得力费，足敷成本，而资维持生活，爰经遵照中央限价规定，同一地区、同一时期只有一个价格之意旨，拟具各种工具调整运率，并酌加成数，计陕甘线 115%、川陕线 119.7%，川滇线 89.1%，分别于 1943 年 5 月 1 日及 7 月 1 日先后实行，比照 1 月 15 日以前运价最高为 119.7%，最低为 16.7%。"[③] 根据有关资料，1944 年与抗战前相比，客货运输价格均有成百倍的上涨，其中客运价格上涨了 115 倍，货运价格上涨了 150 倍，但与其他商品的上涨幅度相比，就显得微不足道了。以棉纱为例，战前运费占成本总额的 1/40，到了 1944 年 8 月，棉纱运费占其成本总额的比重下降到 1/250，运价之低可见一斑。[④] 尽管政府也相应提高了驿运价格，但对于广大民众来说，参与军运仍等同

[①] 参见俞飞鹏《十五年来之交通概况》，交通部 1946 年编印，第 45 页。

[②] 参见周春主编《中国抗日战争时期的物价史》，四川大学出版社 1998 年版，第 137 页。

[③] 《交通部呈报交通部对于三十二年度运价及邮资调整报告》，载四川联合大学经济研究所、中国第二历史档案馆编《中国抗日战争时期物价史料汇编》，四川大学出版社 1998 年版，第 147 页。

[④] 参见周春主编《中国抗日战争时期的物价史》，四川大学出版社 1998 年版，第 132 页。

于做苦力，亏本严重。战时驿运价格过低，正如王柄南所言："军运运价过低，而物价随时步涨，车驮户所得力资，不足维持其工具之折旧，与本身生活需要，致相率逃亡，影响驿运推行。"① 连交通部驿运总管理处处长谭炳训也承认军运价格"仅等于商运运价百分之二十五，仍不足维持车船夫马之最低生活"②。运价的过低，大大挫伤了广大人民群众的积极性，严重制约了交通运输业的发展。

以粮食驿运为例，在粮食驿运中，四川各县组织粮食再度集中期间，农民所得运费不敷口食，苦不堪言，甚至还酿成民夫只好沿途讨食的悲剧。1941 年 6 月 18 日四川粮食管理局发给重庆四川粮食购运处的代电中就称："第十五区所辖各县动员民夫十万人运送军粮，惟南江至江口一段途长四百五十华里，山路崎岖，往返共需九日，每各仅发口食费二十七元，际此生活日高，致归途颇多乞食者。"③ 1942年 8 月四川省参议会在给四川省政府的议案中也提及："粮食再度集中，中央规定征用民夫，并依里程给予口粮折价款，值此生活高昂，即发给价款，不足以供日用。有劳务者多属贫之家，一旦被征力役，举家生活困难。上年有不分远近。贫富及有无劳力之家，一体征役。富者缴代金可以免役，贫苦者受累惨重，更有规定的集运口粮折价款不照实发给。"④ 政府为运送军粮需要征雇大批民夫，尽管每日发给民夫一定伙食费，但民夫所得远不够支出。1943 年 10 月，安岳县参议员刘澄签提到发动民众运送军粮时，"再度集中每石每里亦仅给口食费四角五分"，"强壮力夫每人约共运米五斗，行走六十华里来往需一天半，合计只得口食费十三元五角"，而在一天半运粮中总共需费138 元。⑤ 四川粮食储运局沱江区办事处在试行中，米价时涨时落。后来粮食部将运费改发实物标准，并提高了发放实物标准，但对广大民众来说，运粮等同于做苦力，运粮所得运费甚少，亏本严重。1944年 10 月 22 日，井研县临时参议会电称，该县多山，仅有溪流，不通舟车，运输困难。再度集中区，距边远乡镇远八九十里。故每次运

① 王炳南：《最近三年来之全国驿运概况》，《交通建设》第 1 卷第 3 期，1943 年 3 月。
② 谭炳训：《全国驿运工作之展望》，《交通建设》第 1 卷第 8 期，1943 年 8 月。
③ 《四川粮食管理局发重庆购运处代电：动员民夫十万人归途乞食颇多》（1941 年），中国第二历史档案馆藏，资料号：96/477。
④ 《准省参议会函送戴参议员克诚等提粮食再度集中须按当地实情发足工资案》，中国第二历史档案馆藏，资料号：96/1644。
⑤ 《安岳县参议员提请增加再度集中民供口粮案》（1943 年），四川省档案馆藏，资料号：民 92/198。

粮，老弱妇女肩挑背负，或雨或晴，备极劳瘁，集团行动，往返一次，需二至五日不等，生活高昂，口粮折价，不足一餐之需。民工赔累，每市石多至五六百元。[①] 驿运价格的过低，大大挫伤了广大人民群众的积极性，严重制约了驿运事业的发展。

---

① 参见陈开国《三年余来岷江区粮食储运供应之总检讨》，《粮政季刊》第 1 期，1945 年 6 月。

下编　大后方交通与西部经济开发

第六章　交通与经济发展关系的理论
阐述与计量分析

第一节　中外学者对交通与经济发展关系的论述

交通与经济关系的问题在国内外已经有了不少研究成果，根据不同的研究方法、角度、理论基础、结论，可大致分为古典政治经济学分析、马克思主义分析、区域经济学分析、交通运输经济学分析、发展经济学分析、计量经济学分析等几大类。

一　西方学者对于交通与经济发展关系的论述

在西方学者对于交通与经济发展关系的研究中，英国古典经济学家亚当·斯密、马克思主义理论创始人马克思、英国地理学家 B. 豪伊尔以及美国经济学家赫希曼、罗斯托、福格尔等都有十分精辟的论述。总的来讲，这些经济学家主要从分工与市场、交通运输经济学、社会节约量、经济增长阶段理论、增长极理论等角度论述交通与经济之间的关系。

英国著名经济学家亚当·斯密和马克思、恩格斯等从分工与市场的角度分析了交通对经济的影响。亚当·斯密提出了交通通过影响市场、分工从而推动生产力和经济发展的观点。斯密认为，劳动生产力的最大增进是劳动分工的结果，而劳动分工又受市场范围的限制，最后，市场范围的扩大又依赖于交通运输的发展。他指出："分工起因于交换能力，分工的程度，因此要受交换能力大小的限制，换言之，要受市场广狭的限制"，由于"水运开拓了比陆运所开拓的广大得多的市场，所以从来各种产业的分工改良，自然而然地都开始于沿海沿河一带。这种改良往往经过许久以后才慢慢普及到内地"①。马克思主义继承了亚当·斯密的交通发展促进市场扩大、进而推动分工发展的理论逻辑，但又超越了亚当·斯密的理论。马、恩对地理大发现时期的交通、市场和经济发展之间的互动关系作过十分精辟的论述："美洲的发现、绕过非洲的航行，给新兴的资产阶级开辟了新的活动场所。东印度和中国的市场、美洲的殖民化、对殖民地的贸易、交换手段和一般的商品的增加，使商业、航海业和工业空前高涨。"商品经济的发展，促成了工业革命的发生。"大工业建立了由美洲的发现所准备好的世界市场。世界市场使商业、航海业和陆路交通得到了巨大的发展。这种发展又反过来促进了工业的扩展，同时，工业、商业、航海业和铁路愈是扩展，资产阶级也愈是发展，愈是增加自己的资本，愈是把中世纪遗留下来的一切阶级都排挤到后面去。"② 概括地讲，马克思认为交通运输与国民经济的关系，主要包括四方面：其一，交通运输通过改变商品的时空状态，改变了商品的竞争能力。此外，交通运输的发展会降低商品的运输费用，提高商品在另一空间的竞争能力。其二，交通运输通过缩短商品的运输时间，从而减少束缚在运输中的资本数量，减少商品的储备数量，从而加速资金周转。其三，交通运输对资源开发型生产力布局和加工型生产力布局都有重要的影响。其四，运输业的发展不仅消耗了大量物质基础，对工业生产的发展构成巨大需求，而且还加强了地区间的联系，拓宽了商品流通的范围，进而促进工业生产的发展。③

英国地理学家 B．豪伊尔和英国经济学家肯尼思·巴顿等从运输经济学的角度论述了交通运输对经济发展的影响。豪伊尔认为，克服距离限制的代价是影响不发达国家进步的基本因素之一，而促进流动性的增加在任何地方都是社会经济发展计划的一个重要目标。在经济发展的初期阶段，现代运输业的引入能够同时产生各种各样的新的经济机会，因而有力地促进经济增长；在随后的发展阶段中，运输业对经济发展的推动作用开始减弱。④ 巴顿认为，运输设施与经济发展之间的正面联系，

---

① 〔英〕亚当·斯密：《国民财富的性质和原因的研究》上卷，郭大力、王亚楠译，商务印书馆 1972 年版，第 16—17 页。
② 《马克思恩格斯选集》第 1 卷，中共中央马克思、恩格斯、列宁、斯大林著作编译局编译，人民出版社 1972 年版，第 252 页。
③ 参见韩彪《交通运输发展理论》，大连海事大学出版社 1994 年版，第 5—6 页。
④ 参见王延中等《基础设施与制造业发展关系研究》，中国社会科学出版社 2002 年版，第 3 页。

可以划分为直接运输投入效应和包括乘数效应在内的间接效应。良好的运输条件提供了较低的货运成本，使较广大的市场得到服务并能以广泛范围的活动开拓大规模生产。运输的间接效应来自运输基础设施建设中创造的就业机会和与运输服务营运有关的工作岗位。此外，建设现代运输系统所需要的钢铁、木材、煤等的大量投入可能产生乘数效应。①

美国著名经济史学家福格尔（也译成福盖尔）从"社会节约量"的概念出发，探讨了铁路与它出现之前的运输系统相比，低廉的运价给美国经济带来的直接可计量影响。福格尔做了浩繁的计算工作，他最后的结论是，如果没有铁路，美国经济每年所受影响至多不超过5%。②美国经济学家罗斯托提出了经济增长阶段理论，他把社会经济发展划分为五大阶段，即传统社会阶段、起飞前提条件阶段、起飞阶段、走向成熟阶段和大众高消费阶段。他认为："在历史上，创办铁路是许多国家起飞阶段的一个最强有力的发动力量。在美国、法国、德国、加拿大和俄国，铁路曾经起了决定性的作用；在瑞典、日本以及其他国家，它也曾经起了极为重要的作用。"③

20世纪50年代，法国经济学家弗朗索瓦·佩鲁提出发展极理论，其后被美国经济学家家约翰·弗里德曼、瑞典经济学家缪尔达尔和美国经济学家赫尔希曼等加以丰富和发展，演变成为增加极理论，丰富了发展经济学内容。增长极理论也极为重视交通与经济的关系。佩鲁提出了"发展极"理论，这一理论的核心是，在经济增长中，由于某些主导部门或有创新能力的企业或行业在一些地区或大城市的聚集，形成一种资本与技术高度集中、具有规模经济效益、自身增长迅速并能对邻近地区产生强大辐射作用的"发展极"，通过具有"发展极"的地区的优先增长，可以带动相邻地区的共同发展。"发展极"具有多种作用，其中"发展极"的企业和行业集中可以形成规模经济，这不仅可以产生内在经济效益，而且可以通过公路、铁路等基础设施的建设等部门，使各个部门、地区共同受益，从而降低社会生产成本，产生外在经济效益。④

---

① 参见〔英〕肯尼思·巴顿《运输经济学》，冯宗宪译，商务印书馆2002年版，第334页。

② 参见荣朝和《论运输化》，中国社会科学出版社1993年版，第34页。

③ 〔美〕罗斯托：《经济增长的阶段：非共产党宣言》，郭熙保、王松茂译，中国社会科学出版社2001年版，第56—57页。

④ 参见谭崇台等编《发展经济学》，上海人民出版社1989年版，第374—376页。

因此，交通运输条件的优劣是"发展极"是否能充分发挥辐射作用的重要前提。美国经济学家赫尔希曼提出了著名的"不平衡增长理论"，支持了佩鲁的发展极理论。该理论的主要论点是，发展中国家应当集中有限的资本和资源首先发展一部分产业，然后再逐渐扩大对其他产业的投资，带动其他产业的发展。赫尔希曼也认为交通是基础设施的核心，交通等设施对于经济发展也具有重要作用。[①] 20 世纪 60 年代初，德国学者沃特·松巴特在增长极理论的基础上提出生长轴理论，主张将联系城市与区域的交通、通讯、供电、供水、各种管道等主要工程性基础设施的建设适当集中成束，形成发展轴，沿着这些轴线布置若干个重点建设的工业点、工业区和城市。这样布局既可以避免孤立发展几个城市，又可以较好地引导和影响区域的发展。[②]

需要指出的是，上述有关交通与经济关系的论述都有自己的不足，仅靠一种理论不能完全解释各种复杂的经济现象。如赫尔希曼的不平衡增长论本身也存在着许多不足，它低估了产业部门间不平衡增长可能造成的不良后果——如某些资源的进一步稀缺、产业间不平衡差距过大形成经济总体发展不协调或结构严重失衡；资源稀缺可能会产生垄断，阻碍经济的进一步发展，高估了发展中国家市场机制的作用，忽视了其市场残缺不全、价格刺激反应不够灵敏等问题。[③] 因此，各种理论需要相互取长补短，才能对各种交通现象有完整的认识。

二　中国学者对于交通与经济发展关系的论述

目前中国学者对于交通与经济关系的认识主要从两个方面进行阐述，一是从运输经济学角度进行研究，二是从区域经济学的角度进行研究。从运输经济学角度进行研究的代表学者主要有张薰华、荣朝和、韩彪、王延中等人。张薰华等认为，一方面，交通是社会生产力的构成部分。社会生产力系统对交通的影响，最重要的是生产力在空间上的布局状况。如果布局合理，就会在宏观上减少运费支出，降低成本，加速再生产过程。另一方面，交通自身的发展和布局又会反作用于社会生产力的布局。如交通工具的改进，大型油船和远程输油管道的采用，可使炼油工业企业和石油化学工业远离油田。又如交通线路的建设和交通网的

①　参见谭崇台等编《发展经济学》，上海人民出版社 1989 年版，第 353—363 页。
②　参见董藩《环形开放论——工业化时序—市场规律与中国空间经济战略的调整》，经济管理出版社 2006 年版，第 55 页。
③　参见谭崇台等编《发展经济学》，上海人民出版社 1989 年版，第 363 页。

完善，可以促进工业基地的建立和农业商品基地的形成，也会使一些新的城镇在交通线路兴起、发展起来。交通运输又宛若是生产力布局合理化的一面镜子，交通网中货物的运输可以反映出生产力布局合理与否的状况，还可以通过分析货物的流量和流向，发现生产力布局中存在的种种矛盾与问题。① 荣朝和提出，运输化是工业化的重要特征之一，也是指伴随工业化而发生的一种经济过程。在这一过程中，人与货物空间位移的规模由于近代和现代运输工具的使用而急剧扩大，交通运输成了经济进入现代增长所依赖的最主要的基础产业、基础结构和环境条件之一。荣朝和将运输化过程分为初步和完善两个阶段。在初步运输化阶段，运输业迅速发展，货物运输量增长快于国民生产总值的增长；在运输化完善阶段，货物运输量增长明显放慢，大体上与国民生产总值保持同步或更低些，运输业发展相对稳定或略有下降。② 王延中通过研究中国交通运输业与制造业的联系效应，阐明 1987—1995 年，中国交通运输业的发展对制造业的直接拉动作用主要体现在石油加工业、交通运输设备制造业和化学工业三个部门上，并且这种作用还呈不断增强的趋势。③ 韩彪认为交通运输与经济之间为"交替推拉关系"，即在运输方式的"剧变期"和"渐变期"，交通运输对经济发展的贡献特性不同，使交通运输与经济之间的"合力"呈现时大时小，甚至方向相背的交替推拉过程。具体而言，从 18 世纪中叶到 18 世纪 90 年代，为运输方式的"渐变期"，尔后开始了以运河发展为内容的运输方式的"剧变期"。19 世纪三四十年代开始了以铁路高速发展为内容的运输方式"剧变期"，这一时期基本于 19 世纪七八十年代结束。接着，进入了运输方式的"渐变期"，到 20 世纪二三十年代，这一过程被以管道、汽车、航空等运输方式崛起为内容的运输方式"剧变期"所取代。但到 70 年代，各国基本上都已进入了运输方式的"渐变期"。在运输方式的"剧变期"，交通运输对经济发展的作用比较明显，强烈地表现着对经济发展的推动作用。在运输方式的"渐变期"，交通工业已不是新兴产业的代表，也大都不是国民经济主导产业的内容，而且与之联系效应较强的产业大都已"沦"为传统产业，交通工业的发展主要是支持经济的增长，

---

① 参见张薰华等编《交通经济学》，上海社会科学院出版社 1992 年版，第 6 页。

② 参见荣朝和《论运输化》，中国社会科学出版社 1993 年版，第 63—72 页。

③ 参见王延中等《基础设施与制造业发展关系研究》，中国社会科学出版社 2002 年版，第 63 页。

而不是推动经济的发展。[①]

从区域经济学角度研究交通与经济之间的关系。随着区域科学研究的不断深入，交通作为影响经济活动规模和空间范围限度的主要因素之一，成为空间结构理论研究的一个重要方面。其中著名科学家陆大道院士提出的点轴开发理论颇具影响力。1984 年 10 月，他在乌鲁木齐召开的全国经济地理和国土规划学术讨论会上作的 "2000 年我国工业布局总图的科学基础" 报告中首次提出这一理论，并在随后的《工业的点轴开发模式与长江流域经济发展》（1985）、《潜力理论与点轴系统》（1986）等研究中逐渐形成和发展了自己的一整套体系。点轴理论渊源包括中心地理论、增长极理论以及沃特·松巴特的生长轴理论。[②] 点轴开发理论认为，"点—轴系统" 中的 "点" 是一定区域内的各级中心城市，它们都是各自吸引范围内的 "统帅"，是人口和各种职能集中的地方，是区域内重点发展的对象。但是，"点"（各级中心城市）是通过线状基础设施（包括各类交通线、动力供应线、水源供应线等）联系起来的，我们可以将联结若干大小不等中心城市的线状基础所经过的地带称做 "轴线" 地带。工业生产，无论采掘、原材料还是加工工业，以及第三产业的众多部门，都是产生于和集聚于 "点" 上并由线状基础设施联系在一起的。农业生产虽然是面状的，但农业生产的组织、管理机构，农业生产资料的生产供应，农产品的出售、加工等也都是集中于 "点" 上的，"轴线" 对所经区域有很大的经济吸引力和凝聚力。因此，也可称之为 "发展轴"。根据中心地理论的基本原理，区域内大小中心城市是可以分等级的，同样，"发展轴" 也是分等级的。确定各阶段经济发展在空间如何集中与如何分散，就在于规定各阶段的重点开发的 "轴线" 和 "点"，即重点开发的地带和中心城市，组成点—轴开发系统，可简称 "点—轴开发"。[③] 点轴联系实际上就是中心城市或地区与交通之间联系的相互作用的过程。后来，陆大道进一步解释了他提出的点轴开发理论，"点—轴" 系统中的 "点" 是各级中心地，亦即各级中心城（镇），是各级区域的集聚点，也是带动各级区域发展的中心城镇。"点—轴" 系统中的 "轴"，是在一定的方向上联结若干同级别的中心城镇而形成的相对密集的人口和产业带；由于轴线及其附近地区已

① 参见韩彪《交通运输发展理论》，大连海事大学出版社 1994 年版，第 173—174 页。
② 参见杨开忠主编《改革开放以来中国区域发展的理论与实践》，科学出版社 2010 年版，第 180 页。
③ 参见陆大道《区位论及区域研究方法》，科学出版社 1988 年版，第 101—102 页。

经具有较强的经济实力并且还有较大的潜力，又可以称作"开发轴线"或"发展轴线"。也就是说，轴线不是单纯几个中心城镇之间的联络线，而是一个社会经济密集带。① 点轴开发理论，成为区域经济学的重要理论。

第二节　交通与经济关系的理论阐释

一　交通对经济影响的理论阐释

交通对经济的影响是多方面的，至于具体有哪些影响，不同的学者有不同的认识。民国时期的学者郎德沛在《交通事业与国民经济》一文中详细分析了交通对经济的影响，分别论述了交通对物价、市场、生产和商业的影响。第一，交通发展会减少运费，便利商品运销，从而直接或间接降低各地的物价；第二，交通发展通过促进商品运销，推动市场的发展；第三，交通发展可以扩大民众的活动范围，促进资本的流动性以及商品的竞争，从而推动各地生产的发展；第四，交通发展便利商品流通，推动市场交易，从而促进商业发展。② 此外，其他学者也就此问题进行了研究，归纳起来，交通对经济的具体影响表现如下：

第一，交通通过降低运费影响工矿业生产布局。经济学家韦伯（A. Weber）提出了工业区位论，该理论的核心是通过运输、劳力及集聚因素相互作用的分析与计算，找出工业产品生产成本最低的点作为工业企业的理想区位，因此在西方被看作是工业区位论中最低成本学派的代表。工业区位论根据区位因素空间作用的性质将其分为区域性因素、集聚因素和分散因素，其中分散因素包括运输距离及运输费用因素等，这个因素对工业生产的过分集聚起抗衡作用。③ 陆大道院士也认为交通运输业是社会生产的物质基础和必要条件之一。它使得社会生产各组成部分在空间上连成有机整体，进行原料、产品和信息、技术的交流，保证合理的劳动地域分工的实施；交通运输往往是新区建设和资源开发的前提，特别是廉价的运输方式的开辟，常常可以将位于边远地区的资源吸引到社会经济周转中来，并由此带动落后地区的发展。随着交通的扩

---

① 参见陆大道《区域发展及空间结构》，科学出版社 1998 年版，第 137 页。
② 参见郎德沛《交通事业与国民经济》，《交通杂志》第 1 卷第 5 期，1932 年 5 月。
③ 参见陆大道《区位论及区域研究方法》，科学出版社 1988 年版，第 18—19 页。

展，可为工业生产开辟新的产品销售市场。由于任何一种工业生产归根结底要取决于销售市场的容量和销售价格，因此，原料、成品运输的费用就会通过影响销售成本和销售量而对工业生产本身产生重要的影响。[①] 简单来讲，交通对工矿业布局的影响主要是通过运费来直接体现的。对工矿业部门来说，能提供最小的运输费用方案，通常也就保证了最小的生产费用。在工业部门中，需用运输工具较多和货运量大的工业部门是采矿工业，其次是加工工业中利用大量笨重低价值原料的工业部门。如冶金工业部门的运输费用平均占成本的 15%—40%[②]，水泥的运输成本占总成本比例为 26.74%，砖为 37.89%，盐为 67.1%，而轻工业中的卷烟运输成本占总成本比例仅为 0.92%，糖为 6.54%，面粉为 6.37%。[③] 因此，原材料和燃料较成品为重的工矿业企业应布置在原料、燃料产地附近，即可大大减少运费支出，降低成本，从而降低工矿产品价格。近代以来，随着铁路等新式交通的出现，扩大了矿产品的市场，产销形势大变。就连北京燃料价格也因铁路运输的出现而大幅度下降，1900—1917 年，北京地区的生活费指数上涨了 27%，但煤球价格却下降了 32%。[④] 大多数的初加工工业都属于这一类。因此，水泥、制糖、制碱、榨油、造纸等应接近原料产地的工业，炼铝、合成氨等须接近燃料产地的工业，钢铁工业的布局必须接近原料或燃料产地，或进口原料港口。[⑤] 总之，交通运输对加工工业布局和矿业的影响非常明显。

　　第二，交通通过刺激工矿产品消费等方式推动矿产资源开发和加工工业发展。其一，交通发展会刺激相关矿产品消费，从而直接推动相关矿业开发。如铁路运输和轮船运输这两种运输方式本身就要消耗大量煤炭，刺激煤炭需求。就铁路运输而言，在 1934 年，中国矿石和矿产品总产量约 3000 万—3500 万吨，经铁路运输的至少有 2700 万吨，而且在 20 世纪 30 年代中期铁路运输本身每年就要消耗 400 万—500 万吨煤炭。[⑥] 因此，铁

---

① 参见陆大道《中国工业布局的理论与实践》，科学出版社 1990 年版，第 115—116 页。

② 参见魏心镇《工业地理学》，北京大学出版社 1982 年版，第 14 页。

③ 参见《主要产品总成本中运费所占比重》，载陆大道《中国工业布局的理论与实践》，科学出版社 1990 年版，第 116 页。

④ 参见〔美〕托马斯·罗斯基《战前中国经济的增长》，唐巧天等译，浙江大学出版社 2009 年版，第 226 页。

⑤ 参见张薰华、俞健、朱大均《交通经济学》，上海社会科学院出版社 1992 年版，第 9 页。

⑥ 参见〔美〕托马斯·罗斯基《战前中国经济的增长》，唐巧天等译，浙江大学出版社 2009 年版，第 225 页。

路运输的发展，不仅可以便利矿产品运输，而且也直接刺激矿产品消费，从而推动矿业开发。其二，交通会直接推动相关重化工业的发展。据学者对 1995 年中国经济的分析，交通运输业与金属冶炼及压延加工业、化学工业、建筑材料及其他非金属矿物制品业、机械工业和石油加工业的直接前向联系效应分别为 0.0503、0.0413、0.0368、0.0329 和 0.0307，这五个部门合计占交通运输业与制造业的直接前向联系效应的 61.08%，成为受交通运输业制约影响较大的部门。[①] 也就是说，交通对重化工业的影响十分明显。

第三，交通通过便利人员来往以促进城镇建设。所有城市原则上都要求依托一定的对外交通设施。从中国城市发展史来看，大部分城市都是沿江湖河海交通要道发育壮大起来的。就沿河城市论，可以分成六种区位类型：航运端点、梯级中转点、河流交汇点、河曲位置、过河点位置（渡口）、河口。城市与铁路的关系也有不同类型。若有几条铁路线在城市衔接或交会，则城市在铁路网中处于枢纽位置。一般来说，这里通达性好，城市腹地范围比较广大，地理位置比较重要，有利于城市发展。若城市有两个方向的铁路对外联系，称为通过位置，若城市只有一个方向的铁路对外联系，则为端点位置。城市被干线铁路连接还是被支线铁路连接，其地理位置的意义也不一样。[②] 地理学家严重敏说："都市为人类活动的集中点，都市的性质，可以按照人类活动的性质而分为若干类：如以政治活动为中心的都市，称之为政治都市，以工商业、矿业及金融业等活动为主的都市，称之为经济都市，以军事活动为主之都市，可称之为军事都市……无论那一种都市，其发展而成为都市之原因，必有交通的因素在内，即矿业都市亦不能例外，经济都市的交通因素，尤为重要。"[③]

第四，交通运输通过降低农产品交易成本，推动农村商品经济发展。德国农业经济学家屠能（J. H. Thunen）在《孤立国对于农业及国民经济之关系》一文中指出，农民的利润由农产品价格、农业生产成本及产地到市场的运费这三个要素决定，只有把运费压缩到最小，才能将利润增加到最大，如何合理布局农业生产节约运费是屠能的农业区位理论

---

① 参见王延中等《基础设施与制造业发展关系研究》，中国社会科学出版社 2002 年版，第 11 页。

② 参见许学强《城市地理学》，高等教育出版社 1991 年版，第 31 页。

③ 严重敏：《西北地理》，大东书局 1946 年版，第 225 页。

要解决的主要问题。① 据美国著名经济学家珀金斯在《中国农业的发展（1368—1968）》一书的分析，中国近代以前近千年总的商业贸易格局变化很小，大体可以分为全部在邻近农村和城镇之间进行的贸易、距离不超过约 160 公里（100 英里）和 100 英里以上较长距离的国内贸易和对外贸易三种。1910 年以前，农产品中的 20%—30% 是在邻近农村和城镇之间进行的贸易，只有 7% 的农产品是运到离本地 100 英里以外的地方销售，再有 1%—2% 的农产品运销国外。到 20 世纪二三十年代发生重大变化，虽然对外贸易仍旧只占农业总产品的 3%，但长距离国内贸易的比重上升到 10% 甚至更高一点，也就是说，近代工业和运输业的发展，使中国农民与外界通过商品交换而发生的经济联系大大增加了。外贸和长距离国内贸易占农产品的比重从 1910 年以前的 8% 左右上升到 1920—1930 年的 13% 以上。②

具体地讲，交通对农业的影响，主要体现在降低农产品交易成本，推动农村商品经济发展。在 20 世纪 30 年代，主要交通运输方式每吨公里的货运成本分别为：铁路 0.02 元，轮船 0.02—0.24 元，帆船 0.02—0.13 元，马车 0.05—0.17 元，手推车 0.10—0.14 元，畜驮 0.10—0.35 元，人夫搬运 0.20—0.35 元。③ 从中可以看出，铁路和水运的运输成本最低，而人力搬运成本最高。显然，传统运输方式较新式交通运输方式成本高，因此，近代以来中国，包括西部地区，新式交通的出现和发展无疑会降低农产品交易成本，扩大农产品交易范围，从而推动农村商品经济的发展。学者郑明如（Ming-ju Cheng）在 20 世纪 20 年代末写道：

> 良好的交通条件使"经济作物"进一步发展成为可能……天津以北一个种植大片水果的农村就是一个很好的例子。铁路未修建以前，在当地一枚铜钱可以买十个大而汁多的桃子，但这些桃子如果运往远处的天津去销售，还未运到就会烂掉。现在……来这里的游客需付十枚铜钱才能买到一个桃子。昌黎县周围的农村处处都是果园和葡萄园，这些果园的水果主要供应天津和北平市场，满足那里

---

① 参见黄作平《中国经济区域新论》，中国农业出版社 1998 年版，第 21—23 页。
② 参见〔美〕德·希·珀金斯《中国农业的发展（1368—1968）》，宋海文等译，上海译文出版社 1984 年版，第 182 页。
③ 参见〔美〕托马斯·罗斯基《战前中国经济的增长》，唐巧天等译，浙江大学出版社 2009 年版，第 186—187 页。

的巨大需求。①

可见，交通条件的改善，推动了农产品的外销，刺激了农民种植经济作物的积极性，从而促进了农村商品经济的发展。不仅如此，研究还表明：交通基础设施的建设，还可以增大农村贫困地区劳动力就业，带动贫困地区相关产业的发展，提高贫困地区产品目标市场的可达性，降低贫困地区消费成本，进而对农村扶贫起直接作用。②

二　经济对交通影响的理论阐释

交通与经济发展是相互影响的：一方面，交通便利与否会推动或制约经济发展；另一方面，经济发达或落后也会促进或制约交通发展。关于交通与经济之间的互动关系，民国时期交通运输专家陈晖谈及战时广西铁路问题时曾言："铁路建设与经济开发，系相辅而行，没有铁路交通，固然无法开发经济，没有经济开发，亦无以维持铁路。可见欲决定铁路建设的经济价值，决不应撇开经济建设不谈，而专从铁路与现存经济状态之关系的静态见地去立论。"③ 具体地讲，经济对交通发展的影响主要表现在以下两个方面：

第一，经济的发展为交通发展提供资金来源。交通是国民经济的重要基础设施，但是交通建设需要大量资金。尤其是近代以来随着铁路、公路等新式交通的出现，需要巨额资金投入。姑且以抗战时期的铁路修建为例，修建湘桂铁路衡桂段实际共耗费 5186.7 万元④，桂柳段实际共用款 2444.5 万元⑤，修建铁路的费用之高可见一斑。因此，一个国家或地区如果要大规模修建铁路，必须要有强大的经济实力做后盾才可能筹集到足够的资金。否则，要么根本不可能大规模修筑铁路，要么铁路修筑权旁落外人。就中国近代铁路修筑史来讲，中国铁路大多数为外资控制。这一方面是因为铁路具有巨大的经济价值和政治价值，铁路成了帝国主义国家争夺的重点；另一方面也是因为晚晴政府财政力量薄弱，无法独立筹资进行大规模的铁路建设。因此，近代中国经济的落后也制约

---

① 〔美〕托马斯·罗斯基：《战前中国经济的增长》，唐巧天等译，浙江大学出版社2009年版，第187—188页。
② 参见刘芬芳《交通运输设施与农村经济发展》，《交通与运输》2008年第5期。
③ 陈晖：《广西交通问题》，商务印书馆1938年版，第76页。
④ 参见张嘉璈《中国铁道建设》，杨湘年译，商务印书馆1946年版，第168页。
⑤ 同上书，第170页。

了中国独立自主地发展新式交通。

　　就抗战时期大后方交通建设来讲，由于大后方经济基础薄弱，国民政府财政收入和地方财政收入有限，造成了新式交通建设资金严重不足，从而制约了大后方新式交通的发展。抗战爆发前的1936年，由于控制了富庶的沿海地区，国民政府实际的财政收入达到了10.41亿元，但抗战爆发以后，国民政府的主要财税地东部沿海地区相继陷落，导致1939年财政收入锐减至4.3亿元左右，较1936年减少了60%左右。[①]为增加财政收入，国民政府尽管开辟了新税源，但是西部地区的经济基础脆弱导致战时国民政府财税收入增加有限。尤其是1941年以后，大后方经济急剧衰落，后方经济形势开始恶化。如据1943年岁末对工业最发达的重庆一带的统计，重庆区324家大小机器厂，停工的有75家。18家铁厂有14家停炉，4家钢厂1家已停，其余3家勉强维持。原来多达37家的酒精厂，已停2家，时开时停的1家。嘉陵江煤业原有300多家，1943年底尚存的只有186家，其中44家停业，100家减产，能维持现状者仅36家，全区煤产由每月8.4万吨降为7.56万吨，每月折本8.24万元。其他省区的厂矿，也是一片倒闭之声。如昆明原有织厂30余家，到1943年已倒闭20家。盛极一时的个旧锡业，矿厂也由1938年的5000家减至1943年的673家，矿工由10万减少到2000余人，70余座炼炉仅剩六七座在断断续续地生产。[②]1942年以后不仅后方工业开始衰退，后方农业也有所衰落，大后方连同湘、鄂、赣、浙、粤、闽中部和沿海等15个省农作物总产量指数从1939年的110降至1942年的96，以后有所回升，但无法达到1939年的顶峰状态。[③]此外，1941年12月太平洋战争爆发以后，由于日军先后占领香港地区和越南、缅甸等东南亚国家，导致大后方对外交通运输日益困难，也影响了国民政府的对外贸易。

　　1941年以后大后方经济的衰退，不仅制约了国民政府财政税收的增加，而且也严重影响了后方各省地方财政收入，造成地方财政收入的枯竭，从而不可避免地制约抗战后期大后方交通的发展。抗战时期国民政府计划修建宝天路、天成路、天兰路、兰肃路、肃塔路等西北铁路，

---

①　参见中央财政金融学院财政教研室编《中国财政简史》，财政经济出版社1980年版，第255页。

②　参见侯德础《抗战时期大后方工业的开发与衰落》，《四川师范大学学报》1994年第4期。

③　参见吴伟荣《论抗战期间后方农业的发展》，《近代史研究》1991年第1期。

但这些铁路均没有建成，其中原因与国民政府和地方政府财力有限也密切相关。如宝天铁路于 1939 年 6 月与咸同铁路同时开工，但开工以后，工程经费超出预算过大，不得不减慢工程进度。加上筑路材料运输困难等原因，到 1942 年底宝天铁路只完成土石方 27%，隧道 40%，桥涵 12%。① 宝天铁路作为沟通陕甘两省的重要通道，具有重要经济价值，但陕甘两省财政收入却较为有限，制约了政府对交通等基础设施的改进。在云南，由于地方财政收入有限，当地交通等基础设施建设受到很大影响。根据黄仁宇亲身经历，在 1941 年底，从云南马关县城西境走到东境，看不到一条公路，一辆脚踏车，一具民用电话，一个医疗所，一张报纸，甚至一张广告牌。②

第二，经济发展为交通发展提供市场需求。交通发展需要一定的市场条件，主要是需要一定的客货运输需求。如果没有这方面的需求，交通也很难发展。实际上，近代以来中国新式交通的出现和发展一定程度上是经济发展的必然结果，这其中表现最为明显的是近代矿业的发展促进了铁路建设。如个旧锡业的发展需求促成了个碧铁路的建成，同官煤业的发展需求也促成了咸同铁路的建成。如果没有这些矿业的开发需求，那么铁路将难以发展。此外，近代以来，我国东部沿海经济发达地区交通发达，而西部经济落后地区交通业相对落后，其中原因之一是东部经济发达，为新式交通的发展提供了市场需求。如在经济富庶的浙江，1895 年张之洞就向清政府提出了修筑江浙铁路的意见："尚有上海分走江浙直达金陵一路，关系重而利益多，自亦以亟筹兴造为宜。查此路由吴淞口起以达上海县，由上海县以达苏州，由苏州以达镇江，由镇江以达江宁，另于苏州横接一枝以达杭州，所历皆富庶之区，货物本蕃，行旅本多，加以内地新准通商，凡机器生料之运载以入，与夫制成货物之运载以出者，皆将络绎不绝，悉心核计，获得必丰。"③ 可以说，浙江富庶的经济促成了沪杭甬铁路的建成通车。

与之相比，近代西部地区经济落后，发展新式交通的市场需求不足。就抗战时期来讲，大后方经济发展滞后，使得后方普通民众收入较低，造成新式交通的需求不足，从而也制约了大后方新式交通的发展，

---

① 参见张嘉璈《中国铁道建设》，杨湘年译，商务印书馆 1946 年版，第 204 页。

② 参见侯坤宏《抗战时期的中央财政与地方财政》，台湾"国史馆"2000 年版，第 233 页。

③ 转引自丁贤勇《新式交通与社会变迁——以民国浙江为中心》，中国社会科学出版社 2007 年版，第 98 页。

尤其表现在战时大后方航空运输业的发展方面。战时国民政府为征收税收，加重了后方民众的负担。由于政府各种摊派日益加重，各地遂巧立名目，肆意加征捐税，如乡镇公粮、米津捐、积谷捐、优待义丁谷、巡逻队费、自卫队费、军服费、冬防费，等等，更加重了民众的负担。1939 年，国民参政会川康建设视察团在报告书中披露："保长派款，每年必有五六次乃至八九次，不分贫富，按户摊派，佃户与苦力，无一幸免，实在苦不胜言。"另据调查，1942 年四川华阳、资中、灌县、广汉、眉山等 18 个县的地方摊派，除名称和内容相同者外，共 240 种，若综合并存摊派总数达 616 种，包括抗战建国者 61 种，官公事业者 26 种，乡傈事业者 107 种，社会团体活动者 13 种，巧立名目者 23 种。后方各地民众负担的加重，造成了民众的普遍贫困。根据 1940 年对后方各省农村粮食借贷调查，各省借粮农家均在 30% 以上，宁夏则高达 51%；借粮方法以青苗作抵押较为普遍。如借粮 3 个月，还粮时需加利，低者为 19%，高者为 35%；借粮 6 个月，还粮时需加利，低者为 31%，高者达 62%。另据 1944 年 7 月调查，四川璧山附郭四乡，261 家农户中，负债者即达 129 家，约占 50%，平均每户负债 9353 元。借贷利率也颇高，乐山县 1938 年农民借贷利率为 2 分 8 厘，1939 年增至 3 分 1 厘，1940 年、1941 年达 3 分 8 厘。"其以谷物缴纳利息者，谷价愈高，则债务人吃亏愈甚，无力偿还，拖成呆账者，亦所在多有。"国民参政会川康建设视察团在报告书中也提到："各县债息之高，至足惊人，普遍者为三四分，最高者存有五日加二之息（即五日为一场，每场收取息金 2 分）。"[①] 战时大后方民众的普遍贫困，极大抑制了大后方新式交通的消费需求，尤以对后方航空业发展的抑制表现最为明显。战时大后方航空业较战前发展迅速，新开辟了若干重要航线，但总的来讲空运运量较小。关于战时后方航空运量情况见表 15。

表 15　　　　　　　　　　　抗战时期航空运输量统计表

年份	客运（人）	货运（吨）	邮运（公斤）
1938	14657	139	124
1939	28775	430	210

---

① 张根福：《抗战时期的人口迁移——兼论对西部开发的影响》，光明日报出版社 2006 年版，第 273—275 页。

续表

年份	客运（人）	货运（吨）	邮运（公斤）
1940	28575	937	160
1941	29060	4152	193
1942	30853	4349	100
1943	35612	19663	89
1944	39823	27171	96

资料来源：《交通部编六全大会交通工作报告》（1945 年 5 月），载中国第二历史档案馆编《中华民国史档案资料汇编》第 5 辑第 2 编财政经济（10），江苏古籍出版社 1997 年版，第 123 页。

总之，交通与经济是互动关系。不过，要探究二者究竟哪一个的影响更大时，据学者们采用中国 1978—2009 年的年度数据研究表明：交通基础设施投资的变动趋势比经济增长更加敏感，并且受经济增长的影响远远大于交通基础设施投资对经济增长的影响，也就是说，交通对经济的影响要小于经济对交通的影响。[①]

第三节　大后方交通与西部地区经济发展的计量分析

一　大后方交通发展的横向纵向比较分析

如前所述，在抗战爆发前，受自然条件恶劣、社会动荡等因素影响，就总体而言，西部地区近代交通业发展缓慢。1931 年，由国民党要员伍朝枢领衔的一份提案称："吾国文化虽甚古，而物质文明发达则甚迟，以交通言之，除东北、东南数省略有铁路可通或兼擅舟楫之利外，二十八行省及蒙古、西藏铁路寥寥可数，西北如甘肃、青海、宁夏，西南如四川、西康、贵州、广西，尚无一尺铁路，河川亦少，蒙、藏更等自邻，其交通工具惟恃古代相沿之骡车、骆驼、驮子、肩舆、民船，重以幅员阔、山岭多之故，自县至乡，有须四五日或十日者，自省至县，有经月始达者。"[②] 抗战爆发后，经过战时大规模交通建设，西

---

① 参见宗刚等《交通基础设施与经济增长的协整及因果关系分析》，《现代管理科学》2011 年第 10 期。

② 《伍委员朝枢提缩小省区案》，载中国第二历史档案馆编《国民党政府政治制度档案史料选编》下册，安徽教育出版社 1994 年版，第 338 页。

部地区交通线路延长，在全国交通地位上升。

表 16　　　　　　　抗战前后西部地区交通线路里程变化表

	1936 年（公里）	占当年全国总里程比例（%）	年份（公里）	占当年全国总里程比例（%）
公路	28035　1	23.45	（1947 年）41882　2	57.72
铁路	396	1.91　3	（1945 年）1522　4	17.40　5
内河航线			（1945 年）7157　6	37.14　7

资料来源：1. 根据《交通部历年各省可通车公路里程表（1933—1937 年）》相关统计而成，见中国第二历史档案馆编《中华民国史档案资料汇编》第 5 辑第 2 编财政经济（9），江苏古籍出版社 1994 年版，第 291—292 页。2. 根据表 37《公路里程》相关数据统计而成，见国民政府主计处统计局编《中华民国统计提要》，1947 年印，第 78—79 页。3. 1936 年全国铁路长度为 20746 公里。见《1895—1937 年中国铁路增长》表，载〔美〕托马斯·罗斯基《战前中国经济的增长》，唐巧天等译，浙江大学出版社 2009 年版，第 211 页。4. 1944 年西部地区铁路里程为 1378 公里。具体数据见《交通部统计处抗战以来之交通概况》，1945 年 5 月，载中国第二历史档案馆编《中华民国史档案资料汇编》第 5 辑第 2 编财政经济（10），江苏古籍出版社 1997 年版，第 145 页。到 1945 年底，西部地区相继建成了綦江铁路（39 公里）和宝天铁路 153 公里（其中宝天铁路在 1944 年修建了宝鸡至石门段长 48 公里），因此，到 1945 年底，西部地区铁路总长度约为 1522 公里。5. 1945 年底，全国铁路总里程为 8746 公里，未包括东北地区、海南岛和台湾地区，见表 35《国营铁路营业里程与车辆》，载国民政府主计处统计局编《中华民国统计提要》，1947 年印，第 75 页。6. 根据《各航区所辖航线里程及行驶船舶艘吨数》相关数据统计而成，见交通部统计处编《中华民国三十三年交通部统计年报》，1946 年 9 月印，第 169 页。7. 1945 年底，全国内河航线里程为 17409 公里，见表 42《内河航线里程》，载国民政府主计处统计局编《中华民国统计提要》，1947 年印，第 80 页。

说明：1. 本表西部地区包括陕西、甘肃、宁夏、青海、新疆、四川、西康、云南、贵州、西藏和广西 11 个省。2. 本表统计西部地区 1947 年公路的总里程，只包括已通车里程，修复中和待修的里程未包括在内。3. 由于资料局限，笔者只统计出 1944 年西部地区的内河航运总里程，但在 1947 年出版的《中华民国统计提要》表 42《内河航线里程》所列的 1944 年底全国内河航运总里程的统计数据未包括沦陷区内河航线里程数据，而所列的 1945 年底全国内河航运总里程的统计数据中包括沦陷区数据，因此，1945 年的统计数据能够全面反映整个中国内河航运情况。为便于比较 1945 年西部内河航运里程在全国内河航运总里程中所占的比例，考虑到西部内河航运在 1945 年的情况与 1944 年的情况差距基本相同，本表将 1944 年西部地区内河航运总里程 7157 公里姑且算成 1945 年底的数据。4.《中华民国统计提要》中表 279《分布各省铁路实有里数》（国民政府主计处统计局编《中华民国统计提要》，商务印书馆 1936 年版，第 1078 页）统计出仅陕西在 1933 年就有 12898 公里长的铁路线，此数据包括陕西的铁路干线和铁路串道，其中铁路干线就有 6861 公里。此数据明显与实际出入太大，作者怀疑编辑错误。5. 由于资料局限，未能统计出 1937 年西部地区内河航线总里程数量。

从表 16 可以看出，抗战前后西部地区的交通得到了很大发展。西部 11 个省份的公路通车里程由战前 1936 年的 28035 公里增加至 1947 年的 41882 公里，公路通车里程增加了 49.39%。铁路由抗战爆发时 1936 年的 396 公里（未包括滇越铁路，因为滇越铁路管理权归法国滇越铁路公司）增加至 1945 年的 1522 公里，铁路通车里程增加了 284.34%。内河通航里程增加至 1945 年的 7157 公里。因此，经过战时大规模的交通建设，战后西部地区的交通状况有较大改观。

随着战时西部交通的发展，西部地区交通在全国交通中所处的地位有很大改变。在公路方面，1936 年西部 11 个省份公路总通车里程占全国通车总里程的 23.45%，近全国的 1/4，到 1947 年西部 11 个省份的公路已通车总里程占全国的 57.72%，超过一半。在铁路方面，抗战前的 1936 年，西部地区铁路总长度占全国铁路总长度的 1.91%，仅仅约占 1/52。但是经过战时铁道建设，到 1945 年底，西部地区铁路总长度占全国铁路总长度的比例上升到 17.40%，相当于全国 1/6。在内河航运方面，经过战时大规模的内河航道整治，到 1945 年底，西部内河通航里程占全国内河航运总里程的比例上升到 37.14%，约占全国的 1/3。因此，经过战时大规模的交通建设，战后西部地区的交通在全国交通中的地位有很大提升。

二　大后方交通与西部经济发展关系的计量分析

交通与经济发展之间存在密切关系。现代经济学研究表明：交通与经济发展之间呈现正相关，至于相关系数则因各个国家、地区所处的经济发展水平而有差异。就中国来讲，学者研究发现，在 1985 年至 1998 年间，中国实际国内生产总值（GDP 以 1985 年为不变价）由 8964.4 亿元增长到 23904.0 亿元，增幅为 167%。同期，基础设施中电力和交通通信的实际资本存量则分别由 633.15 亿元和 980.70 亿元，增加到 3740.51 亿元和 4554.26 亿元，增幅分别高达 490.78% 和 364.39%。同时从年平均增长率看，基础设施资本存量增长速率在各个时期均高于实际国内生产总值的增长率，而且两者表现出相同的变化趋势。这表明基础设施和工业发展之间存在某种正相关性。[1] 在抗战时期，大后方交通的发展对后方一些经济部门产生了明显的影响，印证了交通运输发展

---

[1]　参见王延中等《基础设施与制造业发展关系研究》，中国社会科学出版社 2002 年版，第 4 页。

与经济发展之间呈现正相关性。关于战时西部各省交通和经济方面的具
体统计数据并不完整，很难对战时整个后方交通与经济发展关系进行十
分精确的总体量化分析。为便利起见，本书以战时国民政府官方统计数
据为基础，对整个战时国统区交通与经济发展之间关系进行量化分析，
可以一定程度上反映整个战时大后方交通与西部经济发展之间的关系。

（一）关于统计数据和计算方法的说明

关于战时中国的经济统计数据，国民政府主计处统计局在 1947 年
编辑出版了《中华民国统计提要》，对战时中国主要是国统区的土地与
人口、农业、矿工商业、财政金融、交通等类进行了统计，这也是目前
关于战时中国的最完整统计资料，但遗憾的是，该书并未分省统计，不
能精确反映战时后方各省经济发展的具体情况，只能反映战时国统区的
经济全貌。由于本书的"大后方"地域范围界定为战时西部地区，因
此与"国统区"地域范围并不完全一致。但需要指出的是，除去 1937
年、1938 年和 1945 年这三年外，战时国统区范围大体上就是战时西部
地区，因此，《中华民国统计提要》中 1939 年至 1944 年的统计数据基
本上反映了战时西部各省的经济情况。不过，更重要的是 1939 年至
1944 年属于抗战的相持阶段，大规模的战役相对较少，这期间战争对
交通与经济两个变量的影响相对较小。因此，利用数学统计方法量化分
析这期间大后方交通与经济之间的关系将更为准确反映实际情况。

另外，在 1939 年至 1944 年间国统区各种交通运输构成中，交通部
所属国营铁路、公路、航空和内河航运运输的货运量如表 17 所示。

表 17　　　　　　　1939—1944 年国营交通部门货运运量表

类别	铁路	公路	航空	河运	合计
运量（千吨）	17446	1482	57. 936	7358	26343. 936
占总量百分比（%）	65.48	5.56	0.22	27.62	100

资料来源：据表 36《国营铁路运输》、表 39《国营公路运输》、表 41《内河运输》和表
42《民营航空》相关货运量数据统计而成，见国民政府主计处统计局编《中华民国统计提
要》，1947 年，第 77—84 页。

说明：由于资料有限，未能将战时驿运货运量列入，内河航运量包括沿海航线运输量
在内。

从表 17 可以看出，在 1939 年至 1944 年间，战时国统区交通货运
量以铁路运输为主，货运量占总量的 65.48%；内河航运货运占总量的

27.62%；公路货运量占总量的 5.56%；而航空货运量仅占 0.22%。鉴于内河航运货运量包括沿海航线货运量，不能完全反映战时后方内河航运货运量情况，而航空货运量太小，对后方经济的影响也很小等原因，本书不专门分析内河航运货运量和航空货运量对后方经济的影响。此外，由于铁路与煤炭、钢铁业、城市发展关系最为密切，本书重点分析铁路运输对这三方面的影响。

本书研究交通与经济之间的相互关系，也主要是借鉴了计量经济学中的相关分析和回归分析方法。[①] 计量经济学研究的中心问题是各种经济变量之间的相互依存关系。两个或两个以上变量之间的关系可以分为两类：一类是确定性关系；另一类是统计关系。确定性关系也称函数关系，即两个变量的数值依据某种函数关系保持精确的对应。统计关系是一种不确定性关系，即虽然变量之间存在某种依从关系，但没有确切的一一对应。在关于变量之间的统计分析方法中，回归分析与相关分析是两种最基本的关系。相关分析是测度变量之间线性关联程度的统计分析方法，其目标是计算反映变量之间关系密切程度的统计

---

① 计量史学最早产生于美国。美国著名计量史学家罗伯特·福格尔（也译成福盖尔）、艾伯特·菲什洛（也译成费西洛）等人在研究美国铁路对美国经济的影响时，运用了计量经济学的方法进行研究，尤其是福格尔的计量研究方法影响非常大。福格尔希望计算出如果 1890 年还没有铁路的情况下美国的 GDP 将会是多少。他使用的方法是计算 1890 年实际由铁路运输的货物如果改用运河运输，看要增加多少费用，并假定 1890 年实际 GDP 减去这些费用就是没有铁路情况下的 GDP。福格尔的计算公式是这样的：铁路创造的社会节约量 $W = R \cdot (MCc - MCr) t + H \cdot IN$，其中 R 为 1890 年铁路实际承运的货物吨公用数，MCc 和 MCr 分别为运河和铁路运输每吨公里的边际费用，IN 为运河运输每吨公里的额外费用，包括速度较慢造成的费用和在冬季不能使用北方运河所造成的费用等。福格尔在继续假设运河和铁路的边际费用为不变，而且等于各自运价的情况下，把公式又改为 $W = R \cdot (Pc - Pr) + R \cdot IN$，其中 Pc 和 Pr 分别为运河和铁路收取的运价。福格尔做了浩繁的计算工作，他最后的结论是，如果没有铁路，美国经济每年所受影响至多不超过 5%。费希洛对 1859 年美国铁路影响的计算与福格尔方法类似。（参见荣朝和《论运输化》，中国社会科学出版社 1993 年版，第 34 页。）尽管福格尔的计量方法存在许多问题和不足，但在美国乃至世界经济史学界引起了巨大的反响。为此，福格尔荣获 1993 年诺贝尔经济学奖。在中国大陆，计量经济学的研究方法也被越来越多的经济史学者所认可并开始采用。著名学者吴承明先生就认为："凡能计量者，应尽可能作定量分析。盖定性分析只给人以概念，要结合定量分析才具体化，并改正概念的偏差。"目前，中外学者研究中国经济史采用的计量模型大都属于回归分析，且限于一次线性回归，并用回归方程求得变量间的相关系数，用概率求出标准误差。这种分析实际属于统计学范围，以系列的统计数据为基础。计量学方法一般适用于研究生产力，而不包括生产关系。（参见《吴承明集》，中国社会科学出版社 2002 年版，第 397—399 页。）

数，即相关系数。相关分析中，根据两个变量之间联系的密切程度和相关性质，相关性可以分为正相关、负相关、不相关及非线性关系等。虽然回归分析所研究的也是变量之间的关系，但目标不是度量变量之间的关联程度，而是试图根据其他变量的设定值来估计或预测某一变量的平均值。[①] 根据计量经济学的理论，显然交通与经济之间属于统计关系，即我们知道交通发展会促进经济发展，反之会阻碍经济发展，但交通与经济之间的关系是统计性质的。因此，交通固然重要，但并不能借此对经济发展做出准确预测。回归分析所考虑的主要是这种含有误差项的统计关系。

在相关分析中，两个变量定为 X 与 Y，如果定它们的样本值分别为 Xi 与 Yi（i=1，2，…，n），则它们的相关系数被定义为：

$$r_{XY} = \frac{\sum_{i=1}^{n}(X_i - \bar{X})(Y_i - \bar{Y})}{\sqrt{\sum_{i=1}^{n}(X_i - \bar{X})^2}\sqrt{\sum_{i=1}^{n}(Y_i - \bar{Y})^2}}$$

在回归分析中使用最为广泛的方法是普通最小二乘法。普通最小二乘法的基本思想是，如果某个回归方程能够使拟合值与实际观察值之间的离差平方和最小，那么该回归方程的参数可以作为真实参数的一种最佳近似。普通最小二乘法的具体过程是，首先求出残差平方和函数对待估计参数的偏导数并令其为零，然后通过求解由一阶条件构成的方程组，得到所有参数的估计量。计算步骤如下列公式所示[②]：

$$\begin{cases} \sum Y_i = n\alpha + \beta \sum X_i \\ \sum X_iY_i = \alpha \sum X_i + \beta \sum X_i^2 \end{cases}$$

这组联立方程被称为正态方程。解此联立方程组得到：

$$\begin{cases} \alpha = \dfrac{\sum X_i^2 \sum Y_i - \sum X_i \sum X_iY_i}{n\sum X_i^2 - (\sum X_i)^2} \\ \beta = \dfrac{n\sum X_iY_i - \sum X_i \sum Y_i}{n\sum X_i^2 - (\sum X_i)^2} \end{cases}$$

利用上述方法得到的α和β称为普通最小二乘估计量。本书后面的估

---

① 参见田维明主编《计量经济学》，中国农业出版社 2005 年版，第 32—33 页。
② 同上书，第 37—38 页。

算按照这一公式进行演算。

这里需要特别说明的是，对交通与经济相关变量进行的相关与回归分析，只能说明交通与经济之间的关联度，还不能完全说明二者之间的因果关系。研究也表明：经济增长与交通基础设施投资呈现出单向的因果关系，虽然交通基础设施投资促进了经济的增长，但并不是经济增长的唯一原因，经济增长的原因，需要纳入到一个更大的框架中去研究，考虑更多的增长因素。[①] 不过，从另一方面来讲，采用计量经济学方法研究交通与经济发展的关系，可以使之前对这一问题描述性的、定性的分析实现定量的测算。因此，我们可以把它作为研究方法进行尝试，弥补历史学研究的不足。

（二）交通与矿业关系计量分析——以湘桂铁路对广西煤业影响为例

抗战时期后方铁路有所发展，铁路的发展也推动了后方煤业发展。如随着湘桂铁路陆续建成通车，广西煤炭产量也迅速增加，从 1939 年的 35800 吨逐年增加至 1943 年的 128993 吨，到 1944 年，由于爆发了豫湘桂战役，湘桂铁路遭到了很大的破坏，加上日军对煤矿的破坏，广西煤炭产量下降至 93337 吨。[②] 因此，铁路对煤炭业发展的推动作用是显而易见的。

鉴于 1944 年湘桂铁路遭到战争破坏，我们只计量分析 1939 年至 1943 年间湘桂铁路货运量与战时广西原煤产量之间的关系，考察湘桂铁路对于广西煤业开发的重要推动作用。经过计算，湘桂铁路货运量和广西煤炭产量两个变量之间的相关系数高达 0.974，具有高度正相关。设其基本模型为：$Y = a + bX$，式中 Y 代表铁路货运量，X 代表煤炭产量。运用回归分析法，即运用统计学上的最小二乘法原理。

表 18　　湘桂铁路货运量与广西煤产量回归直线方程数据计算表

年份	湘桂铁路货运量（公吨）X	广西煤矿产量（公吨）Y	X^2	Y^2	XY
1939	931300	35800	867319690000.00	1281640000.00	33340540000.00
1940	881120	35822	776372454400.00	1283215684.00	31563480640.00

① 参见宗刚等《交通基础设施与经济增长的协整及因果关系分析》，《现代管理科学》2011 年第 10 期。

② 《历年各矿产量》表，载广西省政府统计处编《广西年鉴》第 3 回上册，1944 年印，第 590 页。

续表

年份	湘桂铁路货运量（公吨）X	广西煤矿产量（公吨）Y	X²	Y²	XY
1941	1022778	71987.47	1046074837284.00	5182195837.00	73627200591.66
1942	1030991	92320.59	1062942442081.00	8523091337.95	95181697404.69
1943	1153512	128992	1330589934144.00	16638936064.00	148793819904.00
求和	5019701.00	364922.06	5083299357909.00	32909078922.95	382506738540.35

　　资料来源：《湘桂铁路历年载运货物吨数》表，载广西省政府统计处编《广西年鉴》第 3 回下册，1944 年印，第 1043 页；《历年各矿产量》表，载广西省政府统计处编《广西年鉴》第 3 回上册，1944 年印，第 590 页。

　　将表中数据代入联立方程组：

$$\begin{cases} \sum Y = na + b\sum X \\ \sum XY = a\sum X + b\sum X^2 \end{cases}$$

$$解 \begin{cases} a = \dfrac{\sum X^2 \sum Y - \sum X \sum XY}{n\sum X^2 - \left(\sum X\right)^2} \\ b = \dfrac{n\sum XY - \sum X \sum Y}{n\sum X^2 - \left(\sum X\right)^2} \end{cases}$$

则 b = 0.368

a = -296950

　　所以，回归直线方程为 Y = 0.368X - 296950。这一直线回归方程的计算结果表明：湘桂铁路货运量每增加一吨，广西会新增 2.717 吨煤炭产量。

　　回归模型建立之后，需要对模型的可信度进行检验，以鉴定模型的质量。线性回归方程的显著性检验是借助于 F 检验来完成的。

$$S_总 = L_{yy} = \sum_{i=1}^{n}(Y_i - \bar{Y})^2 = \sum_{i=1}^{n}(Y_i - \hat{Y}_i)^2 + \sum_{i=1}^{n}(\hat{Y}_i - \bar{Y})^2 = Q + U$$

U = bLxy

Q = S总 - U = Lyy - bLxy

F = (n-2) U/Q

　　对该回归方程进行显著性检验，计算出 F = U/（Q/5 - 2）= 54.81，回归方程计算的 F = 14.65 > F0.01（1, 3）= 34.12，即该方程通过检验，具有显著性，犯错的概率低于 1%。

　　（三）大后方交通与西部工业关系的计量分析——以冶铁业为例

　　战时大后方交通的发展尤其是铁路的发展还会直接促进冶金工业如钢铁工业的发展。众所周知，铁路的发展会便利矿石运输，从而减少矿石运输成本，促进冶金行业的发展。此外，修建铁路需要大量钢轨，也会刺激钢铁需求。如綦江铁路的钢轨全部由大渡口钢铁厂轧制供应，因此，綦江铁路的修建为大渡口钢铁厂的钢轨销售提供了稳定的消费市场，促进了大渡口钢铁厂的发展，尤其是大渡口钢铁厂的钢产量逐年增加。以钢锭为例，1941 年大渡口钢铁厂产量仅为 113 公吨，到 1945 年增加至 18159 公吨，增加了 160 倍。[①] 大渡口钢铁厂的发展也推动了整个大后方钢铁工业的发展，其中原因正如时人所言：后方钢铁业中，"至于钢品产量，则系逐年增加，盖路矿及兵工之需求，始终未达饱和状态也"[②]。

通过对 1940 年至 1944 年间国统区铁路货运量和生铁产量两个变量之间的相关性检验[③]，二者之间的相关系数为 0.8745，具有较明显的正相关。并用统计学方法求出回归直线方程：$Y = 23.408 + 0.0043X$，式中 Y 代表铁路货运量，X 代表后方生铁产量。这一计算结果表明：铁路货运量每增加一吨，生铁产量会增加约 0.023 吨。

对该回归方程进行显著性检验，计算的 F 值为 9.752，$F_{0.1}$ (1，3) $= 4.54 < F = 9.752 < F_{0.05}$ (1，3) $= 10.13$，所以方程具有显著性，可以通过检验，犯错误的概率低于 10%，但是高于 5%。

表 19　　　　国统区生铁产量与铁路货运量回归直线方程计算表

年份	生铁产量 X（吨）	X^2	铁路货运量 Y（万吨）	Y^2	XY
1940	55182	3045053124	263.7	69537.69	14551493.4
1941	62836	3948362896	313.8	98470.44	19717936.8
1942	77497	6005785009	306.7	94064.89	23768329.9
1943	70000	4900000000	360	129600	25200000
1944	40134	1610737956	174.5	30450.25	7003383
Σ	$\sum X = 305649$	$\sum X^2 = 19509938985$	$\sum Y = 1418.7$	$\sum Y^2 = 422123.27$	$\sum XY = 90241143.1$

资料来源：表 14《重要矿产量》、表 36《国营铁路运输》，载国民政府主计处统计局编《中华民国统计提要》，1947 年印，第 28—29、77 页。

---

①　王子祐：《抗战八年来之我国钢铁工业》，载唐润明主编《抗战时期大后方经济开发文献资料选编》，重庆档案馆 2006 年印，第 662 页。

②　同上书，第 679 页。

③　由于后方重要铁路黔桂铁路是 1940 年底才逐段通车，陇海铁路咸同支线也是在 1941 年 11 月建成通车，因此，本书在分析后方铁路对炼铁业的整体影响时分析 1940 年至 1944 年间的情况。

（四）交通与城市关系计量分析——以陇海铁路对西安城市发展为例

战时大后方交通的发展也推动了后方城市的发展。众所周知，现代新式交通具有客货运量大的优势，新式交通的建成会加速城市人口的流动，从而有利于城市的发展。就陕西而言，陇海铁路建成后，成为关中平原重要的交通运输方式，便利了铁路沿线城市之间人员的往来，从而促进了城市人口的增加。尤其是在抗战期间，随着陕西潼关以东路段被破坏，陇海铁路实际运行路段在陕西境内。因此，抗战期间陇海铁路对陕西铁路沿线经济的影响将更为明显。通过对1939年至1945年间陇海铁路客运量和西安城市人口两个变量之间的相关性检验，二者之间的相关系数为0.827，具有较明显的正相关。用统计学方法求出回归直线方程：$Y = 100000 + 16.150X$，式中 Y 代表铁路客运量，X 代表西安城市人口数量。这一计算结果表明：陇海铁路客运量每增加1000人，西安城市人口会增加约62人。

设其基本模型同前。运用回归直线方程求出 a、b 的值。对该回归方程进行显著性检验，计算的 F 值为4.264，所以方程具有显著性，可以通过检验，犯错误的概率低于10%，但是高于5%。

表20 陇海铁路客运量与西安城市人口数量回归直线方程数量计算表

年份	城市人口 X（人）	X^2	客运量 Y（人）	Y^2	XY
1939	230613	53182355769	2299000	5285401000000	530179287000
1940	223847	50107479409	4222000	17825284000000	945082034000
1941	251658	63331748964	4037000	16297369000000	1015943346000
1943	345429	119321194041	7387000	54567769000000	2551684023000
1944	392259	153867123081	6914000	47803396000000	2712078726000
1945	489779	239883468841	6983000	48762289000000	3420126757000
求和	1933585	679693370105	31842000	190541508000000	11175094173000

资料来源：西安铁路分局史志编纂委员会编：《西安铁路分局志》，1997年印，第100页；西安市地方志编纂委员会编：《西安市志》第1卷总类，西安出版社1996年版，第446页。

注：原始资料中没有1942年人口统计数据。

第七章　大后方国际交通与西部对外贸易

　　从理论上讲，交通与对外贸易之间存在密切联系。交通通信基础设施，如铁路、公路、水路、港口、机场、邮政以及电信等的建设将影响到产品（包括技术、信息等无形产品）的运输成本。运输成本的降低会改变两国的市场供求状况和两国之间的贸易状况。如果运输成本降低，那么 A 国产品对 B 国的出口将会增加。这种增加一方面来自 A 国产品因运输成本降低而导致总成本降低，从而总产量增加，出口量增加。另一方面来自增加对 B 国的出口造成对 A 国市场的"挤出"，即由于运输成本降低，向 B 国出口比在 A 国市场上销售更加有利可图（假定在同际市场销售比在国内市场销售花费更大的运输成本），因而原本在 A 国市场销售的产品会转而向 B 国出口。[①]

　　抗战期间，中国为渡过经济难关，大量举借外债，仅在太平洋战争爆发前外债总数为 5.135 亿美元。[②] 这些外债大部分用大后方矿产品和农产品偿还。因此，作为偿债易货的重要物资，抗战时期大后方农产品和特种矿产品的出口受国民政府统制。农产品主要有茶叶、桐油、猪鬃、生丝和羊毛五种，由贸易委员会统一经营，特种矿产品主要有钨、锑、锡、汞、铋和钼共六种，由资源委员会统一经营。抗战时期大后方对外贸易以 1941 年为界大致分为前后两个阶段，在 1938 年至 1941 年的第一阶段，尽管国民政府奉行限制进口、增加出口的外贸政策，但由于大后方人口及其对消费品需求总量的不断增加，以及大后方地区的对外交通线仍然保持畅通，大后方对外贸易仍有一定的发展。以四川为例，在抗战爆发的 1937 年贸易总值为 264.4 万元，到 1941 年仍然增加

---

① 参见王延中等《基础设施与制造业发展关系研究》，中国社会科学出版社 2002 年版，第 142—143 页。

② Arthur N. Young, *CHINA and the Helping Hand* (*1937 – 1945*), Cambridge (Massachusetts): Harvard University Press, 1963, p. 207.

到 1266.2 万元，扣除物价上涨因素，对外贸易总值仍然有所增加。① 整个大后方地区的对外贸易总值从 1939 年的 60.36 亿美元增加至 1941 年的 155.925 亿美元。② 在 1942 年至 1945 年的第二阶段，随着 1942 年 4 月滇缅公路被日军控制，1944 年 4 月至 1945 年 1 月，平汉（南段）、粤汉、湘桂三条铁路干线先后沦于敌手，大后方的对外贸易条件从 1942 年下半年开始显著恶化。到 1944 年大后方的对外贸易总值从 1941 年的 155.925 亿美元下降到 35.648 亿美元③，大后方对外交通运输的日益困难是第二阶段大后方对外贸易急剧恶化的重要原因。总之，战时大后方交通与大后方的对外贸易密切相关，尤其是战时西北公路、滇缅公路、中越国际交通线和中印国际交通线都与大后方对外贸易的发展息息相关。

第一节 战时大后方对外贸易路线变迁

大后方地区的出口产品为当地之土产。因此，通过考察土产的出口运输路线变迁情况就可以反映战时大后方对外贸易路线变迁情况。大后方盛产土产，不仅种类繁多，而且产量很大，在全国占有非常重要地位。④ 大后方最重要的出口土产为桐油、猪鬃、茶叶、生丝、羊毛、

① 参见章友江、李廷栋《抗战以来四川之对外贸易》，《四川经济季刊》第 1 卷第 1 期，1943 年 12 月。

② 参见郑友揆《中国的对外贸易与工业发展（1840—1948）——史实的综合分析》，上海社会科学院出版社 1984 年版，第 166、194 页。

③ 同上。

④ 土产，也称之为土货。土货种类繁多，包括农产品、手工产品和矿产品三大类，农产品主要是所谓的特产，手工产品包括纸、夏布等，矿产品包括锡、钨、锑、煤、盐等。张肖梅先生在其编辑的《四川经济参考资料》一书中有专章介绍了四川的特产。特产种类包括药材、蚕茧、甘蔗、蔴、烟叶、榨菜、芋片、桐、椿油、茶、生漆、棕、蜡、五倍子、木耳、竹参、花椒、柑橘、梨、猪产品（包括猪鬃和猪肠）、牛产品（包括牛皮、肠渣、牛油、牛角）、羊产品（包括羊皮、羊毛）、兔皮、鸭毛、鹿类产品（包括鹿皮和麝香）、虎骨、豹骨、其他野畜产品（包括杂皮和杂骨）28 个种类。（参见张肖梅编《四川经济参考资料》第 14 章特产，中国国民经济研究所 1939 年版，N 目 1—15。）严奇岩在研究近代四川山货开发问题时，将四川土货与山货进行了专门区分。土货除山货外，还包括猪鬃、牛皮、猪肠、牛油、粮、烟叶等传统的农牧产品以及如纸、夏布等手工艺品和盐、煤等矿物。因而，山货只是四川土货中的重要组成部分。（参见严奇岩《近代四川山货开发研究》，硕士学位论文，西南师范大学，2004 年，第 6 页。）就本书来讲，由于大后方地区出口欧美各国的大宗土产主要是桐油、猪鬃、生丝、中药材、皮毛、锡、钨、锑、铅等，因此重点论述这些土产在抗战时期的外销情况及其对大后方口岸贸易的影响。

钨、锑、锡等，这些土产分别由贸易委员会和资源委员会统一经营，成为战时大后方偿债易货的重要产品，在战时中苏、中美贸易中占有极其重要的地位。

一　战时西北对外贸易路线变迁

战时西北地区的主要出口产品为皮毛等农副产品。实际上，西北各省是中国最重要的羊毛及皮货主要产地，尤其以甘肃、宁夏、青海产量最大，新疆与内外蒙古次之。[①] 至于战时西北皮毛的年产量，各方所发表的统计数字，多未能相合。[②] 一般而言，西北陕、甘、宁、青四省羊毛总产量至少在 1900 万斤以上。[③] 皮毛作为西北地区主要的畜牧产品，抗战爆发前，大量运往天津出口。1936 年全国羊毛出口量为 16076486 公斤，其中仅来源于西北甘肃和青海两省的约占 45%。[④] 至于具体外销路线，战前西北皮毛主要通过黄河运至包头，再通过平绥铁路运至天津出口美英等国，其中黄河水运以皮筏运输为主。以绒毛输出为例，西北盛产羊绒和驼绒，多通过包头转天津出口。"各地绒毛数量运集包头者，每年约在一千五百万余斤，连同绥远与张家口集中者，共约五千万斤，除本地销售少许外，大部均运往天津转出口海外，销往英美德西洋各国购买者，约三分之二，销往日本者约三分之一。"[⑤] 除了这条外销路线

---

① 参见韩在英《中国羊毛之产销市场与将来之增产》，《西南实业通讯》1945 年第 11 卷第 5、6 期合刊。

② 关于战时西北每年羊毛的产量，笔者没有查阅到具体的统计数据，主要有三种说法：其一，实业家刘鸿生根据贸易委员会的统计数字，认为战时西北地区的羊毛年总产量为 40.5 万关担，其中青海 12 万关担，新疆 10 万关担，甘肃 9 万关担，绥远 4.5 万关担，宁夏 3.5 万关担，陕西 1.5 万关担，西北羊毛产量占全国 57.2% 强。参见刘鸿生《西北羊毛与我国毛纺织业》，载唐润明主编《抗战时期大后方经济开发文献资料选编》，重庆市档案馆 2005 年印，第 416 页。其二，贸易委员会 1938 年调查，甘宁青三省羊毛总产量为 1906.8 万斤，其中甘肃 1130.8 万斤，青海 720 万斤，宁夏 56 万斤。参见张之毅《西北羊毛调查》，《中农月刊》1942 年第 3 卷第 9 期，第 47 页。其三，对西北羊毛业颇有研究的学者顾少白在西北绵羊和山羊数量统计基础上，根据每只羊的年产毛量估算出西北甘肃、宁夏和青海三省干净羊毛总产量为 2786.6 万斤，其中甘肃 1051.6 万斤，宁夏 222.3 万斤，青海 1512.7 万斤。参见顾少白《甘、宁、青三省羊毛之生产》，《中农月刊》1943 年第 4 卷第 4 期，第 68 页。

③ 这里指的是除去杂质的干净羊毛产量。不做特殊说明，本书提及羊毛产量时指的都是净毛产量。

④ 参见刘鸿生《西北羊毛与我国毛纺织业》，载唐润明主编《抗战时期大后方经济开发文献资料选编》，重庆市档案馆 2005 年印，第 416 页。

⑤ 尹仁甫、李树茂：《沦陷后之包头绒毛业》，《西北论衡》第 7 卷第 13 期，1939 年 8 月。

外，战前甘肃所产皮毛还部分"由平凉沿西兰公路运赴陕西，转陇海平汉北宁等铁路抵达汉口或天津出口"①。此外，深居西北腹地的新疆，由于地缘和政治关系，战前与苏联关系十分密切，新疆所产皮毛大部分则是出口苏联。新疆出口苏联运输路线主要通过北疆的塔城、伊犁等城市运至巴克图或霍尔果斯出口到苏联，南疆通过喀什噶尔出口苏联。②另外，新疆也有小部分皮毛通过驼运由迪化经镇西、蒙古草地运至绥远，再通过平绥铁路运往天津出口美英等国。

由于战前西北皮毛外销路线主要是通过黄河水运至包头再运往天津出口，因此，西北皮毛市场主要沿黄河分布。战前西北甘宁青三省境内的羊毛市场分为产地市场和转运市场，产地市场为牧民或农民出售羊毛形成的市场，转运市场为由产地市场收集羊毛后转运至终点而形成的市场。西北羊毛产地市场主要有青海的湟县、上五庄、鲁沙尔、拉卜楞、大通、贵德、同仁，甘肃的甘州、河州、凉州、洮州、定远营，宁夏的花马池、中卫、永登等，转运市场有甘肃的平凉、靖远、兰州、张家川、西峰镇以及青海的西宁。③ 上述产地市场和转运市场中，湟县、贵德、西宁、洮州、兰州、靖远、中卫等位于黄河沿岸，而包头则成为战前西北皮毛转运中心。据统计，1929 年至 1933 年间包头羊毛输出量分别为 15280 吨、14110 吨、11200 吨、9080 吨和 11840 吨，五年总输出量为 61510 吨。④

抗战爆发以后，由于天津和包头的陷落，西北皮毛改为运往兰州出口，因此，抗战时期西北皮毛外销路线变化很大。如甘肃靖远，位于兰州东北 120 公里，据 1940 年 11 月调查，靖远该年有羊 20.94 万头，其中绵羊 15.7 万头，占总量的 75%，山羊 5.23 万头，占 25%。⑤ 所产羊毛分春毛和秋毛两季。抗战以前，靖远所产羊毛大部分通过陆路或水路经过包头转天津销往国外。抗战爆发以后，"羊毛之输往包头转天津出口者，今已变为运往兰州出口矣"⑥。具体讲，抗战以前，甘肃羊毛外销路线如下所示：甘肃各羊毛市场—宁夏—石嘴子—包头—归化城—张

---

① 甘肃省银行经济研究室编辑：《甘肃之特产》，1944 年印，第 85 页。
② 参见何璟《苏联势力控制下的苏新关系之剖视》（下），《边疆》第 1 卷第 9 期，1936 年 12 月。
③ 参见张之毅《西北羊毛调查》，《中农月刊》第 3 卷第 9 期，1942 年 9 月。
④ 参见平绥铁路车务处编《平绥铁路沿线特产调查》，1934 年印，第 51 页。
⑤ 顾少白：《甘肃靖远之羊毛与皮货》（1940 年 11 月调查），《西北经济通讯》创刊号，1941 年 1 月。
⑥ 同上。

家口—天津。抗战以后，天津陷落，甘肃羊毛一度转销汉口和广州，但很快汉口和广州相继失守，羊毛销售陷于停顿状态。随后国民政府与苏联达成易货贸易协定，"羊毛改循西北国际路线，而运往苏联"，其运输路线如下所示：甘肃各地市场—兰州—猩猩峡。[①] 西北的青海、宁夏和陕西所产皮毛的战时外销路线也汇集兰州后沿西北公路运往猩猩峡交给苏联。

由于战时西北皮毛外销路线发生了很大改变，因此在战时西北的交通大动脉中，甘新公路是最重要的公路运输线。这条路线由苏联中亚细亚土西铁路的阿拉木图车站起，经中国西北边境的霍尔果斯，沿天山北侧，越七角井山口，纵贯河西走廊，直抵兰州。实际途程约三千七八百公里。国民政府经济委员会于 1937 年 10 月 29 日在兰州成立了西北公路运输处，专门办理运输中苏易货贸易物资。经过甘新公路的进口物资大多数为交通器材汽车用油等物，专供西北路局使用，出口运输则为中茶公司、贸易公司等机关之茶叶、猪鬃、羊毛等品，用以交换物资。[②]在 1943 年下半年，甘新公路兰猩段（兰州至猩猩峡）货运量为1349.2 吨。[③]

西北对苏交通线除了西北公路外，还包括西北驿运线，其中最重要的是甘新线和新苏线。甘新线，名陕甘车驿运输所，1940 年改组成立甘新驿运干线，1942 年 6 月改称甘新线，归甘新驿运管理分处经营。甘新线自天水经兰州至猩猩峡，长 1548 公里，并辖酒泉至石油河及安西敦煌两条辅助线，总长 2225 公里。兰猩线沿途的兰州、武威、张掖、酒泉和猩猩峡直接承担了运送对苏易货贸易货物的重任。仅在 1940 年度，兰州站运出羊毛、茯茶等货物总计 6478.641 吨，武威站总计2016.832 吨，张掖站总计 1310.550 吨，酒泉站总计 1947.445 吨，安西站总计 1656.606 吨，猩猩峡站总计 1425.796 吨[④]，其中猩猩峡站运出的货物为直接出口苏联的易货贸易物资。新苏线，由猩猩峡经迪化至苏联的霍尔果斯，连同辅线共 2013 公里。新苏线的前身是新俄线，清咸丰元年（1851 年）沙俄迫使清政府签订不平等的《伊犁条约》以来，

---

① 甘肃省银行经济研究室编辑：《甘肃之特产》，1944 年印，第 85—86 页。
② 参见龚学遂《中国战时交通史》，商务印书馆 1947 年版，第 116—117 页。
③ 参见西北公路运输局编《三十二年下半年各运输段运输数量》，《西北公路》第 5 卷第1、2 期合刊，1944 年 2 月。
④ 《交通部陕甘车驿运输所民国廿九年度各站运出货物重量统计表》，载陕甘车驿运输所编《陕甘车驿运输一览》，1941 年油印。

新疆与沙俄之间的贸易逐渐兴盛，新俄线开辟。俄国十月革命以后，新成立的苏维埃政府宣布废除沙俄与中国签订的一切不平等条约。1920年苏维埃政府与新疆地方政府签订了《伊犁临时通商协定》，新苏建立了新的贸易关系。新苏线的输出物资主要是皮毛、棉花、牲畜，输入物资是金属商品、煤油、糖、烟、火柴、铁、玻璃制品等。1942年以后，由于中苏关系恶化，新苏贸易逐渐中断。1944年新疆伊犁、塔城、阿勒泰三区临时革命政府与苏联进行贸易，物资运输路线仍主要沿用新苏线。①

　　西北公路和西北驿运线运输的易货物资除了皮毛外，矿产品也是重要的出口物资。1942年，由西北路线交苏矿品数量增加，计全年交出钨砂1501.7663吨，锡品15.4249吨，汞品1115罐（依每罐34.474公斤计合净重38.4385吨），合计交出矿产品1555.6297吨，较上年度682.862吨，增加1倍有余。② 在1943年，通过西北公路运往猩猩峡出口的矿产品交货量，钨砂为2786.5619公吨，锡品为30.1293公吨，汞品为1.5169公吨（净重），合计净重2798.3081公吨③，较1942年的1555.6297吨，又增加了1246.784吨。更直观显示抗战时期西北皮毛运输路线变迁情况，见图14。

二　战时西南对外贸易路线变迁

　　西南地区的主要出口产品为桐油、猪鬃、茶叶、生丝、钨、锑、锡等土产品。西南地区土产产量很大，在全国占有重要地位。在农产品方面，桐油产量最大的四川年产桐油80万担，占全国总产量30%以上。贵州桐油年产量为162420担，广西桐油年产量在40万担上下。④ 西南地区也是猪鬃的最大产地，1938年川滇黔桂四省猪鬃总产量占全国总产量的约24%。其中四川是全国产鬃第一大省，产量约占全国猪鬃产量的13.9%，广西产量占全国产量的4.3%，云南产量占全国总量的3.6%，贵州则占2.2%。⑤ 西南地区还盛产中药材，仅四川药材就有

---

① 参见樊金林主编《新疆通志·公路交通志》，新疆人民出版社1998年版，第466页。
② 参见孟宪章主编《中苏贸易史资料》，中国对外经济贸易出版社1991年版，第513—514页。
③ 同上书，第514页。
④ 参见蒋君章《西南经济地理》，商务印书馆1945年版，第117、122、125页。
⑤ 参见《国民政府财政部贸易委员会1938年统制猪鬃毛皮等购销的工作报告》，载中国第二历史档案馆编《中华民国史档案资料汇编》第5辑第2编财政经济（9），江苏古籍出版社1994年版，第576页。

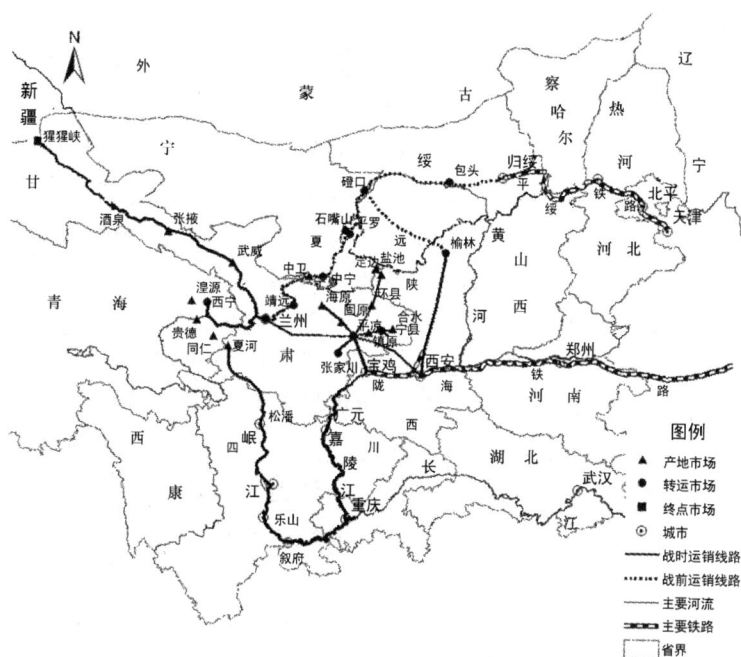

图 14　抗战时期西北主要皮毛运销路线图

资料来源：根据底图《抗战时期大后方经济发展状况略图》绘制而成，参见武月星编《中国抗日战争史地图集（1931—1945）》，中国地图出版社1995年版，第246页。

120多种，年产200万至200万斤的有黄姜，年产100万至200万斤的有川芎、当归、白芍、枳壳四种，年产50万至100万斤的药材有天雄、陈皮、大黄、党参、白姜、巴豆、半夏、羌活八种，年产10万至50万斤的药材有白芷、杜仲、麦冬、黄芪等。[①] 此外，西南地区的生丝、皮张、夏布、白蜡、茴香、蓝靛、榨菜、木耳等土产品也颇具出口价值。在矿产品方面，西南地区的锡、钨、锑矿在全国也占有重要地位，尤其是锡矿在全国占有绝对重要地位。由于土产具有特殊的价值，随着近代上海、重庆等城市的开埠，西南地区土产开始大量外销，成为西南地区乃至中国重要的出口物资。仅四川而言，在1936年四川出口货物中，猪鬃等畜产品占23%左右，桐油约占20%，生丝约占15%，药材约

---

① 参见蒋君章《西南经济地理》，商务印书馆1945年版，第108页。

占 12%。①

　　就土产外销路线而言，战前四川和贵州北部长江上游地区土产通过便利的长江航线运往汉口或上海出口。以猪鬃运输而言，在四川，"巫山、云阳、丰都、忠县、长寿、涪陵、泸县、江津、合江等县所产之猪鬃，以其地近长江之故，有舟楫之利，故其出产之猪鬃，集中重庆时，皆取道长江，用大木船运达重庆。然垫江、万源、开县、梁山、开江等地所产之猪鬃，以县地离江颇远，且多高山峻岭，故其间运输，多沿陆路，用人力或牲口挑运货物，输至重庆"②。通过水运或陆运汇集于重庆的猪鬃，再经长江水运运至上海出口。四川中药材也主要通过水运方式从出产地运至各地集散市场销售。具体而言，川北出产药材主要汇集江油中坝镇后通过嘉陵江运至重庆，川西和川西南出产药材分别汇集灌县和雅安后通过岷江运至乐山，再经过犍为、叙府、泸县、合江、江津而抵重庆，川南出产药材通过金沙江及岷江汇集叙府（宜宾）后经泸县、江津而抵重庆，川东出产药材通过长江运往万县。③ 中药材汇集于重庆或万县后也主要通过长江水运运至上海出口。在桐油运输方面，战前四川、贵州所产桐油主要依靠长江航线输往汉口或上海出口，"四川桐油在省内集中运输，大都顺水道河流，虽亦由陆路运输者，惟以各大桐油市场皆在河道两侧，故最后皆由水道而至各集中市场"④。"在川省之一段，平时总汇岷江、沱江、嘉陵江、乌江、赤水等流域之油产于渝、万两埠，出三峡，再会合于宜昌沙市一带之油产，直达汉口上海。"⑤ 不过，由于水陆交通的关系，战前广西和云南的土产外销路线则与四川土产外销路线不一样。由于广西通过便利的西江内河航运与粤港联系方便，因此战前广西土产主要通过西江航运输往广州再运往香港出口。时人亦云："广西省桐油运输，以梧州、柳州、大湾、长安、运江、南宁等为集散市场或集中口

① 参见章友江、李廷栋《抗战以来四川之对外贸易》，《四川经济季刊》第 1 卷第 1 期，1943 年 12 月。
② 实业部国际贸易局编：《猪鬃》，商务印书馆 1940 年版，第 32 页。
③ 参见杨显东、谭炳杰《四川省之药材》，四川省农业改进所 1941 年印，第 46—47 页。
④ 孙文郁、朱寿麟：《四川桐油之生产与运销》，金陵大学农学院 1942 年印，第 127 页。
⑤ 严匡国：《我国桐油产销之现状与展望》，《西南实业通讯》第 11 卷第 5、6 期合刊，1945 年 4 月。

岸，除南宁有小部分外，悉数集中梧州，从西江直运港粤。"① 至于战前云南土产，由于滇越铁路运输便利，则主要通过滇越铁路运往越南海防再运往香港出口。如云南个旧所产大锡在滇越铁路未建以前由骡马运至蒙自及蛮耗，然后由水道运至海防，转装轮船运至香港。② 滇越铁路和后来的个碧石铁路通车后，个旧大锡由个碧石铁路运至蒙自碧色寨，然后通过滇越铁路运至越南海防。③

　　但抗战爆发以后，西南地区尤其是四川和贵州北部长江上游地区土产的外销路线发生了很大改变。八一三事变爆发，上海吴淞口被封锁，长江水运被阻塞，抗战前经上海出口的四川桐油，大部分改道粤汉铁路运往广州香港出口欧美。"自抗战军兴，运集情形顿改旧观，长江下游之交通首告断绝，大部分出口运输，乃不得不改道粤汉。"1938 年 10 月武汉、广州沦陷后，四川的土产出口运输主要改为通过滇越铁路运至越南海防再出口香港。如四川中药材出口路线在广州沦陷后分为三路：由重庆经过贵阳、昆明至越南海防，转达香港，其中从重庆运至昆明主要采用汽车运输；由重庆经叙府至昆明达越南海防，再转达香港，其中由重庆至叙府用轮船运输，由叙府至横江用木船运输，由横江至昭通用人力挑运，由昭通至昆明用马力驮运；由重庆经贵阳、柳州、镇南关至海防，转运香港，其中由重庆经贵阳、柳州、镇南关均用汽车运输。四川桐油也主要改为由滇越铁路运输出口，其中出川路线有三：一由重庆经贵阳至昆明，一由泸县经贵州毕节等地至昆明，一由宜宾经云南昭通至昆明，前两者是通过川黔公路或川滇公路运输至昆明，后者是通过叙昆驿运线运往昆明，其中又以川滇公路运输为主。桐油汇集昆明后通过滇越铁路运往越南海防，再通过轮船运往香港。至于广西，随着广州沦陷，土产出口也大受影响，部分土产被迫通过桂越公路向西运往龙州，再通过龙州运往越南转道出口香港。如广西桐油"以前集中广州梧州出口者，多改由龙州、北海蒙自等地输出"。太平洋战争爆发以后，随着 1942 年 5 月滇缅公路被截断，西南对外陆路通道被堵塞，西南土产外销改为通过驼峰航线运送出口，即由昆明或泸州或叙府空运至印度汀江。如四川所产生丝外销路线在缅甸失守以后，销往英美的生丝，由复兴公司运至

① 谢裕光：《广西桐油产销概况》，《农业通讯》，第 1 卷第 8 期，1947 年。
② 参见张肖梅《云南经济》第七章，中国国民经济研究所 1942 年印，第 G15 页。
③ 同上书，第 J16 页。

昆明，再通过驼峰航线空运至印度交货。

此外，抗战期间，由于中苏易货贸易的发展，西南部分土产还通过川陕公路或川陕驿运线运往宝鸡或西安等地，再通过西兰公路或陕甘驿运线运往兰州，最后通过甘新公路或甘新大道运至猩猩峡出口苏联。如四川所产生丝外销路线在缅甸失守以后，运往苏联的生丝，则运往甘肃新疆交界的猩猩峡交货。总之，抗战爆发后，随着上海的陷落，四川和贵州部分土产主要外销路线改为从重庆通过长江航运运至汉口，通过粤汉铁路运至广州，再运往香港出口。到1938年10月，随着武汉和广州沦陷，长江上游流域土产连同广西、云南土产改由滇越铁路或滇缅公路或桂越公路运送出口。1942年5月以后，西南土产外销改为通过驼峰航线运送出口。关于战时西南土产主要外销路线的变化情况见以下四幅地图。

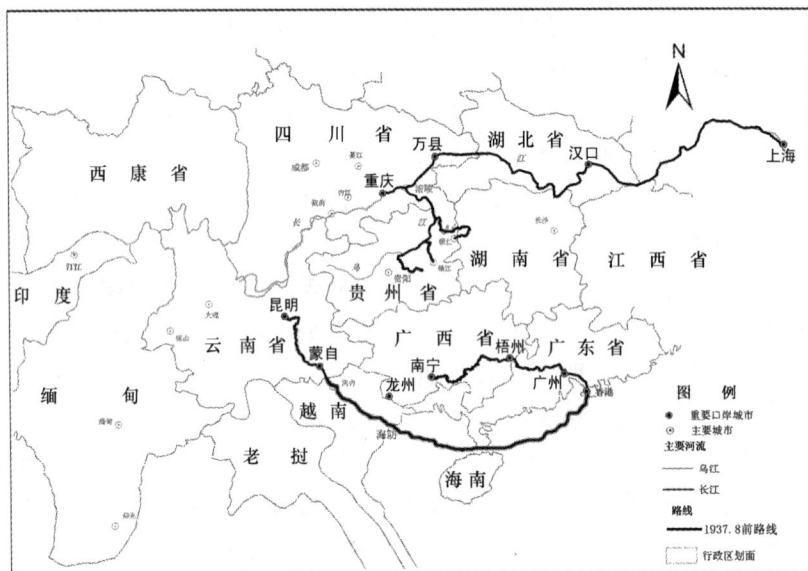

图15 1937年8月前西南土产主要外销路线图

资料来源：根据底图《中华民国全图》绘制，参见武月星主编《中国抗日战争史地图集（1931—1945）》，中国地图出版社1995年版，第3—4页。图16—18同。

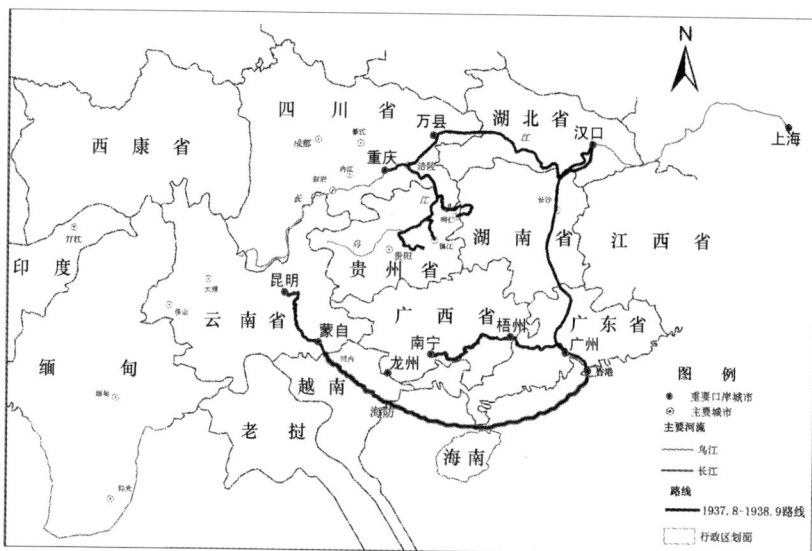

图16 1937年8月至1938年9月西南土产主要外销路线图

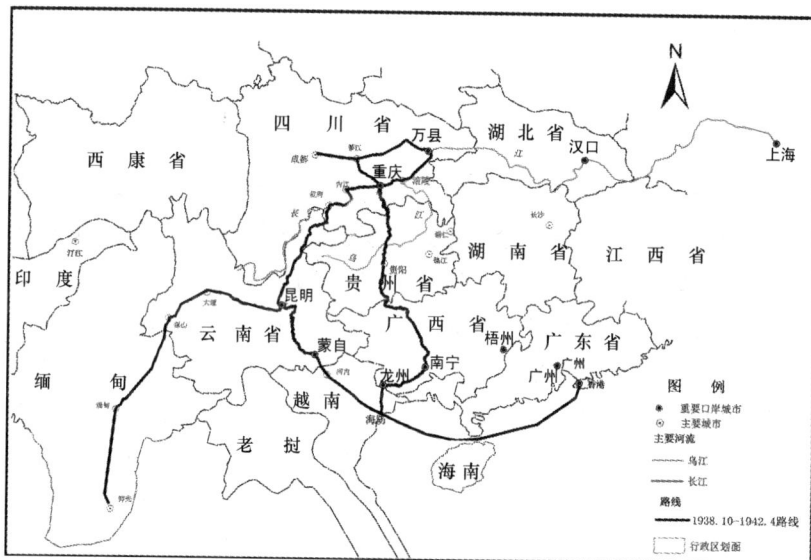

图17 1938年10月至1942年4月西南土产主要外销路线图

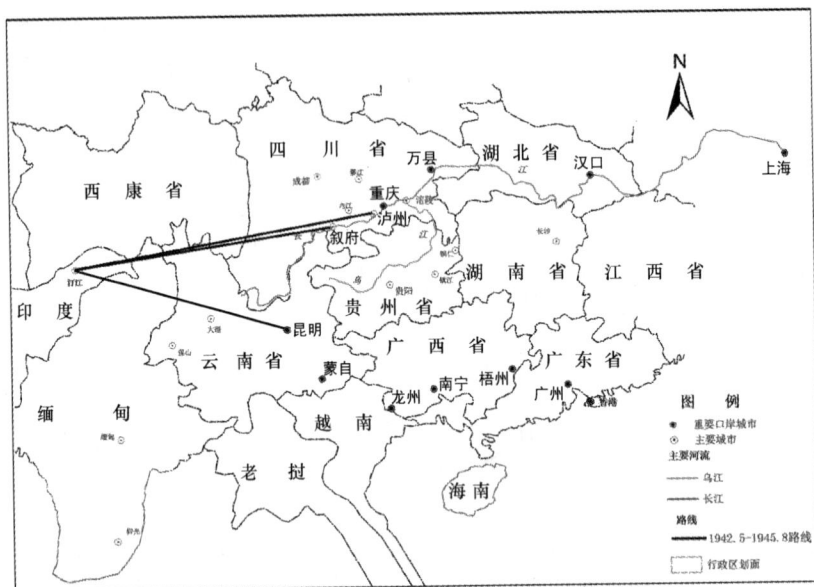

图18 1942年5月至1945年8月西南土产主要外销路线图

第二节 大后方口岸贸易的变迁

抗战爆发以前，由于西北黄河流域地区土产主要出口运输路线是通过黄河水运汇集至包头后再通过平绥铁路运至天津出口，而西南长江上游流域地区的土产出口运输路线是通过长江航线运往上海出口，西南西江流域地区土产则主要是通过西江水运运往广州出口，因此，战前天津、上海和广州成为西部地区土产出口的最重要贸易口岸城市。抗战爆发以后，随着大后方土产出口运输路线的变迁，大后方土产外销口岸贸易也发生了明显变化，天津、上海和广州土产外销地位下降，而龙州、蒙自、昆明、兰州等口岸的土产外销地位先后有所提高，西南土产外销主要口岸从战前的沿海逐步向内陆转移。

一 西北口岸贸易的变迁

战前天津是西北土货出口尤其是皮毛出口的主要终点市场，成为中国最大的皮毛出口海关。但抗战爆发以后，由于西北所产皮毛不再大量通过天津出口，所以天津海关的皮毛出口量减少。就绵羊毛出口而言，

1934 年至 1936 年三年间，天津海关分别出口绵羊毛 12534600 公斤、17136964 公斤和 14359401 公斤，分别占中国绵羊毛出口总量的 86.01%、85.74% 和 89.37%，1938 年天津绵羊毛出口量锐减至 2993629 公斤，占中国绵羊毛出口总值的 53.55%，到 1939 年更减至 302902 公斤，仅占中国绵羊毛出口总值的 4.58%。①不仅天津海关的绵羊毛出口量锐减，其他一些主要皮货的出口量也锐减，具体情况见表 21。

表 21　　　　　　1937—1941 年天津海关主要皮货出口数量表　　　（单位：张）

年份	1937	1938	1939	1940	1941
已硝或未硝绵羊皮	165769	168707	685		
已硝或未硝羔皮	859286	125620	288800	302206	12440
未硝山羊皮	24065	9218		91707	144
已硝或未硝旱獭皮	286609	97082	48277	69974	20860

资料来源：中国第二历史档案馆、中国海关总署办公厅合编：《中国旧海关史料（1859—1948）》第 135 册，京华出版社 2001 年版，第 278、280—282 页；《中国旧海关史料（1859—1948）》第 145 册，第 133、135 页。

注：《中国旧海关史料（1859—1948）》中关于 1942 年至 1945 年间海关统计资料残缺。

可以看出，抗战爆发后天津海关的羊皮和旱獭皮出口锐减，绵羊皮由 1937 年的 165769 张锐减至 1939 年的 685 张，1939 年仅及 1937 年的 0.41%。1941 年的羔皮、山羊皮和旱獭皮出口量仅相当于 1937 年出口量的 1.45%、0.59% 和 7.28%。因此，天津口岸贸易地位迅速下降。

抗战时期由于天津和包头的陷落，西北各地皮毛不再大量通过黄河及其支流转运包头再运至天津出口，而改为转运兰州再通过甘新公路运至甘新交界的猩猩峡出口苏联，因此，随着外销路线的改变，昔日西北皮毛转运中心包头日益衰落，而兰州的皮毛市场地位则急剧提高。②抗战期间兰州羊毛市场进一步扩大，市场羊毛"多由本地毛商

① 参见《近三年来天津上海出口羊毛与前三年出口数量占羊毛出口总量百分率之比较》，载张桂海《最近我国羊毛对外贸易分析》，《贸易月刊》第 2 卷第 8 期，1941 年 3 月。

② 兰州海关迟至 1942 年 1 月才设立，因此，中国海关没有 1942 年前西北地区出口苏联货物的具体统计数据。

派人前赴夏河、靖远、永登、海原、固原等地收购",1938 年为 38 万市斤,1939 年增加至 176.45 万市斤,1941 年 8 月前进一步增加至 631.8 万市斤。① 兰州皮毛市场不仅汇集了本省的皮毛,也汇集了邻省的皮毛。战前青海大量皮毛外销,但抗战以后,"青海省羊毛无法输出,本省能自行利用的,为数极少,因而不得不大部运往兰州转运苏联易货"②。宁夏较大的羊毛市场多分布于黄河沿岸,包括中卫、中宁、平罗、石嘴山等地。中宁市场在"七七事变后,洋行撤庄,羊毛之贸易遂因之停顿,以后改由宁夏省银行设立办事处统制收购,兴建仓库,以集中之羊毛运往兰州,再售与贸易委员会"③。由于羊毛集中数量的大幅度增加,兰州经营皮毛业的商家也在增加,因此战时兰州的皮毛贸易进一步兴盛。战前的 1936 年调查,兰州资本在 5000 元到 1 万元的皮商有 12 家④,到抗战时期,兰州皮毛商家增加到 20 家,其中皮商兼营商家 6 家、杂货兼营商家 4 家、驼行兼营驼毛羊毛商家 5 家、钱庄兼营商家 3 家、过载行兼营商家 1 家,甘省银行兼营商家 1 家,估计资本最多为 60 万元,最少者 5000 元,2 家资本不详。⑤ 随着皮毛贸易的兴盛,兰州也代替战前的包头成为西北皮毛转运中心。

随着兰州成为西北皮毛集散中心,猩猩峡的皮毛出口地位则急剧上升。至于抗战时期通过猩猩峡究竟出口了多少皮毛,由于未设立海关,未见具体统计数据。抗战前期,负责经营西北皮毛出口业务的机构是贸易委员会下属的富华贸易公司西北分公司和陕豫分公司,尤其是西北分公司管理西北甘青宁三省的皮毛出口业务。⑥ 因此,我们可以通过富华公司西北分公司的皮毛运苏数量窥见一斑。具体数据见表 22。

---

① 甘肃省银行经济研究室编辑:《甘肃之特产》,1944 年印,第 83 页。

② 高平叔:《西北工业建设现况及其前途》,载唐润明主编《抗战时期大后方经济开发文献资料选编》,重庆市档案馆 2005 年印,第 766 页。

③ 韩在英:《宁夏羊毛产销概况》,《中农月刊》第 6 卷第 5 期,1945 年 5 月。

④ 参见潘益民《兰州之工商业与金融》(中央银行丛刊),商务印书馆 1936 年版,第 68—69 页。

⑤ 参见李屏唐《兰州羊毛市场之调查》,《贸易月刊》第 4 卷第 8 期,1943 年 3 月。

⑥ 1940 年 11 月,富华贸易公司西北分公司在兰州成立,经理赵才标,公司办理西北皮毛收购、整理、包装、运输和国内外销售工作,富华贸易公司是抗战时期国民政府统制猪鬃、生丝、羊毛等的国营商业垄断机构。1942 年 2 月 16 日,富华贸易公司西北分公司奉令归并于复兴商业公司西北分公司,其基本业务未变。

表22　1938—1942年富华贸易公司西北公司运出对苏贸易皮毛数量表

（单位：关担）

年份 货名	1938	1939	1940	1941	1942	总计
羊毛	23340.725	93542.723/4	78860.703/4	98682.50	47777.11	342203.791/2
驼毛	236.71	2925.44	3529.03	7875.64	2632.33	17199.15
狐皮		51.28	35.64			86.92
哈儿皮		555.26	460.94	222.58	171.66	1410.44
羔皮		1347.68	1115.80	482.32	886.90	3859.70
山羊板皮		1090.03	446.821/2			1536.851/2
山羊猾皮		49.70			158.81	208.51
沙狐皮		7.58				7.58
老羊皮		636.57	79.81			716.38
山羊绒				3070.46	2007.79	5078.25
胎羔皮				10.92		10.92
黄鼠狼皮				5.13	1.98	7.11
合计	23577.46	100233.263/4	84528.751/4	110350.12	53636.58	372325.61

资料来源：《五年来运出对苏易货贸易数量表》，甘肃省档案馆藏，资料号：48/1/44，第44页。

注：1942年截止日期是11月30日。

可以看出，富华公司西北公司出口苏联的货物主要为西北甘、青、宁三省的皮毛，尤其是羊毛。1938年至1942年11月的约五年间，西北公司运出对苏易货物资数量总计为396503关担，其中各种皮毛合计为372325.61关担。因此，1938年至1942年11月约五年间通过猩猩峡出口苏联的皮毛至少在372325.61关担以上。

二　西南口岸贸易的变迁

在抗战爆发前，由于西南长江上游地区土产出口主要是通过长江航运运至汉口或上海出口，因此汉口尤其是上海是西南土产出口的主要口岸城市。以桐油为例，由于战前四川和贵州北部所产桐油通过长江航运运往汉口出口，因此，汉口也一度成为战前中国桐油最重要的外销市场。"汉口为我国最大之桐油市场，产自四川、两湖、贵州、陕西等省之油，运抵汉口发售，或经过该地而运往国外及华北者数量当在七八十万担，其中以四川、湖南为最多，约占全额百分之八十。"在 1928 年至 1933 年间，汉口桐油出口数量分别占全国桐油出口数量的 85.16%、85.08%、80.33%、70.15%、59.34% 和 29.40%。[①] 不过，由于上海具有更为广阔的市场和便利的贸易条件，上海桐油贸易市场的龙头地位从 1933 年开始成为大势所趋。1934 年由上海输出的桐油占总量的 84.6%，1935 年激增为 90.2%。上海代替汉口成为四川以及长江中上游桐油产区的最终贸易港。[②] 上海不仅是战前中国最大的桐油出口市场，也是猪鬃、茶叶、皮货等重要土产的最大出口市场。1934 年至 1936 年三年间，上海猪鬃出口量约占全国的 57%，[③] 茶叶出口量约占全国的 77%[④]，1932 年至 1936 年五年皮货出口量约占全国的 47%。[⑤]

抗战爆发以后，随着上海沦陷，西南大部分土产出口不得不改道广州出口香港，广州成为西南土产重要出口口岸。广州沦陷后，西南土产部分改往广西龙州、北海以及云南蒙自出口，龙州、蒙自口岸的土产出口地位迅速提高。1942 年 5 月随着驼峰航线的开辟，驼峰航线成为大后方重要对外运输路线，昆明口岸贸易地位有迅速提高。具体表现如下：

第一阶段（1937 年 7 月至 1938 年 10 月）：粤汉铁路运输与广州口岸贸易的迅速发展。抗战爆发以后，随着上海的沦陷，西南尤其是长江上游流域地区土产无法大量直接通过上海正常出口，大量土产汇集汉口后不得不转道粤汉铁路运往广州或再通过广九铁路输往香港出口。以桐油出口为例，1937 年 12 月至 1938 年 4 月，由粤汉、广九铁路运往香港出口的重庆桐油 13000 多关担，1938 年 9 月至 10 月又运出 6000 关担，1938 年 1 月 6 日至 3 月 14 日运出万县桐油 2900 多关担。[⑥] 战前上海是

① 关仲乐：《桐油运销概况》，1936 年油印，第 25—27 页。

② 参见张丽蓉《长江流域桐油贸易格局与市场整合 ——以四川为中心》，《中国社会经济史研究》2003 年第 2 期。

③ 参见黄仁勋《最近我国猪鬃对外贸易分析》，《贸易月刊》第 3 卷第 3 期，1941 年 3 月。

④ 参见《战前三年茶叶输出别量值统计表》，载吴仁润《最近我国茶叶对外贸易分析》，《贸易月刊》第 3 卷第 3 期，1941 年 3 月。

⑤ 参见刘烨南《最近我国皮类对外贸易分析》，《贸易月刊》第 3 卷第 3 期，1941 年 3 月。注：皮类包括西南出口的水牛皮、山羊皮、狗皮、兔皮、狗皮毯、山羊皮毯等。

⑥ 参见《1938 年贸易委员会统制桐油购销工作的报告》，转引自徐万民《战争生命线：国际交通与八年抗战》，广西师范大学出版社 1995 年版，第 53 页。

中国桐油集散中心，出口量占全国总量的 85% 至 90%。但抗战爆发以后，随着上海沦陷，长江上游地区桐油出口不得不改道广州出口香港，因此，广州取代上海成为中国桐油物资集散中心，其出口量占全国百分比由 1937 年的 6.25% 猛增至 1938 年的 46.89%。广州不仅桐油出口量大增，其他重要土产如茶叶、生丝、猪鬃等出口量也迅速增加，其中1937 年至 1938 年间，猪鬃出口量由 273 公担增至 5922 公担，1938 年出口值占全国出口总值的 16.3%[1]，茶叶出口量由 12088 公担增加至47382 公担，出口比值由 2.97% 增加至 11.4%[2]，生丝出口量由 47900公斤增至 64000 公斤[3]。因此，广州在全国口岸的贸易地位迅速提升。关于抗战前期广州的出口贸易情况见表 23。

表 23　　　　　　　　　1936—1939 年广州出口值变化表

时间	1936	1937	1938	1939
出口货物总值（国币千元）	42487	63846	106694	5322
占全国出口货物总值百分比（%）	6.01	7.61	13.97	0.52

资料来源：《最近四年出口货物总值关别表》，载《统计月报》社编《中国之战时对外贸易》，《统计月报》第 45 期，1940 年，第 7 页。

可以看出，在战前的 1936 年，广州口岸的出口货物总值为4248.7 万国币，到 1937 年增加至 6384.6 万国币，到 1938 年更增加至 10669.4 万元国币。广州的出口值占全国总出口值的比例从 1936年的 6.01% 增加至 1937 年的 7.61%，到 1938 年达到了 13.97%。1938 年，广州在全国口岸出口值的排名也从 1936 年的第四名上升至第三名，时人也言：1938 年广州口岸"出口土货者，激增倍蓰，纯因长江各省所产土货，经由本埠出口，有以致之"[4]。但到 1939 年，随着 1938 年 10 月广州的沦陷，西南土产不再大量通过广州出口香港，因此广州出口贸易值锐减，当年广州出口值锐减至仅占全国出口

---

[1]　参见黄仁勋《最近我国猪鬃对外贸易分析》，《贸易月刊》第 3 卷第 3 期，1941 年 3月。

[2]　参见《抗战以来茶叶输出关别量值统计表》，载吴仁润《最近我国茶叶对外贸易分析》，《贸易月刊》第 3 卷第 3 期，1941 年 3 月。

[3]　参见《民国二十七年海关中外贸易报告》，载中国第二历史档案馆、中国海关总署办公厅合编《中国旧海关史料（1859—1948）》第 128 册，京华出版社 2001 年版，第116 页。

[4]　同上。

总值的 0.52%。

第二阶段（1938 年 10 月至 1940 年 9 月）：桂越公路、滇越铁路运输日趋重要与蒙自、龙州口岸贸易的繁荣。1938 年 10 月广州沦陷后，桂越公路运输日益重要，导致龙州海关的进出口贸易日益繁荣。以桐油为例，1938 年，龙州海关出口桐油仅 281 公担，仅占全国总量的 0.04%，但到 1939 年，龙州海关桐油出口量激增至 80860 公担，占全国总出口量的 24.04%。1940 年桂南失陷，桂越交通发生障碍，物资流量锐减，其出口量减至 14112 公担，在全国出口总量中的比重降至 6.07%。① 桐油出口量的急剧增加也使得龙州海关地位迅速提高。抗战爆发前，广西的物资多由西江至梧州下到广州，或到北海出口，不经龙州。广西龙州海关在全国的对外贸易中一直不占重要地位，1936 年龙州关出口值仅为 1.77 万元，占全国出口总值的 0.02%，与沙市、三都澳、雷州、南宁等关并列全国各埠之末。② 抗战爆发以后，尤其到 1939 年，"自广州沦陷后，西江亦于是停止航行，（1938 年）十一月间，雷州及北海一带公路复被破坏，于是龙州地方，遂为西南各省对外及国内贸易之重要枢纽"，其中"出口土货所增尤钜，由四十二万五千二百三十四元，一跃而为五千七百六十万元"③。因此，1939 年龙州关出口值比 1938 年增加 135.53 倍，占全国出口总值的 5.59%，达到其历史最高水平。1940 年由于日军进攻桂南，桂越国际交通运输大受影响，龙州出口值则降至占全国出口总值的 0.61%。④ 龙州关的贸易起伏，反映了桂越公路交通运输线对龙州对外贸易的影响。

在这期间，西南地区土产外销路线除了桂越交通线外，还包括滇越铁路和滇缅公路。在 1937 年至 1940 年 9 月间，滇越铁路也是西南土产重要外销路线。就 1939 年来看，通过滇越铁路运出的物资情况见表 24。

---

① 根据《我国桐油出口埠别数量统计表》相关数据计算而成。参见严匡国《我国桐油产销之现状与展望》，《西南实业通讯》第 11 卷第 5、6 期合刊，1945 年 4 月。

② 参见国民政府贸易委员会统计处编《近六年出口货物总值关别表》（1936—1941 年），《贸易月刊》第 4 卷第 9 期，1943 年 4 月。

③ 《民国二十八年海关中外贸易报告》，载中国第二历史档案馆、中国海关总署办公厅合编《中国旧海关史料（1859—1948）》第 132 册，京华出版社 2001 年版，第 126 页。

④ 参见国民政府贸易委员会统计处编《近六年出口货物总值关别表》（1936—1941 年），《贸易月刊》第 4 卷第 9 期，1943 年 4 月。

表 24　　　　　　　1939 年经由滇越铁路运出主要货物数量表　（单位：公担）

桐油	锡	钨	锑	皮货①	五倍子	茶	猪鬃	羽毛羊毛	茯苓大黄
117546	101040	90278	63948	5908	11665	3816	3165	2531	1345

　　资料来源：根据《经由滇越铁路运出货物量值表》整理而成，见瞿世荃《中国与安南贸易之检讨》，《贸易月刊》第 3 卷第 4、5 期合刊，1941 年 11 月，第 50—51 页。

　　可以看出，滇越铁路在 1939 年间共运送桐油 117546 公担出口，占当年全国桐油总出口量的 35.08%。② 此外，通过滇越铁路还运送了大量锡、钨、锑、皮货、五倍子、茶、猪鬃、羊毛等土产出口。由于滇越铁路运输的日趋重要，位于滇越铁路沿线的重要口岸城市蒙自贸易地位迅速提高。到 1940 年，蒙自跃居大后方桐油出口物资集散中心地位，出口量占全国总量的 35%，而当年上海桐油出口量仅占全国总量的 15.8%。③ 此外，蒙自的皮张出口值占全国皮张出口总值的比重也从 1937 年的 3.39% 增加至 1938 年的 6.33%④，猪鬃出口值比重更从 3% 增加至 12.8%。⑤ 土产出口量的增加也促进了蒙自的对外贸易地位的提高。抗战爆发前的 1936 年，蒙自关的出口值占全国出口贸易总值的 3.35%，到 1937 年其出口值占全国出口贸易总额的比重增至 4.08%，1938 年蒙自的出口值在全国贸易总额中的比重进一步增至 5.33%。1940 年因受越南禁运政策的影响，蒙自关的出口业务多集中在上半年，但其出口值仍然占有一定分量，占全国总值的 3.39%。⑥ 1939 年《海关中外贸易统计年刊》也载："年来西南各省进出货物，胥以滇越铁路及滇缅公路为运输孔道，该二路线，既贯通滇省，蒙自海关所在地之昆明，其贸易情形，遂有蒸蒸日上之势。"⑦ 到 1940 年 9 月，由于滇越铁

---

①　皮货包括山羊皮、狗皮、兔皮和生牛皮。

②　1939 年全国桐油出口量为 335016 公担。参见严匡国《我国桐油产销之现状与展望》，《西南实业通讯》第 11 卷第 5、6 期合刊，1945 年 4 月。

③　参见严匡国《我国桐油产销之现状与展望》，《西南实业通讯》第 11 卷第 5、6 期合刊，1945 年 4 月。

④　参见《抗战前后五年来我国皮类输出关别表》，载刘烨南《最近我国皮类对外贸易分析》，《贸易月刊》第 3 卷第 3 期，1941 年 3 月。

⑤　参见黄仁勋《最近我国猪鬃对外贸易分析》，《贸易月刊》第 3 卷第 3 期，1941 年 3 月。

⑥　参见国民政府贸易委员会统计处编《近六年出口货物总值关别表》（1936—1941 年），《贸易月刊》第 4 卷第 9 期，1943 年 4 月。

⑦　《民国二十八年海关中外贸易报告》，载中国第二历史档案馆、中国海关总署办公厅合编《中国旧海关史料（1859—1948）》第 132 册，京华出版社 2001 年版，第 593 页。

路国际运输中断,西南土产部分改由滇缅公路运送出口。但是,由于滇缅公路不仅运量有限,而且滇缅公路运输集中于进口物资运输①,因此,位于滇缅公路沿线的腾越海关贸易地位并未提高。虽然腾越海关出口值从 1939 年的 331.2 万元增加至 1941 年 1—10 月间的 698.4 万元,但是,扣去物价上涨因素,出口值增长幅度较小,腾越海关出口值占全国出口总值的比重从 1939 年的 0.32% 下降至 0.27%。② 1941 年《海关中外贸易统计年刊》也载:"一九四一年腾越海关直接进口洋货价值,较上年激增十倍以上 …… 直接出口土货,计有猪鬃一万六千六百三十七公斤,各种茶八百九十二公担,生丝七万四百三十八公斤。"③

第三阶段(1942 年 5 月至 1945 年 8 月):驼峰航线的开辟与昆明口岸贸易的迅速崛起。1941 年 12 月太平洋战争爆发以后,随着日军相继攻占香港、东南亚的缅甸等,滇缅公路被截断,西南对外运输的陆路通道被堵塞。1942 年 5 月,中美两国开辟了驼峰航线,驼峰航线成为大后方重要对外运输路线。在 1942 年 5 月至 1945 年 10 月间,由于昆明口岸是驼峰空运最重要的起点站,昆明的对外贸易值迅速提高,昆明在大后方的出口地位迅速上升。就出口值来讲,1942 年昆明出口值为国币 3422.5 万元,1943 年为 6695.8 万元,1944 年增至 39569.8 万元,到 1945 年抗战胜利,昆明关降至 28618 万元。昆明出口值占后方各关出口总值的比例也从 1942 年的 17.86% 增加至 1943 年的 40.71%,到 1944 年出口比值仍高达 39.69%④,昆明在大后方各关中对外贸易地位之重要可见一斑。但到 1945 年随着抗战形势的日益好转,尤其是国民政府陆续收复滇西失地,修通中印公路以后,驼峰空运的重要性已不复存在,当年昆明关出口值锐减至仅占全国出口值 0.64%。因此,驼峰空运对昆明的出口贸易产生很大的影响。

---

① 据阿瑟·N. 杨估计,到 1941 年底,通过滇缅公路运达昆明的进口物资每月约 15000 吨,而通过滇缅公路从昆明运出的出口物资每月约为 3500 吨,其中超过一半的出口物资为桐油。Arthur N. Young, *CHINA and the Helping Hand*(*1937–1945*),Cambridge(Massachusetts): Harvard University Press, 1963, p. 117.

② 参见国民政府贸易委员会统计处编《近六年出口货物总值关别表》(1936—1941 年),载《贸易月刊》第 4 卷第 9 期,1943 年 4 月。

③ 中国第二历史档案馆、中国海关总署办公厅合编:《中国旧海关史料(1859—1948)》第 140 册,京华出版社 2001 年版,第 200 页。

④ 参见《近五年来我国进出口贸易价值关别表》,载严匡国《近五年来我国对外贸易之分析》,《中农月刊》第 5 卷第 8 期,1947 年 8 月。

第三节　大后方对外贸易的变迁

战时大后方土产出口运输路线的变迁，不仅导致西南土产外销口岸发生变迁，也影响了战时中美贸易和中苏贸易。苏德战争爆发前，西北皮毛出口运输路线改为向西汇集至兰州后再通过甘新公路或甘新大道运至猩猩峡出口苏联，使得苏联取代战前美国成为中国最大皮毛进口国，也直接推动了战时中苏易货贸易的发展。但太平洋战争爆发后，驼峰空运成为大后方主要对外运输线，加之美国积极支持中国抗战，因此，1942 年和 1943 年间，美国代替抗战前期的苏联成为中国主要出口贸易国。① 总之，在抗战期间，大后方出口苏联、美国等盟国的锡、钨、水银、锑、桐油、猪鬃和生丝等战略物资价值超过 2 亿美元，这些用于偿债易货的物资超过一半出口苏联，其余大多数则出口美国。②

一　中苏易货贸易的发展

战时大后方对外贸易路线的改变给战时中苏贸易带来了很大影响，尤其是西北对外贸易路线的变迁推动了中苏易货贸易的发展。抗战爆发前，西北各省中主要是新疆与苏联贸易关系密切，新苏贸易在新疆对外贸易中占有重要地位。仅 1925—1926 年度，新疆对苏贸易额占整个新疆对外贸易额（包括与内地的贸易）的 60% 以上，到 1931 年，新疆对苏贸易额增加至占其对外贸易总额的 88% 以上。③ 由于新疆对苏贸易额的巨大，新疆对苏贸易额也超过了中国本部的对苏贸易额。在 1931 年至 1936 年间，新疆对苏出口贸易值分别占整个苏联进口贸易总值的 0.5%、1.8%、5.4%、2.5% 和 1.9%，而中国本部（蒙古除外）对苏出口值则仅分别占苏联进口贸易总值的 0.5%、0.8%、0.7%、1.5% 和 1.5%④，新苏贸易值超过了整个中国本部与苏联的贸易值。新疆在

---

① 参见孟宪章主编《中苏贸易史资料》，中国对外经济贸易出版社 1991 年版，第 484 页。

② Arthur N. Young, *CHINA and the Helping Hand*（*1937 - 1945*），Cambridge（Massachusetts）：Harvard University Press，1963，p. 419.

③ 参见何璟《苏联势力控制下的苏新关系之剖视》（上），《边疆》第 1 卷第 5 期，1936 年 11 月。

④ 参见萧重华《苏联与新疆最近的贸易关系》，《边疆》第 2 卷第 6 期，1937 年 3 月。

1931 年、1932 年的对苏贸易额分别占全国对苏贸易额的 57.32%、66.7%①，新疆对苏贸易在全国对苏贸易中所占地位之重要可见一斑。

新疆出口苏联的主要物资就是其生产的皮毛，其中仅 1930 年出口苏联的羊毛价值就高达 7967000 卢布，占当年新疆出口苏联货物总值的 48%。② 除新疆外，战前西北其他省份与苏联经济关系较为薄弱，所产皮毛主要向东运往天津出口美国。渠占辉根据《海关贸易报告》统计，1911 年经天津口岸出口的西北羊毛中出口美国 222400 担，占西北羊毛总出口量的 94.63%，1915 年出口美国 228800 担，占 84.64%，1925 年至 1929 年占 80% 以上，1930 年至 1934 年达 90%。③ 可见，尽管战前新疆大量皮毛出口苏联，但西北所产皮毛更多是大量向东运往天津出口美国。因此，战前中苏皮毛贸易在整个西北皮毛对外贸易中不占重要地位。

抗战爆发以后，苏联以大批军用物资援助中国，并同中国开展易货贸易。在抗战期间，中国与苏联签订了三个借款协定：第一个协定是 1938 年 3 月 1 日签订的 5000 万美元借款协定，第二个是同年 7 月 1 日的 5000 万美元协定，第三个是 1939 年 6 月 13 日的 15000 万美元协定，用中国的农产品和矿产品偿还。④ 为便于运输出口苏联的物资，1937 年 10 月 1 日，经济委员会在兰州成立陕甘运输处，1938 年 1 月改称交通部西北公路运输局。运输局拥有的汽车最多时达 1314 辆，大部分是从苏联进口的。⑤ 为了补充汽车运输的不足，1938 年秋，交通部在兰州成立陕甘车驮运输所，用骆驼、骡马、大车运输。陕甘车驮运输所兰猩线沿途的兰州、武威、张掖、酒泉和猩猩峡直接承担了运送对苏易货贸易货物的重任。仅在 1940 年度，兰州站运出羊毛、茯茶等货物总计 6478.641 吨，武威站总计 2016.832 吨，张掖站总计 1310.550 吨，酒泉站总计 1947.445 吨，安西站总计 1656.606 吨，猩猩峡站总计

---

① 参见张大军《新疆风暴七十年》，第 2945—2956 页，转引自于溶春《论新疆的中苏贸易》，《中国边疆史地研究》1994 年第 4 期。

② 参见何璟《苏联势力控制下的苏新关系之剖视》（上），《边疆》第 1 卷第 5 期，1936 年 11 月。

③ 参见渠占辉《近代中国西北地区的羊毛出口贸易》，《南开学报》（哲学社会科学版）2004 年第 3 期。

④ Arthur N. Young, "Credits and Lend - Lease, 1937 - 1941", *CHINA and the Helping Hand (1937 - 1945)*, Cambridge (Massachusetts): Harvard University Press, 1963, p.441.

⑤ 参见王化机《西北公路局概略》，《甘肃文史资料选辑》第 14 辑，第 130 页。

1425.796 吨①，其中猩猩峡站运出的货物为直接出口苏联的易货贸易物资。此外，贸易委员会西北办事处在 1938 年、1939 年和 1940 年的上半年分别运送出口苏联的羊毛 2614100 斤、10476816 斤和 7005488 斤，合计 20096404 斤。② 总之，在 1937—1938 年至 1943—1944 年七个还款年度中，中国向苏联出口羊毛、驼毛及羊绒等共计 42.1 万关担，26300余公吨，各种皮张 736 万余张。③ 苏方统计 1938 年至 1945 年间中国出口苏联毛类为 22627 吨，其中绵羊毛为 21295 吨，驼毛为 1028 吨，山羊毛为 304 吨，各种生皮 540.7 万张。④ 除了山羊毛外，绵羊毛和驼毛为西北地区所产，全部通过甘新公路或甘新大道运至猩猩峡出口苏联。随着战时西北地区皮毛大量出口苏联，苏联在中国皮毛出口总值中所占比重迅速提高。就绵羊毛出口而言，战前 1936 年中国出口苏联的羊毛不过 12791 公斤，仅占中国绵羊毛出口总量的 0.08%，而到 1938 年对苏绵羊毛出口量猛增至 1785284 公斤，占绵羊毛出口总量的 31.93%，到 1939 年更增加至 5328746 公斤，占该年中国绵羊毛出口总量的80.73%。⑤ 此外，抗战爆发后至 1941 年间，新疆与苏联的双边贸易进一步发展。到 1941 年，新疆对苏联的进出口都达到整个民国时期的最高峰。新疆出口苏联的皮毛产品较战前均有明显增长，羊毛和驼毛分别由 1937 年的 3757 吨和 258 吨增加至 1941 年的 4316 吨和 399 吨，分别增加了 14.88% 和 54.65%。生牛皮和生羊皮则由 1937 年的 4.14 万张和 143.5 万张增加至 1941 年的 6.8 万张和 193.5 万张，分别增加了64.23% 和 34.84%。⑥ 战时新苏贸易的发展进一步推动了战时中苏贸易的发展。总之，战时大量西北皮毛出口苏联，推动了战时中苏易货贸易的迅速发展，使得苏联取代美国成为中国皮毛最大输入国。

战时中苏易货贸易的重要物品除了农产品外，还包括矿产品。1938 年首批矿产品运往苏联易货偿债。资源委员会办理运往苏联之矿

① 参见《交通部陕甘车驮运输所民国廿九年度各站运出货物重量统计表》，载陕甘车驮运输所编《陕甘车驮运输一览》，1941 年油印。
② 参见张之毅《西北羊毛调查》，《中农月刊》第 3 卷第 9 期，1942 年 9 月。
③ 参见行政院易货委员会撰《中苏易货偿债节略》（1945 年 1 月），《民国档案》2006年第 2 期。
④ 参见孟宪章《中苏贸易史资料》，中国对外经济贸易出版社 1991 年版，第 491 页。
⑤ 参见《近三年来我国绵羊毛输出国别与战前三年之比较》，载张桂海《最近我国羊毛对外贸易分析》，《贸易月刊》第 2 卷第 3 期，1941 年 3 月。
⑥ 参见《1936 年至 1941 年新疆对苏贸易出口统计（根据苏联海关公布数字）》，载厉声《新疆对苏（俄）贸易史（1600—1990）》，新疆人民出版社 1993 年版，第 479 页。

产品，第一批计钨砂 200 吨，纯锑 300 吨，锡 358 吨，锌块 500 吨。经国库拨付价款 2434111 元。第二批系订购钨、锑、锡、锌块各 200 吨，计钨砂需价 91.4 万元，纯锑需价 18.6 万元，纯锡需价 61 万元、锌块需价 7 万元，计 178 万元。连同第一批价款不敷 31200 元，共 1811200 元。① 抗战期间资源委员会运交苏联的矿产品有：钨砂 31177 吨，锑 13162 吨，汞 560 吨，锌 600 吨，铋 18 吨。② 这些易货贸易的矿产品的运输路线主要有三条，即滇缅公路、西北公路和驼峰空运，其中西北公路在 1938 年至 1941 年间是中苏易货贸易商品的主要运输路线。

滇缅公路运输也推动了中苏易货贸易的发展。滇缅公路开通后，便利了出口苏联的矿产品运输，促进了战时中苏贸易的发展。自 1940 年 10 月滇缅公路重新开放以后，大后方矿产品的输出，即以此为最主要路线，通过滇缅公路出口苏联的交货量超过过去任何一年。由于出口运输路线的变动，交货地点也发生改变，仰光代替香港成为主要的中苏易货交货地点。为适应对外贸易变化的需要，国民政府贸易委员会国外贸易实务所于当年 9 月间在缅甸仰光成立分所，仅在 1941 年度内，仰光储存出口的矿产品达 19000 吨。"太平洋战事以后，仰光序状失常，本所犹能将到仰数下吨矿品。如数抢装运赴美苏，未受丝毫损失……"③ 通过滇缅公路运送出口苏联的矿产品主要有钨砂、锑矿、大锡、水银等。1941 年度，在仰光直接交出的中苏易货钨砂为 3695.2886 吨④，中苏易货纯锑 526.7036 吨。⑤ 中苏易货大锡 2480.7452 吨⑥，水银 110.0000 吨，占交货总量 85.94%。随着滇缅公路出口中苏易货矿产品运量的增加，通过滇缅公路出口苏联的货运量超过了通过西北公路出口苏联的运货量。以大锡出口为例，1941 年通过兰州办事处交出大锡 157.3156 吨⑦，仅相当于通过仰光交货量的 6.34%，因此，滇缅公路已取代西北公路成为中苏易货贸易运输大锡的主要通道。至于由滇缅公路

① 参见孟宪章主编《中苏贸易史资料》，中国对外经济贸易出版社 1991 年版，第 474 页。
② 参见钱昌照《国民党政府资源委员会始末》，《文史资料选辑》第 15 辑，第 31 页。
③ 参见孟宪章主编《中苏贸易史资料》，中国对外经济贸易出版社 1991 年版，第 508 页。
④ 同上。
⑤ 同上书，第 508—509 页。
⑥ 孟宪章主编：《中苏贸易史资料》，中国对外经济贸易出版社 1991 年版，第 509 页。
⑦ 同上。

输入中国的物资数量见表25。

表25 1939—1940年由滇缅公路输入中国的物资数量统计表 （单位：千卢比）

品名	价值	占总值百分比（%）
化学制品	657	3.14
橡皮制品	1066	5.09
木材、软木及制品	154	
织物类	240	9.62
衣服类	1774	
发热用品	2286	10.96
宝石及贵金属等	3441	16.44
机械类	10683	51.05
杂品	627	3.7
合计	20928	100

资料来源：李宗文：《中国与缅甸贸易之检讨》，《贸易月刊》第3卷第4、5期合刊，1941年11月，第19—20页。

值得一提的是，驼峰空运也便利了中苏易货贸易。1942年5月滇缅公路封闭后，中国与苏联贸易的陆上通道联系受到很大制约。西北公路运输虽然照常进行，但由于路途遥远，运量有限。国民政府资源委员会为维持对苏易货贸易矿产品的外运，在昆明将矿产主要是特矿交由中国航空公司飞机装运至印度，由苏联委托柯金斯（Cox2. King Co.）公司承运，装车出口运苏。计1942年8月底至9月初间，对苏汞品装出48.1257吨，并与苏方约定在昆明交运锡品。12月份交苏方锡品768.7669吨，汞品115.7636吨。滇缅路被截断以后，昆明的空运已成为中苏矿产贸易的主要运输路线。[①] 1943年，资源委员会对苏易货的特矿产品中，在昆明由美军飞机运输的钨砂达到3689.9845公吨，占全年钨砂总量的35.75%，锡品3336.2349公吨，占全年锡产品总销量的45.95%，汞品96.7342公吨，占全年汞品总销量的100%，全年交苏矿产品合计7122.9536公吨，占矿品全年总销量的40.29%。与1942年

① 参见孟宪章主编《中苏贸易史资料》，中国对外经济贸易出版社1991年版，第481页。

相比，矿品对苏易货数量增加 78.67%。[①] 到 1944 年，资源委员会的对
苏易货矿产仍然大部分由昆明交出，然后经过驼峰空运转运至苏联。因
此，驼峰空运也保证了中苏易货贸易的进行。

　　总之，西北公路、滇缅公路和驼峰航线的开辟推动了战时中苏易
货贸易的发展。就农产品而言，中国向苏联出口农产品数量如表 26
所示。

表 26　　　　　　　1938—1945 年中国向苏联出口农产品数量　　　　（单位：吨）

种类	生丝	猪鬃	绵羊毛	驼毛	山羊毛	茶叶	桐油	生皮
数量	301	1119	21295	1028	304	31486	8656	5407 千张

　　资料来源：孟宪章：《中苏贸易史资料》，中国对外经济贸易出版社 1991 年版，第 491 页。

　　可以看出，中国向苏联出口的主要农产品中，以羊毛、生皮、茶
叶、猪鬃、桐油为大宗。中苏易货贸易的重要农产品除了猪鬃、生丝
外，还有羊毛、皮货、皮棉等农畜产品。

　　此外，战时 1937—1941 年新疆与苏联贸易也得到进一步发展。[②] 新
疆从苏联进口商品是棉、毛、丝织品、衣服、靴鞋、皮革、糖、茶、
烟、纸、瓷器、玻璃、石油制品、农机具、汽车及汽车零件、机电设
备、机工具等，出口商品是皮毛、棉、丝、肠衣、干果、活畜、油籽
等。进出口地区集中在喀什、伊犁、塔城三个口岸。这些商品运输由汽
车与畜力运输工具共同承担。[③] 抗战爆发后至 1941 年间，新疆与苏联的
双边贸易进一步发展。到 1941 年，新疆对苏联的进出口都达到整个民
国时期的最高峰。详见前文所述。

　　不过，运输路线的改变也给西北土货的出口带来了巨大困难。战时运
送出口皮毛的西北运输路线，路途十分艰难。如兰猩驿运干线自兰州循公
路线西经皋兰、永登、古浪、武威、永昌、山丹、张掖、临泽、高台、酒

---

① 　参见孟宪章主编《中苏贸易史资料》，中国对外经济贸易出版社 1991 年版，第 484
　　页。

② 　由于国民政府在 1944 年 9 月以前没有真正统一新疆（直到 1944 年 9 月盛世才离开新
　　疆就任国民政府农林部长后，国民政府才真正统一新疆），国民政府的官方对外贸易
　　统计中一般没有 1944 年前新疆的贸易统计，所以，本书在论述中苏易货贸易问题时
　　需要单独论述新疆与苏联的贸易情况。

③ 　参见新疆维吾尔自治区交通史志编纂委员会编《新疆公路交通史》第 1 册，人民交通
　　出版社 1992 年版，第 192 页。

泉、玉门、安西等县而达甘新交壤隘口之猩猩峡，全长 1171 公里。"沿线人烟稀少，民生贫困，西出嘉峪关水草缺乏，而自安西以西，地多沙漠，人马给养尤感困难。"① 因此，自然环境的恶劣制约了西北皮毛出口运输量的增加。不仅如此，战时西北地区社会治安混乱，新疆长期被军阀盛世才控制，猩猩峡到乌鞘岭一段是军阀马步青、马步芳统治下的河西走廊，只有乌鞘岭到兰州的 200 多华里属甘肃省政府管辖，是唯一一段真正由国民政府控制的地区。社会治安的混乱，导致西北公路沿线土匪出没，抢劫过往商旅财物，甚至连运送进出口物资的苏联汽车也不放过。② 社会条件的恶劣进一步影响了战时西北皮毛的出口贸易。

二　中美租借贸易的发展

战时中国举借了大量外债，其中美国借款额度最大。在太平洋战争爆发前，美国与中国签订了四笔信贷协定、一笔平准基金借款协定，分别是 1940 年 4 月 20 日签订的 2000 万美元协定、1940 年 10 月 22 日签订的 2500 万美元协定、1941 年 2 月 4 日签订的 5000 万美元协定，1941 年 4 月 1 日签订的 5000 万美元协定和 1941 年的 2600 万美元协定，共 1.71 亿美元。这些借款用锡、钨等出口产品作担保。③ 太平洋战争爆发之后，中美之间达成 5 亿美元财政借款。由于战时美国向中国提供的贷款是以中国的桐油、猪鬃、茶叶、生丝、钨、锑、锡等土产作抵押，因此太平洋战争爆发以后，驼峰航线成为中美贸易的重要通道，对维系战时中美贸易发挥了极其重要的作用。

驼峰航线作为抗战后期的重要空中运输线，中国航空公司和美国空军参与了驼峰空运，其中，中国航空公司在 1942 年 7 月通过租借法案从美国获得 10 架飞机，在 1943 年至 1945 年间中航飞机数量为 25 架，美军最初投入驼峰空运的飞机只有 12 架，1942 年 10 月增至 75 架，到 1943 年 9 月增至 225 架。④ 随着中航和美军投入驼峰航线飞机数量的增加，驼峰航线的空运量也逐年增加。1942 年 7 月中航运量仅为 150 吨，美军 85 吨，到该年 10 月中航即增至 409 吨，美军则增至 1277 吨。到

---

① 陕甘车驮运输所编：《陕甘车驮运输一览》，1941 年油印，第 1 页。

② 参见孟宪章《中苏经济贸易史》，黑龙江人民出版社 1992 年版，第 321—323 页。

③ Arthur N. Young, "Credits and Lend – Lease, 1937 – 1941", *CHINA and the Helping Hand (1937 – 1945)*, Cambridge (Massachusetts): Harvard University Press, 1963, p. 441.

④ Arthur N. Young, *CHINA and the Helping Hand (1937 – 1945)*, Cambridge (Massachusetts): Harvard University Press, 1963, pp. 247, 251 – 252.

1945 年 7 月驼峰空运量达到最高，中航运量为 2649 吨，美军为 71042
吨。[①] 考察驼峰空运对大后方对外贸易的影响，可从进口和出口两方面
考察。在进口方面，驼峰航线主要运送军用物资，1942 年至 1945 年通
过驼峰航线向大后方输入的物资以服从军事需要为主。在货物运输方
面，从 1942 年 6 月至 1945 年 10 月止，通过驼峰航线共运入物资 48397
吨，其中紧急械弹、兵工器材、军航器材、军需被服、飞机汽油、美军
物资等军用物资合计达 25227 吨，占总数的 52.1%。通过驼峰空运也
运入了大后方急需的医药、花纱布、工矿器材和汽车部件等物资，其中
工矿器材 2446 吨，占总输入量的 5.05%[②]，数量虽然较小，但对大后
方企业的正常运转发挥了重要作用。在出口方面，驼峰空运物资主要是
锡、钨、水银、锑、桐油、猪鬃、生丝和茶叶。中国航空公司在 1942
年下半年平均每月运输出口物资为 342 吨，以后增至每月 600 吨至 1000
吨，而美军空运出口物资运量则远远超过中航。[③] 由于驼峰空运的日益
重要，中美贸易也得以进一步发展。在 1942 年大后方出口美国的商品
约占出口总额的 33.5%，到 1943 年增加至 52.2%[④]，美国也取代苏联
成为中国第一大出口贸易伙伴。以矿产品为例，在 1942 年至 1945 年 8
月间大后方出口美国的矿产品总值约为 3081 万美元，占矿产出口总值
的 51.3%。[⑤] 在农产品方面，仅汀江至宜宾线，中国航空公司在 1943
年 10 月至 12 月之间，就运输出口猪鬃 112.2 吨。[⑥] 因此，在 1942 年 5
月至 1945 年 10 月间，由于利用了驼峰航线空运出口物资，中美贸易得
以维持并继续发展。

　　在抗战期间，不仅西北公路、滇缅公路和驼峰航线等重要对外交通
运输线维持了中苏、中美贸易，而且滇缅公路的通车，也推动了中缅贸
易的发展。关于战时中缅贸易情况，见表 27。

---

①　Arthur N. Young, *CHINA and the Helping Hand* (*1937 – 1945*), Cambridge (Massachu-
　　setts): Harvard University Press, 1963, p. 340.

②　参见龚学遂《中国战时交通史》，商务印书馆 1947 年版，第 273—274 页。

③　Arthur N. Young, *CHINA and the Helping Hand* (*1937 – 1945*), Cambridge (Massachu-
　　setts): Harvard University Press, 1963, p. 340.

④　参见郑友揆《中国的对外贸易和工业的发展》，上海社会科学院出版社 1984 年版，第
　　194 页。

⑤　同上书，第 198 页。

⑥　参见〔美〕威廉·M. 利里《龙之翼——中国航空公司和中国商业航空的发展》，徐克
　　继译，科学技术文献出版社 1990 年版，第 165 页。

表 27　　　　　　　　中国向缅甸进出口贸易百分比表　　　　（单位：国币千元）

年份	进口		出口	
	数值	占总量百分比（%）	数值	占总量百分比（%）
1938	12801	1.43	4661	0.61
1939	6446	0.48	5629	0.65
1940	13267	0.67	19125	0.97

　　资料来源：李宗文：《中国与缅甸贸易之检讨》，《贸易月刊》第 3 卷第 4、5 期合刊，1941 年 11 月，第 18 页。

　　可以看出，在对外贸易值方面，中国对缅甸的出口贸易值持续增加，在中国对外出口总值中的比例也在逐年增加。但从缅甸进口中国的物资总值却有所起伏，尤其是 1939 年较 1938 年不仅未见增加，反而跌落较大。其中原因有二：一是通过滇缅公路输入中国的一部分物资涉及国家机密，未列入海关统计数据，二是国币贬值以及海关金单位市场汇率与法定汇率的差异导致输入物资值与实际情况相比偏少，时人也云，中国进口缅甸物资数值，"如以公开市场汇率折合，当不止此数"[1]。在进出口商品种类方面，从缅甸进口货物以棉纺织品、粮食和油、脂、蜡、松香为主，在滇缅公路通车后得到迅速增加。1940 年这三种货物分别为 1280050 海关金、2846371 海关金和 478114 海关金，到 1941 年 1 月至 10 月间分别增至 3972996 海关金、30583460 海关金和 2116282 海关金[2]，增加幅度为 210.3%、974.5% 和 342.6%。中国出口缅甸的商品以动物产品、茶、布匹为大宗，1940 年这三种商品分别为国币 363923 元、807286 元和 1256836 元，到 1941 年 1 月至 10 月间增加至 1029760 元、1888172 元和 7683032 元[3]，增加幅度为 183%、133.9% 和 511.3%。

第四节　港口—腹地经济联系削弱与大后方经济的内向化

　　抗战爆发以前，由于西北黄河流域、西南长江流域和西江流域分别

---

[1]　李宗文：《中国与缅甸贸易之检讨》，《贸易月刊》第 3 卷第 4、5 期合刊，1941 年 4 月。

[2]　参见《近五年来中国对缅甸输入商品价额统计表》，载李宗文《中国与缅甸贸易之检讨》，《贸易月刊》第 3 卷第 4、5 期合刊，1941 年 11 月。

[3]　参见《近五年来中国对缅甸输入商品价额统计表》，载李宗文《中国与缅甸贸易之检讨》，《贸易月刊》第 3 卷第 4、5 期合刊，1941 年 11 月。

通过黄河、长江和珠江将大量土产运往天津、上海和广州出口，天津、上海和广州三个沿海港口与广大西部地区之间建立了紧密的经济联系。因此，西北黄河流域、西南长江流域和西江流域分别成为这三个港口城市的广阔腹地。但抗战爆发以后，随着天津、上海和广州相继陷落，沿海港口城市与西部广大腹地之间的联系削弱，从而也影响了大后方经济的发展方向，导致大后方经济发展方向从战前的外向化发展开始向内向化发展转变，发展动力从战前的出口拉动为主开始向内需拉动为主转变。

一　战时港口—腹地经济联系削弱

抗战前，在天津、上海、广州口岸的经济辐射作用下，大量西部地区土产通过天津、上海和广州口岸出口欧美市场。学者樊如森研究了战前西北畜牧业的外向化问题，认为进入近代以后，随着沿海、沿边口岸的对外开放，这一地区逐步与更加广阔的国内和国际市场接轨，畜牧业产品商品化、市场化和外向化程度，有了空前迅速的提高，从而大大改变了这一地区的相对封闭落后状态，成为中国近代外向型经济的重要组成部分。① 实际上，不仅战前西北地区畜牧业外向化发展十分明显，西南地区土产业也日趋外向化。土产作为西南重要的出口物资，在近代西南对外贸易中占据着重要地位。抗战以前，随着上海、重庆、蒙自、梧州等城市陆续开埠通商，深居中国腹地的西南地区开始逐步被纳入国际市场。由于国际市场的巨大需求，西南盛产的桐油、生丝、猪鬃、中药材等重要土产逐渐成为西南出口贸易的大宗物资。以四川为例，从1891 年重庆开埠至 1935 年间，重庆出口猪鬃从 568 担增至 16466 担，生牛皮和熟皮从 649 担增至 20299 担，未列名药材从 173252 两增至 1645346 两。② 在土产出口的刺激下，四川土产业出现了空前兴旺的局面。在清末民国年间，四川合江县"羊皮、牛革、猪鬃、桐油、棕丝之属，盛销海外，区民蓄羊日伙，与鸡、犬侪比，亦种桐树畴隙山隅，与橡、栎、樟、柏、楠、竹杂植，蔚为大宗"。崇庆县生产棕榈："业此凡百家，岁入亦数千缗，重庆日商森村洋行至派人驻镇收取棕榈长丝，贩至东瀛缗，邻近十数县无不仰给于是。"③ 峨眉县自宣统元年以来桑

---

① 参见樊如森《开埠通商与西北畜牧业的外向化》，《云南大学学报》2006 年第 6 期。

② 参见《第六表 最近四十五年来重庆大宗出口土货数量与价值统计》，载甘祠森编《最近四十五年来四川进出口贸易统计》，民生实业公司经济研究室 1936 年印。

③ 戴鞍钢、黄苇主编：《中国地方志经济资料汇编》，汉语大辞典出版社 1999 年版，第879 页。

蚕业迅速发展，"平畴旷野，弥望青葱，蚕桑大有起色"。新都县光绪以前"养蚕者绝少"，光绪末年"风气渐开，种桑之家到处多有"。遂宁县在清末以来"蚕业日兴，故丝之出产较前二十年多至十倍，价亦增至六七倍，本邑岁消（销）无几，贩出境者甚多"。① 在云南，个旧大锡产量从 1890 年的 1315 吨猛增至 1917 年的 11070 吨，以后也至少在5000 吨以上。② 个旧大锡绝大部分通过蒙自海关出口，大锡也成了蒙自海关出口物资中的大宗商品，仅在 1890 年至 1937 年的 48 年间，个旧大锡出口占蒙自全关出口值的平均百分比为 84.31%，其中最低年份为1898 年的 59.96%，最高为 1912 年的 96.14%。③ 大锡成为云南经济的最大外汇收入，依赖锡矿为生的个旧及邻近各县，人数达 10 万余人，有"大锡为滇省养命根源"之说。④ 总之，在抗战爆发以前，受国际市场巨大需求的拉动，西南土产业得以迅速发展，这种主要靠出口拉动的发展具有鲜明的外向型经济特征。⑤

　　但在抗战时期，由于日本发动了全面侵华战争，切断了西北地区与天津口岸、长江上游流域地区与上海口岸、西江上游流域地区与广州口岸之间的正常经济联系，港口与腹地经济联系受到极大削弱。⑥ 特别是1941 年太平洋战争爆发以后，大后方对外交通运输日趋困难。以桐油出口为例，抗战前，四川桐油通过便利的长江航线运往上海等出口，运价较为便宜。在 1935 年 11 月间运费最高的时候，每吨桐油从万县到上

---

① 戴鞍钢、黄苇主编：《中国地方志经济资料汇编》，汉语大辞典出版社 1999 年版，第123 页。

② 参见个旧市志编纂委员会编《个旧市志》上册，云南人民出版社 1998 年版，第 378—379 页。

③ 参见《1889—1937 年蒙自口岸个旧锡出口量一览表》，载蒙自县志编纂委员会编《蒙自县志》，中华书局 1995 年版，第 587—588 页。

④ 云南省地方志编纂委员会编：《云南省志·商业志》，云南人民出版社 1993 年版，第69 页。

⑤ 关于外向型经济定义，目前学术界没有统一的概念。樊如森在研究抗战前天津的开埠与腹地外向型经济发展关系问题时，将外向型经济定义为腹地在通过其港口与国外以及国内其他口岸市场展开进、出口贸易的过程中，所培育起来的以区域外部市场的商品输出、输入需要为导向的现代化市场经济。参见樊如森《天津与北方经济现代化（1860—1937）》，东方出版中心 2007 年版，第 8—9 页。

⑥ 吴松弟先生在对近代北方经济变迁总结的基础上，从经济地理学的角度阐释了港口—腹地理论。港口—腹地是考察港口城市如何与其所密切联系地区经济互动的一种研究视角。吴先生也认为港口—腹地理论的运用要充分考虑到近代与当代政治、经济、文化的差异性。参见吴松弟等编《港口—腹地与北方的经济变迁（1840—1949）》，浙江大学出版社 2011 年版，第 372—378 页。

海仅为 32 元,从重庆到上海也不过 36 元。"各出口油商亦备有油池,民生公司在宜昌备有油驳,故装运起卸,甚为便利,而运费也并不怎样高,这可以说是桐油运输的标准化时代。"① 在抗战前期,四川桐油一部分用汽车经贵州、广西,运到越南或广州湾出口,一部分经过宜宾运到昆明,再转越南出口。这一阶段中,桐油运输困难,运费增高,运输量也萎缩。等到钦州沦陷、南宁失守后,四川桐油经贵州、广西输出的一部分,也非改道云南省不可。桐油运输,至此更感困难。② 到 1940 年 9 月,随着滇越铁路被截断,四川桐油出口更加困难,也进一步提高了桐油的运输成本。不仅桐油出口运输日益困难,猪鬃也是如此。时人亦云:"自滇越铁路封锁后,猪鬃自渝由公路经昆明腊戍再转仰光,然后转轮去港,较之以前自滇越铁路经海防运港普通需时约在三个月左右,不但增加两倍,且运缴费用以前每关担仅百余元,现在需千元左右亦增加近十倍之多。"③ 同样,西南茶叶出口也更加困难。根据中苏签订的1942 年至 1943 年中国向苏联出口砖茶合同,从 1943 年 3 月起,中国每月应在猩猩峡向苏方交货 350 吨,但从 3 月至 5 月仅交货 72 吨。1943年 6 月 23 日,中茶公司总经理李泰初就此事致电行政院对外贸易委员会,陈述茶叶运输困难情形:"自安化运渝接运至广元,均由交通部川湘联运处负责,广元以北各段运输则由西北公路局负责。至一般商车承运,咸以回空关系拟径运兰州,不愿在广元卸货,而西北公路局之业务范围则以广元为起点,不愿其他车辆径驶兰州,加以由兰至猩长达一一七九公里,车用零件之补给成问题。近闻西北公路局奉令接运军火,承运砖茶数量更感不足,本公司又不能径运兰州,因此由渝运广交苏砖茶截至五月廿二日止计有拾肆万肆千余片,约合为贰百玖拾吨左右。拥积于广兰两处之茶叶各有万余吨未能运出,西北公路且有匪警,据四月廿三日兰州来电报告,兰州近郊甘草店地方被匪劫去本公司砖茶十数包。凡此种种均为本公司砖茶运输之实际困难。"④ 由于大后方对外交通运输日益困难,大后方腹地与沿海港口之间紧密的经济联系受到极大削弱。

　　由于战事影响,沿海口岸与广大腹地之间的正常经济联系大受影

---

① 蒋君章:《战时西南桐油问题》,《青年中国》第 2 卷第 2 期,1941 年 1 月。

② 同上。

③ 赵恩钜:《论猪鬃价格》,《贸易月刊》第 2 卷 6 期,1941 年 1 月。

④ 《中国茶叶公司就出猩猩峡出口苏方茶叶未能按合同如数交货缘由致行政院对外贸易委员会电》,甘肃省档案馆藏,资料号:50/1/346。

响，战前促进腹地经济发展的主要动力之一——沿海口岸的辐射作用也大大削弱。① 戴鞍钢先生认为近代北方沿海口岸—腹地经济互动深受国内外形势的制约，其运作需要必要的社会环境。② 实际上，战时南方沿海口岸—西南腹地经济关系也是如此。战时西南土产的出口终点市场从战前的上海、广州等沿海口岸逐步转移至西部内陆口岸，沿海口岸对西南腹地经济的促进作用大大削弱，而西部内陆口岸的影响加大。因此，战前沿海口岸—西南腹地经济关系逐步向内陆口岸—西南腹地经济关系转化。这种经济关系的变化，反映了战争状态下大后方经济发展轨道的变化。另一方面，陆路口岸交通运输条件大大逊于沿海口岸的运输条件，导致战时西南大批土产外销日渐困难，从而影响了西南土产的出

① 在1937年抗战爆发至1941年12月太平洋战争爆发期间，尽管国民政府限制大后方农产品的出口或转运沦陷区，但由于海关总税务司署仍然留驻上海公共租界，同时管辖沦陷区和大后方各海关，上海租界还未沦陷，因此上海"孤岛"与大后方的贸易关系仍存在。尤其是在1938年10月至1941年12月间，大后方对外贸易运输日益困难，难以满足后方土产出口的全部需要，所以，后方部分土产品不得不由浙赣铁路经金华转道温州、宁波等海关出口或输往上海出口。（参见张赛群《上海"孤岛"贸易研究》，知识产权出版社2006年版，第104—111页。）因此，1938年以后上海在全国的贸易地位迅速恢复，1938年上海出口值占全国出口值比例仅为29.29%，但到1939年便恢复到57.72%，1940年增加至69.47%，到1941年1月至10月间进一步上升至70.86%。（参见国民政府贸易委员会统计处编《近六年出口货物总值类别表》1936—1941年，《贸易月刊》1943年第4卷第9期，1943年4月，第55—56页。）1941年12月太平洋战争爆发以后，日军进入上海公共租界，接管上海总税务司署，独占沦陷区海关行政大权。为此，1942年1月，国民政府在重庆另设立海关总税务司署，管理大后方海关行政权。这样，总税务司署分裂为二：一是在日伪管理下的上海公共租界原总税务司署；另一为重庆总税务司署。所以，1941年以后的中国海关统计资料不全。不过，太平洋战争爆发以后，虽然上海"孤岛"与大后方之间的贸易结束，但是这时后方地区通过非正常贸易和沦陷区还有一定的经济联系。由于战时走私贸易属于中日战争经济战的重要组成部分，因此战时中方对此问题讳莫如深，笔者未发现官方的详细统计数据。据对抗战时期走私活动颇有研究的齐春风教授估计，在1942—1945年（9月前）间大后方共走私输出369亿元。（参见齐春风《抗战时期大后方与沦陷区间的经济关系》，《中国经济史研究》2008年第4期，第134页。）至于战时大后方的土产走私数量，难以统计。不过，可以肯定的是，战时大后方走私出口土产数量比正常出口的数量要小。如桐油走私，在1939年，大陆实际出口香港桐油约合37.2万公担，而海关册记载香港进口桐油为30万公担，也就是相差的7.2万公担桐油系走私桐油。（参见严匡国《我国桐油事业之展望》，《中农月刊》第3卷第9期，1942年9月，第5页。）因此，仅香港而言，1939年大陆走私桐油数量约占总出口桐油数量的19.4%。另如西北皮毛走私，尽管战时日军通过种种措施收购西北皮毛，西北皮毛走私活动猖獗，但战时西北地区的皮毛贸易已大不如战前。（参见丁晓杰《抗战时期日本的"振兴西北贸易"对策——以包头等地的皮毛交易为中心》，《中国经济史研究》2011年第3期，第150页。）

② 参见吴松弟等编《港口—腹地与北方的经济变迁（1840—1949）》，浙江大学出版社2011年版，第371页。

口，迫使部分土产出口转内销，所以，战时后方土产业的主要发展动力逐步从战前的出口市场拉动向内需拉动转移。

二　大后方经济的内向化

大后方出口运输的日益困难影响了国民政府的对外贸易政策，尤其是 1941 年 12 月太平洋战争爆发以后，大后方出口运输路线改成了驼峰空运为主，运费高昂，针对这种困难，财政部向国民参政会递交的报告说："防止物产滞销，并维持国内生产起见，除对于体轻积小之物资，如生丝、猪鬃等项，仍设法利用空运外销外，对于体积笨重之物资，如桐油、羊毛等项，则多改作内销，籍以充实国用。"①太平洋战争爆发以后，国民政府外贸政策"因国际运输之困难，对外贸易之业务应调整，其不能输出之物品，应推广内销，以实国用"②。因此，抗战时期尤其是 1941 年以后大后方经济的内向化开始明显。③ 具体来讲，表现如下：

第一，大后方对外贸易出口量明显减少，内销量增加。战前西北皮毛主要通过天津出口欧美国家，包括美国、英国、德国、日本等国。战前美国是中国最大的羊毛进口国，在 1931 年至 1935 年间，中国每年出口美国的羊毛量占总出口量的 90% 以上。④ 而战时皮毛出口

---

① 《贸易委员会档案》（三〇九—2）102，第三届第二次国民参政会提案及报告、财政部报告，转引自沈祖炜《论抗日战争时期的贸易委员会》，《中国近代经济史丛书》编委会编《中国近代经济史研究资料》第 9 辑，上海社会科学院出版社 1989 年版，第 112 页。

② 《财政部贸易委员会关于管理及改进对外贸易报告》（1945 年），载中国第二历史档案馆编《中华民国史档案资料汇编》第 5 辑第 2 编财政经济（9），江苏古籍出版社 1994 年版，第 425 页。

③ 内向经济是与外向经济相对立的经济形式，目前学术界没有统一的概念，对此问题的认识存在分歧。一般而言，内向经济的内涵包括三个方面：第一，内向经济活动是以国内市场导向为转移的，即主要的供给生产行为的方向都以服务于国内市场为主。第二，内向经济中的出口部门不是国民经济的主导产业，对经济增长率的贡献微小。第三，在内向型经济中，政府利用体制和政策把国内市场与国际市场相对分隔开来，从而减少国内经济活动对外的联系程度。（参见王珺《外向经济论》，广东人民出版社 1992 年版，第 27—30 页。）就本书来讲，内向化是指战时大后方经济相对于战前的外向化而言呈现出的一种不同发展趋势，包括两方面含义：第一，由于战争的阻隔以及抗战后期大后方对外贸易的萎缩，战时大后方出口量总的来讲较战前降低，出口贸易在大后方的经济地位有所下降。第二，大后方土产品内销趋势相对明显，不仅表现在抗战后期国民政府采取了鼓励土产内销的政策，而且战时后方工业的发展也部分解决了土产业内销的问题。因此，相对战前西部经济的外向化发展而言，战时大后方经济趋于内向化发展。

④ 参见韩在英《中国羊毛之产销市场与将来之增产》，《西南实业通讯》第 11 卷第 5、6 期合刊，1945 年 6 月。

国主要是苏联，出口市场狭小，再加上运输困难等原因，导致战时中国皮毛出口数量较战前明显减少。如羊毛出口量，在抗战期间的1937年至1944年间，中国年平均羊毛出口量为63800公担，而在战前的1930年至1936年间，年平均出口量为132300公担①，战时年平均出口量为战前平均出口量的48.22％，不及一半。战时皮毛出口量的相对下降，使得皮毛出口业务在整个中国对外贸易中地位下降。在战前的1936年，中国羊毛出口值占中国出口总值的2.74％，到抗战期间的1939年降至1.02％，1940年更降至0.65％。②战时羊毛出口在整个中国出口总值中所占比例的急剧下降，表明西北皮毛出口贸易对战时中国经济的影响日益下降。不仅大后方皮毛出口量减少，大后方其他主要土产的出口量也大幅度减少。关于战时国统区主要土产品出口量的变化情况，如表28所示。

表28　　　　　**战时国统区主要土产品出口量统计表**　　　（单位：吨）

种类\年份	1938	1939	1940	1941	1942	1943	1944	1945
桐油	69578	33502	23247	20989	907	82	100	112
茶叶	41625	22558	34492	9118	79		249	482
丝	5566	7612	5485	4964	212	62	80	122
猪鬃	3634	3333	3557	2740	64	272	1943	603
牛皮	6203	1966	1385	1168	24			
五倍子	2318	3006	2405	2270	1099	27	149	20
桂皮	5774	10045	4308	7417	336		539	203
大黄	2115	2103	2448	2308	25	24	6	1
大锡	11792	10589	6349	7567	1079		138	
钨	12358	10689	2874	10111	275		1105	
锑	7984	6760	5574	1062				

资料来源：表19《进出口货物数量》，载国民政府主计处统计局编《中华民国统计提要》，1947年印，第38—41页。

① 参见韩在英《中国羊毛之产销市场与将来之增产》，《西南实业通讯》第11卷第5、6期合刊，1945年6月。
② 参见贺知新《我国羊毛之对外贸易》，《经济汇报》第7卷第3期，1943年2月。

　　表 28 虽然反映的是国统区主要土产品的出口情况，但由于 1939 年至 1944 年间的国统区基本上就是西部地区，因此，该表仍然可以大体反映战时大后方主要土产品的出口情况。可以看出，国统区桐油、茶叶、丝、牛皮、五倍子、大黄、桂皮、大锡、钨、锑等土产品的出口量逐年下降，尤其是 1942 年上述土产的出口总量剧降为 4100 吨，仅为 1941 年出口总量的 5.97%。随着战时大后方物资出口量的减少，内销量开始增加。在 1942 年至 1945 年 10 月间，贸易委员会收购的桐油和茶叶以内销为主，桐油的内销量占总量的 80.97%，而茶叶内销量占总量的比重则高达 94.83%，贸易委员会内销土产价值约占贸易委员会收购土产总值的 80%。① 另据郑会欣先生研究，在 1942 年至 1945 年 10 月期间，负责统购统销土产的贸易委员会共外销桐油、茶叶、猪鬃和生丝 16450 吨，而内销数量却高达 67300 吨，内销量是外销量的 4.09 倍。② 可以说，战时尤其是抗战后期大后方主要土产从战前的输往国际市场为主逐渐转为输往国内市场为主。因此，战时大后方经济内向化特别明显。

　　第二，战时西南西北交通网络的初步建成，便利了大后方土产内销，从而也有利于大后方经济的内向化发展。战前，西北各地与西南各地之间由于秦岭、大巴山的阻隔，交通不便。因此，战前西北地区输出农产品主要通过黄河水运向东运往天津出口，天津将西北大部分地区纳入自己的经济腹地③，而战前西南部分地区尤其是长江上游的四川的农产品主要是通过长江向东运往上海出口，上海将西南的四川、重庆、贵州一部分地区纳入自己的经济腹地④。因此，战前西北地区和西南地区

---

　　① 据《贸易委员会国外商销与内销货物数量》和《贸易委员会内外商销价值比较》两表相关数据计算而成，参见沈祖炜《论抗日战争时期的贸易委员会》，载《中国近代经济史丛书》编委会编《中国近代经济史研究资料》第 9 辑，上海社会科学院出版社 1989 年版，第 113 页。

　　② 据《1942—1945 年贸易委员会主要业绩》表相关数据计算而成，参见郑会欣《国民政府战时统制经济与贸易研究（1937—1945）》，上海社会科学院出版社 2009 年版，第 266—267 页。

　　③ 参见吴松弟、樊如森《天津开埠对腹地经济变迁的影响》，《史学月刊》2004 年第 1 期。

　　④ 参见戴鞍钢《港口·城市·腹地——上海与长江流域经济关系的历史考察（1843—1913）》，复旦大学出版社 1998 年版，第 169—205 页。

虽然同样属于西部地区，但是两个相对独立的市场体系[1]，两大区域之间的经济联系相对薄弱。[2] 抗战爆发后，国民政府为巩固大后方基地和发展后方经济，在大后方展开了大规模的交通建设，改善了大后方的交通运输条件，这无疑为大后方皮毛、土产内销创造了有利条件，扩大了皮毛和土产市场范围。尤其是川陕公路、甘川公路、汉渝公路的修建和改善以及川陕水陆联运线的恢复，改善了西北和西南地区之间的陆路交通，方便了四川与陕西、甘肃之间的联系，西南销往西北地区的土产数量较战前也有增加。如川陕驿运线仅 1944 年就运送货物 711965 吨，其中商品为 33963 吨。[3] 处于川陕交通要道的四川广元，战时随着川陕水陆联运线的开辟，广元与陕西各地之间的经济联系得以加强。仅 1940 年 12 月至 1941 年 1 月两个月，通过川陕驿运干线从广元起运到宝鸡的货物为 1028 吨，到双十铺 104 吨，到褒城 44 吨，到汉中 72 吨。[4] 因此，著名地理学家林超等人调查后认为："昔日广元之经济范围，主要限于嘉陵江上游沿岸，约北至略阳，东北至宁羌，西北至广凭河至安乐河，南至昭化之射箭河一带。"[5] 随着交通条件的变化，"广元经济腹地之扩张，已远展至汉水上游及渭河流域各地"。可以看出，川陕驿运线

---

① 樊如森认为战前西北地区在区内和区外贸易都不断发展的基础上，逐步构建起以三级市场和四个区域性市场网络为依托的市场体系。（参见樊如森《民国时期西北地区市场体系的构建》，《中国经济史研究》2006 年第 3 期。）而战前西南地区也已经初步构建了市场体系，形成了若干区域性市场网络，其中最大的区域市场是以重庆为中心的长江上游区域市场网络。著名学者王笛认为，早在清代，在长期的粮食运销过程中，在长江上游就形成了一些重要的粮食市场，除各粮食产地形成了小规模的粮食产地（初级）市场外，还有集散市场、转运市场、消费市场等，有的则兼有多种功能。多层次、多功能、遍及全域的粮食运销网络的形成，已成为清前期农业生产、商品经济和社会生活的一个重要组成部分。（参见王笛《跨出封闭的世界：长江上游区域社会研究（1644—1911）》，中华书局 2001 年版，第 208—211 页。）

② 学者齐植璐认为，由于受自然地势的影响，中国在经济地理上，也表现着一个主要的特征：各区域经济的发展，除东北外，其趋势大都是东西走向，并且和江河的流域一致的。中国主要有三大经济单元，包括长江流域区、粤江流域区和黄河流域区。（参见齐植璐《由地理观点论西北西南之经济依存关系》，载唐润明主编《抗战时期大后方经济开发文献资料选编》，重庆市档案馆 2005 年印，第 37—38 页。）按照齐先生的观点，西北地区属于黄河流域区，西南地区属于长江流域区，是两个独立的经济单元。

③ 《驿运干线货运运输——货运吨数》，载交通部统计处编《交通部统计年报》（1944年），1945 年印，第 139 页。

④ 林超等：《嘉陵江流域地理考察报告》下卷，中国地理研究所 1946 年印，第 86—87页。

⑤ 同上书，第 85—86 页。

方便了四川土产销往陕西地区，不仅川陕之间经济联系更加紧密，随着战时交通的发展，也扩大了西南土产的内需市场。甘肃与西南各地的经济联系也日益紧密。战时甘肃农产品输入方面，"茶以陕西、四川、云南及湖南为供给地……川茶、沱茶、湘茶则先集中兰州。川纸由广安铜梁经汉中或碧口运入本省。川烟由成都附近经碧口输入本省。川药材由广元碧口输入本省，川糖由广元输入本省，川竹货由广元碧口输入本省"。① 位于甘肃南部与四川省交界处的碧口，由于水陆运输便利，"商贾云集，市面繁荣。进口货物，以茶叶、卷烟、纸张为大宗。……有许多忍劳耐苦的四川人，由中坝直接肩挑一些卷烟、糖、纸及花生至武都销售，然后由武都购买药材、棉花、土布至碧口售卖"。由于碧口经商的多为川商，所以镇上90%以上是四川人，镇上"开店的、摆摊的、撑船的和挑担的，几乎全是四川人。就以碧口五个行帮的负责人来说，除水烟帮外，其余亦尽是川人"。② 至于甘肃兰州，根据兰州市1943年度税务征收局货运登记表编制，兰州市商品进口总额为110460406元，商品货物来源地除了西北各地外，也包括西南的四川、云南等地。来自四川的商品主要有红糖、白糖、冰糖、晶糖、青茶、砖茶、红茶、沱茶、土雪茄、熟猪鬃、本贡纸、粉贡纸、粉连纸、川报纸、纸箔，合计为45346628元，占总额的41.05%。尤其是以砖茶、红茶、熟猪鬃、粉贡纸为大宗。③

　　作为大后方经济中心的重庆，随着经济的迅猛发展，其腹地范围日益拓宽。战前，重庆作为长江上游最大的工商业城市，通过发达的川江航运，将长江上游流域的川东、川南、川北地区的南充、达县等数县纳入其核心腹地。而四川盆地周边区域，包括云贵高原、横断山地、甘南山地、秦巴山地的部分地区与重庆的联系比较松散。④ 抗战爆发后，国民政府迁都重庆，构筑了以重庆为中心的西南西北交通联运网，重庆遂成为大后方物资集散之枢纽。战时重庆对外交通的迅速发展，使得重庆与西北地区的联系也开始加强。在水运方面，国民政府为加强重庆与西

---

① 李中舒编：《甘肃农村经济之研究》，《西北问题论丛》第3辑，出版时间不详，第91页。

② 洪文瀚：《谈谈甘肃的商港—碧口》，《甘肃贸易》季刊第4期，1943年3月，第47—48页。

③ 技术室调查组：《兰州市商业概况》，载甘肃省贸易公司编《甘肃省贸易公司三周年纪念特刊》，1944年6月15日印，第118—120页。

④ 参见隗瀛涛主编《近代重庆城市史》，四川大学出版社1991年版，第177页。

北各地的交通联系，1940年开辟了川陕甘水陆联运线，由重庆港出发，沿嘉陵江上溯至陕西阳平关，再转陆路至宝鸡或由嘉陵江转入白龙江抵甘肃碧口联系西北诸省。① 在公路运输方面，1944年2月1日，川陕联运处开行重庆至宁夏、绥远、陕西、迪化等地联运班车。② 在航空运输方面，战时重庆有渝迪（重庆至迪化）、渝哈（重庆至哈密）、渝兰（重庆至兰州）、渝西（重庆至西安）、渝宝（重庆至宝鸡）等航线与西北主要城市相通。仅在1944年，渝兰线和渝迪线就分别空运物资78491公斤和1914公斤。③ 战时重庆对外交通的发展，使得重庆除了与西北的陇南、陕南地区的经济联系日益密切外，与西安、兰州甚至迪化之间的经济来往也在增多，重庆的经济辐射功能得以增强。随着战时重庆经济辐射范围的扩大，重庆市场也吸收了部分西北皮毛产品。如战时西安毛纺织品产量最大的华西纺织厂，产品除部分销售本市以外，"大部向重庆、成都各地运销"④。

第三，由于战时大量人口、工厂内迁大后方，加上后方本地工业的发展，扩大了土产内需，部分解决了大后方经济内向化发展所面临的市场消费问题。战时由于大量人口内迁西北，城乡人口增加明显。西安市人口由1937年的197257人增加至1945年的489779人⑤，人口增加了约1.48倍。兰州城市人口由1935年前的9.6万多人增加至1942年前后的12万多人。⑥ 不仅中心城市人口增加迅速，而且中小城市人口也得以增加，如天水县据1940年3月县政府户口总复查所得统计数字，全县人口共计280400人，较战前增加三倍。⑦ 城乡人口的增加，扩大了皮毛内需，促进了战时西北皮毛业的内向化发展。此外，战时大后方各地毛纺织业的迅速发展，也刺激了羊毛消费。据调查，1941年兰州各毡房用羊毛量为20万斤，用毛量最大的天兴昌为2.6万斤，而战前兰州每家毡房用毛量"最多不过一万三千余斤"。1941年兰州各纺织厂用毛

---

① 参见重庆市地方志编纂委员编《重庆市志》第5卷，成都科技大学出版社1994年版，第97页。

② 同上书，第256页。

③ 参见表101《航空运输—乘客人数及货物邮件行李公斤数》，载交通部统计处编《中华民国三十三年交通部统计年报》，1946年印，第190页。

④ 武永升：《西京市羊毛调查》，《陕行汇刊》第8卷第2期，1944年4月。

⑤ 参见《民国时期省会西安人口统计表》，载西安市地方志编纂委员会编《西安市志》，西安出版社1996年版，第446页。

⑥ 参见杨重琦、魏明孔《兰州经济史》，兰州大学出版社1991年版，第173页。

⑦ 参见甘肃省银行经济研究室编《甘肃省各县经济概况》第1集，1942年印，第1页。

量则为 20.3 万斤。① 1943 年西安毛纺织业全年用毛量为 25915 市担，合 25.9 万斤②，而整个陕西全省在战时的年平均羊毛消费量则高达84.5 万斤。③ 战时大后方对羊毛的需求量增加，部分解决了西北皮毛业内向化发展的市场问题。

不仅羊毛需求增加有利于大后方经济内向化发展，战时桐油内需扩大同样有利于战时大后方经济的内向化发展。战时桐油出口量较战前大幅度减少，按常理这本来应该会打击后方桐油生产，但是战时后方桐油产量并未减少。据国民政府估计，战前 1933 年至 1937 年五年间后方川黔桂陕四省的桐油年平均产量为 680 万公担，但 1938 年至 1946 年八年间平均年产量却增加至 860 万公担。④ 战时后方桐油产量增加，除了与各地方政府大力推广种植桐树密切相关外，也与战时后方内需扩大拉动有关。抗战期间大量汽车涌入后方，后方汽车数量大增。以贵州为例，1945 年的汽车数量是 1938 年的 3.4 倍。⑤ 后方汽车数量增加，燃料需求量也增加。据当时估计，"就军政方面而论，年需汽油约 3100 万加仑，柴油约 3600 吨，交通方面，仅西南西北二公路局，年需汽油约400 万加仑"⑥。1939 年 9 月 5 日，张嘉璈在日记中也记载说，国内民运军运汽油月需万吨，而存油不超过数千吨。⑦ 为解决后方公路运输的燃油问题，国民政府一方面积极勘探石油，另一方面积极生产代用燃油，其中利用桐油炼制燃油是主要的方法。1939 年交通部在重庆设立了动力燃料厂，从桐油中提炼汽油、煤油、柴油及润滑油代替品。同时，以提炼原油为业的桐油炼贮厂也纷纷成立。后方的炼油工业在1942 年达到鼎盛时代。就地域而言，以重庆市及其附近区域的炼油工厂最多，每月的产量约占后方全部产量的 2/3。就设备而言，首推动力油料厂，次为兵工署、军政部交通司及运输统制局所设各厂，民营炼油

---

① 李屏唐《兰州羊毛加工业调查》，《贸易月刊》第 4 卷第 9 期，1943 年 4 月。

② 参见武永升《西京市羊毛调查》，《陕行汇刊》第 8 卷第 2 期，1944 年 4 月。

③ 参见筱庶《陕北羊毛（续）》，《力行》第 5 卷第 3 期，1942 年 6 月。

④ 参见《中国各省桐油产量估计表》，行政院新闻局编《桐油产销》，1947 年印，第22—23 页。

⑤ 参见林辛《贵州近代交通史略》，贵州人民出版社 1985 年版，第 119 页。

⑥ 郑友揆等：《旧中国的资源委员会（1932—1949）——史实与评价》，上海社会科学院出版社 1991 年版，第 73 页。

⑦ 参见姚崧龄编《张公权先生年谱初稿》上册，台湾传记文学出版社 1982 年版，第 229页。

厂以建成、中国、大华等厂较为完备。① 到 1943 年 6 月止，在大后方地区，经核准登记的公私炼油厂已经达到 60 余家，代汽油生产能力年约 290 万加仑。② 战时后方炼油工业的兴起和发展扩大了桐油内需，一定程度上解决了桐油内销市场的问题，从而推动了后方桐油生产。

总之，抗战时期大后方外销路线的改变，土产外销运输日益困难，直接影响了大后方对外贸易，导致后方对外贸易额急剧下降。土产外销的受挫，迫使国民政府在 1942 年将外贸政策从原来的外销为主改为内销，尤其是皮毛、桐油、茶叶的内向化更为明显。可以说，战时尤其是抗战后期，大后方主要土产从战前的输往国际市场逐渐向内输往国内市场，发展动力从战前的出口拉动为主开始向内需拉动为主转变。因此，战时大后方经济内向化特别明显。战时大后方土产业发展方向和发展动力的变化，既不是市场作用的结果，也不是政府主导的产物，直接原因是战时大后方出口运输的日益困难，根本原因还是日本发动的全面侵华战争。因此，战争对战时中国的口岸贸易产生了重要影响，进而影响了大后方土产业的发展道路。

第五节 民族地区驿运与对外贸易

一 西南民族地区驿运与对外贸易

（一）云南马帮运输与对外贸易

云南马帮运输在战时大后方对外贸易中发挥了重要作用，尤其是滇缅公路被阻断以后，由于汽油来源受阻，汽车运输大受影响，驿运地位进一步上升。云南的驿运线路主要是叙昆线、泸昆线、滇缅线和滇印线，特别是滇印线在抗战后期的云南对外贸易中发挥着极其重要的作用。

叙昆线，原为叙昆车驮运输所，1940 年 9 月改组为叙昆线，长 810 公里。叙昆线运输工具以驮马和夫运为主。为了进行有效的管理，叙昆干线在横江、盐津、昭通、会泽、昆明设立五站，在叙府和昆明分别设驿运办事处。驿站设立后，昆明永昌祥、茂恒等商号率先来昆明站要求

① 参见谭熙鸿主编《十年来之中国经济（1936—1945）》下册，中华书局 1948 年版，第 E19 页。
② 同上书，第 V44 页。

托运棉纱1350驮（81吨），匹头108驮（6.5吨），茶叶38驮（2.4吨），小百货98驮（6吨），共计1594驮（重95.9吨）。兵工署托运汽油、柴油、铜饼、TNT炸药共400驮（重26吨），云南马帮运输得以复兴。驿运站先用有丰富经验的回族马帮为运输主力，1939年4月在开远、叙昆之间实现了大宗物资的驮马对运。叙昆线1939年2月开运，到1939年运输物资共计7600多吨。宜宾以驮马、板车运输为主要运输工具，驮马牲口最多时达6000多匹，运夫1500多人。[①] 叙昆线去程以运输桐油、五倍子为大宗，回程主要运输国防物资。到1940年，"共有驮马一万匹，运夫一千五百名，均系征雇而来。此外还预订增加胶轮板车三百五十辆"，货运量平均14.5024万公吨。[②] 此外，国民政府财政贸易委员会也通过驿运运送了大量的出口物资，如桐油、猪鬃、肠衣、五倍子等。贸易委员会仅在1939年一年间，就通过驮运管理所将1000余吨的出口物资运至昆明。[③] 一时之间，叙昆线上人背马驮，络绎不绝。据估计，当时这条干线上至少常年保持驮马800余匹，背夫800余人参加驿运。大量的物资也通过叙昆线驮运叙府后转川江航运至重庆，对维持大后方对外贸易，发挥了积极作用。

泸昆线，原为泸昆车驮运输所，1940年9月1日改组为泸昆线，由泸州经叙永、赤水河、沿川滇公路至昆明，并辖泸州至叙永水运线，总长1020公里，其中滇境553公里，川境467公里。泸昆线主要以陆路运输为主，有马车500辆，驮马500匹。[④] 去程以川盐、棉花为大宗，回程以运送西南进口军用国防物资为主。据1940年12月统计，该线有铜身板车140辆，牛车230辆，胶轮板车180辆，并准备增加牛车737辆，胶轮车520辆，牛马两用车1200辆，木船60艘。运输量1940年9月为85794公吨，1940年10月为63600公吨，1940年11月为39980公吨，1940年12月为104605公吨，1941年1月为76050公吨，1941年2月为46485公吨。运输物件中，公运占总数的53.08%。[⑤]

---

① 参见云南省地方志编纂委员会编《云南省·交通志》，云南人民出版社2001年版，第563页。

② 董孟雄、郭亚非：《云南地区对外贸易史》，云南人民出版社1998年版，第432页。

③ 参见恽慰甘《战时西南运输回顾》，载中国人民政治协商会议西南地区文史资料协作会议编《抗战时期的西南交通》，云南人民出版社1992年版，第72—74页。

④ 参见马廷璧《云南战时驿运》，载中国人民政治协商会议西南地区文史资料协作会议编《抗战时期西南的交通》，云南人民出版社1992年版，第454页。

⑤ 参见董孟雄、郭亚非《云南地区对外贸易史》，云南人民出版社1998年版，第432—433页。

战时云南驿运的一条重要干线是滇缅干线。在 1942 年春，侵缅日军进犯云南畹町、龙陵、腾冲等地。为阻止日军的东进，国民政府炸毁惠通桥，滇缅公路被阻断，沿线异常混乱。然而，此时滞留保山、下关的大批军用物资亟待抢运至昆明。为抢运滞留物资，云南省政府和滇缅公路局召开会议，紧急部署物资的抢运，并寄希望于马帮联运。云南省政府委任马廷璧为下关驿运办事处主任，在下关、保山建立驿站，并立即赶赴蒙化（今魏山县）、永平县、漾濞县等地召集马帮，很快就在当地各民族中召集蒙化驮马 700 匹，永平县 500 匹，各民族人民在抗日大义的感召下，积极行动起来，投入抗日物资的紧急抢运工作。原定保山 15000 吨存货，月运 3000 吨，用 5 个月的时间运完，结果于 120 天内运完。下关存货 5000 吨，由昆明组织马车 1000 辆，用 72 天运完。①

在滇缅公路封闭后，云南驿运得到进一步发展，尤其滇印贸易得以兴盛。参与滇藏印驿运的云南大商号茂恒、永昌祥、恒盛公、洪盛祥、永茂和，丽江的恒和号、仁和昌、达记、裕春和、长兴昌，北京的兴记以及山东的王云宝等 10 余家大商号，都在印度噶伦堡、加尔各答等地设立分号，经营滇印贸易。另外，当时还有丽江和康藏的数十户中小资本家和拉萨、昌都等地的中上层官商也参加到这一艰险而壮大的滇印外贸行列中来。永昌祥商号于 1943 年派杨俊成等到印度加尔各答设庄，派杨汉臣由丽江到拉萨设庄，贩运茶叶到西藏，换取外汇（印度卢比），贩运药材、山货、猪鬃、土杂等到印度销售。又把咔叽布、棉纱等商品由加尔各答运到拉萨，转运丽江再经下关运到昆明销售。② 缅甸被占后，永茂和商号开始经营滇藏印驿运。1943 年末，永茂和商号组织了人力和自购骡马运输力量，循着恒盛公的路线远走印度，经办人采办了大批棉纱和咔叽布、卷烟纸，经受许多艰苦，运回丽江。③ 鹤庆商帮的张氏兄弟开辟了丽江经阿墩子（迪庆）、帕里、噶伦堡到加尔各答长途驿运线，单程需时三四个月，一次启运数百驮，乃至上千驮，经营的主要是布匹、呢绒、棉纱、染料、卷烟纸等，尤以布匹为主。由于战争造成的封锁与破坏，国内生活必需品稀缺，货物价钱倍增，毛利有四

---

① 参见马廷璧《云南战时驿运》，载中国人民政治协商会议西南地区文史资料协作会议编《抗战时期西南的交通》，云南人民出版社 1992 年版，第 455 页。

② 参见严湘成、杨虹《永昌祥对外贸易述略》，《云南文史资料选辑》第 42 辑，第 136—137 页。

③ 参见李镜天《永茂和经营缅甸贸易简史》，《云南文史资料选辑》第 42 辑，第 78 页。

五倍之多。在短短的五六年间，恒盛公创利润二三十倍，成为兴盛和之后的第四大商号。自恒盛公得利后，鹤庆商人争往趋赴，短短数年间，鹤庆商人通过滇藏印运输线发迹起来的不下百家，较大且有名望的如：(1) 解氏：解友山、乐山、省山、建山；(2) 鲍氏：鲍品良、品璋等；(3) 杨氏：杨穆之、谦之、覆之、维基等；(4) 彭氏：彭子圣、学出等；(5) 华氏：华继三、继昌等；(6) 舒氏：舒夔臣、重臣；(7) 蒋氏：蒋秀文、秀光等。另外，还有在省内国内经营设号的南裕商行、德泰昌、文彩号、承德祥等几十家。兴文银行、益华银行、汇丰银行、劝业银行、合作金库等，不是鹤庆人掌权就是以鹤庆商人的资金作力股，鹤庆商帮因此在昆明市场上有举足轻重的作用。[①]

滇印贸易的进口商品有棉纱、布匹、呢绒、染料、纸烟、药品、卷烟纸、海产品、牛黄、手表等，出口商品有黄丝、药材、瓷器、土特产、猪鬃、羊毛等。出口货物到印度后又有一部分（如猪鬃）转输英、美，换回国内短缺物资。例如，1944 年英印政府因国内生产需要，向中国提出要购买 15 万磅生丝，就是由茂恒等商号承办的。在进口方面，茂恒则明确提出："所有售得上项生丝之外汇，请印度政府全部调换官价卡车。"另一换贷文件中，要求"换货 200 万码高级布为主要目的，如印方认为只能以高级布 100 万码供给时，务请将售丝余款准于市场自由采购其他货物"。

战时由于滇藏印商贸繁盛，滇印运输线上的西藏拉萨、云南丽江发展成为中印贸易货物中转站、物资集散地和商贸重镇。在丽江，往来丽江拉萨之间的马帮，由原来的几千匹骡马增加到 1 万多匹，甚至动用了西藏的大批牦牛参加驮运。各种货物源源不断运入丽江市场并由丽江转运昆明等地。最盛时期丽江有中央和地方银行分支机构 9 家、大小商号 1200 余家，其中拥有资金 100 万到 200 万的商号 10 家左右，这条驿运线的贸易规模由此可见一斑。[②] 这条外贸路线路程遥远、道路崎岖，滇茶运至拉萨后，即由此行销全藏，印度、藏区的货物南下丽江，又由此转运昆明、下关等地。各大商号的贸易额也极为可观。如铸记，抗战期间每年经营的滇印贸易额约为 20 万—60 万盾（印度卢比）。西藏邦达仓总号，自 1942 年后五年间，就汇往印度 1000 万卢比购买战时内地急

---

① 参见舒家骅《鹤庆商业》，《云南文史资料选辑》第 49 辑，第 301 页。
② 参见李珏、梅丹《云南近代对外贸易史略》，《云南文史资料选辑》第 42 辑，第 37 页。

需物资。可以说，1942 年至 1945 年间，云南民间经营的进口货物几乎都是通过滇藏印运输线由马帮运入的。这对于战时"推广出口国产、换取外汇，购运国外物资，充实国内力量"，支援抗战，满足后方人民生活需要起了非常积极的作用。1945 年抗战胜利后，全国各条对外交通运输线相继恢复，此线的贸易和马帮运输又逐渐衰落下来。[①]

（二）康藏马帮运输与对外贸易

康藏马帮运输由来已久，在康藏地区的对外贸易中也发挥了重要的作用。康藏驿运线分为纯游牧区（第一线）、半农牧区（第二线）和农村区（第三线），第一和第二线以拉萨为中心。第一线自拉萨北上高原，渡黑水至青海玉树，东入康境牧地，经过石渠、德格、甘孜等地，至康定。此线牧民牲畜最多，以往边茶由康入藏，多出此道，每年可运送 30 万驮。第二线自拉萨北渡黑水，由所宗经三十九族牧地，东至类乌齐，入康境，循德格、甘孜等地，达康定。第三线由印度塞地亚起，经察隅、盐井、巴安，东南至丽江，西北至康定。虽然途经崇山峻岭，路途险要，但此线便捷，塞地亚至康定驿运仅 53 站，"惟察隅一段十二站不通牛马，须用人力背负，又有雨季水涨限制"[②]。抗战爆发后，尤其是滇缅公路被截断后，中国西南对外陆路交通运输受到严重影响，在此情况下发展康藏驿运实属必要。国民政府财政部视察员李如霖提出开辟三条国际驿运线以发展藏印交通运输，具体运输路线为北路、中路和南路三线：北路由印度加尔各答，经噶伦堡、亚东至拉萨，过黑水、玉树、德格、甘孜至康定，沿途设 94 个骡站，牛站加倍，全程需时 4 个月；中路由印度加尔各答，经噶伦堡至拉萨，过黑水、类乌齐、德格、甘孜至康定，沿途设 88 个骡站，较短于北路，约需时 3 个月；南路为最捷径，由印度塞地亚，经察隅、巴安至康定，全程 53 个站，需时 2 个月。[③] 经过交通部的努力，战时康藏地区驿运得到了迅速发展，成为康藏乃至整个西南大后方重要的国际交通运输线，在战时对外贸易中发挥了重要作用。

---

① 参见陆韧《云南对外交通史》，云南民族出版社 1997 年版，第 421 页。

② 《建设康藏经济初步计划》（1943 年 7 月 28 日），载中国藏学研究中心、中国第二历史档案馆合编《民国时期西藏及藏区经济开发建设档案选编》，中国藏学出版社 2005 年版，第 324 页。

③ 参见《财政部视察李如霖视察西川及西康区致财政部贸易委员会报告》（1943 年 11 月 9 日），载中国藏学研究中心、中国第二历史档案馆合编《民国时期西藏及藏区经济开发建设档案选编》，中国藏学出版社 2005 年版，第 311 页。

战时康藏的国际驿运线为康印线，该线自康定经拉萨至印度噶伦堡，长501公里，为康藏至印度之间的贸易通道，该线经过藏境之亚东、江孜、拉萨、太昭、昌都、甘孜至康定，于1944年2月开始营运。康印线开通以后，货物运输以承运国家物资为主，凡有关交通器材，"如汽车轮胎、配件及电线、电料等，均为该公司尽先承运之物品，至其他普通商货，经由中印政府许可进出者，亦得视其运输力量予以承运。运出方面，以茶叶为主，其他销售康藏各地之货物与可供印度出口之货物亦得承运"①。在运输数量方面，康藏驮运公司1944年度始开始营运，1944年上半年运量较少，下半年增多，该年度约运进400公吨。运出方面，约当运进货物数量的2/3，全年计可运出货物260公吨。全年可运进出货物约660公吨。②

康印国际驿运线的开通，促进了康藏地区的对外贸易。具体地说，首先主要是促进了康藏地区茶叶的对外出口。时人云："查川康边境，邛崃、雅安一带，均属蒙山山脉，年产茶叶甚多，以前指定专销康藏，称为边茶，用以换取关外良马，在泸定设茶马市场，后渐推至康定。清季则设引课征，最盛时每年十一引，每引茶包五万，共计五十五万大包。其销区为大渡河迄西，关外康藏各地，缘关外所食酥油糌粑，非茶不能解腻，故均以茶为日用必需品，虽有印度、云南茶叶侵销，而康藏人民，因印茶性热，边茶性凉，故仍笃嗜边茶，莫不奉为上品，每年常结驮队，载其土产，或转贩中亚细亚与印度各地洋货，来康换取边茶，而关内茶商，亦有运茶赴藏者，则购运藏印货物返康，每年出入口贸易，数额甚巨。"③

除茶叶外，羊毛亦为康藏地区的重要农副出口产品。康藏地区的羊毛产区广，"后藏阿里一带，前藏之羌塘，西康类伍齐、三十九族，青海南部玉树二十五族，西康北部石渠，均为游牧区，亦即羊毛主要之产地。"收购羊毛的毛商种类包括零收毛贩、二等毛贩、大毛贩和出口商，具体运输情形为："由零收毛贩运至某集中之寺院，由二等毛贩运至各市镇，再经大毛贩收集运往噶伦堡。运输工具由产区至帕里以牦牛为主，全部可在当地雇佣，即使产量再加一倍，运输亦可不成问题，唯有

---

① 中国第二历史档案馆编：《中华民国史档案资料汇编》第5辑第2编财政经济（10），江苏古籍出版社1997年版，第465页。

② 同上。

③ 《财政部视察李如霖关于开发康藏边区经济的报告》（1943年11月2日），《民国档案》1993年第3期。

一定之时间。"①

其次，促进了康藏地区硼砂的输入。硼砂为医药、玻璃等工业产品的原料，抗日战争爆发前，中国工业用硼砂几乎全部依赖进口，而西藏硼砂资源丰富，但开采数量甚微。太平洋战争爆发后，进口硼砂断绝，对后方工业影响很大。从1942年起，应后方各化学工厂之需要，康藏贸易公司开始收购前后藏及西康所存硼砂。1943年，康藏贸易公司投资2000万元法币，购买提炼设备。1943年9月，公司与经济部工矿调整处订立硼砂供销合同，每月在雅安向工矿调整处交标准净砂100箱，计重3.5吨。1944年9月，双方又续订合约，康藏贸易公司继续向工矿调整处提供400箱硼砂，共计重14吨。1942年至1944年的两年时间内，康藏贸易公司还在川、滇、康市场零销20吨硼砂。但康藏贸易公司在仰宗开采硼砂，因开采量大、运输频繁，加上存印官商物资经藏进口，驮运数量剧增，引起了西藏地方政府的嫉妒，昌都藏族地方官员官宇妥曾建议禁止硼砂贸易，在西藏政府未批准以前，先行通令各关卡严密检查，更增高出口过境税率。硼砂出口税由原定每驮藏银30两，增为100两。1944年7月间，康藏贸易公司一批硼砂300驮运至德格冈拖河，又一批200驮运至类伍齐时，"为短税被扣，经本公司拉萨分公司及昌都办事处交涉，证明该两批均于未奉新令以前已在黑水税讫，始准暂行通过"。但规定以后须照新率税。②

在康藏对外贸易运输中，康藏贸易公司发挥了重要的作用。康藏贸易公司，系由康藏人士所组织之股份有限公司，成立于1942年8月间，资本总额600万元，经营茶、毛、药材等物之运销，并由印度购入洋货机器零件等物。设总公司于康定，由格桑悦希任总经理。③ 康藏贸易公司成立后，即组织驿运机构运输物资，"利用西藏原有人力兽力，组织健全之中印康藏运输机构，沿线设立总分各站，加强人事管理。除每年境内茶货对流外，可由印度运进物资"。具体来讲，公司初步计划每年运输物资两万驮，每驮货物以50公斤计算，每20驮一吨，由印度噶伦堡起至康定或丽

① 《康藏贸易公司为拟具收购储销西藏羊毛办法事致贸易委员会函》（1944年5月16日），载中国藏学研究中心、中国第二历史档案馆合编《民国时期西藏及藏区经济开发建设档案选编》，中国藏学出版社2005年版，第331、332页。

② 《康藏贸易公司为查阜西藏禁运硼砂事致蒙藏委员会呈》（1944年11月12日），载中国藏学研究中心、中国第二历史档案馆合编《民国时期西藏及藏区经济开发建设档案选编》，中国藏学出版社2005年版，第349页。

③ 《财政部视察李如霖关于开发康藏边区经济的报告》（1943年11月2日），《民国档案》1993年第3期。

江，每批限六个月交货（每批暂定 100 吨）。康藏贸易公司总公司设于康定，在印度加尔各答和西藏拉萨设有分公司，在印藏西康沿路各地，均有办事处及运输站，自备有骡马，拉萨、甘孜各 100 匹，类乌齐、黑水各有驮牛 100 头。各办事处、各站主管人员，为公司股东，为康藏各地土司头人，或为大寺院喇嘛，随时可就地征调私有牛马，最多能达 2000 头，货运不致中途停滞，复有自卫武力，沿途可保安全。① 1943 年国民政府财政部视察员李如霖在视察西康后，与该公司总经理格桑悦希拟具了开发康藏经济计划，提出贸易委员会可运用康藏贸易公司的优势发展对外贸易。具体办法之一为："委托代运茶、毛：该公司现有驮马驮牛，据称每年可运边茶十八万包，照前述扩充中茶荥经厂初步精制十万包，似可交由该公司负责运往西藏，若与藏方订妥易货合约，则所能换取羊毛等物，即由该公司负责运回，倘一时不能订妥，则委托该公司代销边茶，指定换取羊毛，或其他藏印物产，即以托运之茶酌予提供运销之费，将来再由全年利润中，酌给酬金。"②

由于运输物资过多，康藏贸易公司便与交通部驿运总管理处协商合组成立了康藏驮运公司。康藏驮运公司"以承运运抵至内地间进出口物资为业务范围，其路线暂定为自印度噶伦堡起经江孜、拉萨、黑水、类乌齐或玉树至康定、雅安（即就有康藏大道）"，公司"股本总额暂定为国币四百万元，分为四千股，每股壹千元，由交通部驿运总管理处及康藏贸易公司各认购二千股，一次交足股款"。③ 康藏驮运公司于 1944 年 2 月 1 日正式成立后，由康藏贸易公司和交通部各出资 200 万元。康藏贸易公司将旧有驮兽 227 匹作价转让给驮运公司，并增购驮兽，以作运输工具。康藏驮运公司由康藏贸易公司总经理格桑悦希兼任，从中印边境的噶伦堡至康定沿途共设运输处 12 站，并在康定、拉萨两地设有总站。④ 康藏驮运公司成立后，即承担起由印度驮运物资经西藏至西康康定的任务。具体运输货物种类包括"汽车轮胎、各种电线、汽车零件、棉织货物、医药用品和普通工厂机器零件"，运输路线"以印度噶

① 《建设康藏经济初步计划》（1943 年 7 月 28 日），载中国藏学研究中心、中国第二历史档案馆编《民国时期西藏及藏区经济开发建设档案选编》，中国藏学出版社 2005 年版，第 321 页。
② 《财政部视察员李如霖关于开发康藏边区经济的报告》（1943 年 11 月 2 日），《民国档案》1993 年第 3 期。
③ 《康藏驮运股份有限公司章程》，载中国藏学研究中心、中国第二历史档案馆合编《民国时期西藏及藏区经济开发建设档案选编》，中国藏学出版社 2005 年版，第 165 页。
④ 参见曹必宏《抗日战争时期的康藏贸易公司》，《中国藏学》2006 年第 3 期。

伦堡为起点至康定为终点",运输时间"自噶伦堡至康定单程规定四个月至八个月",运输数量为"每批暂定一百驮至三百驮约合六公吨至十八公吨"。① 康藏驮运公司成立时,驮兽数量分别为:康定有驮骡56匹,乘马6匹;拉萨有驮骡46匹,乘马19匹;牦牛100头。② 因为康藏驮运公司的骡马较少,由印度噶伦堡至拉萨共设有23站。"先以雇用骡马运输之,由拉萨经黑水、类乌齐、甘孜三运输站。至康定,系自用骡马。设总站于拉萨,运输站于黑水,各设骡运队一队,类乌齐、色察两站各设牛队一队,甘孜分站设骡运队一队,共计骡运队三队,牛队二队,彼此衔接,往返递送,计每两个月运送一次,上半年约运二百驮,其余全赖雇脚,数量可至一千驮以上。"③ 国民政府中央各机关也纷纷与驮运公司签订代运合同,请其将空运吨位所不及的存印普通物资运往国内。为此,交通部还曾派专员赴印度与有关各方商洽驮运公司代运物资中遇到的各种问题。

二　西北民族地区驿运与对外贸易

（一）西北驿运与中苏贸易

西北的甘新线和新苏线,如前所述,尤其新苏线在中苏易货贸易中发挥了重要作用。

战时西北驿运物资中对外贸易物资占有很大比重。以甘肃为例,抗战前,甘肃驿运承担的物资运输,主要是川陕等地输入甘肃的棉花、水泥、钨砂、茶、纸张和省内向外输出的官盐、水烟、药材等,运量很大。抗战爆发后,甘肃驿运主要是承运由苏联进口的汽油、航空油、炮弹（代号称"葡萄干"）、国防器材和中国向苏联出口的羊毛、皮张、钨砂、桐油、茶叶等。关于甘肃驿运物资数量见表29。

---

① 《康藏驮运股份有限公司承运进口物资办法》,载中国藏学研究中心、中国第二历史档案馆合编《民国时期西藏及藏区经济开发建设档案选编》,中国藏学出版社2005年版,第161—162页。

② 参见中国藏学研究中心、中国第二历史档案馆合编《民国时期西藏及藏区经济开发建设档案选编》,中国藏学出版社2005年版,第159页。

③ 《康藏驮运股份有限公司三十二年上半年业务计划》,载中国藏学研究中心、中国第二历史档案馆合编《民国时期西藏及藏区经济开发建设档案选编》,中国藏学出版社2005年版,第161页。

表 29 抗战时期甘肃驿运物资数量表

项别\年度	驿运		驿运为汽车的百分比（%）	
	货运吨数	货运公里	总吨数	吨公里
1940	15099	8309911	450.70	534.30
1941	60584	24806951	378.6	130.50
1942	99578	27346959	1603.50	716.00
1943	76800	46624800	517.60	533.60
1944	54295	21346636	286.00	206.00
1945	24921	9605438	92.45	61.91

资料来源：甘肃省公路交通史编写委员会编：《甘肃公路交通史》第 1 册，人民交通出版社 1987 年版，第 408 页。

可以看出，甘肃驿运物资数量十分巨大，实际上它已经取代公路运输成为西北陆路运输的主力。如前所述，在甘肃驿运线中，兰猩线沿途的兰州、武威、张掖、酒泉和猩猩峡直接承担了运送对苏易货贸易货物的重任。因此，战时西北驿运的复兴，极大地推动了中国大后方地区与苏联易货贸易的发展，对发展后方工业经济发挥了巨大的推动作用。

（二）西北驿运与中美贸易

西北地区的新印线，在战时中美贸易中占有重要地位。新印线，即叶列线，由新疆叶城至印度列城（Leh），长 1160 公里。1943 年 9 月，国民政府交通部为接运美援物资，决定开辟中印国际交通线。交通部一方面派出中印交通查勘团赴印度勘察，另一方面又在新疆组织调查队，并计划组织中印驿运支处，专门接运援华物资，受新疆驿运分处的指导，计划在南疆设 18 个驿站。1943 年 6 月苏联拒绝中国取道印度、伊朗经过苏联土西铁路至新疆转运美援物资的建议后，交通部正式启用了新印线。1944 年交通部组设了中印西线驿运处，正处长驻蒲犁，副处长驻斯利那加（Srinagar）。[①]

新印线的往返时间：列城至叶城距离 900 公里左右，单程约需 36 日，驮马每行五日休息一日，平均每日约行 30 公里，连同两端装卸休息时间往返一次，约需 72—75 日。在运输工具及运输能力方面，以往最高运量每年曾达 2000 公吨，现用驮马 5000 匹，每马以驮 50 公斤计，

① 参见杨再明、赵德刚主编《新疆公路交通史》第 1 册，人民交通出版社 1992 年版，第 199 页。

共 350 公吨，双程 700 公吨。按往返 75 天计，每月约为 280 公吨。① 自 1944 年 8 月下旬开始，从印度狄布鲁伽乘火车运至斯利那加，改用驮马运至列城，用新疆马队接运入境，于同年 10 月上旬抵达叶城，费时 40 多天，行程千余公里（不包括印度铁路运程）。受尽艰难困苦，辗转周折，总算开辟了一条国际驿运路线。这仅是第一批从印度转运美援物资的经过。此后还有第二批、第三批陆续沿此路线转运。至 1945 年底，海岸路线开辟后，此线驿运才宣告结束。历时两年半，先后运进的物资有：汽车轮胎 4444 套，军需署军用布匹 782 包，经济部装油袋 588 件，电讯总局呢料 463 捆，另有汽车零件和医疗器械等若干。②

中印驿运线经过地区地形复杂，山高路陡，气温低，沿途平均气温为零下 5℃，多数山口从 12 月开始到次年 4 月被大雪封冻，通行十分艰难。到 1945 年滇缅公路通车后，加上国民政府财政困难、时局紧张等原因，新印线运输物资便主要改作通邮路线。

---

① 参见中国第二历史档案馆编《中华民国史档案资料汇编》第 5 辑第 2 编财政经济（10），江苏古籍出版社 1997 年版，第 454 页。
② 参见杨再明《周折转运美援物资》，《新疆文史资料》第 24 辑，第 212 页。

第八章　大后方交通与西部工矿业开发

抗战时期大后方工矿业发展迅速。战前，西南西北地区在实业部登记的工业企业有 300 家左右，资本 1 亿元左右。到抗战时期，后方地区在经济部登记的工厂数量增加到 5998 家，资本达到 85 亿元左右，折合战前法币 5 亿元左右①，后方工业资本增加了 4 倍。战时后方工业的整体发展，推动了后方城市工业的发展。以兰州为例："兰州工业在抗战以来，的确有很快的进展，民国三十年的工厂数目，较二十六年增加了四倍，工人人数增加了十三倍，资本额增加了二十倍，出品价值增加了一百五十倍，所使用的重要原料，铁由一吨半增至二百余吨，煤由一千余吨增至近二万吨，棉纱增至十余万公斤，牛羊皮增至二十万张。"②抗战时期西部地区工业的迅速发展，也提升了西部地区工业在全国所处的地位。如西北陕甘宁青四省经过战时工业的发展，其工业资本由抗战前占全国 0.8% 的比重提高到 1942 年（占国民党统治区）的 10%。③抗战时期大后方工矿业发展迅速的原因是多方面的，既与沿海工厂企业大量内迁密切相关，也与国民政府的政策支持有关，但不可否认的是，战时大后方交通的发展促进了战时西部工矿业的开发。交通发展对工业的影响主要体现在两方面：一方面是直接推动了相关工业部门如能源工业、钢铁工业、汽车修理业、轮船修造业等行业的发展，另一方面主要是影响工业的分布。就交通对相关产业的影响来讲，根据美国经济史学家的研究，在美国、英国、德国、法国和意大利等工业化国家经济发展的初期阶段，铁路这种新型运输方式的迅速发展对钢铁、建筑材料和运输设备等制造业产品的需求是非常巨大的。在美国，铁路建设在 1840—1860 年消耗的生铁产量占全部生铁产量的比例从 5% 提高到

---

① 参见章伯峰、庄建平主编《抗日战争》第 5 卷，四川大学出版社 1997 年版，第 23 页。

② 刘世超：《西北工业建设之希望》，重庆《大公报》1942 年 8 月 3 日第 3 版。

③ 参见李文彦等《中国工业地理》，科学出版社 1990 年版，第 370 页。

12%，1867—1880 年铁路吸收的钢产量比例达到50%—87%。① 铁路对钢铁工业的推动作用可见一斑。此外，如前所述，铁路等新式交通的发展对煤炭、石油等工业的推动作用也是显而易见的。至于交通对工业布局的影响，就更加明显。抗战时期大后方主要的工业分布在交通便利的地区，形成了五大工业带，即川江沿岸工业带、陇海铁路工业带、黄河上游工业带、滇越铁路工业带和湘桂铁路工业带。总之，战时大后方交通在协助厂矿西迁、影响西部地区工矿业布局、推动西部地区钢铁和能源等工业的发展以及交通沿线矿业的开发等方面发挥了明显的作用，需要进一步探讨。

第一节 大后方交通与厂矿西迁

抗战爆发后，由于日军的进逼，东部沿海地区的许多工矿企业大举内迁。抗战时期，工厂内迁主要集中在 1937 年 8 月至 1940 年 7 月间，这三年大体又可以分为三个阶段：第一阶段从 1937 年 8 月至 1937 年 12 月，主要是上海的工厂向汉口迁移，虽然遇到重重困难，但仍能将 14000 余吨器材抢运到汉口。第二阶段从 1938 年 1 月至 1938 年 10 月，主要是移至武汉的工厂向宜昌一带迁移。在此期间，经过武汉及武汉起运的内迁厂矿，经工矿调整委员会协助迁移的工厂有 304 家，机件物资达到 51100 余吨，数量庞大。第三阶段从 1938 年 10 月至 1940 年 6 月，主要是滞留宜昌的厂矿向四川迁移。经过航运部门的积极努力，抢运到四川的器材物资达到 45200 余吨。② 为运送内迁工厂物资，国民政府成立了"军事委员会水陆运输管理委员会"，任命民生公司总经理卢作孚为主任委员主持其事。由于轮船短缺，大部分工厂内迁利用木船作为运输工具。内迁民营工厂与军事委员会水陆运输管理委员会先后两次订约共租到木船 600 余条，连同各厂自行订购的木船共得 850 条，运送物资

---

① 参见王延中等《基础设施与制造业发展关系研究》，中国社会科学出版社 2002 年版，第 55—56 页。

② 参见《经济部统计处发表民国三十一年大后方工业鸟瞰》，载秦孝仪主编《中华民国重要史料初编——对日抗战时期》第 4 编 战时建设（3），台湾"中央文物供应社"1988 年版，第 673 页。

25000 多吨。① 除了美亚织绸厂、三北船厂、中华铁工厂、合作五金厂、家庭工业社、中法药房、大鑫钢铁厂的工厂器材是通过轮船迁入四川外，大多数企业器材通过木船运入四川，天盛、天原两厂的 230 余吨物资用 6 艘帆船分两批内迁；顺昌铁工厂的 100 余吨物资用 5 艘帆船分三批内迁；工商谊记橡胶厂的 140 余吨物资用 6 艘帆船分两批内迁。② 因此，大后方交通运输业便利了沿海工业西迁，促进了战时大后方工业的发展。

一 川江航运与厂矿西迁

战时沿海企业的内迁过程中，川江航运发挥了重要作用。从 1937 年 8 月到 1940 年底，除官僚企业外，经工矿调整处协助内迁的民营工厂总共 448 家，机件货物 70900 余吨，技术工人 12000 余人。其中迁入四川的 245 家，占 54.67%，机件物资约 45000 吨；迁入湖南的 116 家，占 26.11%，机件物资约 1 万吨；迁入陕西的 41 家，占 9%，机件物资 1 万余吨；迁入广西的 23 家，占 5.11%，机件物资 3000 余吨；迁入其他省的 23 家，占 5.11%，机件物资 2000 余吨。③ 四川成为沿海企业重要迁入地的主要原因就是交通的便利，尤其是川江水运具有西部其他省份无法比拟的优越条件。在大量沿海企业内迁四川的过程中，四川内河航运企业投入了大量的人力物力参与运输，使大多数工厂能够顺利搬迁，保存了抗战的经济势力，也推动了西部经济的发展。在运送内迁物资的交通企业中，民生公司起了重要作用。

实际上，抗战爆发后不久，民生公司就开始协助工厂内迁。1937 年 8 月 12 日至 13 日，上海"八一三事变"前后，民生公司的轮船集中在芜湖和镇江两个地方。民生公司总经理卢作孚说："集中在芜湖的轮船主要是装运兵工器材，集中在镇江的轮船主要是装运上海迁厂器材、机料。"④ 金陵兵工厂的器材共 2000 吨，经民生公司及时抢运到了重庆，这是民生公司抢运兵工厂的开端。从抗战爆发到 1938 年 9 月 14 日

① 参见李本哲《迁川工厂联合会记略》，载中国人民政治协商会议西南地区文史资料协作会议编《抗战时期内迁西南的工商企业》，云南人民出版社 1989 年版，第 32 页。
② 参见孙果达《抗战初期上海民营工厂内迁》，载中国人民政治协商会议西南地区文史资料协作会议编《抗战时期内迁西南的工商企业》，云南人民出版社 1989 年版，第 24—25 页。
③ 参见孙果达《民族工业大迁徙——抗日战争时期民营工厂的内迁》，中国文史出版社 1991 年版，第 164 页。
④ 张守广：《卢作孚年谱》，重庆出版社 2005 年版，第 245 页。

止，民生公司从各埠运抵重庆的内迁厂矿器材计有兵工器材 38214.917
吨，迁厂器材 7900 吨。其中，从汉口装运到宜昌的工厂机器 4678 吨，
器材 1600 吨。同一时期，民生公司自宜昌运出的迁厂器材机器等 7900
余吨。① 从 1938 年 10 月开始，随着武汉的陷落，宜昌形势日益危急。
民生公司为抢运堆积在宜昌的物资，经过 40 天的艰苦奋战终于将囤积
在宜昌的申钢厂、渝钢厂、航空兵站、技术研究处、炮技处第四库及陕
厂、宁厂、巩厂的机材共计 8 万吨货物的 2/3 抢运入川。② 由于民生公
司的积极抢运，内迁工厂得以顺利迁入四川，推动了大后方经济的
发展。

在协助企业西迁的过程中，除民生公司外，其他川江航运部门也功
不可没。兹举两例：

一是吴蕴初企业。在中国的化学工业中，吴蕴初创办的"天"字号
企业具有举足轻重的作用，吴蕴初也与范旭东被称为中国化工界"南吴
北范"。"天"字号企业包括天利氮气厂、天盛陶器厂、天原电化厂和
天厨味精厂。1938 年初武汉形势危急，吴蕴初决定把迁入武汉不久的
企业继续迁往四川。1938 年 1 月 3 日，天原厂的第一批迁川物资从武汉
起运，共 169 吨，分装四条大船。同一天，天盛厂的 24 吨物资也装一
艘帆船起运。这些内迁的主要设备有土壤分析器、电炉、电分析器、离
心机、烘箱、过滤器、氧气制造机、变压器、搅拌机、制造陶器设备及
各种化学原料 700 公斤、紫铜板 4700 公斤等。天利厂内迁的主要物资
有空气压缩机、氮化合器、硝酸分离机等。经过长途跋涉，这些机器设
备顺利运到重庆。③

二是大鑫钢铁厂。上海大鑫钢铁厂是余名珏于 1933 年秋创办的，
是中国的一家大型钢铁企业。1937 年底，鉴于武汉位置不理想，余名
珏决定继续迁往四川。由于迁移资金短缺，1937 年 11 月余名珏与卢作
孚的民生实业公司签订合同，由民生公司加入一半资本，并提供大鑫厂
迁移船只。从 12 月份起，分五批由武汉向重庆迁移。第一批是在 12 月
7 日开出，内迁物资 63 吨；第二批是在 12 月 17 日开出，内迁物资 105
吨；第三批是在 12 月 30 日开出，内迁物资 50 吨；第四批是在 12 月 17

① 参见张守广《卢作孚年谱》，重庆出版社 2005 年版，第 276 页。
② 参见袁智《烽火岁月中的民生公司》，载中国人民政治协商会议西南地区文史资料协
作会议编《抗战时期西南的交通》，云南人民出版社 1992 年版，第 303 页。
③ 参见孙果达《民族工业大迁徙——抗日战争时期民营工厂的内迁》，中国文史出版社
1991 年版，第 66 页。

日开出，内迁物资 402 吨；第五批是在 12 月 17 日开出，内迁物资 108
吨。以上五批，除第四批是用帆船运输外，其余用轮船装运，这些物资
共计 728 吨。① 总之，沿海企业西迁过程中，川江内河航运部门承担了
协助企业西迁的重任。

二　企业西迁与大后方交通运输业的发展

抗战以前，川江航运由民生公司垄断，但民生公司的船只数量、
质量与沿海大型航运企业相比都有一定距离。抗战爆发后，经营长江
中下游航业的民族资产阶级不愿自己的船产落入敌手，纷纷内迁。
1937 年 12 月南京陷落，西迁的航运公司大多数集中在武汉，1938 年
10 月武汉陷落后又继续迁入四川。撤入川江的轮船公司有三北集团的
长兴、明兴轮等 19 艘 1.8 万余吨，三兴轮船局 5 艘 500 余吨，中国
合众轮船公司 9 艘 800 余吨，大达轮船公司"大达"轮等 3 艘 2000
余吨，以及肇兴轮船公司、天津航业公司、永安轮船公司、华胜轮船
公司、大通仁记轮船公司的船舶，大小合计 150 余艘，近 3 万总吨。②
到 1944 年 3 月，在四川，除招商局和三北轮埠公司外，重庆区共有
轮船公司 12 家，有轮船 143 艘 33777 吨，比战前增加 1 倍多，其中
民生公司占总吨数 80% 以上，在川江居统治地位。其余 11 家有船
6487 吨，强华轮船公司占 1747 吨，大通仁记航业公司占 1272 吨，合
众轮船公司占 755 吨，重庆轮渡公司占 531 吨。另外，永昌实业公
司、佛亨轮船公司、庆磁航业公司、三兴轮船局、华中航业局、顺记
轮船局、夔记轮船局 7 家共有船 2182 吨。③ 这些内迁的航运企业尽管
只是沿海航运企业的一部分，但毕竟壮大了川江的航运力量，推动了
川江航运的发展。不仅如此，沿海航运企业的内迁还推动了大后方轮
船制造修理业的发展。抗战前中国境内共有造船厂 35 家，公营的 10
家，民营的 18 家，外商在中国境内的 7 家，这些造船厂绝大多数分
布在东部沿海地区，在广大西部只有重庆的民生机器厂一家，规模

---

① 参见孙果达《民族工业大迁徙——抗日战争时期民营工厂的内迁》，中国文史出版社
1991 年版，第 74 页。
② 参见江天凤主编《长江航运史》（近代部分），人民交通出版社 1992 年版，第 507
页。
③ 参见王绍荃主编《四川内河航运史》，四川人民出版社 1989 年版，第 242 页。

小，设备简陋，技术落后。① 抗战爆发后为解决船舶修造问题，民生机器厂扩大规模，到 1942 年厂区面积达到 31 万平方米，其中厂房 9100 平方米，较战前增加 4 倍，机器装备 395 台，较战前增加 5 倍，职工人数达到 2200 多人，较战前增加 8 倍多。民生机器厂不仅全部承担起公司本身船舶新建、改造和维修任务，而且还为其他单位制造设备，维修轮船。另外，招商局和三北轮船公司的造船厂也迁往四川，主要从事轮船修理。为解决军政部门船舶修理问题，国民政府军政部于 1943 年将重庆一家私人办的修船企业建业机器厂收购，充实提高后改为官办。该厂在溉澜溪有厂房 1500 平方米，机器 20 余台，职工 200 余人，是仅次于民生机器厂的第二大厂。②

在西迁的交通运输企业中，中国航空公司和欧亚航空公司是中国最大的两家航空公司，它们的西迁极大地推动了西部地区航空运输业的发展。抗战前的西部地区只有于 1933 年 9 月由云、贵、闽、粤、桂五省的官商合办的西南航空公司，经营两广之间的航线。1933 年 10 月用 30 多万元买了美国司汀逊公司的信赖（Reliant）式单翼小客机四架营运。抗战爆发后西南航空公司宣布停航，所有九架飞机献给南京政府。③ 在抗战爆发后，中国航空公司和欧亚航空公司总部也从上海分别迁往重庆和昆明，开始着力经营西部地区的航线业务。国民政府也积极开辟航线，并于 1939 年 12 月与苏联中央民用航空管理局在新疆迪化成立了中苏航空公司，经营自哈密经迪化、伊犁到苏联阿拉木图的航线。从 1938 年 10 月至 1941 年底滇缅战事爆发前，中国航空公司开辟的航线有渝港线、渝哈线、渝兰线、蓉兰线、昆桂线、南港线共六条航线，欧亚航空公司开辟了渝仰线、南港线、渝加线三条航线。到 1944 年初西部地区已开通的国际航线，计有渝加、丁昆、丁宜、渝阿等线。到 1945 年止，西南已有航线长 20130 公里，修建军民用机场 18 个，中航、央航（欧亚）两个航空公司共有各类运输机 77 架，月运载能力在万吨以上。④

---

① 参见叶在馥《战后我国造船工业及战后之展望》，《交通建设》第 1 卷第 12 期，1943 年 12 月。

② 参见王绍荃主编《四川内河航运史》，四川人民出版社 1989 年版，第 242—243 页。

③ 参见姜长英《中国航空史》，西北工业大学出版社 1987 年版，第 87 页。

④ 参见周天豹、凌承学主编《抗日战争时期的西南经济发展概述》，西南师范大学出版社 1988 年版，第 226—227 页。

第二节　大后方交通与西部工矿业布局

在影响工业布局的诸多因素中，交通无疑是其中重要因素。交通运输对工业发展和布局的全部影响，几乎是通过运输距离和运输费用这两个环节产生的。这就要求工业生产必须具有科学的地域组织。在其他条件和效果基本相同的前提下，要使工业企业布局尽可能接近主要原料地、燃料地和产品消费市场，逐步使国家、区域的工业布局总体空间结构与资源分布、经济的宏观格局相协调。[①] 另一方面，交通对不同工业部门的影响也不尽相同。一般来讲，钢铁，基础化学工业、建材、造纸、电力（火电）、制糖等原材料、动力、食品工业部门的运输费用占 3%—5%，有时甚至达到 8%。在这些部门的大企业布局方案论证中，运输费用的多少是作为一个主要因素考虑的。当其他条件基本相同时，应当优先考虑选择运费较少的方案，使其符合"吨公里数最小"的原则。距离因素的影响，还取决于两地之间已有或可能采取什么样的运输方式。如能选择较为低廉的水运，即使运距远一些的布局方案，可能也是最经济的。[②]

结合上述理论，我们可以看出抗战时期大后方大规模的交通建设，的确直接缩短了工业区之间的距离，从而降低了产品运输成本，影响了工业布局。如川中公路途经的自贡及五通桥两大盐区，为战时川西、川南及邻省食盐的主要供给地。该路的修建，在经济上的价值就是缩短了乐山与重庆和成都之间的距离，由重庆经内乐路至乐山，比经由成都至乐山，缩短 190 公里。[③] 汉渝公路的修建，方便了苏联援华物资运到重庆，比由重庆经璧山、绵阳至褒城的川陕公路的路线缩短 90 公里，比由重庆经成渝公路至褒城缩短 270 公里。[④] 乐西公路作为川康两省的重要干线，北接成乐、成渝两公路，南连滇缅公路以通缅甸，构成战时外援物资内运的一条干线，通过该路，由重庆经内江至乐山，比绕走成都缩短 190 公里，由乐西公路连接滇缅公路，比

---

① 参见陆大道等《中国工业布局的理论与实践》，科学出版社 1990 年版，第 118 页。

② 同上书，第 6 页。

③ 参见王立显《四川公路交通史》，四川人民出版社 1989 年版，第 139 页。

④ 同上书，第 146 页。

川滇东路更为便捷。① 甘川公路作为连接西南、西北的重要交通干线，对于运送苏联援华军用物资以及开发甘肃玉门油田的石油都起了重要作用，特别是由昆明、资阳、重庆、成都等地北上兰州，经过甘川公路比经过川陕、西兰两公路，缩短行程 270 余公里，路线便捷、省时省费，具有很大的经济价值。② 因此，战时大后方新建的交通运输线，缩短了各地之间的运输距离，从而也降低了运输成本，为战时后方工矿业的发展奠定了基础。

抗战时期，国民政府发展大后方工业也考虑到了交通因素对工业布局的影响，在《经济部报告》中说："各地物产此瘠彼盈，至不一致，故利用及制造中心亦不能各物概归一律，妥当统筹原料供给，产品销路，运输路线诸条件，妥为筹划。"③ 为保证工厂的安全，在工厂选址时适当分散，但另一方面"宜选定若干中心地点，悉定其动力与运输设备，使各种工业依其性质，得有适当萃聚之所，是曰散者聚之"④。国民政府工矿调整委员会为协助沿海企业内迁，于 1938 年 1 月底派员到四川省勘定工矿区域，经过调查，选定两处地点：一是重庆北碚，一是自流井。因内迁民营工厂反对，便主张工业区转向重庆。四川省政府协助民营工厂迁川也是积极的。四川的《国民日报》发表了一篇题为《欢迎国货厂商入川》的署名文章，认为四川是全国最适宜发展工业的地区，原因有：其一，四川比较安全，不易受敌机威胁。其二，四川与上海交通较为便利，有长江可以直接通航。其三，四川省在资源、人力与动力等方面比其他各省优越，最符合工业化条件。⑤ 具体地说，交通运输加速了大后方工业区的形成与发展。抗战时期由于大批沿海工厂内迁，到 1940 年底在大后方形成了 11 个工业区，其中在四川的就有 5 个，即：酉阳龙潭镇，是汽车修理、装配与炼油工业区；万县、长寿、涪陵一带是水电、榨油工业区；沱江及岷江流域的泸县、内江、五通桥、乐山、自流井等地是发电、酒精、制盐、制酸、造纸、炼油、炼焦等工业区；在威远地区建立煤炭

---

① 参见王立显《四川公路交通史》，四川人民出版社 1989 年版，第 148 页。
② 同上书，第 154 页。
③ 张学君、张莉红：《四川近代工业史》，四川人民出版社 1990 年版，第 400 页。
④ 同上。
⑤ 参见孙果达《民族工业大迁徙——抗日战争时期民营工厂的内迁》，中国文史出版社 1991 年版，第 164 页。

和钢铁工业；在重庆地区，沿长江东起长寿、西至江津，北起合川、南达綦江的范围内建立起门类齐全的工业区。[①] 到 1940 年，大后方各省已初步形成重庆、川中、广元、川东、桂林、昆明、贵阳、宁雅、沅辰、西安宝鸡、甘青 11 个工业中心区。见表 30。

表 30　　　　　　　　　　抗战时期西部各工业区表　　　　　（单位：个）

区别 \ 工业部门	机器	冶炼	电器	化学	纺织	其他	合计
重庆区	159	17	23	120	62	48	429
川中区	16	23	3	100	31	14	187
广元区	2	3	0	1	1	0	7
川东区	8	20	0	4	4	2	38
桂林区	17	4	8	8	23	7	67
昆明区	11	6	7	25	18	13	80
贵阳区	6	1	0	7	1	3	18
宁雅区	6	2	0	9	3	0	20
沅辰区	49	3	3	7	5	2	69
西安宝鸡区	12	0	1	19	15	10	57
甘青区	3	1	0	1	8	7	20
其他	23	13	2	60	111	153	362
合计	312	93	47	361	282	259	1354

资料来源：黄立人：《抗战时期大后方经济史研究》，中国档案出版社 1998 年版，第 175 页。

从表 30 可以看出西部地区的工业布局情况。从工业区来看，重庆区是最大的工业区，共有 429 家企业，川中区次之，有 187 家企业，广元区最少，仅有 7 家企业。这些工业区的分布明显受到了交通运输因素的影响。从这些工业区的种类来看，机器、冶炼、化学等工业占很大比重，凸显了重化工业和食品工业的分布受到交通运输的明显影响。工业区分布的具体位置见图 19。

① 参见谢本书、温贤美主编《抗战时期的西南大后方》，北京出版社 1997 年版，第 165 页。

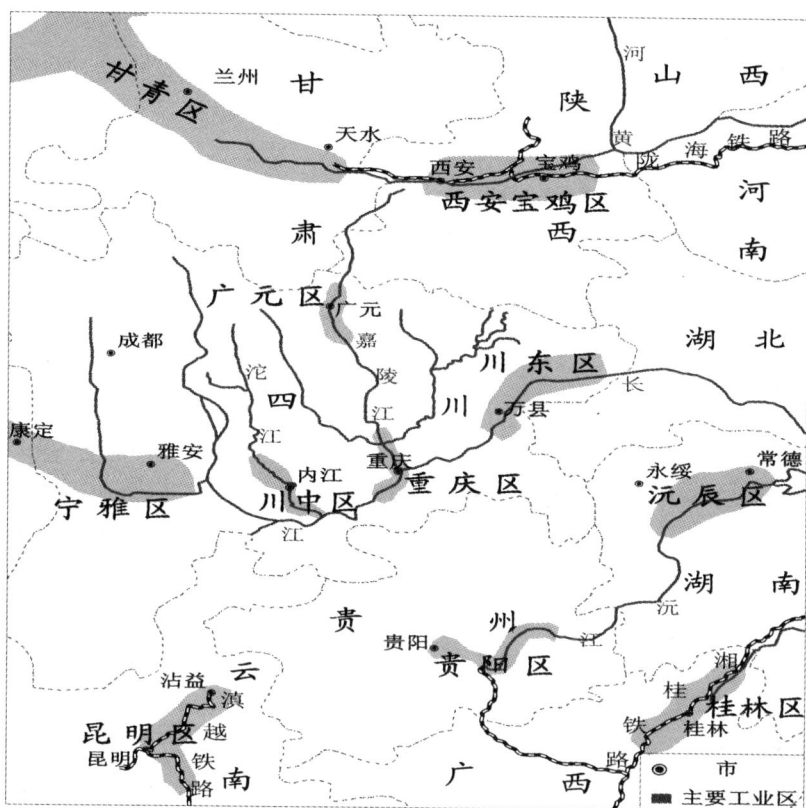

图 19　抗战时期西部工业区分布图

　　从图 19 可以看出抗战时期大后方的 11 个工业区分布情况。工业区多分布于交通便利的中心城市或地方城市，其中重庆区、川东区、川中区、广元区位于川江沿岸地区，西安宝鸡区位于陇海铁路沿线，昆明区位于滇越铁路、滇缅公路、驼峰航线的交会点，甘青区位于黄河上游沿岸地区，桂林区位于湘桂铁路沿线，广元区处于甘川公路、川陕公路和川陕水路联运线沿岸。因此，交通条件是影响大后方工业布局的重要因素。

一　川江沿岸工业带

　　在所有的运输方式中，水运具有运量大、运价便宜两大优势。因此，水运适合运输原料和产品笨重的货物，对重化工业、食品工业的发展具有重要影响。在整个大后方地区，川江是最重要的内河航道，尤其是川江经过战时大规模的航道整治，航行条件大为改善，进一步提升了川江航道的重要性。川江水运的便利和运价便宜，为川江沿岸地区工业的发展提供了良好的条件。加上川江沿岸地区战前就经济发达，拥有大后方最广阔的消费市场，为川江沿岸工业品消费提供了市场。因此，川江沿岸工业带是大后方经济最发达的地区。

川江沿岸工业带位于川江及其支流嘉陵江、涪江、岷江、沱江、綦江沿岸地区，主要工业城市以重庆为核心，包括重庆、万县、江津、涪陵、合川、内江、泸州、乐山、宜宾、资中、广元等川东、川中和川北地区城市，工业门类以机器、冶金、矿业、化学、纺织等工业为主。川江沿岸工业带作为战时大后方工业最发达的工业带，在全国亦占有举足轻重的地位。实际上，川江沿岸工业带在抗战前就已初步形成，随着抗战的全面爆发，尤其是随着国民政府迁都重庆，大量工厂企业内迁川江沿岸城市以后，川江沿岸工业分布更加集中，其工业实力得到进一步提升。

战时四川是大后方工业最发达的省份。1942 年国统区各省共有工厂 3758 家，其中四川一省即达 1654 家，占国统区的 44.7%，资本 11.3 亿元，占国统区工业总资本的 52.28%。到 1944 年后方工业处于危机阶段时，四川省的工厂仍有 2383 个，占国统区工厂数的 45%，资本额占 53%。可见，后方工业一半以上集中在四川。而战时四川的内迁工厂大部集中在以重庆为中心的沿江一带，其余工厂也多分布在长江、嘉陵江、涪江、岷江、沱江、綦江等沿河地区。重庆的纺织工业占全川纱锭数的 89%，产量的 96%；机器、冶炼业占全川同行的 80% 以上；而轮船运输业的 90% 以上船只和吨位都集中在民生公司。由此可见，重庆战时工业在后方工业中的地位，比战前上海在全国工业中的地位还高。至于其他省份，除云南、广西的工业资本在后方各省工业资本总额中的比重分别占 10.8% 和 7.9% 以外，贵州占 2.39%，陕西占 5.43%，甘肃占 3.19%，余者多在 1% 以下。① 截至 1945 年 3 月，据四川建设厅统计，四川共有工厂 1522 家，主要分布情况见表 31。

---

① 参见《1942 年国统区工厂统计》，载陈真编《中国近代工业史资料》第 4 辑，三联书店 1961 年版，第 93 页。

表31　　　　　　　　1945 年 3 月川江沿岸主要城市工业分布表　　　　（单位：个）

地名	厂数	厂数比例（%）	备注
全省	1522	100	
重庆	496	32.59	长江、嘉陵江交汇处
乐山	48	3.15	岷江、青衣江和大渡河交汇处
泸县	30	1.97	沱江和长江交汇处
内江	30	1.97	沱江沿岸
资中	17	1.12	沱江沿岸
宜宾	34	2.23	长江沿岸
江津	19	1.25	长江沿岸
万县	42	2.76	长江沿岸
遂宁	17	1.12	长江、岷江和金沙江交汇处
合川	23	1.51	嘉陵江沿岸
涪陵	20	1.31	长江、乌江交汇处
北碚	22	1.46	嘉陵江沿岸

资料来源：根据四川省建设厅编《四川各类工厂区域分布状况统计》（《四川档案史料》1985 年第 4 期，第 21—23 页）相关材料统计而成。

从表31 可以看出四川工厂数量的区域分布情况，虽然不能只凭工厂数量来衡量某一地区的工厂发展情况，但在没有其他更权威的资料情况下，工厂数量的多少也可从侧面反映一地的工业发展。重庆的工厂数量占全川总数的 32.59%，约 1/3 强，重庆当之无愧是四川工业中心。地处川江及其支流沿岸的乐山、内江、宜宾、江津、万县、遂宁、合川和涪陵工厂总数为 285 家，占全川总数的 18.73%。如果加上川江沿岸的威远、富顺、云阳、渠县、奉节、垫江，那么川江沿岸的工厂数量将更多。川江沿岸城市工业数量占全川总数的 50% 以上，因此，川江沿岸工业区是四川乃至整个大后方的工业中心。

战时四川尤其是重庆之所以成为大后方工业中心，重要原因在于重庆处于川江沿岸，是长江上游航运中心，航运交通十分便利。战时重庆与周边地区有内河航线相连，主要有重庆至白沙线、重庆至江津线、江津至合江线、泸县至合江线、泸县至江安线、泸县至叙府线、叙府至屏山线、叙府至嘉定线、重庆至涪陵线、重庆至长寿线、重庆至洛碛线、重庆至唐家沱线、重庆至寸滩线、重庆至合川线、重庆至北碚线、

重庆至童家溪线 、重庆至磁器口线、涪陵至丰都线 、万县至云阳线。① 川江不仅推动了重庆工业的发展，而且直接影响了重庆的城市工业布局。由于战时重庆最主要的交通方式还是长江水运，因此重庆战时工业的地域结构基本上是沿江分布。时人也言："重庆拥有两条大江（长江和嘉陵江——引者注），因原料输入，及成品输出的原则，颇适合于建设工业的条件，所以四川的工业大部分集中在重庆两条大动脉的沿岸。"② 具体地讲，重庆市区以半岛工厂为最多（今市中区）。在1356家工厂中，半岛即有389家，占28.7%；其次为南岸弹子石地区153家，占11.2%；再次为小龙坎122家，占9%。以下依次为龙门浩、海棠溪、江北、化龙桥、溉澜溪、沙坪坝、相国寺、玄坛庙、菜园坝、李子坝、磁器口。③不仅工业是沿江分布，战时重庆的手工业也以沿江分布为主，重庆辙布厂多聚于南岸之弹子石及江北之陈家馆一带，其中重庆173家大机户，"江北范围者占八十一家，南岸范围者占五十六家，在市区者八家，其他设于歌乐山、柏溪等地者共二十六家，又有二家设于璧山之澄江镇，但因其总厂在重庆，故仍升算在内。由此推知，重庆市织布业，以江北一区最盛，南岸次之，其他地区，盖不足道也"④。

川江沿岸工业带除了重庆外，宜宾、泸县、乐山、内江、涪陵、万县等城市工业亦较四川其他地区工业发达，而且这些城市的某些工业门类在四川乃至整个后方地区占有重要地位，如南充、三台、遂宁、乐山的棉纺织业和丝织业，自贡、五通桥的盐化工业，内江、资中的制糖业，宜宾的造纸业和电瓷业，犍为、乐山、威远的采矿业，綦江、彭水的铁矿采掘业等。以地处沱江沿岸的内江为例，水运便利为内江工业的发展提供了便利条件，尤其是沱江流域盛产甘蔗，所以战时内江的制糖工业和酒精工业十分发达。1940年，由中国银行重庆分行副经理沈镇南联合新华银行、上海冠生园、内江糖商等，成立中国联合炼糖股份有限公司，专门生产精糖和酒精，在内江三元井建立中国炼糖厂，1941

---

① 参见袁智《烽火岁月中的民生公司》，载中国人民政治协商会议西南地区文史资料协作会议编《抗战时期西南的交通》，云南人民出版社1992年版，第280—281页。

② 建子：《川康区的民营工业》，《西南实业通讯》第8卷第5期，1943年11月。

③ 参见《陪都十年建设计划草案》，第63—65页，转引自隗瀛涛主编《近代重庆城市史》，四川大学出版社1991年版，第256页。

④ 彭泽益编：《中国近代手工业史资料（1840—1949）》第4卷，三联书店1957年版，第153页。

年投产，有职工 300 余人，日产桔糖 6 吨、酒精 800 加仑，采用全套先进设备：真空锅、助晶机、离心机以及制酒精用的蒸馏塔等。随后，内江糖商亦集资在资中水南镇创办沱江实业公司，购置全套制糖机器设备，1942 年投产。①内江在 1939 年至 1942 年的四年间，先后兴建具有工业雏形的酒精生产厂 24 个，1942 年酒精日产量达到 13454 加仑（折合 40.36 吨）的水平②，内江也成为大后方酒精工业中心。川江沿岸城市不仅集中了四川大多数国营企业，而且民营企业也十分发达，如资中、内江有 78 家，泸县有 61 家，乐山 59 家，北碚 19 家，涪陵 14 家，宜宾 12 家，合川 10 家。③

二 陇海铁路沿线工业带

众所周知，西北地区内河航运条件较差，地区交通以陆路交通为主，而公路交通限于汽油短缺、运量有限、运价高等因素，不占重要地位。而与之相比，铁路运输具有运量大、运价相对便宜等巨大优势。仅在 1943 年，陇海铁路共运送货物 1144806 吨④，因此，陇海铁路是西北地区最重要的交通线。加上陇海铁路经过的关中地区本来就是西北经济最发达的地区，具有丰富的物产和广阔的消费市场，这导致龙海铁路沿线工业带成为西北地区最发达的工业带。

陇海铁路沿线工业带位于陕西陇海铁路及其支线咸同铁路沿线地区，以西安和宝鸡为核心，范围包括西安、宝鸡、咸阳、渭南、三原、同官等地区。该区工业门类以面粉、纺织、机器、煤炭、化学等为主，是陕西工业最发达的地区，亦成为西北工业最重要的工业带。陇海铁路沿线工业带是随着 1931 年陇海铁路延长至陕西而逐步形成的，时人也言：就西北区域论，"交通较为方便之处，仅为陕西，其次为新疆甘肃。陕西之交通，多仰赖于陇海铁路，自该路通车西安以后，国外及沿海之机器始逐渐输入陕西，陕西之机器工业亦自此确立基础"，新疆之交通"多仰赖于俄国之土西铁路"⑤。抗战全面爆发以

---

① 参见王东伟《解放前内江制糖业概况》，《四川文史资料选辑》第 35 辑，第 189—190 页。

② 参见《内江地区经济总志》编纂委员会编《内江地区经济总志》，四川大学出版社 1996 年版，第 32 页。

③ 参见建子《川康区之民营工业》，《西南实业通讯》第 8 卷第 5 期，1943 年 11 月。

④ 参见副表 9《各路三十三年及三十二年本路起运货物吨数比较》，载交通部统计处编《中华民国三十三年交通部统计年报》，1946 年印，第 25 页。

⑤ 傅安华：《西北工业概况（续）》，《西北资源》第 1 卷第 2 期，1940 年 11 月。

后，由于沿海一批企业沿着陇海铁路陆续迁入沿线城市，陇海铁路沿线工业带得到进一步发展。由于沿海大批工厂纷纷内迁陕西，陕西工厂数量猛增，到1942年2月，陕西共有工厂154家，工人总数11782名，其中1938年至1942年2月四年间陕西工厂增加91家，占工厂总数的59%，工厂资本额占工业资本总额的77.7%。1942年2月这些工厂的分布情况见表32。

表32　　　　　　　抗战时期陇海铁路沿线城市工厂分布表　　　（单位：个）

地名	西安	宝鸡	咸阳	蔡家坡	襃城	南郑	耀县	同官	姚镇
数量	67	7	3	5	1	5	2	4	2

资料来源：陕西省银行经济研究室编：《十年来之陕西经济》，启新印书馆1942年版，第138—139页。

可以看出，陕西工厂的分布，过去主要集中在西安一地，到1942年则主要沿陇海铁路、川陕公路、咸同铁路等重要交通要道分布，尤其是集中于陇海铁路沿线，如渭南、咸阳、蔡家坡、宝鸡、襃城、南郑、耀县、同官等地，逐渐进展。到1942年，陕西的工业分布见表33所示。

表33　　　　　　　1942年陇海铁路沿线城市工业分布表

地名	全省	西安	咸阳	宝鸡	同官	渭南	三原
厂数（个）	162	64	4	9	5	3	3
资金额（元）	40053030	24267000	6800000	5160000	2177500	802000	301000
资金比例（%）	100	60.59	16.98	12.83	5.44	2	0.75

资料来源：宋国荃：《陕西省工业建设之演进》，《陕行汇刊》第7卷第2期，1943年4月，第36页。

可以明显看出，陇海铁路沿线城市工业带是陕西最发达的工业带，其工业资金总额占全省的98.59%。其中以西安的工业力量最为雄厚，其工业资金占全省工业资金的60.59%。西安由于地处陇海铁路沿线，交通便利，工业迅速发展。在1934年前，西安现代工业处于萌发阶段，自陇海铁路通车后，外省客商和本省人士踊跃投资兴办各类企业，到1942年西安的工厂数量增加至64家，资本总额达到约2427万元，不仅在陕西首屈一指，而且在全国也具有一定地位。抗战期间，西安的工业得到进一步的发展。以棉纺织业为例，陕西地处大后方，既无日货对市场的垄断，又少同行间的竞争，纱布供不应求，大华纺织厂不断增大投资，扩充设备。至 1938 年已有纱锭 45664 枚，线锭 1120 枚，布机 820台，职工 3950 人，1939 年资本总额 600 万元，1946 年最高达到 1500 万元，比建厂初期有了较大发展。在此期间，西安机器棉纺织企业，除"大华"外，1937 年建西安民生纺织厂，1943 年建西安宏丰纺织厂，1944 年建西安裕民纱厂、中兴纺织公司，1945 年建华兴毛棉纺织厂。[①]战时西安的机制面粉业也得到了迅速的发展，1939 年制粉业奉经济部令成立同业公会，由华峰、成丰、大新（宝鸡）、三泰（三原）四厂发起并征得和合等厂同意，1940 年 4 月 8 日经济部批示设事务所于西安，并定名为"第一区面粉工业同业公会"。该会为西安行业公会中具有影响的公会之一。抗日战争中，军需紧急，政府规定备粉厂每月以 20 天时间磨制军粉，10 天时间磨制民粉，促使这四个面粉厂产量大幅度提高。华峰、成丰两公司 1940 年的实际产量比 1937 年提高 70% 以上。从 1935 年到 1945年 11 年间，除上述四厂外，新办民营面粉厂还有永丰、复兴、晋丰、民丰、福中、宝成、福利、明德、建中九家，多是日产数百袋的简易小厂。1939 年至 1945 年，国民政府一些机关、部队、企事业单位也独资或与商股合资开办面粉厂，计有西安面粉厂、西北纺建公司第一面粉厂、战士面粉厂等，其中纺建面粉厂较有规模，日产量 1000 袋左右，职工 90余人。[②]

咸阳工业也较发达。1934 年陇海铁路通车以后现代工业蓬勃发展，主要企业有咸阳中国打包公司、陕西酒精总厂、咸阳裕农油厂、咸阳平民工厂、福兴铁工厂、记兴铁工厂、申义大铁工厂、恒大铁工厂、咸阳纺织厂等企业，其中咸阳中国打包公司是咸阳第一家现代公司。[③]

宝鸡自 1937 年 3 月陇海铁路通车后，修理机车的长安机械厂分厂在此建厂投产，宝鸡始有机械工业。抗战爆发后大批工厂迁至宝鸡，包括申新系统的纱厂、发电厂、面粉厂、造纸厂、雍兴公司蔡家坡纺织

---

① 参见《西安市志·工业志》志稿《西安机器棉纺织工业》，《西安文史资料》第 19 辑，第 58 页。

② 参见《西安市志·商业志》志稿《西安近代机器制粉工业》，《西安文史资料》第 19辑，第 149 页。

③ 参见王静《民国时期陇海铁路对咸阳城市化的影响》，《洛阳师范学院学报》2006年第 1 期。

厂、西北机器厂、酒精厂、兴华采牧场、洪顺机器厂、龙泉造纸厂、业经纺织公司、大新面粉厂等，其中申新公司是宝鸡最大的私有工业企业，有职工 3000 余人。[①] 至 1944 年统计时，宝鸡市区有各类厂家 1030 户，其中官僚资本投资的厂家 6 家，投资额 940 万元，民族资本投资 300 万元，大型厂家 6 家。工业从业人口仅对 24 家统计就达 11108 人。[②] 其他如同官、三原处在咸同铁路沿线，其工业也发展迅速。陇海铁路把原来相对孤立的西安、渭南、咸阳、宝鸡、同官等城镇组成交通运输网，从而把各地区和各部门组成社会经济的有机整体，推动了陕西工业的发展。

三　滇越铁路沿线工业带

滇越铁路作为战时大后方重要的铁路线，货运量很大，仅在 1944 年间就运送货物 186122 吨。[③] 加上，滇越铁路经过的昆明、宜良、开远、蒙自、个旧等地区不仅资源丰富，而且市场消费能力也很强，因此滇越铁路沿线工业带成为了后方重要工业带。滇越铁路沿线工业带位于滇越铁路及其支线个碧石铁路沿线地区，该区以昆明为核心，范围包括昆明、宜良、开远、蒙自、个旧等城市，工业门类以锡业、煤业、机械、纺织、化学等工业为主。应该说，滇越铁路沿线工业带是随着 1910 年滇越铁路的全线通车而逐渐形成的。抗战全面爆发以后，由于交通的便利，一批企业迁入该区城市，滇越铁路沿线地区的工业得到了进一步的发展，成为云南工业最发达的地区。1944 年云南滇越铁路沿线工业分布情况见表 34。

表 34　　　　　1944 年云南全省新工业统计表（手工业未计）

业别	工厂数（个）			资本总额（万元）	地区分布
	公营	私营	共计		
机械工业	3	11	14	1400000	昆明县

① 参见宝鸡市地方志编纂委员会编《宝鸡市志》上册，三秦出版社 1998 年版，第 424 页。

② 参见王永飞《新式交通对近代宝鸡城市发展作用探析》，《西北大学学报》2007 年第 1 期。

③ 参见表 14《铁路营业之载运吨数》，载交通部统计处编《中华民国三十三年交通部统计年报》，1946 年印，第 32 页。

续表

业别	工厂数（个）			资本总额（万元）	地区分布
	公营	私营	共计		
矿冶工业	11	2	13	52000	个旧路南蒙自
燃料液体工业	3	20	23	5000	昆明平彝曲靖陆丰
化学工业	2	23	25	10000	宜良
纺织工业	4	15	19	15000	昆明市
烟草工业	3	2	5	1000	昆明市
造纸工业		3	3	1000	海口
制革工业	1	28	29	70000	顺宁
五金工业		24	24	300	昆明市
机械修理工业	1	118	119	1190	昆明市
电器工业	1	2	3	322	昆明县
印刷工业	2	56	58	11440	昆明市
油漆工业		3	3	500	昆明市
面粉工业	1	4	5	3600	昆明蒙自呈贡
陶瓷工业		2	2	80	曲靖
制药工业	1		1	10	昆明市
蚕丝工业	2		2	800	楚雄
水泥工业	1		1	150	海口
火柴工业	2		2	5000	昭通
总计	38	313	351	1577392	

资料来源：云南省档案馆：《民国建设厅档案卷宗》，资料号：77/13/2824，转引自陈征平《云南早期工业化进程研究（1840—1949）》，民族出版社2002年版，第137页。

说明：海口系指昆明市海口镇。

表34反映了1944年云南新工业的地域分布情况，可以看出昆明市及其郊县昆明县、海口镇和呈贡县，是云南新工业的中心，集中了云南绝大多数新工业。除昆明之外，个旧、宜良、蒙自、楚雄、曲靖、昭通也集中了部分云南新工业，其中个旧、宜良、蒙自位于滇越铁路沿线。因此，滇越铁路沿线的昆明、个旧、宜良、蒙自属于云南最重要的工业区，形成了滇越铁路沿线工业带。

昆明在抗战前就随着滇越铁路的通车而确立了云南经济中心的地位。[①] 抗战爆发以后，由于交通的便利，昆明成为云南内迁企业最多的城市，进一步巩固了和强化了其云南经济中心地位。战时内迁昆明的工厂主要有中央机器厂，中央电工器材厂，兵工第二十二、五十一、五十二厂以及第二十一厂安宁分厂、第二十三厂昆明分厂，空军第一飞机制造厂等。[②]这些企业中不乏当时国内的重要企业。机械行业的中央机器厂于1938年初因战局变化而迁昆明，4月定厂址于昆明北郊茨坝。原设计制造飞机发动机，后因情况变化而改生产普通机器。产品定为原动机器、工具机械、纺纱机、交通器材等。1939年初，机器厂已部分开工生产，9月正式定厂名为"中央机器厂"。1940年工人增至1341人。1942年，为提高生产效率，改组为7个分厂，实行专业化生产。至此该厂已发展为后方唯一的全能机器厂了。到1944年，全体职员443人，工警共1694人。[③] 电器行业的中央电工器材厂由资源委员会投资，1938年奉令迁移，一部分迁昆明。1939年7月，中央电工器材厂在昆明正式成立。总厂下设四室和运务处，总揽全厂营运业务。另在重庆、桂林各设办事处，在兰州、贵阳各设事务所，统一对外接洽业务。各分厂所需原材料由总厂在香港、上海等地派驻代表统一办理。产品生产、技术及职工管理，均由各厂自行负责。在昆明的分厂，主要生产电子管及氧气，制造电动机、变压器、开关及电表等。[④] 军事行业的第二十二兵工厂是国民政府军政部兵工署于1936年9月7日在南京筹建的，是一个制造和修理军事光学仪器的工厂。1937年8月13日迁往重庆张家溪。后因重庆空袭频繁，加之气候不适，1938年1月再迁昆明，先在南郊柳坝村建厂，1939年1月1日投产，1940年10月7日遭到日机轰炸，又全部迁到昆明海口建厂。这个厂是中国最早的、也是当时全国唯一的一家军事光学仪器厂，光学界称它是中国光学事业的摇篮、中国光学人才成长的故乡、中国光学产品研制的基地。[⑤] 到1940年，昆明已发展成为西南大后方8个工业中心区之一，昆明工业区仅次于重庆和成都，名列

---

① 参见李艳林《重构与变迁——近代云南城市发展研究》，博士学位论文，厦门大学，2008年，第151—159页。

② 同上书，第205—206页。

③ 参见李珪主编《云南近代经济史》，云南民族出版社1995年版，第493页。

④ 同上。

⑤ 参见《云南省志·经济综合志》编委会编《云南省志》卷8，云南人民出版社1995版，第205页。

第三位。

不仅处于滇越铁路终点站的昆明战时经济工业得到进一步发展，滇越铁路沿线的个旧、宜良、蒙自，战时工矿业也得到进一步发展，尤其是个旧的锡业、宜良的煤业得到进一步的开发。位于个旧的云南锡业公司是 1939 年由个旧锡务公司、云南炼锡公司和云南锡矿工程处三者合并而成的，为云南最大的新式锡业公司。① 1937 年抗战爆发后，在抗战初期的 1938 年和 1939 年，由于云南成为大后方重要省份，大量人口、机关、学校和工厂迁往云南，为个旧锡业的发展提供了人力、物力和财力，使得个旧锡业得以繁荣。1938 年大锡年产量为 10731 吨，1939 年为 10050 吨，已接近 1917 年的最高年产量。② 位于宜良、开远等地的明良煤矿公司、布沼煤业公司和乌格煤矿公司则为云南大型现代化煤矿公司，其中尤以明良煤矿公司发展最为典型。明良煤矿股份有限公司成立于 1939 年 9 月 1 日，由资源委员会和明良煤矿公司官商合办，资委会投资 220 万元，商股 60 万元。董事长恽震，总经理王德滋。公司虽名为官商合办，但一切生产经营大权都在官方手中。总公司设于滇越铁路沿线的可保村。公司成立后对原有的小矿井，采用先进的开采技术和机械设备，逐步进行了改造。运输方面还修轻便铁道。这样明良煤矿生产有很大发展，企业规模也逐步扩大。职工人数由 1939 年的 455 人增加到 1944 年的 3320 人。到 1945 年 7 月，经董事会决定：将商股按当时物价的 300 倍转让给官方，公司改组为资源委员会明良煤矿局。③ 由于滇越铁路沿线的宜良、开远、个旧等地集中了云南最发达的矿业企业，因此，滇越铁路沿线矿业带也成为近代云南矿业最发达地区。

此外，滇越铁路沿线的昆明、蒙自、开远、个旧等地也是云南电力工业最发达的地区。战前云南从事电力生产之企业"有耀龙、开远、蒙自、河口、昭通等厂，其中规模较大者仅耀龙一家，全省发电量亦不过五千基罗瓦特左右，耀龙即占百分之九十以上，而耀龙之电力，原即不够供给。抗战后，电力需要增加，乃有开远、昆湖两厂之创建，两厂总发电量虽可达一万余基罗瓦特，即较原有量增加百分之二百，但两厂电力，乃就各自所创建之工业自身之需要而计划者，即此一万余基罗瓦特电力之增产，仍不能满足云南全省之需要"。此后亦有耀龙和昆明电厂

---

① 参见云南省志编纂委员会办公室编《续云南通志长编》下册，1986 年，第 448 页。

② 参见个旧市志编纂委员会编《个旧市志》上册，云南人民出版社 1998 年版，第 378—379 页。

③ 参见李珪主编《云南近代经济史》，云南民族出版社 1995 年版，第 494 页。

之合并，但"两厂最大发电量可供达八千五百五十基罗瓦特，尚不敷甚巨"。同时，在电力生产的分布上，其时"百分之九十以上电力均集中于昆明附近"。至20世纪40年代，云南拥有电力企业共10家，主要分布在滇中的昆明，滇南的个旧、蒙自、开远、河口，滇东北的昭通，以及滇西的下关和腾冲，其中昆明和滇南地区之电力工业不仅创建最早，而且相对发达。①

四　黄河上游工业带

黄河作为西北地区最重要的内河航道，形成了黄河上游工业带。黄河上游工业带跨甘肃、青海、宁夏三省，位于这三省的黄河及其支流湟水、洮河、渭河沿岸地区。该区以兰州为核心地区，范围包括兰州、西宁、银川等地区，工业门类以毛纺织、机械、面粉等为主。黄河上游工业带在战前就已经初步形成，战时随着国民政府继续推行西北开发政策，黄河上游工业带得到进一步发展。黄河作为西北重要的河流，在西北内河运输中占有重要地位。

黄河水运主要有皮筏运输和木船运输两种。皮筏运输久负盛名，特别是在一些水深流急、交通极为不便的地方，更是大显神通。青海的皮筏（称西河筏子）主要使用于黄河航线和湟水航线。黄河在青海境内，流经果洛族地及同仁、贵德、共和、化隆等县境。在贵德以上，河身较狭，水流湍急，不能行船，仅有渡船。至于贵德与共和间，开始有皮筏、木船排子等航行。由贵德以下至化隆境内，因水势湍急，多用皮筏运输，其中化隆县境内就有皮筏三百只，直至甘肃境内。②青海黄河航线自贵德县的松巴峡至甘肃境，青海省境航程计390里，大河家至兰州还有约340里。该线是青海省海南地区及尖扎、循化、化隆等地农、畜产品输出的主要通道，运输的货物主要是当地的毛、皮以及粮食、青油、木树等，运往地点为兰州和包头。湟水航线即水运北线，起自省会西宁，流经小峡、大峡、老鸦峡、下川口、黑咀子、马汇子至达家川入黄河。下川口以下为甘肃境。西宁至下川口省境航程230里，至入黄河处共330里，到兰州全程为420里。流域内为青海省主要粮食产区，所产的小麦、青稞、豌豆、青油等农副产品也输往兰州，以从西宁输出的

---

① 陈征平：《云南工业史》，云南大学出版社2007年版，第455—457页。
② 参见傅安华《西北交通概况》（下），《西北资源》第1卷第5期，1941年2月。

羊毛为大宗。①黄河在甘肃境内，流经永靖、皋兰、靖远、景泰等县境。在兰州以上，水流湍急，不能行船，仅可通行皮筏。兰州至靖远一段，流经大峡、小峡、五兄弟、一老老等险滩，船行不易，多用皮筏运输。② 1941 年夏，国民政府油矿局经理孙越崎，通过兰州市政府，同筏工协商在嘉陵江试办筏运，并在兰州招聘了 20 多名筏工，购买了 2000 个羊皮袋，编组成 5 个载重 6 吨的皮筏，组成了皮筏运油队，负责从广元到重庆间的石油运输，其速度快于木船一倍，轰动了当时的重庆，一时间成为中外记者的热门话题。③

　　木船运输主要集中在水流相对平缓的河段。黄河在甘肃境内，自兰州以下，"航运已较繁盛，青海及甘肃西部之皮毛及出口货，大都由此启运"④。黄河在宁夏境内，流经中卫、中宁、金积、灵武、宁朔、宁夏、平罗、磴口等县，自中卫以下，水势较为平稳，至石咀子，均可通行木船。自石咀子以下至绥远，河水已流入平地，民船可通行无阻，故"石咀子为黄河上游民船航行之中心，甘肃西部，阿拉善旗额济纳旗及绥远鄂尔多斯之皮毛药材，皆集中于此，运往包头"⑤。黄河在陕西境内，流经府谷、吴堡、延川、延长、宜川、韩城、郃阳、平民、潼关等县。宜川壶口以上，由于水流湍急，不利行船。自壶口以下至韩城，河水流急，航运价值不大。自韩城龙门至潼关，由于水流平缓，航运业发达，"帆樯栉比，商运极便"⑥。

　　由于黄河是西北最重要的交通航道，因此西北重要的工业主要分布于黄河沿岸，形成了黄河上游工业带。黄河上游工业带的中心为兰州。1939 年至 1943 年，兰州仅纺织业就 60 余家，然在战前成立者尚不过两家。大型纺织公司有雍兴公司毛纺织厂、西北毛纺织厂、厚生、永华、亚光、建民、建中、裕记、裕生等 30 余家，其他尚有 20 余家，仍用手工者。此外，又有许多小的纺织厂家。1945 年兰州全市纺锭约有 1300 头，人工手脚纺车约有 3700 辆，动力纺机不到 20 台，铁钢轮纺织约有 350 部，手工木织机约有 320 部。有全套整染机设备者，计有 3 家。经纱车，各厂均有 2 架；倒纱车，每厂均有 2 部；其他如弹毛、打

---

①　参见翟松天《青海经济史》，青海人民出版社 1998 年版，第 111 页。

②　参见傅安华《西北交通概况》（下），《西北资源》第 1 卷第 5 期，1941 年 2 月。

③　参见李清凌《甘肃经济史》，兰州大学出版社 1996 年版，第 194 页。

④　傅安华：《西北交通概况》（下），《西北资源》第 1 卷第 5 期，1941 年 2 月。

⑤　傅安华：《西北交通概况》（下），《西北资源》第 1 卷第 5 期，1941 年 2 月。

⑥　傅安华：《西北交通概况》（下），《西北资源》第 1 卷第 5 期，1941 年 2 月。

土、合纱等，有 10 余部。① 1939 年冬，雍兴实业股份有限公司派潘炳兴到兰州筹设雍兴公司毛纺织厂，拨款 60 万元，以潘炳兴为经理，陈骥程为厂长。1941 年 6 月筹备工作大致就绪，开工生产以后，产品分三类：毛呢、毛毯、地毯。1944 年，该厂有职工 179 人，年产褐子 3038 尺，地毯 4382 条，双幅纯毛呢 20333 公尺，此外，还生产单幅纯毛呢、单双幅棉毛呢、白市布、人字呢、斜纹呢等产品。② 甘肃机器厂前身是由左宗棠创办的甘肃机器局，于 1941 年 9 月正式成立，资本总额原议定为固定资金法币 1000 万元，嗣后，资源委员会又自动增资 2000 万元（固定资金）。此外，由该委会拨给周转金 6000 万元。甘肃机器厂成立后，主要生产锅炉、车床、刨床、抽水机、绒毛纺织机等普通机器和公路、水利用的工具及农具等。③

　　处于黄河交通要道的宁夏地区，战时工业"已由无而有，由有而多，并由一成不变之手工业，研究改良，转向机器工业之大道迈进，虽限于人力物力之不足，以及专门人才之缺乏，一切设施，不无简陋之处，但于工业落后之宁夏，得能奠此基础，亦略可予从事者以相当之安慰"④。据学者统计，1926 年至 1947 年间，宁夏省共创办近代工矿企业 39 个，其中 20 年代创办 3 家，30 年代创办 8 家，40 年代创办 28 家，包括纺织、炼铁、电器、火柴、酒精、造纸、面粉、甘草膏、制革、印刷、采煤、制碱、陶瓷 13 个行业。从业人员 3400 余人，其中工人和工程技术人员 2057 人。39 家企业中官办或者官商合办的 26 家，商办的只有 13 家。创办资本最高的 60 万元，最低的 1 万元，10 万元以上的只有 9 家。⑤ 仅纺织工业，战时就有宁夏毛纺股份有限公司、大夏纱厂、宁达棉纺织工厂纺织部、道生毛纺工厂、义兴织染工厂、中和纺织工厂、华峰麻袋工厂等。⑥

　　渭河发源于甘肃渭原县，流经甘肃陕西两省至潼关汇黄河入海。渭河甘肃境内段由于河水湍急，河身较窄，不利于航行，自陕西宝鸡以下流入平地，航行相对便利。此段之重要码头为虢镇和宝鸡。虢镇为渭河

---

① 参见外行《兰州的纺织业与机器业》，《兰州文史资料选辑》第 11 辑，第 87 页。
② 参见柴玉英《雍兴公司兰州毛纺织厂的创立与发展》，载《西北近代工业》，甘肃人民出版社 1989 年版，第 322—324 页。
③ 参见邢邦彦、张培霖《回忆甘肃机器局》，载《西北近代工业》，甘肃人民出版社 1989 年版，第 97—98 页。
④ 宁夏省政府建设厅编：《宁夏战时工业》第 2 册，1943 年印，第 1 页。
⑤ 参见徐安伦《宁夏经济史》，宁夏人民出版社 1998 年版，第 187—188 页。
⑥ 参见宁夏省政府建设厅编《宁夏战时工业》第 2 册，1943 年印，第 1—13 页。

上游航运起点，"陇南之药材、四川之卷叶、汉中之茶具，过去多自此向下游启运。下游上行之船，亦多至此为止"。咸阳则"以临近西安，兴平武功一带之棉麦，亦多自此向下游启运"。① 西安北面的草滩以下至潼关，由于河道较深，是渭河航运集中的河段，此段重要码头为草滩、交口和白杨寨三处。草滩属于长安，为运盐码头，"山西运来至盐，多汇集于此，航船亦以由山西之方船为多"。交口属临潼，河水较小时"甘肃所有之皮药材，以及陕西之棉麦，均自此向下游启运，下游运往西安之洋货杂物亦多在此卸载"。白杨寨属于渭南，为煤炭总码头，"由山西运来之煤炭，及韩城之煤炭，多在此倒装"。② 渭河航运在陇海铁路未修通至陕西前，极为繁盛。陇海铁路陕西段逐渐通车后，渭河航运受到铁路运输的竞争开始衰落。抗战时期，由于陇海铁路对外运输中断，渭河航运尤其是木船运输得以复兴。渭河沿岸的西安和宝鸡的工业在战时能得到发展，除了得益于位于陇海铁路沿线交通便利外，和这两个城市位于渭河沿岸也有关系。

五　湘桂铁路沿线工业带

湘桂铁路沿线工业带位于湘桂铁路沿线地区，该区以桂林为核心，范围包括桂林、柳州、祁阳、衡阳等地区，工业门类有机械、印刷、铸造、五金、建材等。湘桂铁路沿线工业带是随着战时湘桂铁路的修建完成而形成的，因此它是大后方出现时间最晚的工业带，也是受战争影响最大的工业带。1944 年日军发动了豫湘桂战役，到该年底，随着日军陆续占领湘桂铁路沿线的衡阳、桂林、柳州，湘桂铁路沿线工业带名存实亡，因此，湘桂铁路沿线工业带也是战时存在时间最短的工业带。尽管如此，湘桂铁路沿线工业带对湖南尤其是对广西的工业产生了重要的影响。

在湘桂铁路建成前，湘桂两省的物资流通主要依赖传统的水运和人力运输，货运量有限。湘桂铁路和黔桂铁路的先后完成，尤其是湘桂铁路作为战时连接湖南与广西之间的重要铁路线，改善了湘桂两省的交通运输条件，促进了铁路沿线地区之间的物资流通。湘桂铁路与传统运输方式相比，货运量大大超过了传统运输方式。关于湘桂铁路的运量情况见表 35。

---

① 傅安华：《西北交通概况》（下），《西北资源》第 1 卷第 5 期，1941 年 2 月。
② 傅安华：《西北交通概况》（下），《西北资源》第 1 卷第 5 期，1941 年 2 月。

表 35　　　　　　　　　　湘桂铁路历年运输统计表

年份	共开货车列数	普通货物吨数	路运物料吨数
1938	10	20619	14789
1939	514	438026	296770
1940	626	348742	238852
1941	1728	348081	278115
共计	2878	1155468	828526

　　资料来源:《湘桂铁路历年运输统计表之客货运》,载中国第二历史档案馆编《中华民国史档案资料汇编》第 5 辑第 2 编财政经济(10),江苏古籍出版社 1997 年版,第 239 页。

　　可以看出,湘桂铁路通车后,货运量逐年增加,普通货物的年货运量从最初 2 万余吨猛增至 115 余万吨。由于铁路货运量大大超过了传统运输方式,因此铁路运输对沿线地区工业的影响也大大超过了传统运输方式。由于铁路运输较传统运输便利,原来设在南宁的一些工厂逐渐转移到铁路沿线的柳州,如 1927 年设在南宁的广西制革厂于 1940 年迁移至柳州,1935 年设立的广西染织厂几经迁移最后迁至柳州,1936 年建成的广西机械厂于 1940 年迁移至柳州[①],柳州成为广西重要的工业城市。

　　在湘桂铁路和黔桂铁路建成以前,广西的工业中心分布在西江沿岸的南宁和梧州。随着湘桂铁路和黔桂铁路的建成,广西工业布局从原来的西江沿岸逐渐转移到湘桂铁路沿线,形成了湘桂铁路沿线工业带。以机器工业而言,抗战期间湘桂两省的机器工业大都分布在湘桂铁路沿线,据 1944 年 1 月下旬至 2 月中旬资源委员会考察:"湘桂一带之机器工业大都在湘桂铁路沿线,盖皆以此安全价廉之铁路运输为其经济流通之动脉也。在战前此线几无略具规模之机器工厂,自抗战军兴,各企业纷纷内迁,有沿浙赣路及湘赣路而来湘省者,有沿长江而来鄂者。"[②]在抗战前,这条铁路沿线几乎没有稍具规模的机器工厂。抗战爆发后,东部工厂纷纷内迁至此,"在湘桂铁路之桂北段,自柳州起以至于全州,

_____

　　① 参见朱从兵《铁路与社会经济——广西铁路研究(1885—1965)》,广西师范大学出版社 1999 年版,第 374 页。
　　② 《资源委员会工业处检送湘桂工业区机械工业考察报告致矿业处笺》(1944 年 4 月 3 日),载中国第二历史档案馆编《中华民国史档案资料汇编》第 5 辑第 2 编财政经济(6),江苏古籍出版社 1994 年版,第 255 页。

其间机器工厂甚多，颇具规模者亦不少"①。在湘桂铁路湘北段，尽管工业资源比较好，但这里接近战区，工厂相对较少。湘桂工业区的机器工业包括电工器材制造、无线电器材制造、纺织机制造、汽车配件制造、兵器配件制造、工具机制造、原动机制造及铁路机件制造与机车修理等。到 1944 年 1 月，湘桂工业区的机械工业分布情况如表 36 所示。

表 36　　　　　　　抗战时期湘桂工业区机械工业分布表

工厂名称	地点	来源	规模
中国汽车制造公司桂林分厂	桂林良丰镇	1938 年由株州迁来	职工 230 余人
广西纺织机器厂	桂林市北	系接收上海铸铁工厂建成	职工 600 余人
浙赣铁路桂林机厂	桂林北郊	1939 年由上饶迁来	职工 150 余人
湘桂铁路桂林机厂	桂林九华山	1938 年成立	职工 640 余人
六河沟制铁公司桂林机器厂	桂林五权村	1939 年迁来	职工 170 人
大中机器厂	桂林五权村	1941 年成立	职工 200 人
交通部桂林器材修配厂	桂林北郊	1931 年春创办	职工 400 余人
交通部全州机器厂	桂北全县	1939 年建成	职工 1400 人
新民机器厂湘厂	祁阳城郊	1939 年为重庆新民机器厂分厂	职工 150 余人
新中工程公司祁阳分厂	祁阳城郊		职工 800 人
民生炼铁厂	祁阳城郊		
华成电器制造厂	衡阳	1938 年由上海迁入	职工 400 余人

　　资料来源：《资源委员会工业处检送湘桂工业区机械工业考察报告致矿业处笺》（1944 年 4 月 3 日），载中国第二历史档案馆编《中华民国史档案资料汇编》第 5 辑第 2 编财政经济（6），江苏古籍出版社 1994 年版，第 256—264 页。

　　可以看出，湘桂工业区主要分布于湘桂铁路沿线的桂林、祁阳等地，货物运输便利。尤其是广西的桂林，战时大批内迁工厂沿湘桂铁路迁建于此，工厂数量急剧增加。战前桂林生产规模较大的主要有广宜安机米厂和民生木机纺织厂两家，此外还有一些小型的玻璃厂、肥皂厂等。抗战爆发后，桂林的民营工厂增加到 90 多家，行业扩展到碾米、机器、印刷、铸造、五金、建材、能源等。到 1940 年，桂林有手工业

---

　　① 《资源委员会工业处检送湘桂工业区机械工业考察报告致矿业处笺》（1944 年 4 月 3 日），载中国第二历史档案馆编《中华民国史档案资料汇编》第 5 辑第 2 编财政经济（6），江苏古籍出版社 1994 年版，第 255 页。

727 家。① 桂林战前成立之工厂，资本额为 1047433 元，1938 年新成立之工厂其资本额增加至 6477000 元，为战前 618.37%，1939 年增设工厂之资本额为 13021000 元，为战前 1243.13%，1940 年增设之工厂资本总额为 10449500 元，为战前 997.62%。② 随着桂林、柳州工业的发展，这两个城市在广西的工业地位迅速上升。到 1943 年底，桂林有工厂 123 家，占广西工厂总数的 42.86%，资本额为 32070290 元，占广西工厂资本总额的 45.55%。柳州有工厂 65 家，资本额 33617178 元，分别占广西全省工厂数和总资本额的 22.65% 和 47.75%。③ 时人调查桂林工业情况后也言：抗战时期桂林工业迅速发展除了大量工厂内迁、政府的积极推动、战时需求的刺激等原因外，与桂林战时交通条件的改善密不可分。"昔日桂林对省内外交通，除水运外，全赖公路，水运固多滩险之阻滞，公路运输，其能力亦有限制。"随着湘桂铁路的建成通车，"运输能力大为增进，运费亦较公路为省，此与工业原料之取给，产品之销售，均大有帮助"。④ 因此，湘桂铁路的建成通车，也导致了广西工业布局从原来的西江沿岸转移至湘桂铁路沿线，广西工业中心也从西江沿岸的南宁和梧州转移至湘桂铁路沿线的桂林和柳州。

当然，战时大后方的主要工业区为上述五个工业带，除此之外，其他地区也有部分工业。如滇缅公路沿线的楚雄、下关、芒市等城市随着滇缅公路的通车而出现了一批工业，初步形成了滇缅公路沿线工业带。不过这一工业带随着 1942 年 5 月日军截断滇缅公路而急剧衰落。西北地区的工业除主要分布于黄河上游沿岸外，汉水沿岸也分布有少部分工业。汉水发源于陕西宁羌县，东流经沔县、南郑、城固、洋县、石泉、紫阳、安康、洵阳之白河入湖北。自沔县大安镇白河至汉口，均可通航。此段航道可分为三段：自沔县至南郑为第一段，长约 150 里，河道不宽，仅可航行小船，上行一日半，下行一日。自南郑十八里铺至安康，为第二段，长约 860 里。此段航行之民船分为四种，以平头老鸹最为适用。沿路停泊码头最重要的为十八里铺、成骨、洋县、渭南镇、牧马河口、岔镇、石泉、梅湖、油坊坎、汉阳坪、女王滩、紫阳和安康。

① 参见戴逸、张世明主编《中国西部开发与近代化》，广东教育出版社 2006 年版，第 413 页。
② 参见秦柳方《桂林市工业调查》，《中国工业》第 5 期，1942 年 5 月。
③ 参见《桂柳梧三城市工厂家数及资本数》表，载广西省政府统计处编《广西年鉴》第 3 回上册，1944 年印，第 594 页。
④ 秦柳方：《桂林市工业调查》，《中国工业》第 5 期，1942 年 5 月。

自安康至白河为第三段，白河以下入湖北境内，直达汉口。[①] 汉水航运作为陕西湖北之间的重要水上航道，在汉白公路及西荆公路未修通以前，此航道航运兴盛一时。地处渭河沿岸的南郑，其工业得到一定发展。

第三节　大后方交通与西部工业开发

现代研究表明，交通运输业作为制造业的先导产业，与很多制造业部门具有关联效应尤其是后向联系，其中主要包括运输设备业、钢铁业和建筑材料业等。在美国、英国、德国、法国和意大利等国工业化初期阶段，铁路这种新型运输方式的迅速发展所产生的对钢铁、建筑材料、运输设备等制造业产品的需求是非常巨大的。在美国，1859 年运输设备产量中投入铁路的比例为 25%。[②] 至于铁路等交通运输行业对制造业的影响究竟有多大，学术界尚存分歧。[③] 不过，可以肯定的是，交通运输业的发展的确可以推动相关工业的发展。

通过计量统计分析，战时后方交通与相关的重工业发展之间存在紧密关系。1939 年至 1944 年国统区登记汽车数量与酒精工业相关系数为 0.792，回归直线方程为：$Y_车 = 16618.66 + 13.194 X_酒精$，上述方程 $F = 10.085 > F0.05（1，4）= 7.71$，说明该方程回归效果明显，犯错误的概率低于 5%。[④] 1940 年至 1944 年间国统区铁路运量和生铁产量两个变量相关系数为 0.8745，具有较明显的正相关。回归直线方程：$Y =$

① 傅安华：《西北交通概况》（下），《西北资源》第 1 卷第 5 期，1941 年 2 月。
② 参见王延中等《基础设施与制造业发展关系研究》，中国社会科学出版社 2002 年版，第 6 页。
③ 关于铁路对煤铁业的影响究竟有多大，美国经济史学家福格尔计量研究了铁路对美国钢铁行业发展的影响。他认为，在 19 世纪 50 年代只有 15% 的钢铁行业总产量是用来生产铁轨的。1856 年达到极限，不过也就是 20%，之后该数据不断下降，到 1860 年变为 15%。因此，铁路对钢铁工业的发展不起决定性作用，对整个制造业的影响也不像人们想象的那么大。很多学者不能接受福格尔的结论，而且认为福格尔的计算方法也有问题。参见陈福民《创新与融合：美国新经济史革命及对中国的影响（1957—2004）》，天津古籍出版社 2009 年版，第 104—109 页。
④ 1939 年至 1944 年间国统区汽车数量和酒精产量数据见表 18《重要工业产品产量》、表 39《国营公路运输》，载国民政府主计处统计局编《中华民国统计提要》，1947 年印，第 34—35、81 页。

23.408 + 0.0043X，式中 Y 代表铁路货运量，X 代表后方生铁产量。[1]
通过上述两个回归直线方程，我们可以估算汽车运输对酒精工业、铁路
对炼铁业的影响。因此，战时后方交通与酒精业和炼铁业呈现明显正相
关，战时后方交通的发展主要是推动了后方重工业的发展。

一　西部钢铁工业的发展

抗日战争时期，重庆重工业尤其是钢铁工业得到了迅速的发展。据
目前最完整的钢铁工业断代史《战时后方冶金工业史料》统计，当时
大后方有钢铁骨干企业 12 家，重庆占 9 家，四川 1 家，云南 2 家。重
庆占大后方的 75%。战时大后方有炼钢厂 10 家，重庆为 7 家，占
70%；大后方钢年产量约 5 万吨，重庆 1943 年为 4 万吨，占 80%；
1943 年大后方有铁厂 114 家，重庆为 23 家，占 20.18%，但产量都达 5
万吨以上，约占大后方的 47.17%。[2] 重庆的大型钢铁企业在抗战时期
也开始出现。渝鑫钢铁厂，迁川前系上海大鑫钢铁厂，1934 年由留美
工程师余名钰集资创办。七七事变后，该厂行动迅速，首批撤离上海去
武汉。后武汉危急，再迁则资金运输困难，便与民生实业公司和金城银
行合作，共谋搬迁。1938 年到重庆，在土湾设厂，时有员工 300 余人，
更名为"渝鑫钢铁股份有限公司"，资本总额中原大鑫厂占 20%，民生
公司占 29.6%，金城银行占 29.1%，余皆小股。经过几年发展，职工
增至 1000 余人（其中技工 800 余人），主要设备有 10 吨炼钢电炉 3 座，
1 吨炼钢电炉 2 座，合金电炉 1 座，马丁炉 1 座，白塞门式炼钢炉 2 座，
3 吨熔铁炉 4 座，另有轧钢机 2 套以及塞丝机、铸管机等企备。还分别
于江北、长寿设立分厂，合资经营了江北县清平铁矿，承租开采彭水县
矿洞岩铁矿，经办了江北县深炭沟、童家溪两处煤矿，因而原料、燃
料、耐火材料一并自行解决，生产日上。1940 年 3 月建成投产的钢铁
厂迁建委员会，主要设备有 100 吨炼铁炉、20 吨炼铁炉、3 吨电炉、
1.5 吨电炉各 1 座，10 吨马丁炉 2 座。全厂共八所两矿，职工万余人，
为战时后方最大钢铁企业。兵工署第二十八工厂，原为兵工署材料试验
处，1931 年建于南京白水桥。迁川后于 1941 年在重庆童家桥设立合金
工厂筹备处，1942 年建成投产，命名为第二十八兵工厂。全厂分电冶、

---

[1] 1940 年至 1944 年间国统区铁路运量和生铁产量数据见表 14《重要矿产量》、表 36《国营铁路运输》，载国民政府主计处统计局编《中华民国统计提要》，1947 年印，第 28—29、77 页。

[2] 参见隗瀛涛主编《近代重庆史》，四川大学出版社 1991 年版，第 242 页。

罐钢、翻砂、制钨四所，主产合金工具钢，并自制小型电炉生产矽铁、锰铁、钨铁等。[①] 战时重庆钢铁工业的建立和发展，改变了中国工业经济的结构和布局，使得重庆成为后方工业中心。

战时重庆钢铁工业的发展，除了得益于重庆重要的经济地位、政治地位和丰富的原料以外，也与重庆便利的交通运输条件有密切关系。钢铁业作为重工业之首，原料、燃料需求量大。四川战时有三大铁矿：綦江铁矿储量最大，为470万公吨；彭水铁矿次之，为250万公吨；威远铁矿更次，为100万公吨。綦江铁矿由迁建会负责开采，彭水铁矿分别由中国兴业公司、资渝钢铁厂、渝鑫钢铁厂开采。重庆钢铁企业的燃料供给来源为四川的南桐、江合、天府和嘉阳四大煤矿。在綦江铁路修建以前，渝鑫钢铁厂"所需原料，悉赖綦江上游沿蒲河及松坎河之煤铁各矿供给"[②]。綦江是重庆水路运输网中的一条重要通航河流，綦江支流藻渡河、蒲河、清溪河、笋溪河等的部分间段也能通航。最大的一次整治，是抗日战争时期导淮委员会在綦江干、支流修建闸坝和整治险滩。1938年3月，导淮委员会组织大批水利人员对綦江的源尾、险滩、地质构造、物产、航道等情况进行全面调查勘测，并在赶水、三江、綦江县城、五岔等处设4个水文站、15处水位站、2处雨量站、1处测候站，收集整理水文气象资料。整个工程分两期进行：第一期工程为初步整治工程，即在蒲河的石板滩、大场滩、桃花滩各建间坝1处、保持最小水深1.2米。在綦江盖石洞、羊蹄洞两处分建闸坝一座，保持最小水深1.5米，以免除盘驳，全河通行。1939年12月，浦河三座闸坝建成通航。1940年3月，綦江两座闸坝完工。五座闸坝建成后，綦江航道初步改善。第二期工程为渠化綦江工程。1940年1月开始设计，6月设立綦江水道工程局，主办第二期工程。7月，六座闸坝全面开工，1942年3月石溪口、花石子完工，1945年3月剪刀石、桥溪口、车滩、五岔完工。在建闸坝的同时，还对河道的险滩进行了整治。1938年10月成立险滩工程队，下设5个分队。从当年12月起，先就急需整治的松坎坷白石潭段和綦江的鬼错路、小火林、大火林、白水峡、大峡口、珠滩、花石子、骡子滩、马脑滩、桥溪口、车滩12处进行了整治。1939

---

① 陈昌智：《论四川近代工铁工业的演变》，载四川省中国经济史学会等编《抗战时期的大后方经济》，四川大学出版社1989年版，第93—94页。

② 《綦江铁路工程处撰綦江铁路建筑概况》（1945年），载中国第二历史档案馆编《中华民国史档案资料汇编》第5辑第2编 财政经济（10），江苏古籍出版社1997年版，第334页。

年 11 月起，又对蒲河桃花滩、干坝子、大场滩，石板滩下游及杨渡河口和綦江的钟家滩、龙王庙、三岭岗、瓦厂滩、鸡公滩、蛇皮滩、羊蹄洞等 16 处加以整治。上述 28 处险滩工程于 1940 年 5 月完工。1943 年冬，又对綦江的门闩子、大木头，小木头、子为嘴 4 处险滩加以整治。前后共整治险滩 32 处。① 綦江航道的整治，为綦江铁矿的矿石运输提供了便利，促进了重庆钢铁工业的发展。

抗战时期大后方交通运输除了推动西部钢铁工业的发展外，对西部其他重工业部门也产生了推动作用，如陇海铁路咸同铁路的通车，也推动了沿线城镇水泥工业的发展，这以黄堡镇表现最为明显。从同官县城至黄堡镇，沿途有石灰窑 10 余处，大小砖瓦厂 12 处，皮革厂 6 家。② 耀县在咸同铁路通车前所产石灰石数量极少，大多来自附近的富平县，自咸同铁路建成后，该县建设事业一日千里，石灰石需求量大增。1943 年调查耀县有石灰石厂 20 余家，其中灰窑 50 面，大窑每次约出石灰 4 万至 5 万斤，小窑每次出灰 1 万斤。③

二　西部能源工业的发展

抗战时期，大后方交通运输业的发展刺激了液体燃料需求量的增加，为满足日益增长的能源需求，国民政府大力发展后方酒精工业和炼油工业，以解大后方燃油不足的燃眉之急。因此，战时大后方酒精工业和炼油工业得到了迅速发展。

（一）酒精工业的发展

抗战爆发后，中国国际陆路通道相继被日军封锁，导致石油进口受阻，国际交通梗阻，油料来源断绝，资源委员会除积极开展油矿勘探工作、生产石油、支援后方的军需民用外，还积极寻找汽油替代品。抗战时期，汽油远远不能满足公路运输发展的需要。据资源委员会估计，在交通方面，仅西南西北两公路局，年需汽油约 400 万加仑。④ 于是汽油

①　参见重庆市地方志编纂委员会编《重庆市志》第 5 卷，成都科技大学出版社 1994 年版，第 66 页。

②　参见黎锦熙《洛川同官两县之工业与商业》，《陕行汇刊》第 8 卷第 3 期，1944 年 6 月。

③　参见宋国荃《陇海铁路咸同段沿线各县经济调查·耀县》，《陕行汇刊》第 7 卷第 5 期，1943 年 10 月。

④　参见《资源委员会西南各省三年国防建设计划（1939—1941）》，载中国第二历史档案馆编《中华民国史档案资料汇编》第 5 辑第 2 编财政经济（6），江苏古籍出版社 1994 年版，第 93—94 页。

的代用品酒精需求量急剧增加，刺激了后方酒精工业的发展，战时后方的酒精工业就是在特定的环境下发展起来。时人也言："酒精工业在抗战以前并不重要。抗战军兴以后，后方液体燃料之需要大为增加，而外货之入口者则为数甚小，在滇缅公路初次被封锁以后，其情形尤为严重。所以二十八九年以后，四川境内的酒精厂纷纷设立。"① 实际上，抗战期间的汽车许多靠酒精作动力燃料。以 1943 年 6 月资源委员会运务处的汽车为例，该处共有汽车 642 辆，其中贵阳办事处的 254 辆汽车和重庆办事处的 76 辆汽车多为酒精车，约占总数量的 50%。② 正是汽车运输部门对酒精的需求增加，推动了战时大后方酒精工业的迅速发展。

中国酒精工业最初有山东的博益制糖厂及中央工业试验所，曾作小规模研究试制。1931 年，国人相继倡议创设酒精工厂，实现酒精自给，首先设立者为广西酒精厂及上海中国化学工业社酒精厂两家，于 1932 年下半年开工出货。以后设立者，1933 年有中华、夏元、中孚三家，厂址设于上海。1934 年有上海之中国和美龙、山西大同之兴农以及广州之南华四家。1935 年有青岛之华北一家。1937 年有湖南酒精厂及陕西之咸阳酒精厂两家。其中以中国酒精厂规模最备、产量最大，系前实业部与侨商黄江泉合办，产量最初为每日 4000 加仑，其后增至每日 7000 加仑，所用原料最初完全采用糖蜜，其后逐渐添置以高粱及山芋等为原料之设备。抗战以前各地所设酒精工厂总计 12 家，产量总数每年在 500 万加仑以上。

抗战爆发以后，除广西、湖南及咸阳三厂原在内地未受损失，仍能继续生产外，其他各厂俱未内迁，或已毁灭无存，或沦于敌手，损失惨重。抗战以后设立之酒精厂以四川酒精厂为最早，该厂于七七事变发生以后不久即已开始筹备，最初由资源委员会及四川省政府双方投资合办，厂址设在内江之椑木镇。1938 年 9 月正式开工出货，纯粹以糖蜜为原料，产量最初为每日 1000 加仑，1941 年增至 1500 加仑。其后因需要激增，新设备厂相继勃兴。1939 年设立者有 7 家，1940 年设立者有 16 家，1941 年设立者有 35 家，这些都是依照已经登记的工厂而言。此外，尚有很多不准设立或尚未呈请登记或已呈请尚未核准之工厂。到

---

① 王成敬：《成渝路区之经济地理与经济建设》，四川省银行经济研究处 1945 年印，第 68 页。

② 参见陆士井主编《中国公路运输史》第 1 册，人民交通出版社 1990 年版，第 243 页。

1941 年，后方各省已准设立之酒精厂计 68 家，年生产能力 792 万加仑，明令不准设立者 25 家，生产能力 120 万加仑，其他已呈请尚未准许设立及尚未呈请登记者仍有 40 家，其生产能力估计每年 240 万加仑，各项工厂总计为 133 家，如无原料不足之严重问题，全数开工，年生产能力可达 1150 余万加仑，以年开工 300 天计算，每天可达 4 万加仑。其中除广西及湖南陕西三厂外，其余都是抗战以后建立起来的。① 因此，战时大后方酒精工业发展十分迅速。

在战时后方的酒精工业中，以四川省的酒精工业最为发达。以上所说已经登记的酒精厂 68 家，分布地域计四川 42 家，重庆 6 家，湖南 7 家，陕西 5 家，广西、贵州、云南、甘肃、福建、河南、广东、西康各 1 家。生产能力以四川省及重庆市为最大，两地 48 厂，占已登记工厂总数 70%，生产能力每年达 580 万加仑，占各地酒精厂生产能力总量 75%，连同不准设立 25 厂及已呈请未准许 34 厂共有 107 厂之多，生产能力合计每年可达 900 余万加仑，每日生产能力约为 3 万加仑。四川酒精厂分布区域大都在内江、资中、富顺、成都等地，而以内江及资中两地为最多，因为两地为产糖之区，原料取给便利。② 总的来讲，抗战时期后方酒精工业在逐步发展，酒精产量在逐步增加。1938 年后方酒精产量为 30 万加仑，1939 年增加到 81 万加仑，1940 年猛增到 450 万加仑，1941 年增加到 540 万加仑，1942 年达到顶峰，为 788 万加仑③，1943 年略降，为 7417981 加仑，到 1944 年时又有所上升，为 7530874 加仑。④ 远远超过战前 500 万加仑的年产量。

（二）炼油工业的发展

抗战期间，由于大规模的交通建设，大后方交通运输力量大大增加，导致汽油需求量急剧增加。不仅如此，战时中期后方对外陆路交通受阻以后，后方"桐油输出，陷于停顿，乃于内地设立植物油裂化工厂，利用桐油提炼汽油、煤油、柴油及润滑油等代替用品，以应战时之

---

① 参见《欧阳仑撰后方之酒精工业》（1941 年 2 月 26 日），载中国第二历史档案馆编《中华民国史档案资料汇编》第 5 辑第 2 编财政经济（6），江苏古籍出版社 1994 年版，第 129—130 页。

② 同上书，第 130 页。

③ 参见谭熙鸿主编《十年来之中国经济（1936—1945）》下册，中华书局 1948 年版，第 V44 页。

④ 参见余立言《酒精工业的困难》，《新华日报》1944 年 1 月 1 日第 1 版。

需。此为在后方发展之战时工业，实为抗战中，植物油提炼工业之另一页"[1]。时人谈及后方炼油工业创立原因时也言：

> 自抗战发生，交通梗阻，海外动力油料各国均移作军事用途。一时国内需要，渐感供不应求；并鉴于战事将延长时日，国内化工专家遂倡导拟将植物油料经裂化使成为碳氢化合物，由此种化合物内，可得汽油、煤油、柴油。旋得当局之支持，由资源委员会与兵工署在汉口筹设动力油料厂，规模未具，汉口即告沦陷。旋又在重庆创设。此为官办炼油业之始。[2]

因此，战时后方炼油工业是进口石油受阻以后，为解决汽车运输燃料紧缺问题而产生的。1938 年，经济部在重庆设立了植物油提炼轻油厂，从植物油中提炼汽油、柴油和煤油。1939 年夏季开工，同年与兵工署合作，改该厂为动力油料厂，经过研究，取得成功。此外，新中国炼油厂和新民炼油厂等相继从事炼油事业。炼油厂使用的原料除油菜外，主要是桐油。抗战爆发后，后方桐油输出困难导致价格低落。为解决这一问题，1939 年交通部在重庆设立了动力燃料厂，从桐油中提炼汽油、煤油、柴油及润滑油代替品。同时，以提炼原油为业的桐油炼贮厂也纷纷成立。后方的炼油工业在 1942 年达到鼎盛时代。就地域而言，以重庆市及其附近区域的炼油工厂最多，每月的产量约占后方全部产量的 2/3。就设备而言，首推动力油料厂，次为兵工署、军政部交通司及运输统制局所设各厂，民营炼油厂以建成、中国、大华等厂较为完备。[3] 到 1943 年 6 月止，在大后方地区，经核准登记的公私炼油厂已经达到 60 余家，代汽油生产能力年约 290 万加仑，但由于技术及设备原因，实际生产能力仅为原来的 1/3。[4]

三　西部手工业的复兴

抗战时期，由于沿海地区相继陷落，广大西部地区的国际交通运输

---

① 谭熙鸿主编：《十年来之中国经济（1936—1945）》下册，中华书局 1948 年版，第 E1 页。

② 罗家选：《炼油业当前困难事实与补救》，《西南实业通讯》第 12 卷第 1、2 期合刊，1945 年 8 月。

③ 参见谭熙鸿主编《十年来之中国经济（1936—1945）》下册，中华书局 1948 年版，第 E19 页。

④ 同上书，第 V44 页。

日益困难，工业原料、机器设备来源受阻，客观上刺激了西部内地手工业的复兴。如战时重庆手工业就得以复兴，重庆织布机户之家数，与开工之机张，与战前1934年相比较，家数增加37%，机张增加64%。究其原因，"盖因外来之机织布匹，因战事影响，输入减少，土布之需要增加，土布业遂亦日趋兴盛矣"[①]。西部其他地区也出现了手工业复兴的情况。在战时西部手工业部门中，发展尤为迅速的是与交通运输密切相关的手工行业，如汽车修理业、木船制造业等。因此，大后方交通运输与西部手工业的复兴具有一定内在联系。

（一）手工纺织业的复兴

抗战爆发以后，由于陇海铁路等重要交通路线的断绝，现代工业受到很大破坏，这为传统手工业的发展提供了契机。国民政府为适应生产需要，特在重庆组织成立了中国工业合作协会，在宝鸡设立了西北区办事处。工业合作协会先后在产棉区域组织了宝鸡白石沟村纺织合作社、宝鸡宗宝大纺纱合作社、宝鸡老敦仁宝同济纺纱合作社、宝鸡宋家要素民织布合作社、宝鸡张家村武汉第一织布合作社、宝鸡张家村武汉第二织布合作社、宝鸡徐家窑纺织合作社、宝鸡大槐树村纺织合作社、宝鸡翟家村纺织合作社、宝鸡阎家村织布合作社、宝鸡车家市纺织合作社、宝鸡东堡于志成织布合作社和南郑织布工业合作社共13个合作社，完全从事于纺纱织布，共有社员202人，以白石沟的出品为佳。[②]

沿海纺织工业遭到严重破坏，机器纺织纱布，价格大涨，加之国民政府军服需求量增多，洋布供不应求，于是提倡用土布，促进了手工业的复兴。不过抗战时期的手工业已不同于传统手工业。传统手工业，纺织者纯为家庭妇女，纺织机械为旧式机械，属于家庭手工业。而抗战时期的手工业，纺织者除了家庭妇女外，还包括若干的工厂，织机改用铁机，已从家庭手工业过渡为工场手工业阶段。

就西北各地而言，战时工场手工业最发达的地区中，陕西以西安、咸阳、宝鸡等处的手工纺织工场最发达，其中西安最多，较为著名者有裕生平民工厂、灾童教养院、名扬工厂、妇女染织厂等数家。[③]此外，陕西其他县份的手工纺织业战时亦有发展。据1938年调查，仅兴平全

①　彭泽益编：《中国近代手工业史资料（1840—1949）》第4卷，三联书店1957年版，第152页。

②　参见李方晨《抗战建国中西北工业的发展》，《西北论衡》第7卷第4、5期合刊，1939年3月。

③　参见傅安华《西北工业概况》，《西北资源》第1卷第1期，1940年10月。

县有 2 万余户,有织机 1 万余部,每年产布除一部分自用外大部分向甘南输出,为数在 3 万捲(每捲 200 余丈)以上。① 除兴平县外,其他各县亦有家庭纺织手工业存在,如蒲城有织机 1.5 万余台,澄城有织机 2.1 万余台,陇县有织机 800 余台,醴泉有织机 6000 余台。②

除陕西外,甘肃、新疆两省也有一部分手工棉布纺织业存在,其中甘肃土布产量以成县、张掖最多,天水、徽县次之,文县、西和、秦安、通渭、武威、山丹、临泽又次之,每年产量约 100 万匹。除此之外,兰州及天水、酒泉、安西、敦煌、金塔、临夏等县之平民工场,亦并作纺织工业。③ 抗战时期,甘肃城市手工业和农村家庭手工业又恢复和发展起来,并在某种程度上进入了繁荣时期。兰州的手工铁器业在 1937 年前仅有 80 家,从业人员 170 多人。到抗战时期发展到 140 户,从业人员 380 多人。鸦片战争后一度衰落的甘肃纺织手工业,抗战时期又重新发展起来。在 1944 年前夕甘肃发展起来的 206 家纺织工厂中,除 75 家机器或半机器纺织厂外,其余几乎全部是在原有基础上恢复和发展起来的手工纺织作坊。④ 这些统计,以城市手工作坊为主,农村个体手工业者的产量尚未计算在内。农村手工业的发展,尤以棉纺织业最为发达。据 1941 年上半年对天水、秦安、甘谷三县农村的统计,手工纺纱从业人数达 9.85 万人,手摇纺纱机达 8.4 万台,日产土纱 1.51 万市斤,手工织布人员达 4.67 万人,木制织布机达 2.9 万台,日产土布 7000 匹。⑤ 其他如织毯、织毡、玉器雕刻等手工生产也有程度不同的恢复和发展。在近代工业有所发展的同时,宁夏省的手工业也有较大发展。1943 年全省有手工业 1304 户,资本总额 3868860 元,户均 2966 元。这些手工业涉及人民生活需要的各个行业。省城、宁朔、惠农、灵武等地的手工业都有相当规模。⑥

战时西北不仅土布业得到迅速恢复和发展,手工毛纺织业也得到了复兴。战前西北的羊毛产地为靖远、榆林等地,所产羊毛和皮货大多通过包头转天津出口,内销者不多。抗战爆发后,由于天津、包头等地的陷落,羊毛和皮货的出口受阻,大部分转为内销。尤其是洋货进口的减

---

① 参见傅安华《西北工业概况》,《西北资源》第 1 卷第 1 期,1940 年 10 月。
② 参见傅安华《西北工业概况》,《西北资源》第 1 卷第 1 期,1940 年 10 月。
③ 参见傅安华《西北工业概况》,《西北资源》第 1 卷第 1 期,1940 年 10 月。
④ 参见李清凌《甘肃经济史》,兰州大学出版社 1996 年版,第 170 页。
⑤ 同上书,第 170 页。
⑥ 参见徐安伦《宁夏经济史》,宁夏人民出版社 1998 年版,第 192 页。

少，导致机组毛纺织业受到影响，于是"毛纺毛织之手工业，由是而日渐开展"①。甘肃的毛纺织业也得到了迅速的发展。甘肃的羊毛纺织以南部各县为最繁荣，如临洮、秦安、通渭、甘谷等县。1939 年中国工业合作协会西北区办事处在兰州、天水两地设立事务所，设法提倡并改进各地附近羊毛纺织手工业，已成立毛纺合作社十数处，并制造脚踏纺织机 2000 台，分发各合作社及农户。② 据 1944 年对甘肃省 34 个县的毛褐产量的统计，年产达 20.7 万匹之多。其中仅秦安一县年产就达 6.2 万多匹。最少的康乐县也有 300 多匹。③ 战时陕西的毛纺织业也得到了迅速的发展。陕西各县产毛以陕北各地为最多，毛纺织业以陕北各县最为发达，其中最负盛名者为榆林、府谷、神木、安塞等。陕西关中也有经营毛纺织业者，如韩城、长武等县。④青海最重要的皮革皮毛行业，大部分集中在西宁。清末民初，西宁皮货手工业作坊和皮货商发展到 100 多个。到 1938 年，仅西宁地区的皮货业作坊多达 150 余家，其中杨忠福（字号忠兴福）、米木沙（字号福兴隆）、沈临翰（字号隆泰兴）等较有名气。皮货远销上海、武汉、天津、成都、包头、北京、云南、贵州等地。⑤

（二）木船制造修理业的复兴

自古以来，西部江河全靠木船运输。民国初年轮船兴起，长江干线运输即逐步为轮船所代替，木船相应减少。抗日战争爆发后，客货运输激增，轮船运力不足，木船又成为后方运输的重要力量。1943 年 11 月 25 日《时事新报》载："抗战一开始，川江民船就在政府的号召领导之下，担任了一次伟大的抢运工作……迁都重庆以来，因为运输工具的减少与活动的困难，以及轮船遭受空前损失之故，木船逐一跃而为运输上的主力。"⑥ 木船运输的复兴，刺激了木船修理制造业的繁荣与发展。

关于轮船制造修理业，抗战前中国境内共有造船厂 35 家，国营有 10 家，民营有 18 家，外商在中国境内有 7 家，这些造船厂绝大多数分布在东部沿海地区，在广大西部只有重庆的民生机器厂一家，规模小，

---

① 顾少白：《甘肃靖远之羊毛与皮货》（1940 年 11 月调查），《西北经济通讯》创刊号，1941 年 1 月。

② 参见傅安华《西北工业概况》，《西北资源》创刊号，第 1 卷第 1 期，1940 年 10 月。

③ 参见李清凌《甘肃经济史》，兰州大学出版社 1996 年版，第 170 页。

④ 参见傅安华《西北工业概况》，《西北资源》第 1 卷第 1 期，1940 年 10 月。

⑤ 参见翟松天《青海经济史》，青海人民出版社 1998 年版，第 111 页。

⑥ 王绍荃主编：《四川内河航运史》，四川人民出版社 1989 年版，第 243 页。

设备简陋，技术落后。① 抗战爆发后为解决船舶修造问题，民生机器厂扩大规模，到 1942 年厂区面积达到 31 万平方米，其中厂房 9100 平方米，较战前增加 4 倍，机器装备 395 台，较战前增加 5 倍，职工人数达到 2200 多人，较战前增加 8 倍多。另外，招商局和三北轮船公司的造船厂也迁往四川，主要从事轮船修理。

不过由于西部地区内河航道较浅，不适合大型轮船的航行，因此战时交通部更注重发展西部的木船制造修理业。1939 年夏，交通部令驻重庆的汉口航政局设立造船处，筹办造船事宜，以增强川江航运能力。1941 年 1 月，又在汉口航政局造船处的基础上，设立了川江造船处。川江造船处共设 10 家造船工厂，长江区的重庆、泸县、宜宾 3 家，涪江区的绵阳、太和镇 2 家，嘉陵江区的南充、阆中、广元 3 家，乌江区的涪陵 1 家，綦江区的綦江 1 家。另有 3 个造船工场为该处成立后新设立的机构。1941 年 2 月，在三汇设立第一工场，并在渠县江口等处设立分场，将昭化工场改为第二工场，并在宜宾设立第三工场。1939 年和 1940 年，由交通部分别贷款 46.3 万元和 54.9 万余元，两年内共建造成木船 338 艘，计 7398 吨。其中，长江区为 96 艘，1770 吨；嘉陵江区为 157 艘，3612 吨；涪江区为 52 艘，900 吨；綦江区为 57 艘，456 吨；乌江区为 26 艘，660 吨。1941 年 1 月，川江造船处成立后，预定工款 107.8 万余元计划制造木船 2160 吨。适值全国粮食管理局委托该处代造渠江木船 3850 吨、涪江木船 1550 吨，以装运两江粮米。3 月开工制造，到年底共造木船 587 艘，计 6132 吨。其中，第一工场 430 艘，3850 吨；第二工场 38 艘，528 吨；第三工场 30 艘，450 吨；绵阳、太和镇两个造船厂 89 艘，1304 吨。自 1939 年至 1942 年的四年中，汉口航政局造船处及后来的川江造船处共造木船 1386 艘，计 23989 吨。②

1939 年 11 月，交通部在广西柳州设立了西江造船处，负责制造桂、粤、赣、湘四省船舶。西江造船处下设 5 个造船工场。即在柳城县五里洲设第一工场，在融县长安镇设第二工场。1940 年 2 月，该处接管广州航政局在柳州九头山村设立的造船工场，改为第三工场，继续造船。同年 8 月，在湖南衡阳增设第四工场，专造浅水轮船。1941 年初，在江西泰和增设第五工场，同年 3 月，开工制造。西江造船处在制造木

① 参见叶在馥《战后我国造船工业及战后之展望》，《交通建设》第 1 卷第 12 期，1943 年 12 月。
② 参见江天凤主编《长江航运史》（近代部分），人民交通出版社 1992 年版，第 518 页。

船方面取得了很大成绩。在 1940 年至 1942 年的三年间,共造木船 1130 艘,计 8201 吨。在西江造船处历年来所造的木船中,有川湘水陆联运处 239 艘,江西吉安县政府 120 艘,对川、湘、赣水上运输发挥了重要作用。①

1943 年,西江造船处与川江造船处合并改组为交通部造船处,统筹建造木船和浅水轮船。到抗战胜利前夕共制造大小木船 2619 艘,约 1349 吨,并制造浅水轮船及煤气机船共 15 艘,计 245 吨。② 据统计,到 1941 年仅重庆一地就有木船修造厂 130 余家,拥有水木工 3000 余人,比战前增长了 1 倍多。涪陵、万县、泸县、宜宾、乐山、赵镇、太和镇、绵阳、遂宁、南充、广安等港口造船厂也增加不少,约有 140 家,水木工 4000 余人③,因此战时西部的木船制造业得到了迅速发展。战时通过大力建造木船和浅水轮船,初步扭转了大后方木船业衰败的局面,增强了大后方的内河航运能力,有力地支持了抗战大业。同时也促进了大后方内河航运业的发展,有利于西部经济的开发。

(三) 公路运输与汽车修理业的发展

抗战时期,随着后方汽车运输业的发展,汽车修理制造业也得到了迅速发展。在四川,1926 年,成灌、华达两汽车公司营业之初,设修车场负责车辆装修。1933 年,四川公路总局设修车厂负责车辆的保养和修理。1935 年,四川公路局进一步充实和整顿机务机构,设总车场和分车场负责车辆管理、调度和保养、小修;设修车总厂负责车辆大修和零件制造。1937 年抗战爆发后,四川公路局先后设置车场 8 所,修理所 6 个。1940 年 6 月,公路局进行整顿,按路线设 3 个车场,车场下设修理场,负责保养小修。1945 年,公路局又一次调整机务机构,设成都修车厂及成都、内江、重庆、绵阳 4 个车场,在牛市口、球溪河、永川、成北、厂元、乐山设 6 个修理所。修车厂负责全局车辆大修及零件制造,各车场负责车辆保养、小修,各修理所负责行车救济。抗日战争时期,交通部各公路运输机构在川境所辖区段办事处设修理厂,承担本区段车辆的修理;在各食宿站设修理所、停车场,承担本区段车辆的保养小修和管理。1945 年,西南公路管理局重庆办事处设有海棠溪修理厂和梓桐、綦江修理所;南川办事处设有南川修理厂和秀山、黔江修

---

① 参见江天凤主编《长江航运史》(近代部分),人民交通出版社 1992 年版,第 518 页。

② 参见秦孝仪主编《中华民国重要史料初编——对日抗战时期》第 4 编战时建设 (3),台湾“中央文物供应社”1988 年版,第 966 页。

③ 参见王绍荃主编《四川内河航运史》,四川人民出版社 1989 年版,第 243—246 页。

理所；川滇东路管理局在泸州设修理厂和叙永修理所。川滇西路管理局在西昌、乐山、内江设修理厂，在会理、冕宁设修理所。①

滇缅公路的通车，还推动了沿线城市工业的发展，其中与汽车工业相关的汽车修理业发展较明显。为发展滇缅公路运输业，1938 年，交通部滇缅公路运输管理局设立了昆明、保山修车厂，下关修造厂，禄丰、永平、腊勐驻修所，楚雄、芒市车辆检修所等汽车维修企业，共有主要修造机械 58 台。② 抗战以前，楚雄县城有几家铁匠铺。滇缅公路通车后，出现个体修车铺，还有牟定来的和本地的流动小炉匠，每年春耕前，人数多达五六十人。③ 滇缅公路通车后芒市的汽车修理业也有所发展，西南运输处在芒市建立第五汽车修理厂，其厂长张代华还与芒市司代办方克光合资办"光华汽车修理厂"，两厂职工都在 50 人左右。④

战时贵州是西南公路运输的重要孔道。国际交通线切断后，汽车无法出口，汽车零配件不能大量从国外购入。贵州机器制造业的 80% 都是靠制造汽车零配件和修理车辆来维持的，生产的活塞等行销两湖、两广、甘陕乃至缅甸等地。在云南，大规模的公路建设带动了云南的汽车修理制造业及相关工业的发展。1938 年 1 月 1 日，云南省汽车营业股份有限公司成立，这是云南第一个官商合办的汽车运输公司，下设昆明总站和修理厂。1941 年 11 月，交通部成立运输统制局川滇东路运输局，该局在运输沿线设有泸州、毕节、威宁 3 个修车厂，叙永、宣威、曲靖 3 个驻修所，威宁器材库，以及 3 个酒精厂、5 个炼油厂。⑤

1938 年 2 月，西北公路运输管理局在兰州成立"兰州机厂"，厂内分设修理和制造两部。1941 年春，西北公路运输管理局决定筹备成立配件制造厂，同年 10 月 1 日，以兰州机厂制造部为基础，在兰州十里店成立兰州配件制造厂。配件制造厂初建时，共有会计、材料、设计、事务、制造 5 个股，并由制造股指挥 9 个工间进行生产。随着配件生产

---

① 参见四川省地方志编纂委员会编《四川省志·交通志》上册，四川科学技术出版社 1995 年版，第 350 页。

② 参见云南省地方志编纂委员会编《云南省志·交通志》，云南人民出版社 2001 年版，第 524 页。

③ 参见楚雄市地方志编纂委员会编《楚雄市志》，天津人民出版社 1993 年版，第 304 页。

④ 参见云南省地方志编纂委员会编《潞西县志》，云南教育出版社 1993 年版，第 131 页。

⑤ 参见云南省地方志编纂委员会编《云南省志·交通志》，云南人民出版社 2001 年版，第 524 页。

的发展，管理机构逐步进行了调整。1946 年配件制造厂把生产工间改组为机械、铸造、锻冶、车身、整车 5 个场，增设工事股，下设检验室和工具间。1941 年初成立时，全厂有员工 150 人，到 1945 年增加到293 人，其中管理人员 40 人占职工总人数的 13.7%。① 配件制造厂开始生产时，利用旧吉斯 5 型引擎两台，作为动力，交替使用。通过贯穿机器车间的天轴和皮带轮把动力传递给各种加工机床。铸、锻工间全用风箱，人力鼓风加热锻件和坩泥罐化铁。1943 年增加一套 15 千瓦发电机组。兰州配件制造厂成立时，由于设备和技术条件所限以自制本厂所需工具为主，附带生产一些简单配件。从 1942 年起赶制吉斯 5 型、吉斯 6型活塞、汽缸盖、钢板等配件产品，并逐步向生产难度大、技术要求高的方向发展。兰州配件制造厂的主要产品，据 1943—1947 年的统计，有十种车型近百种不同规格的汽车配件。产量不断提高，以活塞为例，1943 年年产 270 只，到 1945 年上升为 2816 只，1947 年 1 月至 8 月，即能生产吉斯、道奇、万国、福特、雪佛兰等 7 种型号的汽车活塞。②

抗战时期大后方交通运输除了推动西部手工纺织业、木船修理业和汽车修理业发展外，对西部其他经济部门也产生了推动作用。如陇海铁路咸同铁路的通车，也推动了沿线城镇工业、金融业的发展，这以黄堡镇表现最为明显。在陶器业方面，黄堡镇瓷器在宋代就已驰名，但直到咸同铁路通车后始有新式陶瓷工厂建立，其中最大的两家企业是建新实业公司陶瓷厂和新新实业公司瓷器厂，生产各种瓷器、耐火材料和隔电器材等。建新实业公司陶瓷厂 1941 年建成投产，资本 10 万元，到 1942年每月可生产各式碗碟、杯壶茶具等器皿约 25 万件，产品供不应求。新新实业公司瓷器厂建于 1940 年 5 月，资本 10 万元，月产值 7000元。③ 咸同铁路经过的富平县在铁路通车后工业也有发展，1941 年先后成立了频阳纺织工厂和西北麻纺织有限公司。其中频阳纺织工厂资本 2万元，每月出品十丈长二尺宽白洋布 30 匹，交军需局。西北麻纺织公司 1941 年 7 月成立，资本 30 万元，月需麻 8000 斤，织麻袋 200 袋，

---

① 参见甘肃省公路交通史编写委员会编《甘肃公路交通史》，第 1 册，人民交通出版社1987 年版，第 355 页。

② 同上书，第 356 页。

③ 参见黎锦熙《洛川同官两县之工业与商业》，《陕行汇刊》第 8 卷第 3 期，1944 年 6月。

"品质甚佳，为后方各省之冠"①。

耀县在咸同铁路通车前没有现代金融机构，全县的借贷事项均由钱庄或巨富经营，其利率以时节和借贷数量而定。咸同铁路通车后由于商业日益繁荣，传统钱庄已不适应汇兑需要，于是 1939 年陕西省银行在此设立了办事处，开办各种银行业务。1939 年 9 月中国农民银行在此建立分理处，专办农贷事宜。1942 年耀县银行重新成立，资本 15 万元，办理存放款和少量农贷。②

第四节　大后方交通与西部矿业开发

交通对矿业开发的影响是显而易见的。从理论上讲，交通对矿业开发的影响主要是通过降低运费和刺激矿产品消费两种方式发挥作用。如铁路运输的发展首先通过直接降低矿产品的运输成本，推动了煤炭业的开发。同时，铁路运输的发展还直接刺激了煤炭消费，从而推动了煤炭业开发。从计量统计分析也可以印证交通与相关矿业之间存在紧密关系。如前所述，对抗战时期国统区铁路货运量与煤炭产量进行计量分析发现，在 1940 年至 1944 年间国统区铁路运量和煤炭产量两个变量的相关系数为 0.909，具有显著正相关。③此外，战时公路运输业的发展也促进了后方炼油工业的发展。通过计算，1939 年至 1944 年间国统区公路货运量和燃油产量两个变量的相关系数为 0.719，具有较明显的正相关。回归直线方程为：$Y = 150000 + 0.0476X$。设其基本模型为：$Y = a + bX$，式中 Y 代表汽车货运量，X 代表燃油产量。运用的是回归分析法，即统计学上的最小二乘法原

---

① 参见宋国荃《陇海铁路咸同段沿线各县经济调查·富平》，《陕行汇刊》第 7 卷第 5 期，1943 年 10 月。

② 参见宋国荃《陇海铁路咸同段沿线各县经济调查·耀县》，《陕行汇刊》第 7 卷第 5 期，1943 年 10 月。

③ 回归直线方程：$Y = 11.84401 + 0.0857X$，式中 Y 代表铁路货运量，X 代表后方煤炭产量。1940 年至 1944 年间国统区铁路运量和煤炭产量数据见表 14《重要矿产量》、表 36《国营铁路运输》，载国民政府主计处统计局编《中华民国统计提要》，1947 年印，第 28—29、77 页。

理。① 因此，战时后方交通与煤炭业和油矿业呈明显正相关，战时后方交通的发展也推动了后方矿业的发展。

一　西部煤业的开发

战时大后方交通对沿线煤业发展的影响是显而易见的。如在陕西分为三大煤区，即关中煤区、陕北煤区和陕南煤区。关中煤区范围东以黄河为界，西以甘境为界，北由桥山梁山起，南迄渭河槽形断带止，东西长约 300 公里，南北宽约 70 公里，包括郿城、邠阳、澄城、白水、蒲城、益君、通关、耀县、淳化、枸邑、邠县、长武、麟游、凤翔、陇县、汧阳等县。陕北煤区范围东至黄河，西至甘境，北至绥远，南至梁山，包括陕北所有县份。陕南煤区范围是秦岭以南，巴山山脉以北，包括南郑安康两行政区所属各县。陕西的三大煤区的开发程度却大不相同，其中以关中煤区的煤业最为发达，原因之一就是关中地区交通相对便利。"陇海铁路在其南，凤陇、西兰、咸汧、西韩（西安至韩城）各公路，贯穿其间。"1939 年"渭白轻便铁路已告成功"。② 尤其是 1941年咸同铁路的通车大大促进了煤区煤业开发。战时大后方交通对沿线煤业发展的推动作用主要体现在四个方面：

第一，专用交通线的修建和扩建，促进了沿线矿业的开发。抗战期间，国民政府与地方政府为适应战时工矿业的发展，采用了兵工或征工办法，修筑了许多专用厂矿路线及支线。在公路建设方面，战时四川的专用交通线有彭宝支线、龙溪支线等。彭宝支线自彭县起经龙兴场、关口、宝兴场至下炉房，为彭县铜矿局专用公路，长 50 公里，由行营派兵兴建，1938 年 7 月完工。龙溪支线自长寿起至涪陵袁家坪，长 28 公里，是资源委员会龙溪河水力发电厂专用路线，1938 年7 月建成。此外，还有小龙坎至张家溪重庆炼钢厂专用路线，巴县一品场经太平庄至石油沟，以及太平庄至飞仙岩石油矿专用路线等。③在铁路建设方面，主要的运煤铁路线有綦江铁路和咸同铁路。綦江铁路主要是为运送供应大渡口钢铁厂的煤而修建的。1940 年春，由国防

① 1939 年至 1944 年间国统区公路货运量与燃油产量数据见表 14《重要矿产量》、表 39《国营公路运输》，载国民政府主计处统计局编《中华民国统计提要》，1947 年印，第 28—29、81 页。
② 白士俑：《陕西煤田分布评述与提供改良土矿之意见》，《西北论衡》第 7 卷第 1 期，1940 年 1 月。
③ 参见王立显《四川公路交通史》，四川人民出版社 1989 年版，第 143 页。

工业委员会军政、经济两部合办的大渡口钢铁厂，是抗战时期大后方最大规模的制炼钢铁工厂，所需要的原料，全部由綦江上游沿蒲河及松坎河的煤铁矿供给。由于綦江水运困难，每年运量仅及该厂需要的1/3，不能匹配，必须修筑从矿区通至长江边的铁路，以便运输。此外，许多大中型煤矿在自己的矿区修建了轻便铁路，以解决煤炭的短途运输问题。如广西的合山煤矿股份有限公司在抗战期间共有3处矿场，即合山本矿、合山东矿和河里新矿，都在迁江县城。迁江县城上距柳州122公里，下距南宁138公里。根据这种情况，公司投资自筑一条轨距1米的轻便铁路，干线长65公里，加上支线共70多公里。由合山本矿直达迁江，并与其他各矿相连，通过这条铁路，合山煤矿与市场的联系加强。一方面，这条轻便铁路与全国的铁路干线湘桂铁路相接，煤从合山运到来宾后，便可通过湘桂铁路运到广西、湖南以及全国的许多地方；另一方面，这条铁路也与港湾相同。煤运到白鹤隘后，便可经水路到达梧州、广州等地。[①]

抗战期间修建和扩建的众多专用交通线中，咸同铁路对交通沿线矿业发展，尤其是对同官矿区开发的推动作用表现明显。咸同铁路主要为运送同官煤矿的煤而修建。咸阳以北的同官县有丰富的煤矿，1937年至1941年，同官有南北两区煤田，总面积约44平方公里，地质储量2.84亿吨。[②] 通过修建咸同铁路解决了同官煤炭的运输问题，而且促进了煤炭开发。在咸同铁路未修建以前，由于交通不畅，同官矿区的煤炭业发展十分缓慢。1933年，同官先后开采的矿井有五里铺、十里铺、四合沟、五石凹、东邻村、马家河、埝头沟、陈炉镇、苜蓿坡、雷村南嘴、杨家沟、韩古沟、宋家河、炭科沟、椿树沟和川口16处，出现了合股经营等新型煤矿公司。同官所产煤炭主要销售附近地区，导致当地煤炭价格低廉，而西安等工业城市的煤炭价格高昂。如西安煤价每吨高达30余元，市场感到煤炭不敷使用，与此相反，同关煤区每吨煤炭售价仅为6元，煤炭销路不畅。[③] 销路范围的狭小，既不利于同官煤矿的发展，也不利于西安、宝鸡等工业城市的煤炭供给。1941年底咸同铁路通车后，改变了同官煤炭矿区的运销条件，铁路沿线矿厂林立，产量

---

① 参见唐凌《抗战时期的中国煤矿市场》，《近代史研究》1996年第5期。

② 参见陕西省铜川市地方志编纂委员会编《铜川市志》，陕西师范大学出版社1997年版，第232页。

③ 参见白士倜《陕西煤田分布评述与提供改良土矿之意见》，《西北论衡》第7卷第1期，1940年1月。

迅速增加。1942 年，陇海铁路共运送烟煤 167975 吨，无烟煤 10451 吨。[①] 到 1944 年，陇海铁路运送烟煤 200660 吨，无烟煤 1654 吨。[②] 陇海铁路咸同支线的投入运营，极大地促进了同官煤矿的发展。同官煤矿的发展以 1941 年为界可以明显地划分为两个阶段。1941 年以前，同官的煤炭开采量较小，在 1 万吨至 7 万吨之间。1941 年后，不仅突破了 10 万吨大关，而且 1943 年达到了 54 万多吨，是抗战前最高年份 1937 年 7.2 万吨的近 8 倍。不仅同官矿区的煤炭产量增加迅速，而且煤炭的运销范围也扩大了。在 1941 年咸同铁路通车前，同官煤矿的煤无法大量外运销售，主要靠人力和牲畜驮运到附近城乡，销售范围及销售量小。咸同铁路通车后，同官煤矿的煤行销西安、咸阳和陇海铁路沿线的工厂、作坊。同官煤矿的原煤运销量逐年增加，从 1942 年的 9000 吨增加到 1945 年的 13600 吨，相反原煤的零售量则逐年减少，由 1941 年的 11000 吨减少到 1945 年的 400 吨。造成这种现象的主要原因是同官铁路通车后，原煤主要由铁路运输，运销范围扩大，自然原煤运销量增加。相反，以前由于交通不便，运销范围较窄，原煤主要靠零售，铁路修通后，零售量则逐年减少。豫东沦陷，铁路机车及西安工厂用煤来源减少。1939 年陕西省政府与陇海铁路局合组了同官煤矿，全称是陕西省政府陇海铁路局同官煤矿，有职员 170 余名，矿工 2000 余名。[③]

抗战前修建的北川轻便铁路是四川唯一一条铁路，作为一条运煤铁路专线，抗战时期得到了扩建。1938 年 3 月 22 日，天府煤矿股份有限公司、中福煤矿和北川铁路公司合并组成了"天府矿业股份有限公司"。为满足重庆对煤炭的需求，天府公司加快了煤炭的地面运输建设。本来天府煤矿与北川轻便铁路相连，但随着煤炭运输量的日益增加，北川轻便铁路已不适应运输的需要。于是天府公司在第一期建设中新修了峰厂到车站的运道，使运输衔接，同时将水岚垭至代家沟一带的铁路改铺 35 磅铁轨，100 匹马力机车可以全线运行。第二期生产建设从 1942 年开始，到 1943 年底完成，建成的项目包括延长铁路线 15.5 公里，增

---

① 参见表 21《铁路主要商运货物》，载交通部统计处编《中华民国三十一年交通部统计年报》，1944 年印，第 54 页。

② 参见表 17《铁路主要商运货物》，载交通部统计处编《中华民国三十三年交通部统计年报》，1946 年印，第 54 页。

③ 参见《陕西省政府、陇海铁路局同官煤矿视察报告》，中国第二历史档案馆藏，资料号：669/356。

添机车 3 辆和载重 5 吨的煤车 48 辆，运输能力从日运量 900 吨提高到 1500 吨。① 经过对北川轻便铁路的改造，到 1942 年底，天府轻便铁路线从嘉陵江白庙子至大田坎，里程延长为 16.8 公里，设有 10 站，包括白庙子、水岚垭、麻柳湾、万家湾、文星场、后峰岩、土地垭、戴家湾、大岩湾、大田坎，拥有运煤车 61 辆，每辆载重 5.5 吨。② 通过这些措施，天府轻便铁路的运煤量有所增加，仅为天府煤矿公司运输的煤炭数量，1939 年为 154850 吨，1940 年为 183705 吨，1941 年为 219357 吨，1942 年为 275609 吨。③ 由于运输条件的进一步便利，天府公司的煤炭月产量最高达到 5 万吨，比原来的最高月产量 4000 吨增加了 10 倍以上。据 1944 年 2 月 17 日的《商务日报》报道：嘉陵江区的煤矿由于抗战爆发增产 3 倍，月产量为 7 万吨，而天府煤矿在抗战期间重庆 197 家大小煤矿中，占总产量的 70%，拥有压倒优势。④ 天府煤矿历年产量见表 37。

表 37　　　　　　　天府煤矿历年产量表　　　　　（单位：吨）

时间	1938.5—12	1939	1940	1941	1942	1943	1944	1945
产量	54922	71434	107173	168879	222287	352131	379954	451681

资料来源：文集成、章体功：《官僚资本主义的天府煤矿》，《四川文史资料选辑》第 9 辑，第 119 页。

在抗战期间，除天府煤矿发展迅速以外，三生才、宝源、江合、东林等煤矿都纷纷扩充设备，开辟运道，发展较快。新成立的煤矿公司主要有华安、华银、全济、华昌、义大等。在 1938 年，川省产煤不过 140 余万吨，但到 1940 年则增加到 279 万余吨。⑤

① 参见文集成、章体功《官僚资本主义的天府煤矿》，《四川文史资料选辑》第 9 辑，第 115—117 页。
② 参见修诚《天府轻便铁路运输能力之调查及其改进办法》，《交通建设》第 1 卷第 1 期，1943 年 1 月。
③ 参见《天府矿业股份有限公司历年产运吨量总表》，载修诚《天府轻便铁路运输能力之调查及其改进办法》，《交通建设》第 1 卷第 1 期，1943 年 1 月，第 63—64 页。
④ 参见文集成、章体功《官僚资本主义的天府煤矿》，《四川文史资料选辑》第 9 辑，第 118 页。
⑤ 参见《行政院工作报告——有关内迁厂矿、发展工业及开发矿产部分》（1938 年至 1945 年），载秦孝仪主编《中华民国重要史料初编——对日抗战时期》第 4 编战时建设（3），台湾"中央文物供应社"1988 年版，第 601—602 页。

陕西渭白（渭南至白水）轻便铁路的修建也促进了白水县煤矿的开发。为方便运输白水新生、新兴两矿煤炭，以供应交通、工业军需及民用，陕西省政府决定修建渭南至白水间的轻便铁路。铁路于 1938 年 6 月动工，9 月建成。线路从渭南站出发，经固市、党木、荣城到达白水矿区，全长 79.49 公里。渭白铁路有运煤铁皮车 400 辆，木架车 100 辆，每辆车载重 1 吨，每月最高运量 1600 吨。① 渭白铁路的修建，推动了白水新生煤矿的开发。白水新生煤矿股份有限公司是 1936 年由西安和白水的地方人士韩仲鲁、徐裕如、刘楚材等人集资成立的。原来由于运输困难，影响了煤矿的发展。1939 年渭白铁路直接修到了新生煤矿的矿井井口，使得月运量由原来的五六十吨增加到 100 吨，增加了约 1 倍②，新生煤矿也成为陕西主要的煤矿。

第二，大规模的交通建设尤其是铁路建设带动了交通沿线煤矿业的发展。众所周知，煤是火车的动力来源。抗战前，西部的铁路交通比较落后，铁路运输未普及。抗战爆发后，随着西部地区大规模的铁道建设的进行，铁路部门对煤炭的需求量大大增加，间接刺激了煤矿产业的发展，这突出地表现在黔桂铁路和湘桂铁路通车后带动了贵州和广西煤矿业的发展。贵州煤矿公司 1941 年产烟煤 6387 吨、焦炭 2307 吨，大都为当地民众用作燃料。黔桂铁路通车后，该公司积极开发林东煤田，以满足其需要。③ 尤其是由于湘北沦陷，湘煤供应中断，黔桂铁路和湘桂铁路需要大量的煤炭，广西煤炭供不应求，出现了"煤荒"。1942 年湘桂铁路有机车 106 辆，牵引动力 1366 公吨，客车 169 辆，载客容量 9886 人，货车 1127 辆，载重量 33122 公吨。④ 黔桂铁路 1941 年部分路段投入营运，有机车 60 辆，牵引动力 848.74 公吨，客车 43 辆，载客容量 2859 人，货车 668 辆，载重量 21370 公吨。⑤ 1943 年湘桂铁路月用烟煤最高数量为 18000 吨，最低数量为 15000 吨，黔桂铁路每月用烟

①　参见陕西省地方志编纂委员会编《陕西省志·铁路志》，陕西人民出版社 1993 年版，第 75 页。

②　参见王鲁斋《白水煤矿今昔》，《陕西文史资料》第 12 辑，第 209 页。

③　参见吴克颐《抗战时期国营煤矿之开发及增产利用》，《资源委员会季刊》第 5 卷第 3 期，1945 年 9 月。

④　参见《湘桂铁路车辆》表，载广西省政府统计处《广西年鉴》第 3 回，1944 年印，第 1041 页。

⑤　参见《黔桂铁路车辆》表，载广西省政府统计处《广西年鉴》第 3 回，1944 年印，第 1054 页。

煤最高数量为10000吨，最低数量为9000吨。^①而广西最大的合山煤矿1943年上半年煤炭产量仅为4000吨，因此广西的煤炭缺口很大。鉴于此，官办平桂矿务局接办西湾煤矿，官商合办迁江合山股份有限公司迅速发展，并促使兴安、全州、忻城、迁江、横县、榴江、罗城、柳城、恩阳、奉议、绥渌、上思、思乐、贵县、来宾、百色、天河、平乐、融县、邕宁、宜北等县，先后兴办民营煤矿500多家。由于煤矿数量增加，广西煤炭产量也迅速增加，具体见表38。

表38　　　　　　　抗战期间广西原煤产量表　　　　（单位：吨）

年份	1937	1938	1939	1940	1941	1942	1943	1944	1945
产量	27225	31685	35800	35882	71987.47	92320.59	128992	93336.90	3229.34

資料来源：《历年各矿产量》表，载广西省政府统计处编《广西年鉴》第3回，1944年印，第590页。

可以看出，广西的煤炭产量逐年上涨，其中以1943年的产量为最高，是1937年的4倍多。在1943年，黔桂铁路和湘桂铁路都已投入使用，不仅促进了煤炭的运销，而且需煤量大增，刺激了广西煤炭的生产，因此这一年的煤炭产量最高。仅1942年，湘桂铁路共运送烟煤12376.910吨，无烟煤26518.455吨。^②到1944年，由于爆发了豫湘桂战役，黔桂铁路和湘桂铁路都遭到了很大的破坏，加上日军对煤矿的破坏，广西煤炭产量下降。到1945年由于广西许多煤矿关闭，煤炭产量急剧下降，不及战前。

另外，云南的明良煤矿在抗战期间由资源委员会改组，资源委员会投资220万元，原矿商以资产作价60万元，共280万元的股金，于1939年9月1日成立了官商合办的明良股份有限公司。明良公司所产煤炭在抗战前期主要供应昆明工厂、滇越铁路和个碧石铁路的用煤需要。其中，1939年滇越铁路和个碧石铁路分别所需的16800吨和4500吨煤炭大多数由明良煤矿公司供应。^③进入抗战中后期，明良煤矿公司的煤

① 参见《四联总处关于湘桂粤赣四省工矿业状况的调查报告》（1943年10月），载中国第二历史档案馆编《中华民国史档案资料汇编》第5辑第2编财政经济（6），江苏古籍出版社1994年版，第210页。
② 参见表21《铁路主要商运货物》，载交通部统计处编《中华民国三十一年交通部统计年报》，1944年印，第54页。
③ 参见张肖梅主编《云南经济》，中国国民经济研究所1942年印，第J53页。

炭主要满足叙昆铁路的用煤需要。在云南，叙昆铁路工程局为适应明良煤矿公司的需要，修建了由小新街至喷水洞的铁路支线。小喷支线及车站作为叙昆铁路的一部分，由叙昆铁路工程局管理。叙昆铁路工程局小喷支线每年计划运输煤炭 10 万公吨，并且运输明良煤矿的煤炭按照最低等运价核收运费，担保运价不高过其他任何货商运输同样煤斤的运价。① 云南铁路运输业的发展，刺激了明良股份有限公司的发展。成立时，公司只有职员 158 人，工人 678 人。到 1940 年，明良公司开凿了万寿山平硐和喷水洞 1、2 号井，公司职员增加到 180 人，工人增加到 3040 人。1940 年 3 月，为增大煤炭运量和降低运费，公司投资法币 995 万元，修筑了万寿山至永丰营的轻便铁路，1943 年全线通车，日运煤 200 吨。为满足计划修建的叙昆铁路的用煤需要，国民政府资源委员会还于 1938 年确定在云南羊场煤矿矿区内打锁坡和来宾观音堂两处创办国营煤矿，并与云南省政府主席龙云商定成立宣明煤矿公司，龙云任董事长。1940 年 1 月 1 日，宣明煤矿公司成立，总公司设在宣威县城，下辖打锁坡和来宾观音堂两矿，1940 年 7 月出煤。1940 年至 1943 年宣明煤矿公司共产煤 32427 吨，焦煤 11762 吨。②

第三，铁路运输业的发展增加了煤炭需求量，扩大了煤炭运销范围，进而拉动了煤炭消费，为后方煤业的发展提供了稳定可靠的市场。以滇越铁路为例，在滇越铁路通车以前，云南各地所产煤炭限于交通不便主要用于满足当地民众取暖、做饭等生活需求，煤炭需求量有限。随着滇越铁路通车，煤炭需求量增加，其中铁路部门是重要的煤炭消费部门。众所周知，煤是蒸汽火车的动力来源，铁路部门对煤炭的需求量很大，直接拉动了煤炭消费。仅 1936 年至 1940 年五年间，滇越铁路总共用煤 70317 吨，年平均用煤 14063.4 吨。③ 滇越铁路所需煤炭主要由可保村煤矿供给，可保村所产优质煤年产量达到一千数百万斤，"滇越铁路一部分的燃料，仰给这里供给"④，因此，滇越铁路直接推动了可保村煤业的发展，其中尤以可保村煤矿区的明良煤矿公司受益最大。在 1939 年，滇越铁路所需的 16800 吨煤炭大多数由明良煤矿公司供应。⑤

① 参见《叙昆明良小永煤矿支线合同》，中国第二历史档案馆藏，资料号：567/1144。
② 参见钱昌祚主编《云南省志·煤炭工业志》，云南人民出版社 1995 年版，第 545 页。
③ 参见王德滋《云南之煤矿》，《资源委员会季刊》第 1 卷第 1 期，1941 年 9 月。
④ 詹念祖编：《云南一瞥》，商务印书馆 1931 年版，第 51—52 页。
⑤ 参见张肖梅编《云南经济》，中国国民经济研究所 1942 年印，第 J53 页。

在 1940 年，明良煤矿公司向滇越铁路供给 16014.43 吨烟煤①，占明良煤矿公司总产量的 47.36%。滇越铁路作为明良煤矿公司的最大客户，为明良煤矿公司的煤炭销售提供了稳定的市场，推动了明良煤矿公司的发展。不仅如此，滇越铁路也推动了其他煤矿公司的发展。云南大型煤炭公司主要有明良公司、兴源公司、复成公司、大发公司和裕通炭局，1940 年五大煤矿公司总产量为 45577.09 吨，滇越铁路从中购买的烟煤为 20097.09 吨②，占五大煤矿公司总产量的 44.09%。时人也说云南境内最大的煤炭消费者只有四个，即滇越铁路、个碧石铁路、纺纱厂的动力厂和炼锡公司。若没有这四大主顾，云南煤的消费"亦许还不到两三万吨"③。所以，滇越铁路增加了云南煤炭需求量，为煤业的发展提供了稳定可靠的市场，有利于铁路沿线煤矿业的迅速发展。

此外，滇越铁路的通车还扩大了煤炭的运销范围。云南的煤炭产区是宜良、开远、嵩明等地，而消费区主要是昆明和个旧等地。在滇越铁路未通之前，宜良、开远、嵩明等地所产煤炭主要用于本地消费，运销范围的狭小既不利于当地煤业的发展，也不利于昆明、个旧等城市的工业发展。滇越铁路通车以后，铁路将宜良、开远、嵩明等煤炭产区和昆明、个旧等煤炭销售市场连成一线，既方便了这些地区的煤炭外运，也便利了个旧、昆明等城市的煤炭供给，形成了双赢的良好格局。以昆明为例，据 1939 年调查，昆明所需煤炭来源分"西路、东路和南路，以南路为最多，在九成以上"，南路指"可保村、圭山、布沼、小龙潭、水塘、路南、弥勒、罗平等地，水塘来者以灰煤为主，布沼、小龙潭以大煤为主，可保村以生煤炼煤为主"④。也就是说，昆明所需煤炭的90% 由滇越铁路沿线的煤矿供给，促进了昆明工业发展。因此，滇越铁路的通车，将宜良、开远、嵩明等区煤炭运销范围扩大至昆明、个旧等地，不仅推动了铁路沿线煤矿业的迅速发展，而且也推动了昆明等城市工业的发展，从而加速了云南工业化进程。

不仅如此，滇越铁路的通车便利了煤炭运输，降低了运输成本，推动了铁路沿线地区的煤业开发。制约煤矿业发展的因素除了销售市场外，还包括交通运输条件。在煤业部门中，煤炭运输成本在总成本中占了很大比重。就云南的煤炭运输而言，1939 年，宜良可保村"煤的开

---

① 参见王德滋《云南之煤矿》，《资源委员会季刊》第 1 卷第 1 期，1941 年 9 月。
② 参见王德滋《云南之煤矿》，《资源委员会季刊》第 1 卷第 1 期，1941 年 9 月。
③ 丁佶：《云南的煤矿业》，《云南实业通讯》第 1 卷第 3 期，1940 年 3 月。
④ 陈建棠调查：《昆明市之用煤与来源》，1939 年油印，第 1 页。

采成本每吨不过八九元，该煤在昆明售价八九十元，此中大部分是运输费用"①，运输成本占总成本的 80％ 左右。由于煤业中运输成本占总成本的比例高，所以交通运输成了制约煤业发展的瓶颈。滇越铁路的通车，极大地方便了煤炭运输，从而推动了铁路沿线地区煤业的迅速开发。关于滇越铁路沿线各车站的煤炭运量具体情况见表 39。

表 39　　　　　　　滇越铁路云南境内主要车站煤炭运量表　　　　（单位：吨）

年份	总量	可保村	水塘	大塔	宜良	大庄	狗街	其他
1933	36734	21030	8031	1100	3306	1670	1467	130
1934	28828	14039	6845	2400	2723	1357	1284	170
1935	37218	20144	6769	4030	2024	2073	2052	126
1936	38384	16042	8127	7427	1941	2462	2384	
1937	35029	18322	7121	4061	2140	1220	2005	160
1938	29920	17501	5869	5720		466	260	103
合计	206113	107078	42762	24738	12134	9248	9452	689
年平均	34352	17846	7127	4123	2022	1541	1575	115
占总量百分比（％）	100	51.95	20.75	12.00	5.89	4.49	4.59	0.33

资料来源：丁佶：《云南的煤矿业》，《云南实业通讯》第 1 卷第 3 期，1940 年 3 月，第 49 页。

可以看出，1933 年至 1938 年六年间，滇越铁路在云南境内主要车站的年煤炭运量在 2.9 万吨至近 3.8 万吨之间，年平均运煤 34352 吨，主要起运地点为滇越铁路沿线的可保村、水塘、大塔、宜良、大庄、狗街等车站。其中，可保村车站的煤炭运量最大，六年间运煤总量约 10.7 万吨，约占运煤总量的 60％。其次为水塘车站，运煤总量约 4.28 万吨，约占运煤总量的 21％。此外，大塔、宜良、大庄等车站的运煤量分别占总量的 12％、5.89％、4.49％。可保村车站的煤炭外运量最大的原因在于"可保村的地点为最有利"，"可保村煤山离滇越铁路可保村车站平均只二十公里，可保村车站离昆明五十公里"②。位于可保村车站附近的明良矿区也因交通便利，煤业发达，不仅有实力雄厚的明良煤矿公司，而且还有众多其他煤业公司。在明良矿区 30 公里煤线上，

①　丁佶：《云南的煤矿业》，《云南实业通讯》第 1 卷第 3 期，1940 年 3 月。
②　丁佶：《云南的煤矿业》，《云南实业通讯》第 1 卷第 3 期，1940 年 3 月。

出现了兴源、复成、昆林、裕通、美信、三益、同洛、华昌、大发、二龙戏珠等煤矿公司。各公司因利厚争相生产，煤炭供过于求。1930年，联合成立可保村煤业同业公会，负责煤质检验，统一售价，联系销路，分配售额，形成了分产合销的联营方式。在1905年至1939年间，明良矿区共产原煤10.9万吨。[①] 位于大塔车站附近的主要煤矿是乌格煤矿，所产"煤之大部悉由滇越铁路运至碧色寨车站，再利用碧石铁路运至个旧，每车平均载煤约十吨，由大塔至碧色寨需运费十三元五角，碧色寨个旧间则需运费五十元"[②]。小龙潭车站附近的布沼矿区和小龙潭矿区煤业也较发达。到1939年，在布沼矿区开采的公司有煤业、大同、开明、富民、宝利和5家，统称下公司。在小龙潭矿区开采的有云丰、普益、义利、宝聚、锦铭5家，统称上公司。两个矿区共有煤槽43个，工人580人，年产煤3.2万吨，销往开远、蒙自、个旧。[③] 因此，滇越铁路沿线附近煤矿区随着交通条件的改善，煤业得到大规模开发。

第四，轮船运输业的发展也促进了煤矿的开发。以重庆为例，抗战爆发后，由于大批沿海轮船公司迁入重庆，轮船数量大增。在重庆的轮船中，蒸汽轮船占多数，到1945年，重庆有蒸汽轮船和煤气轮船共90艘，合16481吨，而重庆当时轮船总计128艘、21922吨，分别占总数的70%和75%。[④] 由于轮船运输以蒸汽轮船占多数，需煤量大增，所以也刺激了煤炭业的发展。据1938年统计，重庆全年需煤约65万吨，其中轮船用煤77520吨，占总数的12%。[⑤] 到1944年，重庆轮船运输每月消耗煤炭11600吨。[⑥] 照此推算，一年消耗煤炭约139200吨，是1938年消耗量的1.8倍。无疑，轮船用煤数量的增加，为重庆及其周边地区煤业的发展提供了稳定的煤炭消费市场，从而有利于煤业的发展。

---

① 参见云南省地方志编纂委员会编《云南省志》卷24，云南人民出版社1995年版，第565页。

② 王竹泉、路兆洽：《云南开远县乌格煤田》，《地质汇报》第33号，1940年1月。

③ 云南省开远市地方志编纂委员会：《开远市志》，云南人民出版社1996年版，第112页。

④ 傅润华、汤约生主编：《陪都工商年鉴》第8编，文信书局1945年版，第11页。

⑤ 傅润华、汤约生主编：《陪都工商年鉴》第10编，文信书局1945年版，第3页。

⑥ 王成敬：《四川经济的区域性与区域建设》，《四川经济季刊》第2卷第4期，1945年10月。

二　西部油业的开发

进入 20 世纪，西部的陕西、甘肃、宁夏、新疆等地陆续开办了一些土法石油矿。由于开采办法落后，产量很低，仅供当地居民照明用油。到 1931 年，西部最大的油矿陕西延长油矿产油 552 桶（每桶 190 升），甘肃、四川和新疆分别产油 100 桶、144 桶和 300 桶。[①] 抗战爆发后，由于沿海各地相继失守，国民政府数百万军队的调动及其装备给养的调动、原料机器设备输送及进出口商品的运输很大部分依赖公路运输。据当时估计，"就军政方面而论，年需汽油约 3100 万加仑，柴油约 3600 吨，交通方面，仅西南西北二公路局，年需汽油约 400 万加仑"[②]。1939 年 9 月 5 日，张嘉璈在日记中也记载国内民运军运汽油，月需一万吨，而存油现不超过数千吨。[③] 尤其是西部地区经过大规模的交通建设，汽车数量增加，汽车用油量也急剧增加。在抗战前夕，西南的四川、西康、贵州、云南、广西汽车数量仅几百辆而已，而 1936 年全国共有汽车 44800 辆。[④] 抗战爆发后，中央运输系统车辆相继进入西部地区，加上军用车辆，西部汽车数量大增。以贵州为例，可以看出贵州汽车数量的增长情况：

表 40　　　　　　　　　1938—1945 年贵州车辆统计表　　　　　　　（单位：辆）

年份	1938	1939	1940	1941	1942	1943	1944	1945
数量	901	1444	3602	3452	3636	3453	3159	3056

资料来源：林辛：《贵州近代交通史略》，贵州人民出版社 1985 年版，第 119 页。

可以看出，贵州抗战期间的汽车数量增长很快，1945 年的汽车数量是 1938 年数量的 3.4 倍。由于汽车数量的增加，对汽油的需求量也增加。此外到抗战中期，滇缅公路被日军截断，造成进口油料来源困难。这些原因使得汽油供需差距巨大，造成油料价格飞涨。在抗战时期后方燃料价格上涨远远超过了其他物价上涨程度。若以 1937 年 1 至 6 月指数为 1，则

---

① 陈真编：《中国近代工业史资料》第 4 辑，三联书店 1961 年版，第 940 页。

② 《西南各省三年国防计划大纲》，中国第二历史档案馆藏，资料号：28/1000。

③ 参见姚崧龄编《张公权先生年谱初稿》上册，台湾传记文学出版社 1982 年版，第 229 页。

④ 郭晓泉：《抗战时期的西南公路交通》，载四川省中国经济史学会等编《抗战时期的大后方经济》，四川大学出版社 1989 年版，第 195 页。

1937 年 12 月，总指数为 0.98，燃料指数为 1.25；以后燃料价格指数始终高于总指数，1942 年 12 月，总指数 57.41，燃料指数 139.42。[①]

鉴于上述严峻的汽油短缺形势，国民政府一方面寻求用酒精或植物油作汽油的代用品，另一方面积极开展石油开采工作。在抗战期间油矿开采主要在甘肃、新疆两省进行。1938 年 12 月，经济部部长翁文灏设立甘肃油矿筹备处，选定玉门县老君庙一带，从事石油勘测工作。1941 年 3 月，成立了甘肃油矿局，到 1941 年秋，先后钻井 8 口，产油丰富。由于矿区所需物资全需从远处运入，如何保证这些器材物资的采购输运就成了矿局初建时的中心工作任务。为此，资委会将矿局设于重庆，直接管理财务及购办转运设备事宜，又在重庆设立运输处，沿途设立十几个中转站，将各种物资源源不断地远往玉门。据孙越崎回忆，"前方生产建设在玉门，后方收购转运在重庆，这是当时玉门油矿的总布局，也是当时油矿生产建设能够很快成功的关键所在"[②]。

在 1942 年玉门油矿完成油井三口，其中 1 井出油最旺，日产原油五六百桶，汽油产量达 180 余万加仑。在抗战时期，甘肃、陕西、新疆、宁夏、青海各省所用油料仰赖玉门油矿供应。抗战时期甘肃玉门油矿历年产量如下：

表 41　　　　　　　　**抗战时期玉门油矿产量表**　　　　（单位：加仑）

年份	原油	汽油	煤油	柴油
1939	128784	4160	4101	7393
1940	414702	73463	32335	61535
1941	3635109	209321	112590	141125
1942	14262330	1895724	596935	53090
1943	18769785	3036594	558458	28468
1944	21202450	4047940	2157657	155374
1945	20253960	3766347	1654197	270292
合计	78667120	13033549	5116273	717277

资料来源：陈真编：《中国近代工业史资料》第 4 辑，三联书店 1961 年版，第 942 页。

---

①　参见吴岗《旧中国通货膨胀史料》，上海人民出版社 1958 年版，第 165—166 页。
②　郑友揆、程麟荪、张传洪：《旧中国的资源委员会（1932—1949）——史实与评价》，上海社会科学院出版社 1991 年版，第 92—93 页。

可以看出，玉门油矿的汽油、煤油和柴油产量逐年增加，1945年的产量分别是1939年产量的3133倍、1248倍和97倍，增加速度非常快，使得中国的石油工业获得了初步的发展。玉门油矿开采的油料，汽油绝大部分供西北公路局使用，一部分配售西北地区军事机关。煤油、柴油在西北地区销路较狭，则销往重庆等后方重要城市。由于矿区远离西南，运费极巨，矿局成立了皮筏运输队，利用甘肃传统的交通工具羊皮筏办理从广元到重庆长1400多公里的油料运输。羊皮筏一次可载油料30多吨，比汽车运输节省运费80%，且较为安全、方便。[①] 1941年以后，玉门油田的产油量迅速增加，煤油的销售范围有所扩大，玉门至重庆公路沿线的较大城市以及重庆上下的沿江城市都有汽油销售。1943年1月至7月4日玉门油田汽油销售情况见表42。

表42　　　　　　1943年1月至7月4日玉门油田汽油销售情况　　（单位：加仑）

单位名称	军政部交通司	航空委员会	西北公路运输局	液体燃料委员会	战地服务团
数量	1836	238	408	551	271

资料来源：申力生主编：《中国石油工业发展史》第2卷，石油工业出版社1988年版，第265页。

玉门油田能够得到开发，除了战时石油需求量增加的刺激外，也与这里便利的交通运输条件有关，尤其是甘新公路的修建通车促进了玉门油矿的开发。甘新公路的通车，促进甘肃经济的发展，尤其是玉门油矿石油的外运，对甘肃的开发和建设，都起到了积极的作用。玉门油矿的开采，也部分满足了交通运输部门的用油需求，维持了抗战时期交通部门的运转。

此外，在抗战时期新疆独山子油矿也得到了开发。在1936年至1943年间，独山子油矿共钻井33口，进行采油的有11口，出油情况较好的7口。原油日产量波动很大，最高日产量达到110吨（1943年3月），一般日产量30至50吨左右新疆独山子油矿原油产量1942年为6909吨，1943年3205吨，1944年1248吨，1945年1879吨，四年合计13241吨。[②]

---

① 参见郑友揆、程麟荪、张传洪《旧中国的资源委员会（1932—1949）——史实与评价》，上海社会科学院出版社1991年版，第96页。

② 参见新疆维吾尔自治区地方志编纂委员会编《新疆通志·石油工业志》，新疆人民出版社1999年版，第229页。

第九章　大后方交通与西部农业开发

交通运输与农产品运销关系密切。在战前，中国各地农村由于交通不便，农产品的运销范围较小。农业经济学家乔启明根据金陵大学农业经济系土地利用调查分析，统计出 1929 年至 1933 年间中国 19 个省 148 个县 151 个地区的农产品出售范围，平均售于本村或邻村者占 19%，售于本县市镇者占 44%，售于县城者占 29%，而售于外县市场者仅占 8%。在购买者中，中间商人占 64%，农民占 12%，消费者只占 24%。由于交通运输不便，绝大多数农产品就地销售。在农产品运输方式中，轮船和载重汽车运输数量占总数的 4%，而人力运输占 53%。① 因此，战前交通的不便限制了农产品的运销范围，导致农业与市场的联系不够紧密，也制约了农村商品经济的发展。在战时，大后方交通条件的改善，尤其是水运的发展和驿运的复兴，方便了农产品的运销，进一步加强了农业与市场联系，从而推动战时大后方农村商品经济的发展。在这期间，大后方农业中的经济作物如甘蔗、油料作物、棉花等的种植面积扩大，农村副业得以发展，农民的商品意识提高。以四川为例，从1938 年到 1940 年，四川省油菜种植面积占农作物种植总面积的比例由10.5% 上升到 15%，花生种植面积由 0.4% 上升到 1.9%，芝麻种植面积由 0.1% 上升到 1.2%，棉花种植面积由 1.9% 上升到 4.7%，甘蔗由1.1% 上升到 1.7%，烟叶由 0.4% 上升到 1.2%。② 战时四川经济作物面积的扩大推动了战时四川农村商品经济的发展。对于经济相对落后的贵州来讲，战时农村商品经济同样得到了发展，其表现就是战时贵州农村副业得到了发展。战时猪鬃、羊毛、牛羊皮等农畜产品成为出口的大宗物资，刺激了贵州农村家庭副业的发展。因为白鬃比黑鬃价高，1939

---

① 参见乔启明《轻便铁道与农村经济》，《农业推广通讯》第 4 卷第 9 期，1942 年 9 月。
② 参见《四川省历年各作物种植面积及产量估计表》，载赵连芳《四川省农林建设现状与推进计划》（下），《西南实业通讯》第 3 卷第 1 期，1941 年 1 月。

年起贵州开始养殖白猪，到 1946 年为止，贵州西部各县已普遍养殖，历年养殖白猪 17055 头。[①] 贵州出口猪鬃也达到一年 2.5 万担之多。[②]因此，战时大后方交通的发展推动了战时后方农业的发展。

第一节　大后方交通与粮食运销

一　大后方粮食运输方式与路线

（一）粮食水运及运输路线

抗战时期大后方粮食运输的主要方式是水运，尤其西南地区的四川由于内河航运较为发达，水运为粮食运输方式，在《三十年度四川征购粮食运输临时处理办法》中明文规定，"四川粮运以水运为主"[③]。为进一步加强水运，1943 年 10 月 1 日四川粮食储运局成立了木船运输管理所，各线木船运输队应由该所直接管辖、统筹、指挥。木船运输管理所管理四川粮食储运局自有贷让木船及登记运粮木船，共有 14 个木船运输队，即泸渝线运输队、宜渝线运输队、太渝线运输队、绵太线运输队、三江线运输队、三合线运输队、合渝线运输队、南合线运输队、南广线运输队、乐宜线运输队、蓉乐线运输队、新乐线运输队、赵内线运输线、内泸线运输队，运输路线遍布全川重要粮食产区和消费区，形成了粮食运输水运网络，大大方便了粮食水运。

为便于水运管理，《粮食部四川粮食储运局木船运输大队暂行办法》中规定"以大小木船十艘编一分队，以五分队为一中队，若干中队为一大队，均隶属于大队部由本局指挥调度之"[④]。由于渠、沱、岷三江木船运输队距渝太远，指挥不便，四川粮食储运局先后将渠江区之三汇及三合两个运输队，沱江区之赵内及内泸两个运输队，岷江区之乐宜、蓉乐及新乐三个运输队分别予以合并，改为渠江、沱江及岷江三个木船运输管理分所，这三个分所除受重庆的木船运输管理所直辖外，还

---

① 参见何辑五《十年来贵州经济建设》，商务印书馆 1947 年版，第 160 页。

② 参见丁道谦《贵州经济地理》，商务印书馆 1946 年版，第 97 页。

③ 《三十年度四川征购粮食运输临时处理办法》，四川省档案馆藏，资料号：民 92/390/1。

④ 《粮食部四川粮食储运局木船运输大队暂行办法》，重庆市档案馆藏，资料号：0353/50。

受各该区储运分局的监督指挥。1944 年 7 月，重庆木船运输管理所又设立了"自办木船运输大队"，专管四川粮食储运局自办木船的调度及管运事宜，以期加强其本身的运输力量。1944 年 10 月 2 日，12 月 1 日及 12 月 26 日先后成立了长江区之重庆、泸县及宜宾粮船联络站，由当地船会理事长兼任站长，负责介绍优秀船户，登记运粮并于运粮时由该站派员押运，以增加粮运船只。自渠江、沱江、岷江三木船分所成立后，重庆运输管理所业务日繁，而且分所亦系分股办事，所以将重庆木船运输管理所原设各股，改为总务、运务、船务及会计四课，并将"木船"改为"船舶"，称之为四川粮食储运局船舶运输管理所。[①] 由于四川粮食储运局采取了上述种种措施，四川粮食水上运输有很大发展。到1944 年 12 月四川运粮木船分区及运输情况见表 43。

表 43　抗战时期四川运粮木船分区配备统计表（1944 年 12 月）　　　（单位：担）

项目 区别	自办船		贷让船		登记船		合计	
	艘数	总载量	艘数	总载量	艘数	总载量	艘数	总载量
长江	59	67480	5	2800	184	146060	248	216340
嘉陵江	24	16800			115	50005	190	66805
岷江			109	30050			109	30050
沱江			238	27780			238	27780
涪江	14	4900	69	15020	59	28700	142	48620
渠江			282	45155	14	6520	296	51675
总计	97	89180	703	120805	372	231285	1172 *	441270

资料来源：洪瑞涛：《三年余来之四川粮食配运业务》，《粮政季刊》第 1 期，1945 年 6月，第 74 页。

* 原文如此。

可以看出，四川各区水运载量中以长江区运量最大，占总运量的49%，几乎是全川木船水运量的一半。这是因为长江水运便利，沿岸的宜宾、泸县为四川最重要的产粮基地，而重庆则是最大的粮食消费基地，该线是四川最繁忙的粮食水运线，粮食运输量大。自 1943 年 12 月至 1944 年 12 月间，四川粮食储运局共有自办船运载 279824 市担，贷让船共运 299227 市担，登记船共运 798789 市担，三者合运 1377840 市

---

① 参见洪瑞涛《三年余来之四川粮食配运业务》，《粮政季刊》第 1 期，1945 年 6 月。

担，而 1944 年度四川粮运中汽车运粮量为 225946 市担。[①] 同期相比，木船运粮数量是汽车运粮数量的 6.1 倍。特别是重庆作为战时陪都，粮食输入量巨大，而输入粮食靠木船运输为主。据 1945 年《陪都工商鉴》记载："重庆之米转入，来自长江流域者占 1/2，来自嘉陵江、渠江、涪江者占 3/10，余为江、巴两县各乡输入。以水运输入者占 80%，其中除忠县，涪陵用轮船运输外，其余均用木船。"[②]

抗战时期的四川粮食运输路线分布受自然环境影响很大。一般来讲，水运路线主要分布于长江、岷江、沱江、嘉陵江、渠江等主要河流，而且运输路线的疏密与各地的粮食生产消费密切相关。四川粮食水上运输路线主要是四川粮食储运局于 1943 年 10 月成立的木船运输管理所下属的 14 支船队经营，其分布情形见图 20。

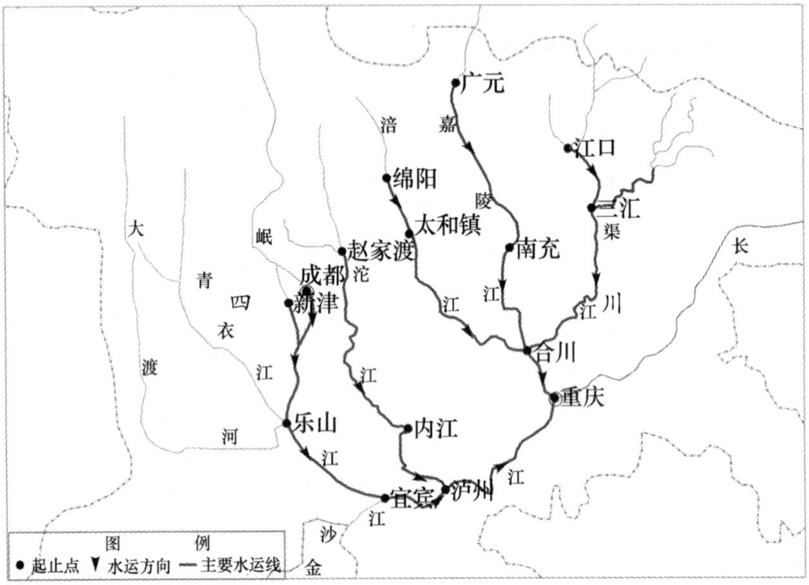

图 20 抗战后期的四川主要粮食水运线路分布图

资料来源：据洪瑞涛《三年余来之四川粮食配运业务》（《粮政季刊》第 1 期，1945 年 6 月，第 63 页）、丁星铎《粮食运输概论》（手抄本，中国第二历史档案馆，资料号：96/2053）相关材料绘制而成。

---

① 参见洪瑞涛《三年余来之四川粮食配运业务》，《粮政季刊》第 1 期，1945 年 6 月。

② 王绍荃主编：《四川内河航运史》，四川人民出版社 1989 年版，第 244 页。另据侯德础先生估计，抗战八年川江船只共运军粮至少有 1100 多万石，约占四川八年提供粮食总数的 1/7（参见侯德础《抗战时期四川内河航运鸟瞰》，《四川师范大学学报》1990 年第 3 期）。

可以看出，四川主要的 14 条粮运路线将长江、涪江、嘉陵江、岷江、沱江、渠江等河流连成一片，形成水上运输网络。从流经河流来看，流经长江的有 5 条，嘉陵江的 4 条，岷江的 3 条，沱江 2 条，涪江的 2 条，渠江的 1 条。从分布城市来看，重庆是水运线的枢纽，共有 4 条线终点为重庆，流经乐山和合川的有 3 条，流经宜宾、泸州的线路 2 条。因此，四川粮食水运线分布于大河域和主要粮食产区及消费区。重庆作为战时陪都，随着抗战爆发，人口激增，到 1942 年城市人口为 250 万左右①，粮食需求量也相应增加。到 1943 年，"全省起运粮食总数为谷 918 万市石，内中起运重庆谷 720 万市石，为总运量的 78%"②。重庆水运便利是重庆能大量输入粮食的重要条件。

四川粮食运输线将粮食产区与粮食消费区连接起来，它呈现如下两个鲜明的特点：首先，四川粮食运输路线以川西产粮区为源头，由西向东逐段推进，产销平衡。14 条水运线就多数而言都是从西向东走向，将川西产粮区与川东消费区连接起来。宜渝线、泸渝线、太渝线和合渝线将川南最重要的产粮基地宜宾、泸县以及川东之合川、川西之太和镇与重庆连接起来，粮食从西向东经过长江、嘉陵江逐步运到重庆，以满足重庆对粮食的巨额需求。川西的成都、绵阳、新津等地区出产粮食，也分别通过蓉乐线、绵太线、新乐线运到乐山、太和镇等地区，然后再经过乐宜线或太渝线运到宜宾或直接运送重庆，从而形成西粮东送的粮食运输格局。其次，四川粮食运输线利用四川河流流向运送粮食有便捷、直达的特点。四川盆地地势特点是西高东低，主要河流为长江水系。长江自西向东汇聚岷江、嘉陵江等江河后向东奔流而去。四川产粮区主要分布在川西、川南一带，尤其是川南之泸县、宜宾以及川西平原。川东地处山区，粮食产量有限，是传统的粮食消费区。这种河流流向与粮食生产格局为四川水运提供了便利。川西产粮区粮食可顺水先南后东运抵川东粮食消费区，运输方便。因此，四川粮运路线适合了四川的自然环境，也决定了四川的粮食运输主要采取水上运输方式。

此外，贵州的粮食运输方式也多采用水运。战时贵州水运线中，乌江年输出粮食 5000 余吨。1941 年，全河有载重 4 吨至 28 吨的船只 300 余艘，总载重 4000 余吨，因受潮砥、新滩、龚滩阻断，只能分段航行。

---

① 参见国民政府粮食部《重庆市粮食运销》（1947 年），中国第二历史档案馆藏，资料号：83/11。

② 四川粮食储运运局：《三十二年度四川粮食配运计划大纲》（1943 年），中国第二历史档案馆藏，资料号：96/783。

清水河主要运输军粮，由黄平、剑河等县向锦屏集运者年约 17000 石，直接运往湖南省者 3000 石。1941 年 11 月，昆明驻军缺粮，自湖南调运补充。利用清水河开展水陆联运，自洪江至下司（水运）至贵阳、昆明（汽车运输），月运置 500—1000 吨。[①] 至于西北各省，由于气候干燥，内河航运并不发达，因此粮食通过水运方式运输并不多，粮食运输主要依靠陆路运输。

（二）粮食陆路运输

抗战时期大后方粮食陆运的主要运输方式以驿运为主，少部分采用公路运输。就四川粮食运输来讲，1939 年 1 月 1 日交通部在重庆设立驿运管理所，在其他重要线路设立驿运分所，办理全国驿运事宜。1939 年 4 月第一条驿运路线叙昆线（叙府至昆明）开始营运，战时驿运开始。国民政府交通部在四川举办的驿运干线有叙昆、川黔、川陕、泸昆、川鄂等数条，其中川鄂线以运送军粮为主，全程 319.5 公里，1940 年 12 月开运，自万县经利川至恩施，有人力背夫 10000 多人，1941 年移交第六战区接办。[②] 为发展四川粮食驿运，四川省驿运处积极开辟粮食驿运线路，具体情况如表 44 所示。

表 44　　　　　　　　　　抗战中期四川主要粮运驿运线

路线名称	开辟时间	长度（公里）	起止地点	运输粮食（吨）
奉建线	1940 年 10 月	105	奉节大溪至湖北建始	75623（截至 1941 年 6 月）
川西线	1941 年 1 月	206	新津至雅安	349342（截至 1941 年 4 月）
渠万线	1941 年 1 月	224	渠县至万县	118997（截至 1941 年 5 月）
新渝线	1940 年 10 月	771	新都至重庆	322422（截至 1941 年 5 月）
渝广线	1941 年 1 月	976	重庆至广元	291805（截至 1941 年 5 月）

资料来源：洪瑞涛：《三年余来之四川粮食配运业务》，《粮政季刊》第 1 期，1945 年 6 月，第 78 页。

四川驿运从 1940 年 10 月开办，到 1941 年 6 月不到一年的时间在粮食运输中就发挥了重要作用，成为继水运之后又一重要的粮食运输方式。特别是在水运不畅、公路不通之地区，驿运更成了唯一的粮食运输方式，促进了省内粮食流通，保障了军粮供应无缺。四川驿运自 1940 年 10 月开

---

① 贵州地方志编纂委员会编：《贵州省志·交通志》，贵州人民出版社 1991 年版，第 382 页。
② 参见王绍荃主编《四川内河航运史》，四川人民出版社 1989 年版，第 244 页。

办到 1941 年 5 月底止运出军粮 698099 吨，每吨平均行驶里程约 228 公里。[①] 此外，为发展四川驿运，田赋征实前车驮管理处在四川泸县设立了专门的板车制造厂，要求于最短时间赶板车 5000 辆，分拨各车驮运输所使用。[②] 全国粮食管理局成立后，为发展粮食驿运曾委托四川省驿运管理处代造板车 230 辆，到 1941 年 9 月四川粮政局成立，即将该项车辆接收并交由四川驿运干线渠万段调配，以专门作运输军粮之用。[③] 四川粮食储运局为增加驿运粮食运量，除了自置板车外，更多的靠租用板车运粮，以解决板车不足之困难。为适应日益增加的粮食运输量，1944 年 5 月四川粮食储运局在原来的汽车运输管理所基础上成立了车辆运输管理所。1944 年 2 月，因成都区粮运繁忙，原配汽车不敷应用，于是复设"西川车辆运输管理分所"，先行编组人力板车队协运粮食，到 1945 年 1 月，四川粮食储运局共有板车 600 辆用于运粮。[④] 1942 年，四川粮食储运局对全川各种板车进行了调查，调查结果如表 45 所示。

表 45　　　　　　　　　　　四川各种板车数量调查表

种类 路线	胶轮板车		胶缘板车		鸡公车	
	官有辆数	商有辆数	官有辆数	商有辆数	官有辆数	商有辆数
川陕线	120	2615	200	1500		3000
成渝线		600				
蓉遂线		400				
渝市近郊		500				
川中线	150	1150				700
川黔线	150	30				
川湘线			450			
渠万线	100	20	400			
泸昆线	500					
总计	1020	5315	1050	1500		3700

资料来源：丁星铎：《粮食运输概论》（手抄本），第 13—14 页，中国第二历史档案馆藏，资料号：96—2053。

---

① 参见《四川驿运》，四川省驿运管理处 1941 年编印，第 2—3 页。
② 参见中国公路交通史编审委员会编《中国公路运输史》第 1 册，人民交通出版社 1990 年版，第 345—346 页。
③ 参见丁星铎《粮食运输概论》（手抄本），第 28 页，中国第二历史档案馆藏，资料号：96/2053。
④ 参见洪瑞涛《三年余来之四川粮食配运业务》，《粮政季刊》第 1 期，1945 年 6 月。

　　可以看出，到1942年四川共有各种板车12585辆，其中官有辆数为2070辆，商有辆数为10515，官有数目大大少于商有数目。① 因此，四川粮食驿运以商有运输工具为主，民间运输力量在粮食运输中发挥了主体作用。

　　战时四川粮食陆路运输方式除了驿运外，也包括公路运输。四川运输业务中汽车本为昂贵之物，一般不用于粮运，但在四川粮食储运局也备有少量汽车用于粮食急运。1941年11月，四川粮食储运局设有汽车运输管理处，内分总务、技术、运输及会计四股，所址设在重庆市郊区小龙坎。其汽车运输队有大竹、广元、梁万、成都、乐山、璧山、綦江、荣自等车队，分别行驶在大竹至渠县，广元至绵阳，梁山至万县，成都、乐山至简阳，璧山、綦江至南川，荣县至自流井之间，抢运粮食。到1945年，四川粮食储运局共有汽车141辆用于粮食运输。② 1942年至1944年四川汽车运粮数量如表46所示。

表46　　　　　　四川汽车运粮数量统计表（1942—1944年）　　　　（单位：担）

年份 区别	1942	1943	1944	总计
梁万区	12360	62195	41770	116325
广元区	7640	3560	4116	15316
大竹区	26084			26084
安岳区		50246	118762	169008
成都区		23487	31892	55379
璧山区		12640	3486	16126
乐简区			19754	19754
綦内区		16920	6160	23080
总计	46084	169048	225940	441072

　　资料来源：洪瑞涛：《三年余来之四川粮食配运业务》，《粮政季刊》第1期，1945年6月，第81页。

---

　　① 参见丁星铎《粮食运输概论》（手抄本）第13—14页，中国第二历史档案馆馆藏，资料号：96/2053。

　　② 参见丁星铎《粮食运输概论》（手抄本）第15页，中国第二历史档案馆馆藏，资料号：96/2053。

除四川外，大后方其他省份的粮食运输中，驿运也占据了重要地位。抗战时期西北粮食生产以小麦为主，其中陕西小麦的分布区域以关中区为主。陕西的小麦运输以陆路运输为主，其中包括铁路运输和驿运。就驿运而言，在 1944 年，陕甘驿运线运送粮食 12778 公吨。[①] 新疆在 1943 年前运输北疆产地粮食至迪化，从南疆运粮则雇用骆驼，1943 年后，马车队作短途粮油运输。1940 年，新疆省公路运输局兼办畜力驿运业务，先以 80 辆铁轮马车，后又添 50 辆胶轮马车承运公粮等物资。1942 年末，新疆商业银行附设粮栈的运输股配有马车运输粮食。在"三区革命临时政府"管辖"三区"期间，民族军的军粮和向苏联出口的小麦等基本上由民间的畜力车、骆驼运输。[②] 在 1944 年，新疆驿运支线运送粮食 22 公吨，甘新驿运干线则为 4470 公吨。[③] 青海驿运支线，仅兰青线（兰州至西宁）从青海运出的物资每年达数千万斤，其中皮毛 1500 万斤、食盐 500 万斤。根据 1944 年统计，青海驿运处共征雇驮马 1076 匹、车辆 1146 辆，驿运货物共计 12511 吨，其中粮食 2884 吨。[④]

二　大后方粮食市场的分布与市场体系

（一）粮食市场分布与水运条件

抗战时期的大后方交通建设，也促进了农业商品市场的繁荣，这很明显地表现在四川粮食市场的发展上。抗战时期四川的粮食市场大致分为三类，即初级市场、集散市场和消费市场。初级市场是粮食产销直接见面和农民之间进行余缺、品种调剂的市场，这些市场多分布在水陆交通方便的大小集镇，形成一个遍及全川的市场网络。集散市场是粮食的汇集之地，是粮食产地与粮食消费地的中转站，也主要分布在交通便利的城镇。消费市场是粮食输入市场，一般不产粮食或粮食产量较小，但粮食消费量大，所以靠从外界输入粮食而形成粮食市场。不管初级市场、集散市场还是消费市场，都与交通有着密切的关系。可以说抗战时期大规模的交通建设，推动了四川粮食市场的繁荣。具体地说，抗战时期四川粮食市场的繁荣与交通运输路线之间的关系体现在：

---

① 参见交通部统计处编《中华民国三十三年交通部统计年报》，1946 年印，第 139 页。
② 参见《新疆通志·粮食志》编委会编《新疆通志·粮食志》，新疆人民出版社 2000 年版，第 352 页。
③ 参见交通部统计处编《中华民国三十三年交通部统计年报》，1946 年印，第 139 页。
④ 参见青海公路史编辑委员会编《青海公路交通史》第 1 册，人民交通出版社 1989 年版，第 321 页。

四川粮食市场多分布在交通要道。抗战期间，四川的主要粮食市场有 16 个，它们主要分布在成都平原、岷江流域、沱江流域、涪江流域、长江流域和嘉陵江流域。具体情况见表 47。

表 47   **抗战时期四川的主要粮食市场（1941 年）**

市场名	区域	市场性质	交通优势
温江	成都平原	初级	
乐山	岷江流域	消费	位于岷江、雅河交汇处，有公路与自流井、成都、雅安相连
内江	沱江流域	消费兼集散	位于沱江中游与成渝公路中心点
赵家渡	沱江流域	集散	位于沱江上游起点
石板桥	沱江流域	集散	位于沱江沿岸
绵阳	涪江流域	集散兼输出	位于涪江沿岸
三台	涪江流域	集散兼消费	位于涪江沿岸
太和镇	涪江流域	集散	位于涪江沿岸
遂宁	涪江流域	集散兼消费	位于涪江沿岸
蓬溪	涪江流域	消费	位于涪江沿岸
中坝	涪江流域	集散兼输出	位于涪江沿岸
万县	长江流域	消费兼集散	位于川江下游
朱家沱	长江流域	集散	位于川江下游
泸县	长江流域	集散兼输出	位于沱江与长江交汇处
南充	嘉陵江流域	集散兼消费	位于嘉陵江西岸
合川	嘉陵江流域	消费兼集散	位于嘉陵江与涪江、渠江交汇处

资料来源：潘鸿声：《四川主要粮食之运销》，载秦孝仪主编《中华民国史料丛编》，台湾"中央文物供应社"1976 年版，第 441 页。

可以看出，抗战时期四川的 16 个粮食市场主要分布在川江流域，交通十分便利。其中初级市场主要在成都平原，集散市场有赵家渡、石板桥、太和镇、朱家沱、泸县等，消费市场是乐山、蓬溪、合川等。不仅四川的粮食市场多分布集中于长江及其支流沿岸，广西的粮食交易市场也如此。广西粮食集市交易在民国时期已有相当发展，主要集散地多为河流的汇合处和边境出入口要地。1936 年调查，广西谷米主要集散区域有 11 个，每个集散区域有 1—2 个主要集散地点：宁明、明江、思乐、上思、龙州等县的谷米多在龙州集散；武鸣、隆安、田东、田阳、扶南、绥禄、同正、崇善等县的谷米多在南宁集散；宾阳、横县、兴业、贵港（市）、贵县等县的谷米多在贵县集散；融县、罗城、柳城、宜山、柳州等县的谷米多在柳州集散；永福、中渡、榴江、鹿寨等县的谷米多在鹿寨集散；运江、修仁、象县等地的谷米多在运江集散；来宾、迁江、武宣、桂平、江口等地的谷米多在江口集散；兴安、灵川、桂林等地的谷米多在桂林集散；平乐、灌阳、恭城、阳朔、荔浦等县的谷米多在平乐集散；平南、蒙山、藤县、北流、容县、岑溪、苍梧、梧州等地的谷米多在梧州集散；八步、信都、富川、钟山等地的谷米多在八步、信都集散。① 抗战爆发以后，广西粮食市场的分布基本与战前相同，仍然分布在西江及其支流沿岸，水运交通运输便利。

地处西北的宁夏，粮食市场的分布也多集中于黄河上游流域的中卫、中宁、金积、灵武、宁朔、宁夏、平罗、磴口等地。1942 年 2 月，宁夏按照划分粮食市场的等级标准，将全省 43 处粮食市场分别评为甲乙丙丁四等。甲等市场 3 处：省垣、灵武县吴忠镇、中卫县县城。乙等市场 18 处；永宁县县城、新城、保家户，贺兰县谢岗堡、常信堡、立岗堡，宁朔县翟靖堡、李俊堡，平罗县县城、姚伏堡，惠农县县城、黄渠桥，金积县县城，灵武县县城，中卫县莫家楼，宣和堡、柔远堡，中宁县县城。丙等市场 14 处：永宁县望远桥，贺兰县洪广营，宁朔县小坝、叶盛堡，惠农县石嘴山，灵武县大寨子，中卫县镇罗堡、常乐堡；中宁县四百户、石空，盐池县惠安堡，同心县县城、王家团庄、乐利堡。丁等市场 8 处：永宁县掌政镇，中卫县永康堡，中宁县鸣沙州、枣园堡、关帝庙，盐池县广马关、韦州，陶乐县县城。以上各等粮食市场，除省垣、中卫县县城市场单独形成，常年开市外，其余市场均属以有易无的农村初级市场，每逢集日才开市交易。②

（二）粮食市场的分布与陆运条件

处于陇海铁路沿线的西安、咸阳、宝鸡等地，由于交通运输便利，陆续成为陕西重要的粮食集散市场。1941 年，陇海铁路运输小麦

① 广西壮族自治区地方志编纂委员会编：《广西通志·粮食志》，广西人民出版社1994 年版，第 109 页。
② 参见宁夏粮食志编辑委员会编《宁夏粮食志》，宁夏人民出版社 1994 年版，第 145—146 页。

121826 吨①，1942 年运输小麦 109784 吨②，1944 年运输小麦 33802
吨③。交通运输的便利，推动了铁路沿线粮食市场的繁荣。1937 年抗日
战争爆发后，西安成为大后方的重要城市，粮食市场呈现繁荣局面，约
计当时粮店有 90 余户，杂粮铺 100 余户，较大资本有 3 万—5 万斤麦子
的约三四户，资本有 1.8 万斤麦子的约六七十户，资本在 300—500 斤
小麦的户数比较多。1939 年，参加面业公会的有 30 余家。1944 年，包
括机粉和面粉铺在内参加面业公会的 300 余家，1941 年麸皮业参加面
业公会，1943 年面业公会有会员 400 余户。④ 西安的粮食来源，自辛亥
革命以后，除西安附近长安县的农民直接把麦子和豆类等杂粮运至城内
出售外，主要依靠粮食贩子从三原、蓝田、咸阳、礼泉、乾县、蒲城、
渭南、凤翔、长武、宝鸡、白水、周至、户县等地贩运粮食来西安出
售。也从外省——甘肃、河南贩运少许粮食。而大米由周至、户县、眉
县、长安等地贩来的最多。及至 1935 年陇海铁路通达西安后，上海、
汉口、长沙、无锡等地大米和苏州粳米贩运来西安的就多了。在抗日战
争发生后因交通关系，东路各省粮食越来越少，西安进粮主要依靠陕西
各县出产的粮食。西安的土面，除城市郊区外，主要来自西路彬
(县)、长 (武)、兴 (平)、武 (功)、礼 (泉)、乾 (县) 以及凤翔、
岐山等县，机粉在成丰面粉厂出粉前，来自上海、徐州、蚌埠等地。
1936 年后，西安市大小面粉厂陆续建厂出粉，外埠面粉不再来西安。
在宝鸡，福新申新面粉公司在 1942 年开工，由河南漯河迁来的大新面
粉公司于 1942 年 6 月建立，另外还有 10 余家半机器生产面粉厂散布于
陕西。在渭南与襄城先后有象峰和三泰两家机器面粉厂设厂。这些新式
面粉工厂所需原料主要靠陇海铁路运输，如成丰面粉公司的原料来源，
系派有专门采购人员，分驻陇海铁路沿线各地，如产麦地区的绛帐、郿
县、虢镇、渭南等地，由当地粮行集中收购，陆续运回西安。⑤ 所以，

---

① 参见表 21《铁路主要商运货物》，载交通部统计处编《中华民国三十年交通部统计年
　报》，1943 年印，第 47—49 页。
② 同上书，第 55—56 页。
③ 参见表 17《铁路主要商运货物》，载交通部统计处编《中华民国三十三年交通部统计
　年报》，1946 年印，第 55 页。
④ 参见西安市工商联《解放前西安市的粮食业》，《陕西文史资料》第 23 辑，第 178—
　179 页。
⑤ 参见晋震梵《西安成丰面粉公司与面粉业概况》，载政协甘肃省委员会文史资料委员
　会《西北近代工业》编写组编《西北近代工业》，甘肃人民出版社 1989 年版，第 415
　页。

"铁路使机制面粉厂出现，更以机器制造业逐渐发展于各地之结果"①。

抗战时期，驿运的恢复，也促进了粮食的运销。关于驿运粮食的数量目前缺乏完整的统计数据，仅以1944年大后方各省驿运干线及支线的粮食运量为例。

表48　　　　　　　　　1944年驿运干线运量表　　　　　（单位：吨）

项别	川滇	川黔	川陕	陕甘	甘新	新疆	重庆驿运服务所	合计
粮食	67	1529	12778	615	4470	22		19481
总计	2427	28154	711965	6498	54295	5119	3983	812441

资料来源：表65《驿运干线货运运量—货物吨数（按线路及物品分）》，载交通部统计处编《中华民国三十三年交通部统计年报》，1946年印，第139页。

说明：泸昆于本年3月改称川滇，故本年之川滇即三十二年之泸昆。陕甘于本年2月合并于川陕，仅有本年1月份数字。

从表48可以看出战时大后方驿运干线的粮食运量情况，1944年共运送粮食19481吨，占总货运量的2.40%。至于各省粮食驿运量，1944年，四川粮食驿运量为8961吨，青海为2884吨，广西为889吨，云南为872吨，整个后方合计为157759吨②，占货运总量的15.26%。

（三）战时大后方农业市场体系的完善：以四川粮食市场为例

关于中国市场体系问题的研究，中国学者或多或少受到美国著名学者施坚雅提出的集市体系理论的影响。③ 施坚雅曾于1949年至1950年间在四川成都东南25公里处的集市高店子进行田野调查，在此基础上，提出了中国三级农村市场的分类，即基层市场、中间市场和中心市场。就四川而言，基层市场就是四川人所谓的"幺店"，它们是村社和基层集镇之间的过渡。中间市场在商品和劳务向基层市场和中心市场上下两方的垂直流动中都处于中间地位。中心市场通常在流通网络中处于战略

① 尹仁甫：《陕西机制面粉业之前途》，《陕行汇刊》第7卷第6期，1943年12月。

② 参见表73《各省驿运货运—货物吨数（按省份及物品分）》，载交通部统计处编《中华民国三十三年交通部统计年报》，1946年印，第147页。

③ 关于施坚雅理论综述及其影响的学术论文主要有：史建云：《对施坚雅市场理论的若干思考》，《近代史研究》2004年第4期；任放：《施坚雅模式与中国近代史研究》，《近代史研究》2004年第4期；任放：《施坚雅模式与国际汉学界的中国研究》，《史学理论研究》2006年第2期；龙登高：《施坚雅的中国社会经济史研究述评》，《国外社会科学》1998年第2期；刘永华：《传统中国的市场与社会结构——对施坚雅中国市场体系理论和宏观区域理论的反思》，《中国经济史研究》1993年第4期。

性地位，有重要的批发职能。① 施坚雅的市场体系理论最初是通过对四川农村经济调查和研究提出的，适合于研究战时四川粮食市场体系。② 战时四川粮食运输以川江水运和驿运为主，粮食市场体系已经成熟，初级市场、集散市场和消费市场的三级市场体系趋于完善。但需要指出的是，四川的粮食市场体系在战前就已形成。王笛先生认为，早在清代，在长期的粮食运销过程中，在四川就形成了一些重要的粮食市场。除各粮食产地形成了小规模的粮食产地（初级）市场外，还有集散市场、转运市场、消费市场等，有的则兼有多种功能。多层次、多功能，遍及全域的粮食运销网络的形成，已成为清前期农业生产、商品经济和社会生活的一个重要组成部分。③ 在辛亥革命前后，随着四川商品经济的发展，四川市场开始扩大。④ 进入民国时期，随着四川内河航运业的发展，尤其是川江轮船运输业的兴起，便利了四川省内各地之间和四川与长江中下游地区的联系，进一步推动了四川粮食市场体系的初步形成，包括初级市场、集散市场和消费市场的三级市场体系。⑤

抗战时期西部地区交通的发展推动了当地市场体系的发展。实际上，西部地区的市场体系战前就已形成。如在西北地区，学者研究证实市场体系已形成。它是以区域性市场网络为依托，以水陆运输线为纽带，中心市场、中级市场和初级市场三个层次相互衔接而共同构成的。中心市场是指那些地处整个西北的交通和贸易要地，在区内、外贸易中起关键作用，并直接同区外大市场进行大规模商品交流的综合性枢纽市场，主要有西安、包头、兰州、古城（今新疆奇台县）四处。中级市场是指那些地处相对较大地域的交通和贸易要地，在当地贸易中起重大作用，直接同四大中心市场进行大规模商品交流的区域性中转市场。如

① 参见〔美〕施坚雅《中国农村的市场与社会结构》，史建云、徐秀丽译，中国社会科学出版社1998年版，第6—10页。
② 著名学者王笛在研究清代四川社会经济问题时，就运用了施坚雅的集市体系理论，详细分析了清代长江上游地区的区域贸易与市场网络，包括集市的作用与功能、市场密度与农民活动半径、农村定期集市的集期、高级市场与城镇发展等一系列问题。参见王笛《跨出封闭的世界——长江上游区域社会研究（1644—1911）》，中华书局2001年版，第189—295页。
③ 参见王笛《跨出封闭的世界——长江上游区域社会研究（1644—1911）》，中华书局2001年版，第208—211页。
④ 参见王永年、谢放的《近代四川市场研究》，《四川大学学报》1987年第1期。
⑤ 学者樊如森认为在民国时期，西北地区的市场体系在区内和区外贸易都不断发展的基础上，逐步构建起了以三级市场和四个区域性市场网络为依托的市场体系。参见樊如森《民国时期西北地区市场体系的构建》，《中国经济史研究》2006年第3期。

关中的宝鸡、三原，河套的归绥，宁夏平原的宁夏城，河西走廊的张掖，陇东的平凉、天水，青海高原的西宁，天山南北的迪化、哈密、塔城、喀什等。初级市场是指广泛分布于西北农牧区之内的集市和庙会等产地市场，其数量众多，形式多样。西北的三级市场虽非民国时期所特有，但它们在民国时期的发展却空前明显，联系也空前紧密，初步形成了四个区域性市场网络，这四大区域性市场网络相互支撑，又初步构建起民国时期西北地区的市场体系，从而大大促进了西北地区近代市场经济的发展。①

战时西部地区交通的发展有助于进一步推动市场体系的完善。以四川粮食市场发展为例。1941 年，农业经济学家潘鸿声通过对四川粮食运销的调查，将四川粮食市场主要划分为消费市场、输出市场、集散市场、消费兼集散市场和集散兼输出市场五大类。② 实际上，潘鸿声关于四川粮食市场的划分可以粗略地归纳为三类市场，即输出市场、集散市场和消费市场。输出市场实际上就是产地市场。集散市场是粮食产地与粮食消费地的中转站，也可称为中转市场。消费市场为终点市场，粮食输入此地后大部分就地消费，很少输往他处。不管是消费市场，还是输出市场、集散市场、消费兼集散市场和集散兼输出市场，都与粮食运输有着密切的关系。战时四川主要的粮食市场大多分布于交通便利的地区，尤其是水运便利的川江沿岸。著名地理学家吴传均言："省内粮食之集散地，大都位于交通便利之商埠，盖因粮食之运输均循水道为主，由产地装船顺流而下，诸江会口之大都市本为主要消费区域，乃成为粮船集中之地。其中以重庆、成都为最盛，万县、宜宾、泸州、合川次之。"③ 潘鸿声 1941 年调查四川粮食运销后也发现：金堂赵镇、万县、合川、内江、南充等粮食市场之所以交易数量在全川最多，原因之一就是"此等市场均位于水道要冲，粮食运输，非经此集散，则无法调节其他缺粮各地供求需要"④。

不仅如此，战时四川粮食运输的发展有利于增加粮食市场的交易

---

① 参见樊如森《民国时期西北地区市场体系的构建》，《中国经济史研究》2006 年第 3 期。

② 参见潘鸿声编《四川农村经济调查报告第五号：四川主要粮食之运销》，中国农民银行、四川省农村经济调查委员会 1941 年印，第 10 页。

③ 吴传均：《中国粮食地理》，商务印书馆 1946 年版，第 70 页。

④ 参见潘鸿声编《四川农村经济调查报告第五号：四川主要粮食之运销》，中国农民银行、四川省农村经济调查委员会 1941 年印，第 67 页。

量，尤其是抗战前期更为明显。包括以下四种：

一是集散市场。四川粮食集散市场主要有四处，包括简阳石板桥、金堂赵家渡、射洪太和镇和江津朱家沱镇，号称四川四大镇，是战时四川四个重要的粮食集散中心。简阳石板桥市场位于石桥镇，由于水运便利，战前就是简阳一大物资集散地和经济中心。抗日战争时期则是石桥商业鼎盛阶段，全镇工商户达 1100 多家，较大行业有 30 个，尤以米、糖、盐、烟、酒、油、棉、山货等行业规模最大，号称"八大帮"。每年旺季，每场大米销售量达 50 多万公斤。① 石板桥市场汇集了赵镇、新都、金堂、德阳等地粮食，再通过沱江转往内江、资阳、资中等地。金堂赵家渡市场，位于赵镇，抗战时期，由于军需和外省来川人口骤增，赵镇米粮成交量增大。1941 年至 1944 年，汇集赵镇的大米来自广汉、德阳、金堂、新都、新繁、彭县、什加、绵竹、郫县，年成交输出 60 万至 80 万市石（每市石 160 市斤），销往简阳、资阳、资中、内江、自流井等地。赵镇又被誉为川省四大米镇之一。② 射洪太和镇市场，民国以来就为涪江中游物资粮食集散中心。抗战期间木船运输业得以进一步发展，木船数量从 1937 年的 1325 只增加至战时的 1600 余只，年进出物资达 20 万吨以上。③ 1936 年至 1940 年间，年平均输入粮食 359227 市石，输出粮食 94634 市石，净消费 264593 市石。④ 太和镇市场由涪江将绵阳、彰明、江油、安县等县粮食汇集于此后，然后分运至遂宁、潼南、合川以及射洪各地。江津朱家沱市场位于江津西部，水运便利，汇集江津各乡所产大米后，再经长江运往重庆、大渡口、渔洞溪以及江津城关等地。清光绪时，朱家沱镇已成为粮食集散地。1944 年，朱家沱镇有粮商 43 户。⑤

二是消费兼集散市场。具有消费兼集散性质的市场有六处，包括内江市场、遂宁市场、三台市场、南充市场、万县市场和合川市场。这六大市场的共同特点是粮食输入量多于输出量，因此以消费为主，输出为辅。内江位于沱江中游沿岸，交通便利。乐山人口稠密，商业发达，粮食需求量大，但本地农业以种植甘蔗为主，粮食产量不大，因此内江粮

---

① 参见四川省简阳县志编纂委员会编《简阳县志》，巴蜀书社 1996 年版，第 34 页。
② 参见金堂县地方志编纂委员会《金堂县志》，四川人民出版社 1994 年版，第 428 页。
③ 参见射洪县志编纂委员会编《射洪县志》，四川大学出版社 1990 年版，第 338 页。
④ 同上书，第 389 页。
⑤ 参见江津县志编纂委员会编《江津县志》，四川科学技术出版社 1995 年版，第 439 页。

食市场仰赖外地输入，粮食来自荣昌吴家铺、金堂赵家渡等地，在本地消费后的部分余粮再运往稊木镇、史家街、自贡、牛佛渡等处。内江县市场在 1938 年 8 月至 12 月（缺 10 月）间成交主要粮食稻谷 36341 市石，米 59132 市石，麦 18803 市石，玉米 8461 市石。1944 年，市场成交米 101750 市石，稻谷 70300 市石，麦 7920 市石。1945 年 1 月至 2 月输入赵家渡、吴家铺等地米 11509 市石，稻谷 11343 市石，麦 712 市石；输出贡井、富顺、资中等地米 7929 市石，稻谷 5349 市石，麦 247 市石。① 遂宁市场，由太和镇运去的大米和由广安、岳池运去的小麦，除当地消费外，其余沿涪江运往合川、重庆。遂宁粮食市场的大米多从江油、潼南、蓬溪输入，大豆从重庆、合川、广安输入，且多沿涪江船运至遂，或再转销三台、太镇及射洪、蓬溪盐场。县内有部分粮食油脂输出，直销重庆、上海等地。1946 年输入大米 8 万石、大豆 3.6 万石、菜油及花生油 100 万斤；输出小麦 4 万石、玉米 6000 石、高粱 4.8 万石、麻油 6 万斤，转销重庆的菜油、花生油 100 万斤。② 三台市场，由江油、安县、彰明、绵阳、中江经涪江运来大米、小麦、玉米，再转往射洪（金华）、太和、遂宁等地。1919 年，三台县有粮油市场 64 个，到 1941 年增加到 68 个，有粮商 142 户，其中坐商 89 户、行商 17 户、摊贩 36 户。行商多从江油、彰明、绵竹等县购运粮食入县销售。1936 年至 1941 年，年净输入大米、小麦等粮食 1000 万至 2000 万市斤。③ 南充市场，由蓬安周口、南部、阆中沿嘉陵江运来米、麦，除当地消费外，余数运往西充、南充县城。南充市场在 1936 年至 1940 年五年间，白米年均输入量为 125817 石，输出 62849 石，输入量是输出量的两倍。小麦和稻谷的年均输入量分别是输出量的 1.42 倍和 6.84 倍。④ 合川市场，由渠县、广安、武胜、南充、遂宁、射洪经嘉陵江、涪江、渠河运来米麦，再转往北碚、重庆、涪陵、万县等处。合川市场粮食除本县生产的以外，多来自三江上游的渠县、南充、岳池、潼南、遂宁等县，主要销往嘉陵江小三峡矿区、重庆、涪陵和万县。市场交易量，据 1937

---

① 参见四川省内江市东兴区志编纂委员会编《内江县志》，巴蜀书社 1994 年版，第 555 页。

② 参见四川省遂宁市地方志编纂委员会编《遂宁县志》，巴蜀书社 1993 年版，第 337 页。

③ 参见四川省三台县志编纂委员会编《三台县志》，四川人民出版社 1992 年版，第 626 页。

④ 参见潘鸿声编《四川农村经济调查报告第五号：四川主要粮食之运销》，中国农民银行、四川省农村经济调查委员会 1941 年印，第 36 页。

年统计：云门交易稻谷 1800 石、米 2600 石（每石稻谷折 162 公斤，每石米折 225 公斤，下同），城区交易稻谷 72 万石、米 2 万石。经城区集散的粮食，在抗日战争时期，平均每天达 3000 石以上。1939 年交易量为最高，达到 110 万石。① 万县市场，由泸州、合川、江津经长江运来的米、麦、玉米，再分运至云阳、奉节、巫山、巴东等处。清代以来，万县成为四川重要的粮食集散地之一。万县粮食以集运兼消费为特点，1931 年至 1935 年间，年均由外地输入大米 6.5 万石，到抗战爆发后，增加至 35.28 万石，转口输出年均 4 万石。②

三是消费兼输出市场。具有输出性质的市场有三处：绵阳市场、江油中坝市场和泸县市场。绵阳城区地处川陕要道，是涪江、安昌河汇合处。水陆交通便利，商贸事业较为发展，历代多属规模较大的粮油市场。北有江油的武都、中坝、治城、青莲，绵阳的青义、石马等场镇集市粮油，顺涪江而下，进入绵阳城区市场。西有安县的安昌、黄土、花萋，绵阳的永兴等场镇集市粮油，顺安昌河而下至绵阳城区。在 1935 年至 1939 年间，通过周边地区输入绵阳市场的大米、小麦、玉米和黄豆合计分别为 121607 双市石、109979 双市石、119165 双市石、117009 双市石，通过绵阳市场输出的上述粮食分别为 120927 双市石、106942 双市石、120771 双市石、117867 双市石、117631 双市石。③ 绵阳市场，集中安县、罗江、绵竹、江油、彰明的米、麦、玉米输往三台和太和镇。江油中坝位于涪江上游，水运便利，集中县内各乡和平武南坝的米、麦输往绵阳、三台和太和镇等处。1935 年以后，从太和镇、三台到中坝的商旅不断增多，市场更加繁荣。1945 年，"输出的大米 30 万余双市石，玉米 27 万双市石，小麦 1 万双市石，其余各年也 10 万双市石以上"④。泸县市场处于长江与沱江交汇处，内河航运极为便利，是川南最大的大米集散市场。在 1936 年至 1940 年间平均年输出大米超过 1000 万公斤，江安、叙永、富顺等地和泸县所产稻米以及贵州输出的大米，都集聚于此，然后顺江东下，输往重庆、万县。抗战中期，粮食产量下降，上市量减少，泸县市场的运销路线及输往各地的份额随之发

---

① 参见四川省合川县地方志编纂委员会编《合川县志》，四川人民出版社 1995 年版，第 450 页。

② 参见万县志编纂委员会编《万县志》，四川辞书出版社 1995 年版，第 338 页。

③ 参见西南经济调查合作委员会《四川经济考察团考察报告》第 2 编农林，独立出版社 1940 年版，第 19 页。

④ 《江油县政府概要》，转引自绵阳市粮食局编《绵阳市粮油志》，1993 年印，第 85 页。

生变化。输出的粮食有四成本地销售，其余的 90% 以上输往自贡、富顺、内江等地，输往重庆的仅占 5% 左右。① 1938 年至 1945 年间，泸县自产的农副产品中，年输出大米 21 万石、蚕豆 3.7 万石、小麦 1.6 万石、大豆 1.1 万石，主要销往自贡、内江、合川、重庆、万县、宜昌、汉口等地。②

四是消费市场。消费市场包括乐山和蓬溪市场，这两大市场的粮食输入量大大多于输出量，因此属于粮食消费市场。乐山境内多山，本地粮食产量较小，该市场粮食以输入为主，输出数量很少。1936 年至 1940 年五年间年均输入白米 35755 石，而输出白米则仅为 9108 石，输入量约为输出量 4 倍。小麦、玉米的输入量分别是输出量的 37 倍和 17 倍。③ 蓬溪县位于川北，为四川重要的产盐地。由于本地多山，多产杂粮，蓬溪粮食市场主要仰给外地输入，而粮食输出量则小得多，因此蓬溪也为粮食消费市场。蓬溪县 1938 年输入大米 52507 石、大豆 3046 石，到 1940 年输入粮食增加至 24 万石，而输出的粮食为 10 万石。④ 重庆则是四川乃至整个大后方地区最大的粮食消费市场，至于战时重庆每年的粮食消费量，目前缺乏完整统计。在 1943 年一年间，仅重庆陪都民食供应处就供应食米 2005874 市石，面粉 866186 袋。⑤ 重庆所需粮食主要以长江航运为主。抗日战争时期，为保证陪都粮食供应，1940 年 11 月重庆市粮食管理委员会拟定了《重庆市米业运商联营采购办法》，组织粮商采购集团，分别划定县份进行粮食购运。1941 年 3 月，重庆运商集团发展到 19 个，采购贩运的范围遍及白沙、朱沱、永川、合江、长宁、合川、武胜、潼南、岳池、铜梁、邻水等地，资本总额达 553 万元。⑥ 由于战时重庆人口的不断增加，粮食供应的矛盾日趋突出，问题严重。为解决这一严重问题，重庆粮食来源逐步扩大到大河之涪陵、江

---

① 参见四川省地方志编纂委员会编《四川省志·粮食志》，四川科学技术出版社 1995 年版，第 110 页。

② 参见四川省地方志编纂委员会编《四川省志·商业志》，四川科学技术出版社 1996 年版，第 343 页。

③ 参见潘鸿声编《四川主要粮食之运销》，中国农民银行、四川省农村经济调查委员会 1941 年印，第 31 页。

④ 参见蓬溪县志编纂委员会编《蓬溪县志》，四川辞书出版社 1995 年版，第 385—386 页。

⑤ 参见《行政院关于粮政之推行报告》，载秦孝仪主编《抗战建国史料·粮政史料》（二）（1943 年 7 月至 1944 年 3 月），《革命文献》第 111 辑，第 51 页。

⑥ 李明主编：《四川粮食调运》，四川大学出版社 1994 年版，第 69 页。

津、合江、泸县、纳溪、宜宾等地，小河之合川、武胜、广安、岳池、大竹、渠县、邻水等地，粮源不断增加。此外，远的如沱江、岷江、乌江、涪江等流域的运销商人亦时有粮食运来重庆。外地河米来源日多，成为重庆粮食市场的主要来源，缓解了粮食市场的紧张和矛盾。在菜元坝和曾家岩两江粮船集中靠岸的码头逐步形成重庆大小两河河米交易市场。粮食来源的扩大，不仅充实了重庆的民食供应，繁荣了粮食市场，解决了军需民食，还促进了粮食加工业的发展。①

第二节　大后方交通与西部主要经济作物的分布与推广

合理布局农业生产力的重要任务，就是要在各个地区之间农业劳动地域分工不断加深的基础上，依据自然的可能性和经济的可行性，或者说是根据国民经济的需要，选择区位有利、条件优越的地区，充分发挥地区优势，专门生产某一种或几种农产品，实行农业生产地区专业化。实行这种专业化，须有充分的粮食与其他必需农副产品供应和有利的专业化农产品销售市场，而这两方面条件都是要以便捷的交通作为前提的。发达的交通网和便宜的运价，对提高农产品的商品化程度，降低其成本，扩大其运销范围，都将起到积极的促进作用。② 在抗战时期，大后方也初步实现了农业生产地区专业化，如四川沱江流域的甘蔗生产、陕西陇海铁路沿线地区的棉花生产、四川川江及其支流沿岸的棉花生产、广西西江流域的甘蔗生产等。抗战时期大后方棉花、甘蔗、烤烟生产专业化地带的形成，同当地铁路、水运交通的发达、便捷是分不开的。

一　大后方主要经济作物地域分布

（一）棉花种植的地域分布

大后方棉花种植区域集中在西北地区的陕西省和西南地区的四川省。而战时西北地区的棉花种植以陕西种植面积最大。1938 年至 1945年，陕西棉花年均种植面积为 354.1 万亩，而同时期甘肃棉花年均种植

① 参见刘志诚《重庆粮食业同业公会及其在抗战时期的作用》，《重庆渝中区文史资料》第 7 辑，第 71—72 页。
② 参见张薰华、俞健、朱大均《交通经济学》，上海社会科学院出版社 1992 年版，第 8页。

面积为 19.96 万亩①，陕西棉花种植面积是甘肃的 17.8 倍。陕西的棉花分布主要集中于关中平原地区。陕西关中区共包括 44 县，分别是长安、蓝田、临潼、渭南、华县、大荔、华阴、潼关、平民、朝邑、郃阳、汉城、澄澄、白水、蒲城、富平、三原、高陵、泾阳、咸阳、郿县、鳌屋、兴平、武功、扶风、郿县、岐山、宝鸡、陇县、开阳、凤翔、邠县、长武、狗邑、耀县、同官、淳化、醴泉、永寿、乾县、商县、区南、麟游、柞水。1938 年关中区 44 县的棉花栽培面积 3538513 亩，占全省总面积的 90%，产量为 1008438 市担，占全省产量的 90.5%。到 1939 年，关中区棉田面积虽然减至 2532620 亩，但却占全省棉田面积的 95%，产量为 867996 市担，占全省总产量的 94%。② 关中平原成为棉花分布集中区域的主要原因不仅是这里的自然环境适宜棉花生产，而且也与这里便利的交通运输条件有密切关系。上述 44 县中，长安、临潼、渭南、华县、华阴、潼关、富平、三原、泾阳、咸阳、兴平、宝鸡、耀县、同官等县位于陇海铁路及其支线咸同铁路沿线，运输极为便利。尤其是陇海铁路将棉花产区与消费区紧密联系在一起，不仅促进了棉花的运销，也推动了陇海铁路沿线棉纺织工业的发展。在陇海铁路货运物资中，棉纺织品占有一定比例。1941 年，陇海铁路运输棉纱 568 吨，棉织匹头 11709 吨③，1942 年运输棉纱 1928 吨，棉织匹头 5961 吨④，到 1944 年，陇海铁路运送棉纱 2736 吨，棉织匹头 2195 吨⑤。这也推动了铁路沿线棉花种植，使得棉花种植区域进一步集中于陇海铁路沿线各地农村。

陇海铁路货运量的增加，进一步推动了经济作物贸易的发展，促进了陇海铁路沿线城镇农产品市场的繁荣。1941 年咸同支线经过泾阳县的永乐店镇后，该镇的商业迅速发展，成为渭北棉花集散市场，有工厂、银行、商号和花行，大有取代泾阳县城之势。据 1943 年统计，永乐店镇有杂货业 15 家，木业 3 家，粮食行 4 家，转运公司 4 家，花行 8

---

① 参见《各省棉花种植面积、产量及产额》统计表，载许道夫主编《中国近代农业生产及贸易统计资料》，上海人民出版社 1988 年版，第 208 页。
② 参见姜国幹《关中之农业》，《西北资源》第 2 卷第 2 期，1941 年 5 月。
③ 参见表 21《铁路主要商运货物》，载交通部统计处编《中华民国三十年交通部统计年报》，1943 年印，第 49—50 页。
④ 同上书，第 56 页。
⑤ 同上。

家，其他共 80 余家。① 富平县的庄里镇位于该县西北 30 里，咸同铁路通车后，经济文化为全县之冠，有商号 67 家，大多经营棉花业。②

西北的甘肃也出产棉花，大致可以分为六个区：第一为敦煌区，在党河流域，年产 50 余万斤，花质较次。第二为高台区，包括金塔、鼎新、酒泉、临泽、张掖、永昌等县，年产 90 余万斤。第三为兰山区，包括永登、靖远、榆中、皋兰、永靖，年产 40 余万斤。第四为武都区，包括文县、康县、成县、徽县、两当，年产 140 余万斤。第五为秦州区，包括天水、甘谷，年产 50 余万斤。第六为陇东区，包括华亭、灵台、崇信、泾川，年产 30 余万斤。③

战时西南地区也种植棉花。1938 年至 1945 年，四川、贵州和云南三省的棉花年平均种植面积分别为 411.3 万亩、44.9 万亩和 25.5 万亩④，四川的棉花种植面积分别是贵州和云南的约 9.2 倍和 16.1 倍，因此，西南地区以四川的棉花种植面积最大。四川省的产棉地区分布于涪江、沱江、岷江、嘉陵江、南江等流域，其中包括涪江流域的绵阳、三台、中江、射洪、蓬溪、遂宁、潼南，沱江流域的金堂、简阳、威远、荣县，岷江流域的仁寿、井研、江安、泸县、合江，嘉陵江流域的阆中、南部以及南江流域的仪陇、巴中等县。⑤ 1940 年，四川省棉作试验场首次提出西川植棉区的范围，基本上把棉区范围划定在川中丘陵区。1945 年全省植棉县发展到 87 个，四川棉区基本形成了涪江、嘉陵江、花江、岷江及长江干交流沿江坝地、丘陵为主的分布格局。⑥ 四川植棉区集中于川江及其支流沿岸，除了适宜的自然条件外，也与这里便利的水运条件有密切关系。

至于贵州、广西各地，也种植少量棉花。贵州"夏季多雨水，土层瘠薄，大体不适植棉，惟清水河、红水河、赤水河之下游河谷地带，夏

---

① 参见宋国荃《陇海铁路咸同段沿线各县经济调查·泾阳》，《陕行汇刊》第 8 卷第 3 期，1944 年 6 月。

② 参见宋国荃《陇海铁路咸同段沿线各县经济调查·富平》，《陕行汇刊》第 7 卷第 5 期，1943 年 10 月。

③ 参见甘肃省政府编《甘肃省经济概况》，1944 年印，第 36 页。

④ 参见《各省棉花种植面积、产量及产额》统计表，载许道夫主编《中国近代农业生产及贸易统计资料》，上海人民出版社 1988 年版，第 207 页。

⑤ 参见徐国屏《棉作推广与农业金融——以川北推广德字棉为例》，《中农月刊》第 3 卷第 10 期，1942 年 10 月。

⑥ 参见四川省地方志编纂委员会编《四川省志·农业志》上册，四川辞书出版社 1996 年版，第 200 页。

季炎热，土层较厚，尚适植棉。……本省棉花多产于河流下游，气候较热，土层较厚之地区"①。具体而言，贵州棉花产区分布于赤水河流域的赤水、仁怀，乌江流域的印江、思南、石阡、凤冈，沅水流域的玉屏、青溪、三穗、镇远、施秉、黄平、余庆，红水河流域的下江、榕江、都江、三合、独山、荔波、平丹、大塘、罗甸、都匀，盘江流域的紫云、镇宁、关岭、贞丰、册京、安龙、兴义，黔西区的黔西。② 在广西，棉花种植以钟山、全县、灌阳、临桂、阳朔、罗城、柳城、天河等县为主，以桂江上游为中心延及柳江中游。③ 贵州和广西棉花种植区域集中于红水河、赤水河、乌江以及桂江流域等地区，其中原因之一也是这些地区水运便利，便于棉花的运销。

（二）甘蔗种植的地域分布

由于甘蔗系热带亚热带植物，因此西部地区主要是西南地区才出产甘蔗。抗战时期大后方的甘蔗种植区域主要分布于四川，而四川的甘蔗地域分布以沱江流域为主，其种植面积占全省的 76%。在此区域中，内江、资中、富顺、简阳的一部分产白糖，资阳、金堂及资中的一部分产红糖。其次是渠河流域，该区所产全为红糖。此外，岷江流域、长江沿岸以及涪江流域也产蔗糖。④ 沱江流域的金堂、简阳、资阳、资中、内江、富顺、泸县 7 个县，流域面积 2.79 万平方公里，尤其以产甘蔗而著称。抗战爆发后，沱江流域的蔗糖产量有了突飞猛进的增长。1936年为 958750 担（1 担＝200 市斤），1937 年为 1101638 担，之后不断增加，1940 年达到 31811817 担，其间年平均产值 1198151 担。⑤ 沱江流域尤其是内江成为四川最大的甘蔗生产基地，除了与这里气候适宜有关外，也与这里便利的交通运输条件有关。时人亦云："蔗苗始植于内江，糖房始设于内江，以内江为中心向外发展。南北各县，以沱江之连接，交通方便，甘蔗易于集中，故能首先受其传染，是纯自然之发展也。"⑥

云南的甘蔗种植区分为迤东、迤南、迤西 3 个区，共 32 个县区。每年能产 1000 万斤甘蔗者有永胜、弥勒、华宁、易门、巧家、宾川、

①　何辑五编：《十年来贵州经济建设》，商务印书馆 1947 年版，第 124 页。

②　参见蒋君章《西南经济地理》，商务印书馆 1945 年版，第 71—72 页。

③　同上书，第 73 页。

④　参见杨寿标主编《四川蔗糖产销调查》，中国农民银行经济研究处 1941 年印，第 21—22 页。

⑤　同上书，第 15—16、7—9、18—23 页。

⑥　郑励俭编著：《四川新地志》，正中书局 1947 年版，第 87 页。

元谋、开远、保山、景东等16个县。全省蔗田面积12.8万多亩，其中最多者为永胜县，有2万多亩。① 上述甘蔗种植区域也多位于交通便利之处，如弥勒、开远位于滇越铁路沿线，保山位于滇缅公路沿线，永胜位于滇藏驿运沿线等。

广西因气候湿润适宜种植甘蔗。抗战爆发以后，广西地方政府积极推广甘蔗种植，甘蔗产量逐年有所增加。1940年广西全省产糖达105582万担，比1932年增产96%，每年平均增产13.7%，每年增产糖7.379万担。② 据彭绍光等人的1941年调查，广西99个县中有78个县种蔗产糖，共种甘蔗45.7万亩，产糖91万担，红水河以南占70%，红水河以北占30%，种蔗1万亩以上的有20个县。北回归线以北产黄糖最多的有柳城县4.2万担，宜山县2.3万担，恭城县4.2万担，全（州）县2.9万担③，因此，广西甘蔗的种植区域多集中于西江及其支流沿岸交通便利的县。④

贵州的甘蔗，"产地零星分布于赤水河、乌江、清水江、红水河下游温暖之河谷地带，全省年产约七十万市担"⑤。具体而言，主要分布于"安龙、贞丰、兴仁、关岭一带。据局部调查所得，在安龙之坡脚一地，该地沿江南岸三十华里以内，约三万余市担。据农业改进所二十八年调查，年产一万担以上者有贞丰、黎平、关岭、罗甸、紫云、黄平、天柱、安龙、郎岱、思南、兴义、仁怀、同仁、绥阳、册亨、施秉、镇远等县"⑥。

（三）烟草作物种植的地域分布

抗战期间，烤烟作为一种重要的经济作物在大后方得到广泛种植，耕作技术也迅速提高。尤其是在云南，烤烟成为抗战期间崛起的新兴经济作物，成为商品率最高的农产品，对云南的农业经济、财政收入产生了重大影响。云南对烤烟的引种试验虽然时断时续，但在克服了重重困难后，终于在1939年获得成功。同时又得到南洋兄弟烟草公司在技术、经费、籽种方面的合作和赞助，从而为云南烤烟的推广开创了前景并提供了物资保证。1941年，云南成立了第一个烤烟种植推广区，推广区由富民、武定、禄劝、罗次4个县组成，推广面积2000亩，总产量

---

① 参见李珪《云南近代经济史》，云南民族出版社1995年版，第431页。
② 参见覃蔚谦《广西甘蔗史》，广西人民出版社1995年版，第24页。
③ 同上书，第28页。
④ 同上书，第22—23页。
⑤ 何辑五编：《十年来贵州经济建设》，商务印书馆1947年版，第125页。
⑥ 丁道谦：《贵州经济地理》，商务印书馆1946年版，第88页。

1540担。1942年，又成立了第二、第三两个推广区。第二推广区包括昆明、玉溪、晋宁3个县，种植面积2727亩，总产量1545担。1943年，云南成立了9个烟草改进分所，辖12个县，有富罗分所（包括富民、罗次）、嵩寻分所（包括嵩明、寻甸）、禄武分所（包括禄劝、武定）、开远分所、玉溪分所、晋宁分所、江川分所、昆明分所、易门分所，种植面积为14923亩，收购烟叶8274.86担。1944年新增加了华弥（华宁、弥勒）、澄江两个分所，种烟面积扩大到23594亩，收购烤烟18810担。到1945年，除新增加宜良、布治、大庄3个分所外，还开辟了禄丰、蒙自、元江、路南、安宁、双柏6个烤烟种植特约农场，种植面积共27552亩，总产量23815担。① 云南过去没有烤烟税，而1945年税收达到4000多万元。②

在贵州，抗战期间经济作物发展最快的是烤烟种植业。贵州烤烟的种植始于1938年。这年春，贵州省农业改进所为开发卷烟原料的生产，在贵定、龙里、福泉、平坝、清镇、开阳、黄平、遵义、金沙、三穗等25个县采集当地土烟品种65个，并从山东烟叶实验场和广西的柳州、贺县等地征集国外烤烟品种。1939年，贵定县成立合作实验区，由李星辉任合作实验区主任，贵州省农业改进所提供烤烟种子。当年在贵定县新添司、新铺两地试种，获得成功。经过逐年推广，到1942年，烤烟种植区域已达到20余个县，除贵定外有平坝、清镇、贵阳、瓮安、麻江、炉山、龙里、安顺、罗甸、普定、册亨、贞丰、毕节、大定、遵义、湄潭、德江、天柱等县。随着烟草种植的推广，种植面积也逐年增加。关于抗战期间贵州烤烟生产情况见表49。

表49　　　　　1939—1945年贵州省烤烟生产情况表

年份	1939	1940	1941	1942	1943	1944	1945
种植面积（亩）		80	750	2500	6600	38200	81000
总产量（吨）	3.25	3	40.5	122.5	285	1500	3925
单产（千克/亩）		3.75	54	49	43	39	48.5
生产县（个）	1	1	6	7	8	10	12

资料来源：贵州省地方志编纂委员会编：《贵州省志·烟草志》，贵州人民出版社2001年版，第34页。

① 云南省地方志编纂办公室编：《云南省志·烟草志》，云南人民出版社2000年版，第57—58页。
② 谢本书、温贤美主编：《抗战时期的西南大后方》，北京出版社1997年版，第200页。

从表 49 可以看出，1940 年，贵州烟草种植面积仅为 80 亩，产量仅为 3 吨，1945 年种植面积猛增至 81000 亩，产量 3925 吨，分别增长了 1011.5 倍和 1307 倍，因此烤烟成为抗战期间贵州推广速度最快的经济作物。烤烟的推广，促进了贵州经济的发展。贵州所产优质烟叶不仅提供给本省烟厂，而且大量外销。农民种烟，提高了经济收入，也为贵州提供了大量税收，1942 年贵州统税中，烟税一项即占 65％。①

在四川，抗战期间烤烟的推广速度也很快。四川的烤烟种植始于 1936 年，1937 年山东建设厅烟草改良场迁到什邡县，进行烤烟栽培、烘烤的研究与推广工作。1938 年，该场交四川省农业改进所。1939 年，国民政府为增加抗战物资，培养财源，决定在四川发展烤烟生产。在四川郫县设立四川省烟草示范场，并以成都、绵竹、温江、资阳、新都、金堂为烤烟推广区，除指导烟农栽培、烘烤外，组织了 11 个烟草生产、运销合作社，发放生产、加工设备贷款 20 余万元。1939 年，四川共种烤烟 1481 亩，产烤烟 90.4 吨，是为四川大面积推广烤烟的开始。1941 年又增辟简阳、资中、内江、灌县、青神、眉山为推广区，种植面积 6786 亩，生产烤烟 650 吨。②

二　大后方主要经济作物的推广

交通运输条件的改善可以加速农产品的商业化程度。众所周知，在传统农业社会中，由于交通不便、农业耕作技术低等原因，农村主要种植粮食作物，自产自销，是典型的自然经济。进入现代社会后，随着交通建设大规模地进行，各地交通联系便利，农产品的运销范围扩大，有利于农业商品化发展。由于粮食作物产品附加值低，而经济作物附加值高，所以经济作物种植面积扩大。在抗战期间，大后方经济作物种植面积在整个耕地面积中的比例也有所提高。抗战期间大后方经济作物的推广情况如下：

（一）棉花的推广

从 1938 年以后到抗战结束，陕西省农业改进所在陕西推广自育或引进的棉花品种主要有 4 号斯字棉、德字棉、泾斯棉等棉花良种。优良

---

① 参见谢本书、温贤美主编《抗战时期的西南大后方》，北京出版社 1997 年版，第 208 页。

② 参见四川省地方志编纂委员会编《四川省志·农业志》上册，四川辞书出版社 1996 年版，第 219 页。

棉花品种的引进和改良，推动了陕西棉花生产。1939 年，4 号斯字棉种植 19.9 万亩，德字棉种植 5.1 万亩。1940 年，将全省棉区划分为 6 个棉区，即泾惠渠区、渭惠渠区、省会区、省东区、省西区、洛惠渠区。到 1941 年，4 号斯字棉面积达到 102.2 万亩，德字棉 23.9 万亩，合计 126.1 万亩。1945 年，4 号斯字棉扩大到关中 31 县，种植 163.8 万亩，基本普及，陕南推广德字棉 8.1 万亩，合计 171.9 万亩。① 随着棉花品种的改进和推广，陕西棉花产量在 1936 年至 1938 年连续三年丰收，皮棉产量分别为 111 万市担、1068000 市担和 1055000 市担，是 1919 年至 1948 年 30 年间的最好水平。②

在甘肃，抗日战争爆发后，仰赖外省输入原棉、布匹受到影响。为推动甘肃棉花生产之发展，于 1941 年成立甘肃省棉业推广委员会，进行植棉技术推导，并引进棉花良种（美棉），统一训练、委用技术人员担任植棉技术推广指导工作。期间，内地一批农业科技人员来到甘肃。经过棉花推广，甘肃全省棉花种植面积有所扩大。抗战爆发的 1937 年全省棉花种植面积为 8.94 万亩，植棉县为 15 个，到 1944 年全省植棉面积为 18.05 万亩，植棉县增加至 27 个。③

1937 年抗日战争爆发后，全国棉区大部沦陷，四川棉花输入减少，消费增加，且外省不少纱厂陆续迁川，棉花供需矛盾十分突出。政府深感发展后方棉花生产的迫切性，采取了许多措施，促进棉花生产发展。省棉作试验场加强了新品种、新技术的试验、推广工作。1938 年，经济部中央农业实验所派胡竟良驻川协助办理棉作推广事宜，从河南选购良种运川，赠送四川省政府推广种植。经济部部长还令胡两次赴潼南、遂宁、安岳、乐至、射洪、三台、中江、绵阳、简阳、资中等 10 多个县详细考察棉花生产，研究有关事宜。通过考察肯定四川宜棉，也肯定四川宜棉推广陆地棉。这一年四川棉花获得较好收成，面积较上年减少 8 万亩，皮棉产量增加 1 万吨。1939 年良种面积进一步扩大，棉花获得较大丰收，皮棉总产达到 2.9 万吨，比 1937 年增加近 1 倍。1940 年棉田面积扩大到 270 多万亩，但由于气候影响，1941 年棉田骤减到 182

---

① 参见陕西省地方志编纂委员会《陕西省志·农牧志》，陕西人民出版社 1993 年版，第 253—254 页。

② 参见《主要棉产省区皮棉产量》，载许道夫编《中国近代农业生产及贸易统计资料》，上海人民出版社 1988 年版，第 211—212 页。

③ 参见甘肃省地方史志编纂委员会编《甘肃省志·农业志》，甘肃文化出版社 1992 年版，第 327 页。

万多亩，1942 年面积进一步下降到 133.9 万亩。1943 年四川省政府根据行政院颁发的奖励植棉四项原则，订立了四川棉花增产计划，调整棉业机构，增加事业经费，大力推广良种，加强技术指导。加之播种前花、纱、布行情大涨，当年棉田面积回升到 245 万亩，总产恢复到 2.7 万吨。1944 年棉价继续上涨，棉农植棉积极性更高，棉田进一步扩大，但当年既遭春旱，又遇连绵秋雨，棉花减产 1 万多吨。1945 年，大力扩展新棉区，棉田猛增至 337 万亩。①

在广西，战前棉花产量有限，不能自给，由华北、华中等地输入布匹。战时由于运输困难，民众所需衣被问题逐渐突出。为此，农产促进委员会在广西宜山、柳城、思恩、融县 4 个县设立办事处，选择各县交通便利无水旱灾患及水田较多之处为推广区域，计宜山 6000 亩，思恩 6150 亩，柳城 6000 亩，融县 4000 亩，"所需种籽除就地采购外，并派员分往全县等各产棉县份广为收购散发"②。由于政府的推广，广西棉花种植面积从 29.3 万亩增加至 1941 年的 64.8 万亩，产量亦从 87000 担增加至 132000 担，分别增加了 121% 和 51.7%。③

贵州产棉较少，但因战争需要，棉花种植开始得到推广。战前的 1936 年贵州植棉面积仅 21.6 万亩，到 1941 年增加为 45.6 万亩，种植面积增加了 111%，同时棉花产量也从 1936 年的 78000 担增加至 1941 年的 115000 担，产量增加了 47.4%。④

（二）油料作物的推广

抗战期间，由于大规模的交通建设，交通运输力量大大增加，导致汽油需求量急剧增加。由于汽油供不需求，促使交通部不得不寻找汽油的代用品以解燃眉之急。1939 年，经济部在重庆设立了植物油提炼轻油厂，从植物油中提炼汽油、柴油和煤油。1939 年夏季开工，同年与兵工署合作，改该厂为动力油料厂，经过研究，取得成功。此外，中国炼油厂和新民炼油厂等相继从事炼油事业。炼油厂使用的原料除桐油外，主要是油菜。随着大后方植物炼油厂的纷纷设立，对植物油的需求量增加，刺激了植物油价格上涨。在 1939 年 11 月间，四川菜油价格陡涨二三倍，其中成都市内一度由每担 20 余元涨至 80 余元，其原因之一

---

① 参见四川省地方志编纂委员会编《四川省志·农业志》上册，四川辞书出版社 1996 年版，第 194 页。

② 《各省推广概况：广西》，《农业推广通讯》第 1 卷第 1 期，1939 年 8 月。

③ 参见蒋君章《西南经济地理》，商务印书馆 1945 年版，第 72—73 页。

④ 同上书，第 71 页。

就是"消耗增加"①。菜油价格也调动了农民种植油菜的积极性，推动了战时大后方油菜种植业的发展。

油菜作为大后方尤其是西南各地的主要经济作物，在抗战时期种植面积得以扩大。1938 年，四川的油菜产量位居中国第一，通过战时四川油菜的种植情况可以看出四川油料作物的推广情况。时人亦云：四川"油菜之面积产量，年年有长足之进展，在各种产物中独为特出。当抗战时期，无论军用民用，凡油料皆立见紧迫，故可造油之油菜、芝麻、花生等，皆呈激增趋势"②。关于战时四川油料作物的种植情况见表 50。

表50　四川主要油料作物种植面积与产量表　　（面积：万市亩；产量：万市担）

年 份	花生		芝麻		油菜	
	种植面积	产量	种植面积	产量	种植面积	产量
1938	59.4	77.7	12.4	5.5	716.9	788
1939	139.4	216.5	80.0	45.2	836.6	1193
1940	163.2	257.3	102.0	54.7	1255.8	

资料来源：郑励俭编著：《四川新地志》，正中书局 1947 年版，第 75—76 页。

说明：本表的统计数据与许道夫主编的《中国近代农业生产及贸易统计资料》（上海人民出版社 1988 年版，第 172 页）中《四川农作物种植面积、产量及产额表》的统计数据有较大出入，郑励俭编著的《四川新地志》一书中《四川农作物种植面积及产量表》是根据《建设周刊》第 6 卷第 12 期和《四川省农情报告》第 2 卷汇编和第 3 卷汇编整理而成，且系当时出版物，显然更具有说服力，因此笔者采用了后者的统计数据。

从表 50 可以看出，抗战时期尤其是抗战前期四川的主要油料作物种植面积迅速扩大，产量迅速提高。油菜作为提取植物油的主要油料作物，种植面积从 1938 年的 716.9 万亩猛增至 1940 年的 1255.8 万亩，短短两年时间种植面积增加了 75.2%。花生和芝麻的种植面积也在两年时间分别增加了 103.8 万亩和 88.7 万亩，分别增加了 175% 和715.3%，增加幅度更大。可以说，在抗战前期四川油料作物的种植得到了迅速的推广。

除四川外，大后方其他各省的油菜种植面积得到了扩大。在广西，1938 年花生和芝麻的种植面积分别为 119.9 万亩和 12.6 万亩，到 1945年增加至 162.7 万亩和 31.8 万亩，油菜种植面积从 1942 年的 347 万亩

① 廖皓龄：《川康植物油生产问题之研究》，《中农月刊》第 1 卷第 2 期，1940 年 2 月。
② 郑励俭编：《四川新地志》，正中书局 1947 年版，第 77 页。

增加至 1944 年的 361 万亩。在云南，虽然抗战时期的花生和芝麻种植面积较战前略有下降，但油菜的种植面积从 1938 年的 180.2 万亩增加至 1942 年的 228.6 万亩，贵州油菜种植面积也从 1938 年的 326.3 万亩增加至 1944 年的 440.7 万亩。陕西油菜种植面积从 1938 年的 168.2 万亩增加至 1945 年的 181.5 万亩，甘肃油菜种植面积从 1938 年的 101.5 万亩增加至 1945 年的 137.5 万亩，青海省油菜种植面积从 1938 年的 59.5 万亩增加至 1945 年的 83 万亩。[①] 战时大后方主要省份油菜种植面积的扩大，一方面是国民政府农业推广政策实施的结果，但另一方面也是为适应交通发展需要而推行的结果。

（三）甘蔗的推广

抗战期间交通发展导致汽油需求量急剧增加。尤其是太平洋战争后，石油来源大大受阻，交通运输部门尤其是公路运输部门需要的石油得不到满足。为维持汽车运输的需要，不得不寻找石油的代用品，其中酒精是汽油的最佳代用品。战时后方尤其是四川地区的酒精工厂所用的原料主要是糖蜜和秸糖。据四川农业改进所 1942 年调查，使用糖品原料的酒精厂共有 36 家。1942 年 11 月国民政府公布《川康各酒精厂所需糖蜜秸糖红糖分配办法》，也规定红糖、秸糖、漏水为特定酒精原料，不准配作他用，只准酒精厂购用。[②] 糖蜜和秸糖产于四川的内江、资中、资阳、简阳、富顺、金堂等地，是甘蔗经过压榨后的产物。由于酒精厂的增多，四川对甘蔗的需求量增多，刺激了甘蔗价格的上涨。糖蜜价格在 1938 年春，每万市斤仅七八十元，1939 年也只有 100 多元，以后逐年上涨，1940 年上半年为 800 元，实际售价达到了 1300—1400 元，下半年又增加到 2000 余元，虽然政府规定为 2800 元，实际售价远不止此数，在 1941 年 12 月竟然达到了 7000 元以上。[③]糖蜜价格的猛涨也刺激了甘蔗的种植。就四川来讲，抗战前的 1934 年至 1936 年，年均产糖 10 万吨左右。全省蔗田面积约 50 万至 70 万亩。而在抗战八年中，

---

① 参见《油料作物各省种植面积、产量及产额（1916—1949 年）》统计表，载许道夫主编《中国近代农业生产及贸易统计资料》，上海人民出版社 1988 年版，第 172—178 页。

② 参见《经济部四川农业改进所编四川糖业现况》（1943 年），载中国第二历史档案馆编《中华民国史档案资料汇编》第 5 辑第 2 编财政经济（6），江苏古籍出版社 1994 年版，第 408 页。

③ 参见《欧阳仑撰后方之酒精工业》（1941 年 2 月 26 日），载中国第二历史档案馆编《中华民国史档案资料汇编》第 5 辑第 2 编财政经济（7），江苏古籍出版社 1994 年版，第 131 页。

四川全省种蔗面积增加至 70 万至 140 万亩，平均产糖增加至 13.5 万吨，居全国之首，产量占全国 1/2 以上。其中 1940 年种植甘蔗面积达 148 万亩，产糖 24 万吨。① 抗战期间四川省主要产甘蔗县份甘蔗的种植面积如表 51 所示。

表 51　　　　　　　四川甘蔗种植面积表（1938—1940 年）　　　（单位：千市亩）

年份	种植面积		合计
	农改所	试验场	
1938	1410	547	1957
1939	1228	557	1785
1940	1378	690	2068

资料来源：许道夫主编：《中国近代农业生产及贸易统计资料》，上海人民出版社 1988 年版，第 222 页。

从表 51 可以看出，抗战时期四川甘蔗种植面积从 1938 年的 195.7 万亩增至 1940 年的 206.8 万亩，增加了 5.67%。在四川，尤其以内江的甘蔗种植面积最大，甘蔗种植面积从 1938 年的 13.5 万亩增加至 1940 年的 16.6 万亩。抗战前期四川的蔗糖产量迅速提高的主要原因之一就是酒精工业的刺激。在沱江流域的蔗糖中心内江、资中、简阳先后成立了酒精工厂 20 多家，战前视同废料的漏水竟身价百倍，其价格高出其他糖类 4 倍。② 在沱江流域逐渐形成了以种植甘蔗为主的专门化的经济作物区域。据甘蔗实验场对四川有糖税的 46 县的调查，1939 年至 1940 年平均种蔗面积为 60 万亩，而沱江流域的种蔗面积为 44 万亩，占全省的 73%。③ 从农作物的种植结构看，金堂、简阳、资阳、资中、内江、富顺六县平均种蔗面积占全部农作物种植面积的 47.87%，其中内江、资中更高达 57.5% 和 60.2%。④ 从农业人口看，内江、资中两地的蔗农人口分别占总人口的 65% 与 55%。⑤

① 参见四川省地方志编纂委员会编《四川省志·农业志》上册，四川辞书出版社 1996 年版，第 211 页。
② 参见朱吉礼《四川蔗糖业的危机》，《四川经济季刊》第 3 卷第 1 期，1946 年 1 月。
③ 参见杨寿标主编《四川蔗糖产销调查》，中国农民银行经济研究处 1941 年印，第 18—21 页。
④ 参见四川省甘蔗试验场编《沱江流域蔗糖业调查报告》第 4 章，第 1—2 页。
⑤ 参见《四川省主要产蔗县份甘蔗种植面积（1938—1945）》，载许道夫主编《中国近代农业生产及贸易统计资料》，上海人民出版社 1988 年版，第 223 页。

不仅四川的甘蔗种植进一步推广，大后方其他省份如广西、云南、贵州等省的甘蔗面积也有所扩大。云南有大片土地适宜种蔗，也曾大量种植榨糖。但自烟禁废弛之后，因种鸦片利厚，蔗农多弃而改种罂粟，外国"洋糖"乘虚而入，占领云南市场，抗战前云南蔗糖业一路不振。抗战之后，因外糖减少，国内对食糖的需求仰赖于西南诸省。"我国……昔年位列第三第四位之著名产糖国，今被日寇破坏掠夺，直降至第十位以下，实堪痛心疾首。其硕果仅存者，为年产甘蔗糖 140 余万斤之西南诸省。现在后方食糖之供给，除少数进口洋糖外，胥赖川滇桂黔等省土糖维持目前之需要。是故今后我国西南各省，非仅为长期抗战中之食糖来源地。亦未尝小可为复兴我国糖业之策源地也。"另外，因抗战以后禁烟政策实际也起了一些作用，部分农民又弃鸦片而种甘蔗。所以，到 1940 年前后，甘蔗产量已达 4.7 亿多斤，蔗糖产量由前几年的1000 多万斤增长至 3700 多万斤，"较种烟时代确有长足之进步，实云南之好现象也"。云南甘蔗种植面积在西南四省中居第二。① 1937 年至1941 年，广西甘蔗种植面积分布很广，种植制糖的县有 88—95 个。1944 年种植甘蔗面积 25 万亩，其中以恭城、贵县、柳城、柳江、邕宁等县为最多，每县种植面积在 1 万亩以上。甘蔗分布以郁江、柳江、左江流域为多。② 广西甘蔗种植面积的扩大，也推动了广西甘蔗产量的提高。从 1937 年到 1941 年，广西的甘蔗产量分别为 1052619 市担、1181798 市担、1411911 市担、1760923 市担和 1564523 市担。③

第三节　大后方交通与西部主要土特产品运销

大后方地区土特产众多，主要种类为羊毛、猪鬃、中药材、桐油。除此之外，还有蚕丝、白蜡、蓝靛、茴香、榨菜、木耳等。土特产品虽然产量较小，但因其特殊的作用，战时受到国民政府的高度重视，因此，土特产成为大后方重要的农产品，对于推动农村经济的发展发挥了重要作用。不仅如此，大后方地区盛产的土特产品大多出口，对于发展

---

① 李珪：《云南近代经济史》，云南民族出版社 1995 年版，第 431 页。
② 参见广西壮族自治区地方志编纂委员会编《广西通志·糖业志》，广西人民出版社 1998 年版，第 24 页。
③ 参见《各县市历年甘蔗产量》表，载广西省政府统计处编《广西年鉴》第 3 回，1944 年印，第 343 页。

大后方对外贸易也发挥了重要作用，如羊毛、桐油、猪鬃、茶叶、生丝等就是战时大后方出口的大宗物资，在战时的中苏、中美贸易中占有极其重要的地位。通过分析战时大后方土特产品的运输方式、运输路线以及市场分布，可以看出战时大后方交通与土特产品运销之间的密切关系，从而反映出大后方交通对农村经济的影响情况。

一　大后方土特产品运输方式与路线

（一）西北皮毛运输方式与路线

如前所述，羊毛为西北地区主要的畜牧产品，其产量在全国占有极其重要的地位。西北羊毛战前以皮筏运输为主。西北主要羊毛产地甘肃靖远的羊毛就是"用皮筏顺黄河水流运包头，自靖远经中卫、金积、宁夏、平罗、石嘴子、喇口、临河而达包头，计一千七百五十里，皮筏顺黄河水速流出，日昼运输，晚上停宿，计十六日可达。如途中顺利，无遇大风浪者，十四日即可以到达"[1]。抗战爆发以后，由于天津和包头的陷落，羊毛改为运往兰州出口，羊毛出口运输以驴子运输为主，每驴载重量为100—120斤，由靖远至兰州四日可以到达，运至天水七八日可达。驴子运输与水运相比，运价较高。战前的皮筏运输，因利用水力，其运费较之利用牲畜力运输者为廉。1936年每百斤运费仅为12元[2]，而1940年11月由靖远运往兰州、天水、平凉和秦安等地的皮货运费，每百斤运价见表52。

表52　　　由靖远运往各地皮货运费表（1937年至1940年11月）（单位：元）

运往地点	1937年	1938年	1939年	1940年11月
兰州	420	500	650	1400
天水	900	1100	1450	2500
平凉	700	850	1100	2400
秦安	800	950	1250	2650

资料来源：顾少白：《甘肃靖远之羊毛与皮货》（1940年11月调查），《西北经济通讯》创刊号，1941年1月，第24页。

---

[1]　顾少白：《甘肃靖远之羊毛与皮货》（1940年11月调查），《西北经济通讯》创刊号，1941年1月。

[2]　顾少白：《甘肃靖远之羊毛与皮货》（1940年11月调查），《西北经济通讯》创刊号，1941年1月。

从表 52 可以看出，1937 年每百斤皮货由靖远运往兰州为 420 元，较之水运，运费高昂。运费的高昂并不利于靖远皮货的出口，因此，战时靖远部分皮货出口转内销。

西北皮毛的主要输出路线也是商品的主要输入路线，而且其输入量的大小，基本上由输出的皮毛价值量决定，皮毛输出路线就此成为西北物流的中心路线。战前西北皮毛输出路线从甘宁青绥的各地牧区和农区的皮毛产地市场出发，流向区域中心市场，再流向沿黄河及其支流的大型中转市场，最后汇集到包头或归化，经张家口运到天津出口或京津毛纺工厂消费。[1] 我们可以通过具体分析甘肃靖远和陕西榆林的羊毛与皮货的运销情况，管窥整个战时西北羊毛的运销情况。

（1）甘肃靖远的羊毛与皮货的运销。靖远是甘肃的羊毛与皮货的主要集散地。抗战以前，靖远所产羊毛大部分通过陆路或水路经过包头转天津销往国外。春毛中仅 10%—15% "系由陇南客商来靖运销秦安、天水、甘谷等地，作为编制毛衣，纺毛线，制褐子呢之用"[2]。秋毛由于长度太短，不合外销，出口数量仅占 10%—20%，其余 "一半由陇南客商运销陇南以作制毡之用，一半或为农民自己制造，或售与本县制毡工场，加工制造或供本县消费，或运县外销售，山羊毛则全部出口"[3]。抗战爆发以后，由于天津和包头的陷落，"羊毛之输往包头转天津出口者，今已变为运往兰州出口矣"[4]。甘肃羊毛运销路线分为内销和外销两种，如前所述，外销路线由抗战以前的甘肃各羊毛市场—宁夏—石嘴子—包头—归化城—张家口—天津变为抗战期间的甘肃各地市场—兰州—猩猩峡。至于内销路线，则变化不如外销路线大，战时多由夏河、陇东两区，就近运往邻近川陕两省。

（2）陕西榆林的羊毛运销。陕西榆林毗邻伊克昭盟南部，境内沙漠广布，盛产绒毛。抗战爆发前，榆林羊毛大部分通过驼运途经沙漠七百里长途运至包头出售，每年销往包头出售之羊毛约 100 万斤，山羊绒20 余万斤，驼绒 6 万余斤，总计各种绒毛总值达六七百万之巨。抗战

① 参见胡铁球《近代西北皮毛贸易与社会变迁》，《近代史研究》2007 年第 4 期。

② 顾少白：《甘肃靖远之羊毛与皮货》（1940 年 11 月调查），《西北经济通讯》创刊号，1941 年 1 月。

③ 顾少白：《甘肃靖远之羊毛与皮货》（1940 年 11 月调查），《西北经济通讯》创刊号，1941 年 1 月。

④ 顾少白：《甘肃靖远之羊毛与皮货》（1940 年 11 月调查），《西北经济通讯》创刊号，1941 年 1 月。

爆发以后，随着包头的陷落，榆林羊毛出口受阻，被迫内销，羊毛贸易受到严重影响。抗战期间榆林羊毛产量如表53所示。

表53　　　　　　　　　　　　**榆林羊毛产量**　　　　　　　　（单位：斤）

种类 ＼ 年份	1937	1938	1939
羊绒	250000	200000	150000
驼绒	62500	50000	50000
羔毛	170000	170000	180000
合计	482500	420000	380000

资料来源：尹仁甫、李松如：《抗战三年来之榆林绒毛业》，《西北资源》创刊号，1940年10月，第89页。

从表53可以看出，榆林羊毛产量逐年下降，短短三年，羊毛产量减少约10万斤。抗战期间由于天津、包头相继陷落，陕西榆林皮毛由外销变为内销，尤其榆林皮毛制成各种物品，几乎全数销售于陕北一带，另外，部分皮毛则运往兰州、西安、宝鸡等处。[①]

西南的康藏地区也盛产羊毛。"西藏全境及青康各地均为羊毛产区，其与新疆接壤之昆仑山脉、青海境内至巴颜喀喇山脉，以及青藏交界之唐古拉山脉等之高原盆地，茸茸茜草，一望无际，均为牛蕃殖最盛之区。"康藏地区进行羊毛贸易的毛商分为四类：零收毛贩为当地小贩，随牧民迁徙，携带日用品与牧民交换；二等毛贩为经常备办牧民必需货物，如茶、布、糖、盐、烟草、火柴及现金等，到牧区寺院、庙会或马会收购羊毛的毛商；大毛贩则是在黑褐、紫塘、日喀则、帕里、拉萨、榆树等处设庄大量收购羊毛的商贩；出口商则在噶伦堡设立商号，并有仓库及改装设备，收购原装羊毛，加以提检，改成大包（每包约400磅），自备车船运输。康藏羊毛多经过大毛贩收集后运往噶伦堡出口。[②]

（二）猪鬃运输方式与路线

猪鬃古称"刚鬣"，是指猪颈部和背脊部生长的5厘米以上的刚毛。刚韧富有弹性，不易变形，耐潮湿，不受冷热影响，是工业和军需用刷

① 参见尹仁甫《榆林皮毛利用问题之商榷》，《西北论衡》第9卷第9期，1941年9月。
② 《康藏贸易公司为拟具收购储销西藏羊毛办法事致贸易委员会函》，载中国藏学研究中心、中国第二历史档案馆合编《民国时期西藏及藏区经济开发建设档案选编》，中国藏学出版社2005年版，第331—332页。

的主要原料，是中国传统的出口物资，出口量占世界第一位。如前所述，大后方各省均产猪鬃，在全国占有重要地位。抗战初期，中国大陆沿海的港口相继沦陷敌手，内地对外的陆路交通相继断绝，中国的猪鬃运不出去，造成全世界价格猛涨，中国的猪鬃成了紧俏的军用物资。四川猪鬃更成为国民政府易货偿债、支持抗战的最重要的出口商品。1944年猪鬃货值占全国出口商品总值的41.6%，贸易额跃居中国出口商品的首位。①

猪鬃的运输方式，据长江区航政局规定，分水运和陆运两种。陆运方法有汽车、板车、肩挑、背负、牲口驮载等。小量生鬃的陆运方式多采用肩挑背负，偶尔用板车或牲口驮载。至于熟货出口，则采用汽车运输。② 至于水运，则主要是依靠长江航运。抗战爆发以后，随着上海的陷落，猪鬃运输路线该为从重庆通过长江航运运至汉口以后，再通过粤汉铁路运至广州出口香港。到1938年10月，随着武汉沦陷，猪鬃改由从重庆通过川滇公路运至昆明，再通过滇越铁路或滇缅公路运送出口。1942年以后，猪鬃改由空运，在重庆通过驼峰航线运送出口。

云南在战时也是大后方重要的猪鬃产地。战时云南猪鬃运输方式在前期主要为铁路运输和汽车运输，后期为空运。在1942年前通过滇越铁路或滇缅公路运输出口，1942年以后则主要通过驼峰航线从昆明运输出口。战时云南主要的猪鬃企业有：（1）1937至1938年，云南畜产公司在昆明成立洗鬃厂，以王贵五为管事，有工人400余人制出熟鬃成品出口。（2）1937至1938年，四川利昌公司在昆明设立机构，专门收购成品猪鬃，以周俊之为管事，所有收购之熟鬃，概行运至印度加尔各答销售。（3）1937至1938年，杨汉江在昆明设立洗鬃厂，自任经理，以曾芳才为管事，有工人100余人，制出熟鬃成品运至河内销售，售入大量美金，获利甚巨。（4）1937至1950年，四川义生公司在昆明设立洗鬃工厂，杨典章为总经理，刘尊文及曾管音为经理，肖乐生及杨士品为管事，工人150余人，制出熟鬃成品，运销国外。（5）1942至1944年，安丰在昆明设立洗鬃工厂，以李仲华为经理，肖乐生及黄春城为管事，工人有300余人，制出熟鬃成品，出口销售。（6）1942至1945年，英商对珍洋行，原系经营进口贸易，因见猪鬃优厚利益，自恃其洋行当时在中国之特殊地位，所行无阻乃乘此机会在昆明收购成品，从畹町出口，运往

---

① 参见行政院新闻局编《猪鬃产销》，1947年印，第22页。

② 参见钱英男《重庆市之猪鬃运销概况》，《中农月刊》第3卷第6期，1942年6月。

国外销售，又向黄春城买了一批熟鬃由黄春城在仰光交货。①

　　除了西南的四川、云南等地生产猪鬃以外，西北各地也生产猪鬃，但产量不大，兹不赘述。

　　（三）中药材运输方式与路线

　　四川盛产中药材，除内销不计外，销往省外及出口数量1931年至1937年平均每年124136149斤，合国币4144133元②，出口值占四川出口物资第四位。四川中药材主要通过水运方式从出产地运至各地集散市场销售。抗战爆发后，四川中药材出口运输发生了变化。战前四川中药材汇集于重庆后再通过长江水运运至上海出口，抗战以后，由重庆通过汽车运输或水运运至昆明，然后通过滇越铁路运至越南海防，再通过轮船运输转达香港。到1942年，香港以及东南亚相继被日军占领后，四川出口药材改由空运通过驼峰航线出口。

　　西康盛产药材，药材的运销以康定为中心，康定成为西康省各种进出口货物集散之地，大宗药材自各地运往康定再转运出口。商路运输，以康定为中心，分南北两路，在康定设立关卡，征收捐税。西康南路由康定出南门，为康藏交通要道，经过雅江、理化、义敦、巴安、宁静、察雅、昌都至西藏，北路由康定出发，经过道孚、炉霍、甘孜、德格、昌都至西藏。各种货物由西康各地运至康定集合后，一部分由南路运往云南阿墩子，到达缅甸，直销国外；大部分则由川康运往雅安，至雅安后或运往成都，或由青衣江经夹江、乐山、犍位、宜宾、泸州、合江、江津而到重庆。由康定运往雅安的药材仰赖人力或兽力运输。西康1938年药材调查统计情况如表54所示。

表54　　　　　　　　　1938年西康药材运销情况表

种类	产地	产量（斤）	运销地点
麝香	全康皆产，而德、邓、巴、理、瞻惟最	1530	专销沪港粤滇美德英日法俄等地
虫草	全康均产，而理、白、德、昌为最多	30000	专销渝汉源粤港浙等地
贝母	全康均产，而德、昌、邓、石最多	40000	同上
知母	全康均产，而玉树、格吉为最	60000	专销东北各区，惟营口为巨

----

①　参见李正邦《云南猪鬃业发展概况》，载中国人民政治协商会议云南省委员会文史资料委员会、中国民主建国会云南省委员会、云南省工商业联合会合编《云南文史资料选辑》第42辑，第270—271页。

②　参见杨显东、谭炳杰《四川省之药材》，四川省农业改进所1941年印，第1页。

续表

种类	产地	产量(斤)	运销地点
秦	全康均产，而理、稻、乡、甘道为最	50000	专销渝沪港粤滇并国外等地
羌活	全康均产，而孔、玉、九龙道为最	40000	专销国外
大黄	全康均产，而孔、玉、九龙为最	210000	同上
木香	全康均产，而木梆地方为最	100000	国内均销，最近十年销场骤减
麻黄	全康均产，惟九、道、丹为最	23112	国内均销，销场不旺
赤芍	同上	32113	同上
土茯苓	产于九龙各地，别县稀少	5000	销川鄂各地
枸杞	专产于石、白一带，别区甚稀少	100	销川鄂粤港各地
花椒	九龙最多，泸、坭次之	12000	专销四川，次运华南
藏黄连	专产于波密地带，别地不产	500	专销沪港粤各地
土当归	专产于泸定一带	21000	同上
藏青果	专产于拉萨一带	13000	全国均销
藏红花	专产于藏印，有真伪之别	3000	同上
鹿茸	全康均产，种类有别	1500	专销川闽瞻桂等地
鹿角	昌、德、理、甘、石、·白为最	25000	专销赣粤渝沪港各地
鹿筋	同上	500	专销渝蓉汉沪赣各地
鹿尾	同上	100	同上
鹿冲	同上	200	同上
鹿胎膏	同上	200	同上
鹿心血	同上	100	同上
虎骨	九、丹、道、瞻均产	50	同上
豹骨	昌、德、白、石、瞻均产	1300	同上
猴骨	产于雅丹、九各地	600	专销川鄂粤各地
狼骨	专产于昌、德、邓、白、石各地	800	同上
牛黄	全康均产，其物极宝贵	5	同上
熊胆	全康均产，以金胆为佳品	23	同上
藏阿魏	产于西藏拉萨及扎什伦布	500	同上
黑白香	同上	700	同上
白藏蔻	同上	600	同上
藏葡萄	同上	4000	同上
藏枣子	同上	1000	同上

续表

种类	产地	产量(斤)	运销地点
藏奶桃	同上	50	同上
茜草	理、瞻两区为最	3112	专销全康染毛织品用
防风	产于泸定	1000	销川康各地
黄芩	产于泸定	1000	同上

　　资料来源：顾学裴：《西康省药材调查报告书》（1938年），载中国藏学研究中心、中国第二历史档案馆合编《民国时期西藏及藏区经济开发建设档案选编》，中国藏学出版社2005年版，第413—415页。

　　战时西北各省的中药材运输从原来的水路运输为主转为以陆路运输为主。如甘肃陇南所产之中药材战前在岷县汇集后，"再由碧口，经由四川省之昭化、绵阳、大足、成都、重庆，然后由长江转运上海香港，或分销沿长江各埠"，以长江航运为主。但"自战争发生后，长江航运阻塞，本区药材之运销，什九改由陆路"[1]。至于中药材的运输工具，战前包括汽车、骡马、大车、骆驼各类，"由产地运往集散中心时，以人力或车力为主，运往省外，则以汽车骆驼为主"，"自抗战以后，汽油来源不易，以汽车为运输工具者，已属绝为仅有，而大车骆驼亦因军需关系，该归统购，故药材之运输，极感困难"[2]。

　　（四）桐油运输方式与路线

　　战前，中国所产桐油国内只使用一小部分，使用量不过占总量的25%—30%，其余大部分运往各出口市场，然后再外销国际市场，主要用作油漆、印刷油墨、防水纺织品、电气用品、军需用品等。桐油出口运输以水运为主。抗战爆发后，桐油出口运输方式与出口运输路线发生改变。1937年11月上海沦陷后，四川所产桐油在重庆由长江水运至汉口后改用铁路运输，通过粤汉铁路运至广州，再通过广州出口香港。1938年10月广州沦陷后，四川桐油改由运往昆明，再通过滇越铁路运往越南海防，然后再运往香港出口。1942年随着驼峰航线的开辟，四川桐油运至昆明后通过驼峰航线空运出口。大后方另一桐油产区广西的桐油运输路线在广州沦陷前，主要集中于梧州再通过西江航运经广州运往香港出口。广州沦陷后，运输路线不得已改由向西

----

[1]　甘肃省银行经济研究室编辑：《甘肃之特产》，1944年印，第37页。
[2]　同上书，第38页。

入云南，通过滇越铁路或滇缅公路出口。1942 年以后部分改道通过驼峰空运出口。

战时桐油运输由国民政府设立的中国运输公司专门运输。在 1941 年，川桐原属 30 个分公司和 22 个办事处，共计收购桐油 7000 吨以上。其中，以万县为多，约 2000 吨，涪陵、彭水次之，签约 1000 吨，其他各处更次之，几十吨至几百吨不等。起初复兴公司收购的油，用汽车、飞机运至云南松坎，再由滇越路经海防海口运美。日寇南进后，仅有一条滇缅公路可以出口。日寇在中国内地更加猖狂，国民党军队节节溃退，军运更形忙乱，商运更加困难。复兴费了九牛二虎之力，也不过运出桐油 5000 吨，仍有 2000 吨积存在各个重点收购地区。于是复兴又组织人力挑、畜力驮来增加运量，但由于油的耗损大，运输仍然有限，不久即行停办。可是川桐为了多赚佣金，收购工作仍照旧进行。由于运转困难，而复兴又无仓库储存，货物反而成了累赘。复兴便从收购价格方面加以限制，迫使川桐少收。因此在 1941 年新油上市后，川桐收购减少，计全年收进不过 3000 吨。但复兴运出量还不到 2000 吨。加上年前积存，共达 3000 余吨。①

战时大后方土特产除了羊毛、猪鬃、中药材、桐油外，其他如生丝、白蜡、蓝靛、茴香、榨菜、木耳等的运输方式也大多以水运为主。生丝作为四川的重要农副产品，重要的消费市场为成都、乐山和南充三地。这三地除了集中消费附近各县的生丝外，另有来源很广、集散数量很大的中级市场，如川北的三台和阆中、川东的合川、川南的宜宾，各产地的生丝就近集中于各中级市场，三台、阆中的生丝则销往涪江，嘉陵江水涨时销往合川、重庆。② 不过也有例外。如甘肃的特产之一水烟，战时由于沿海相继陷落，销售范围缩小为陕、甘、宁、青、川五省。随着销售范围的缩小，水烟的运输方式从原来的水运为主改用陆运为主。战前甘肃所产水烟通过羊皮筏沿黄河顺流而下至黄河沿岸商埠，主要为宁夏和包头，然后用火车运至平津或山西大同再运往东北或东南沿海销售。战时随着东部沿海陷落，甘肃所产水烟主要通过陆路运往陕、青、宁、川各地销售，具体运输路线以兰州为中心分为四路，即甘陕线、甘川线、甘青线和甘新线。甘陕线由兰州沿西北公路用胶皮轮骡

---

① 参见政协四川省万县市委员会文史资料工作委员会编《万县桐油贸易史略》，1983 年印，第 76 页。

② 参见姜庆湘、李守尧编《四川蚕丝业》，四川省银行经济研究处 1946 年印，第 102 页。

车运至陕西各地销售，甘川线由兰州以人力或骡力运至陕西汉中后再转运四川，甘青线由兰州沿甘青公路用骡、驴或胶皮轮车运至西宁后再分销青海全省，甘新线由兰州沿甘新公路用骡、驴或骆驼运至河西各县销售。[①]

二　大后方主要土特产品的市场分布

（一）羊毛与皮货市场分布

如前所述，中国羊毛及皮货主要产地为西北各省，尤其以甘肃、宁夏、青海产量最大。抗战以前，西北皮毛贸易路线通过黄河运至包头，再通过铁路运至天津，因此西北皮毛市场主要沿黄河分布。抗战时期由于包头陷落，西北皮毛贸易大受到影响，西北各地皮毛不再通过黄河及其支流转运包头再运至天津出口，而改由转运兰州再通过甘新公路运至新疆出口苏联。因此，甘新公路沿线的皮毛市场得到进一步发展。

甘肃作为西北主要的羊毛产地，羊毛市场分为三种，即产地市场（初级市场）、产地兼集中市场（中转市场）和集散市场。产地市场指附近为羊毛产地，羊毛在此进行初步交易；产地兼集中市场指这里不仅生产羊毛，而且还能集中其他产地的羊毛；集散市场指这里不产羊毛或羊毛产量较少，但集中了其他产地的羊毛。甘肃羊毛市场分布情况如下：（1）陇东区。固原、海原等为产地兼集中市场，除本地所产羊毛外，集中了会宁、静宁所产羊毛，从 1940 年起宁夏中卫、同心城等部分羊毛运往此地销售。陇东羊毛集散市场为平凉和西峰镇，平凉主要自固原和海原输入羊毛，西峰镇则为庆阳、合本、镇原、盐池等县的羊毛集中市场。（2）河西区。河西产地市场很多，产地集中市场主要有永登、永昌、张掖及酒泉四地，永昌、酒泉和张掖三地也是青海北部羊毛交易中心。（3）夏河区。本地为产地兼集中市场，此地人烟稀少，羊毛交易量不多。（4）陇南区，本区羊毛集中市场首推张家川，羊毛输入地大多来自固原、海原、会宁和青海一带，战时由于统制关系羊毛来源减少，羊毛交易大受影响。除张家川外，于 1941 年成立的甘谷羊毛集中市场也为该区重要集散市场。（5）兰山区。本区分为集散市场及产地市场两种。集散市场首推兰州，1938 年财政部贸易委员会在兰州设立收购处，后改由复兴公司负责统一管理羊毛内

---

① 参见甘肃省银行经济研究室编辑《甘肃之特产》，1944 年印，第 49 页。

销与外销，兰州的羊毛集散中心地位进一步加强。其次为靖远、景泰两地。靖远在甘肃羊毛未出口前，就是重要的羊毛集散市场。抗战军兴以来，羊毛大量从兰州出口，但因靖远本身为一重要产毛区域，外销毛商及工厂采购原料者，仍是络绎不绝，故靖远仍旧不失为一重要产地兼集中市场。景泰亦为战时羊毛之产地兼集中市场。五方寺在景泰东北40里，在清末即成为重要的羊毛集中市场。抗战爆发后，羊毛集中兰州出口，该地市场日渐萎缩。兰山区产地市场甚多。一是新堡子，现名新仁里，隶属海原，位于该县西北与靖远县北之大庙，为羊毛产地市场。抗战爆发以后，天津沦陷，西北羊毛改道兰州集中出口，前来新堡子收购羊毛之商贩较前尤多，于是顿成靖远东北之主要产地市场。至于大庙产地，则多经景泰或靖远运至兰州。二是乾盐池位于靖远东部，自甘肃羊毛集中出口靖、海，毛贩集此收购后，即成一羊毛产地市场。贸易委员会复兴公司设海原固原站收毛，一般商贩亦多来此收购，运往海原仓库交货。三是北湾，为靖远黄河上游之一重镇，接近靖远西区牧场，抗战以前附近张家川、梁家台、沙河村一带羊毛系由靖远商贩收购运至包头、天津外销，自天津海口沦陷，北湾羊毛则直达兰州出口。四是宋家和畔，系靖远南部一大市镇，亦为一羊毛产地市场。附近宋家原、郭家集、刘家寨、唐家堡一带所产羊毛，战前先运靖远，由黄河皮筏外销。战时该地羊毛运至靖远后转运兰州，陇南毛纺织手工业兴起以来，宋家河畔亦为其原料之供应市场。五是水泉，在靖远城北90里，产羊毛甚多，为靖北一羊毛产地市场。战前有新堡子及靖远商贩来此收购羊毛，但不踊跃，"近年则有陕西泾阳大荔等地毛商驻庄收购"。六是永泰，在景泰西60里，附近老虎沟、宽沟、新墩湾、茨儿滩一带羊毛的产销市场，"现有毛商庆余号设此收购，运兰销售"。① 由于甘肃羊毛的市场众多，羊毛交易量十分巨大，具体情况见表55。

表55　　　　　　　**甘肃主要羊毛市场羊毛交易数量表**　　　（单位：斤）

年份	交易数量		
	固原	海原	西峰镇
1936	219880	503800	

① 甘肃省银行经济研究室编辑：《甘肃之特产》，1944年印，第77—80页。

续表

年份	交易数量		
	固原	海原	西峰镇
1937	124828	181412	110000
1938	97177	170000	50000
1939	72557	359816	344000
1940	287258	528765	184000
1941	177000	335000	435000

资料来源：甘肃省银行经济研究室编：《甘肃之特产》，1944 年印，第 81 页。

河西区羊毛市场，在战前交易十分繁荣，但抗战爆发后交易迅速衰落。考其原因，其中之一为"战争东路交通阻塞，皮毛外销一时停顿"[1]。兰山区兰州羊毛市场为甘肃羊毛集散市场，"惟当地成交数量甚微，多由本地毛商派人前赴夏河、靖远、永登、海原固原等地收购"。1938 年 8 月以后为 38 万市斤，1939 年为 1764500 市斤，1940 年为 1163700 市斤，1941 年 8 月前为 6318000 市斤。[2]

宁夏作为西北羊毛的主产区，据贸易委员会 1942 年的调查，产毛共计 10883200 斤，主要集中在阿拉善、灵武、额济纳、盐池、中卫、同心、中宁、惠民、平罗、磴口、永宁、陶乐、宁朔等地。宁夏的羊毛市场基本与产地基本吻合，但较大的羊毛市场多分布于黄河沿岸，包括中卫、中宁、平罗、石嘴山等地。中卫位于宁夏省西南部，跨黄河两岸，不仅羊毛贸易发达，而且为蒙胞茶、米、糖等日用品供给站，同时亦为宁夏南部西通甘州、凉州、兰州、青海，南通平凉、陕西之枢纽。战时"外销羊毛改道西运，中卫遂降为过境市场"。中宁位于宁夏南部黄河南岸，自羊毛外销开始后，境内羊毛云集，形成一大规模之羊毛集中市场。"七七事变后，洋行撤庄，羊毛之贸易遂因之停顿，以后改由宁夏省银行设立办事处统制收购，兴建仓库，以集中之羊毛运往兰州，再售与贸易委员会。"[3]

（二）中药材市场分布

战时大后方中药材产地主要集中在四川。由于几乎整个四川都出产

---

① 甘肃省银行经济研究室编辑：《甘肃之特产》，1944 年印，第 81—82 页。
② 同上书，第 83 页。
③ 韩在英：《宁夏羊毛产销概况》，《中农月刊》第 6 卷第 5 期，1945 年 5 月。

中药材，与四川毗邻的云南、贵州、西藏、甘肃等省的部分山货，通过
长江及其支流运往四川后，销售出川，因此，四川的中药材市场主要沿
江分布。四川的药材市场大体可分为产地市场和集散市场。产地市场位
于中药材出产地，交通相对不便，集散市场则位于川江及其支流沿岸，
水运畅通。四川的中药材集散市场主要有川西的灌县、川西南的雅安、
川南的宜宾、川北江油县的中坝镇、川东的万县和川中的合川。① 这些
集散市场几乎全部集中在长江、嘉陵江、渠江、涪江、沱江、岷江沿
岸，通过水运，销售出川。其中以川江门户万县和重庆为最大的中药材
集散市场。万县是中药材集散市场，主要中药材有党参、黄连、厚朴、
当归、吴萸、积壳、银耳、大枣、桔梗、天冬、五加皮、续断、苡仁、
防风、泡参、木通、巴豆等。万县常年输出药材总值 50 余万海关两。
万县市场中药材价格一般低于重庆市 10%，药材商人乐于到万县采购。
万县药材出口以厚朴、黄连为大宗。每日启航的轮船，都装有药材，有
"离了药材不圆载"之说。每周有二三百件药材运销全国各地。1934
年，万县药材业在百家以上，从业人员 1100 余人。②

　　泸县处于长、沱两江沿岸，是川南中药材集散中心。1938—1945
年，泸县年输出药材每年输出 1500 吨，销往山东、上海、北京等地。③

　　四川乃至大后方最大的中药材集散市场为重庆。重庆由于优越的地
理条件——居于四川盆地水系的枢纽，天然地担当起中药材出口贸易中
心的职责。重庆出口的药材有 100 多种，以下列八种为大宗：（1）川
芎。主产于四川松潘、茂汶地区，集中于灌县石羊场后，经岷江用木船
运至宜宾，再换轮船沿长江到重庆。（2）当归。主产于甘肃武都（阶
州）、文县、岷县、天水，以及四川南坪、江油等地，集中于甘肃文县
碧口后，沿嘉陵江运往重庆。（3）姜黄。主产于四川犍为麻柳场一带，
先沿岷江运宜宾，再顺长江到重庆。（4）白芍。主产于渠县、中江、
铜梁，沿嘉陵江运往重庆。（5）天雄。主产于江油、彰明两县，沿涪
江至合川，入嘉陵江到重庆。（6）大黄。主产于四川南坪，甘肃武都、
文县，以及灌县、雅安等地，集中于甘肃碧口后，经嘉陵江运往重庆。
（7）半夏。主产于云南会泽、昭通，四川宜宾、渠县、岳池、合川等
地，分由宜宾、渠县起运，沿长江、嘉棱江汇集重庆。（8）羌活。主

　　① 参见蒋君章《西南经济地理》，商务印书馆 1945 年版，第 104—105 页。
　　② 参见四川省志编纂委员会编《四川省志·商业志》，四川科学技术出版社 1996 年版，
　　　第 329 页。
　　③ 同上书，第 343 页。

产于四川松潘、懋功、理番、茂县、平武，西康之康定，甘肃之西固、岷县等地，集中于灌县、江油两大市场，分别经岷江、长江和涪江—襄陵江运往重庆。[①] 重庆的药材市场结构分为三部分：（1）字号业，即贩运药材来渝出售者和由渝购买药材运往下游各地者。（2）行栈业，即从事介绍交易，委托代理交易，以及经营堆存、寄寓业务者。（3）铺户业，即市内买卖药材者。根据行规，同一商号只能经营一种业务，各业之间，不得互兼。药材行业中，行栈、铺户全部由川人经营；字号业中，除川人之外，还有广东、浙江、江西、河南、陕西等省商人经营。[②]

西北各省较大中药材市场多分布于交通运输便利之地点。就甘肃而言，中药材为当地重要的山货，较大规模的中药材交易市场多分布于交通便利之处。据 1940 年调查，甘肃较大规模的中药材商号分布情况如表 56 所示。

表 56　　　　　　　甘肃中药材市场之分布（1940 年）[③]

县别	商号及资本额（元）
岷县	德源长（250000）、德泰店（200000）、恒源益（500000）、同春合（150000）、西颢和（150000）、永和颢（60000）、泰和积（50000）、德盛福（50000）、吉庆公（80000）钱兴仁（20000）、永盛玉（30000）、自立厚（10000）、德盛西（20000）、德聚店（30000）、广积和（50000）、春生堂（10000）、财兴和（20000）、春盛福（20000）
靖远	同泰裕（100000）、复兴茂（120000）、致忠祥（150000）
渭源	同兴福（30000）、聚成德（20000）、西顺合（20000）、明德昌（5000）、万源德（10000）、益信药庄（100000）
榆中	复兴德（12100）、福源寿（20000）、德盛颐（15000）、临盛泰（70000）、茂聚兴（40000）、全盛福（10000）、裕德厚（20000）、丰盛福（20000）、福兴泰（20000）、德兴福（10000）
天水	同义店（60000）、聚兴茂（10000）、聚义成（50000）
临夏	德合生（500000）、养生堂（500000）、广泰堂（10000）、义寿堂（10000）
永登	庆余公（5000）、复庆公（3600）、万春堂（50000）、复兴恒（3500）

资料来源：甘肃省银行经济研究室编：《甘肃之特产》，1944 年印，第 33—35 页。

---

① 隗瀛涛主编：《近代重庆城市史》，四川大学出版社 1991 年版，第 182—183 页。
② 同上书，第 183 页。
③ 资本 3000 元以下之小庄号未列入。

甘肃的中药材集散区域可分为陇南、陇东和河西三大区域市场。其中陇南药材的集散市场"以岷县为集散中心，所有附近临潭、武都、卓尼、西固、天水、渭源、陇西等地药材，均集中于此"；陇东药材集散市场"以平凉为中心，附近各县如武山、隆德、两当各地药材，均集中于此"；河西药材集散市场"以凉州为集散中心，附近临泽、甘州、各县产品"集中于此。①

此外，西南的贵州也盛产中药材，种类多达百余种。"如罗甸之冰片，罗甸石阡之胡椒，石阡之八角、茯苓，余庆、镇远之白耳，余庆、兴义之桔梗，下江之厚朴，下江之镇远，兴义之五倍子，大定之泡参，毕节之柴胡，瓮安之川芎，湄潭之栀子、百合与当归，平坝之山甲、威宁、岑巩之半更，同仁之朱砂，安龙之鹿茸，岑巩之金银花，皆足称道者。"②

（三）猪鬃市场分布

四川猪鬃市场分为产地市场、中转市场和中心市场。学者陈岗认为，产地市场是具有一定辐射和吸收作用的中心乡镇，经济服务对象是周围的自然村落，是整个市场体系中最基本的网络。转运市场由一些规模较大、辐射力较强的商业城市构成，是连接广大产地市场和集中市场的桥梁。部分猪鬃在这里经过初步加工，制成半成品后再运往上层的中心市场。中心市场是区域内工商业最发达的中心城市，或是一省或数省商品集散中心。作为区域市场的最高层，通过与国内其他经济区及国际市场的联系，具有传送信息、调配货源、洗制包装、运输出口的重要功能。③ 由于四川猪鬃的运输路线主要是从南充、宜宾、泸县、遂宁、成都、万县、合川、三台、太和镇等地通过水运汇集于重庆，再通过重庆出口海外，因此，四川猪鬃市场也主要是沿江分布。产地市场主要位于长江和嘉陵江沿岸的乡镇，中转市场位于长江沿岸的宜宾、泸县、万县和嘉陵江沿岸的南充、三台、遂宁、合川、太和镇等，而中心市场则是位于长江和嘉陵江交汇处的重庆，其中从长江沿岸市场输入重庆的猪鬃统称为大河毛，从嘉陵江沿岸城市输入重庆的猪鬃统称为小河毛。

四川全省普遍生产黑鬃，而白鬃则以"川南居多，川东、川北及与滇黔两省接壤之地次之"。具体而言，白鬃"以荣昌、隆昌两县为发源

---

① 甘肃省银行经济研究室编辑：《甘肃之特产》，1944年印，第37页。
② 丁道谦：《贵州经济地理》，商务印书馆1946年版，第83—84页。
③ 参见陈岗《近代四川猪鬃产业开发史述略》，《重庆师范大学学报》2007年第3期。

地，而向其他各县繁殖，且合江、泸县为本省白鬃主要产地"。① 1941年中国重庆银行调查：白猪鬃产地，川南 6 个县，川东 3 个县，川西 1 个县；黑猪鬃产地，川南 50 个县，川东 36 个县，川西 34 个县。其中，乐山、达县、荣昌、隆昌、泸县、合江、武胜为四川产鬃最盛县份。② 成都的中和场、新都的马家场、巴县的冷水场、江津的白沙镇、内江的茂市乡、合川的小丐、合江的尧坝、南充的跳澄镇等为当时主要的产地市场。据 1941 年中国重庆银行调查，"45 县共有买卖猪鬃的原始市场 68 个，商贩 2802 人，平均每个市场有小贩 41 人，他们无固定的店铺，往来于僻乡或于逢场日期，向屠夫、农民收购，81.7% 的猪鬃由他们完成"③。

转运市场主要分布于长江沿岸和嘉陵江沿岸，包括长江沿岸的宜宾、泸县、万县和嘉陵江沿岸的南充、三台、遂宁、合川、太和镇等。南充市场主要吸收本地各场镇的猪鬃，境外来源除四川的广元、营山、剑阁等地外，"西届青海，北讫陕甘，均有生鬃输入"。泸县市场是四川白猪鬃集散地，主要吸收荣昌、隆昌两地鬃毛。此外，"自云南、贵州输入之猪鬃，亦有一部分集中于此"。④ 1938 年至 1945 年，泸县年输出猪鬃 20 万市斤，销往重庆、上海。⑤

重庆为长江上游最大的猪鬃出口商埠，设有海关、商品检验所、猪鬃同业公会、猪鬃加工厂、牙刷厂、字号、中路、堆栈等管理机构和流通组织，年集散四川各地及滇、黔、甘、陕等省的猪鬃约 3 万担，经各洗房洗制加工后，再由海关输出，输出数量约为 18200 担，其中黑猪鬃 15000 担，白猪鬃 3000 担。空间分布上，猪鬃加工厂多散处于重庆南岸龙门浩、弹子石；字号多分布于城区小较场、杨柳街、文华街；中路，多分布于林森路，除少数向外地自行购货外，大都就地买卖货品；堆栈，多分布于林森路一带，专代来自贵州、叙府、万县等地猪鬃的售卖。外地猪鬃到渝时，须按照行规进行交易。交易地点设有三处，一是林森路 329 号山货茶馆，二是东华观巷 21

---

① 史道源：《四川省之猪鬃》，四川省银行经济研究处 1945 年印，第 6 页。

② 参见陈岗《近代四川猪鬃产业开发史述略》，《重庆师范大学学报》2007 年第 3 期。

③ 陈岗：《近代四川猪鬃业的开发与经营》，《史学月刊》2008 年第 4 期。

④ 史道源：《四川省之猪鬃》，四川省银行经济研究处 1945 年印，第 27 页。

⑤ 参见四川省地方志编纂委员会编《四川省志·商业志》，四川科学技术出版社 1996 年版，第 343 页。

号，三是林森路清心茶馆。①

大后方其他省份的猪鬃市场也大多分布于交通便利之处。广西猪鬃以贵县、桂平分布最广，其次则为桂林、全县、怀集、苍梧、藤县、岑溪、平南、容县、北流、陆川、宜山、宾阳、横县、邕宁、靖西等县，因此，广西猪鬃市场也大多分布于水运便利的西江流域。云南猪鬃分布在滇南的滇越铁路沿线地区、滇西的滇藏驿运线地区，其中包括腾冲、昆明、丽江、鹤庆、会泽、昭通、盐津等县。贵州猪鬃产区主要分布于安顺、毕节、兴义、开阳、威宁、安龙、湄潭、黔西等县。② 西北各省也生产少量猪鬃，其中陕西主要产于陕南和关中平原地区，所产猪鬃几乎全为黑鬃，分别集中西安、宝鸡、临潼、咸阳等埠出口。甘肃分布于甘南和河西地区③，而青海猪鬃产于湟水谷地④。这些省份猪鬃市场的分布与产区大体一致，大多分布在水运或陆运便利的陇海铁路沿线、汉水流域、湟水流域和西北公路沿线地区。

（四）桐油市场分布

中国桐油产量最大的省区为四川，年产桐油80万担，占全国总产量30％，也是世界产桐油中心。⑤ 战前四川桐油产区多在长江、岷江、沱江、嘉陵江、乌江流域，因此四川桐油的产地市场（初级市场）和集散市场也集中在川江及其支流沿岸。产地市场主要有泸县、江津、合川和涪陵。泸县位于沱江及长江之交汇点，沱江流域之井研、荣县，岷江流域之乐山、宜宾、屏山，长江南岸之庆符、高县、筠连、长宁、珙县、兴文、叙永所产桐油集中于此。江津位于长江南岸，处于重庆泸县之中心点，上游之合川，东南之南川、綦江一部分桐油集中于此处。合川位于川北嘉陵江、渠江、涪江交汇处，上述各流域之桐油集中于此。涪陵位于乌江长江之汇合点，乌江流域的酉阳、秀山、黔江、彭水四县及贵州一部分桐油集中于此。上述四个产地市场中，泸县、江津和合川三区所产桐油沿长江运至重庆集中，而涪陵区所产桐油沿长江运至重庆和万县两地集中。⑥ 四川的两大桐油集散市场是重庆和万县，其中万县是战前四川最大的桐油集散市场。抗日战争前，万县、忠县、云阳三县

① 参见傅润华《陪都工商年鉴》第9编，重庆文信书局1945年版，第2页。

② 参见史道源《四川省之猪鬃》，四川省银行经济研究处1945年印，第9—10页。

③ 参见《中国猪鬃生产调查》，《国际贸易》第1卷第4期，1946年6月。

④ 参见史道源《四川省之猪鬃》，四川省银行经济研究处1945年印，第9—10页。

⑤ 参见蒋君章《西南经济地理》，商务印书馆1945年版，第117页。

⑥ 参见张肖梅、赵循伯编《四川省之桐油》，商务印书馆1937年版，第33—34页。

年产量 30 万担，占全省产量的 50% 。1917 年至 1937 年的 20 年间，是万县桐油市场的鼎盛时期，中外客商云集万县采购桐油。川东各县和酉阳、秀山、黔江、彭水、涪陵、石柱、丰都、长寿等县的桐油宜接运万县成交。川西北的万源、宣汉、开江等县的桐油也由陆路人挑畜驮，集中万县。陕南的安康，湖北的利川、来凤、恩施，湖南的龙山等地的桐油，亦集运万县出口。除此以外，重庆以上近 40 个县的桐油，全部或部分在万县成交。每年清明前后是桐油成交的旺季，有"清明油，满街流"的谚语。1935 年，经万县出口的桐油达 29.2 万担，经重庆出口的 12.9 万担。1936 年，四川出口桐油 57 万担，经万县出口的 41 万担，经重庆出口的 16 万担。当时，万县靠桐油维持生活的不下 20 万人。1917 年至 1937 年，万县市场成交的桐油占全省出口总数的 65.6%，占全国出口总量的 27.48%。万县市场的营业总额中，桐油的营业额占 70%。[1]

抗战爆发后，四川的桐油市场分布大致与战前一致，也主要是沿江分布。但是随着 1938 年武汉沦陷，长江水运中断，桐油出口困难，桐油价格直线下滑，来货稀少，重庆和万县桐油市场大不如前。战时四川桐油的衰落，直接导致整个战时中国桐油出口量的减少。1937 年全国桐油出口量为 1029789 公担，1938 年减至 695777 公担，到 1940 年更减至 232472 公担[2]，仅及 1937 年的 22.57%。战时四川桐油的集散中心如下：

表 57　　　　　　　　　　　四川桐油集散市场分布表

中心市场	桐油来源地
万县	忠县、涪陵、丰都、长寿、梁山、垫江、石柱、开县、云阳、奉节
重庆	嘉陵江下游各县如江、巴、璧诸县以及大江流域如江津、綦江等县
涪陵	乌江流域如黔江、彭水等县
泸县	永宁河流域之叙永、古宋、古蔺等县
宜宾	南六县、雷马屏以及南溪、江安等县
乐山	犍为及马边河流以及峨眉等县

---

① 参见四川省志编纂委员会编《四川省志·商业志》，四川科学技术出版社 1996 年版，第 328 页。

② 参见严匡国《我国桐油产销之现状与展望》，《西南实业通讯》第 11 卷第 5、6 期合刊，1945 年 4 月。

续表

中心市场	桐油来源地
南充	嘉陵江上游诸县如西充、营山、南部、阆中等县
太和镇	涪江上游如中坝、盐亭、玉龙、潼川、潼梓（应为梓潼）等地
合川	渠江流域各县如渠县、广安、宣汉等县

资料来源：蒋君章：《西南经济地理》，商务印书馆 1945 年版，第 120—121 页。

由表 57 可知，四川的桐油集散市场也主要分布于川江流域，包括嘉陵江、渠江、涪江和乌江四大流域，尤其是万县和重庆仍然是四川的两大桐油集散中心市场。其中原因除了与这些地区气候适宜种植桐油外，也与这里便利的内河航运有关。

西南地区除四川外，广西桐油产量在战时得到了增加，战前的1934 年调查全省桐油产量为 24 万担，到 1941 年根据贸易委员会估计达到了 32.4 万担。广西桐油的集散地"以柳江、南宁、平乐为中心，而以苍梧为总汇，然后转输广州香港"①。具体而言，广西省桐油分布区域，"多产于各江流域，其中以桂江流域之灌阳、富川、昭平，柳江上游之龙胜、融县、宜山、三江，黔江流域之都安、隆山、上林，邕江上游之田阳、镇边及榕江、货县、平治等为主要产地"②。广西省的桐油集散市场，"以梧州、柳州、大湾、长安、运江、南宁等江为集散市场或集中口岸，除南宁有小部分外，悉数集中梧州，从西江直运港粤"③。此外，贵州亦为重要桐油集散中心。贵州的桐油产区以乌江流域为多，其次为清水江流域和盘江流域，桐油集散地"乌江以思南为重要，然后转运至涪陵，沅江上游之桐油，则集中于铜仁、青溪玉屏等县，然后转输之辰溪洪江"④。

至于西北地区，生产桐油甚少，产地主要集中于陕西。陕西省桐油产地集中于秦岭以南、汉水上游两岸，以兴平、旬阳、白河、平利、镇平、岚皋、石泉、紫阳、汉阴等县为主，南郑、褒城、洋县、城固、西塘、南阳等县次之。⑤

战时大后方土特产除了羊毛、猪鬃、中药材、桐油外，还有蚕丝、

① 蒋君章：《西南经济地理》，商务印书馆 1945 年版，第 125 页。
② 谢裕光：《广西桐油产销概况》，《农业通讯》第 1 卷第 8 期，1947 年 8 月。
③ 谢裕光：《广西桐油产销概况》，《农业通讯》第 1 卷第 8 期，1947 年 8 月。
④ 蒋君章：《西南经济地理》，商务印书馆 1945 年版，第 120—121 页。
⑤ 《中国桐油生产调查》，《国际贸易》第 1 卷第 3 期，1946 年 5 月 15 日。

白蜡、蓝靛、茴香、榨菜、木耳、烟草等。其中处于岷江和青衣江交汇处的乐山，水运便利，盛产蚕丝。20 年代为兴盛时期，年产约六七千担。30 年代年产量减为二三千担。除乐山本县所产外，岷江流域的眉山、彭山、青神、夹江、雅安、洪雅、峨眉、犍为及临近的荣县等地的蚕丝大多运至乐山销售或外运。乐山是四川蚕丝的重要集散地。1939年以前，集中乐山市场交易的蚕丝每年 1800 担左右（包括来自宜宾、筠连、三台、梓潼等地的蚕丝约 400 担）。进入乐山市场的蚕丝，部分销售境内绸厂、机户织绸，部分运销成都，每年约 500 担。1943 年前，经过缅甸外销出口，每年 500 多担。以后，经印度出口英、美，经西北出口苏联等国家。乐山是白蜡产地之一，也是白蜡的较大集散市场。乐山的白马、土主、苏稽、符溪等乡的白蜡年产量约 1800 担。岷江流域的洪雅、峨眉等地所产白蜡，多以乐山为销售市场，销往成都、重庆、武汉、上海、昆明等地。1912 年至 1916 年为 4340 担，1939—1940 年为 1980 担。抗日战争期间，长江航运阻塞，经营日衰。[①]

第四节　大后方交通与西部垦殖业的发展

在抗战时期，西部地区的垦殖业取得了一定程度的发展，表现在垦区面积扩大、垦民数量增加等方面。在垦区面积上，1943 年农林部垦务总局直辖的 11 个垦区中，西部 8 个垦区已垦荒地达到 391398 市亩，到抗战胜利后，仅四川、云南、贵州、甘肃、陕西后方五省就垦荒地767604 万余亩；在垦民数量上，1943 年西部 8 个垦区已有垦民 66439人，到抗战胜利后，仅四川、云南、贵州、甘肃、陕西后方五省就有垦民 159251 多人。[②] 从这些不完全统计数字可以看出，仅两年时间里西部地区的垦区面积和垦民数量至少增加了一倍，西部垦殖业发展较为迅速。抗战时期西部垦殖业的迅速发展，取决于许多因素，其中有国民政府的重视、政策的倾斜等，但也是和抗战时期大后方交通的发展紧密相关的，包括交通便利了难民的移垦、交通影响了垦区的分布、交通促进了垦区与外界的物资流通等多个方面。因此，抗战时期大后方交通的发

---

① 参见四川省地方志编纂委员会编《四川省志·商业志》，四川科学技术出版社 1996 年版，第 355 页。

② 参见曹幸穗等编《民国时期的农业》，《江苏文史资料》编辑部，1993 年，第 240—242 页。

展也推动了西部垦殖业的发展。

一 大后方交通与难民移垦

抗战爆发后，由于日军的侵略，沿海大量城市沦入敌手，导致了中国大规模的移民运动。社会学家陈达将这些移民分为三大类：富裕及曾受过高等教育的人；政治方面活动的人士，或是同情重庆中央政府的人，或是为日伪政府所仇视的人；爱国者及不甘受敌伪压迫的人士。[1]诚然，在内迁的沿海人口中有大量知识分子、学生、政府官员、技术工人等，但也有大量无依无靠的难民。据统计，战时大后方各地收容所的难民人数，从1937年10月至1939年底约为670万人，1940年约为174万人，1941年约为184万人，加上此后的数字，累计达到1000万人。[2]简单地说，难民主要包括沿海地区流亡的失业工人、灾民、失地农民和老弱病残。为安置这些难民，国民政府振济委员会采取了一些措施，其中之一就是将部分难民迁移至后方垦区开垦荒地，尤以国民政府组织移民开垦西北荒地作用明显。战时移送西北的民众主要是难民和灾民，其中河南一带灾民较多。仅在1943年8月至9月间，据农林部部长沈鸿烈称："为度移送豫剩省灾民六千至七千人赴新，自八月开始，运输异常便利，下月即可告一段落。"[3]在国民政府组织移民西北的过程中，交通运输部门发挥了重要作用，主要表现在积极组织西北公路运输局运送难民赴西北。抗战时期东部与西北地区的联系除了陇海铁路外，主要是公路，包括西兰路、甘川路、甘青路、华双路等，这些公路由西北公路运输局管理。1943年11月5日西北公路运输局局长何兢武致函农林部部长沈鸿烈称："本局承办农林部西北移民，现已运达四千五百余人，预计本年十二月底可达七千人。"[4]以1943年至1944年国民政府移送河南一带灾民赴新疆垦殖为例。1943年至1944年河南发生水灾，通许、尉氏、扶沟、西华等县农民四处逃难。交通部西北公路局受农林部委托，承担移送难民到新疆垦殖的运输任务，农林部在西安设召集处，专司此事。凡入新疆的难民先赴召集处登记，检查身体后由公

---

① 参见陈达《现代中国人口》，廖宝昀译，天津人民出版社1981年版，第89页。

② 参见陈彩章《中国历代人口变迁之研究》，商务印书馆1946年版，第112页。

③ 《农林部部长沈鸿烈就移民西北事宜回西北公路运输局局长何兢武函》（1943年），中国第二历史档案馆藏，资料号：116/777。

④ 《西北公路运输局局长何兢武就移民西北事宜致农林部部长沈鸿烈函》（1943年），中国第二历史档案馆藏，资料号：116/777。

路局派车，并派移民照料员随车护送。西北公路局自西安用汽车运输集合的灾民经过平凉、兰州、凉州、肃州至哈密，需 8 天至 12 天。中央运输委员会中运站由哈密用汽车接运至奇台，需 2 天，或用大车接运至鄯善、吐鲁番、达坂城至迪化，需 20 天。[1] 在抗战期间西北公路运输局究竟运送了多少难民到西北，目前笔者还没有查到精确的统计数字。西安至猩猩峡之间全程 1899 公里，西北公路运输局在沿线设立长武、静宁、定西、兰州、永登、武威、张掖、酒泉、玉门及西安 10 个食宿站，行程定为 13 天。自 1943 年 8 月 25 日开始运送，日发一车，9 月 2 日增至两车，人多时随时增车。截至 11 月 7 日，西安共运出 92 车 4064 人，平凉 2 车 73 人，已达哈密 73 车 3118 人。至 11 月西安运出难民 4064 人。[2] 1944 年 3 月继续运送，到 12 月底，再运送难民计 4000 余人到新疆。[3]

为了方便难民移垦，交通运输部门还对难民提供优惠待遇。在运送难民赴西北垦殖途中，西北公路运输局提供免费乘车，并供给食宿。根据《农林部西北移民召集处移民办法概要》规定，"垦民移送垦区均乘免费汽车并准携带简单行李"，"自上车之日起至到达目的地止由西北公路运输局设站招待供给食宿，每人每日发馍二斤，卤菜四两，不满一岁者不发"[4]。这些措施，解决了难民迁移问题。因此，战时西北公路运输局在移民西北的过程中发挥了重要作用。

当然抗战时期移殖西北者除了难民以外，也有一部分政府裁减的公务人员。1942 年 8 月 15 日至 9 月 14 日，蒋介石视察西北的陕西、甘肃、宁夏和青海四省，回到重庆就下手令，要求移民西北。蒋介石称："全国军队已定缩编三分之一，目前中央党、军、政各机关官员太多，人浮于事，似可依照上述原则，裁减三分之一。此项被裁人员，可作有计划之迁移，即准备分批移送至西昌与西北，从事于屯垦或开发实业等工作。"[5] 这些被裁减的公务人员到达垦区的运输方式，根据《公务人员移垦办法大纲》规定："运输工具以不用汽车为原则，就人力、兽力、车辆、船舶尽量利用，分区输送，但有便利之汽车时，亦可作部分

[1] 参见唐启宇《中国的垦殖》，上海永祥印书馆 1951 年版，第 66 页。
[2] 参见重任《移民新疆》，《西北公路》第 5 卷第 3、4 期合刊，1943 年 12 月 16 日。
[3] 参见安进之主编《陕西公路运输史》第 1 册，人民交通出版社 1988 年版，第 86 页。
[4] 《农林部西北移民召集处移民办法概要》，中国第二历史档案馆藏，资料号：116/777。
[5] 孙武编：《蒋介石令裁各机关官员移屯西北及筹议办法三件》，《民国档案》2004 年第 3 期。

之利用。"① 因此,抗战时期难民和裁减的公务人员移垦西北地区多靠驿运,公路运输不多见。

以战时西部最大的垦区陕西黄龙山垦区为例。根据 1941 年 8 月陕西黄龙山难民组训会调查,垦民数量来自全国各地,详见表58。

表58　　　　　　　陕西黄龙山垦区难民籍贯人数统计表

籍贯	河南	陕西	山东	河北	湖北	山西	安徽	四川	辽宁	吉林	江苏
数量	12675	6685	4683	1564	324	242	213	59	47	24	21

資料来源:《黄龙山垦区难民人数统计表》,中国第二历史档案馆藏振济委员会档案,资料号:116/777。

从表58 可以看出,陕西黄龙山难民除陕西本省外,以河南、山东、河北一带的难民居多。其中原因除了这些省份距离陕西较近以外,陕西与这些省份的交通联系也较便利。一般来讲,河南、山东、河北一带的难民主要通过或沿着陇海铁路这条交通干线进入陕西。

二　大后方交通与垦区的分布

抗战爆发时,大后方的垦区大多分布在交通不便的边远山区,这不利于垦区的开发。例如,西部最大的垦区陕西黄龙山垦区处于山区,交通不便。1940 年 12 月,国民政府振济委员会委员长朱庆澜的女儿朱德君代父亲访问黄龙山垦区,她描述了进入垦区时的情形:

> 过了白水县到了黄龙山边界……我叫人给我选了一匹白马,我骑上随大家一起进川了。山路上下弯曲,凹凸不平,过了一岭又一岭,走到山上往下一看,可以看得很远,一目了然,有人告诉我,黄龙山区,山套山,岭连岭,在古代也是战争之地,有一个地方很狭隘,大有一夫守关,万夫攻不下之势。②

垦区的交通不便,使得垦区内需要的物资输入与对外联系受到影响。为推动垦区的经济发展,国民政府有意识地在垦区附近修建公路。

① 孙武编:《蒋介石令裁各机关官员移屯西北及筹议办法三件》,《民国档案》2004 年第3 期。
② 朱德君:《黄龙山,我怀念你!——回忆奉父命进入黄龙山垦区之行》,《黄龙山文史资料》第 1 辑,第 222—223 页。

在抗战期间，国民政府设在西部的 8 个垦区的位置都或多或少受交通的影响，具体情况见表 59。

抗战时期西部垦区交通位置表

垦区名称	地址	交通位置
陕西黄龙山垦区	陕西洛川、宜川、甘泉、韩城、富县、白水、登县七县之间	毗邻韩宜、白宜、富宜、洛宜公路
陕西黎坪垦区	陕西南郑县黎坪、勉县、宁强及四川的南江、旺苍之间	毗邻陇海铁路
甘肃岷县垦区	甘肃岷县古叠州	毗邻岷夏公路
四川东西山屯垦实验区	四川铜梁	
西康西昌垦牧实验场	西康西昌兴国寺、沙课、马沟、大小麻柳、上沟等地	毗邻乐西、西祥公路
四川金佛山垦殖实验区	四川南川县金佛山	毗邻川湘公路
甘肃河西永昌垦区	甘肃河西酒泉县永昌	毗邻甘新公路
贵州六龙山屯垦实验区	贵州铜仁六龙山	毗邻玉秀路

资料来源：曹幸穗等编：《民国时期的农业》，《江苏文史资料》编辑部，1993 年，第 266 页；《秦柳方关于抗战中的后方垦殖事业调查报告》（1942 年 11 月 30 日），载中国第二历史档案馆编《中华民国史档案资料汇编》第 5 辑第 2 编财政经济（8），江苏古籍出版社 1994 年版，第 220—221 页。

　　从表 59 可以看出，抗战时期西部的 8 个垦殖区多分布在交通线附近地区，联系相对方便。如中国西部最大的垦区陕西黄龙山垦区，虽然位于陕西 7 个县交界处，但在其附近都有公路。1938 年 11 月，黄龙山垦区办事处在石堡经黄龙镇直达纵目镇之间修筑了 80 里的大道，作为将来的公路基础。[1] 此外，抗战时期国民政府还先后修建了经过黄龙境内的韩宜、洛宜、洛黄等公路。韩宜路由韩城至宜川，建于 1940 年至

---

[1]　参见《陕西省黄龙山垦区办事处第一年工作报告书》，载黄龙县地方志编纂委员会编《黄龙县志》，陕西人民出版社 1995 年版，第 662 页。

1943 年，由人行便道扩修而成。洛宜路由洛川至宜川，长 107 公里，1940 年 6 月动工，年底全线竣工，经过黄龙境内的小寺庄和瓦子街。洛黄路由洛川至黄龙，经过境内的三岔、安善到石堡，长 22.5 公里。[①] 尽管国民政府修建这些公路的初衷是为方便进攻中共的陕甘宁边区政府，但不可避免的对位居这一地区的黄龙山垦区的发展也提供了便利，有利于这一垦区的难民、物资的输入和输出，促进了这一垦区的发展。

南川金佛山垦区是四川最重要的垦区，据国民政府赈济委员会估计，该区面积 90 万亩，可容垦民 25000 人。[②] 金佛山处于川湘公路附近，但仍交通不便。为开发金佛山荒地，四川金佛山垦殖实验区管理局准备修筑金佛支路，由垦区的三泉至大埔子与川湘公路相连，计划长 7.5 公里。1943 年 6 月 2 日，四川金佛支路建筑委员会主任委员宋继成上呈赈济委员会的呈文也称："窃查南川位居边隅……又南川地近陪都，为川鄂湘黔必经孔道。……本会兴修金佛支路，由川湘路之大埔子通到金佛山下之三泉公园，以工代赈。"[③] 这些措施也有利于南川金佛山垦区的发展。西康省西昌垦牧实验场，与抗战期间新建的乐西、西祥公路毗邻。究竟乐西、西祥公路对西昌垦牧实验场的发展起了多大作用，很难进行具体的量化分析，不过可以肯定的是，这两条公路的修建，方便了四川其他地方的民众迁移西昌，间接推动了西昌垦牧实验场的发展。西康省主席刘文辉对西祥公路的成就倍加赞扬，他说："西祥公路是值得我们赞许的，路线选择的妥当，全部路线都是在经济区域和政治区域中发展……整个宁属资源分布地区，可以说与这条公路的距离，并不是很远。将来开发宁区，建设经济，繁荣社会，振兴实业，这条公路定是很大的关键，这是西祥公路的第一点特色。"[④] 刘文辉对西祥公路的赞语也包括这条公路对西昌农垦业发展的贡献。陕西的黎坪垦区为西北重要垦区，垦区面积 6971496 平方里，到 1942 年约有垦民 4000 人。为便于垦区与外界联系，黎坪管理局于 1941 年 9 月主持修建了黎坪至黄官岭之间的大路 140 里。此外还修建了自黎坪中心至石栏坝、周家坝、长

---

① 参见黄龙县地方志编纂委员会编《黄龙县志》，陕西人民出版社 1995 年版，第 253—254 页。

② 参见《赈济委员会经办及拨款补助之生产事业工作简报》（1939 年），中国第二历史档案馆藏，资料号：116/777。

③ 《为南川灾情严重请准拨现款五十万元兴筑金佛支路以工代赈呈文》（1943 年），中国第二历史档案馆藏，资料号：116/739。

④ 《西康省刘主席训词》，转引自王立显主编《四川公路交通史》上册，四川人民出版社 1989 年版，第 153 页。

坝、龙须沟、东沟、干岩窝各地之间的大路，以利通行。① 这些措施促进了黎坪垦区的发展。

不过总的来讲，抗战时期西部垦区与外界的交通联系多以驿运为主，难民迁入垦区还是以步行为主。甘肃岷县垦区与外界的联系以驿运为主，驿运大道有三条：岷兰大车道、岷卓大车道和岷潭大车道。岷兰大车道由岷县至兰州，长 450 里，通行牛马大车，七天可达；岷卓大车道由岷县至卓尼，长 90 里，牛车需一天半，骡马车一天可达；岷潭大车道由岷县至临潭，长 120 里，牛马车两天可达。② 究其原因，主要是西部垦区处于山区，河流湍急，修建公路十分不便，铁路就更难了，而利用驿运可以因地制宜发挥其优势。

三　大后方交通与垦区物资流通

抗战时期的大后方交通建设有利于西部垦区物资与外界的流通，从而促进垦区经济的发展。抗战时期西部垦区的物产丰富，尤以农畜、药材等土特产最为丰富。如据甘肃省银行岷县办事处调查，甘肃岷县共有绵羊 40500 头，山羊 1 万头，猪 4 万头，牛 2 万头，骡马 2000 余匹，驴 1000 余头。在药材方面，岷县每年产量达 1.7 万余担，约值 340 万元。③ 陕西的关中平原物产丰富。其中汧山垦区内陇县有丰富的煤矿以及小麦、高粱、玉蜀黍、蔴等；凤县除著名的烟草外还有大麦、小麦、高粱、玉蜀黍等，年产 100 余万担；岐山除产小麦、大麦、稻子、高粱、小米、玉蜀黍、豆子、糜子、菜子外，棉产也丰富；乾县农产除秋收数种杂粮外，夏收只有小麦、大麦及油菜三种，产额以小麦居第一位，大麦居第二位，油菜居第三位；邠县除产大小麦及各种杂粮外，还有枣、梨、核桃、柿等水果。④ 如此丰富的物产由于交通不便，对外输出困难，不利于垦区经济的发展。抗战期间，国民政府在既不通公路也无法进行航运的山区恢复了驿运，利用山区的人力、畜力展开运输。其中在陕西、甘肃两省就开辟了众多的驿运线路，陕西驿运支线主要有华

---

① 参见安汉《陕西黎坪垦区垦务概况》，《新西北》第 6 卷第 1、2、3 期合刊，1942 年 11 月 15 日。

② 参见润川《甘肃洮西区垦殖调查述要》（续），《人与地》第 2 卷第 6 期，1942 年 6 月。

③ 参见润川《甘肃洮西区垦殖调查述要》，《人与地》第 2 卷第 4、5 期合刊，1942 年 5 月。

④ 参见陈巫泰《陕西的垦殖事业》，《西北资源》第 1 卷第 4 期，1941 年 1 月。

闵线（陕西华阴县至河南闵乡县闵底镇）、渭韩线（渭南至韩城）、长泾线（长安至甘肃泾川）、长坪线（长安至河南西坪镇）、耀宜线（耀县至宜川）等，甘肃驿运支线主要有兰泾支线（兰州至窑店）、兰中支线（兰州至中卫）、兰碧支线（兰州沿大车道至碧口）、洮马支线（临洮沿大车路至马头镇）、陇中支线（陇县沿大车路至中卫）等，这些驿运线路将陕西、甘肃各地联系起来，起了重要作用。战时的驿运路线并不以运输军用品为主，而是运输与人民生活密切相关的商品为主。如长泾支线西行物资主要是杂货、土布等，入陕物资主要有水烟、皮毛、土特产等。新疆驿运线以接济汽油内运为主，兼移民运输工作，自 1944 年 4 月起，每月移民约一两千人。陕甘线以运输邮件、电料、食盐、茶叶、桐油、钨砂等为大宗。商品南运以棉花为大宗，北运以烟、茶、纸张、糖、药材为多。甘新线货运频繁，以接运苏联物资为主，出口羊毛、钨砂为大宗。虽然这些不是专门的垦区驿运线，但毕竟或多或少与垦区有关，有利于垦区物资的进出，在一定程度上推动了垦区经济的发展。

第十章　大后方交通与西部城镇的发展

　　交通与城市发展之间存在密切的联系。据陆大道院士的点轴开发理论，点是某一地域的各级中心城市，而轴是连接各地城市的基础设施带，包括交通运输线和能源供给线等。点轴开发理论在重视"点"增长极作用的同时，还强调"点"与"点"之间的"轴"即交通干线的作用，认为随着重要交通干线如铁路、公路、河流航线的建立，连接地区的人流和物流迅速增加，生产和运输成本降低，形成了有利的区位条件和投资环境。产业和人口向交通干线聚集，使交通干线连接地区成为经济增长点，沿线成为经济增长轴。增长点和增长轴是区域经济增长的发动机，是带动区域经济增长的领头军。[①]

　　结合点轴开发理论，我们也可以认为战时大后方交通线就是"轴"，而大后方的城市就是某一地域的"点"。通过若干的"轴"，把"点"连接起来，从而促进城市发展。从实际情况来看，在抗战时期，大后方城市地区由于交通发展等原因而获得了一定程度的发展。抗战爆发前，西部城市规模都不大。1936年成都人口为480821人，西安154514人，兰州105558人，重庆1934年为281272人，昆明143700人。[②] 到抗战期间随着大后方交通的发展，处于交通要冲的城市由于交通便利，大量人口和工厂纷纷迁入，均获得一定程度的发展。重庆人口由1937年的47万增加到1946年的124万[③]，成都人口1945年增加到709490[④]，贵阳人口由1936年的11.5万增加到1942年底的19.9万[⑤]，

---

① 参见梁吉义《区域经济通论》，科学出版社2009年版，第52—53页。

② 参见《中国50000人口以上都市表》，中国地理学会编《地理学报》第4卷第2期，1937年4月。

③ 参见忻平《试论抗战时期内迁及其对后方社会的影响》，《华东师范大学学报》1999年第2期。

④ 参见沈汝生、孙敏贤《成都都市地理之研究》，中国地理学会编《地理学报》第14卷第3、4期合刊，1947年7月。

⑤ 参见谢本书、温贤美主编《抗战时期的西南大后方》，北京出版社1997年版，第209页。

昆明人口增加到 30 余万。一些小城市如陕西的双石铺，甘肃的天水、华家岭，四川的广元、绵阳，云南的楚雄、芒市、畹町等城市也因地处公路沿线而繁荣起来，城市工商业得以发展，城市人口得以增加。如在甘肃，位于西北公路沿线的城市都得到一定程度的发展，天水因为地处交通要冲——兰秦路（天水至兰州）、天凤路（天水至凤县）、天双路（天水至双石铺）三大公路经过此地，促进了战时城市的发展。在商业发展方面，"抗战前，本县商业，纯由本县人经营，外帮商人绝少。抗战军兴，战区流亡难民，徙来日多，除一部为公务员外，余均为商人，于是外帮商业势力日增，及今市上外帮商店林立"[①]。同时，城市人口也得到了增加，据 1940 年 3 月县政府户口总复查所得统计数字，全县人口，计男 149785 人，女 130615 人，共计 280400 人，较战前增加 3 倍。[②] 大后方原有城市的发展和新兴城市的涌现初步改变了过去大中城市主要分布在东部沿海的城市格局，使城市呈网状分布，促进了大后方城市的整体发展。在战时大后方城市发展过程中，交通不仅影响了城镇的区域分布，而且推动了城市经济的发展。

战时交通对后方城市发展的影响，也可以借鉴计量经济学中的相关与回归分析进行计量分析。通过对 1937 年至 1945 年间民生公司客运量和重庆城市人口两个变量之间的相关性检验，二者之间的相关系数为 0.927，具有高度的正相关。[③] 并用统计学方法求出回归直线方程：$Y = 5.0775X - 12000000$，式中 Y 代表铁路客运量，X 代表重庆城市人口数量。设其基本模型同前。运用回归直线方程求出 a、b 的值。通过这一方程，可以看出战时民生公司的发展与战时重庆城市的发展紧密相关。

第一节 大后方交通与西部的城镇分布

一 西北城镇分布

抗战时期西北的交通得到了一定程度的发展，随着交通的发展，西

---

① 甘肃省银行经济研究室编：《甘肃省各县经济概况》第 1 集，1942 年印，第 7 页。
② 同上书，第 1 页。
③ 关于战时轮船公司客运量数据见凌耀伦主编《民生公司史》，人民交通出版社 1990 年版，第 204 页；重庆城市人口数量数据见重庆市地方志编纂委员会编《重庆市志》第 1 卷，四川大学出版社 1992 年版，第 775 页。

北的城市也得到了相应的发展。战时西北城市分布与交通有着密切关系，正如时人所言："陆路交通与都市关系：交通为都市命脉，没有交通，都市便得不到发展，但没有都市，交通也失去依附。故凡都市密集之地，交通也必定发达，都市稀疏的地区内，交通也很难发展。"① 现将西北城市与交通关系表示于下：

表60　　　　　　　　　　西北城市与面积比率表

省份	都市名称	数目	都市与面积比率（万方里）
陕西	西安、汉中、三原、凤翔、榆林、宝鸡	6	9∶1
甘肃	兰州、天水、平凉、凉州	4	30∶1
青海	西宁、乐都	2	100∶1
宁夏	平罗、西宁、金积	3	30∶1
新疆	迪化、伊宁、塔城、疏附、哈密、奇台、吐鲁番	7	70∶1

资料来源：刘晨：《西北之陆路交通》，载唐润明主编《抗战时期大后方经济开发文献资料选编》，重庆市档案馆2005年印，第798页。

由表60可知新疆城市数量最多，陕西、甘肃、宁夏三省次之，青海最少，城市与交通之关系一目了然。城市与面积的比率越大，城市越稠密，反之越稀疏。

从图21可以看出，陕西交通网最为密集，铁路有陇海铁路，公路有汉白公路、华双公路，水路有汉江运输。陕西的主要城市也多分布于重要交通沿线，其中宝鸡、西安处于陇海铁路沿线，汉中位于汉白公路、汉渝公路沿线。甘肃的主要城市也分布于交通便利之处，兰州位于西兰公路、甘新公路、兰宁公路交会处，甘肃其他重要城市凉州、酒泉位于甘新公路沿线。因此，交通位置是影响西北城市分布的主要原因。

西北地区新式交通运输主要为公路运输，航空运输和内河航运则处于次要地位。战时西北主要公路干线为汉白路、华双路、甘新路、包宁路、甘宁路、甘青路等路线。从图21可以看出，战时西北的主要城市大多分布于公路沿线。就甘肃省而言，抗战时期已初步形成公路运输网，包括西兰公路、甘新公路、甘青公路、甘川公路、华双公路、平宁公路六大公路干线，其中西兰公路途经榆中、定西、平凉等城镇，甘新

_____

① 刘晨：《西北之陆路交通》，载唐润明主编《抗战时期大后方经济开发文献资料选编》，重庆市档案馆2005年印，第798页。

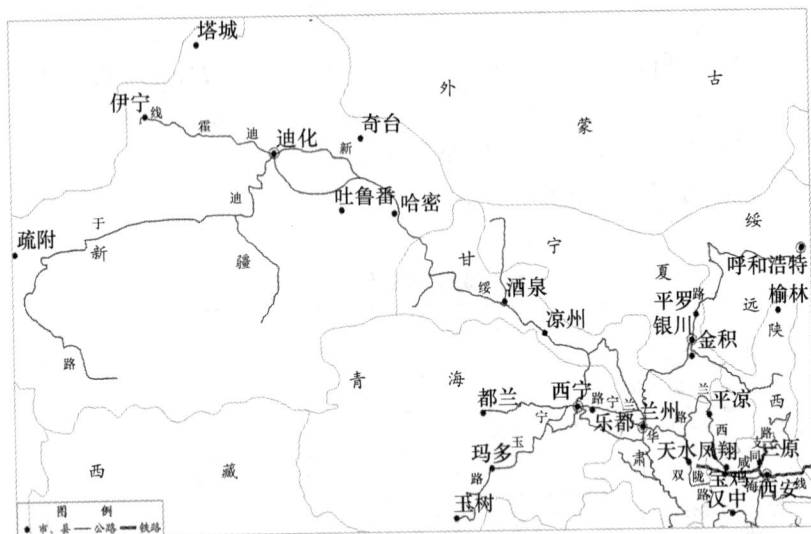

图21　西北城市交通图

公路途经武威、张掖、高台、酒泉等城镇，华双公路途经通渭、秦安、天水、徽县等，平宁公路途经平凉至宁夏。[1]

除主要都市外，县城分布稠密也受交通影响十分明显，因为县城作为小城市，是大都市与村镇之间联结点，都市越多，需要的联结点也越多，因此，县城与省区面积的比率可以反映一个地区的城市密度。关于抗战时期西北各省区县城与面积比率表情况，见表61。

表 61　　　　　　　　**战时西北各省县城与省区面积比率表**

省份	县治数目	县治与面积之简比率	公路密度（公里/百平方公里）
陕西	92	1:6100	2.3423
甘肃	63	1:18400	1.4577
新疆	65	1:76100	0.2916
宁夏	10	1:91100	0.8526
青海	14	1:163800	0.4425

资料来源：刘晨：《西北之陆路交通》，载唐润明主编《抗战时期大后方经济开发文献资料选编》，重庆市档案馆2005年印，第799页；表31《全国公路里程》，载交通部统计处编《中华民国三十三年交通部统计年报》，1946年印，第92页。

---

[1]　参见梁好仁《甘肃公路网之建设》，《西北论衡》第9卷第6期，1941年6月。

从表 61 可以看出，西北五省中县份最多的省份为陕西，达到了 92 个，而宁夏最少，仅为 10 个，二者县份的数目相差约 8 倍。由于陕西县份最多，陕西县治与面积之间比率最大，为 1∶6100，而宁夏县治与面积之间比率为 1∶91100，青海由于地域辽阔，县份数目又少，青海县治与面积之间比率最小，仅为 1∶163800。因此，陕西的都市最密集，而青海最稀疏。造成西北各省都市密度差别的原因很多，除了人口数量、经济发展水平外，受交通的影响也很大。一般来讲，都市密度与交通线密度呈正比例关系，都市越密集的地方，交通四通八达，交通线也越密集，相反，都市越稀疏交通线就越稀疏。也可以看出，西北五省中以陕西的公路密度最大，为 2.3423，而青海、宁夏都比较小，分别为 0.4425 和 0.8526，因此，战时西北五省的县城密度与公路线的密度也呈现正比例关系。

二　西南城镇分布

西南交通也影响了西南城市分布格局，著名地理学家蒋君章言："西南的都市分布离不了交通线，尤其以经济上有地位的都市为然。""就都市之分布状况而言，可分为水路交点、水路大小航路联络点、水路陆路联络点、陆路交点、陆路孔道等数种。属于第一类者如重庆泸县宜宾苍梧桂平邕宁是也；属于第二类者如平乐龚滩乐山柳州龙州合川太和镇等是也；属于第三类者为灌县镇远思南蛮耗蛮夷司雅安叙永等地是；属于第四类者如贵阳遵义安顺大理康定等是；属于第五类者，则为松潘、东川、腾冲、思茅、阿敦子。"[1] 具体而言，西南交通与西南城镇分布情况如下：

第一，四川城镇分布主要受川江及其支流影响。重庆处于于长江、嘉陵江两江交汇处，近代以来就成为长江上游航运中心，水运发达，重庆也成为四川乃至大后方最大城市。四川其他城市大多位于大江大河沿岸，如"长江则有万县重庆泸县宜宾，嘉陵江岸则有北碚合川南充广元，沱江沿岸则有富顺内江，岷江沿岸则有乐山灌县松潘等地"[2]。

第二，贵州比较重要的城市有贵阳、遵义、安顺、独山、镇远、思南等城市，其中贵阳作为贵州第一大城市，位于黔桂铁路的起点，交通

---

① 参见蒋君章《西南经济地理》，商务印书馆 1945 年版，第 363 页。
② 同上。

运输较为便利。遵义位于赤水河沿岸，是川黔公路的重要站点。安顺位于滇黔公路沿线，镇远位于沅水上游航运终点和川湘公路，铜仁位于麻阳江航路终点。①

　　第三，广西城镇多分布于大江大河沿岸。其中桂江沿岸城市主要有桂林、苍梧，浔江沿岸城市有桂平，右江沿岸有百色，左江沿岸有龙州，柳江沿岸有柳州，其他还包括浔江沿岸的藤县濛江，红水沿岸的迁江、柳江支流龙江沿岸的宜山和怀远镇、贺江沿岸的八步、绥江上游沿岸的怀集。②

　　第四，云南的城市大多分布于大路路线和滇越铁路线。昆明由于位于滇越铁路、叙昆铁路、滇黔公路、滇缅公路的交叉点，交通最为便利，成为云南政治经济文化中心。处于滇越铁路沿线的蒙自、开远、河口等城市也成为云南重要城市。曲靖位于滇黔及川滇大道的交叉点，为云南与川黔两省的重要门户，盘江水道可就此通往宜良，交通便利，成为云南重要都市。东川、昭通是昔日京滇铜运线的重要交通要冲，为滇东北重要城市。大理、下关、芒市、腾冲等城市位于滇缅公路沿线，抗战时期得到了迅速的发展。③

　　第五，西康的城市分布受交通运输条件的影响也十分明显，多位于大江大河沿岸或传统驿运线沿线。雅安位于青衣江中游，青衣江水道自此以下可通木船直到乐山，水运交通较为便利。陆路交通方面，雅安处于川康南路和滇康东路的交通要冲，也是滇藏门户，陆路交通也较为便利。因此，雅安成为西康经济中心。康定位于大渡河支流雅拉沟与折多河汇合处，为藏汉客商汇集之地，是藏汉贸易中心。此外，位于金沙江东岸的巴安（旧称巴塘）、位于澜沧江上游昂曲与杂曲两河交汇处的昌都由于交通便利成为西康重要的城市。④

第二节　大后方交通与西部中心城市的发展

　　一般来讲，交通运输发达地区，商业繁荣，城市人口急剧增加，城市发展迅速。相反，交通落后地区，人们之间来往不便，城市发展进程

---

① 参见蒋君章《西南经济地理》，商务印书馆 1945 年版，第 372—374 页。
② 同上书，第 374—377 页。
③ 同上书，第 377—378 页。
④ 同上书，第 379—380 页。

缓慢。抗战时期，在西部形成了以大城市为中心的交通运输网络，初步改变了原来各城市的孤立状态。战时大后方的交通中心有：（1）以重庆为中心的大后方最大交通枢纽，也是战时的公路、水运、航空运输中心。战时重庆的对外交通运输线，水道主要有渝嘉、渝宜、渝合、渝碚、渝沙、渝童、渝唐、渝李、渝叙、渝磁等线，陆路有渝成、渝筑、渝老、渝广、渝宝、渝宁绥、渝遂、渝兰、渝迪线，航空主要有渝迪、渝兰、渝蓉、渝昆、渝加、渝宝、渝甘线。① 通过这些交通线重庆与外界沟通较方便。（2）以昆明为中心的国际交通网。战时昆明因战略地位重要成为重要交通枢纽。铁路方面有滇缅、叙昆、滇越三路与之相通，公路则有滇缅、川滇东路、滇越等重要公路与之相连，航空方面是中央航空公司总部所在地，抗战后期是驼峰航线的终点站之一，因此昆明是战时西部的铁路、公路、航空中心之一。（3）以西安为中心的西北交通网络。西安是陇海铁路必经之地，也是战时陕西公路、航空、驿运中心。（4）以兰州为中心的西北公路交通网络。兰州在抗战前期的交通位置尤其重要，甘新、甘青、甘川、西兰、华双公路以兰州为中心，将兰州与新疆、陕西、青海和重庆等周边地区联系起来。甘肃境内还修建了兰州到平凉、天水、星星峡、酒泉、张掖、武威等地的公路支线，因此，兰州成为西北公路交通网络中心。

由于战时中心城市是某一地区工业、商贸最发达的地区，因此，中心城市的发展，也有利于促进整个大后方经济的发展。增长极理论认为，增长极是位于城镇或其附近的区域推进型产业的复合体，是引导区域经济进一步发展的地理"增长中心"。在区域发展初期，投资应当集中于这种增长中心，使增长由中心向周围地区传播；如果一个不发达国家或地区缺少发展极，就应该建立一系列推动型产业，使之聚集成为增长极，推动经济增长。② 根据增长极理论的解释，我们也可以认为，战时后方中心城市成为后方经济发展的重要增长极，通过这些增长极推动了周边地区的区域经济发展。尤其是战时的重庆，由于交通便利等原因，吸引了大后方地区以及内迁的人才、资金和其他资源，成为战时大后方的最重要增长极，并且通过便利的长江内河航运，将各种经济要素沿着长江流域自发地流动，推动了长江沿岸的各

---

① 参见黄友凡、彭承福等《抗日战争中的重庆》，西南师范大学出版社1986年版，第54页。

② 参见安江林《西部大开发与现代增长极理论的创新》，《甘肃社会科学》2003年第4期。

中小城市的发展，从而使川江区域经济能按阶段地平衡发展。陇海铁路线上的西安，战时经济也发展迅速，成为西北工商业中心。西安作为西北大后方的增长极，直接带动陇海沿线宝鸡、咸阳、渭南等城市的发展，促进了西北经济开发。总之，战时后方交通发展促进了后方中心发展，而后方中心城市的发展强化了城市的辐射作用，进而推动了后方经济的发展。

一　重庆城市发展

（一）战时重庆交通运输业的发展

由于战时重庆交通运输业的发展，尤其是水运业发达，重庆的交通条件大为改善。1937 年抗日战争全面爆发后，水运繁忙，轮船、木船齐动员，除川江原有的民生轮船公司等航运企业外，长江中下游的招商局、三北等大公司也先后撤入川江，为配合轮船运输，四川还曾动员一万多艘木船参加运输。为加强重庆与大后方各地的交通联系，从 1940 年起，陆续开辟了三条水陆联运线：一条是由重庆港出发，沿嘉陵江上溯至陕西阳平关，再转陆路至宝鸡或由嘉陵江转入白龙江抵甘肃碧口联系西北诸省的川陕甘水陆联运线；一条是由重庆港出发，沿长江下驶涪陵转乌江到龚滩，转陆路到龙潭，再转酉水至湖南的沅陵、常德联系东南各地的川湘水陆联运线；一条是由重庆港出发沿长江上溯泸州，联系川滇、滇缅公路的西南国际交通线。通过这些运输线，重庆地区的轮木船将大量的武器弹药、粮食、食盐及各种军需民用物资运往前线及大后方各地。由于交通条件的改善，进出重庆的客货流量大增。在轮船客运方面，1937 年抗战爆发后到 1945 年 9 月 9 日止，经重庆港运送的军人达 2577810 人。抗战初期，各轮船公司抢运了数十万旅客、难民入川，其中民生公司自抗战开始后的 9 个月中就抢运了机关、团体、学校、工厂、医院的 6.4 万客人入川。由于长江中、下游沦陷，川江客运成为大后方的最重要客运方式，重庆港成为客运枢纽。1943 年，进出重庆港的旅客达 3781398 人次；1944 年，又增加到 3961760 人次。①

公路运输方面，战时重庆的公路运输业也得到了较为迅速的发展。1937 年 10 月 1 日，川陕、川黔、川湘三线正式办理联运。次年国民政

---

①　参见重庆市地方志编纂委员会编《重庆市志》第 5 卷，成都科技大学出版社 1994 年版，第 97 页。

府迁都后，11 月开行川陕路重庆至宝鸡的特约交通专车。1943 年 10 月 1 日，川、湘、鄂区开行重庆至恩施、沅陵直达客车。次年 2 月 1 日，川陕联运处开行重庆至湖北省老河口、宁夏、绥远、陕西、迪化等地联运班车。① 在货运方面，出口的大锡、钨砂与进口的器材和油矿钻探设备等由资源委员会自备车运；桐油、猪鬃等由贸易委员会车运；茶叶由中国茶叶公司车运，粮食由粮食储运局车运；食盐由盐务局车运；棉花、棉纱、布匹由农本局车运；航空汽油由航空委员会车运。此外，中央、中国、交通、农业四大银行及中央信托局，都是自备车运货币、兵工储料。当时主要货物流向是：川黔一线重庆至贵州以盐为主，回程以矿产为主，川滇线云南至重庆以军需品为主；川湘线出川是盐，进川是大米、茶叶、钨锑矿石；川陕线，出川为茶叶、钨锑矿石，进川为石油、棉花、羊毛等。②

在航空运输方面，战时重庆是后方航空运输中心，有渝迪、渝兰、渝蓉、渝昆、渝加、渝宝、渝甘等航线。1939 年，进出重庆的航班，中国航空公司每周 40 班次，欧亚航空公司每周 16 班次，共计 56 班次。与 1933 年渝蓉航线开航时每周 6 个班次相比，增加 8 倍多。1944 年，驻重庆的中国航空公司客运总量 2.2 万人次。③

此外，抗战爆发后，由于大量人口和企业内迁，重庆的交通运输量大增。为满足大量客货运输的需要，交通部在 1941 年成立了重庆驿运营业所，专办货主托运询问等事宜。1942 年 1 月为适应需要将其扩充，并改名为重庆运输服务所。1942 年 4 月，驿运总管理处又将其改称为重庆驿运服务所，用畜力代替机械，创办客货马车运输，并开辟重庆市郊线，服务社会。后为适应社会需要先后于适当地点分设服务站，兼办市郊客货运输。除货运采用订约承运方式不限制路线外，马车客运自上清寺至歌乐山止，长 28 公里。货运以运输迁建区煤炭粮食及日用品为主。重庆驿运服务所成立后，为发展陪都驿运事业，服务所主要采取了两项措施：首先是积极开辟驿运线路。1942 年 4 月重庆驿运服务所成立时，除行李包裹货物运输不受路线限制外，客运路线从上清寺到化龙桥，约 5 公里长。经过一个月的试用，6 月 1 日该路线由化龙桥延长到小龙坎，7 月 24 日延长至新桥，8 月 1 日延长至山洞，10 月 10 日延长

---

① 参见重庆市地方志编纂委员编《重庆市志》第 5 卷，成都科技大学出版社 1994 年版，第 256 页。

② 同上书，第 262 页。

③ 同上书，第 417 页。

至歌乐山。在上述各站都设立有服务站，同时为了方便牲畜休息，在上清寺设有一座中型车马棚，一座车棚。迁建区运输线路按照原订计划完成，1943年3月25日，运输线由上清寺延长至两路口，4月1日由两路口延长至南区路，再到储奇门，这些路段分别设有服务站。为保养骡马车辆起见，在菜园坝和化龙桥两处设立了一座大型车马棚，每棚可以容纳骡马百匹，客货车百辆。其次是训练驿运马夫。马夫是驿运的基本力量，马夫的技术、工作态度都与驿运业务的发展息息相关。为培训马夫，1942年7月重庆驿运服务所在上清寺车马棚办理了马夫训练班，将原有马夫分批训练，并聘请有关人员担任教员。训练的科目包括技术训练和精神训练，训练时间3个月。1942年10月由于运输车辆增加，继续开办了第二期马夫训练班，将所有马夫分两批轮流训练。自第二期马夫训练班期满后，各车马棚所有马夫一律按照军队方式管理，每15名马夫编为一班，每班设队长一人，由马夫中技术娴熟、经验丰富者担任。

由于驿运总管理处采取了上述措施，重庆驿运服务所的运输能力不断增强，运输量也不断扩大，具体表现在三方面：第一，运输车辆的增加。在1942年4月创办时，重庆驿运服务所仅有客运马车10辆及川黔驿运干线拨借人力板车6辆。因业务日益发展，运输路线逐渐开辟，运输车辆也得到增加。到1943年6月重庆驿运服务所已拥有客车102辆，货运人力板车共6辆，畜力板车40辆，共计客货运车辆148辆，并有大型畜力车3辆，包括轿式车2辆，篷式1辆。在车辆分配方面，上清寺至化龙桥区间有30辆，两路口至化龙桥之间25辆，化龙桥至小龙坎之间12辆，小龙坎至两路口和南区路之间3辆，山洞至歌乐山之间4辆。第二，运输牲畜数量的增加。畜力是驿运的主要动力。重庆驿运服务所在1942年4月开办时，仅有马2匹，雇佣了商人骡马14匹。后来随着运输车辆的增加，重庆驿运服务所不断添购牲畜，先后添购骡马36匹。同时还积极利用民间畜力，先后雇佣马匹160余匹，临时发动民间畜力100余匹。第三，旅客驿运数量不断增加，但货物驿运起伏较大。在重庆驿运服务所开办以来，旅客驿运数量得到不断增加，以1942年4月至1942年12月一年为例，旅客运输人数从原来的2400人增加到74535人，增加了约30倍。但货运吨位则起伏不定，以1942年11月运量最小，仅为29500吨，10月的运量最大，达到了492000吨，仅仅一月之差就达16.7倍。具体情况见表62。

表 62　　　　重庆驿运服务所一年业务概况（1942 年 4—12 月）

时间	4 月	5 月	6 月	7 月	8 月	9 月	10 月	11 月	12 月
旅客人数	2400	26518	33942	48114	60538	81351	89531	76304	74535
货运吨位	148500	309200	43540	155000	39500	41500	492000	29500	105696

资料来源：马振刚：《重庆驿运服务所概况》，《交通建设》第 1 卷第 8 期，1943 年 8 月，第 91 页。

总之，重庆驿运服务所的成立，方便了重庆城市与郊区之间的客货流通，在一定程度上弥补了重庆公共汽车交通运力的不足，促进了重庆尤其是郊区经济的发展。

（二）战时重庆交通运输业对城市发展的影响

1. 交通运输与城市规模的扩大

抗日战争爆发后，重庆城区的公路建设进入了一个新的发展阶段。市政当局于 1938 年底成立了三个测量队，经过一年半的调查、设计，提出了改善和发展重庆城市道路的"道路网计划"，对 30 年代的规划，作了较大的调整，经上报国民政府批准后实施。计划的重点，一是发展市郊道路，二是完善城区和新市区的道路，三是提高道路质量，对当时的道路建设起到了一定的指导作用。在市郊，主要是西郊即两路口以西的广大地区，包括沙坪坝、杨家坪一带，先后建成了浮图关至九龙坡、浮图关至新桥、小龙坎至杨公桥、山洞至白市驿的公路，促进了这一地区的开拓发展，带动了卫星城镇的建设和工商企业、机关、学校的设置。同时，通向广阳坝、珊瑚坝、九龙坡、白市驿机场的道路也先后建成，城市的外部交通条件有所改善。旧城公路的改善上，重点在城区中部，即以都邮街广场为中心。该区域的公路大体按经纬线布局，形成网络，并通过凯旋路、中兴路及前已修通的打铜街、过街楼与原处于城市中心地位的南城（下半城）相通，使上下半城形成整体，初步成为一个比较完善的城市道路系统。同时，打通了七星岗隧道，改善了旧城的对外出口。城区中部因道路的完善，良好的外部交通条件，得以迅速发展成为重庆市最繁华的中心地区，取代了下半城的城市中心地位。[1]

战时重庆市内交通的发展促进了城区的建筑面积扩大。1940 年，重庆市政府部门在唐家沱建平民住宅和商店 147 栋，在观音桥、羊坝滩建住宅 320 栋。还在大坪兴建了大坪居民新村。1942 年，市长贺耀祖

---

[1]　参见隗瀛涛《近代重庆城市史》，四川大学出版社 1991 年版，第 473—474 页。

召集市府会议主持解决房荒问题，决定在市区上清寺、黄家垭口、菜园坝、南岸海棠溪各建社会公寓一所。此后，由重庆市民住宅筹建委员会领办，农业银行贷款在市区黄沙溪、望龙门、江北观音桥、南岸黄桷垭、唐家沱等地建筑平民材房屋数百幢，解决市民住房问题。据统计，为了解决包括市民住宅在内的用地，从 1936 年到 1945 年 10 年间，重庆标卖官地 86 处，宅地面积为 148365 亩，为市民住宅的营建提供了条件。公务用房也大为发展，迁渝的国民政府及各级机关，群团组织，市政府及各机关等征地建房共用地 30000 余亩。抗战后来渝单位离渝时，所留公产房达 869 栋之多。① 由于战时陪都重庆城市不断修建新式建筑，城市景观开始发生改变，重庆街面上不再是千篇一律的平房和低层楼房。市区小什字一带，先后建成钢筋混凝土结构的大理石贴面大厦，美丰银行、川盐银行形体雄壮，内外装饰华丽，高耸于繁华的商业区，上清寺、桂花园一带兴建有一批私人别墅、公馆及花园，坐落在嘉陵江岸侧畔，在日晕映衬里，显现典雅风格。普通市民住房，居于寻常巷陌，鳞次栉比。② 时人也言："她正和香港一样，纡回的马路和高矗的洋房，都是建筑在山顶上的，只是富丽堂皇不及香港罢了……重庆真是一个大上海的缩影。除了没有洋鬼子底租界外，这里几乎应有尽有。不曾到过的人总以为她是内地落伍的不堪想像的一个城市，但实情一经他眼帘之后，他就要疑心他是置身于繁华的上海了！"③

2. 交通运输与城市经济的发展

重庆作为战时的陪都，由于大量内迁人口汇聚，成为大后方中心城市，较战前更加繁荣。时人记载："重庆主要商业市场，汇集于城区陕西街、武库街、都邮街、小梁子及新街口等街道的两旁……因此热闹情况，较上海南京路有过无不及。五三以前，总算薄薄的柏油路上，由粉香肉腻的士女们交织地熙来攘往，为支撑商业市场的骨干，而尤以脚底下人为多（脚底下人为川人指长江下游各省底人们）。"④ 战时重庆的商业就发展十分迅速，首先表现在商业同业公会数量迅速增加。据统计，加入重庆市商会的同业公会，1939 年仅 39 个，而 1940 年则增至 69 个，1941 年 3 月为 86 个，1942 年初为 88 个，呈逐年稳步增长之势⑤，而重

① 参见韩渝辉主编《抗战时期重庆的经济》，重庆出版社 1995 年版，第 322 页。
② 同上书，第 323 页。
③ 沧一：《重庆现状》，《宇宙风》第 69 期，1938 年 6 月 1 日。
④ 顾梦五：《闲话战时首都》，《旅行杂志》第 13 卷第 11 号，1939 年 11 月。
⑤ 参见傅润华、汤约生主编《陪都工商年鉴》第 2 编，文信书局 1945 年版，第 7 页。

庆城市人口由于大量东部地区移民迁入而增加迅速，外省籍移民人数由1937年的2万余人增加到18万余人，增长了8倍，在重庆城市人口中的比例由原来的4.8%上升到23.77%，包括大量来自东部经济发达地区的移民。[1]其次表现在重庆的商业行业数量和规模不断扩大。1936年，平均每个商业行业拥有企业仅85家，公司商号上百家的仅有盐业、匹头绸缎业、苏货业、熟药业、药材业、山货业、煤业、布匹业、旅栈业、服装袜业、餐饮业等10余个行业，最多的旅栈业为800家，其余大多仅100多家。而至1941年重庆商业平均每个行业拥有企业165.8家，1942年为249.5家，其中花纱布、粮食、木材、五金电料、百货、餐旅等均是有上千家公司商号的大行业。此外，行业资本规模扩大。1936年，每个行业的资本都较小，即以当时三大商业行业之一的盐业而言，资本额也仅170余万元。而至1942年，主要商业行业的资本额均在1000万元以上，其中以花纱布资本额最多，达10227万元，其次为丝绸呢绒和百货业，其资本额分别为5888万元和4998万元，五金电料、盐、木材、糖、餐旅、煤油、中西药、图书教育用品等行业资本均在1000万元以上。[2]

抗战时期，不仅重庆的商业得到了迅速的发展，重庆的工业也发展迅速。首先表现在工业门类增加，工厂数量增多。战时内迁至重庆的工厂共有243家。占内迁厂数的54%，占迁川厂数的93.5%。迁往重庆的不仅厂数多，门类较齐，而且不少是规模大、技术水平高的名牌工厂，许多厂是全国数一数二的大厂。如内迁到重庆的上海60多家机器厂，数量占全国机器厂的33%，而资本占全国机器业资本总额的45%左右。另外，有龙章造纸厂、康元制罐厂、益丰搪瓷厂、大中华橡胶厂、美亚丝绸厂、大鑫钢铁厂、中国工业炼气公司、新亚药厂、中国标准铅笔厂、中国亚浦耳电器厂、华生电器厂、华成电器厂、天原化工厂、商务印书馆，等等。这些厂带来了当时国内最先进的设备，大批熟练技工。[3]由于大量沿海工厂的迁入，加上重庆本地企业的发展，重庆工厂数量迅速增加。据经济部的统计，1940年重庆有各类工厂429家，1941年有455家，到1944年，重庆市的工厂数为1518家，其中民营工业有1461家。这个数字不包括到那时为止因停业、改组等原因撤销的

①　参见唐润明《抗战时期重庆的人口变迁及影响》，《重庆师范学院学报》1998年第3期。
②　参见韩渝辉主编《抗战时期重庆的经济》，重庆出版社1995年版，第117页。
③　同上书，第55—56页。

133家工厂。① 重庆工业门类迅速增多，主要行业得到较大的发展，开始形成近代重庆工业以机械、冶金、化工、纺织、食品为主的基本模式。以1941年经济部的统计数字看，重庆工厂中，冶金工业有16家，机器五金工业有210家，电工器材工业有27家，化学工业有108家（包括日用化土和食品化工），纺织及服装工业有42家，粮食与食品工业有17家，印刷文具工业有17家，其他工业有27家。② 其次，重庆工业的资金实力得到很大提高。从工厂的资本数看，战前重庆工业的资本总额为881万元，1944年重庆工厂的资本总额则达到了113439.6万元，是战前的128.76倍。这时重庆工业生产量增长也十分迅速。当时经济部根据后方主要工厂编制的战时工业生产指数，可以用来说明重庆工业生产的总趋势。不包括出口品的工业生产总指数，以1938年为100，则1939年为133.46，1940年为214.45，1941年为275.56，1942年为372.93，呈急剧上升趋势。这一时期大后方的工业产值年均增幅为31.8%，重庆工业的增幅应该更高。③

二 昆明城市发展

战时昆明因战略地位重要成为重要交通枢纽。随着西南交通枢纽地位的形成，工厂、学校、机关单位大量迁入昆明。战时昆明先后迁入的高校有西南联大、同济大学、上海医学院、中法大学、北平艺专和杭州艺专合组之国立艺专、中央国术体育专科学校和江西中正医学院等④，迁入工厂仅民营企业主要就有通用机器厂、大中华橡胶厂、上海造纸厂、湖北水泥厂等。⑤ 这些高校和企业大多数是通过滇越铁路到达昆明，同济大学师生于1938年10月下旬从江西赣县出发，经过湖南到了桂林，又经过平乐、柳州、南宁取道何内乘滇越铁路于12月迁入昆明。⑥ 大量外来人口的迁入，导致昆明的城市人口迅速增加。1932年昆

---

① 参见韩渝辉主编《抗战时期重庆的经济》，重庆出版社1995年版，第61页。

② 同上书，第62页。

③ 同上。

④ 参见侯德础《抗日战争时期中国高校内迁史略》，四川教育出版社2001年版，第73页。

⑤ 参见孙果达《民族工业大迁徙——抗日战争时期民营工厂的内迁》，中国文史出版社1991年版，第252页。

⑥ 参见冯至《昆明往事》，《云南文史资料选辑》第34辑，第9—10页。

明城市人口为 105617 人①，到抗战期间的 1940 年昆明城市人口为
206421 人②，人口增加了一倍左右。

随着人口大量涌入，昆明的城市建设也迅速发展。1937 年抗战爆
发前，昆明地处边陲，由于交通闭塞，在城市建设方面极大部分仍保持
着古老的传统。在正义路、三市街等主要街道上，临街铺房都是两层的
木结构。楼面及檐口采用向外出形式，这是典型的传统地方风格，也有
遮阳避雨的实用价值。至于街道，所有大街小巷全是石块铺面。街道不
仅机动车很少，自行车也不多，代步和运输多半靠人力车、马车，甚至
木轮牛车。抗战期间，大量知识分子，包括建筑界人士流入大西南和昆
明为昆明城市建设创造了有利条件，其中最为显著的是南屏街的修筑。
这条街两侧的建筑，由西端与正义路交叉口的兴文银行起至东端与护国
路交界之重庆银行，绝大部分是银行、钱庄、商号建筑。除兴文银行
外，还有侨民银公司、云南实业银行、劝业银行、昆明市银行、重庆银
行、中央银行，等等。商店有高级服装店、高档商品店、餐厅酒吧、新
式理发室，等等。此外，还有新型的民明戏院。③ 南屏街也成为昆明乃
至大后方著名的金融街，短短 500 公尺的街道，就有银行、银公司、储
汇局等 30 多家，约占当时全市金融机构的 3/4。民国政府官办的，有中
央银行昆明分行、中央信托局、邮政储金汇业局。外省的，有川帮亚西
银行、美丰银行、聚兴城银行、川康平民商业银行、和丰银行、和成银
行和重庆银行，浙江帮的金城银行。云南本省的，有陆崇仁系统的兴文
银行、劝业银行、益华银行、侨民银公司、云南省信托局，有以卢汉长
子卢国良为董事长的光裕银行，以龙云内弟李培炎为董事长的云南实业
银行，由龙三（纯曾）出资的永丰银公司，由龙纯武（龙云长子）任
董事长的昆明商业银行。还有昆明市银行、昆明县银行，鹤庆帮的"其
昌银号"，腾冲帮的建国银行等。难怪当时有人说，"昆明的银行比纸
店多"，"南屏街是小华尔街道"④。除南屏街外，昆明的新祥云街和晓
东街虽只有一两处高大建筑，但因影戏院聚集于此者有三家之多（南

---

① 参见云南省档案馆编《近代云南人口史科汇编（1909—1982）》上辑，云南省档案馆
　1987 年印，第 43 页。
② 同上书，第 97 页。
③ 参见沈长泰供稿，方玲整理《抗日战争时期昆明的城市建设》，《昆明市盘龙区文史资
　料选辑》第 5 辑，第 35 页。
④ 邓希贤：《南屏街今昔》，《昆明市盘龙区文史资料选辑》第 9 辑，第 187 页。

屏、大光明、昆明），形成街面繁荣。① 对于昆明的繁荣，社会学家陈达也认为，大量人口迁入昆明，加快了昆明的城市现代化进程。"在战前，昆明市的主要交通街道为泥路及石块路，现在从市中心向周围去的路渐渐改用洋灰沙路。现代式的大厦建筑，无论银行或电影院，都装修入时。战前，街灯只有通衢大道才有，现在却全城普遍地装设了。"② 时人亦记载："正义路此为全城唯一干线，由金马碧鸡两坊间左折进近日楼而迄马市口，长约五里，昆市精华均夜此，举凡一切百货商店、国货公司，大药房等林立两旁。近日楼前，每初有花市，万紫千红，一片卖花声中，鲜艳悦目。路之中心，古坊矗立，题曰'天开云端''地靖坤维'。入夜则霓虹闪烁，仕女摩肩擦背。"③

战时随着沿海地区工商、金融企业迁入昆明，资金、设备和人才大量流入，昆明成为当时沟通国外和内地贸易的唯一陆上孔道，商业出现了繁荣。据 1939 年 12 月昆明市商会统计，有商业行业 99 个，批发商 50 余户。出口商号规模较大的有永昌祥、茂恒、恒庆昌、同春恒、永义昌等 23 户，经营皮革、猪鬃、肠衣、茶叶、药材、桐油、生丝等商品。1940 年，昆明的主要工矿企业已达 80 个，成为与重庆、川中等地并立的西南 8 个工业中心区之一。据统计，1945 年 8 月向政府登记领取执照的商号，由战前的 2000 余户猛增至 1 万多户，未向政府登记的商号比登记的约多 1 倍。④

三 西安城市发展

西安是陇海铁路必经之地，也是战时陕西公路、航空、驿运中心。公路运输方面，1940 年随着迁入陕西的机关、工厂、学校渐多，西兰线增开了西安至邠县客车，每周一、周四各对开一辆。各路客车班次增多后，方便了商旅，交通运输的状况较前大为改观。货运为食盐、水烟、土碱、皮毛。西安南运物资日用百货较多。⑤ 此外，抗战时期陕西的私营商车也有 250 辆左右，数量虽然不多，但一直是省公路官办汽车

---

① 参见沈长泰供稿，方玲整理《抗日战争时期昆明的城市建设》，《昆明市盘龙区文史资料选辑》第 5 辑，第 36 页。

② 陈达：《现代中国人口》，廖宝昀译，天津人民出版社 1981 年版，第 95 页。

③ 帅雨苍：《昆明漫记》，载施康强编《浪迹滇黔桂》，中央编译出版社 2001 年版，第 13 页。

④ 参见云南省地方志编纂委员会编《云南省志·商业志》，云南人民出版社 1993 年版，第 448—449 页。

⑤ 参见安进之主编《陕西公路运输史》第 2 册，人民交通出版社 1988 年版，第 87 页。

的6倍左右，是一支较大的公路运输力量，从业人员600余人。[1] 在铁路运输方面，以陇海铁路的推动作用最为明显，集中表现在陇海铁路的客运量大这个方面。关于陇海铁路的客运量见表63。

表63　　　　　　　　　　　陇海铁路旅客发送量统计表　　　　　　（单位：万人）

年份	1937	1938	1939	1940	1941	1942	1943	1944	1945
人数	278.6	165.1	229.9	422.2	403.7	537.9	738.7	691.4	698.3

资料来源：西安铁路分局史志编纂委员会编：《西安铁路分局志》，1997年印，第100页。

　　战时便利的交通条件，推动了西安城市的发展。首先是西安的人口增加迅速。抗战爆发后，大量工厂、学校迁入西安。据统计，1938—1940年先后到陕的机械、纺织、化工、文教、电器等技术人员达730人左右，而西安一地就聚集了陕西工业的90%，由此推断，抗战期间常驻西安的工程技术人员自不在少数。[2] 西安人口在民国中期以后，呈稳定增长态势。以陇海铁路通车西安和抗日战争爆发为标志，省会西安人口出现首次大增长。1936年底，省会人口突破20万，1938年达到246478人，较清末增长了94倍。1944年西安市政区扩大后，到1946年，全市人口突破50万。[3]

　　随着人口的增加，西安城市规模也不断扩大，新市区在很短的时间内，较为迅速地发展起来，并在区域上扩展到西安城东北郊一带。1940年陕西省银行经济研究室统计，在当年较有实力的31家企业中，位于新市区和车站以北附近的企业就有16家，占总数的52%，涉及机器工业、电气工业、机制面粉业、纺织工业、化学工业、制药工业、玻璃工业、制革工业和猪鬃业、烟草业、造纸业等多种门类。火车站选址的确定和抗战时期工厂内迁，使原先冷清的西安城东北区发生了显著的变化，加快了新市区乃至西安市的城市化进程。城市经济的快速发展，也促成了城市基础建设的高潮。从1933年到1949年前后，在原来新市区东北方闲置的大片空地上，陆续开辟了许多街道。它们纵横有序：南北

---

① 参见安进之主编《陕西公路运输史》第2册，人民交通出版社1988年版，第110页。

② 参见吴宏岐《民国时期西安经济社会发展的阶段性特征》，载陕西师范大学西北历史环境与经济社会发展研究中心编《历史环境文明演进：2004年历史地理国际学术研讨会论文集》，商务印书馆2005年版，第317页。

③ 参见陕西省地方志编纂委员会编《西安市志》第1卷，西安出版社1996年版，第445页。

方向街道从北新街到东城墙之间由西向东的道路依次称作尚平路、尚智路、尚德路、尚仁路、尚俭路、尚勤路、尚爱路；东西方向街道从火车站到中山大街由北向南依次为崇耻路、崇廉路、崇义路、崇礼路、崇信路、崇忠路、崇悌路和崇孝路。这些街道如棋盘式交错。①

第一，抗战时期西安的城市商业得到了迅速的发展。抗战爆发前的1936 年 3 月，西安大小商号共计 6337 家。② 到 1940 年，西安商号的总数达到 6509 家，其中资本在 15 万元以上者 4 家，10 万元以上者 6 家，5 万元以上者 24 家，3 万元以上者 53 家，1 万元以上者 78 家，7000 元以上者 93 家，5000 元以上者 213 家。1941 年，除改动、取消原有部分行业外，又新增了棉纺织业、面粉工业、戏剧电影业、报业等新兴行业。③ 西安不仅商号数量增加，同业公会也纷纷增加。抗战爆发前的1935 年 9 月，西安市的商号除小本经营者外，比较有局面的 3000 余家，除成立的 39 个行业公会外，另有 45 个独立行号。1937 年以后，外地工商业相继迁入西安，同时西安人口也增加到 18 万人，为适应军需民用，新开设的工商业户也随之增加很多。1941 年国民党政府制订"工商业同业公会组织章程"，对公会进行改组，截至 1941 年底，共有49 个同业公会和 17 个独立行号。设立独立行号是因为该行业户数少，不能成立同业公会，独立行号由西安市商会直接管理。同业公会的名称是：丝绸呢绒布、油业、图书教育品、国药、代售、采办、承揽运输、五金、电料、缝纫、川卷烟、酒业、山货、盐业、钱业、百货、木业、杂货、青器、酱货、茶叶、点心、估衣、寿仿、浴业、印刷、棉业、纸业、粮食、煤炭、旅店、铁货、猪肉、人力车、证章、纸烟、粗瓷器、铜业、皮货、帽业、酒菜、西药、土药（鸦片）、第二区棉纱织、第一区面粉工业、戏剧电影、报业、汽车、料货、猪羊肠。独立行号的名称是：货栈、银首饰、钟表眼镜、羊肉、皮胶、照相、丝织、军衣、石匠、干果、毛袜、罗底、裱糊、油纸雨伞、皮箱、洗染、醋房。④

第二，抗战时期，西安现代工业发展的速度是相当快的。以当时具有代表意义的纺织工业为例。抗战初期，纺织工厂仅 17 家，纺织机

① 参见朱士光主编《西安的历史变迁与发展》，西安出版社 2003 年版，第 512 页。
② 参见陕西省银行经济研究室编《十年来之陕西经济》，西安启新印书馆 1942 年版，第152 页。
③ 参见朱士光主编《西安的历史变迁与发展》，西安出版社 2003 年版，第 508 页。
④ 参见工商经济史料组整理《解放前西安市商会、同业公会概况》，《陕西文史资料》第 23 辑，第 247—248 页。

100 余架。1940 年工厂增至 109 家，纺织机增至 1100 余架。根据 1940 年陕西省银行经济研究室编印的《西京工业调查》所列西京重要机制工业一览表，可以看出当年西安具备一定规模的工厂已达 45 家，其中机器业 8 家、面粉业 6 家、纺织业 3 家、化学工业 7 家、制革业 9 家、其他工业 12 家。机械工业中较大的企业有德记铁工厂、义聚泰铁工厂、中兴电机厂等，主要生产一些农具、小电机、茶炉、铁锅和机械零件等。电力工业规模最大者当数两京电厂，装机容量 6405 千瓦。化学工业稍具规模的有集成三酸厂、西北液体燃料厂、华西制药厂等。轻工业中，主要是纺织业较为发达，共有棉纺锭 3 万枚，纺织机 700 台。其中大华纱厂最为著名，还有一些小纺织厂，主要生产棉纱、白坯布、包皮布及少量印染布。成丰、华丰、福豫、和合四个面粉厂和利民米厂年产面粉 6 万吨，大米 150 吨。此外，还有以中南火柴股份有限公司、襄明玻璃厂、秦丰烟草公司为代表的其他门类企业以及一些小型毛纺、食品、肥皂和印刷厂。[①]

第三，金融业自陇海铁路延至西安后也略有发展。中央和地方相继在西安开设了银行，从民国建立到 1930 年的近 20 年中，西安仅设立过秦丰银行、西北银行等几家银行，营业处于时断时续的状态。1930 年 12 月，陕西省银行成立。接着，中国银行、中国农民银行、交通银行、中央银行和商业银行等国家银行也相继来西安设置分行。后来许多地方银行亦多来此设置分行或办事处，如上海银行、金城银行、浙江兴业银行、边业银行、河南农工银行、山西省银行、山西商办裕华银行、湖北省银行、甘肃省银行等。截至 1942 年春，西安城内已相继设有银行 14 家，其中城西南地区梁家牌楼、南院门、盐店街等地仍占了相当大的比例。城东北的尚仁路 1 家、东大街 2 家，均是适应新市区的工商业经济发展而出现的，打破了以往金融业为城西南地区所垄断的局面。抗战以来，钱庄又似雨后春笋般层出不穷。从 1938 年起，每年都新增不少钱庄，至 1942 年 1 月，西安已有大小钱庄 65 个。钱庄分布较为集中，大多设立于梁家牌楼、盐店街、南北广济街、西大街、东关等地区。另外，信托业、保险业等金融机构也有一定程度的发展。[②]

第四，交通建设影响了西安市区的城市分布格局。东大街和尚仁路

---

① 参见朱士光主编《西安的历史变迁与发展》，西安出版社 2003 年版，第 508 页。

② 参见吴宏歧《民国时期西安经济社会发展的阶段性特征》，载陕西师范大学西北历史环境与经济社会发展研究中心编《历史环境文明演进：2004 年历史地理国际学术研讨会论文集》，商务印书馆 2005 年版，第 321 页。

由于距火车站和汽车总站均较近，逐渐取代了原先的商业中心西大街、南院门和东关而迅速成为新的商业中心。抗战爆发后迁入西安的外省商业资本，多集中于尚仁路、东大街一带，如上海的天生园、郑州的长发祥、开封的王大昌茶庄、山西的并州饭店等，先后在东大街开设店铺。尚仁路两侧由北向南分布着中国银行、陇海路管理局、北京饭店、西京招待所、民生市场、民乐园、新民影院、广仁医院等工商、文娱机构，其中民乐园和民生市场是西安棉布、棉纱和日用百货市场；新市区南缘中山大街（今东大街）两侧由西向东分布着天生园、大公报馆、西京食堂、青年会、大同园、中央航空公司、华侨银行、经济快报、西京饭店、大同医院、红十字会、华夏通讯社等机构。这里还集中了当时城内最主要的行业，如绸缎、茶叶、纸烟、药房、干鲜鱼类、水果、五金等，以及多家著名的饭店和旅馆，生意兴隆，气象一新。①

四　兰州城市发展

抗战时期，兰州的交通运输条件进一步改善，形成了以兰州为中心的西北交通网。兰州在抗战前期的交通位置尤其重要，甘新、甘青、甘川、西兰、华双公路以兰州为中心，将兰州与新疆、陕西、青海和重庆等周边地区联系起来。除了五大公路运输干线外，甘肃境内还修建了兰州到平凉、天水、星星峡、酒泉、张掖、武威等地的公路支线。特别值得一提的是，在兰州开设了航空运输。抗战时期交通网络的形成，方便了兰州与周边各城市之间的联系，增强了中心城市对四周地区的经济辐射功能，有利于带动甘肃城市的整体发展。时人云："抗战军兴，西北形势日趋重要，政治文化经济重心，复向内地移转，兰州遂一跃而成为西北重镇，并为中外观瞻之区，政治建设，既日趋进步，经济事业复因环境刺激，与乎当局之协助指导，各种工业次第创设革新。"②

兰州公路网络的形成，推动了兰州汽车运输业的迅速发展。1937年10月1日，经济委员会在兰州组织了西北公路运输处，运输苏联军火。1938年1月1日，西北公路归交通部直辖，成立了西北公路汽车运输管理局，兼营运输、养路及改建工程。除了国营的西北公路运输管理局所辖汽车队外，私营汽车运输公司也发展起来。1939年，上海大业

①　参见朱士光主编《西安的历史变迁与发展》，西安出版社2003年版，第515页。
②　王树基编：《甘肃之工业》，甘肃银行经济研究室1944年印，第203页。

运输贸易股份公司迁来兰州，天津的新绥总公司也设立了兰州新绥公司。大业公司是上海大业盐号开办的，因战时交通受阻，食盐运销大受影响，遂将经营基地设在兰州。公司有货车 16 辆，包括小道奇汽车 14 辆，福特和兰车各 1 辆。新绥公司是全国很有影响的一家大型私营汽车运输公司，各地设有分支机构。主要线路是绥远到新疆，故名曰新绥公司，总公司有汽车 100 多辆。继大业、新绥公司之后，兰州本地的私营汽车运输业迅速发展起来了。一批运输车行、公司相继开业，如利通车行有车 10 部，太记车行有车 40 多部，惠生车行有车 9 部，西北车行有车 20 余部。滇缅公路被封闭后，兰州的私营汽车运输业更为繁荣，很快形成了一个汽车运输基地。西南诸省及陕西省的汽车主，都把经营点放在兰州。汽车运输业由原来的十几家增至三十多家，新开设的有金城、天成、大同、大兴、济大、益民、成记、恒大、协隆等车行，私营商车发展到 600 余辆。①

汽车运输业的发展，使得汽车的客货运量也迅速发展。据西北公路运输管理局 1938 年至 1940 年的统计，在甘肃货物运输量由 1947 吨增加到 3350 吨，增长 72%；旅客运输量也由 74645 人增加到 205931 人，增长近 2 倍。货物运输周转量由 1104623 吨公里增加到 1555105 吨公里，增长 40.7%；旅客运输周转量增长 1.5 倍。②随着客货运量的增加，处于交通中心的兰州成为甘肃的物资集散中心。以水烟业为例，兰州水烟业发达，尤其是民国以后，随着对外交通运输条件的改善，兰州水烟运销相对便利。兰州水烟的对外运输路线可分为东、西、南、北、海五条。即：（1）由兰州沿西兰公路经过平凉、西安、龙驹寨、老河口、汉口、苏州、南通而抵上海，是为东线。（2）由兰州、天水、广元、成都、重庆而达云南、贵州各地，是为南线。（3）由兰州沿甘新公路经过武威、张掖、酒泉、敦煌、哈密而至乌鲁木齐，是为西线。（4）由兰州通过黄河筏子，经靖远、宁夏、包头、归绥、大同、张家口而达北京、天津等地，是为北线。（5）由上海转烟台、营口而抵东北各地，是为海线。以上五条外运线路，凡经过的城市都要顺路供应。九一八事变以后，东北市场消失了，外运路线随之改变。烟商冒运输危险，以巨额运费又临时采取以下运输线路，争取通过上海，辗转推销于江淮沿海

---

① 参见周建勋《兰州私营汽车运输业概况》，《兰州文史资料选辑》第 11 辑，第 206—207 页。

② 参见甘肃省公路交通史编写委员会编《甘肃公路交通史》，第 1 册，人民交通出版社 1987 年版，第 325 页。

各地：（1）由兰州集中西安出潼关，经洛阳、漯河、周口、界首、蚌埠，转津浦车而运上海。（2）由西安出紫荆关，经南阳、老河口、汉口，搭轮东下至上海。（3）由陇南经四川、贵州、广西出镇南关至西贡，搭海船绕至上海。（4）抗战中国、中央两航空公司，还以原运价五折奖励土货外运，开辟了外运重磅货物之新路线，所谓"水烟坐飞机"成为水烟史话上的美谈。[①] 抗战期间由于对外交通的阻塞，兰州水烟业受到影响，但仍有40多家企业。[②]

交通运输条件的改善，方便了人口的迁入，促进了城市人口的迅速增加。由于大量人口涌入兰州，除原来的商号扩大、从业人口增加外，还出现了遍布于市的小商业经营者。到抗战爆发后，平、津、沪、杭及其他各地大批商业团体纷纷迁入甘肃，一时人口骤增。据统计，1937年，甘肃人口为590多万，到1939年增加到605万多人，增加15.3万多人，到1940年又增加到625万多人，比1939年又增加19.8万多人。[③] 三年中共增加人口35万多人。这些迁入甘肃的人口绝大部分迁往兰州。据皋兰县公安局的调查，1935年前，兰州市共有人口9.6万多人，而到1942年前后，一跃而增加到12万多人。[④]

随着物资集散中心的形成和人口的急剧增加，兰州的商业得以迅速发展。据1943年4月调查统计，1943年兰州的商店总数已达到2096家，其中粮食店179家，面粉店125家，食品店41家，中西餐食店32家，油商20家，水烟商52家，纸烟商24家，煤炭商59家，丝绸呢绒商26家，百货商98家，服装商63家。此外，盐商、茶商、国药、新药、布商、鞋商、摄影、镶牙、戏剧、电影、旅店、大车运送、骡马运送、骆驼运送、皮筏运送、木筏运送等均有若干家。[⑤] 兰州商店数量的增加，不仅促使兰州私营商业规模扩大，而且也使兰州市场出现了许多新型的商业行店。同时，生产技术也得到了提高。如食品业出现了上海帮的天生园、中国酱园、大升酱园、上海酱园、干康酱园，天津帮的鲜味斋、稻香林，洋货、布匹行业的有河北高阳帮

---

① 参见严树棠、李建基《解放前兰州的水烟业》，《甘肃文史资料选辑》第14辑，第66—67页。

② 参见严树棠、李建基《解放前兰州的水烟业》，《甘肃文史资料选辑》第14辑，第68页。

③ 参见《甘肃省统计年鉴》（1938年），转引自李清凌《甘肃经济史》，兰州大学出版社1996年版，第232页。

④ 参见杨重琦、魏明孔《兰州经济史》，兰州大学出版社1991年版，第173页。

⑤ 参见《兰州市各种商店家数》，《甘肃贸易季刊》第4期，1943年3月。

等。其他行业均有增加。当时，出现的有名商品，有食品中的南味糕点、面包、西点、水果糖，各种瓶装露酒、啤酒、汽水等，还有各种各样的洋杂小百货。这些东西以前既无生产，也无销售，而此时却大量产销。更为重要的是，在这一时期出现了较大规模的综合型商店总汇——兰州中山商场以及一些较为完整的资本主义性质的股份公司。据统计，到1945年，兰州市的股份有限公司已达12家，分公司达17家，资本额高达8685.745元之多。总之，这一时期，兰州私营商业呈现出比较繁荣的景象。①

兰州的工业也得到了较为迅速的发展。战前的1935年，时人调查后言："兰州为西北重要都会，而工业之不发达，则有出人意料之外者。即日用必需品之土布，当地亦不能自制，均系由湖北孝感等处贩运来者，其他可知矣。骡车为交通重要工具，当地车铺虽能制造，而不适用；故兰州街市上之骡车，十九系西安制造者。兰州人力车颇多，但无人力车制造厂；此项人力车，均系运自东路，远则开封、郑州，近则西安。"随着抗战爆发，机器工业获得迅速发展。时人云："自抗战军兴，七年以来，西北形势愈形重要。兰州更转向繁荣途径，工业欣欣向荣，西北较大工厂，多集中于此。举凡纺织业、毛毡业、弹毛弹花业、铁工业、金属冶炼业、铜器业、银器业、木工业、电气业、制革业、制鞋业、化学业、制药业、玻璃业、火柴业、造纸业、煤砖业、面粉业、牛奶业、烟草业、纸烟业、营造业等，均有一日千里之势。"② 具体而言，纺织业在1943年新设工厂达46家之多。银器业1938年共有6家，资金多者4000元，少者千元。电气业2家。面粉业中机制面粉业2家，小磨面粉业124家。1939年至1942年4年来，新开者达14家之多。营造业计有建筑公司26家，砖瓦窑8家，石灰窑6家。③ 其中尤以纺织业和面粉业的发展最为迅速。纺织业在1939年至1943年有60余家，但战前成立者尚不过2家，足见其发展之快。较大的企业有雍兴公司兰州毛织厂、西北毛纺织厂以及厚生、永华、亚光、建民、建中、裕记、裕生等30余家。④ 关于兰州机器工业的发展演变情况见表64。

---

① 参见杨重琦、魏明孔《兰州经济史》，兰州大学出版社1991年版，第175页。
② 潘益民编：《兰州之工商业与金融》，商务印书馆1936年版，第23页。
③ 《抗战时期兰州的产业调查》，《甘肃文史资料选辑》第11辑，第111、147页。
④ 参见《兰州的纺织业与机器业》，《甘肃文史资料选辑》第11辑，第86—87页。

表 64　　　　　　　　**兰州市各种机制工业发展变迁表**　　　　（单位：个）

成立总数	1938 年以前		1938 年 1 月至 1942 年 10 月		1942 年 11 月至 1943 年 10 月	
	成立数	占总数百分比	成立数	占总数百分比	成立数	占总数百分比
230	27	11.7%	94	40.9%	109	47.4%

资料来源：《兰州市各种机制工业演进趋势概况表》，载王树基编《甘肃之工业》，甘肃银行经济研究室 1944 年印，第 207—208 页。

说明：原表中成立总数与百分比数量计算有误，笔者进行了纠正。

从表 64 可以看出，兰州的机器工业的发展速度较快。随着机器工业的发展，兰州机器工业的资本总额也在逐年增加，具体情况见表 65。

表 65　　　　　　　**兰州市各种机制工业资本总额比较表**　　　　（单位：元）

类别	资本总额		1942 年 10 月至 1944 年 6 月资本增加额
	1942 年 10 月调查	1944 年 6 月调查	85416088
	14761180	100177268	

资料来源：《兰州市各种机制工业资本总额比较表》，载王树基编《甘肃之工业》，甘肃银行经济研究室 1944 年印，第 209—210 页。

说明：原表中资本增加额数量计算有误，笔者进行了校正。

兰州的金融业在战时也得到了迅速的发展。兰州共有金融机构 21 个，其中国营 7 个，省营 1 个，市、县营 3 个，商营 10 个。此外，还有钱庄（银号）6 个，信托 1 个，保险 3 个，外省银行驻甘办事处或城市信用社若干。[①] 不仅金融组织的数量有所增加，而且资金实力也得到迅速提高。如 1939 年成立的甘肃省银行，最初资本总额为 800 万元，很快便增加到 1000 万元。并采用董事会制，先后由梁敬锜（省财政厅厅长）、水梓（地方士绅）、许允方（西北资源委员会主任）、张维（省议会议长）等出任董事长。1942 年改为总经理制，由徐元堃、郑大勇（交通银行经理）等先后担任总经理。该行成立后，很快在所属各县市设立了分支行或办事处（分理处）。后来，又在南京、重庆、上海、西安等地设立办事处，加强与省内外的联系。经营业务除一般的存放汇兑外，还发行货币，承办公债，代理国库、省库、县库三级业务。据 1939 年后期的统计，该行先后呈准发行的五角辅券 510.25 万元，兑现

---

① 参见李清凌《甘肃经济史》，兰州大学出版社 1996 年版，第 251 页。

以前各行局发行的各类辅币、铜元券等达 1000 万元以上。此外，还发行建设公债 800 多万元。到 1942 年底，甘肃省银行代理国库 22 处，省库 31 处，市库 1 处，县库 12 处。①

第三节　大后方交通与西部中小城镇的发展

点轴开发理论也认为，"点"聚集的要素资源沿"线"流动，从而推动区域经济带的形成。具体地讲，就是一个城镇发展实力在大规模增长过程中会不断产生扩大对外辐射、扩张的动力和要求。城镇之间的经济文化联系相应扩大，必然要求改善和加强保障这种日益扩大的联系的物质条件；沟通城镇间经济交往的需求和动力也随之增强，于是促使交通、贸易、流通、信息等硬件和软件建设逐步改善，线状经济带的发育、建设和成熟过程将会加快。经济带发展的主要形式：一是沿铁路线形成的经济带；二是沿骨干公路形成的经济带；三是沿河流形成的经济带；四是沿交通网络形成的复合型经济带。②

结合抗战时期后方经济情况来看，抗战时期大后方交通的发展不仅推动了后方中心城市的发展，而且促进了交通沿线中小城镇的发展，从而推动了公路沿线城市带、铁路沿线城市带和内河沿岸城市带的发展。这些中小城市带的发展推动了这一地区区域经济的发展。按照陆大道的理论，战时大后方公路沿线城市带、铁路沿线城市带和内河沿岸城市带分别成为公路沿线发展轴、铁路干线沿线发展轴和大河沿岸发展轴，从而推动沿线经济区域开发。③ 大后方主要发展轴线的城市见表 66。

表 66　　　　　　　　　大后方城市发展轴线表

发展轴类型	发展轴名称	区段	主要城市
公路干线沿线轴	滇缅公路发展轴	昆明—畹町	畹町、下关、保山、楚雄、芒市
	西北公路发展轴	兰州—星星峡	永登、武威、张掖、酒泉、玉门、安西

① 参见李清凌《甘肃经济史》，兰州大学出版社 1996 年版，第 257 页。
② 参见梁吉义《区域经济通论》，科学出版社 2009 年版，第 53—54 页。
③ 参见陆大道《区域发展及其空间结构》，科学出版社 1995 年版，第 142 页。

续表

发展轴类型	发展轴名称	区段	主要城市
铁路干线沿线轴	陇海铁路发展轴	西安—宝鸡	宝鸡、咸阳、渭南、潼关
	湘桂铁路发展轴	衡阳—桂林	桂林、柳州、贺县、八步、南宁
大河沿岸轴	川江沿岸发展轴	万县至宜宾	万县、合川、南充、内江、泸州、乐山、宜宾
	西江沿岸发展轴		桂林、南宁、柳州

一　公路沿线城市带的发展

（一）滇缅公路沿线城市带的发展

抗战时期，滇缅公路作为西南重要的国际交通线，它的通车不仅有力地支持了中国抗日战争，而且影响了公路沿线城镇社会经济的发展。自1938年12月滇缅公路全线通车至1942年5月滇缅公路被日军截断期间，滇缅公路是中国西南交通运输大动脉，尤其是1940年9月日军切断滇越铁路之后该路成了西南国际运输的唯一陆上通道。滇缅公路开通的时间并不长，但它对沿线地区社会经济的影响却是显而易见的。

滇缅公路的通车，提升了公路沿线城镇的区位优势，促进了滇西商业中心的形成。滇缅公路通车后，将原来相对孤立封闭的畹町、下关、保山、楚雄、芒市等城镇连成一线，形成滇缅公路沿线城市带。城市带的形成，为城镇之间的交通运输大为便利，使得这些城镇陆续成为滇西地区南来北往商品的汇集之所。楚雄由于位居下关至昆明之间，公路南北各地的产物及东西各县的货物均汇集于此。"自南来者，有景东之糖、大山之棉、景谷思普之茶；自北来者，有永仁会理之糖、永北之铜、牟定之铁、鹤庆之纸、姚安盐兴之麻布等，故楚雄实为附近各县货物集散之中心。"① 下关为滇西贸易中心，为大理乃至迤西最大的集市，汇集下关的出口商品。"来自北路者以药材皮革为主，总值年约二百余万元；来自南路者以茶叶为主，总值年约百万元左右。矿产中如永胜之铜，运往昆明，兰坪之铅，运往祥云，凤仪之石磺，运销缅甸，均以下关为其门户。他如滇西区各井之盐，鹤庆之棉纸与火腿，经下关而运往迤西一带者，为数亦钜。"② 公路沿线其他城镇如芒市、保山、畹町等也因滇缅公路的通车而成为滇西地区物资集散中心。

---

① 参见张印堂《滇西经济地理》，国立云南大学西南文化研究室1942年印，第104页。
② 同上书，第130页。

公路沿线城镇区位优势的提升，吸引了大批外地人口和机构入驻，从而导致城镇人口的迅速增加。滇缅公路通车后，参加滇缅公路运输的部门仅滇缅公路运输管理局就有客货车 110 辆，云南省公路总局汽车营业办事处和汽车运输股份有限公司也有货车 200 辆。滇缅公路运输管理局还开通了昆明至下关和昆明至保山两条客运线路，昆明至下关每天对开客车一辆，需时两日，昆明至保山每两日对开客车一辆，需时两日。云南省公路总局汽车营业办事处和汽车运输股份有限公司也设有客运班车来往于滇缅公路之间。[①] 到 1941 年，滇缅线运输进入高峰期，国内段滇缅公路上，集中了西南运输处汽车 2201 辆，其他军公车 3116 辆、商车 2265 辆，共 7582 辆。[②] 据统计，仅 1940 年滇缅公路客运周转量 512 万人公里，货运周转量 499 万吨公里。[③] 随着众多汽车运输部门投入滇缅公路运输，公路沿线的畹町、保山、下关、楚雄、芒市等城镇也成为南来北往人员汇集之所。保山全县人口约 30 万，"近以公路之建筑及其他机关之迁来，人口增加约一万五千"[④]。其中仅汽车司机 400 人，军事委员会西南运输处在此设有办事处、汽车修理厂及疗养院等机构。[⑤] 楚雄原为云南省一等县城，境内共有 2.2 万余户，住在县城者有 1500 户。"近因交通便利，外来机关众多，故县城人口已增至二千余户。"[⑥] 城镇人口的大量增加，为公路沿线的畹町、保山、下关、楚雄、芒市等城镇的商业发展提供了广阔的消费市场。

随着公路沿线城镇物资集散中心的形成和城镇人口的增加，沿线城镇商业也迅速繁荣起来。时人亦云："抗战以前，省内较大商场唯昆明、蒙自、腾冲、思茅、下关、昭通、个旧等处。军兴而后，沿滇缅路一带均顿增繁荣。"[⑦] 处在滇缅公路咽喉地带的畹町，在通车前仅仅只有四间茅舍，通车后三四年间，人口激增至 1 万多，设立了交通运输机构、商店、旅馆、食馆、海关、税局、银行等，一度出现繁华景象。[⑧] 保山："自滇缅公路开筑以后，这里更是锦上添花地热闹起来，娱乐场所，大菜馆，餐厅酒楼，雅座，已经够得上一个大都市派头了，尤其在二十

---

① 参见曹立瀛《云南之交通》，《经济建设季刊》第 1 卷第 2 期，1942 年 10 月。
② 参见黄恒蛟主编《云南公路运输史》第 1 册，人民交通出版社 1995 年版，第 134 页。
③ 同上书，第 128 页。
④ 《保山县属经济调查》（1939 年 7 月 19 日），《云南档案史料》1994 年第 3 期。
⑤ 斯：《滇缅路上》，《华侨机工通讯刊》第 32 期，1940 年 8 月。
⑥ 张印堂：《滇西经济地理》，国立云南大学西南文化研究室 1942 年印，第 103 页。
⑦ 云南省志编纂委员会办公室编：《续云南通志长编》下册，1986 年印，第 542 页。
⑧ 参见马向东《滇缅公路龙畹段历史概述》，《云南文史资料选辑》第 52 辑，第 86 页。

九年前后，保山简直红得发紫，除了昆明和腊戍以外，没有别的地方。"① 滇缅公路通车前，据 1930 年统计，保山县城较大商号为 99 家②，待滇缅公路通车后，保山城内有百货业、布业、米业、盐业及旅店、客马店、照相、理发、沐浴等 20 多个行业，仅坐商有一两千户，过去只作省内贩运的行商，改由内地购土特产运缅甸销售，由缅甸购回汽油、煤油、机油等内地销售。③ 下关在滇缅公路通车前，"仅是一片荒村，几家茅屋的地方……自公路绕经山下，一般商店机关，争迁路旁，现已变为繁荣之地区，宽敞马路，高耸洋房，香水，高跟鞋……无一不备，其富丽堂皇之景象，俨然一小昆明"④。楚雄在公路通车后，过往车辆人员日多，鹿城市场扩大，老车站、北门街成为饮食业、旅店、汽车站及修理铺的街道，中大街多纱布、百货、中西药店，信义街、米市街多土杂、粮食摊点，云泉街为植物油市场，猪街子是牲畜市场，东门街为柴炭市场，大西门、新市场为蔬菜市场。⑤ 在芒市，滇缅公路通车后，随着车辆来往增多，芒市街、遮放街逐渐繁荣起来，芒市街经营棉纱、布匹、绸缎、食盐、煤油、小杂货者增加，食馆、旅店、理发、茶馆等都有人专营。芒市土司代办方克光与华侨梁金山合营开设"金光公司"，以经营交通器材为主，兼营其他商品，运到县外直至昆明销售，资本约为银币半开 50 万元。还有"真泰昌"商行，主营丝绸布匹、日杂百货、服装、药材等，从缅甸腊戍、八莫等地进货，资本约有半开 15 万元。⑥ 滇缅公路沿线城镇的商业繁荣，也推动了整个滇西商业的发展，间接促进了战时云南商业的发展。

此外，大后方其他公路沿线的城市也得到了一定程度的发展。处于华双公路沿线的陕西凤县双石铺是重要的公路交通枢纽，甘肃天水的货物，通过双石铺向北可以运到宝鸡，再经过陇海铁路运到西安，向南可以运到陕南及四川，所以双石铺的商业日渐发达。到 1942 年双石铺有大小商号 360 余家，其中资本较雄厚的有 30—40 家，种类有杂货、布业、药店、染坊、饭店、旅馆等，尤以饭店和旅馆业最为发达，已成立

---

① 宋自节等译著：《滇缅路》，今日新闻社 1945 年印，第 51 页。

② 参见杨永明《民国时期的滇缅印边境贸易》，《云南档案》2002 年第 41 期。

③ 参见云南省地方志编纂委员会编《云南省志·商业志》，云南人民出版社 1993 年版，第 55 页。

④ 宋自节等译著：《滇缅路》，今日新闻社 1945 年印，第 49 页。

⑤ 参见楚雄市地方志编纂委员会编《楚雄市志》，天津人民出版社 1993 年版，第 358 页。

⑥ 参见云南省地方志编纂委员会编《潞西县志》，云南教育出版社 1993 年版，第 72 页。

公会的有 13 家。与之相比凤县县城仅有商店 20—30 家，多系小本经营。① 处于西兰公路和天双公路的平凉也发展成为重要城市。"一条四里路的长街由东关贯穿西关，倘使要形容平凉城的形状，那末，这条长街就是他的形状了。店铺相当的多，各种日常用品都买得到。"②

（二）西北公路沿线城镇的发展

甘新公路作为战时西北的重要公路运输线，由兰州至新疆迪化，途经永登、武威、张掖、高台、酒泉、玉门、安西等城镇，是连接甘肃和新疆两省的重要交通运输线，承担了战时后方进出口物资运输的重要任务，军运民运繁忙。甘新公路的通车也促进了沿线武威、张掖、酒泉、敦煌等城镇的发展。时人亦云：抗战爆发后，"甘新公路为国人视线所集，此四城市（武威、张掖、酒泉和敦煌），亦复为人所注意，事实之逼近，已使河西走上复兴之路"。具体而言，甘新公路的建成通车，表现在这些城镇的工商业获得了一定程度的发展。武威、张掖和酒泉由于交通运输便利，成为河西物资集散中心，城内商店林立，贸易繁盛。"外输货物，以毛皮为大宗，多由蒙古运往包头，或由甘新公路运往兰州或新疆，内输之货物，则以布匹为大宗，其他日用品次之。"③

位于甘新公路沿线的武威，交通便利。甘新公路在武威县境内一段，全长 83 公里，有桥梁 31 座，计 59 孔 380 米，涵道 244 道，全路以砂砾铺筑。由于武威城市的发展，武威"为陇右之第一重镇，第六区行政专署设置于此"，"商业亦甚发达，街衢宽洁，市面繁华，为河西最进化之都会"④。

甘新公路在张掖地区境内的路段计长 252 公里，由永昌向西慢上坡至绣花庙进入张掖境内。抗日战争爆发后，海路运输先后中断，苏联接助的军用物资改由西北陆路运进，甘新公路成了国际运输的干线。1938年，西北公路运输管理局（驻兰州）直接管理公路运输业务，同年 3 月成立张掖汽车站，办理甘新公路汽车客、货运输业务，这是张掖地区国营汽车运输之始。随着甘新公路上汽车运输业务的日益增加，于 1940年又成立了山丹、高台汽车站。同时成立酒泉办事处，张掖、山丹、高台三个汽车站的业务归酒泉办事处管辖。由于张掖交通便利，"出产之

---

① 参见陕西省银行经济研究室编《十年来之陕西经济》，启新印书馆 1942 年版，第159—160 页。

② 茅盾等：《西北行》上册，中国旅行社 1943 年印，第 9 页。

③ 汪时中：《河西地理概要》，《西北论衡》第 9 卷第 4 期，1941 年 4 月。

④ 汪时中：《河西地理概要》，《西北论衡》第 9 卷第 4 期，1941 年 4 月。

丰富，故商业繁盛"。据 1942 年统计，张掖有商店 156 家，资金总额
16106500 元，全年营业额 45840000 元。①

战时酒泉城市也得到一定程度的发展。就人口来讲，1937 年酒泉
人口统计为 99819 人，到 1941 年增加至 119826 人，人口较 1937 年增
加了 20%。酒泉的发展与其交通的发展息息相关。甘新公路在县境者，
计马营河、清水、上河清、总寨、大营门、丁家闸、嘉峪关等，而至西
双井子止，全长 139.60 公里，共有涵洞 121 道，桥梁 12 座，"路基宽
九公尺，路面三公尺，大多平坦，车行并无困难。现每周与兰州对开班
车二次，往西亦有定期车，行旅尚称方便"。除了甘新公路外，酒泉还
处于甘新大道沿线。其线"自驿运开办以来，更行驶胶轮车，以骡马数
匹拖拽，每车可载千斤以上，日行七八十里，运输效率较前提高，货运
络绎频繁。"②时人亦云："酒泉位居甘肃河西走廊之要冲，为西北国际
路线之关键，故历代经营边功，莫不注集于斯。倾以时局之变迁政府之
开发，人口日形增加，形成其特殊之地位。"1942 年统计，共有商店
124 家。③

处于西兰公路沿线的秦安、平凉、甘谷等县市，随着公路的建成，
城市也得到发展。秦安是甘陕、甘川贸易的重要中转站，为陇南交通枢
纽。"自抗战军兴，兰秦公路完成后，举凡军事储备建设教育各机关，
荟集于此，人口日增，市面日新月异，真有一日千里之势。"④"自西兰
公路告成后，各业已趋繁盛，兼以抗战关系，甘新军运频繁，平凉因地
当要冲，不特商业地位日趋重要，他如军事、文化、教育、卫生、运
输、航空、储藏盐务各机关，亦咸集于此。"⑤甘谷县是陇南四十县之
一，"其富庶程度，除天水外其他县份尚难与匹。抗战以还，洮天公路
通过县境，交通称便，地方经济之发达，商业之繁荣，亦与日俱增，且
地方教育建设文化事业更突飞猛进，日新月异，政治方面亦渐臻清明之
境"⑥。

安康位于汉江南岸，为汉白公路的交通中枢，交通运输便利。安康
城内，沿街商店林立，商业贸易频繁。"自抗战爆发以后，学校与难胞

---

① 王兴荣：《张掖经济概况》，《甘肃贸易》第 2、3 期合刊，1943 年 1 月。
② 之元：《酒泉概况》，《新西北》第 5 卷第 4、5、6 期合刊，1942 年 6 月。
③ 王世昌：《酒泉经济概况》，《甘肃贸易》第 2、3 期合刊，1943 年 1 月。
④ 甘肃省银行经济研究室编：《甘肃省各县经济概况》第 1 集，1942 年印，第 62 页。
⑤ 同上书，第 72 页。
⑥ 同上书，第 98 页。

迁到这里的很多，人口骤增，需要浩大，因此商业上的发达和经济上的调剂，都得到好些转机。"① 安康城内有陕西省银行安康办事处、中国农民银行等金融机构，办理透支于农贷，推动了商业的发展。安康城内商号多经营山货、药材、杂货、布庄，资本较为雄厚。

此外，华双公路也促进了沿线城镇发展。华双公路是纵贯甘肃陇东高原和陇南山区公路运输的大动脉，对西北公路交通具有重要的战略意义，尤其在抗日战争期间，对军事物资运输发挥了重要作用。通渭县的华家岭是西兰与华双两条公路的交会点，又是华双公路的起点，因而成为甘肃较为驰名的交通重镇。

二　内河沿岸城市带的发展

（一）川江沿岸城市带的发展

抗战期间，交通部对川江进行了大规模的治理，炸除险滩，提高了川江的通航能力。川江航运的条件进一步改善，与此相应的是，位于川江沿岸港口城市的商业也得到了进一步的发展。

抗战爆发后，南充城涌入了大量外省避难的商家。他们在此开设商号，加上"自抗战以来物价随时上扬经营商业者大半获利甚厚，不免尽力扩充营业，广立招牌，一人而为数家'老板''经理'触目皆是"，南充城的工行号大增。1940 年，城内商号发展到 3000 余户，较战前增加三倍有余。②

合川是四川著名的大县之一，位于渠江与嘉陵江交汇处，由于水陆交通发达，历来商贾云集，是川北、川东之间重要的商货集散地。合川沿江两岸的集市形成了专门市场，如太和、小沔的粮油市场，太和的丝茧及丝织品市场，小沔、三汇的煤炭市场。1925 年合川全县坐商仅 67户，抗战爆发后由于人口猛增，1940 年全县商业同业分会增到 34 个，商业行号 6 家。③ 合川商业发展也促进了合川商号的经营方式的改进。在抗战前合川城的商店"约有二千余家，纯系旧式经营。抗战后数家锅铁及猪鬃号赢余颇多，多改为公司组织，经营方法，自与旧时有异。益以陪都人口激增，所需米粮、土布及木料多由四川北运转输，商务因是

---

① 孙翰文：《安康经济概况》，《西北资源》创刊号，1940 年 10 月。

② 田永秀：《近代四川沿江中小城市研究》，博士学位论文，四川大学，1999 年，第 83页。

③ 参见合川市地方志编纂委员会编《合川县志》，四川人民出版社 1995 年版，第 451—452 页。

兴起"①。

三台位于涪江、罗江交汇处，水运便利。"抗战以前，因政治关系，地方秩序欠佳，工商业及农业均不振。尤以外货充斥市场，各业所受影响更巨。抗战军兴以还，海运阻塞，物资供应失调，政府力图自给自足，以应军民需要，本县经济乃渐趋繁荣。"在国民政府的倡导下，全国工业合作协会在三台县城设立事务所，专门贷放低利资本予各小型工业，以扶助其发展。因此，各种小工业，如缝纫业、制帽业、木器业、纺织染业等均得以趋向繁荣。②

遂宁位于涪江中游，居川北要冲，交通便利。"抗战前，凡川北内外货物之进出口，均以此为集散地。""抗战发生后，川陕、川鄂等路相继完成。每日车辆辐辏，商贾云集，工商各业，均日趋繁盛。更以海运封锁，洋纱布匹，来源困难，而政府管制，尤复綦严，遂宁所产之土布棉纱，更因此而畅销于省内各地。各种大型小型之纺织工厂，亦因此而日渐繁荣。"③

万县是位于重庆与宜宾之间的重要港口城市，属于川东门户，水运发达。万县不仅是川东物资集散地，贵州货物出口亦取道乌江涪陵汇集于此，成为川省第二商埠，商业贸易发达。万县物产有甘蔗、橘子、棉花、烟草、茶叶、蚕丝、桐油、煤油、煤铁、药材、牛羊皮、猪鬃等，出口以桐油、药材、牛羊皮等为主，尤其是桐油出口居川省首位。

泸州位于沱江与长江交汇处，是长江上游重要港口城市，水运业较为发达，是川南重要的物资集散中心。川南各地所产糖、盐、夏布、煤、铁、桐油、山货等物资均赖沱江运输，水运的便利促进了泸州城市的发展。泸州城区在20年代仅有匹头商18家，抗战爆发后，由于外地工商业内迁，市内仅匹绸花纱布业就达200多家，加上百货、针织等其他杂货业，总数超过500家之多。④

涪陵是川江的重要港口城市。早在清光绪年间，沿长江上下输入涪陵城然后转乌江流域的商品就有食盐、米粮、糖、酒、布匹、棉纱、百货、五金等日常生活品，经乌江流域然后销往重庆和长江中下游地区的主要商品有桐油、山货等农副产品。在抗战前，由于交通相对落后，货流不畅，涪陵港集散商品的能力有限。1932年，涪陵城集散商品5.55

① 张自强：《合川县经济概况》，《四川经济季刊》第1卷第1期，1943年12月。
② 谢尧生：《三台县经济概况》，《四川经济季刊》第1卷第1期，1943年12月。
③ 胥叔涵：《遂宁县经济概况》，《四川经济季刊》第1卷第2期，1944年3月。
④ 参见泸州市地方志编纂委员会编《泸州市志》，方志出版社1998年版，第544页。

万吨，其中输出桐油、榨菜、鸦片、山货等 1.03 万吨，输入、大米等 4.52 万吨。抗战爆发后，通过对长江、乌江进行整治，方便了轮船、木船进出涪陵港，加上民生公司等轮船公司在涪陵设立分处，涪陵港的货物吞吐量大大增加。据民生公司涪陵办事处统计，1941 年涪陵城经轮船运输的进出口货物 24.3 万吨，其中由重庆转入 12.4 万吨，输往重庆 11.9 万吨①，是 1932 年的 4 倍多。

处于岷江和金沙江交汇处的宜宾，上溯金沙江木船可至雷波县之蛮夷司，上溯岷江可达雅安。由于交通便利，宜宾是川江上游的重要港口城市。宜宾商业输出以山货、药材、木材、黄白蜡、丝绸为主，输入以棉纱、匹头、煤油及日用品为主。抗战时期交通运输业得到了较为迅速的发展。抗战前成立的合众轮船公司，1941 年拥有轮船共计已达 12 艘，长短航线已扩充至宜泸、宜南、宜嘉、渝宜、渝万、渝渔、渝大（重庆至大渡口）等处。1942 年又增辟重庆至江津航线和泸州到兰田坝轮渡。1943 年又购买"国昌"轮一只更名为"长寿"。1944 年开辟重庆至高家镇航线，营业方面在继续向前发展。这时合众股本也调增了三次，1941 年由 37 万元增为 60 万元，1942 年由 60 万元调增为 100 万元，1943 年又由 100 万元调增为 500 万元。职工达到 700 余人。② 随着川江上游航运中心地位的巩固，宜宾进一步成为川西南、滇东北、黔西北的物资集散地。抗战时期宜宾输出的大宗物资有粮食，主销重庆及犍为、乐山一带和军粮采购；山货药材，年输出 30 万担左右，主销重庆、武汉等地；木材主销上海等地；草席、芽菜等土特产品，销往省内外及港澳地区。从外地输入的物资主要是：犍为、五通桥的食盐年输入 4000 万市斤；邻近各县流入的粮食（大米），年输入量为 60 万担左右；什邡的柳烟、夹江的土纸、隆昌的夏布、犍为的煤炭、乐山的木材等商品，常年不断地流入宜宾市场。宜宾的山货、药材成交量 1935 年为 30.7 万担，到 1944 年增加至 45 万担。③ 随着长江上游物资集散中心地位的进一步巩固，宜宾的商业迅速发展，有大小百货商店 70 余家，匹头业 30 余家，西药房及中药房各 10 余家，旅馆业在 100 家以上，川戏

---

① 参见四川省涪陵市志编纂委员会编《涪陵市志》，四川人民出版社 1995 年版，第 619 页。

② 参见孙尊山《回忆"四川合众轮船公司"》，《宜宾文史资料选辑》第 2 辑，第 22—23 页。

③ 参见四川省地方志编纂委员会编《四川省志·商业志》，四川科学技术出版社 1996 年版，第 350 页。

院 1 家，电影院 2 家，茶馆酒楼数百家。①

（二）西江沿线城市带的发展

在广西，内河航运的发展，促进了沿江都市的兴起。广西沿江各地多有定期的集市，成为广西农产品向外输送及外货向内倾销的集散场所。各大河川的汇集之处，形成了较大的商埠。至于集市，属于农业社会原始的贸易方式，在中国各地有不同的名称，北方称为"集"，四川称为"场"，湘西贵州一带称为"厂"，而广西则称为"墟"。广西各大河沿岸的重要墟市见表 67。

表 67　　　　　　　　　广西各大河沿岸的重要墟市

河名	起止地点	重要墟市
浔江	梧州至桂平	戎墟、赤水、仁河、濛江、白马、武林、丹竹、奖口
柳江	桂平至榕江	勒马、石龙、运江、白沙、江口、鸡喇、头塘、大浦、落岸、和睦、西牛岭、浮石、老堡、丙妹
桂江	梧州至界首	倒水、长发地、京宁、马江、五条石人岛、大扒、长滩、大圩、大榕江唐家祠、界首
湘江	界首至柳蒲	界首、沙子湾、罗家湾、人字坝、黄沙河、庙头市、柳蒲
贺江	八步至开建	八步、芙蓉
红水河	迁江至石龙	大湾、石龙
左江	南宁至水口	杨美、龙头、驮卢、乡水、平西、水口
右江	南宁至逻里	挪龙、龙床、下颜、果化、田州、那坡、多敬、剥隘、逻里
八尺江	蒲庙至那陈	蒲庙、那连、新定、河口、那马、那陈
濠江	濠江至太平	濠江、和平、太平
绣江	藤县至北流	金鸡、自良

资料来源：陈正祥：《广西地理》，正中书局 1946 年版，第 148 页。

从表 67 可以看出，广西城镇多分布于江河沿岸。在桂江沿岸最重要的城市当属桂林，桂林不仅水路交通便利，陆路交通也较发达，处于湘桂铁路和湘桂公路沿线。由于交通便利，桂林是广西重要的物资集散中心，汇集于此的货物主要有纸、油类、桂皮等。八步是贺县的著名墟市，位于货县西北部的八步盆地西部，西江重要支流贺江由西向东横贯

---

① 参见王文元《四川宜宾社会经济概况》，《西南实业通讯》第 5 卷第 3 期，1942 年 3 月。

其间，水运便利。由八步通过贺江可直达贺县和梧州，其中八步至贺县民船上行需时一天半，下行仅一天。① 由于交通便利，八步成为湘南、桂东、粤西北边境商品集散地。抗战时期，各地商贾陆续疏散到八步设店营业，八步商业进一步繁荣，有"小广州"之称。战前的 1933 年，八步有商店 102 家，资本总额 14.84 万元。到抗战后期的 1944 年，八步私营商业增加至 525 家，人口由 1 万人增加至 4 万余人。仅餐饮业就有太白酒家、金龙酒家、趣乐酒家、利源酒家、大陆酒家、新世界餐厅、上海佬餐厅等饭店和一景茶楼、临江茶楼、露天茶座、水上茶座等。可是，赌馆、大烟馆、妓院也应时而生。② 位于富江西岸的钟山县，沿富江上行至富川县古城，下行可达贺县八步，还可通过思勤江航道通至梧州，水运便利。战前 1925 年统计，全县有小商小贩和手工业者共 300 多户，较大的有张丰泰、广益隆、安记等商号。到 1942 年，全县有大小商户 599 家，其中有杂货 135 家、药店 36 家、洋杂业 53 家、饮食店 147 家，资本总额 65.53 万元。到 1945 年，全县有商号 702 家，其中有杂货 108 家、旅店 188 家、国药 43 家。③ 位于右江上游的百色，为西江航运终点站，轮船下行南宁需时 4 天，上行需时 8 天。④ 1933 年，百色县有商店 159 家，资本总额 15.87 万元（毫币），到 1940 年增加至 181 家，资本总额 28.17 万元（国币）。到 1945 年，由于大量人口的迁入，百色已有商店 409 家，资本总额 2844 万元（国币）。⑤

龙州地处广西左江上游，由于有着良好的水陆交通条件，成为左江地区的政治、经济和文化中心，是龙州专署所在地，也是云南、贵州等省通往越南进行商贸活动的交通运输要道。就水路面言，顺丽江河而下可通往南宁、梧州、广州，逆水上溯可抵越南的七溪、高平；陆路可经由凭祥进入越南谅山等地，区内可通往思乐（今宁明县）、崇善（今崇左县）、南宁等地，交通十分便利。因此，龙州成为中越边区工业品、农副产品和土特产品的转销站和集散地，商贸交往很是活跃，各地客商

① 参见《各江航线民船航行日数》表，载广西省政府统计处编《广西年鉴》第 3 回上册，1944 年印，第 1085 页。
② 参见贺州市地方志编纂委员会编《贺州市志》上册，广西人民出版社 2001 年版，第 461 页。
③ 参见钟山县志编纂委员会编《钟山县志》，广西人民出版社 1995 年版，第 312 页。
④ 参见《各江航线轮船航行日数》表，载广西省政府统计处编《广西年鉴》第 3 回上册，1944 年印，第 1084 页。
⑤ 参见百色市志编纂委员会编《百色市志》，广西人民出版社 1993 年版，第 346—347 页。

纷至沓来。抗日战争前夕，龙州城镇有 4000 多户居民，2 万多人口，而从事经商买卖的就有 1000 多户，其中经营饮食业的有 210 多户，旅店业有 40 多户；有各地来往龙州从事商业性水运旅客的大小机动轮船 30 多艘，大宗货物运输的拖驳船及木航船数百艘，这些货船，经常往返南宁、梧州、广州等地，因而，龙州城镇繁华，商业繁荣，曾有"小香港"之称。抗日战争爆发后，特别是自 1938 年 10 月南京政府由武汉迁至重庆，侵华日军切断了粤汉、平汉南北铁路和公路交通线，广州告陷之后，华南沿海海岸线已被日军控制，唯有广西南宁至龙州通往越南海防这条国际交通运输孔道还保持畅通。1939 年日军继续南进，长沙失守，桂林疏散，广西岌岌可危，更使独处这条交通运输线咽喉的龙州繁华起来，陆路交通和水上运输显得更加紧张、繁忙，每天满载货物过往的汽车 200 多辆，车水马龙。丽江河上百舸争流，穿梭往来，境内境外各种抗日军需物资、贸易货物，以及各方面的流动人员频繁进出，川流不息。1939 年夏，国民政府中央军委资源委员会、西南贸易公司、西南联大、中山大学、国防艺术社、创造社、国家体院等中央机构、高校纷纷疏散来到远离前线的敌后龙州，有的从龙州取道越南广渊经靖西转往云南昆明，龙州也因此盛极一时。①

（三）黄河上游沿岸城市带的发展

黄河上游流域城镇包括兰州、永靖、皋兰、靖远、景泰、中卫、中宁、金积、灵武、宁朔、宁夏、平罗、碛口等城镇在内，其中以兰州为中心。抗战期间，不仅兰州获得发展，黄河沿岸的城镇也获得一定程度的发展。

永靖作为黄河上游城市，抗战时期随着黄河航运业的发展也得到一定程度的发展。在人口方面，1935 年永靖总人口为 10075 户 56577 名。1944 年人口增加至 10340 户 64094 名，其中男 32678 名，女 31416 名。② 随着人口的增加，永靖的私营商业也得到了发展。1930 年，永靖莲花城市场除设"裕恒昌"、"义和祥"、"俊发昌"、"兴立成"、"慈生荣"、"俊深源"等字号外，还有徐家百货铺、白家日杂店、安家药铺、何家药铺、张家旅店、左家粮食杂货店等 10 余家。此外，白塔、王台、唵歌、孔家寺、大川等集市有商户 40 余家。全县共有经商户 100 余家，

---

① 参见陈仕才《抗战时期的西南交通运输线与龙州抗日》，《龙州文史资料》第 13 辑，第 57 页。
② 参见永靖县志编纂委员会编《永靖县志》，兰州大学出版社 1995 年版，第 89 页。

其中 70% 是本地户。1937 年后，私营商呈现活跃势头。至 1942 年全县私营坐商发展为 176 家，其中莲花城 63 家，唵歌集 25 家，王台集 25 家，白塔寺集 34 家，孔家寺集 29 家。莲花的"慈生荣"、"同心号"、"天庆号"、"盛公号"、"明盛昌"、"德寿堂"、"安泰堂"、"福生馆"等 32 家坐商，拥有资本（银币）1.45 万元，年均总营额 7.55 万元。[①]

平罗在黄河上游水运中占重要地位，出口的皮毛、甘草、煤炭、粮食、白麻等和进口的布匹、百货、茶、糖等，绝大部分是河运而来。在民国时期，平罗沿河一带的一些农民，兼营船运。1938 年，宁夏当局开始统一管理河运，令各县船户组织全省船业公会，所有船户必须参加，否则不准营运。1940 年 1 月，设宁夏河运管理局，下设河运队，将全省船户编为四个队。平罗和蹬口两县共有货船 78 只，渡船 15 只，编为第一队。当时平罗有渡口 8 处，13 只渡船。[②] 1938 年，宁夏银行设平罗分行，址在黄渠桥，有办事员 1 人，委托商号和个人收购皮毛、发菜、甘草、粮食，运往外地行销。该分行不办现存贷款业务，只办理与其业务相关地区之间的汇兑。[③]

三 铁路沿线城市带的发展

抗战时期大后方铁路的修建，推动了铁路沿线城市商业的发展，其中湘桂铁路和黔桂铁路的建成推动了沿线桂林、柳州城市的商业发展，川滇铁路包括叙昆铁路昆明至曲靖段和滇缅铁路昆明至安宁段推动了铁路沿线的曲靖、霑益两县城市发展。以湘桂铁路而言，1938 年 9 月 27 日，该段衡阳西至桂林北段竣工通车，次日起开行特别快车、混合列车各一对。同年 11 月起，湘桂、粤汉和浙赣三条铁路线实行联运，每周开行桂林北至金华直通旅客列车一对。1939 年 12 月 16 日，柳州至桂林段通车，1940 年 5 月 1 日正式开行客车。1940 年，湘桂、黔桂铁路与粤汉铁路组织联运，每周对开金城江至曲江、金城江至湘潭直通客车。1941 年 9 月 8 日，湘桂铁路通车至来宾，开行柳州至来宾至大湾混合列车。[④] 湘桂铁路于 1938 年至 1941 年分别运送旅客 95785 人、994742 人、2146480 人和 2690742 人，共计 5927749 人，分别运载普通

---

① 参见永靖县志编纂委员会编《永靖县志》，兰州大学出版社 1995 年版，第 241 页。
② 参见平罗县志编纂委员会编《平罗县志》，宁夏人民出版社 1996 年版，第 219 页。
③ 同上书，第 291 页。
④ 参见《柳州铁路分局志》编纂委员会编《柳州铁路分局志》，中国铁道出版社 2000 年版，第 104 页。

货物 20619 吨、438026 吨、348742 吨和 348081 吨，合计 1155468 吨。[1]
到 1943 年，客运量高达 411.5 万人。[2] 在 1944 年，由于日军发动了豫
湘桂战役，湘桂、黔桂铁路相继沦陷，但该年的 1 月至 2 月间，湘桂铁
路仍然运送旅客 731286 人。[3] 湘桂铁路的建成通车，对柳州和桂林的城
市发展影响明显。

　　柳州位于湘桂铁路桂柳段和黔桂铁路南柳段，成为西南后方的货物
运输枢纽和商品集散中心，经济活动区域拓宽，西南、华北客商来往频
繁，商店行家骤增，人口由 7.8 万增至 10 多万，江南架起浮桥，南北
贯通，商贾云集，河南商场与谷埠等连成一片，市场繁荣。与此同时，
金融市场也逐渐活跃，仅培新路口的金银铺就有 10 余家，从业人员达
到 110 多人，占全市商业人数的 25%，饮食服务业尤为活跃。据 1944
年的《广西年鉴》统计，1944 年柳州有平卖（经纪）店 190 家，旅馆
65 家，饮食业 35 家。而在 1933 年柳州仅有平卖（经纪）店 12 家，旅
馆 11 家。因此，柳州的商业在抗战期间得到了迅速的发展。[4] 柳州的金
融业得到迅速发展，柳州的银行，除省属广西银行柳州分行外，国家的
银行有中央、中国、交通、农民四所，省银行有广东、湖南、贵州等银
行，全国最大的民营商业银行——金城、实业银行都在柳州设立支行，
新加坡、马来西亚、侨资经营的华侨银行和华侨联合银行，亦在柳州设
立支行，香港经营金银业最大的商号也在柳州设立分号，其他如广东潮
州帮的光裕银行、四川帮的聚兴诚银行、亚西银行等等都在柳州开业。
由于货运频繁，游资充斥，市面大宗交易除棉纱、布匹、汽油、轮胎、
染料、西药、五金器材、桐油茶油、牛皮、粮食等货物外，还经营金银
和外币买卖，主要是美钞和旧港纸。[5]

　　同样处于湘桂铁路桂柳段的桂林在抗战期间商业也得到了迅速发
展。由于大量人口和工厂内迁，桂林人口由抗战前的 7 万多人增至 50

---

① 参见《湘桂铁路历年运输统计表之客货运》，载中国第二历史档案馆编《中华民国史
　档案资料汇编》第 5 辑第 2 编财政经济（10），江苏古籍出版社 1997 年版，第 239
　页。

② 参见《柳州铁路分局志》编纂委员会编《柳州铁路分局志》，中国铁道出版社 2000 年
　版，第 110 页。

③ 参见表 13《铁路营业之载运人数》，载交通部统计处编《中华民国三十三年交通部统
　计年报》，1946 年印，第 29 页。

④ 参见广西壮族自治区地方志编纂委员会编《广西通志·商业志》，广西人民出版社
　2000 年版，第 159 页。

⑤ 参见刘根先《抗战时期柳州工商业经济概况》，《柳州文史资料》第 3 辑，第 214 页。

多万人，最多时达到 70 余万人。桂林人文荟萃，商贾云集，金融业发达，市场繁荣。1940 年全市有商店 2593 家，资本总额 343.1 万元，而 1935 年桂林仅有商店 906 家。① 地理学家张先辰也言："全面抗战展开，湘桂铁路通车而后，桂林蔚为西南军事政治文化之中心，人口由民国二十七年之十万突增至二十九年之十八万，工厂商号纷纷由外埠迁入，创办新张者亦复不少。此虽为战时变态繁荣，然亦要为桂林地理位置及湘桂铁路通车所招致之结果。"②

抗战时期的川滇铁路包括叙昆铁路昆明至曲靖段和滇缅铁路昆明至安宁段，尤其是叙昆铁路昆明至曲靖段于 1941 年 4 月通车以来，在 1941 年 4 月至 12 月期间，平均每月旅客运量约 338 万延人公里，货物运量为 80 万延吨公里，1942 年 1 月至 11 月，平均每月旅客运量增加至 619 万延人公里，货物运量增加至 110 万延吨公里。③ 叙昆铁路的通车，对铁路沿线的曲靖、霑益两县城市发展产生了明显影响，两县商业得到了迅速的发展。1940 年曲、霑两县共有坐商、行商 631 户，摊贩数百户。经营的行业有棉纱、食盐、布匹、百货、煤炭、粮食、肉案、酒业、图书文具、旅馆、茶馆、食馆、新药、国药、转运、汽车 16 个行业，开始形成一个品类较多的商业市场。④ 到 1944 年两县有棉纱、土布、百货等 11 个商业行业，私商 734 户，饭馆、旅馆、修理等 7 个服务行业 218 户，酿酒、糕点、五金等 12 个自产自销手工业作坊 519 户。⑤ 随着城市商业的繁荣，城市得到迅速发展。1941 年，曲靖县成立新市场委员会，负责筹建新市场有关事宜。决定在北门外临近火车站、汽车站一带兴建新市场，以原日两座石牌坊为中心，分建东西南北四街，占地 400 余亩（实际建成了东西两街，长 347 米、宽 16 米，命名为"志舟路"），同时，拓宽了北关街，新街面积约 200 亩，街道建筑焕然一新。⑥

---

① 参见广西壮族自治区地方志编纂委员会编《广西通志·商业志》，广西人民出版社 2000 年版，第 166—167 页。

② 张先辰：《广西经济地理》，文化供应社 1941 年版，第 220 页。

③ 参见萨福均《最近三年来之川滇铁路概况》，《交通建设》第 1 卷第 3 期，1943 年 3 月。

④ 参见吴乔贵《抗日战争时期曲靖、霑益的商业简况》，《曲靖市文史资料》第 2 辑，第 76 页。

⑤ 参见曲靖市地方志编纂委员会编《曲靖市志》，云南人民出版社 1997 年版，第 380 页。

⑥ 参见吴乔贵《抗日战争时期曲靖、霑益的商业简况》，《曲靖市文史资料》第 2 辑，第 76—77 页。

霑益县由于霑益机场的修建和滇越铁路修至霑益，交通位置进一步重要。到抗战后期，霑益市场更加繁荣，市区超过原城区的 10 倍多，驻霑部队的帐篷，由玉林山、龙华寺、黑泥沟、陆家山、黑桥坡、小河底、望城坡，连到松林的杨梅山，估计人口猛增到 10 多万人。城区大街以龙华路为主。光旅社就有来安、复兴、国泰、太平洋、悦来等 50 多家，饭馆有鸿光楼、天福斋、天香楼、三六九、广州饭店、榕园酒家等 100 多家，集各地饭食名菜。金店有老天宝金店、天成金店、天顺金店等 9 家，日用百货香烟店有几百家。城内有十几家盐商，贩米的多是行商用马驮来，坐商只有福顺米行一户。布匹有 20 个布摊，多是山东人经营。文娱方面有京戏院一家，歌舞厅两家。文昌街有一个大菜市很热闹，所需之物都可买到。全城卖酱菜的铺面有 20 多个。每晚照明大多都是各部门机关自己发电自给，龙华路只有一家私营电厂，用汽车发动机带动，能供龙华路一部分用电。[1]

陇海铁路咸同支线建成后，也推动了铁路沿线城镇的发展，尤其是城镇工矿业的发展。咸同铁路为陇海铁路的支线，主要为运送同官煤矿的煤而修建。众所周知，在矿业部门中，由于产品体积大、分量重，产品的运输成本在总成本中占了很大比重，而大力发展矿区与销售区的交通，则是降低运输成本的有效方式。陕西主要的煤炭产区是咸阳以北的同官县，该县有丰富的煤矿。同官有南北两区煤田，北区煤田长约 60 公里，南区煤田东西长约 20 公里、南北宽约 15 公里，全县南北两区煤田地质储量 2.84 亿吨。[2] 而陕西主要的煤炭消费区是西安、宝鸡等工业城市。陇海铁路未通车同官前，同官煤炭以骡驮或马车拉运方式销往县内及关中各地，1931 年 12 月同官成立运输队，包括胶轮大车 8 辆，骡马 20 头，车夫 8 人，助手 4 人，往返西安同官间，拉料运煤。[3] 由于传统运煤靠驮运和车运，不仅运量十分有限，而且运价高昂，既不利于同官矿业的发展，也不利于西安、宝鸡工业的发展。

此外，地处铁路沿线的中小城镇也得到了一定程度的发展。黔桂铁路通车前，金城江车站一带是一片杳无人烟的荒郊。黔桂铁路柳州至金城江段建成以后，"一变而成为交通的孔道，人烟辐辏，商旅麇集，

---

① 参见梁恒丰《忆抗日战争时期霑益市场的发展与繁荣》，《曲靖市文史资料》第 9 辑，第 59—60 页。

② 参见黎锦熙纂《同官县志》卷 11《矿业志》，1944 年印。

③ 参见铜川市地方志编纂委员会编《铜川市志》，陕西师范大学出版社 1997 年版，第 240 页。

新兴的饭店旅馆等投机事业，有如雨后春笋，茅舍栉比，摊肆林立……"①金城江迅速发展起来。河池六圩牛市远近闻名，黔桂公路修通后，六圩的商业日渐发达，成为河池县最繁盛的市场。尤其是1940年铁路通至金城江后，六圩牛市空前繁盛，当地牛商和外地牛贩子皆聚集此圩交易，有些牛商一次就买二三百头，赶到金城江整车运往外地贩卖。②南丹六寨圩原是一个不足十户人家的小村落。"自黔桂公路通车后，它成了两省交通重镇。"20世纪30年代，六寨圩住户增加到百余家，并设有各种商号，商务颇盛。抗日战争时期四处逃难来的人特别多，商业更盛。"市街虽小惟商号建筑华丽、来往客商甚多。"③陇海铁路沿线一些小城镇的人口也迅速增加。耀县地处咸同支线必经之地，过往客商日益增多，其中仅中山乡人口增加达一万人之多。④

第四节　交通路线变迁与西部传统城市的衰落

交通对城镇发展的影响是双重的，一方面它促进了交通沿线城镇工商业的发展，但另一方面随着交通路线的变化，导致原来传统的商业市镇衰落，引起商业中心的易位。这可以从陇海铁路、湘桂铁路、黔桂铁路、滇缅公路的建成通车导致原来传统城镇的衰落中得到证明。

一　陇海铁路与关中传统城镇的衰落

陇海铁路对陕西城镇发展的影响是双重的，一方面它促进了铁路沿线城镇工商业的发展，但另一方面随着交通路线的变化传统的商业市镇衰落，引起商业中心的易位。

陇海铁路通车陕西后，导致了传统运输方式的变革。陕西传统的运输工具是马骡驴和轿车大车小车，前者为驮运，后者为车运。铁路运输与之相比具有量大、快捷、经济的优势。在运量方面，火车运量大自不待言。在运速方面，铁路时速快，所需时间短，而传统运输方式耗时

---

① 朱从兵：《铁路与社会经济——广西铁路研究（1885—1965）》，广西师范大学出版社1999年版，第511—512页。

② 参见宾长初《论近代广西圩市的变迁》，《中国边疆史地研究》2003年第4期。

③ 参见宾长初《论近代广西圩市的变迁》，《中国边疆史地研究》2003年第4期。

④ 参见宋国荃《陇海铁路咸同段沿线各县经济调查·耀县》，《陕行汇刊》第7卷第5期，1943年10月。

长。以药材运输为例，甘肃岷县的当归、大黄、党参、黄芪等中药材用牲口驮运，北路经平凉，南路走凤翔，约须时一个月。① 在运价方面，铁路运价相对便宜。陇海铁路通车至潼关后，潼关运输货物多用火车，1935 年火车运价为每百里百斤 9 角，而用船只运输为每百里百斤 1 元，人力车马车运价为 1 元左右。② 由于铁路运输的上述优势，因此传统运输工具逐步丧失优势，使得原来靠传统运输工具运输的商品纷纷改用火车运输，进而导致交通路线的变迁。

陕西的传统对外陆运通道有五条，即河南通路、甘肃通路、四川通路、山西通路、湖北通路。河南通路和山西通路分别从河南洛阳和山西境内入陕西潼关沿渭河两侧到西安，甘肃通路从西安过咸阳、乾县、长武进入甘肃或经过泾阳、平凉至兰州，四川通路由西安至凤翔折南由宝鸡越秦岭到四川，湖北通路自西安经蓝田、商州、商南过荆紫关至湖北。③ 陇海铁路通至陕西境内以后，自郑州、洛阳入陕西潼关、渭南至西安再向西至宝鸡一线成为陕西重要的对外陆运通道，处于铁路沿线的潼关、咸阳、西安、宝鸡等城市迅速地成为交通要冲，而原来自西安过泾阳、平凉至兰州的甘肃通路、自西安至凤翔折南至宝鸡的四川通路和自西安经蓝田、商州、商南过荆紫关至湖北的湖北通路则陆续改道，让位于陇海铁路通道。这些传统交通路线的改变，导致处于传统交通路线的传统商业市镇由于商业往来减少而急剧衰落，主要表现在这些城镇人口减少，城市经济衰落。其中，三原、泾阳、虢镇、凤翔的衰落最为典型。

三原在陕西未通火车前是陕西传统的商路中心，它处于甘肃通路、河南通路和湖北通路三条陆路交通要道的交叉点，是连接陕西、甘肃、湖北三省的重要交通枢纽，因此历来是陕西渭北重要的物资集散地。渭北各县的棉花汇集于此后分销各地，甘肃岷县的药材也汇集于此而后运销至东南各省，东南各省输入的布匹经过三原而输往西北各地，三原"实为东南与西北之枢纽"④。三原是西北地区中药材集散地，素称"西北药阜"。在 1925 年前后，仅药铺有大字号 15 家，小字号 40 余家，资

---

① 参见张其昀、李玉林《陕西省人文地理志》，《资源委员会季刊》第 2 卷第 1 期，1942 年 3 月。

② 参见《各地商业概况：潼关》，《陕西省银行汇刊》第 2 期，1935 年 3 月。

③ 参见刘安国《陕西交通挈要·下编》，中华书局 1928 年版，第 3—10 页。

④ 宋国荃：《陇海铁路咸同段沿线各县经济调查·三原》，《陕行汇刊》第 8 卷第 3 期，1944 年 6 月。

本大者五六千两白银，小者亦不下千两，每年成交金额均在 20 万两左右。① 经过三原至潼关再转销郑州、上海、天津、汉口等地的中药材每年运出 4 万余箱，每箱 90 斤，约 360 万斤。② 同时三原也是西北重要的棉花交易市场，在 1915 年就有花行 40 余户之多，每年棉花成交总量在 200 万斤左右，平均每户有四五万斤。③ 因此三原素为渭北富庶之区，其商业之繁荣仅次于西安的长安县。自陇海铁路修至陕西境内后，商品流通路线纷纷改道，所有药材、布匹等货物运输，不再经过三原，而由潼关经西安直达宝鸡，运往甘、宁、青各地，三原的物资集散中心地位被陇海铁路沿线的宝鸡、咸阳等城市取代，其棉花市场移至泾阳县的永乐店镇、咸阳等市镇，布匹业和药材业也纷纷迁移至宝鸡，钱庄业也日渐萧条，大不如前。到 1944 年，据调查该县仅存之商号在数量上虽有 490 多家，但多属小本经营，资金雄厚者甚少。④

泾阳县的情况也类似。在陇海铁路通车前，甘肃的烟叶、湖南的砖茶，以泾阳县为转运点，输出时经蓝田、龙驹寨、老河口到达汉口而运销外埠，输入品如匹头洋货也沿着这条线路。因此，处于交通要道的泾阳商业十分繁荣。1925 年陇海铁路通车前，泾阳县每年仅棉花交易量在 3 万斤以上。⑤ 到陇海铁路修至灵宝时，由于交通改道，蓝田、龙驹寨等地的货物运输不便，于是货物便改由火车装运，"泾阳等地的商业便日渐衰落"⑥。泾阳县的商业素以烟、茶和棉业最为发达，陇海铁路修至陕西后，该县的烟茶销路来源均陷于停顿状态，其烟茶业大多歇业，商业衰落。⑦

宝鸡的首要商业重镇原为虢镇，陇海铁路修通至宝鸡时，虢镇相对衰落，其经济已丧失在宝鸡城市中的领先地位。⑧ 陇海铁路未修至宝鸡时，虢镇因交通重要，成为宝鸡东西南北商品的物资集散地。陕西凤县

---

① 参见三原县志编纂委员会编《三原县志》，陕西人民出版社 2000 年版，第 443 页。
② 参见张其昀、李玉林《陕西省人文地理志》，《资源委员会季刊》第 2 卷第 1 期，1942 年 3 月。
③ 参见刘安国《陕西交通挈要·上编》，中华书局 1928 年版，第 45 页。
④ 参见宋国荃《陇海铁路咸同段沿线各县经济调查·三原》，《陕行汇刊》第 8 卷第 3 期，1944 年 6 月。
⑤ 参见刘安国《陕西交通挈要·上编》，中华书局 1928 年版，第 42 页。
⑥ 陕西省银行经济研究室编：《十年来之陕西经济》，西安启新印书馆 1942 年版，第 152 页。
⑦ 参见宋国荃《陇海铁路咸同段沿线各县经济调查·泾阳》，《陕行汇刊》第 8 卷第 3 期，1944 年 6 月。
⑧ 参见何明初《陇海铁路通车宝鸡》，《宝鸡文史资料》第 1 辑，第 175—176 页。

党参、宁夏庆阳甘草、黄陵一带黄芩、二华连壳、灵宝大枣等大宗药材，集结虢镇加工包装后再运往四川、云贵等地，而四川、云贵等地物资也在虢镇落庄换驮再运往他处。每天有300多头骡马和数百辆马车在虢镇装卸货物。① 因此，宝鸡县的商业中心一直在虢镇。但陇海铁路通车宝鸡后，改变了宝鸡地区的交通格局，原来通过凤翔的传统陆路的主导地位让位于通过宝鸡的陇海铁路，由此导致主要商路的南移。由于交通路线的改变，虢镇大批商行纷纷前往宝鸡县城，从此县城商业日益繁荣，虢镇渐衰。

凤翔县为陕西西部重镇，居陕甘川交通要道，为三省商货往来必经之地，主要商品有工艺品、纸张、酒、杂货、羊毛、羊皮、棉花、大麻、烟草、铁器等，人口在1915年就达8.6万人左右，其商业繁荣与三原相提并论。但自陇海铁路西通宝鸡后，其地位被宝鸡县取代，地方经济大受影响。②

陇海铁路的通车不仅导致传统商业市镇的衰落，而且进一步导致商业中心的易位。1937年前，宝鸡的商行税收和捐款数额，虢镇占82%，而县城仅占18%，但到1943年虢镇商行税收和捐款数急剧降至23%，而县城上升至77%，1945年虢镇再降至18%，县城升至82%。③ 宝鸡县城的工商业繁荣程度超过虢镇。另外据调查，到1940年12月宝鸡总共有商号600余家，而虢镇仅有商店百数十家。④ "自铁、公两路通车后，交通便利，市容整洁，万商云集，现为西北巨大之商埠焉。"⑤ 因此陇海铁路的通车确立了县城商业中心的绝对地位。扶风县县城南三十里的绛帐镇在陇海铁路通车后设有车站，商业迅速发展，其繁荣程度超过了县城。据1940年10月调查，绛帐镇有粮食业31家、国药业14家、染业10家、油盐铁货业各5家，共计65家，连同散小商家共110家。而扶风县城仅有各类商家80余家⑥，其经济地位不及绛帐镇。与绛帐镇兴起类似的是岐山县的蔡家坡镇。陇海铁路通车后在蔡家坡设有车站，东部企业内迁蔡家坡镇。到1940年，迁入此地的工厂有雍兴公司

① 参见宝鸡县志编纂委员会编《宝鸡县志》，陕西人民出版社1996年版，第437页。
② 参见陕西省银行经济研究室编《陇海铁路潼宝段沿线经济调查》，西安启新印书馆1942年版，第65页。
③ 参见宝鸡县志编纂委员会编《宝鸡县志》，陕西人民出版社1996年版，第438页。
④ 参见宋国荃《宝鸡虢镇工业调查报告》，《陕行汇刊》第5卷第2期，1941年2月。
⑤ 杨必栋编辑：《宝鸡乡土志·街市》，1946年印本。
⑥ 参见白附蓝《扶风县经济调查》，《陕行汇刊》第5卷第3、4期合刊，1941年4月。

纺织厂、西北机器厂、雍兴酒精厂 3 个。① 咸同铁路支线通车后，不仅促进了沿线煤矿业的发展，也导致沿线城镇经济中心的转移。泾阳县的商业中心原来为县城，但 1941 年咸同支线经过泾阳县的永乐店镇后，该镇的商业迅速发展，成为渭北棉花集散市场，有工厂、银行、商号和花行，大有取代泾阳县城之势。据 1943 年统计，永乐店镇有杂货业 15 家，木业 3 家，粮食行 4 家，转运公司 4 家，花行 8 家，其他共 80 余家。② 富平县的庄里镇位于该县西北三十里，咸同铁路通车后，经济文化为全县之冠，有商号 67 家，大多经营棉花业。③

总之，陇海铁路通车陕西后，由于火车运输较传统运输具有巨大优势，原来靠传统运输工具运输的商品纷纷改用火车运输，运输路线改道，使得处于传统交通中心的城镇丧失区位优势，来往的客商急剧减少，城镇也逐渐衰落。

二　湘桂、黔桂铁路与广西传统城镇的衰落

在广西，湘桂铁路和黔桂铁路通车以前，交通运输以西江内河航运为主。地处西江沿岸的城镇由于交通便利，工商业十分繁荣，包括南宁、梧州、融县等城市。湘桂铁路通车以后，铁路运输相对于水运来讲，具有运速快、运输安全的优势。就运速来讲，广西内河运输工具主要为民船，民船在 700 余里的行程航行，上行往往需要三周以上，至于电船和汽船，虽然在枯水期和逆航时的速度比民船快十倍以上，但二者的总载重量仅为民船的 1/10 左右。④ 火车运速快自不待言。在运输安全方面，广西河流险滩较多，邕江南宁至梧州段航线共有浅滩 61 处，红水河东关至石龙有险滩 59 处，桂江灵川至梧州段有险滩 300 余处，右江百色至南宁段有险滩 120 余处。⑤ 河流险滩给内河航运带来了不安全因素。与之相比，铁路运输则安全得多。由于铁路运输的优势，在湘桂铁路和黔桂铁路建成通车以后，部分主要依靠内河运输为主的货物转而使用铁路运输，铁路运输改变了广西的商品流通路线。湘桂铁路衡阳至

---

① 参见岐山县志编纂委员会编《岐山县志》，陕西人民出版社 1992 年版，第 322 页。

② 参见宋国荃《陇海铁路咸同段沿线各县经济调查·泾阳》，《陕行汇刊》第 8 卷第 3 期，1944 年 6 月。

③ 参见宋国荃《陇海铁路咸同段沿线各县经济调查·富平》，《陕行汇刊》第 7 卷第 5 期，1943 年 10 月。

④ 参见陈晖《广西交通问题》，商务印书馆 1938 年版，第 38 页。

⑤ 同上书，第 24—25 页。

来宾段通车后大湾支线通车以前,桂南各地物产大多集中贵县,需转桂平沿红水河上运至柳州,始能与铁路取得联系,不仅需时长,而且耗费大,因为石龙至柳州一段浅滩多,年中仅5—7月可通小型电船,需20多天,若走大湾,则省时节费。① 此后,从梧州来的客货一般不经过石龙,而走大湾。货物分流的结果必然导致西江沿岸的城镇商业受到影响。时人预言:"广西的主要货物运输工具为河流,故较大的市镇均沿河流发展,各大河河流汇集的南宁与梧州,即发展成为出口贸易集散的商埠。将来湘桂铁路通车之后,桂江北段的货运必转向桂林集中,省外货物之运销桂林、平乐、柳州各区的,亦必有大部分改由桂林集散,如此梧州的商业一部分将为桂林所夺了。……将来铁路运输网的建立,梧州的地位将会动摇,是不容质疑的。"② 实际情况的确如此,湘桂铁路通车以后,处于湘桂铁路沿线的桂林和柳州得到了迅速发展,而南宁和梧州则因区位优势的丧失而相对衰落了。

南宁位于西江支流左右江汇合处,西北溯右江可达百色,西南溯左江可通龙州,东顺邕江而下可抵梧州,水运发达。自1912年至1936年间,南宁作为广西省会,是广西政治和文化中心,市况繁荣,人口猛增,1936年人口超过10万以上,为广西第一大城市。③ 交通的便利,促进了南宁商业的繁荣。1933年,南宁共有自然行业47个,商店979家,资金89.5265万元,全年营业额3393.2万元。经营进出口的经纪业商有69家,占商业资本额的36%,年营业额1216.8万元,占商业营业额的1/3。④ 南宁也是广西重要的物资集散地。1936年南宁入口货价值1682万元(毫币,下同)。其中,棉纱16000包,货值640万元。食盐2000万斤,货值300万元。布货值250万元。纱纸200万斤,货值32万元。这些入口货,部分经右江销往云南、贵州地区。与此同时,"郁江上源左、右两江,运输物品,以药材及豆子、茴油为主,会于南宁,以转输于港澳各处。郁江沿河两岸,地属产米之区,每年由梧州输出外省者,为数不少"。1936年,由南宁出口的货物,价值580万元。其中,桐油250万斤,货值155万元。茴油50万斤,货值100万元。

① 参见朱从兵《铁路与社会经济——广西铁路研究(1885—1965)》,广西师范大学出版社1999年版,第475—476页。
② 参见陈晖《广西交通问题》,商务印书馆1938年版,第12页。
③ 参见陈正祥《广西地理》,正中书局1946年版,第120页。
④ 参见南宁市地方志编纂委员会编《南宁市志·综合卷》,广西人民出版社1998年版,第9页。

大米 700 万斤，货值 63 万元。八角 150 万斤，货值 43.5 万元。熟烟丝
150 万斤，货值 90 万元。花生油 130 万斤，货值 54.6 万元。白糖 150
万斤，货值 43.5 万元。赤糖 200 万斤，货值 22 万元。稻谷 600 万斤，
货值 36 万元。牛皮货值 40 万元。[①] 抗战爆发以后，广西省会迁移至桂
林，加之湘桂铁路的通车，导致南宁相对衰落，到 1941 年南宁仅有人
口 75124 人，从广西第一大城市跌为广西第三大城市，次于桂林和
梧州。[②]

梧州位于西江中游，处于桂江与西江的汇合处，顺流而下，汽轮直
通广州、香港，溯江而上，轮船可直通南宁和百色，水运十分便利。
1931 年，在梧州注册登记的运输船舶共 41 艘（外籍船舶 6 艘），吨位
3813.3 吨。其中，50—100 吨级船舶 28 艘，100—500 吨级 11 艘。
1925 年至 1933 年间，进出梧州港船舶达 35109 艘次，船舶吨位达
9309044 吨[③]，居广西内河航运港口第一位。因此，在湘桂铁路通车以
前是广西的工商业中心，"其市况之盛衰，往往即为全桂经济荣枯之表
现，故其在广西经济上之地位，正无异于上海之中国"[④]。据 1936 年统
计，广西全省进出口贸易总额为 108450855 元，其中 80% 完全由梧州
集散。[⑤] 1922 年至 1931 年十年间，梧州的进出口总额为 190434246 关
平两，是南宁进出口总额的 3.72 倍，龙州的 57 倍。[⑥] 因此，梧州为广
西最大的物资集散地。梧州商业的繁荣，推动了梧州城市的发展。[⑦] 抗
战期间，随着湘桂铁路的建成通车，梧州在广西的工业地位急剧下降。
1943 年底梧州虽然有工厂 66 家，占广西工厂总数的 23%，其中资本仅
有 1098968 元，仅占广西全省资本总额的 1.56%，而与之相比，桂林
工厂数占广西工厂总数的 42.86%，资本额占广西工厂资本总额的
45.55%。柳州工厂数和资本额分别占广西全省工厂数和总资本额的
22.65% 和 47.75%。因此，梧州城市工业相比柳州和桂林则衰落了。[⑧]

湘桂铁路的通车不仅间接影响到南宁、梧州等主要城市的经济，而

---

① 参见马依、舒瑞萍主编《广西航运史》，人民交通出版社 1991 年版，第 146 页。
② 参见陈正祥《广西地理》，正中书局 1946 年版，第 120 页。
③ 参见马依、舒瑞萍主编：《广西航运史》，人民交通出版社 1991 年版，第 141 页。
④ 张先辰：《广西经济地理》，文化供应社 1941 年版，第 218 页。
⑤ 参见陈正祥《广西地理》，正中书局 1946 年版，第 119 页。
⑥ 参见马依、舒瑞萍主编《广西航运史》，人民交通出版社 1991 年版，第 142—143 页。
⑦ 参见陈正祥《广西地理》，正中书局 1946 年版，第 119 页。
⑧ 参见《桂柳梧三城市工厂家数及资本数》表，载广西省政府统计处编《广西年鉴》
　　第 3 回上册，1944 年印，第 594 页。

且也影响到了西江沿岸中小城镇的经济。如融县，据 1949 年 11 月 15 日的《广西日报》载："过去湘桂铁路未修筑前，（融县）这座古城曾经繁荣过一段不短的时间，当时黔省出产的特货——烟土，及三江附近山区所产的木材，均经此而下柳州，因此所谓烟商木客，挥霍于融县、长安两地，促成地方之繁荣，极一时之盛，今日融县因受湘桂黔铁路通车的影响，与木业的不景气，舟楫往返稀少。地方治安不宁，种种因素影响所及，萧条不堪，已非昔日可比。"①

三　滇缅公路与滇西传统城镇的衰落

在滇缅公路通车以前，滇缅贸易的通道主要有芒市线、南伞线、孟定线、腾冲至八莫线和腾冲至密支那线，其中芒市线、南伞线、孟定线具体经过地点如下：芒市线由腊戍经南坎入云南，过瑞丽、遮放、芒市至龙陵；南伞线由腊戍经昆仑渡、科干入云南，过南伞、猛郎、镇康至顺宁；孟定线由腊戍经昆仑渡入云南，过孟定、猛郎、镇康至顺宁。②尤其是 1901 年腾冲开关以后，腾冲成为滇缅贸易的枢纽。在滇缅公路通车前，腾冲为滇西一大商埠，商业繁荣。腾冲与缅甸之间的贸易线路主要是腾冲至八莫和腾冲至密支那两条驮运路线。腾冲至八莫线分新旧线，旧线由腾冲经南甸、遮岛、干崖、弄璋街、蛮允经蚌洗、红蚌河至八莫，新线由腾冲经南甸、遮岛、干崖、弄璋街、蛮允经蚌洗、库里河至八莫，新路与老路的区别仅在八莫至弄募，即小新街，又称小辛街之间。腾冲至密支那线经过高田、古永街、牛圈河、甘稗地、俄穷、大湾子、瓦宋至密支那。③此外，滇西重镇保山与缅甸之间的贸易商路，在滇缅公路未通车前，也沿大路经过丰旺、施甸、姚关、湾甸、新寨、猛菠萝、那劳、田坝寨、猛棒、茶叶林、猛推、麻栗林、南伞、麻栗坡、滚弄至缅甸，来往需要翻越高黎贡山。④龙陵与缅甸之间的贸易主要沿大路经过象达、平嘎、章寨、章弄、南棠坝、猛棒、茶树林、猛推、麻栗林、南伞至缅甸境内。⑤滇缅贸易传统运输工具是马帮驮运，其中由

---

① 王传岚：《融县，屹立在融江畔》，《广西日报》（桂林版）1949 年 11 月 15 日第 3 版。
② 参见万湘澂《云南对外贸易概观》，新云南丛书社 1946 年版，第 28 页。
③ 参见陆韧《云南对外交通史》，云南民族出版社 1997 年版，第 361—371 页。
④ 参见张印堂《滇西经济地理》，国立云南大学西南文化研究室 1942 年印，第 134—135 页。
⑤ 同上书，第 137 页。

昆明经下关、保山、腾冲至八莫一线就常有四五千匹骡马往来运输。[①]
1939 年 1 月滇缅公路正式通车以后，极大地冲击了滇缅传统运输方式。
公路运输与传统驮运和背运相比具有量大、快捷、经济的优势。具体情
况见表 68。

表 68　　　　　公路、驮运和背伕比较表（1939 年 10 月之市价）

种类	一车（或马）运量（公斤）	日均运速（公里）	每吨每公里运价（元）
公路	2500	200	1.5
驮运	70	30—40	1.8
背伕			2

　　资料来源：张印堂：《滇西经济地理》，国立云南大学西南文化研究室 1942 年印，第 24—
25 页。

　　从表 68 可以看出，公路运输与驮运和背伕相比的确具有很大优势。
在运量方面，一辆汽车的运量约是一匹马的 36 倍，汽车运速是马的 5
倍，汽车运价也相对便宜。尤其是汽车运速较快，大大缩短了滇缅贸易
运输时间。在滇缅公路通车以前，由于驮运速度较慢，滇缅运输耗时较
长，就芒市线而言，由腊戍经南坎过瑞丽、遮放、芒市至龙陵，共需时
12 天。[②] 而通过滇缅汽车运输，从腊戍到芒市仅需时一天。[③]
　　由于公路运输与传统驮运和背运相比具有巨大的优势，因此，随着
滇缅公路的通车，原来靠驮运和背伕的货运纷纷改用汽车运输，导致滇
西传统商路改道。保山与缅甸之间的商路纷纷改由保山沿公路经过龙
陵、畹町进入缅甸[④]，龙陵至缅甸之间的商路改由沿滇缅公路经过芒
市、遮放、畹町至缅甸。[⑤] 腾冲至八莫线和腾冲至密支那线在滇缅公路
通车前是腾冲两条主要的对外交通运输线，随着滇缅公路的建成通车，
两线逐渐丧失优势，其地位被交通更为便利的芒市至腊戍线代替。这两
条线在腾冲对外贸易中的地位也开始急剧下降。滇缅公路通车以前，腾
冲至八莫和腾冲至密支那两条驮运路线占腾冲海关贸易总额的 95％。

① 参见王明达、张锡禄《马帮文化》，云南人民出版社 1999 年版，第 88 页。
② 万湘澂：《云南对外贸易概观》，新云南丛书社 1946 年版，第 28 页。
③ 同上书，第 29 页。
④ 参见张印堂《滇西经济地理》，国立云南大学西南文化研究室 1942 年印，第 134—135 页。
⑤ 同上书，第 137 页。

滇缅公路通车后，腾冲至八莫和腾冲至密支那两条驮运路线贸易额迅速降至38%。而沿滇缅公路至龙陵、畹町一线的贸易额猛增至50%以上。腾冲海关以往出口货物以川丝为大宗，随着滇缅公路通车石磺跃居第一位。进口货则以棉纱最多，占进口总值的25%。① 由于交通运输路线的改变，腾冲因商业往来减少而相对衰落。1938年滇缅公路通车，腾冲的著名大商号永茂和经营业务转移到了这条公路的沿线，将总号迁住昆明，国内有下关、保山、腾冲三个分号②。由于交通的改道，腾冲的贸易额也下降了。在滇缅公路通车前，腾冲的对外贸易额1936年为1100余万元，1937年为1200余万元，1938年为1300余万元，到滇缅公路通车后的1939年虽仍然有1300万元，但外贸额实际上还是下降了。③

在滇缅公路通车时的1939年，腾冲县私营坐商发展到93个行业，1239户。其中，纯商业502户，服务业108户，工业、手工业兼销售的629户。行商、摊贩800多户，每年秋收后临时经商的还有3000—4000人。④ 但到滇缅公路通车后，经济中心转移到滇缅公路沿线，腾冲的大批发商转移到保山、下关、昆明等地。到1942年5月腾冲沦陷前，腾冲有旅栈19家，花纱行27家，布绸行39家，洋染行52家，中西药行30家，玉石珠宝行33家，玉匠铺118家，饭、茶馆53家，其他工商业432家。⑤腾冲商号的实际数量低于滇缅公路通车前的。

随着腾冲的相对衰落，滇西商贸中心也由腾冲内移至保山、下关等地，导致了滇西商贸中心的易位。滇缅公路通车后由于保山的交通条件较腾冲为优，所以在腾冲的大商号纷纷转移到保山、下关和昆明。滇缅公路通车后，专营百货的腾冲商帮商人生华昌、同合兴、富华美、汇来、李崇盛、周兴全、杨启发、杨启厚、杨洪芳、李鸿钧、许聘初、许泰初等也相继在保山开设门市经营，经营食盐、土产、粮豆的福兴恒、泰兴隆、锦兴和、协义恒、元春号、王效光、王桂越、谢煊、陈国炳、赵盈垓、董沛然也在保山驻店采购和转运商品。⑥ 所以滇缅公路的通车，导致传统驮运商路让位于公路，腾冲的商业中心地位被公路交通更为便利的保山和下关取代。由于龙陵交通条件的改善，在腾冲的一些大

① 参见张印堂《滇西经济地理》，国立云南大学西南文化研究室1942年印，第130页。
② 参见李镜天《永茂和商号经营史略》，《腾冲文史资料选辑》第3辑，第20—21页
③ 参见李生庄《滇西边区经济建设概况》，《云南建设》第1期，1945年1月。
④ 参见腾冲县志编纂委员会编纂《腾冲县志》，中华书局1995年版，第379页。
⑤ 参见杨永明《民国时期的滇西印边境贸易》，《云南档案》2002年第41期。
⑥ 朱克家：《保山市场上的"腾冲帮"》，《腾冲文史资料选辑》第3辑，第115页。

商号也纷纷迁往交通较便利的龙陵[①]，龙陵也成为滇缅公路通车后的巨大受益城市，龙陵迅速崛起。

1942 年 5 月滇缅公路被日军截断后，滇缅线怒江以西路段沦陷，进出口物资运输完全中断，只余下昆明经保山至怒江东岸一段，且保山至怒岸 92 公里路面多处已破坏，昆明至保山 668 公里则仍维持通车。全线既被截断，所余营运里程又短，除了继续抢运保山、下关等地积存物资至昆明，输送兵员、弹械、给养至滇西前线，以及接转中印空运至滇境物资等突击任务外，已无经常性的大宗物资运输，零星客货运量也不大。加之这时油料缺乏，运费所得不敷成本，而且可能遇到日机空袭。因此，滇缅公路运输业务受到严重影响，中国西南对外贸易也大受影响，中国的对外贸易货物运输不得不仰赖于 1942 年 5 月开辟的驼峰航线。

抗战时期，滇缅公路的通车引发了滇西民族地区传统商路的改变，在推动公路沿线城市发展和社会变迁的同时，对滇西传统城镇产生了影响。其中对腾冲影响较为明显，腾冲在滇西的贸易优势地位受到削弱。

---

① 张印堂：《滇西经济地理》，国立云南大学西南文化研究室 1942 年印，第 130 页。

结　语

通过前面的论证和分析可知，抗战时期国民政府为支持长期抗战事业和巩固大后方基地，采取多种措施在大后方进行了大规模的交通建设，推动了大后方交通的发展，在支持抗战和发展大后方经济方面的确起到了一定的积极作用。那么，抗战时期大后方交通发展的最重要原因是什么？其与西部市场体系的形成究竟是什么关系？大后方交通是如何推动相关产业发展的？战时大后方交通的发展在推动大后方现代化进程方面具体发挥了什么作用？大后方交通发展又存在哪些局限性？国民政府在推动大后方交通发展过程中有哪些成功的经验和失败的教训值得我们借鉴和吸取？这些为今天的西部开发又提供了哪些有益的历史启示？这些问题需要通过高度归纳才能明确。

一　制度变迁与大后方交通的发展

众所周知，一个国家或一个地区经济发展的影响因素很多，包括经济因素和非经济因素，在非经济因素中制度是其中重要因素。著名经济史学家道格拉斯·诺斯提出的制度变迁理论影响非常大。诺斯认为："制度是一个社会的博弈规则，或者更规范的说，它们是一些人为设计的、型塑人们互动关系的约束。从而制度构造了人们在政治、社会或经济领域的激励。……不同经济的长期效绩差异从根本上受制度演化方式的影响。"① 诺斯还结合近代英国经济的发展史分析了英国制度变迁对英国经济发展的重要影响，他认为："由光荣革命所导致的英国政治体系的根本性变迁，是对英国经济发展有着关键性贡献的因素。"英国革

---

① 〔美〕道格拉斯·C. 诺斯：《制度、制度变迁与经济效绩》，杭行译，格致出版社、上海三联书店、上海人民出版社 2008 年版，第 3 页。

命结果，"议会的崇高地位、中央（议会）控制财政事务、限制皇权、司法独立以及普通法法庭的崇高地位，均相应地建立起来了。这一系列变革的一个主要成果，是增加了对产权的保障"。"产权保障以及公共与私人资本市场的发展，不仅带来了英国后来快速的经济发展，还成就了其政治上的霸主地位，并最终使英国雄霸世界。"① 随着制度变迁理论研究的深入，新制度经济学的一些学者将制度变迁区分为诱致性制度变迁和强制性制度变迁。根据著名经济学家林毅夫的观点，诱致性制度变迁指的是现行制度安排的变更或替代，或者是新制度安排的创造，它由个人或一群人，在响应获利机会时自发倡导、组织和实行。与此相反，强制性制度变迁由政府命令和法律引入和实行。在所有的制度安排中，政府是最重要的一个。② 就中国制度变迁史来讲，林毅夫先生认为，诱致性制度变迁模型不能解释中国的实况，其主要原因是，中国长期以来都是实行自上而下的集权管理模式，几乎所有的制度安排都是政府推动的，具有很强的强制性色彩。根据抗战时期大后方交通制度变迁的实况，笔者也认为抗战时期的交通制度变迁属于强制性制度变迁，而不是诱致性制度变迁。在抗战时期，由于日本发动全面侵华战争，中国和平经济被迫中断，在这种情况下，为适应全面抗战和发展大后方经济的需要，国民政府通过颁布命令和大量法律将战前的自由交通制度转变为交通统制制度，制度变迁的主体是国民政府。因此，战时中国交通制度变迁主要属于强制性制度变迁，这种制度变迁的结果也推动了战时大后方交通的发展，二者的内在关系值得深入探讨。

　　根据制度变迁理论，制度的经济功能有四个：第一，降低交易费用。科斯的制度起源理论揭示了交易费用与制度形成的内在联系：交易费用的存在必然导致制度的产生，制度的运行有利于稳定秩序的形成，从而能实现交易费用节约。没有制度约束，斯密"看不见的手"带来的可能不是繁荣，而是社会经济生活的混乱。第二，为实现合作创造条件。制度的一个功能就是使复杂的人际交往过程变得更易理解和更可预见，不同个人之间的协调也就更易于发生，以此增进主体之间的合作与交往。制度的基本作用之一就是规范人们之间的相互关系，减少信息成本和不确定性，把阻碍合作得以进行的因素减少到最低程度。第三，为

① 〔美〕道格拉斯·C. 诺斯：《制度、制度变迁与经济效绩》，杭行译，格致出版社、上海三联书店、上海人民出版社 2008 年版，第 191—192 页。
② 参见盛洪主编《现代制度经济学》下卷，中国发展出版社 2009 年版，第 260—261 页。

个人选择提供激励系统。制度的激励功能在于通过传递提倡什么、鼓励什么或压抑什么等方面的信息，借助奖励或惩罚的强制力量得以监督执行。制度的激励，可以规定人们行为的方向，改变人们的偏好，影响人们的选择。第四，外部性内部化。外部性指的是私人收益与社会收益、私人成本与社会成本不一致的现象。新制度经济学认为，许多外部性都与产权制度有关，产权界定不清是外部性存在的根源。建立排他性产权制度是人类社会经济发展史上的一个伟大转变。建立排他性产权制度的过程也就是将外部性内在化的过程。① 战时大后方交通制度变迁对大后方交通发展的推动作用，具体表现在三个方面：

第一，国民政府通过颁布大量规章制度，鼓励发展战时交通，并且实行了政策倾斜，成为大后方交通发展的重要推动力。战时驿运的复兴就是政府鼓励发展的结果。如前所述，为发展大后方交通，国民政府制定了种种奖励措施，如为鼓励交通员工接受培训，交通部对受训的学员在培训费用方面给予优惠政策。为调动民众参与驿运的积极性，一方面，国民政府对参与驿运的民众在食宿、工具以及资金方面提供了便利条件。应该看到，国民政府这些奖励措施的确产生了一定激励作用，对于战时大后方交通的发展发挥了积极作用。另一方面，国民政府也颁布法规加强了交通管理，尤其是在交通安全、交通秩序管理方面对违反规定的司机处以罚款等惩罚措施的实施，客观上也有利于大后方交通的发展。

第二，国民政府在交通建设和管理过程中要求地方与中央、民间与政府合作，共同推进后方交通建设。如前所述，国民政府为加强交通管理，适应抗战需要，要求地方政府在桥梁的抢修、公路材料的征购、难民的输送等方面积极配合。在大后方交通建设过程中，国民政府为加快建设速度，把整个国家的力量集中使用于战争之上，要求社会各界紧密合作。通过一系列措施，为大后方中央政府、地方政府、社会团体和普通民众的合作创造了条件，从而有利于真正集中全民力量进行交通建设。

第三，国民政府对交通燃油、运价以及工具实现全面统制，优先保证了抗日军事需要，同时又一定程度上避免了市场的无序竞争，有利于抑制通货膨胀速度。众所周知，战时大后方交通燃油、运价以及交通工具等因素与大后方交通发展息息相关。抗战爆发后，这些因素发挥着越来越重要的作用。尤其是随着大后方对外联系愈加困难，大后方燃油、

---

① 参见卢现祥、朱巧玲主编《新制度经济学》，北京大学出版社 2007 年版，第 500—502 页。

交通材料等来源减少。以燃油为例。抗战时期交通燃油由于进口大幅度减少，如果按照市场规律来配置这些资源，将会导致汽油等燃油飞速上涨，成为商业投机的重要内容，进而造成大后方市场的混乱。因此，鉴于战时交通燃油的重要性和稀缺性，国民政府在 1938 年 4 月成立了液体燃料管理委员会，对液体燃料的生产、进口、使用等方面实行全面管制。此外，鉴于战时汽车零配件的重要性和稀缺性，抗战时期国民政府对汽车零配件也实行统制政策，设立了汽车配件总库，对汽车零配件的购储和分配实行管制。战时国民政府对交通燃油、运价以及工具实现的全面统制，不仅保证大后方交通运输的顺利进行，有力地支持了抗日军事需要，而且一定程度上避免了汽车零配件、燃油等紧缺产品进入市场流通，从而抑制了机会主义倾向，有助于市场的发展，也一定程度上减缓了通货膨胀的速度。如若不然，通货膨胀将更加迅速，对大后方经济的冲击将更大。

不过，抗战时期大后方交通制度的强制性变迁，也存在一些弊端，对大后方交通的发展带来了一些负面影响。有学者认为，由于强制性制度变迁的基点是"权力"，其过程是在权力和信息高度不对称的情况下发生的。因此，这又很可能产生两种情形：一是这种制度变迁可能难以取得社会成员和组织（甚至包括下级政府）的广泛认同，也难以满足他们的利益诉求，他们可能在制度的施行过程中或制度变迁过程中设置种种障碍，甚至有意或无意地采取推委的做法。如此，就有可能难以取得政府的预期效果，也难以实现政府的既定目标。二是这种制度变迁难以适应各地区及各种组织的实际情况。强制性推行的某项制度有利于甲，未必有利于乙，有时，对于甲极为有利的制度，对于乙，可能不但无益，甚至极为有害，若强制推行，势必造成严重后果，甚至可能危及社会安全和稳定。因此，强制性制度变迁方式应该在制度设计和施行过程中，时时采取比较谨慎的态度，并且最好是采取渐进式的变迁方式。①

抗战时期的实情也印证了上述观点。其中最典型的是战时交通统制政策与社会利益的冲突，一定程度上不利于后方交通的发展。如前所述，抗战时期，大后方充斥了各方利益的冲突，既有国民政府内部派系之间的斗争，也有政府与社会力量之间的矛盾。尤其是对大后方商会和广大民众来讲，响应交通统制政策是救国的需要，但遵守交通统制政策

① 参见林荣日《制度变迁中的权力博弈：以转型期中国高等教育制度为研究重点》，复旦大学出版社 2007 年版，第 44 页。

又可能损害自身利益，商会和民众始终徘徊在国家利益与自身利益的两难境地。① 以运价为例，抗战时期国民政府逐步实行交通限价政策。应该看到，国民政府实行交通限价政策的初衷是避免刺激物价上涨，从国家利益角度考虑确有必要。但是推行限价政策又导致运价与物价的背离，导致大量交通运输企业亏损严重，损害了民众利益。因此，抗战时期交通制度的强制性变迁始终处于矛盾之中，这种矛盾削弱了制度变迁对交通发展的推动作用。

二　政府主导与大后方交通发展的局限性

战时大后方交通呈现出跳跃式的发展，原因是多方面的，重要原因之一就是战时大后方交通建设是在国民政府的主导下进行的，战时大后方交通的发展离不开政府的有力支持。抗战时期，国民政府为发展大后方交通，制定了大量交通政策和法规，采取了一些措施，力求实现后方交通的发展。具体而言，国民政府在战时大后方交通发展过程中是通过四种方式发挥主导作用的：第一，通过建立和调整战时交通管理机构，为发展大后方交通发展奠定组织基础；第二，通过制订交通计划，为大后方交通发展规划蓝图；第三，通过颁布交通法规，以实现大后方交通建设的法治化和规范化；第四，通过多种方式筹集资金，为大后方交通发展奠定经济基础。以上四种方式，体现国民政府的意志，实现了政府的主导作用。

政府主导的大后方交通发展又存在局限性，集中表现为大后方交通的发展时间十分短暂，难以持久。抗战胜利以后，随着国民政府迁回南京，昔日大后方地区交通的重要性不复存在，西部地区大规模的交通建设也告结束，进而导致战后西部地区交通的衰落。大后方交通犹如昙花一现，兴盛一时，难以持久。就川江内河航运而言，抗战胜利后，随着中国政治、经济中心转移，四川的航运已不再受国民政府重视，除川江干流航道得到一定程度维护外，其余河流的治理全部放弃。扬子江水利委员会、导淮委员会、江汉工程局、华北水利委员会等水利机构，于抗日胜利后陆续复

---

① 相关论述参见魏文享《商人团体与抗战时期国统区的经济统制》，《中国经济史研究》2006 年第 1 期；周石峰《国权与商利：抗战时期贵阳商会初探》，《浙江万里学院学报》2007 年第 6 期。

员，返回原地。由于形势变化，国民政府将嘉陵江工程处、乌江水道工程局、金沙江工程处、岷江工程处等施工机构全部裁撤，合并为"长江水利工程总局上游工程处"。1948 年下半年又将工程处降为工务所，名存实亡，工作陷于停顿。战时白龙江设立的 29 个水文站点，亦全部撤销，航道养护管理无人问津。负责綦江渠化任务的綦江工程局，船闸尚未修完，即行撤销，另成立"綦江船闸管理局"，只负责船闸的维护与管理，不再新建工程项目。就连战时发挥极大作用的绞滩事业，也不予重视。1945 年 10 月将绞滩管理委员会撤销，将嘉陵江、乌江、金沙江的绞滩机全部撤除，只在长江重庆至宜昌航段，保留川江绞滩总站，而且绞滩机数量大大减少。① 西北地区的交通建设事业在战后也因战略地位下降而不再受到国民政府的重视，导致战后西北地区交通事业的停滞甚至倒退。如国民政府对甘肃公路建设的投资一再削减，甚至连公路护养工作也难以维持，致使公路技术状况下降，许多路段不能通车。1949 年，甘肃修建起来的 34 条公路，实际能通行汽车的只有 19 条，全长 3279.8 公里，不能通车里程 1881.3 公里，占总里程的 36.5%。新疆经过三十年的建设，名义上有 5000 公里的现代公路，到 1949 年实际通车里程只有 3423 公里，平均每 500 平方公里的面积仅有 1 公里的公路，新中国成立前，实际营运的汽车仅 300 辆。② 因此，随着战后西部地区战略地位的下降，由于失去了政府的有力支持，战后西部交通运输业衰落，西部交通的发展时间十分短暂。从这一方面来讲，西部地区交通的发展固然需要政府的大力支持，但只靠政府支持也很难取得可持续性的发展，更需要西部自身的力量才能求得长久的可持续发展。

三　大后方交通与西部市场体系的形成

区域是按一定标准划分的连续的有限空间范围，是具有自然、经济或社会特征的某个方面或几个方面的同质性的地域单元。③ 西部地区由于在自然条件、经济发展水平等方面具有一定的相似性，且与东部和中

---

①　参见王绍荃主编《四川内河航运史》，四川人民出版社 1989 年版，第 308—309 页。

②　参见王永飞《民国时期西北地区交通建设与分布》，《中国历史地理论丛》2007 年第 4 期。

③　参见白雪梅主编《中国区域经济发展的比较研究》，中国财政经济出版社 1998 年版，第 45—46 页。

部地区具有明显的差异，因此是一个相对独立的空间区域。从自然条件来讲，西部地区自然环境相对较差，不仅交通落后，而且气候条件也不尽理想，尤其是西北地区气候干旱少雨，影响了农业生产。从经济发展水平来讲，西部地区的经济水平普遍落后于东部和中部地区。尤其在抗战期间，东部沿海地区和中部地区沦陷，使得西部地区与这些地区之间的经济联系受到很大影响。尽管这时期的西部地区通过非正常的走私贸易和沦陷区还有一定的经济联系，但走私贸易在西部经济中不占重要地位。因此，西部地区成为相对封闭的经济区域。特别是 1942 年以后，日本占领了东南亚，西部地区对外贸易的陆路通道被封锁，西部地区的封闭性进一步强化。

在此情况下，只能通过加强西部区域各地之间的经济联系才能求得发展，大后方交通的发展则初步改善了西部交通闭塞状况，方便了西部各地之间的经济联系，对于促进西部市场体系的形成发挥了重要作用。

抗战时期，由于西部的公路、铁路、内河航运和航空建设取得了较大成就，西部交通落后的状况得到进一步改善。西部交通条件的改善，加强了西部各地区之间的经济联系，使得西部成为一个联系紧密的经济体。如广西，在湘桂铁路修建以前，经济活动主要在珠江流域，与长江流域各地的经济联系较少，不利于经济的进一步发展。随着湘桂铁路修建完成，广西与长江流域的经济联系日益紧密，从而有利于广西经济的发展。正如地理学家张先辰言，"湘桂铁路通车以后，足使广西之整个经济形势，顿改旧观。而广西经济之发展，必将向一新的途径迈进"①。因此，通过湘桂铁路，广西与长江流域的经济联系开始变得紧密。不仅如此，随着交通的发展，战时西南和西北之间的联系也更加密切。战前西北地区工农业产品主要通过黄河水运或陇海铁路向东运往天津出口，而西南地区工农业产品则主要通过长江航运输往上海出口，天津和上海分别将西北地区和西南地区纳入各自的经济腹地，西南和西北是两个相对独立的市场体系。② 抗战爆发以后，随着天津和上海等沿海地区的陷落，西南和西北地区已不可能通过这两个城市大量出口物资。在此情况之下，战时大后方交通的发展无疑有助于加强这两个市场体系的经济联系，从而促进整个西部市场体系的形成。随着战时大后方交通的发展，

---

① 张先辰：《广西经济地理》，文化供应社 1941 年版，第 215—216 页。

② 参见樊如森《民国时期西北地区市场体系的构建》，《中国经济史研究》2006 年第 3 期；《天津——近代北方经济的龙头》，《中国历史地理论丛》2006 年第 2 期。

作为大后方交通中心的重庆，其经济辐射范围也从战前长江上游流域的川东、川南、川北的部分地区扩展至四川盆地周边地区乃至西北部分地区，重庆也取代战前天津的部分功能，成为西北部分地区的物资集散地。重庆腹地的拓宽，也推动了整个西部市场体系的形成。总之，大后方交通的发展，进一步改变了西部地区交通落后状况，为西部地区商贸业的发展提供了良好的外部条件，促进了大后方市场体系的形成。

四　大后方交通与西部相关产业的发展

战时大后方交通建设有利于拉动内需，刺激市场消费，进而推动西部地区相关产业的发展。为推进战时大后方交通建设，国民政府和地方政府通过直接投资或间接投资解决资金问题。交通部和地方政府通过投资修建铁路、公路和进行内河航运建设，一方面进一步改善了大后方交通落后状况，另一方面有利于拉动内需，刺激市场消费，推动了相关产业的发展。如綦江铁路的钢轨全部由大渡口钢铁厂轧制供应，因此，綦江铁路的修建为大渡口钢铁厂的钢轨销售提供了稳定的消费市场，促进了大渡口钢铁厂的发展，其钢产量逐年增加。

铁路运输和轮船运输的发展也刺激了煤炭消费，推动了后方煤业的发展。如前所述，湘桂铁路和黔桂铁路的修建完成后，由于铁路用煤需求量大，刺激了煤炭消费，推动了广西、贵州煤矿业的发展。此外，战时重庆由于轮船运输业的发展，为天府煤矿公司的煤炭提供了稳定的煤炭消费市场，也促进了天府煤矿公司的发展。

不仅铁路运输和轮船运输的发展推动了后方煤业的发展，而且公路运输的发展推动了橡胶等产业的发展。经济学家张肖梅博士谈及云南橡胶厂的成立原因时言："自滇越路封闭后，滇缅公路成为我西南唯一之国际交通线，由是车辆来往频繁，汽车轮胎需要增加，每年约需轮胎数万个……为减除供给之困难，与力求自力更生计，旋即决定设厂于昆明。"[1] 云南橡胶厂主要制造各种空气内外车胎，实心车胎以及飞机车胎，降落伞之橡胶坐垫，飞机上一切橡胶零件。预计每日制造 326 加重外胎 150 只（运货卡车用），每月能制成内外胎 3750 套。[2] 云南橡胶厂

---

[1]　张肖梅编：《云南经济》第 15 章，中国国民经济研究所 1942 年印，第 067 页。
[2]　同上书，第 069 页。

的设立推动了云南橡胶工业的发展。因此，大后方交通的发展对相关产业发展的推动作用是显而易见的。

不仅如此，通过大规模的交通建设，也部分解决了民生问题。在大后方交通建设中，征用了大量民工。抗战初期，参加修建交通工程的民工在待遇上主要是义务，抗战中期，参加交通建设的民工待遇由义务逐渐转为给价。虽然，民工的工资在实际发放中没有完全按照规定发放，但毕竟解决了部分民众的生计问题。

五　大后方交通与西部现代化

抗战时大后方交通产生了巨大的影响，除了有力地支持中国抗日战争外，也推动了西部地区经济现代化。在现代化视野中，抗战时期是近代西部地区现代化进程中现代化速度最快的时期。① 战时大后方现代化进程加快的原因是多方面的，其中原因之一就是战时大后方交通运输的迅速发展为西部的现代化发展注入了强大动力。②

---

① 战时西部尤其是西南地区发展速度较战前明显加快，现代化进程加速，所以有些学者认为抗战时期的大后方发展过程是一次西部开发过程。关于这方面的研究很多，主要成果有虞和平主编《中国现代化历程》第 2 卷，江苏人民出版社 2001 年版；侯德础《抗战时期大后方工业的开发与衰落》，《四川师范大学学报》1994 年第 4 期；曹敏《抗战时期国民政府开发西北活动述论》，《人文杂志》2001 年第 4 期；李云峰、曹敏《抗战时期的国民政府与西北开发》，《抗日战争研究》2003 年第 3 期；杨斌《试论抗战时期西部地区金融业的发展》，《民国档案》2003 年第 4 期；陈理《抗战时期西部少数民族文化教育的发展》，《中南民族大学学报》2004 年第 3 期；陆和健《抗战时期西部农垦事业的发展》，《民国档案》2005 年第 2 期等。此外，学者刘鹤通过对抗战时期湘西民族地区的现代化进程进行个案研究，也认为西部民族地区现代化进程的明显加速，是在抗日战争时期（参见刘鹤《抗战时期湘西现代化进程研究》，博士论文，湖南师范大学，2009 年）。

② 关于抗日战争与中国现代化的研究，目前学术界的研究成果中，主要致力于探讨日本侵华战争严重破坏了沦陷区经济，打断了中国现代化进程，以及抗日战争对中国政治、经济体制的影响。抗日战争与中国现代化进程的关系，学者们的主要观点：一是认为日本侵华战争严重破坏了中国经济，延缓了中国工业化进程，极大地增加了中国人民在此后争取民主的成本和代价。（参见郑竹园《日本侵华战争对中国经济的影响》，《台湾模式与大陆现代化》，台湾联经出版事业公司 1986 年版；袁成毅《现代化视野中的抗日战争》，《史林》2005 年第 1 期；袁成毅、金普森、苏智良等《笔谈抗日战争与中国现代化进程》，《抗日战争研究》2006 年第 3 期。）二是认为日本侵华战争在打断中国现代化进程的同时，又积累了新的现代化因素（参见荣维木《怎样以现代化的角度来解读抗日战争》，《史学月刊》2005 年第 9 期）。

战时大后方现代化是外力推动的现代化。战时大后方现代化的加快，直接原因是外力推动所致。① 美国学者列维首先将现代化国家依据起始时间的先后分为"内源发展者"和"后来者"。内源发展者是指其现代化主要是在自己内部基础上演化而来的国家。这些国家的现代化大体上是一种逐渐的积累过程，英国、美国和法国被视为内源发展者。后来者，如德国、俄国、日本等，它们在内源发展者已经达到相当高的发展程度的时候，才开始进入这个发展过程。② 战前的西部发展缓慢，而战时现代化进程加快由于主要是外力推动所致，其现代化启动的时间比东部经济发达地区晚，因此抗战时期西部地区的现代化模式属于中国的"后发外生型"现代化。具体就战时大后方来讲，如前所述，交通的发展对大后方的城市化和工业化产生了明显的推动作用。不仅如此，大后方交通的发展还加速了西部地区民众社会观念的更新。如滇缅公路的通车就推动了滇西城市少数民族民众思想观念的改变。在滇缅公路通车以前，由于滇西民族地区交通闭塞，民众接触外界的机会较少，视野受到限制，汽车对当地民众来说是新奇事物。在滇缅公路刚通车时的遮放，"路旁站满了成行的摆夷（傣族——笔者注）和山头。他们带着惊奇的面孔，望着汽车拍手叫喊"。随着汽车的增多，"现在在遮放，汽车已经是最不出奇的一种东西"。③ 尤其是滇缅公路建成通车后，外地大批人口沿滇缅公路进入沿线城镇，拓宽少数民族民众的交际范围，增加了他们接触外来文化的机会。到滇缅公路仅仅通车两年后的1941年，地处滇缅公路要冲的芒市，其社会就发生了很大变化，时人观察到当地由于"外来人士增多，一般土著人民与新流入文化相接触，耳濡目染，生活形态显已渐趋转变，男子喜穿汉服洋装，言语喜兼汉语，街道宽敞，卫生日益进步"。④ 滇缅公路的建成通车，还对滇西民族地区的土司制度带来了很大的影响。滇缅公路未通车以前，土司具有很高威望。在芒市街上，每当土司经过当地民众须成排行跪拜礼。不仅如此，芒市以前没有店铺，因为这样被人看作是亵渎土司的尊严。滇缅公路通车后，由

---

① 学者刘鹤认为，战时湘西民族地区经济现代化进程加快的主要原因是战时大量人口的内迁和国民政府对湘西经济的重视。参见刘鹤《抗战时期湘西现代化进程研究》，博士学位论文，湖南师范大学，2009年。

② 参见 M．列维《现代化的后来者》，载谢立中、孙立平主编《20世纪西方现代化理论文选》，上海三联书店2002年版，第811页。

③ 曾昭抡：《缅边日记（十二）》，《益世报》1939年2月27日第4版。

④ 娄樵生：《芒市——边疆的重镇》，《云南日报》1941年5月16日第3版。

于过往旅客和政府工作人员的增多，鉴于不便，民众行跪拜礼的礼节取消。正如时人所言，滇缅公路的通车，加强了滇西民族地区与外界的联系，"于是时轮的旋转，终于把统治阶级和平民间的鸿沟渐渐地填起来"①。而且"由于外来文化的灌溉，滇边的文化程度，比较提前进步，老百姓问时事，谈战争的逐渐加多"②。

社会学家陈达调查云南昆明附近地区后说："今日的云南人，不象抗战以前那样闭关自守。他们吸取徙民的长处以改变动荡中的社会生活，放弃其农村社会传统，跟我国别的地方一样。由于交通的往返，接触的结果，使徙民与本地人之间彼此协调谅解，产生新的社会经济环境。"③ 著名社会学家孙本文也说："抗战期间，生活上一切因陋就简，可以省却许多平时的繁文缛节，我国社会上不少风俗礼仪或可因此而得合理化与简单化的机会。"④

此外，战时大后方交通建设的过程，实际上也是一次战时民众的动员过程。有学者通过研究认为，战时国民政府之所以在大后方大力发展驿运，固然有壮大交通运输力量的考虑，但另一方面也想通过发展驿运进行战时动员，在发动全国抗战总动员的背景下，大量民众参与驿运，既体现了全国总动员的精神，又为全国总动员的一种表现。⑤ 国民政府和地方政府通过组织民众参加交通建设，将后方广大民众积极动员起来，投身到抗战与建国的历史任务之中。同时，通过参加交通建设，后方民众也将自身命运与国家命运紧密联系起来，促进中华民族意识的觉醒，有利于进一步加强国家的统一。从这方面讲，战时大后方交通建设过程也促进了西部地区民众思想观念的革新。总之，抗战八年，西部地区在经济、文化等方面都获得了一定发展，从而推动了整个西部地区的现代化进程。

不过，我们应当看到，由于受到后方地区经济基础比较薄弱、地形复杂以及战争的破坏等因素的影响，战时西部交通尤其是新式交通的发展受到了很大的制约，新式交通远远没有普及，因此，战时后方交通离真正的现代化还有很长的距离。就连后方交通运输业最发达的重庆，尽

---

① 曾昭抡：《缅边日记（十二）》，《益世报》1939 年 2 月 27 日第 4 版。
② 南江：《滇边土司》，《益世报》1941 年 2 月 27 日第 4 版。
③ 陈达：《现代中国人口》，廖宝昀译，天津人民出版社 1981 年版，第 102 页。
④ 孙本文：《现代中国社会问题》第 2 册，商务印书馆 1943 年版，第 261 页。
⑤ 参见肖雄《抗日战争时期四川省办驿运研究》，博士学位论文，四川大学，2007 年，第 186—192 页。

管战时交通运输业得到了迅速的发展，但还是不能满足民众生产生活的需要，交通条件仍然有待进一步改善。以公共汽车为例，战时重庆的公共汽车交通十分拥挤。后来重庆的公共汽车交通状况虽有所改观，但还是仍然人满为患，不能解决公共汽车拥挤的状况，一个署名为思红的人写道："重庆的公共汽车屡次宣传'增添车辆，加辟路线'。从前从曾家岩到过街楼，只有一路，现在有六路七路。虽然只添了两段区间车，总算加辟路线了，守起车子来，大约平均十几分钟可守到一辆，确乎比从前进步得多了。可惜在重庆要坐公共汽车，除了在曾家岩或是过街楼，两头的起站比较略为容易一点，否则，非先练就功夫，莫想吊得上去。"① 重庆交通的不便也给旅居重庆的著名作家张恨水留下了深刻印象，他感慨道："重庆半岛无半里见方之平原，出门即须升或降。下半城与上半城，一高踞而一俯伏。欲求安步一望之距，须道数里。若抄捷径，则当效蜀人所谓'爬坡'。……居渝八年，最苦为行路一事。"② 作家的感慨虽然不免有些夸张，但战时大后方交通的发展有限确是可以肯定的。

六　大后方交通建设的历史经验与教训

抗战时期国民政府和地方政府在大后方交通建设过程中发挥了主导作用，如前所述，政府通过改组交通机构、制订计划、颁布法规、筹集资金等方式推动战时大后方交通建设。政府在主导战时大后方交通建设过程中，既有成功的经验，也有失败的教训，为当前的西部交通开发提供了有益借鉴。就经验而言，归纳起来主要有以下四条：

第一，发展西部地区交通要因地制宜，发展地方特色交通。西部地区因在地形、气候、社会条件等方面与东部地区有很大区别，因此，在发展西部地区交通时应因地制宜。同时，西北地区和西南地区又有很大不同。西北地区由于降水稀少，不适合大力发展水运，但西北地区发展陆路运输却具有一定优势。因此，战时国民政府和西北地方政府在西北地区主要大力发展陆路运输，尤其是驿运和公路运输。战时西北陆路交通的确也发展较为迅速，其中西北公路为战时西北交通大动脉。

---

① 思红：《重庆生活片段》，《旅行杂志》第 14 卷第 4 号，1940 年 4 月。
② 曾智中、尤德彦：《张恨水说重庆》，四川文艺出版社 2001 年版，第 4 页。

　　相比西北交通建设而言，西南地区由于地形复杂，发展陆路尤其是铁路交通十分困难，但由于降水丰富，河流众多，因此，战时西南交通建设过程中重点发展内河航运和水陆联运。如前所述，战时国民政府通过疏浚西南地区的川江和西江航道，大力恢复木船运输，西南内河航运业得到了迅速发展。同时，国民政府也在西南地区恢复了古老的驿运，开辟了川湘和川陕水路联运线，使得驿运成为一种重要的运输方式。因此，战时西北大后方重点发展陆路运输，而西南大后方则重点发展内河航运和驿运，这既是自然条件制约的结果，也是政府主导作用使然。

　　第二，水陆并举，发展水陆联运和交通网络体系。众所周知，各种交通运输方式都有优点和缺点。总的来讲，水运优点是运量大、运价便宜，但缺点是运速慢，适合中短途运输。公路运速较快，但运价高、运量小，适合中短途运输，而驿运优点是能适应各种复杂地形，缺点是运价高、运速慢、运量小，适合短途运输。因此，通过开展水陆联运和构建交通网络体系，可以使各种交通运输方式互相取长补短，充分发挥各种交通的优势。如前所述，国民政府交通部在规定发展内河航运原则时，要求推广水陆联运，以便商民，而利运输。在这一原则基础上，后方各省也制定了相应的原则。如广西省政府，为发展地方交通，"调整水陆交通，使得密切联系，改善运输组织及管理；同时利用固有交通工具如帆船、人力、兽力等车，以加强运输之效能"①。同时，战时广西加强了省、县、乡三级交通建设，构建交通网络。"为谋建国与抗战同时进行起见，广西省政府特于三十八年颁布广西建设计划大纲，以为全省各级建设之依据。今后之交通建设，自应当以该大纲为依据。该大纲中阐明建设层次，分为省建设，县建设及基层建设三级。其交通建设部分，在省级为建立全省交通网；在县级为修筑县道。开浚水道，并使之与铁路省道及邻县县道联络；在基层为按年征工，修理乡镇村路，及装置乡镇电话并逐渐推及于村街。"② 战时甘肃的交通建设原则："省县交通与国营干线密切连接——以国营公路铁路之建设为基干，沟通省道县道之连接，以省道县道之修筑，增加国营干线之经济价值。"③ 通过大力发展水陆联运和构建交通网络，充分发挥各种交通运输方式的长处，促进了西部地区交通的整体协调发展。

---

① 《广西施政计划纲要——二十八年四月一日省政府第四〇三次省务会议议决》，载广西建设研究会编《建设研究》第 1 卷第 3 期，1939 年 5 月。

② 广西省政府十年建设编纂委员会编：《桂政纪实》中册，1946 年印，第 131—132 页。

③ 甘肃省政府编：《甘肃经济建设方案》，甘肃省档案馆藏，资料号：4/1/313。

第三，充分调动地方民众积极性。抗战时期，大后方交通建设不仅事关抗战全局，而且也与大后方经济开发息息相关。因此，需要动员民众力量参与交通建设。如前所述，为调动广大民众参加交通建设的积极性，政府采取了多种措施给予民众奖励，这方面以驿运建设最为明显。通过规定对民营驿运事业的奖励，调动民众参加驿运的积极性。在实际的交通建设过程中，大后方各地方政府也非常重视动员民众参加交通建设。因此，战时国民政府和地方政府由于十分重视调动民众积极性，壮大了交通建设力量，有力地推动了大后方交通的发展。

第四，适当引进外资。抗战时期，由于战争的破坏以及西部地区经济基础较差，如何筹措资金是必须解决的重大问题。一方面，需要政府投资兴建交通；另一方面，也可以适当引进外资。战时，中国与法国签订两笔铁路借款合同，虽然由于战争原因这两个合同中止，但对湘桂铁路、叙昆铁路的建设仍然发挥了一定积极作用。此外，在1939年12月，中国与苏联在新疆迪化合资成立了中苏航空公司，经营新疆哈密经迪化、伊犁到达苏联阿拉木图的航线，加强了中国西北地区与苏联之间的联系。[①] 中国还与英、美合作共同营运西南国际航线，中英共同经营重庆至缅甸仰光航线、重庆至加尔各答航线、中美共同经营驼峰航线等，这都推进了大后方航空运输业的发展。

当然，国民政府在主导战时大后方交通建设过程中，也有许多不足之处，留下了许多教训，同样值得我们警觉。具体来讲，主要包括以下四个内容：

第一，要严厉打击交通行政人员的渎职和腐败行为，提高行政效率。战时后方交通建设过程中，人为因素尤其是行政人员的渎职和腐败行为也是阻碍后方交通发展的重要原因。在交通建设和管理过程中，交通行政人员玩忽职守、贪污公款、假公济私的现象较多，根本原因是国民党政权的腐败。关于国民党政权的腐败与官僚主义，连蒋介石也深有体会，他在全国驿运会议上说："本席在南京以及近来在重庆，对于一般交通人员和宪警，不知道下过多少次的手令，但是大家因循敷衍，知而不改！我们中国人最痛心的一个缺点，就是麻木不仁，对于上级命令

---

① 《中华民国国民政府交通部与苏维埃社会主义联邦共和国中央民用航空总管理局为组设哈密阿拉木图间定期飞航订立合约》，载叶健青编《中华民国交通史料（三）：航空史料》，台湾"国史馆"1991年版，第358—359页。

不当一回事。"① 在交通管理过程中，由于监管不力，漏洞百出，各种
违规现象层出不穷。如前所述，在滇缅公路运输中，部分汽车司机收受
乘客贿赂，非法搭载"黄鱼"，导致民生怨道。许多顺口溜如"马达一
响，黄金万两"、"轮胎一滚，钞票一捆"、"喇叭一叫，黄鱼乱跳"等
的流行，说明当时公路运输中存在各种管理漏洞。因此，交通管理的不
力也限制了大后方交通的健康发展。

　　第二，交通建设应保持一定连续性，尽量减少人为因素的干扰。战
时大后方交通建设中，由于各种主观或客观原因，交通建设忽停忽始，
交通建设进展缓慢。如在修筑宝天铁路过程中，"于二十八年五月移调
一部分员工西来，组织宝天段工程处，展筑宝鸡至天水一段工程。顾以
此段险阻艰难，当时只能就已有人力物力进行。首先开凿隧道，未克作
全段施工之计划。迄三十年年底，政府眷恋西北，注意开发，始有完成
宝天铁路之决议，并订有两年完成之计划，于是陇海工程处遂着手筹
备，陆续增募工人达一万七千余人，拟即积极推进。嗣中央以战时交通
建设应分别缓急配合军事故，于核定三十一年度铁路预算时，拟先致全
力于滇缅及黔桂两路，其他新路无妨纵缓，宝天铁路于是暂告停工，将
全部工人遣散。然以本路形势居抗战之西北大后方交通，阻塞实为联络
脉络、供应资源之障碍。终荷中枢决定定期完成，并命设工程局以主其
事，用专责成。而中经一度停工。虽属继办，无异草创，几经擘划，始
于三十一年五月正式复工。当三十二年三月虽又有停工之议，终未令即
实行。故一切工程仍得逐渐推动。惟经费有限，不得不就款计工。至三
十三年二月始奉积极赶筑、限期完成之命，并邀核准预算，按期拨发。
本路至此始克，大举进行，无阻，以底于成"②。此外，在修建滇缅铁
路的过程中，也由于人为因素干扰，工程进展缓慢。对此，时任全国公
路运输局副局长的薛光前也深有感触。他说滇缅铁路"施工至今已将三
年，凡天地的四向——东南西北，物理的衡量——轻重宽窄，该路无一
不具，无一不通，因该路初拟全线兴工，后来决定先造东段，不久又改
先造西段，现又集中力量于东段。至路线方面，西段有南线北线之别，
争执经年，难以定论，这是该路东南西北定向的周折情形。该路的建
筑，应采宽轨窄轨，议论纷纭，莫衷一是。因两者利弊相伴，得失互

　　① 秦孝仪主编：《中华民国重要史料初编——对日抗战时期》第4编战时建设（3），台
湾"中央文物供应社"1988年版，第48页。
　　② 宝天铁路工程局：《宝天铁路通车纪念刊》，1945年印，第1—2页。

见，经几年讨论方才定夺，后来为轻轨重轨问题，各方尤多争执，此种争执，争在工程进行的时候，犹在继续未已，因此工程进度受到莫大的影响"[1]。战时大后方交通建设过程中，各种人为因素造成交通建设无法保持连贯性，从而影响了交通建设的进度，不利于后方交通的发展。

第三，要加大中央政府政策的执行力，保持中央政令畅通。抗战期间，国民政府为加快大后方交通建设，颁布了一系列法规，实施了一系列政策，显示了国民政府发展大后方交通的决心。如前所述，国民政府为加快大后方交通建设，要求地方政府积极配合中央政府。从政策上讲，中央与地方的密切配合，有利于充实交通管理力量，弥补中央管理的不足。但在抗战时期，这些政策在执行过程中却遇到了很大阻力，尤其西部地方政府从自身利益出发并不完全按照国民政府政策办事，造成国民政府的交通政策难以完全落实。如军阀盛世才长期把持新疆大权，抗战前国民政府试图统一新疆，但由于盛世才的阻挠而作罢。抗战时期国民政府加快了对新疆的统一步伐，直到1944年9月盛世才离开新疆出任国民政府农林部部长，国民政府才开始真正统一新疆。新疆由于长期游离于国民政府控制之外，其交通也具有极强的独立色彩。在1944年9月前，大后方与苏联开展易货贸易，后方运往苏联的出口物资终点站是甘肃与新疆交界处的猩猩峡，而不是新疆与苏联交界的霍尔果斯或喀什噶尔，因此，新疆与内地在交通方面的关系俨然是国家与国家的关系，而不像是省份之间的关系。这种情况的存在不仅制约了新疆交通的发展，而且也制约了大后方对苏贸易的进一步发展。宁夏的马鸿逵始终有着在西北建立"回回国"的野心，为巩固自身统治，其用人标准和条件是"甘（甘肃人）、马（姓马）、回（回族人）、河（河州籍人）"，国民政府派往宁夏任财政厅厅长的梁敬錞被其排挤离开。青海的马步芳视青海为己有，中央设在当地的机构如交通部甘青公路局等的负责人也先后被其换成亲信充任。西南的刘文辉为防止中央势力进入西康，也处处戒备。1942年国民政府以西藏当局拒绝开辟中印公路、拉萨机场为由，密令刘文辉出兵西藏，但刘始终认为这是中央假借征藏而图谋西康之举。[2] 此外，广西的黄旭初、云南的龙云等地方实力派为保持独立，也不容中央势力渗入。因此，战时西部各省实力派为维护自身利益，对

① 薛光前：《交通建设与建设交通》，《交通建设季刊》创刊号，1941年1月。
② 参见侯坤宏《抗战时期的中央财政与地方财政》，台湾"国史馆"2000年版，第240—245页。

中央的政策或有限执行或阳奉阴违甚至置之不理，这些都造成国民政府的交通政策难以完全落实到位，交通建设的效果也大打折扣。从这方面来讲，加强中央政府的领导是增强中央政府政策执行力的重要前提。

第四，交通建设中须保障民众的正当利益。抗战时期，国民政府和地方政府为加速后方交通建设，广泛动员后方民众参与交通建设，但在实际过程中，被征民工的正当利益屡屡受到侵害，得不到应有的保护，损害了民工的劳动积极性。这在驿运建设过程中表现最为明显。在征用民众修建交通工程中，由于官员的贪污、克扣以及物价上涨等原因，民众所得极为有限。如广西，在修建铁路过程中，由于民工所得米津数量不及物价上涨，筑路民工的实际生活待遇很差。在四川，征用民工修建"特种工程"的过程中，不仅民工实际工资与规定发放标准有出入，而且饮食也十分糟糕，四川省临参会的参议员范玉梅在亲自尝食民工午饭后，"于工粮仓库所发公米不免略有批评"①。被征民工的待遇差，挫伤了民工积极性，甚至出现民工逃亡的现象，不利于后方交通建设的顺利进行。因此，交通建设过程中须保护广大民众的正当利益，这是调动民众劳动积极性的前提，否则，不利于西部地区交通的发展。

七 大后方交通建设的历史启示

抗战时期大后方交通的发展不仅有力地支持了中国的抗战大业，推动了西部地区经济发展，而且也给我们今天的西部开发以深刻的历史启示。

第一，西部经济发展的重要条件是交通的发展。如前所述，战时大后方经济获得了一定程度的发展，交通发挥的推动作用是其中重要原因。现在国家确定了西部大开发战略，由于阻碍西部地区经济发展的重要障碍是交通落后，因此西部开发的重要内容就是大力发展西部地区交通。目前国家投资西部的重点领域是基础设施建设、生态建设以及优势产业开发和结构调整三大领域，其中包括公路、铁路、机场在内的交通建设又是加快西部基础设施建设的重要内容。在公路交通建设方面，交通部一方面继续加快西部地区国道主干线的建设，另一方面将重点实施

---

① 胡越英：《川西 B—29 "特种工程" 研究》，硕士学位论文，四川大学，2004 年，第35 页。

西部开发大通道工程，重点规划建设 8 条公路大通道，即：甘肃兰州至
云南磨憨口岸、内蒙古包头至广西北海、新疆阿勒泰至红其拉甫口岸、
宁夏银川至湖北武汉、陕西西安至安徽合肥、湖南长沙至重庆、青海西
宁至新疆库尔勒、四川成都至西藏彰木口岸。在铁路建设方面，一是加
强沟通东西部的通道建设，二是完善西部省区间的通道，三是加快国际
通道建设，四是加大既有线路改造力度。在加快西部铁路建设的同时，
要进一步实施提速战略。在机场建设方面，积极发展支线运输，首先要
多建支线机场，把西部支线机场网络建立起来，并根据市场需求，适时
增加支线航线，重视支线飞机配备，积极使用国产飞机。① 国家希望通
过大规模交通建设改善西部地区的经济建设环境，促进西部地区经济的
发展。

第二，西部经济开发是一个漫长的过程，不能一蹴而就。在抗战时
期，大后方真正进行大规模交通建设的时间比较短，而且受战争的影
响，交通建设也断断续续，对西部经济发展的影响也是断断续续，很难
真正发挥应有的作用。另外，西部开发也是一项综合工程，绝非单纯发
展交通就能解决问题。抗战时期，大后方的经济发展除了受战争的影响
外，还要受西部当地的经济基础、政府的政策措施及管理等方面的影
响。西部原来的经济基础十分薄弱，起点低。在抗战前，全国符合工厂
法标准的企业有 3925 家，而整个西部仅有企业 237 家，只占总数的
6%。就西部经济发展水平最高的四川省来说，在抗战前现代工业也只
有 115 家，占全国的 2.95%。② 可以说，战时在西部发展经济大部分是
白手起家。就交通来讲，大后方的铁路、公路、水运等方面的建设很多
是从头开始的，发展起来十分困难。就政府的政策来讲，国民政府发展
西部交通的着眼点放在满足抗战需要上，因此西部的战时经济中与军事
有关的重工业、化学工业、电力工业发展较快，其他民用工业发展相对
缓慢。在今天，西部开发作为一项既定国策，在国家未来发展中起着重
要的作用，但西部开发要产生真正的持续影响还有待时日，而不是一蹴
而就。

第三，西部经济的可持续发展必须要有一个稳定和平的社会环境。
抗战时期国民政府在大后方进行的交通建设是在战争年代进行的，由于

---

① 参见《中央及各部委关于西部大开发若干重要决定》，载陈耀《西部开发大战略与新
  思路》，中共中央党校出版社 2000 年版，第 267—268 页。
② 参见陈真《中国近代工业史资料》第 4 辑，三联书店 1962 年版，第 92 页。

战争的破坏，交通建设进展缓慢。抗战爆发后，日本为迅速消灭中国，向中国大举进攻。日本的野蛮侵略给中国的交通带来了巨大的破坏。据时任交通部部长俞飞鹏估计，从1931年九一八事变至1945年抗战胜利为止，战争破坏带来的交通损失惊人，铁路资产损失、历年营业损失以及因战事而增加的费用，不下8400亿元，公路损失总值约为35370亿元。战争造成的交通员工伤亡人数，仅就已报交通部的人数就有5864人，死亡人数占72%，受伤人数占28%，其中以铁路员工伤亡最多，次为航务公路人员。① 日本发动的全面侵华战争给中国带来了深重的灾难，也中断了中国的现代化发展进程。著名历史学家罗荣渠指出，日本的侵略至少使中国的现代化进程延误了20年时间。② 因此，在中国经济受到严重破坏的情况下，西部的交通建设不可避免地也受到严重的影响，这也影响到了整个西部地区经济的发展。

第四，西部经济的可持续发展离不开政府和东部地区的有力支持。在抗战时期，中国经济由于日本的侵略而受到严重破坏，尤其是富裕的东部沿海、华中、华南等地区由于沦为中日两国交战的战场，战争的破坏更为严重。根据现有资料估计，沦陷区工业物资遭受损失的程度，上海为52%，南京为80%，杭州为28%，无锡为64%，武汉为12%，广东为31%，湖北十六区为22%。③ 日本的侵略使得南京国民政府十年来通过经济建设积累起来的财富大部分毁于一旦，从而导致整个中国经济的倒退，对西部经济的发展是不利的。首先，国民政府历十年积累的财富大半被毁，也制约了政府对西部经济投资。抗战八年，战争破坏惊人。据估计，在战争期间造成的财产损失和战争消耗，折合高达1000亿美元。④ 战争的消耗也加剧了政府的财政困难，政府很难对西部的经济建设包括交通建设投入巨资。即使在政府有限的财政收入里面，为适应抗战需要又将大部分资金投入到战争中去，所以真正用于交通建设的资金是相当有限的，制约了西部交通事业的发展。其次，西部地区经济的繁荣离不开东部地区的支持。在1937年至1942年期间，由于东部沿海大批企业、科技人员内迁，西部地区的经济迅速发展，但1942年以

---

① 参见俞飞鹏《十五年来之交通概况》，交通部1946年印，第121—122页。
② 参见罗荣渠《现代化新论——世界与中国的现代化进程》，北京大学出版社1993年版，第317页。
③ 参见韩启桐编《中国对日战事损失之估计》，中华书局1946年版，第32页。
④ 参见郑竹园《台湾模式与大陆现代化》，台湾联经出版事业公司1986年版，第422—423页。

后经济开始衰退。衰退的原因是多方面的，其中之一就是战争的长期消耗、对外联系的日益困难以及东部与西部地区无法开展正常的经济贸易，使西部自身内部经济发展已成强弩之末，单靠自身很难进一步发展，因此大后方经济发展逐渐进入困境。

第五，西部经济的可持续发展还有赖于西部经济的整体健康发展。在抗战前期，西部地区经济发展较为迅速，工业、农业、交通等实体经济的发展也十分明显。但 1941 年后，由于投机盛行、囤积居奇、黑市炒作等原因，大后方经济日益畸形发展。除了商业机构外，金融业、工业乃至政府机关、社会团体等也都参与商品买卖和囤积，又有逾百亿元的游资在大后方市场上兴风作浪，造成后方商业畸形繁荣。仅在重庆，据统计 1942 年就有商业 25920 户，资本 49535 万元，占全部资本的 72.76%[①]，重庆也成了最大的投机市场。大后方经济的畸形发展严重危害了交通运输业等实体经济的发展。大量资金用于商业投机的结果，首先是造成交通、工农业等实体经济发展资金严重不足。仅重庆而言，由于商业利润远远超过了工农业、交通等实体经济的利润，商业也吸收了大部分资金，其中重庆商业贷款占银钱业贷款的 65%（1942 年 3 月），商业借入资金占工商行号借出资金的 87%（1941 年），商业投资占银行投资的 65%（1940 年 2 月）。[②] 同时，商业投机的结果也助长了大后方的通货膨胀，加速了物价上涨，造成大后方交通运输业的普遍亏损。如前所述，民生公司、轮船招商局等航运公司纷纷出现巨额亏损。在 1944 年下半年度，整个川江各轮船公司亏损累计达 2.34 亿余元。[③] 大后方经济的日益畸形发展，严重阻碍了西部交通建设和交通运输业的发展。因此，今天西部经济要可持续发展必须要以整个经济的健康发展为前提，否则也难以持久。

---

① 参见《1942 年重庆市各业资本比较表》，载隗瀛涛主编《近代重庆城市史》，四川大学出版社 1991 年版，第 143 页。

② 参见隗瀛涛主编《近代重庆城市史》，四川大学出版社 1991 年版，第 144—146 页。

③ 参见俞飞鹏《十五年来之交通概况》，交通部 1946 年编印，第 45 页。

附　　表

附表 1　　抗战时期大后方新修铁路表（1945 年 3 月底）

路线	起止地点	完成地段	长度（公里）
湘桂线	衡阳至镇南关	衡阳至桂林	361
		桂林至永福	45
		永福至柳州	359
		柳州至南宁	359
		同登至明江	67
		零陵支线	14
		大湾支线	20
湘黔线	株州至贵阳	株州至蓝田	175
滇缅线	昆明至苏达	昆明至安宁	36
叙昆线	昆明至叙府	昆明至曲靖	160
		曲靖至霑益	14
黔桂线	柳州至贵阳	柳州至宜山	95
		宜山至金城江	71
		金城江至独山	228
		独山至清泰坡	80
宝天线	宝鸡至通埠	宝鸡至石门	42
陇海线咸同支线	咸阳至同官	咸阳至三原	45
		三原至同官	93
粤汉线	株州至白杨	株州至板塘镇	30
		白石渡至杨梅山	14
綦江线	猫儿沱至三溪	猫儿沱至五岔	39

资料来源：翁文灏：《战时交通运输与建设概要》，载章伯锋、庄建平主编《抗日战争》第 5 卷经济，四川大学出版社 1997 年版，第 468—470 页；张嘉璈：《中国铁道建设》，杨湘年译，商务印书馆 1946 年版，第 41 页。

附表 2 　　　　　　　　**抗战时期大后方公路建设情况表**

省份	线 名	起止地点	长度（公里）	备 注
四川	川康路雅康段	雅安至康定	219	1940 年 10 月通车
	川中路	内江至乐山	210	1940 年 6 月完工
	康青路康营段	康定至营寨	71	1942 年 10 月完工
	川滇东路	隆昌至赤水河	273	1938 年 12 月通车
	汉渝路	汉中至重庆	587	1939 年 10 月竣工
	乐西路	乐山至西昌	520	1941 年 2 月通车
	西祥路	西昌至祥云	348	1941 年 6 月竣工
	甘川路	江油至平武	105	因财政困难半途而废
	康青路营歇段	营寨至歇武寺	720	1944 年 10 月通车
云南	滇缅路	昆明至畹町	959	1939 年建成
	川滇东路	隆昌至霑益	735	1939 年 4 月修通
	川滇西路	西昌至西祥	滇境长 289 公里	1941 年 4 月滇段修通
	滇黔南路	昆明至兴义	309	1942 年 12 月全线通车
	滇桂路	昆明至文山	451	1942 年 5 月通车
	滇越路	昆明至蒙自	240	1942 年 5 月完成
	弥遮路	弥渡至遮放	297	1942 年 4 月通车至吴家寨
贵州	川滇东路赤杉段	赤水至杉木	364.46	1939 年 8 月完工
	玉秀路玉松段	玉屏至秀山	187	1940 年 10 月
	桂穗路三星段	三穗至星子界	135.54	1941 年 7 月全线通车
	黔桂西路安八段	安龙至八渡	131.7	1943 年春完工
	遵思路遵思段	遵义至思南	210	1941 年 4 月通车
	陆三路	陆家桥至三都	87.79	1940 年 3 月通车
	兴江路	兴仁至江底	110.62	1943 年 2 月验收
	贵开路	贵阳至开阳	88	1943 年 12 月竣工
陕西	富宜路	史家坪至宜川	103	1939 年修通
	咸榆路延延段	延川至延安	115	1938 年 1 月修通
	汉白路	汉中至白河	533	1938 年 2 月修通
	渭宜路韩宜段	韩城至宜川	121.3	1941 年修通
	洛白路	洛川至白水	113.3	1941 年修筑
	长益路周益段	周至至益门镇	131	1941 年修通
	白宜路	白水至冢子梁	100	1944 年 11 月修筑

续表

省份	线名	起止地点	长度（公里）	备注
甘肃	甘新路	河口至猩猩峡		1940 年续建完工
	甘青路	兰州至享堂		1939 年 9 月续建完工
	甘川路	兰州至南路岭	624.31	1941 年因财政困难而停工
	华双路	天水至双石铺	231	1938 年 12 月试车成功
	兰宁路	兰州至西宁	473.43	1945 年 12 月试车成功
	南疆路甘肃段	敦煌至芨芨台	333	1945 年 12 月完工
	岷夏路	岷县至夏河段	263.83	1945 年 9 月土路通车
青海	青藏路	西宁至玉树	827	1944 年 9 月完工
新疆	迪星路	迪化至猩猩峡		
	迪于路	迪化至于田	2285	1944 年完成
	库若路	库尔勒至若羌	479	1943 年 4 月完成
宁夏	酒建路	酒泉至建国营		

资料来源：王立显主编：《四川公路交通史》，四川人民出版社 1989 年版，第 131—158 页；孙代兴、吴宝璋主编：《云南抗日战争史》，云南大学出版社 1995 年版，第 229—233 页；夏润泉主编：《贵州公路史》，人民交通出版社 1989 年版，第 171 页；周治敦主编：《陕西公路史》第 1 册，人民交通出版社 1998 年版，第 133—135 页；陈琦主编：《甘肃公路交通史》第 1 册，人民交通出版社 1987 年版，第 233—253 页；欧华国主编：《青海公路交通史》第 1 册，人民交通出版社 1989 年版，第 267—281 页；杨再明、赵德刚主编：《新疆公路交通史》第 1 册，人民交通出版社 1992 年版，第 45—66 页。

附表3　1938 年至 1945 年 3 月大后方主要河流航道整理工程一览表

航道	整理地段	里程（公里）	实施概要
金沙江	宜宾至永仁	843.5	本工程于 1940 年 8 月开工，分三期举办。第一期为宜宾、蒙自间 513.5 公里，于 1943 年秋完成，已达到分段通航目的
横江	横江至盐津	80	本工程于 1939 年 10 月开工，1940 年 1 月告一段落。川滇边疆运输颇获便利
川江	重庆至宜宾	378	本工程于 1944 年开工，先将最要险滩三处实施整理，以减除船行危险，终年通行汽轮为目的。现仍赶办中
岷江	宜宾至乐山	160	本工程于 1940 年春开工，截至 1945 年 3 月底，已将宜宾至竹根滩间 140 公里的险滩大部炸除。现汽轮终年畅通

续表

航道	整理地段	里程（公里）	实施概要
荣经江	雅安至荣经	51	本工程于1939年春开工，同年底告一段落，筏运畅通
马边河	河口至马庙溪	26.3	本工程于1941年4月开工，于1942年前全部完成，水深增加，船只自5吨增至13吨
赤水河	合江至茅台	210	本工程于1942年春开工，截至1945年3月底，其中赤水至土城段58公里已大体完成
綦江	河口至赶水	135	本工程于1938年冬开工，第一期工程于1941年春完成。截至1945年3月底，将三溪五岔间渠化工程举办完成后，计先后共建筑闸坝11座，整理浅滩30余处
嘉陵江	重庆至白水江	938.5	本工程于1939年春开工，截至1945年3月底已完成8处，余仍在赶办中
涪江	合川至绵阳	385	本工程于1939年春办理疏浚工程，于1941年8月完成。又于柳林滩建筑闸坝1座，于1942年夏完成
乌江	涪陵至乌江渡	601	本工程于1939年春开工，先办理涪陵至思南一段。1942年夏，复拟具涪陵至乌江渡间分段通航计划。现涪陵龚滩间已整理完毕。小型汽轮可直达龚滩以上，分段通行木船可畅通无阻
酉水	保靖至龙潭	113	本工程于1941年春开工，第一、第二两期整理工程，于1943年前完工，现办理已成工程之管理养护事宜
清水江	黔阳至重安江	382	本工程于1939年春开工，1941年春完成，载重3000斤之木船已直接通航
都柳江	柳州至长安镇	145	本工程于1939年5月开工，先就柳州附近加以整理，次第完成。后又办理柳州至三合段，至1941年春因需要情形变更
右江	田东至白色	150	本工程于1940年1月开工，同年3月完成。50公吨之电船、25公吨之民船已全年通行
黎溪	龙州至平而关	45	本工程1939年2月底开工，同年5月底竣工。40匹马力之小电船，拖运3艘载重15吨之民船，已畅通无阻

续表

航道	整理地段	里程（公里）	实施概要
左江	邕宁至龙州	335	本工程于1939年春开工，至同年秋工程大部完成，旋以越桂军事紧张，暂行停工，原有木船、电船已可终年通行无阻
鬱江	桂平至邕宁	427	本工程于1939年12月开工，办理千里沙疏浚工程，旋以邕宁告急，遂告结束
洮河	洮河口至岷县	259	本工程于1943年春开工，先从疏通牛鼻峡工程入手，已于1944年前完成。木排皮筏已可畅通。现改善工程仍在赶办中
湟水	建家川至享堂峡	66	本工程于1943年秋开工，至1945年3月完成滩险10处，甘青两省间运输称便，余仍在赶办中

资料来源：秦孝仪主编：《中华民国重要史料初编——对日抗战时期》第4编战时建设（3）经济建设，台湾"中央文物供应社"1988年版，第833—835页。

附表4　　　　　　　　抗战时期大后方航线开辟表

线　　名		起止地点	长度（公里）	开辟时间	备注
国内航线	汉西线	汉口至西安		1937年8月	1938年10月停开
	渝嘉线	重庆至嘉定		1938年5月	1940年春停开
	渝昆线	重庆至昆明	650	1938年8月	
	昆桂线	昆明至桂林		1938年1月	
	渝西线	重庆至西安	570	1939年1月	
	兰西线	兰州至西宁		1939年7月	
	蓉兰线	成都至兰州		1939年7月	
	渝汉线	重庆至汉中		1939年9月	后汉中改设宝鸡
	兰哈线	兰州至哈密		1939年12月	
	成雅线	成都至雅安		1931年6月	
	渝桂线	重庆至桂林		1942年1月4日	1944年10月停开
	渝兰线	重庆至兰州	780	1942年8月25日	
	渝哈线	重庆至哈密		1945年3月28日	
	渝宝线	重庆至宝鸡	2050	1945年1月9日	

续表

线 名		起止地点	长度（公里）	开辟时间	备注
国际航线	渝港线	重庆至香港	1140	1937 年 12 月 16 日	1941 年 12 月停开
	昆河线	昆明至河内		1937 年 12 月	1940 年 9 月停开
	渝仰线	重庆至仰光	2030	1939 年 10 月 30 日	1942 年 3 月停开
	渝加线	重庆至加尔各答	2341	1941 年 12 月 18 日	
	渝阿线	重庆至阿拉木图		1939 年 12 月 5 日	
	汀泸线	汀江至泸州		1945 年 7 月 1 日	
	汀昆线	汀江至昆明	805		
	叙汀线	叙府至汀江	927		

资料来源：《交通部临时全国代表大会交通部政治报告》，载中国第二历史档案馆编《中华民国史档案资料汇编》第 5 辑第 2 编财政经济（10），江苏古籍出版社 1997 年版，第 78—79 页；四川省地方志编纂委员会编：《四川省志·交通志》（下），四川科学技术出版社 1996 年版，第 302—303 页。

附表 5　　　　　中航飞越"驼峰"时期在云南的飞行事故表

机号	机长	时间	地点	机组
C—47 第 69 号	ROBERTSON	1943 年 10 月 6 日	昆明	未伤亡
C—47 第 84 号	佩塔奇	1943 年 10 月 17 日	昆明	未伤亡
C—47 第 59 号	A. JPRIVENSAL	1943 年 11 月 19 日	昆明	机毁人亡
C—47 第 63 号	A. ACHARVTLLE	1943 年 11 月 19 日	昆明	机毁人亡
C—47 第 96 号	摩斯	1944 年 5 月 24 日	昆明	未伤亡
C—47 第 85 号	罗密斯	1944 年 6 月 8 日	昆明	机毁人亡
C—47 第 73 号	马国廉	1944 年 8 月 1 日	昆明	机毁人亡
C—47 第 88 号	佩塔奇	1944 年 11 月 16 日	云南驿	未伤亡

资料来源：云南省地方志编纂委员会编：《云南省志·交通志》，云南人民出版社 2001 年版，第 716—717 页。

附表 6　　　　　抗战时期国营交通部门货运运量表　　　　（单位：千吨）

年份	1937	1938	1939	1940	1941	1942	1943	1944	1945
铁路	12824	7251	3559	2637	3138	3067	3600	1745	2787
公路	56	50	40	37	348	325	324	408	650
航空	0.44	0.264	0.64	1.097	4.345	4.449	19.752	27.653	28.723

续表

年份	1937	1938	1939	1940	1941	1942	1943	1944	1945
河运	22873	7642	1271	953	798	617	1557	2162	1665

资料来源：据表36《国营铁路运输》、表39《国营公路运输》、表41《内河运输》和表42《民营航空》相关货运量数据整理而成，见国民政府主计处统计局编《中华民国统计提要》，1947年印，第77—84页。

说明：由于资料有限，未能将战时驿运运量列入，内河航运量包括沿海航线运输量在内。

附表7　　　　　抗战时期国统区内河船只数量表　　　　（单位：个）

年份	1937	1938	1939	1940	1941	1942	1943	1944	1945
轮船	1027	792	607	507	309	224	422	570	562
木船	11408	11097	10786	10483	11512	8008	11209	17817	9734

资料来源：表40《内河航线里程与船只》，载国民政府主计处统计局编《中华民国统计提要》，1947年印，第82页。

附表8　　　　　抗战时期国统区登记汽车车辆数量表　　　　（单位：个）

年份	1937	1938	1939	1940	1941	1942	1943	1944	1945
自用客车	36143	18040	7951	2421	3813	4732	4967	5179	7759
营业客车	10837	2489	1984	1593	1623	1910	2085	2146	2677
货车	17655	15423	12776	11829	15577	22755	23642	24000	26300

资料来源：表38《登记汽车辆数》，载国民政府主计处统计局编《中华民国统计提要》，1947年印，第80页。

附表9　　　　　抗战时期航空运输量统计表

年份	客运（人）	货运（吨）	邮运（公斤）
1938	14657	139	124
1939	28775	430	210
1940	28575	937	160
1941	29060	4152	193
1942	30853	4349	100
1943	35612	19663	89
1944	39823	27171	96

资料来源：《交通部编六全大会交通工作报告》，载中国第二历史档案馆编《中华民国史档案资料汇编》第5辑第2编财政经济（10），江苏古籍出版社1997年版，第123页。

抗战时期大后方交通大事记

1937 年

8月1日，欧亚航空公司总部从上海迁至西安（同年10月8日又迁至昆明）。

8月，宝（鸡）双（石铺）轻便铁路建成。

8月，经济委员会公路处协助西北行营组成西兰、西汉两路工程处，主持两路的路面铺筑工作，由刘如松任总工程师。

9月，湘桂铁路衡阳至桂林段开工修建。

10月1日，西南运输公司在广州成立，负责西南进出口物资的运输事务。

10月20日，为办理苏联援华军用物资和中苏易货贸易物资运输，全国经济委员会决定在该会下设中央运输委员会作为接待援华运输的专门机构。

11月18日，滇缅公路开始动工修建。

12月16日，中国航空公司开辟重庆至香港航线，经停桂林、广州两地，航程1140公里，或经停贵阳、桂林、梧州三地，航程1307公里，使用DC2型飞机。

12月20日，西北国营公路管理局与西北运输处合并，改组为陕甘运输局，局址兰州，隶属全国经济委员会，谭伯英任局长。

1938 年

1月1日，国民政府将铁道部裁撤，其管理、经营铁路职权归入交通部，由张嘉璈任交通部部长。

1月1日，云南省汽车营业股份有限公司成立，这是云南第一个官商合办的汽车运输公司，下设昆明总站和修理厂。

1月3日，中国航空公司总部迁到重庆。

1月，将全国经济委员会撤销，专门成立了交通部公路总管理处，以适应战时需要，将公路工程与公路运输分开管理。

1月，交通部将原来的西南各省公路联运委员会改组为西南公路运输管理局，接管川黔、川湘、湘黔、黔滇、黔柳各路。

2月9日，为尽快完成湘桂铁路，国民政府行政院颁布了《国民政府准予湘桂铁路股份有限公司条例》。

2月，西北公路运输管理局在兰州成立"兰州机厂"，厂内分设修理和制造两部。

3月，汉白公路汉中至安康段完工，安康至白河段于1938年11月完工通车。

3月22日，天府煤矿股份有限公司与中福煤矿、北川铁路公司合并组成了"天府矿业股份有限公司"。

4月22日，为修筑湘桂铁路，交通部与法国银行团签订了《湘桂铁路南镇段借款》，借款总额分别为18000万法郎和48000万法郎。

4月，湘桂铁路南宁至镇南关段在镇南关开工。

4月，国民政府在武汉召开了中国国民党临时全国代表大会，在《中国国民党抗战建国纲领》中，明确指出要"整理交通系统，举办水陆空联运，增筑铁路、公路，加辟航线"。

4月，华双公路天水至双石铺段开始施工，1938年12月土桥、便桥通车，工程质量基本符合设计技术标准。

5月，国民政府军事委员会第五战区后方勤务部在安康成立了汉江两个木船运输中队，负责汉中至老河口段的军用物资运输。

5月，开辟重庆至嘉定航线，由重庆起飞经停泸县、叙府至嘉定，使用洛宁水陆两用飞机，每周两班。

6月，湘桂铁路柳州至南宁段开工，铁路一度停工。1941年4月，再行复工，9月8日柳州至来宾段通车。

6月27日，交通部为加强铁路建设的监督管理，公布了《交通部新路工程处章程》。

8月，湘桂铁路桂柳段由桂林至柳州段开工，1939年12月通车。

9月28日，湘桂铁路衡阳至桂林段完工，10月1日正式通车。

9月，汉渝公路开始动工，全线分万源至大竹段和大竹至重庆段两段进行。

9月，渭南至白水轻便铁路建成。

10月，国民政府召开的全国水陆交通会议上通过了利用全国人力畜力，恢复驮运，以补充机械运力之不足，并由交通部专设机关从速办理的决议。

10 月，为了疏浚内河航道，交通部令汉口航政局在宜昌设绞滩管理委员会，由王洸兼任主任，曾白光为副主任。

10 月，民生公司开始抢运堆积在宜昌的物资，经过 40 天的艰苦奋战终于将囤积在宜昌的申钢厂、渝钢厂、航空兵站、技术研究处、炮技处第四库及陕厂、宁厂、巩厂的机材共计 8 万吨货物的 2/3 抢运入川。

11 月 21 日，中国建设银公司、英国及法国财团订立投资叙昆、滇缅铁路合作协议。

11 月，滇缅铁路动工修建，分东西两段同时开工修筑。

11 月，欧亚航空公司开辟重庆至仰光航线，由重庆经昆明至越南河内，航程 1210 公里。

12 月 1 日，《中法叙昆铁路合同》、《叙昆铁路矿业合作合同》签订，但由于后来法国降德国，合同中止。

12 月，经济部部长翁文灏设立甘肃油矿筹备处，选定玉门县老君庙一带，从事石油勘测工作。

12 月，甘肃省建设厅成立了第一至第四工务所，负责甘川公路由会川至通北口段的新建工程和兰州至会川的改善工程。

12 月 25 日，叙昆铁路昆明至曲靖段米轨（轨距 1000 毫米）铁路开工。

1939 年

1 月 23 日，交通部公布了《交通部制造木船贷款章程》，交通部为发展内河运输增加水运工具，特拨专款贷予船商制造木船。

1 月 24 日，国民政府和英国政府签订了《关于开办中国西南与缅甸通航换文》，规定双方经营昆明至阿恰布或仰光的航线，根据换文规定，中国航空公司开辟了重庆至缅甸仰光航线。

2 月，行政院设置了水陆运输联合委员会，管理全会事务、水陆运输工具的统筹调度、进出口物资的登记和现有水陆运输机关的联络协助。同年 6 月，行政院为调整交通机构起见，改为水陆运输设计委员会，交通部部长张嘉璈任主任委员。

3 月 15 日，中国航空公司开辟昆明—河内线（1940 年 9 月 21 日停航）。

3 月，由交通部拨款督促广西省开工修建河岳公路，该路起自黔桂路之车河，迄于广西中越边界之岳墟，全长490公里。

3月，湘黔铁路因战事被迫停工，将东段株州至蓝田段175公里路轨拆除移作修建湘桂铁路之用。

4月，黔桂铁路正式开工修建，自柳州至贵阳，工程分柳州至金城江段、金城江至独山段和独山至都匀段三段进行。

4月，咸同铁路开始施工。

5月，宝天铁路开工修建。

8月1日，交通部成立公路运输总局，由陈体诚主持。

8月1日，运输总司令部成立，由钱宗泽主持，隶属军事委员会，统制管理后方军事运输。

9月9日，国民政府交通部与苏联政府中央民用航空总管理局在重庆签订了《中华民国国民政府交通部与苏维埃社会主义联邦共和国中央民用航空总管理局为组设哈密阿拉木图间定期飞航订立合约》，规定合资组建中苏航空公司，公司简称，俄文为"HAMI－ATA"，中文为哈阿，公司经营新疆哈密与苏联阿拉木图之间的定期航班。公司法定股本为100万美金，双方各占50%。

11月，交通部在广西柳州设立了西江造船处，负责制造桂、粤、赣、湘四省船舶。

11月，交通部在宝鸡设立了川陕车驮运输所。

12月1日，中苏航空公司开辟重庆至阿拉木图航线，经停哈密，航程3245公里，每周飞行1班。

12月11日，为修筑叙昆铁路，交通部与中国建设银公司签订了《叙昆铁路借款合同》，借款总额分别为14.4万英镑和国币3000万元。

12月，在新疆迪化（今乌鲁木齐市）正式成立了中苏航空公司，经营新疆哈密经迪化、伊犁到达苏联阿拉木图的航线。

12月，滇越公路动工兴建蒙自至河口段，由于财政困难等原因，蒙自至河口段工程进展缓慢，到1942年7月工程停工。

12月，中国航空公司开辟兰州至凉州、肃州、哈密航线。

12月30日，中国航空公司开辟昆明至仰光线（1941年12月14日停航）。

1940 年

1月，垒畹公路开始修筑，该路由垒允至畹町，全长59公里，为滇缅公路西段辅助线。

3月，内乐公路动工修建，该路由内江至乐山，全长190公里。

7月，英国政府单方面封闭滇缅公路，直到同年10月滇缅公路才重新开放。

7月，全国驿运会议闭幕以后，大会决定成立驿运总管理处。

8月1日，甘川公路川境路线新修路段工程处于江油成立。珍珠港事变后，由于日军对陕西的威胁有所缓和，加上财政困难，工程半途而废。

9月1日，交通部驿运总管理处在重庆成立，主管全国驿运行政的指导、监督及设计工作，第一任处长王国华，第二任处长谭炳训。

9月1日，泸昆车驮运输所改组为泸昆线，泸昆线主要以陆路运输为主，有马车500辆，驮马500匹。

9月，川陕水陆联运线开辟，陆程长为713公里，水程长为400公里，划为宝广（宝鸡至广元）、天双（天水至双十铺）两总段暨广白支段（广元至徽县白水江），广白段为嘉陵江上游，水量浅，水运仅办广元至阳平关一段185公里。

9月，川黔车驮运输所改组为川黔线，全长2213公里。1942年7月川黔线驿运干线改组为川黔线驿运管理分处，接办川黔驿运事宜。

9月，叙昆车驮运输所改组为叙昆线，长810公里。1942年9月移交云南省驿运管理处接办。

10月11日，陕西韩宜公路开始施工。

10月，在云南禄丰县成立了西祥公路工程处。

10月，开辟奉建驿运线，由四川奉节到湖北建始，后延长至湖北恩施，分设奉节、巫山、建始三段。1941年6月移交第六战区。

10月，开通新渝驿运线，由新都达重庆，共长816公里。

12月20日，华闵驿运线开通，由陕西华阴县至河南闵乡县闵底镇。1943年6月华闵线驿运业务终止。

12月，川滇东路公路川段完成通车。

12月，川鄂驿运线开运，后移交第六战区长官部承办。

1941 年

1月1日，西南公路运输局成立于贵阳，办理公建商车之管制、西南各省军事和进出口物资运输及空运业务。

1月15日，开辟川西驿运线，以新津为分界线，东北自郫县至新津，又自温江至新津，北自崇庆至新津，共长263公里。

2月28日，陕西渭韩线开运，由渭南至韩城，其中水路190公里，陆路399公里。

2月，交通部在天水成立西北公路管理处，接管西北干线公路的改善和养护（包括西北公路运输管理局公路工程业务和甘肃省建设厅管辖的干线公路）。

3月20日，叙昆铁路昆明至曲靖段通车。

4月1日，陕西长泾驿运线开运，全长202公里。

5月1日，滇缅公路运输工程监理委员会成立于昆明，隶属军事委员会运输统制局。

5月11日，长坪驿运线开运，自长安至河南西坪镇，全长290公里。

5月18日，国民政府公布《民国三十年滇缅铁路金公债条例》，规定自1941年7月1日起由财政部、交通部会同发行美金1000万元滇缅铁路金公债。

7月1日，交通部公路总管理处与公路运输总局并入运输统制局，归军事委员会管理。

8月1日，航空委员会所属航空研究院在成都成立，其前身是1939年7月7日航空委员会成立的航空研究所，黄光锐任院长。

8月10日，乐西公路全线修通。

10月3日，民生公司派"民教"轮试航宜宾至安边段成功。1941年12月30日，民生公司又派"民生"轮试航宜宾至屏山段成功，开辟了金沙江宜宾至屏山轮船航线。

11月1日，军事委员会运输统制局在昆明成立中缅运输总局，接管西南运输处及滇缅公路运输管理局的运输业务，下设昆明、楚雄、下关、保山、遮放5个总站。

1942 年

1月4日，中国航空公司开辟重庆—桂林航线。

3月21日，美国空运队成立，从泛美航空公司获得25架运输机。

3月27日，中国与英国政府在重庆签订了《关于重庆加尔各答航空运输换文》，规定中英两国共同经营重庆至加尔各答航线，双方同意目前每周应有两次由腊戍直接飞往加尔各答，回程亦同，以后情况许可时，每周应由腊戍开三次，两架飞机直接飞往吉大港与加尔各答，回程亦同。

4月8日，阿萨姆邦的汀江和密支那之间的航班通航，"驼峰"航线正式开辟。

5月1日，綦江铁路正式开工修建。

6月，甘新驿运干线改称甘新线，归甘新驿运管理分处经营。

8月25日，中国航空公司开辟自重庆至兰州直达航线，每两周飞行一班，当日往返。

9月，陕西耀宜驿运线开辟，由耀县至宜川，全长293公里。

11月1日，中印公路在列多（又译"雷多"）破土动工。

12月1日，美国成立了空军运输总司令部，组建了印度—中国空运总队，负责"驼峰"空运。

1943年

1月，交通部将迁往广西梧州的广州航政局扩大改组为珠江区航政局，管理粤桂两省的航政业务。

2月10日，交通部修正了造船处组织规程，将川江造船处和西江造船处合而为一，成立交通部造船处，王洸为首任处长。

2月，康印线开始营运，自康定经拉萨至印度噶伦堡（Kailinpang），长501公里，因政治关系改为康藏驮运公司，资本400万元，交通部投资半数。

3月1日，交通部成立公路总局，局长由交通部部长曾养甫兼任。

3月1日，交通部与航空委员会合作将欧亚航空公司改组为中央航空运输公司，陈卓林任总经理。

4月，成立了新疆驿运分处，受交通部驿运总管理处和新疆省政府双重领导，处长顾耕野。

5月27日，中国内河航运公司从重庆起航嘉陵江航线，6月14日抵达广元，又于6月21日载客30余人从广元下驶，26日返回重庆。

6月6日，黔桂铁路在独山进行了通车典礼，这是贵州省境内通车的第一条铁路（85公里）。

8月1日，国民政府接收滇越铁路滇段，交由川滇铁路公司兼管，设滇越铁路滇段管理处。

10月1日，四川粮食储运局成立了木船运输管理所，各线木船运输队应由该所直接管辖、统筹、指挥。木船运输管理所共有14个木船运输队。

1944 年

2 月 28 日，黔桂铁路铺轨到贵州都匀。

6 月 1 日，水陆空联运委员会成立，统筹全国铁路、公路、水运、空运、驿运各线之运输力量。

7 月 6 日，民生公司派来松庆船长，驾驶"民听"轮试航重庆至南充线成功。

10 月，中国设在印度斯利那加的印伊（朗）运输处副处长陆振轩着手起运首批运送的援华物资。

10 月，开始修建腾冲至密支那公路。

10 月 26 日，青藏公路西宁—玉树段举行通车典礼。

1945 年

1 月 1 日，军事委员会战时运输管理局成立，俞飞鹏为局长，龚学遂及美军麦克鲁中将任副局长，全权管理运输。

1 月 9 日，中国航空公司开辟重庆—汉中—宝鸡航线。

1 月 28 日，从缅甸密支那经八莫、南坝、芒友至中国畹町的中印公路完工，当日分别在芒友和畹町举行通车典礼，中、美在重庆联合宣布命名中印公路为史迪威公路。

2 月，为配合战时运输需要，交通部公路总局改隶军事委员会战时运输管理局。

3 月 28 日，中国航空公司开辟重庆—哈密航线。

5 月 1 日，滇缅公路运输局与滇缅公路工务局合并成立军事委员会战时运输管理局云南分局。

参考文献

一 未刊档案资料

1. 《六全大会交通工作报告》（1938 年 4 月至 1945 年 3 月底），中国第二历史档案馆藏交通部档案，编号：（二〇）2257。

2. 《太平洋战争爆发后加强西南驿运计划》，中国第二历史档案馆藏交通部档案，编号：（二〇）3370。

3. 《内河绞滩站施绞船舶统计资料》，中国第二历史档案馆藏交通部档案，编号：（二〇）2098。

4. 《叙昆明良小永煤矿支线合同》，中国第二历史档案馆藏川滇铁路公司档案，编号：（五六七）1144。

5. 《陕西省政府、陇海铁路局同官煤矿视察报告》，中国第二历史档案馆藏陇海铁路局档案，编号：（六六九）356。

6. 丁星铎：《粮食运输概论》（手抄本），中国第二历史档案馆馆藏四川粮食储运局档案，档案编号：96—2053。

7. 四川粮食储运运局：《三十二年度四川粮食配运计划大纲》（1943 年），中国第二历史档案馆藏四川粮食储运局档案，编号：96—783。

8. 国民政府粮食部：《重庆市粮食运销》（1947 年 4 月），中国第二历史档案馆藏粮食部档案，编号：83—11。

9. 《三十年度四川征购粮食运输临时处理办法》，四川省档案馆藏四川粮食储运局挡案：民 92—390—1。

10. 《视察滇缅公路报告》（1941 年 9 月），云南省档案馆藏云南省政府秘书处档案，全宗号 1106，目录号 4，分卷号 4473。

11. 《粮食部四川粮食储运局木船运输大队暂行办法》，重庆市档案馆：0353—50。

12. 《中国茶叶公司就由猩猩峡出口苏方茶叶未能按合同如数交货缘由致行政院对外贸易委员会电》，甘肃省档案馆藏复兴商业公司西北公司档案，编号：50—1—346。

13. 甘肃省政府编：《甘肃经济建设方案》，甘肃省档案馆藏甘肃省政府档案，编号：4—1—313。

14. 甘肃省政府编：《甘肃省经济建设新措施方案》，甘肃省档案馆藏，资料号：4/1/313。

15. 《四川粮食管理局发重庆购运处代电：动员民夫十万人归途乞食颇多》（1941年），中国第二历史档案馆藏，资料号：96/477。

16. 《准省参议会函送戴参议员克诚等提粮食再度集中须按当地实情发足工资案》，中国第二历史档案馆藏，资料号：96/1644。

17. 《安岳县参议员提请增加再度集中民供口粮案》（1943年），四川省档案馆藏，资料号：民92/198。

18. 《农林部部长沈鸿烈就移民西北事宜回西北公路运输局局长何兢武函》（1943年），中国第二历史档案馆藏，资料号：116/777。

19. 《西北公路运输局局长何兢武就移民西北事宜致农林部长沈鸿烈函》（1943年），中国第二历史档案馆藏，资料号：116/777。

20. 《农林部西北移民召集处移民办法概要》，中国第二历史档案馆藏，资料号：116/777。

21. 《振济委员会经办及拨款补助之生产事业工作简报》（1939年），中国第二历史档案馆藏，资料号：116/777。

22. 《为南川灾情严重请准拨现款五十万元兴筑金佛支路以工代赈呈文》（1943年），中国第二历史档案馆藏，资料号：116/739。

二　史料汇编

23. 中国第二历史档案馆编：《中华民国史档案资料汇编》第5辑第2编财政经济（9），江苏古籍出版社1994年版。

24. 中国第二历史档案馆编：《中华民国史档案资料汇编》第5辑第2编财政经济（10），江苏古籍出版社1997年版。

25. 重庆市档案馆编：《抗日战争时期国民政府经济法规》（下），档案出版社1992年版。

26. 宓汝成编：《中华民国铁路史资料（1912—1949）》，社会科学文献出版社2002年版。

27. 聂宝璋、朱荫贵编：《中国近代航运史资料（1895—1927）》第2辑上册，中国社会科学出版社2002年版。

28. 陈真编：《中国近代工业史资料》第1辑，三联书店1961

年版。

29. 陈真编：《中国近代工业史资料》第 4 辑，三联书店 1957 年版。

30. 孙毓棠编：《中国近代工业史资料》第 1 辑下册，科学出版社 1957 年版。

31. 孙毓棠编：《中国近代工业史资料》第 2 辑上册，科学出版社 1957 年版。

32. 彭泽益主编：《中国近代手工业史资料》第 4 卷，三联书店 1961 年版。

33. 孟宪章主编：《中苏贸易史资料》，中国对外经济贸易出版社` 1991 年版。

34. 王铁崖：《中外旧约章汇编》（三），三联书店 1962 年版。

35. 严中平：《中国近代经济史资料选辑》，科学出版社 1962 年版。

36. 许道夫：《中国近代农业生产及贸易统计资料》，上海人民出版社 1983 年版。

37. 郑友揆：《中国的对外贸易与工业发展》，上海社会科学院出版社 1984 年版。

38. 吴冈：《旧中国通货膨胀史料》，上海人民出版社 1958 年版。

39. 章伯锋、庄建平主编：《抗日战争》第 4 卷《经济》，四川大学出版社 1998 年版。

40. 章伯峰、庄建平主编：《抗日战争》第 5 卷《国民政府与大后方经济》，四川大学出版社 1997 年版。

41. 四川联合大学经济研究所、中国第二历史档案馆编：《中国抗日战争时期物价史料汇编》，四川大学出版社 1998 年版。

42. 尚明轩主编：《孙中山全集》第 2 卷，中华书局 1984 年版。

43. 《孙中山选集》，人民出版社 1981 年第 2 版。

44. 云南省档案馆编：《近代云南人口史料汇编（1909—1982）》上辑，云南省档案馆 1987 年印。

45. 中国藏学研究中心、中国第二历史档案馆合编：《民国时期西藏及藏区经济开发建设档案选编》，中国藏学出版社 2005 年版。

46. 唐润明主编：《抗战时期大后方经济开发文献资料选编》，重庆市档案馆 2005 年印。

47. 云南省档案馆、云南省经济研究所合编：《云南近代矿业档案史料选编（1840—1949）》，1990 年 9 月印。

48. 施康强编：《浪迹滇黔桂》，中央编译出版社 2001 年版。

49. 中国人民政治协商会议西南地区文史资料协作会议编：《抗战时期西南的交通》，云南人民出版社 1992 年版。

50. 政协甘肃省委员会文史资料委员会《西北近代工业》编写组编：《西北近代工业》，甘肃人民出版社 1989 年版。

51. 薛暮桥、冯和法编：《〈中国农村〉论文选》，人民出版社 1983 年版。

52. 全国政协文史资料委员会编：《文史资料精选》第 10 册，中国文史出版社 1990 年版。

53. 中国第二历史档案馆、中国海关总署办公厅合编《中国旧海关史料（1859—1948）》第 128 册，京华出版社 2001 年版。

54. 中国第二历史档案馆、中国海关总署办公厅合编《中国旧海关史料（1859—1948）》第 132 册，京华出版社 2001 年版。

55. 中国第二历史档案馆、中国海关总署办公厅合编：《中国旧海关史料（1859—1948）》第 140 册，京华出版社 2001 年版。

56. 行政院易货委员会撰：《中苏易货偿债节略》（1945 年 1 月），《民国档案》2006 年第 2 期。

57. 《财政部视察李如霖关于开发康藏边区经济的报告》（1943 年 11 月 2 日），《民国档案》1993 年第 3 期。

58. 孙武编：《蒋介石令裁各机关官员移屯西北及筹议办法三件》，《民国档案》2004 年第 3 期。

59. 新疆省政府呈送全国经济委员会：《建设新疆计划书》，《民国档案》1994 年第 2 期。

60. 中国第二历史档案馆编：《有关筹办欧亚航空公司的一组史料》，《民国档案》1994 年第 4 期。

61. 戴鞍钢、黄苇主编：《中国地方志经济资料汇编》，汉语大辞典出版社 1999 年版。

三　民国文献资料

62. 朱子爽：《中国国民党交通政策》，国民图书出版社 1943 年版。

63. 俞飞鹏：《十五年来之交通概况》，交通部 1946 年编印。

64. 《四川驿运》，四川驿运管理处 1941 年 7 月编印。

65. 薛光前等：《新驿运运动》，战地图书出版社 1940 年版。

66. 交通部西南公路管理处编：《三年来之西南公路（1938—

1940)》，1945 年印。

  67. 陕甘车驮运输所编：《陕甘车驮运输一览》，1941 年 5 月，油印本。

  68. 国民政府主计处统计局编：《中华民国统计提要》，1947 年印。

  69. 翁文灏：《抗战以来的中国经济》，独立出版社 1943 年版。

  70. 四川经济调查委员会编：《四川经济考察团考察报告》，正中书局 1939 年版。

  71. 《甘肃省各县经济概况》，甘肃省银行经济调查室 1942 年印。

  72. 余万义编：《西南六省社会经济鸟瞰》，中国银行经济研究室 1938 年印。

  73. 徐旭：《西北建设论》（中华书局 1944 年版），《西北问题论丛》第 1、2、3 辑，中央练委员会西北干部训练团西北问题研究室印。

  74. 蒋君章编：《战时西南经济问题》，正中书局 1943 年版。

  75. 蒋君章：《西南经济地理》，重庆商务印书馆 1945 年版。

  76. 丁道谦：《贵州经济研究》，中央报社 1942 年版。

  77. 潘鸿声：《四川主要粮食之运销》，四川省农村经济调查委员会 1941 年印。

  78. 经济部资源委员会编：《贵州省农业概况调查》，贵州省农业改进所 1939 年印。

  79. 四川省粮食管理委员会编：《四川省二十六市场粮食运销概况调查》（上、下），1938 年印。

  80. 金陵大学文学院政治经济系经济资料研究室：《四川省犍乐盐场产销概况》，金陵大学 1940 年印。

  81. 中国西南实业协会编：《四川工厂调查录》，1942 年印。

  82. 熊伯蘅、万建中编：《陕西省农业经济调查研究》，国立西北农学院 1942 年印。

  83. 潘鸿声编：《四川农村经济调查报告》。

  84. 经济部编：《后方工业概况统计》，1943 年印。

  85. 经济部编：《后方重要工矿产品统计》。

  86. 四川省银行经济调查室编：《四川经济简易统计》，四川省银行 1938 年印。

  87. 文郁、朱寿麟：《四川桐油之生产与运销》，金陵大学农学院 1942 年印。

  88. 谭熙鸿：《十年来之经济》，中华书局 1948 年版。

89. 龚学遂：《中国战时交通史》，商务印书馆 1947 年版。

90. 张嘉璈：《中国铁道建设》，商务印书馆 1946 年版。

91. 张肖梅编：《四川经济参考资料》，中国国民经济研究所 1939 年版。

92. 张肖梅主编：《云南经济》，中国国民经济研究所 1942 年版。

93. 张肖梅主编：《贵州经济》，中国国民经济研究所 1939 年版。

94. 何辑五编：《十年来贵州经济建设》，商务印书馆 1947 年版。

95. 谭熙鸿主编：《十年来之中国经济（1936—1945）》下册，中华书局 1948 年版。

96. 丁道谦：《贵州经济地理》，商务印书馆 1946 年初版。

97. 民生事业公司十一周年纪念刊编辑委员会编：《民生实业股份有限公司十一周年纪念刊》，中华书局 1937 年版。

98. 中央党部国民经济计划委员会主编：《十年来之中国经济建设（1927—1937）》，1937 年 1 月。

99. 陕西省银行经济研究室编：《陕西省银行经济研究室特刊之一：十年来之陕西经济》，1942 年印。

100. 交通部参事厅编：《交通法规汇编补刊》上册，大东新兴印书馆 1940 年 1 月版。

101. 《各省驿运管理处组织通则》，驿运总管理处 1940 年印。

102. 黔桂铁路工程局：《通车独山纪念手册》，1943 年 5 月印。

103. 俞飞鹏：《中央训练团党政训练班讲演录：公路运输之现状及改进办法》，1942 年 9 月印。

104. 《国民知识丛书》第 1 辑《飞跃中的西南建设》，国民出版社 1939 年 10 月版。

105. 马霄石：《开发西北之先决问题》，青海国民印刷所 1933 年版。

106. 陈晖：《广西交通问题》，商务印书馆 1938 年版。

107. 张人鉴：《开发西北实业计划》，北平震东印书馆 1934 年版。

108. 立法院编译处编：《中华民国法规汇编·教育工交类》第 11 编交通，1941 年印。

109. 甘肃省银行经济研究室编辑：《甘肃之特产》，1944 年印。

110. 铁道部业务司商务科编：《陇海铁路甘肃段经济调查报告书》，1935 年印。

111. 张印堂：《滇西经济地理》，国立云南大学西南文化研究室

1942 年版。

112. 茅盾等：《西北行》上册，中国旅行社 1943 年印。

113. 铁道部业务司商务科编：《陇海铁路甘肃段经济调查报告书》，1935 年印。

114. 宋自节等译著：《滇缅路》，今日新闻社 1945 年版。

115. 王树基编：《甘肃之工业》甘肃银行经济研究室 1944 年印。

116. 傅作霖：《宁夏省考察记》，正中书局 1935 年版。

117. 交通部统计处编：《交通部统计年报》（民国二十三年七月至民国二十四年六月），国民政府交通部 1936 年 12 月印。

118. 交通部统计处编：《中华民国三十年交通部统计年报》，民生印书馆 1943 年版。

119. 交通部统计处编：《中华民国三十一年交通部统计年报》，交通印刷公司 1944 年版。

120. 交通部统计处编：《中华民国三十三年交通部统计年报》，中国文化合作股份有限公司 1946 年版。

121. 交通部统计处编：《中国民国三十四年交通部统计年报》，1947 年 6 月印。

122. 国民政府主计处统计局编：《中华民国统计提要》，1947 年印。

123. 行政院编纂：《国民政府年鉴》，1943 年 7 月印行。

124. 铁道部铁道年鉴编纂委员会编：《铁道年鉴》第 1 卷，汉文正楷印书局 1933 年版。

125. 申报年鉴社编：《申报年鉴》，1934 年印。

126. 傅润华、汤约生主编：《陪都工商年鉴》，文信书局 1945 年版。

127. 叶笑山、董文中编：《中国经济年刊》，中外出版社 1936 年版。

128. 李菊时：《统制经济之理论与实际》，新中国建设学会，1934 年。

129. 张素民：《抗战与经济统制》，商务印书馆 1938 年版。

130. 张淳 ：《统制经济概论》，社会局救济院，1942 年。

131. 陈正祥：《广西地理》，中华书局 1946 年版。

132. 张先辰：《广西经济地理》，文化供应社 1941 年版。

133. 陈晖：《广西交通问题》，商务印书馆 1938 年版。

134. 严重敏：《西北地理》，大东书局 1946 年 11 月初版。

135. 交通部参事厅编：《交通法规汇编补刊》，大东新兴印书馆 1940 年版。

136. 郭垣：《云南省的经济问题》，正中书局 1940 年版。

137. 苏汝江：《云南个旧锡业调查》，国立清华大学国情普查研究所 1942 年版。

138. 云南锡业公司五周年纪念刊《云锡纪实》，1945 年 9 月印。

139. 重庆中国银行编：《四川省之山货》，中国银行总管理处经济研究室 1935 年印。

140. 姜庆湘、李守尧：《四川蚕丝业》，四川省银行经济研究处 1946 年版。

141. 肖梅、赵循伯编：《四川省之桐油》，商务印书馆 1937 年版。

142. 孙文郁、朱寿麟：《四川桐油之生产与运销》，金陵大学农学院 1942 年版。

143. 杨显东、谭炳杰：《四川省之药材》，四川省农业改进所 1941 年 8 月印。

144. 关仲乐：《桐油运销概况》（1936 年 5 月），油印本。

145. 孙本文：《现代中国社会问题》第 2 册，商务印书馆 1943 年版。

146. 欧亚航空公司：《欧亚航空公司开航四周年纪念特刊》，上海，1935 年。

147. 詹念祖编：《云南一瞥》，商务印书馆 1931 年版。

148. 陈建棠调查：《昆明市之用煤与来源》，1939 年 1 月印。

149. 甘肃省政府编：《甘肃省经济概况》，1944 年印。

150. 吴济生：《新都见闻录》，光明书局 1940 年版。

151. 史道源：《四川省之猪鬃》，四川省银行经济研究处 1945 年版。

152. 行政院新闻局编：《猪鬃产销》，1947 年印。

153. 实业部国际贸易局编：《猪鬃》，商务印书馆 1940 年版。

154. 平绥铁路车务处编：《平绥铁路沿线特产调查》，1934 年。

155. 陕甘车驮运输所编：《陕甘车驮运输一览》，1941 年 5 月印，油印本。

156. 潘益民：《兰州之工商业与金融》（中央银行丛刊），上海商务印书馆 1936 年版。

157. 甘肃省银行经济研究室编：《甘肃省各县经济概况》第 1 集，1942 年 3 月。

158. 广西省政府十年建设编纂委员会编：《桂政纪实（民国廿一年至民国三十年）》中册，1946 年。

159. 朱斯煌编：《民国经济史》，银行学会、银行周报社 1948 年版。

四　地方志

160. 郑励俭编著：《四川新地志》，正中书局 1947 年版。

161. 黎锦熙编：《同官县志》，民国三十三年（1944 年）。

162. 杨必栋编：《宝鸡乡土志》，民国三十五年（1946 年）。

163. 周钟岳编：《新纂云南通志》卷 144《商业考·进出口贸易》，1949 年印。

164. 云南省志编纂委员会办公室：《续云南通志长编》，1986 年印。

165. 新疆维吾尔自治区地方志编纂委员会编：《新疆通志·民用航空志》，新疆人民出版 2001 年版。

166. 樊金林主编：《新疆通志·公路交通志》，新疆人民出版社 1998 年版。

167. 新疆维吾尔自治区地方志编纂委员会编：《新疆通志·石油工业志》，新疆人民出版社 1999 年版。

168. 陕西省地方志编纂委员会编：《陕西省志·公路志》，陕西人民出版社 2000 年版。

169. 陕西省地方志编纂委员会编：《陕西省志·铁路志》，陕西人民出版社 1993 年版。

170. 陕西省地方志编纂委员会编：《陕西省志·煤炭志》，陕西人民出版社 1993 年版。

171. 陕西省地方志编纂委员会编：《西安市志》，1996 年。

172. 陕西省地方志编纂委员会编：《咸阳市志》，陕西人民出版社 1996 版。

173. 宝鸡市地方志编纂委员会编：《宝鸡市志》，三秦出版社 1998 年版。

174. 宝鸡市金台区志编纂委员会编：《宝鸡市金台区志》，陕西人民出版社 1993 年版。

175. 陕西省临潼县地方志编纂委员会编：《临潼县志》，上海人民出版社 1991 年版。

176. 华县地方志编纂委员会编：《华县志》，陕西人民出版社 1992 年版。

177. 咸阳市渭城区地方志编纂委员会编：《咸阳市渭城区志》，陕西人民出版社 1996 年版。

178. 渭南县志编纂委员会编：《渭南县志》，三秦出版社 1987 年版。

179. 兴平县地方志编纂委员会编：《兴平县志》，陕西人民出版社 1994 年版。

180. 陕西省铜川市地方志编纂委员会编：《铜川市志》，陕西师范大学出版社 1997 年版。

181. 四川省地方志编纂委员会编：《四川省志·交通志》，四川科学技术出版社 1996 年版。

182. 四川地方志编纂委员会编：《四川省志·军事志》，四川人民出版社 1999 年版。

183. 四川省地方志编纂委员会编纂：《四川省志·商业志》，四川科学技术出版社 1996 年版。

184. 四川省地方志编纂委员会编：《四川省志·粮食志》，四川科学技术出版社 1995 年版。

185. 四川省地方志编纂委员会编：《四川省志·农业志》上册，四川辞书出版社 1996 年版。

186. 泸州市地方志编纂委员会编纂：《泸州市志》，方志出版社 1998 年版。

187. 宜宾市地方志办公室编：《宜宾市志》，新华出版社 1992 年版。

188. 四川省宜宾县志编纂委员会编：《宜宾县志》，巴蜀书社 1991 年版。

189. 《内江地区经济总志》编纂委员会编：《内江地区经济总志》，四川大学出版社 1996 年版。

190. 重庆市地方志编纂委员编：《重庆市志》第 5 卷，成都科技大学出版社 1994 年版。

191. 合川市地方志编纂委员会编：《合川县志》，四川人民出版社 1995 年版。

192. 四川省涪陵市志编纂委员会编：《涪陵市志》，四川人民出版社 1995 年版。

193. 重庆市万州区龙宝移民开发区地方志编纂委员会编：《万县市志》，重庆出版社 2001 年版。

194. 云南省地方志编纂委员会编：《云南省志·商业志》，云南人民出版社 1993 年版。

195. 云南省地方志编纂委员会编：《云南省志·交通志》，云南人民出版社 2001 年版。

196. 云南省地方志编纂委员会编：《云南省志·海关志》，云南人民出版社 1996 年版。

197. 云南省地方志编纂委员会编：《云南省志·冶金工业志》，云南人民出版社 1995 年版。

198. 云南省地方志编纂委员会编：《云南省志·煤炭工业志》，云南人民出版社 1995 年版。

199. 开远铁路分局志编纂委员会编：《开远铁路分局志（1903—1990）》上册，中国铁道出版社 1997 年版。

200. 祥云县志编纂委员会编：《祥云县志》，中华书局 1996 年版。

201. 曲靖市地方志编纂委员会编：《曲靖市志》，云南人民出社 1997 年版。

202. 楚雄市地方志编纂委员会编：《楚雄市志》，天津人民出版社 1993 年版。

203. 云南省地方志编纂委员会编：《潞西县志》，云南教育出版社 1993 年版。

204. 云南省开远市地方志编纂委员会编：《开远市志》，云南人民出版社 1996 年版。

205. 云南省保山市志编纂委员会编：《保山市志》，云南民族出版社 1993 年版。

206. 贵州地方志编纂委员会编：《贵州省志·交通志》，贵州人民出版社 1991 年版。

207. 贵州地方志编纂委员会编：《贵州省志·铁道志》，方志出版社 1997 年版。

208. 广西壮族自治区地方志编纂委员会编：《广西通志·交通志》，广西人民出版社 1996 版。

209. 广西壮族自治区地方志编纂委员会编：《广西通志·民航志》，

广西人民出版社 1995 版。

210. 广西壮族自治区地方志编纂委员会编：《广西通志·商业志》，广西人民出版社 2000 年版。

211. 广西壮族自治区地方志编纂委员会编：《广西通志·海关志》，广西人民出版社 1997 年版。

212. 广西壮族自治区地方志编纂委员会编：《广西通志·糖业志》，广西人民出版社 1998 年版。

213. 广西壮族自治区地方志编纂委员会编：《广西通志·煤炭工业志》，广西人民出版社 1997 年版。

214. 《合山矿务局志》编纂委员会编：《合山矿务局志》，煤炭工业出版社 1996 年版。

215. 柳州市地方志编纂委员会编：《柳州市志》第 1 卷，广西人民出版社 1998 年版。

216. 凭祥市志编纂委员会编：《凭祥市志》，中山大学出版社 1993 年版。

217. 杨若愚主编：《甘肃省志·航运志》，甘肃人民出版社 1992 年版。

218. 宁夏粮食志编辑委员会编：《宁夏粮食志》，宁夏人民出版社 1994 年版。

219. 永靖县志编纂委员会编：《永靖县志》，兰州大学出版社 1995 年版。

220. 平罗县志编纂委员会编：《平罗县志》，宁夏人民出版社 1996 年版。

五 中文编著

221. 杨洪年：《交通经济学》，人民出版社 1994 年版。

222. 张薰华、俞健、朱大均：《交通经济学》，上海社会科学院出版社 1992 年版。

223. 胡思继编著：《交通运输学》，人民交通出版社 2001 年版。

224. 陈航主编：《中国交通地理》，科学出版社 2000 年版。

225. 《中国自然地理》编写组编：《中国自然地理》，高等教育出版社 1984 年版。

226. 冯绳武主编：《中国自然地理》，高等教育出版社 1989 年版。

227. 赵济主编：《中国自然地理》，高等教育出版社 1995 年版。

228. 汤奇成等：《中国河流水文》，科学出版社 1998 年版。

229. 魏心镇：《工业地理学》，北京大学出版社 1982 年版。

230. 许学强：《城市地理学》，高等教育出版社 1991 年版。

231. 韩彪：《交通运输发展理论》，大连海事大学出版社 1994 年版。

232. 荣朝和：《论运输化》，中国社会科学出版社 1993 年版。

233. 王延中等：《基础设施与制造业发展关系研究》，中国社会科学出版社 2002 年版。

234. 谭崇台等编：《发展经济学》，上海人民出版社 1989 年版。

235. 陈福民：《创新与融合——美国新经济史革命及对中国的影响（1957—2004）》，天津古籍出版社 2009 年版。

236. 陆大道：《区域发展及空间结构》，科学出版社 1998 年版。

237. 陆大道：《中国工业布局的理论与实践》，科学出版社 1990 年版。

238. 陆大道：《区位论及区域研究方法》，科学出版社 1988 年版。

239. 黄作平：《中国经济区域新论》，中国农业出版社 1998 年版。

240. 董藩：《环形开放论——工业化时序—市场规律与中国空间经济战略的调整》，经济管理出版社 2006 年版。

241. 田维明主编：《计量经济学》，中国农业出版社 2005 年版。

242. 王珺：《外向经济论》，广东人民出版社 1992 年版。

243. 盛洪主编：《现代制度经济学》下卷，中国发展出版社 2009 年版。

244. 卢现祥、朱巧玲主编：《新制度经济学》，北京大学出版社 2007 年版。

245. 林荣日：《制度变迁中的权力博弈：以转型期中国高等教育制度为研究重点》，复旦大学出版社 2007 年版。

246. 罗荣渠：《现代化新论——世界与中国的现代化进程》，北京大学出版社 1993 年版。

247. 戴逸、张世明主编：《中国西部开发与近代化》，广东教育出版社 2006 年版。

248. 马敏、王玉德主编：《中国西部开发的历史审视》，湖北人民出版社 2001 年版。

249. 马敏：《官商之间：社会剧变中的近代绅商》，华中师范大学出版社 2003 年版。

250. 马敏:《试论晚清绅商与商会和早期市民社会的关系》,《马敏自选集》,华中理工大学出版社 1999 年版。

251. 虞和平主编:《中国现代化历程》第 2 卷,江苏人民出版社 2001 年版。

252. 抗日战争时期国民政府财政经济战略措施研究课题组:《抗日战争时期国民政府财政经济战略措施研究》,西南财经大学出版 1988 年版。

253. 黄立人:《抗战时期大后方经济史研究》,中国档案出版社 1998 年版。

254. 四川省中国经济史学会编:《抗战时期的大后方经济》,四川大学出版社 1989 年版。

255. 孙果达:《民族工业大迁徙——抗日战争时期民营工厂的内迁》,中国文史出版社 1991 年版。

256. 史全生主编:《中华民国经济史》,江苏人民出版社 1989 年版。

257. 陆仰渊、方庆秋主编:《民国社会经济史》,中国经济出版社 1991 年版。

258. 周春主编:《中国抗日战争时期的物价史》,四川大学出版社 1998 年版。

259. 刘克祥、陈争平:《中国近代经济史简编》,浙江人民出版社 1999 年版。

260. 陈达:《现代中国人口》,中华书局 1981 年版。

261. 孙艳魁:《苦难的人流》,广西师范大学出版社 1994 年版。

262. 金士宣、徐文述著:《中国铁路发展史 (1876—1949)》,中国铁道出版社 1986 年版。

263. 王晓华、李占才:《艰难延伸的民国铁路》,河南人民出版社 1993 年版。

264. 中国公路交通史编审委员会编:《中国公路史》,人民交通出版社 1990 年版。

265. 姜长英:《中国航空史》,西北工业大学出版社 1987 年版。

266. 陆士井主编:《中国公路运输史》第 1 册,人民交通出版社 1990 年版。

267. 王立显主编:《四川公路史》上册,四川人民出版社 1989 年版。

268. 广西壮族自治区交通厅史志编审委员会编：《广西公路史》第1册，人民交通出版社1992年版。

269. 夏润泉主编：《贵州公路史》第1册，人民交通出版社1989年版。

270. 杨再明、赵德刚主编：《新疆公路交通史》第1册，人民交通出版社1992年版。

271. 陈琦主编：《甘肃公路交通史》第1册，人民交通出版社1987年版。

272. 青海公路史编辑委员会编：《青海公路交通史》第1册，人民交通出版社1989年版。

273. 江天凤主编：《长江航运史》（近代部分），人民交通出版社1992年版。

274. 王绍荃主编：《四川内河航运史》，四川人民出版社1989年版。

275. 马依、舒瑞萍主编：《广西航运史》，人民交通出版社1991年版。

276. 凌耀伦：《民生公司史》，人民交通出版社1990年版。

277. 凌耀伦：《卢作孚与民生公司》，四川大学出版社1987年版。

278. 张守广：《卢作孚年谱》，重庆出版社2005年版。

279. 张守广：《大变局——抗战时期的后方企业》，江苏人民出版社2008年版。

280. 林辛：《贵州近代交通史略》，贵州人民出版社1985年版。

281. 陆韧：《云南对外交通史》，云南民族出版社1997年版。

282. 周天豹、凌承学主编：《抗日战争时期西南经济发展概述》，西南师范大学出版社1989年版。

283. 张学君、张莉红：《四川近代工业史》，四川人民出版社1990年版。

284. 陈征平：《云南早期工业化研究（1840—1919）》，民族出版社2002年版。

285. 孙代兴、吴宝璋主编：《云南抗日战争史》，云南大学出版社1995年版。

286. 董孟雄、郭亚非：《云南地区对外贸易史》，云南出版社1998年版。

287. 李珪主编：《云南近代经济史》，云南民族出版社1995年版。

288. 陈征平：《云南工业史》，云南大学出版社 2007 年版。

289. 陈宝辉、姜秉正：《宝鸡城市史》，社会科学文献出版社 1994 年版。

290. 曾智中、尤德彦编：《张恨水说重庆》，四川文艺出版社 2001 年版。

291. 杨重琦、魏明孔：《兰州经济史》，兰州大学出版社 1991 年版。

292. 李清凌：《甘肃经济史》，兰州大学出版社 1996 年版。

293. 徐安伦：《宁夏经济史》，宁夏人民出版社 1998 年版。

294. 陕西师范大学西北历史环境与经济社会发展研究中心编：《历史环境文明演进：2004 年历史地理国际学术研讨会论文集》，商务印书馆 2005 年版。

295. 朱士光主编：《西安的历史变迁与发展》，西安出版社 2003 年版。

296. 韩渝辉主编：《抗战时期重庆的经济》，重庆出版社 1995 年版。

297. 黄友凡、彭承福：《抗日战争中的重庆》，西南师范大学出版社 1986 年版。

298. 孙大权：《中国经济学的成长——中国经济学社研究（1923—1953）》，上海三联书店 2006 年版。

299. 隗瀛涛主编：《近代重庆城市史》，四川大学出版社 1991 年版。

300. 郑友揆、程麟荪、张传洪：《旧中国的资源委员会——史实与评价》，上海社会科学院出版社 1991 年版。

301. 郑友揆：《中国的对外贸易与工业发展（1840—1948）——史实的综合分析》，上海社会科学院出版社 1984 年版。

302. 陈耀：《西部开发大战略与新思路》，中共中央党校出版社 2000 年版。

303. 白雪梅主编：《中国区域经济发展的比较研究》，中国财政经济出版社 1998 年版。

304. 朱从兵：《铁路与社会经济——广西铁路研究（1885—1965）》，广西师范大学出版社 1999 年版。

305. 吴承明编：《帝国主义在旧中国的投资》，人民出版社 1955 年版。

306. 张根福：《抗战时期的人口迁移——兼论对西部开发的影响》，光明日报出版社 2006 年版。

307. 厉声：《新疆对苏（俄）贸易史（1600—1990）》，新疆人民出版社 1993 年版。

308. 吴松弟等编：《港口—腹地与北方的经济变迁（1840—1949）》，浙江大学出版社 2011 年版。

309. 樊如森：《天津与北方经济现代化（1860—1937）》，东方出版中心 2007 年版。

310. 郑会欣：《国民政府战时统制经济与贸易研究（1937—1945）》，上海社会科学院出版社 2009 年版。

311. 戴鞍钢：《港口·城市·腹地——上海与长江流域经济关系的历史考察（1843—1913）》，复旦大学出版社 1998 年版。

312. 张赛群：《上海"孤岛"贸易研究》，知识产权出版社 2006 年版。

313. 王笛：《跨出封闭的世界：长江上游区域社会研究（1644—1911）》，中华书局 2001 年版。

314. 谭肇毅主编：《抗战时期的广西经济》，广西师范大学出版社 2011 年版。

315. 蔡志新：《孔祥熙经济思想研究》，山西人民出版社 2007 年版。

六 港台地区资料

316. 李云汉主编：《中国国民党临时全国代表大会史料专辑》（上），"近代中国出版社" 1991 年版。

317. 周开庆主编：《近代中国经济丛书之一：经济问题资料汇编》，台湾华文书局 1967 年版。

318. 朱汇森主编：《中华民国交通史料（一）：航政史料》，台湾"国史馆" 1989 年版。

319. 叶健青编：《中华民国交通史料（三）：航空史料》，台湾"国史馆" 1991 年版。

320. 姜明清编：《中华民国交通史料（四）：铁路史料》，台湾"国史馆" 1992 年版。

321. 秦孝仪主编：《中华民国重要史料初编——对日抗战时期》第 4 编战时建设（3），台湾"中央文物供应社" 1988 年版。

322. 秦孝仪主编：《中华民国重要史料初编——对日抗战时期》第3编战时外交（1），台湾"中央文物供应社"1981年版。

323. 秦孝仪主编：《中华民国史料丛编——战时交通》，台湾"中央文物供应社"1976年版。

324. 沈云龙主编：《近代中国史料丛刊》第79辑，台湾文海出版社有限公司出版。

325. 凌鸿勋：《中国铁路志》，沈云龙主编《近代中国史料丛刊续编》第93辑，文海出版社有限公司出版。

326. 薛光前编：《八年对日抗战中之国民政府》，台湾商务印书馆1978年版。

327. 陈嘉庚：《南侨回忆录》下册，台湾陈嘉庚国际学会、陈嘉庚基金会1993年版。

328. 中国国民党中央委员会党史委员会编：《先总统蒋公思想言论总集》演讲第16卷。

329. 郑竹园：《台湾模式与大陆现代化》，台湾联经出版事业公司1986年版。

330. 姚崧龄编：《张公权先生年谱初稿》上册，台湾传记文学出版社1982年初版。

331.《革命文献》第88辑《抗战前国家建设史料——西北建设（一）》，台湾"中央文物供应社"1981年版。

332.《革命文献》第89辑《抗战前国家建设史料——西北建设（二）》，台湾"中央文物供应社"1981年版。

333. 侯坤宏：《抗战时期的中央财政与地方财政》，台湾"国史馆"2000年版。

七　外文译著

334.《马克思恩格斯全集》第23卷，中共中央马克思、恩格斯、列宁、斯大林著作编译局译，人民出版社1972年版。

335.《马克思恩格斯全集》第26卷第1册，中共中央马克思、恩格斯、列宁、斯大林著作编译局译，人民出版社1972年版。

336.《马克思恩格斯选集》第1卷，中共中央马克思、恩格斯、列宁、斯大林著作编译局编译，人民出版社1972年版。

337.〔日〕石井一郎：《交通运输学概论》，顾时光译，人民交通出版社1983年版。

338. 〔美〕罗斯托：《经济增长的阶段：非共产党宣言》，郭熙保、王松茂译，中国社会科学出版社 2001 年版。

339. 〔美〕W. W. 罗斯托：《从起飞进入持续增长的经济学》，贺力平等译，四川人民出版社 1988 年版。

340. 谢立中、孙立平主编：《20 世纪西方现代化理论文选》，上海三联书店 2002 年版。

341. 〔美〕托马斯·罗斯基：《战前中国经济的增长》，唐巧天等译，浙江大学出版社 2009 年版。

342. 〔美〕威廉·M. 利里：《龙之翼——中国航空公司和中国商业航空的发展》，徐克继译，科学技术文献出版社 1990 年版。

343. 〔美〕陈纳德：《飞虎将军陈钠德回忆录》，王湄等译，浙江文艺出版社 1998 年版。

344. 〔美〕罗伯特·E. 舍伍德：《罗斯福与霍普金斯——二次大战时期白宫实录》下册，福建师范大学外语系编译室译，商务印书馆 1980 年版。

345. 〔美〕费正清主编：《剑桥中华民国史（1912—1949）》上册，杨品泉等译，中国社会科学出版社 1993 年版。

346. 〔美〕西奥多·怀特、安娜·雅各布：《风暴遍中国》，王健康、康元非译，解放军出版社 1985 年版。

347. 〔美〕格兰姆·贝克：《一个美国人看旧中国》，朱启明、赵叔翼译，三联书店 1987 年版。

348. 〔美〕施坚雅：《中国农村的市场与社会结构》，史建云、徐秀丽译，中国社会科学出版社 1998 年版。

349. 〔英〕肯尼思·巴顿：《运输经济学》，冯宗宪译，商务印书馆 2002 年版。

350. 日本防卫厅研修所战史室编：《日本军国主义侵华资料长编》中册，天津政协文史资料委员会译，四川人民出版社 1989 年版。

351. 日本防卫厅研修所战史室编：《日本军国主义侵华资料长编》下册，天津政协文史资料委员会译，四川人民出版社 1989 年版。

352. 日本防卫厅防卫研究所战史室：《中华民国史资料丛稿》（缅甸作战），天津市政协编译委员会译，中华书局 1987 年版。

353. 〔美〕德·希·珀金斯：《中国农业的发展（1368—1968）》，宋海文等译，上海译文出版社 1984 年版。

354. 〔美〕道格拉斯·C. 诺斯：《制度、制度变迁与经济效绩》，杭行译，格致出版社、上海三联书店、上海人民出版社 2008 年版 。

八　报刊文史资料

355. 王洸：《五年来之长江区航政》，《交通建设》第 1 卷第 20 期，1943 年 12 月。

356. 软墨林：《陕西省驿运概况》，《交通建设》第 1 卷第 8 期，1943 年 8 月。

357. 康时振：《抗战期中之西南公路工程与管理》，《交通建设》第 2 卷第 4 期，1944 年 4 月。

358. 凌鸿勋：《西北公路三年来之工程与管理》，《交通建设》第 2 卷第 4 期，1944 年 4 月。

359. 王炳南：《最近三年来之全国驿运概况》，《交通建设》第 1 卷第 3 期，1943 年 3 月。

360. 谭炳训：《全国驿运工作之展望》，《交通建设》第 1 卷第 8 期，1943 年 8 月。

361. 阚宗骅：《广西省驿运概况》，《交通建设》第 1 卷第 8 期，1943 年 8 月。

362. 侯家源：《黔桂铁路建筑经过及新路建筑问题》，《交通建设》第 1 卷第 7 期，1943 年 7 月。

363. 徐承襖：《最近三年来交通财务概况》，《交通建设》第 1 卷第 3 期。

364. 陆福廷：《最近三年来之陇海铁路概况》，《交通建设》第 1 卷第 3 期，1943 年 3 月。

365. 石志仁：《最近三年来之湘桂铁路概况》，《交通建设》第 1 卷第 3 期，1943 年 3 月。

366. 杨承训：《最近三年来之全国铁路概况》，《交通建设》第 1 卷第 3 期，1943 年 3 月。

367. 《宝天铁路工程实况》，《交通建设》第 1 卷第 9 期，1943 年 9 月。

368. 萨福均：《最近三年来之川滇铁路概况》，《交通建设》第 1 卷第 3 期，1943 年 3 月。

369. 修诚：《天府轻便铁路运输能力之调查及其改进办法》，《交通建设》第 1 卷第 1 期，1943 年 1 月。

370. 马振刚：《重庆驿运服务所概况》，《交通建设》第 1 卷第 8

期，1943 年 8 月。

371. 万琼：《一月以来之交通新闻》，《交通杂志》第 2 卷第 4 期，1934 年 2 月。

372. 《抗战来中央历次会议有关交通建设之决议等案摘要》，《交通建设季刊》创刊号，1941 年 1 月 1 日。

373. 康时振：《公路交通之现状及其建设》，《交通建设季刊》创刊号，1941 年 1 月 1 日。

374. 薛光前：《交通建设与建设交通》，《交通建设季刊》创刊号，1941 年 1 月 1 日。

375. 郎德沛：《交通事业与国民经济》，《交通杂志》第 1 卷第 5 期，1932 年。

376. 《滇缅铁路之概况》，《抗战与交通》第 62 期，1941 年 5 月 16 日。

377. 李泽敷：《湘桂铁路桂柳段如何设法赶通》，《抗战与交通》第 50 期，1940 年 11 月 1 日。

378. 徐挽澜：《川陕驿运线之概况》，《驿运月刊》第 2 卷第 2、3 期合刊，1941 年 12 月。

379. 海棠：《中国中央两航空公司发展简史》，《民用航空》第 4 期，1948 年 3 月。

380. 章友江、李廷栋：《抗战以来四川之对外贸易》，《四川经济季刊》第 1 卷第 1 期，1943 年 12 月。

381. 金龙灵：《四川省水上交通之发展及其趋势》，《四川经济季刊》第 1 卷第 2 期，1943 年 12 月。

382. 伍丹戈：《三十三年四川之交通》，《四川经济季刊》第 2 卷第 2 期，1945 年 4 月。

383. 曹立瀛：《云南之交通》，《经济建设季刊》第 1 卷第 2 期，1942 年 10 月。

384. 《川康经济建设方案》，《西南实业通讯》创刊号，1940 年 1 月。

385. 张肖梅：《云南经济调查后》，《西南实业通讯》第 5 卷第 4 期，1942 年 4 月 13 日。

386. 赵连芳：《四川省农林建设现状与推进计划》（下），《西南实业通讯》第 3 卷第 1 期，1941 年 1 月。

387. 王文元：《四川宜宾社会经济概况》，《西南实业通讯》第 5 卷第 3 期，1942 年 3 月。

388. 严匡国：《我国桐油产销之现状与展望》，《西南实业通讯》第 11 卷第 5、6 期合刊，1945 年 4 月 30 日。

389. 韩在英：《中国羊毛之产销市场与将来之增产》，《西南实业通讯》1945 年第 11 卷第 5、6 期合刊。

390. 刘大钧：《中国今后应采之经济体制政策》，《经济学季刊》第 7 卷第 1 期，1936 年 6 月。

391. 方显廷：《交通统制》，《京沪沪杭甬铁路日刊》第 1498 号，1936 年 2 月。

392. 贺知新：《我国羊毛之对外贸易》，《经济周报》1943 年第 7 卷第 3 期。

393. 萧重华：《苏联与新疆最近的贸易关系》，《边疆》（半月刊）1937 年第 2 卷第 6 期。

394. 凌民复：《建设西南边疆的重要》，《西南边疆》第 2 期，1938 年 11 月。

395. 胡焕庸：《国防后方的四川》，《西南边疆》创刊号，1938 年 10 月。

396. 尹仁甫、李树茂：《沦陷后之包头绒毛业》，《西北论衡》第 7 卷第 13 期，1939 年 7 月 15 日。

397. 李方晨：《抗战建国中西北工业的发展》，《西北论衡》第 7 卷第 4、5 期合刊，1939 年 3 月 15 日。

398. 白士倜：《陕西煤田分布评述与提供改良土矿之意见》，《西北论衡》，1940 年 1 月 15 日。

399. 尹仁甫：《榆林皮毛利用问题之商榷》，《西北论衡》第 9 卷第 9 期，1941 年 9 月 15 日。

400. 梁好仁：《甘肃公路网之建设》，《西北论衡》第 9 卷第 6 期，1941 年 6 月 15 日。

401. 汪时中：《河西地理概要》，《西北论衡》第 9 卷第 4 期，1941 年 4 月 15 日。

402. 傅安华：《西北交通概况》（下），《西北资源》第 1 卷第 5 期，1941 年 2 月 10 日。

403. 傅安华：《西北工业概况》，《西北资源》创刊号，第 1 卷第 1 期，1940 年 10 月 10 日。

404. 傅安华：《西北工业概况（续）》，《西北资源》第 1 卷第 2

期，1940 年 11 月 10 日。

405. 姜国幹：《关中之农业》，《西北资源》第 2 卷第 2 期，1941
年 5 月 10 日。

406. 孙翰文：《安康经济概况》，《西北资源》创刊号，1940 年 10
月 10 日。

407. 西北公路运输局编：《三十二年下半年各运输段运输数量》，
《西北公路》第 5 卷第 1、2 期合刊，1943 年 10 月 16 日。

408. 钮泽全：《抗战中之西北公路运输》，《西北公路》第 5 卷第
1、2 期合刊，1943 年 10 月 16 日。

409.《中国 50000 人口以上都市表》，中国地理学会编辑《地理学
报》第 4 卷，1937 年。

410. 沈汝生、孙敏贤：《成都都市地理之研究》，中国地理学会编
辑《地理学报》第 14 卷第 3、4 期合刊，1947 年。

411. 何璟：《苏联势力控制下的苏新关系之剖视》（下），《边疆》
（半月刊）1936 年第 1 卷第 9 期。

412. 蒋君章：《战时西南桐油问题》，《青年中国》第 2 卷第 2 期，
1941 年。

413. 孙玉声：《抗战八年之电气事业》，《资源委员会季刊》第 6 卷
第 1、2 期合刊，1946 年 6 月。

414. 吴克颐：《抗战时期国营煤矿之开发及增产利用》，《资源委员
会季刊》，1945 年 9 月。

415. 王德滋：《云南之煤矿》，《资源委员会季刊》第 1 卷第 1 期
（矿业专号）（上），1941 年 9 月。

416. 中国农业银行经济研究室：《四川之航业》，《复兴月刊》第 3
卷第 6、7 期合刊，1935 年 3 月。

417. 韩在英：《宁夏羊毛产销概况》，《中农月刊》1945 年第 6 卷
第 5 期。

418. 张之毅：《西北羊毛调查》，《中农月刊》1942 年第 3 卷第
9 期。

419. 乔启明：《轻便铁道与农村经济》，《农业推广通讯》第 4 卷第
9 期，1942 年 9 月。

420. 梁桢：《近年来我国之羊毛贸易》，《贸易半月刊》第 1 卷第
6、7 期合刊，1939 年 5 月。

421. 李屏唐：《兰州羊毛市场之调查》，《贸易月刊》1943 年 3

月号。

422. 张桂海：《最近我国羊毛对外贸易分析》，《贸易月刊》第 3 卷第 3 期，1941 年 3 月。

423. 邹秉文：《抗战以来吾国之对外贸易》，《贸易月刊》第 2 卷第 3 期，1940 年 3 月。

424. 国民政府贸易委员会统计处编：《近六年进口货物总值关别表》（1936—1941 年）、《近六年出口货物总值关别表》（1936—1941 年），《贸易月刊》第 4 卷第 9 期，1943 年 4 月。

425. 李宗文：《中国与缅甸贸易之检讨》，《贸易月刊》第 3 卷第 4、5 期合刊，1941 年 4 月。

426. 黄仁勋：《最近我国猪鬃对外贸易分析》，《贸易月刊》第 3 卷第 3 期，1941 年 3 月。

427. 《战前三年茶叶输出关别量值统计表》，吴仁润《最近我国茶叶对外贸易分析》，《贸易月刊》第 3 卷第 3 期，1941 年 3 月。

428. 刘烨南：《最近我国皮类对外贸易分析》，《贸易月刊》第 3 卷第 3 期，1941 年 3 月。

429. 《最近四年出口货物总值关别表》，《统计月报》社编《中国之战时对外贸易》，《统计月报》第 45 期，1940 年。

430. 赵恩钜：《论猪鬃价格》，《贸易月刊》1941 年 1 月号。

431. 黄同仇：《抗战中之广西的民众动员》，广西建设研究会编《建设研究》第 1 卷第 6 期，1939 年 8 月 15 日。

432. 《广西施政计划纲要——二十八年四月一日省政府第四〇三次省务会议议决》，广西建设研究会编《建设研究》第 1 卷第 3 期，1939 年 5 月 15 日。

433. 《四川之航业》，《中外经济周刊》第 13 卷第 131 号，1925 年 9 月 26 日。

434. 陈开国《三年余来岷江区粮食储运供应之总检讨》，《粮政季刊》第 1 期，1945 年 6 月。

435. 洪瑞涛：《三年余来之四川粮食配运业务》，《粮政季刊》第 1 期，1945 年 6 月。

436. 丁佶：《云南的煤矿业》，《云南实业通讯》第 1 卷第 3 期，1940 年 3 月。

437. 李生庄：《滇西边区经济建设概况》，《云南建设》第 1 期，1945 年 1 月。

438.《整理南郑安康段汉江水道勘查报告》,《陕西水利季报》第 3 卷第 3、4 期合刊,1939 年 12 月。

439. 宋国荃:《陇海铁路咸同段沿线各县经济调查·耀县》,《陕行汇刊》第 7 卷第 5 期,1944 年 6 月。

440. 宋国荃:《陇海铁路咸同段沿线各县经济调查·泾阳》,《陕行汇刊》第 8 卷第 3 期,1944 年 6 月。

441. 宋国荃:《陇海铁路咸同段沿线各县经济调查·富平》,《陕行汇刊》第 7 卷第 5 期,1944 年 6 月。

442. 黎锦熙《洛川同官两县之工业与商业》,《陕行汇刊》第 8 卷第 3 期,1944 年 6 月。

443.《本省经济动态:陇海铁路近年实况》,《陕行汇刊》第 6 卷第 4 期,1942 年 4 月。

444. 陕西银行经济研究室调查处:《宝鸡经济调查》,《陕行汇刊》第 7 卷第 1 期,1943 年 2 月。

445. 尹仁甫:《陕西机制面粉业之前途》,《陕行汇刊》第 7 卷第 6 期,1943 年 12 月。

446. 宋国荃:《同官煤矿厂调查记》,《陕行汇刊》第 7 卷第 2 期,1943 年 4 月。

447. 武永升:《西京市羊毛调查》,《陕行汇刊》1944 年第 8 卷第 2 期。

448.《兰州市各种商店家数》,《甘肃贸易季刊》第 4 期,1943 年 3 月。

449. 以道:《长期抵抗与西北高原》,《西北言论》第 1 卷第 1 期,1932 年。

450. 声然:《西北交通建设之我见》,《边疆》(半月刊)创刊号,1936 年。

451. 顾少白:《甘肃靖远之羊毛与皮货》(1940 年 11 月调查),《西北经济通讯》创刊号,1941 年 1 月。

452. 王少明:《西北资源调查及其开发》,《文化建设月刊》第 1 卷第 6 期。

453. 斯:《滇缅路上》,《华侨机工通讯刊》第 32 期,1940 年 8 月。

454. 顾梦五:《闲话战时首都》,《旅行杂志》第 13 卷第 11 号,1939 年 11 月。

455. 沧一：《重庆现状》，《宇宙风》第 69 期，1938 年 6 月 1 日。

456. 王竹泉、路兆洽：《云南开远县乌格煤田》，《地质汇报》第 33 号，1940 年 1 月。

457.《重庆商号近况》，《四川月报》第 10 卷第 4 期，1937 年 4 月。

458. 谢裕光：《广西桐油产销概况》，《农业通讯》第 1 卷第 8 期，1947 年。

459. 筱庶：《陕北羊毛（续）》，《力行》1942 年第 5 卷第 3 期。

460.《川陕线驿运管理处违法苛敛鱼肉商民》，《新华日报》1944 年 8 月 13 日第 3 版。

461. 陆诒：《滇缅路上的华侨司机群》，《新华日报》1941 年 1 月 27 日第 3 版。

462.《沈昌谈关中建设：潼西路年内可通西安，继续西展已勘测完竣》，《大公报》，1934 年 12 月 14 日第 4 版。

463. 杜一波：《陇海铁路之现阶段》，天津《大公报》1935 年 4 月 16 日。

464. 赵祖康：《旧中国公路建设片段回忆》，《文史资料选辑》第 83 辑。

465. 张星桥：《修筑个碧铁路简史》，《云南文史资料选辑》第 16 辑。

466. 张汝汉：《记云南省的第一段公路》，《云南文史资料选辑》第 18 辑。

467. 李慕郅：《滇缅公路开放后的见闻》，《云南文史资料选辑》第 37 辑。

468. 李镜天：《永茂和经营缅甸贸易简史》，《云南文史资料选辑》第 42 辑。

469. 李正邦：《云南猪鬃业发展概况》，《云南文史资料选辑》第 42 辑。

470. 马向东：《抗战期间滇缅公路龙畹段历史概述》，《云南文史资料选辑》第 37 辑。

471. 冯至：《昆明往事》，《云南文史资料选辑》第 34 辑。

472. 李珪、梅丹：《云南近代对外贸易史略》，《云南文史资料选辑》第 42 辑。

473. 文集成、章体功：《官僚资本主义的天府煤矿》，《四川文史资料选辑》第 9 辑。

474. 王东伟、黄江陵《解放前内江甘蔗种植业概况》,《四川文史资料选辑》第 35 辑。

475. 王鲁斋:《白水煤矿今昔》,《陕西文史资料》第 12 辑。

476. 西安市工商联:《解放前西安市的粮食业》,《陕西文史资料》第 23 辑。

477. 工商经济史料组整理:《解放前西安市商会、同业公会概况》,《陕西文史资料》第 23 辑。

478.《西安市志·工业志》志稿:《西安机器棉纺织工业》,《西安文史资料》第 19 辑。

479. 严树棠、李建基:《解放前兰州的水烟业》,《甘肃文史资料选辑》第 14 辑。

480.《抗战时期兰州的产业调查》,《甘肃文史资料选辑》第 11 辑。

481. 外行:《兰州的纺织业与机器业》,《甘肃文史资料选辑》第 11 辑。

482. 杨再明:《周折转运美援物资》,《新疆文史资料》第 24 辑。

483. 外行:《兰州的纺织业与机器业》,《兰州文史资料选辑》第 11 辑。

484. 张太超:《抗战时期大后方的煤炭基地——北碚》,《北碚文史资料》第 4 辑。

485. 邓希贤:《南屏街今昔》,《昆明市盘龙区文史资料选辑》第 9 辑。

486. 沈长泰供稿,方玲整理:《抗日战争时期昆明的城市建设》,《昆明市盘龙区文史资料选辑》第 5 辑。

487. 孙尊山:《回忆“四川合众轮船公司”》,《宜宾文史资料选辑》第 2 辑。

488. 陈仕才:《抗战时期的西南交通运输线与龙州抗日》,《龙州文史资料》第 13 辑。

489. 吴乔贵:《抗日战争时期曲靖、沾益的商业简况》,《曲靖市文史资料》第 2 辑。

490. 李镜天:《永茂和商号经营史略》,《腾冲文史资料选辑》第 3 辑。

491. 朱克家:《保山市场上的“腾冲帮”》,《腾冲文史资料选辑》

第 3 辑。

492. 刘根先：《抗战时期柳州工商业经济概况》，《柳州文史资料》第 3 辑。

493. 何明初：《陇海铁路通车宝鸡》，《宝鸡文史资料》第 1 辑。

494. 刘文忠：《个旧沿革和矿业开发》，《个旧市文史资料选辑》第 4 辑。

495. 李尚贤：《解放前个旧锡矿开发概况》，《个旧市文史资料选辑》第 7 辑。

496. 李白虹：《二十年来之川阀战争》，中国科学院近代史研究所近代史资料编辑组编《近代史资料》1962 年第 4 期，中华书局 1963 年版。

497. 聂宝璋：《日江航权是怎样丧失的?》，《历史研究》1962 年第 5 期。

498. 安江林：《西部大开发与现代增长极理论的创新》，《甘肃社会科学》2003 年第 4 期。

499. 胡铁球：《近代西北皮毛贸易与社会变迁》，《近代史研究》2007 年第 4 期。

500. 董长芝：《抗战时期大后方的交通建设》，《抗日战争研究》1993 年第 1 期。

501. 唐凌：《抗战时期的中国煤矿市场》，《近代史研究》1996 年第 5 期。

502. 唐凌：《抗战时期的合山煤矿》，《抗日战争研究》2003 年第 4 期。

503. 唐凌：《抗战时期湘桂铁路股票发行成效及其原因评析》，《桂海论丛》2007 年第 1 期。

504. 杨帆：《晚清民国时期桂越民间边贸与民族融合》，《中国边疆史地研究》2007 年第 4 期。

505. 黄正林：《近代西北皮毛产地及流通市场研究》，《史学月刊》2007 年第 3 期。

506. 贾国雄：《论国民政府抗战时期的交通运输管理体制》，《西南师范大学学报》2005 年第 4 期。

507. 郑会欣：《引进外资的新模式及其特点——以成渝铁路借款为例》，《档案与史学》2000 年第 4 期。

508. 郑会欣：《试论战前西方对中国投资意向转变之原因》，《史林》2005 年第 1 期。

509. 郑会欣：《战前"统制经济"学说的讨论及其实践》，《南京大学学报》2006 年第 1 期。

510. 陈雷、戴建兵：《统制经济与抗日战争》，《抗日战争研究》2007 年第 2 期。

511. 阎书钦：《抗战时期经济思潮的演进——从计划经济、统制经济的兴盛到对自由经济的回归》，《南京大学学报》2009 年第 5 期。

512. 陆大钺：《抗战时期国统区的粮食问题及国民党的战时粮食政策》，《民国档案》1989 年第 4 期。

513. 曹必宏：《抗日战争时期的康藏贸易公司》，《中国藏学》2006 年第 3 期。

514. 张春生：《抗战前国民政府西北公路建设述论》，《历史教学》2001 年第 9 期。

515. 侯德础：《抗战时期四川内河航运鸟瞰》、《四川师范大学学报》1990 年第 3 期。

516. 魏文享：《商人团体与抗战时期国统区的经济统制》，《中国经济史研究》2006 年第 1 期。

517. 王永年、谢放：《近代四川市场研究》，《四川大学学报》1987 年第 1 期。

518. 王静：《民国时期陇海铁路对咸阳城市化的影响》，《洛阳师范学院学报》2006 年第 1 期。

519. 杨永明：《民国时期的滇缅印边境贸易》，《云南档案》2002 年第 41 期。

520. 王敏：《回忆我在飞越"驼峰"时一次事故的经过》，《中国民用航空史料通讯》第 93 期。

521.《抗战前后四川省工厂概况》，《四川档案史料》1985 年第 4 期。

522.《保山县属经济调查》（1939 年 7 月 19 日），《云南档案史料》1994 年第 3 期。

523. 洪喜美：《抗战时期四川之驿运》，《国史馆馆刊》复刊第 6 期，1989 年。

524. 宾长初：《论近代广西圩市的变迁》，《中国边疆史地研究》2003 年第 4 期。

525. 于溶春：《论新疆的中苏贸易》，《中国边疆史地研究》1994

年第 4 期。

526. 王永飞：《民国时期西北地区交通建设与分布》，《中国历史地理论丛》2007 年第 4 期。

527. 吴伟荣：《论抗战时期后方农业的发展》，《近代史研究》1991 年第 1 期。

528. 陈岗：《近代四川猪鬃产业开发史述略》，《重庆师范大学学报》2007 年第 3 期。

529. 陈岗：《近代四川猪鬃业的开发与经营》，《史学月刊》2008 年第 4 期。

530. 刘芬芳：《交通运输设施与农村经济发展》，《交通与运输》2008 年第 5 期。

531. 宗刚等：《交通基础设施与经济增长的协整及因果关系分析》，《现代管理科学》2011 年第 10 期。

532. 戴鞍钢：《交通与经济的互为制约——以近代中国西部省份为例》，《中国延安干部学院学报》2010 年第 2 期。

533. 张丽蓉：《长江流域桐油贸易格局与市场整合 ——以四川为中心》，《中国社会经济史研究》2003 年第 2 期。

534. 张华军：《民国时期的哈阿航空公司》，《西域研究》2007 年第 3 期。

535. 樊如森《开埠通商与西北畜牧业的外向化》，《云南大学学报》（社会科学版）2006 年第 6 期。

536. 樊如森：《民国时期西北地区市场体系的构建》，《中国经济史研究》2006 年第 3 期。

537. 吴松弟、樊如森：《天津开埠对腹地经济变迁的影响》，《史学月刊》2004 年第 1 期。

538. 忻平：《试论抗战时期内迁及其对后方社会的影响》，《华东师范大学学报》1999 年第 2 期。

539. 沈祖炜：《论抗日战争时期的贸易委员会》，《中国近代经济史丛书》编委会编《中国近代经济史研究资料》第 9 辑，上海社会科学院出版社 1989 年版。

九 学位论文

540. 胡越英：《川西 B—29 "特种工程" 研究》，硕士学位论文，四川大学，2003 年。

541. 向秀兰：《成渝铁路建筑分析》，硕士学位论文，四川大学，2007 年。

542. 张莉：《抗战时期四川征用民工探析》，硕士学位论文，四川师范大学，2007 年。

543. 田永秀：《近代四川沿江中小城市研究》，博士学位论文，四川大学，1999 年。

544. 肖雄：《抗日战争时期四川省办驿运研究》，博士学位论文，四川大学，2007 年。

545. 李柏槐：《民国时期成都工商同业公会研究》，博士学位论文，四川大学，2005 年。

546. 李艳林：《重构与变迁——近代云南城市发展研究》，博士学位论文，厦门大学，2008 年。

547. 刘鹤：《抗战时期湘西现代化进程研究》，博士学位论文，湖南师范大学，2009 年。

十 英文原著

548. Charles F. Romanus and Riley Sunderland, *Stilwell's Command Problems*, Washington: Office of Chief of Military Department of the Army, 1956.

549. Barbara W. Tuchman, *Stilwell and the American Experience in China 1911 – 45*, New York: Macmillan Publishing Co. Inc. , 1970.

550. Arthur N. Young, *CHINA and the Helping Hand* (*1937 – 1945*), Cambridge (Massachusetts): Harvard University Press, 1963.

551. Otha C. Spencer, *Flying the Hump*: *Memories of an Air War*, College Station : Texas A&M University Press, 1992.

552. Jeff Ethell&Don Downie, *Flying the Hump*: *In Original World II Color*, Osceola (WI): Motorbooks International Publishers& Wholesaler, 1995.

后　记

　　这本书是在博士论文基础上的延伸研究成果，也是笔者十年来从事大后方交通史研究的总结。关于抗战时期大后方的交通问题，我在1999年至2002年攻读硕士学位期间开始关注，硕士论文研究了抗战时期四川的粮食储运问题。2002年9月，我进入南京大学中华民国史研究中心攻读博士学位，在导师史全生教授的悉心指导下，完成了博士论文《抗战时期西部交通建设研究》，并于2005年5月顺利通过了博士论文答辩。2005年7月我进入西南大学历史文化学院工作后，继续研究战时大后方交通问题。在吸取答辩专家张宪文、崔之清等专家意见的基础上，笔者经过长期的思考，并不断扩充资料，吸收了大量相关学科理论知识，对博士论文进行了重大修改：全面调整了内容框架、删掉了大量原文内容、增加了大量新的研究内容，并尝试运用地理学、经济学、统计学等相关学科的研究方法进行交叉研究，加强了理论分析，以求全面系统论述抗战时期大后方交通问题及其对西部经济发展的影响。当然，尽管我做了上述努力，但文中肯定仍然存在不够成熟或值得商榷之处，还望各位读者和专家不吝赐教。

　　在三年读博期间，我得到了导师史全生教授的悉心指导。作为史老师的关门弟子，先生对我倾注了很大的心血。先生是大陆地区很早就开始系统研究民国经济史的学者，1989年主编出版了国内第一本全面系统研究民国经济史的著作《中华民国经济史》（江苏人民出版社），在学界产生了较大影响。先生是我学术的引路人，将我从一个徘徊在学术大门外的学生引入学术的殿堂。我专业基础不够扎实，进校以后在学术研究上遇到了诸多困难，幸有先生的指导，才使我在学术上有所收获。如果说在读博期间我能在学术上取得一点成绩的话，那么和先生的谆谆教导和严格要求是密不可分的。

　　除了导师史全生教授以外，我得到许多师长们的帮助，有南京大学中华民国史研究中心主任张宪文教授、台湾研究所所长崔之清教授、朱庆葆教授、李良玉教授等。他们渊博的知识、独到的研究心得体会使我受益良多。感谢陆和健、蔡志新、梁磊、周春英、程莉等同门师兄妹的关心和帮助。感谢历史系李玉教授，作为当时的研究生辅导员和校友他给了我很多切切实实的帮助。在博士论文撰写和修改期间，还得到许多朋友或同行们的帮助。从未谋面的张劲教授慷慨地将其大作从同济大学寄来供我参考，仅有一面之缘的台湾师范大学历史系博士生王政文同学为我代印资料，南京图书馆古籍部的工作人员为我查阅民国资料大开方便之门，中国第二历史档案馆、四川省档案馆、重庆市档案馆、北碚图书馆等单位的工作人员为我查阅档案文献资料提供热情服务，等等。此外，还要感谢南开大学历史学院江沛教授的指点。感谢西南大学地理科学学院地理信息与工程系陈萍博士和易鹏老师对本书地图制作和计量统计分析的指点和帮助。

从 2006 年至今，本研究先后得到西南大学博士基金项目、中央高校基本科研业务经费项目和国家社科基金后期资助项目的资助，这些项目的资助为本课题研究提供了充裕的研究经费。尤其感谢国家社科基金后期资助项目匿名评审专家们提出的具体修改意见，他们精辟、宝贵的建议促使了本书的进一步完善。在本书写作过程中，我应邀参加了一些相关学术会议，主要有海峡两岸中国抗战大后方历史文化学术研讨会、第一届和第二届中国近代交通社会史学术研讨会，本书部分研究成果在学术会议上与同行们交流，感谢同行们的评议，他们的建议给了我很多有益的启发。

我要特别感谢我的父母兄弟。我在三年的博士学习期间得到他们的全力支持，免去了为生计奔波劳顿之苦，使我能安心学习。如若不然，不要说学习，就连日常生活也是另一种面貌。尤其是母亲，辛苦操持家务，养育我们兄弟三人长大成人，在我博士毕业后不久，因积劳成疾而去世，母亲的养育之恩令我难以报答，但愿这本书的出版能告慰母亲的在天之灵。最后，我要特别感谢妻子刘桂侠，在我从事课题研究和撰写书稿期间，她帮我制作图表，并从地理学的角度提出了许多有用的建议，还操持了大量家务，为我省去了许多干扰，使我能安心完成这本书稿。

谭　刚

2012 年 10 月于西南大学学苑小区